CODE

DU

COMMERCE DES BOIS CARRÉS,

CHARPENTE, SCIAGE ET CHARRONNAGE RÉUNIS,

POUR L'APPROVISIONNEMENT DE PARIS.

CODE

DU

COMMERCE DES BOIS CARRÉS,

CHARPENTE, SCIAGE ET CHARRONNAGE RÉUNIS,

POUR L'APPROVISIONNEMENT DE PARIS,

OU

Recueil général de tous les Arrêts du Conseil, Arrêts de Règlement, Sentences du Bureau de la Ville, Edits, Déclarations, Lettres-Patentes, Ordonnances, Lois, Décrets, Arrêtés, Ordonnances de Police, Décisions et Instructions de la Direction générale des Ponts-et-Chaussées, et de l'Administration de l'Octroi, Arrêtés des Préfets, Jugements des Tribunaux, Arrêts de Cours Royales, Délibérations du Conseil Municipal de Paris, etc.,

RELATIFS

AU COMMERCE DES BOIS CARRÉS, CHARPENTE, SCIAGE ET CHARRONNAGE RÉUNIS, POUR L'APPROVISIONNEMENT DE PARIS;

PAR

Frédéric Moreau,

Délégué de la Compagnie des marchands de bois carrés de Paris, et Membre du Conseil Général de la Seine, et Municipal de Paris.

A PARIS,

Chez DAUVIN et FONTAINE, libraires,
35, PASSAGE DES PANORAMAS.

1840.

Dédicace.

C'est à mon père, Martin-Ferdinand MOREAU, Syndic honoraire du commerce des bois carrés de Paris, Membre du conseil général du commerce, Censeur de la Banque de France, dont j'ai été depuis vingt-cinq ans et l'élève et le collaborateur, que j'offre un faible hommage de ma reconnaissance, en lui dédiant cet ouvrage, tribut bien légitime, comme fils et comme marchand de bois, envers celui qui, après avoir réorganisé en **1817** sur de nouvelles bases la Compagnie des bois carrés, après avoir puissamment coopéré en **1821** à la réunion des quatre commerces de bois et charbons, fut pendant longues années le délégué le plus dévoué aux véritables intérêts de sa compagnie, dont il plaça toujours en première ligne l'honneur et la considération, et dont il rehaussa toute l'importance par l'étendue de ses lumières, et l'élévation de ses idées commerciales.

Mai 1840.

Frédéric **MOREAU**.

Avant-Propos.

« Il est de principe, a dit M. DUPIN (a), que *personne*
» *n'est censé ignorer les lois :* ce qui suppose que tout le
» monde peut aisément les connaître.

» Cependant, il est de fait que la plupart de nos lois
» sont ignorées, et qu'il n'existe pas de recueil complet où
» l'on puisse recourir avec la certitude de les y trouver.

» ..... Sous Louis XII, François Ier, Henri IV,
» Louis XIV, Louis XVI, c'est-à-dire sous nos meilleurs
» et nos plus grands Rois, il n'y a pas de collection où
» l'on ait pris soin de les recueillir, et où l'on puisse es-
» pérer de les rencontrer.

» Et pourtant, ces lois sont précisément celles qui ont
» été portées dans les plus beaux temps de la monarchie,
» qui nous ont tirés du cahos de la barbarie, qui ont réglé

(a) Avant-propos, *Code du commerce de bois et de charbon,* 1817.

» toutes les parties de l'administration, qui sont le plus
» rapprochées de nos usages actuels, et qui, par leur
» sagesse, ont le mieux mérité d'être en honneur et en
» observation.

» ..... Il y a donc une foule d'Ordonnances, Édits,
» Déclarations, Lettres-Patentes, d'Actes législatifs de
» toute espèce, qui sont tombés dans l'oubli, et par suite
» en désuétude, parce qu'on a cessé de les invoquer par
» l'impossibilité où l'on s'est trouvé de se les procurer.

» ..... S'il est difficile de se procurer les lois générales,
» qu'on juge de l'embarras de se procurer les réglemens
» spéciaux.

» A défaut de livres qui les renferment, il faut aller
» fouiller dans les registres des anciennes Cours, calculer
» que tel Édit a dû être enregistré au greffe de telle Juri-
» diction, que les papiers de ce greffe ont été transportés
» dans tel ou tel Dépôt, et aller à la chasse des lois à tra-
» vers la poussière des Archives.

» Mais quel plaideur est capable de cette recherche?
» Quel magistrat l'entreprendra par zèle pour la justice?
» Quel avocat même aura le temps et la patience de s'y
» livrer pour une seule affaire particulière?

» ..... Autrefois, il y avait encore un remède au mal :
» on savait bien que les mêmes hommes ne sont pas égale-
» ment capables de tout, et que, si leurs connaissances ne
» laissent rien à désirer sur quelques points donnés, elles
» sont nécessairement en défaut sur beaucoup d'autres.
» A côté des grands tribunaux, il y avait des tribunaux
» d'exception, pour les matières de *Finances*, pour les
» *Eaux et Forêts*, etc., et notamment (pour rentrer dans
» notre sujet) il y avait la *Juridiction de l'Hôtel-de-Ville*,
» chargée spécialement de *la connaissance de toutes les*
» *affaires concernant le commerce de bois et de toutes les*
» *opérations y relatives.*

» Or, dans ces juridictions exceptionnelles, où l'on
» s'occupait exclusivement d'une même espèce d'affaires,
» il y avait un fonds de lumières, une tradition de con-
» naissances, tels qu'aucun détail n'était négligé, aucune
» loi inconnue, aucun principe de la matière oublié.

» Tout cela n'existe plus. Les mêmes juges connaissent
» *de tout*, mais certes ne connaissent pas tout.

» Il serait donc bien à désirer que, jusqu'à ce que l'on
» puisse jouir de la grande et belle Collection des Ordon-
» nances qui se continue, mais qui ne sera achevée que
» dans cent ans, CHACUN DE SON COTÉ MIT LA MAIN A
» L'OEUVRE, SELON QU'IL Y EST APPELÉ PAR SON GOUT ET
» SA POSITION.

» Quel bien, en effet, ne résulterait pas pour le public,
» d'un certain nombre de Recueils particuliers, qui, bien
» que dépourvus de caractère officiel et sans autre recom-
» mandation que l'application que leurs auteurs y au-
» raient donnée, offriraient, sur chaque matière, un Code
» des lois qui s'y rattachent spécialement ? »

Telle est la cause, telle est l'origine de cet ouvrage.

Pénétré de la justesse des observations de M. DUPIN
et comprenant toute leur portée, j'ai voulu répondre à
son appel. Fils du doyen des marchands de bois carrés,
entré fort jeune dans ce commerce où j'étais appelé par
mes goûts et par mes affections, j'ai pu puiser à bonne
source les connaissances qui m'étaient nécessaires pour
composer ce recueil.

J'ai cru longtemps, comme beaucoup de monde, qu'il
n'avait jamais existé de Règlements sur le *commerce des
bois carrés,* parce que les Édits, Ordonnances y relatifs,
étaient tombés dans l'oubli, par suite de l'impossibilité où
l'on se trouvait de se les procurer. Aucune industrie
pourtant n'a eu et n'aura jamais plus besoin de la protection des Lois, surtout à une époque où les travaux publics

ont pris un si vaste développement , et où l'établissement des *chemins de fer* recevant, grâce aux encouragements de l'Etat, une vive et féconde impulsion, va consommer une prodigieuse quantité de bois de charpente.

· Approvisionnement de première nécessité pour la Capitale, approvisionnement difficile, le commerce des bois carrés a dû de tous temps inspirer le plus vif intérêt aux gouvernements et motiver de leur part des Ordonnances particulières , des Règlements spéciaux : telle était notre profonde conviction, en regard des besoins réels que nous ressentions chaque jour ; car un commerce tout-à-fait analogue, et par son importance comme approvisionnement de Paris, et par les difficultés qui l'entourent, n'avait jamais cessé d'éveiller l'attention du Législateur ; nous voulons parler du *commerce de bois à brûler*. En effet, le Recueil que nous devons à M. DUPIN , sous le titre de *Code du commerce de bois et de charbon*, était rempli d'une foule d'Ordonnances, Édits, Déclarations, Lettres-Patentes et d'autres Actes Législatifs remontant aux temps les plus anciens et arrivant jusqu'à nos jours.

Ce Code démontrait que pour vaincre et surmonter les nombreux obstacles qui se présentent à chaque pas , depuis le lieu de production jusqu'à la Capitale, l'Administration était toujours intervenue, soit pour faciliter l'exploitation et le charroi ; soit pour procurer des ports convenables, en autorisant *l'occupation*, c'est-à-dire le dépôt et l'empilage des bois sur les terres, prés ou héritages bordant les ruisseaux ou rivières, le tout moyennant indemnité raisonnable ; soit pour assurer la liberté de la navigation, en réglant le passage des trains dans les vannes et pertuis des moulins, et en fixant le prix et la durée des flots ; soit enfin pour protéger le repêchage des bois épaves, fournir des gares assurées aux abords.

de Paris, réserver des ports de débarquement faciles, et règlementer même l'intérieur des chantiers.

Le Code de M. DUPIN nous offrait en outre la preuve évidente de la sollicitude constante des gouvernements pour la compagnie des marchands de bois à brûler : nous disons *compagnie*, car dès le temps le plus reculé il y a toujours eu nécessité pour les marchands composant ce commerce, de se réunir dans un intérêt commun, pour faciliter et rendre possible le flottage des bois qu'ils vont chercher péniblement dans des forêts éloignées, et qu'ils font transporter à grands frais sur des ruisseaux et des rivières souvent non navigables. Cette réunion forcée avait toujours eu pour but d'établir, régler, ordonner et répartir des dépenses et des charges qu'il serait impossible de supporter isolément; et de temps immémorial cette *compagnie* fut reconnue, autorisée et protégée par l'Administration.

Mais, dans l'ouvrage de M. DUPIN, Code complet et spécial pour le commerce des bois à brûler et charbons, on ne trouvait pas ce qui devait exister concernant *le commerce des bois carrés*, dont l'importance est incontestable aussi pour la provision de Paris; et cependant les mêmes besoins se faisant également sentir, la même protection devait lui avoir été assurée, puisqu'il y a analogie complète entre ces deux commerces.

Ces deux espèces de marchandises, bois à brûler et bois carrés, croissent ensemble, tombent au même moment, sont exploitées et transportées simultanément.

Rendues sur des ports publics, elles sont empilées sur les mêmes terres, l'une à côté de l'autre, et sont gardées par des agents communs.

Bientôt elles sont flottées, et les moyens employés pour l'une sont applicables à l'autre. Mais avant de quitter le port, il faut se procurer à grands frais des flots artificiels qui, nécessaires au bois à brûler, sont également indispensables aux bois carrés.

En cours de navigation, chacun veille à sa marchandise par des gardes-rivières spéciaux à chaque espèce de bois.

Enfin, arrivés à Paris, chaque commerce a son lieu de garage distinct, mais alors les besoins et les dangers réclament des moyens semblables de conservation. Des cordes, des bachots, des agrès et un nombreux personnel deviennent indispensables dans un intérêt général.

Il était donc impossible que l'on eût règlementé un de ces deux commerces sans s'être occupé de l'autre. Tel a été le but de mes recherches, et j'ai la satisfaction d'avoir trouvé et recueilli, *sur la matière des bois carrés*, des Ordonnances, Édits, Arrêts, Déclarations, Lettres-Patentes, Sentences et Actes Législatifs qui prouvent que ce commerce a toujours été l'objet de la même sollicitude de la part du gouvernement.

Ayant pu apprécier les services qu'a rendus l'ouvrage de M. DUPIN au commerce des bois à brûler, en faisant connaître à chacun ses droits et ses devoirs, en prévenant une foule de difficultés et de contestations, et, au besoin, en arrivant même en aide à la justice, j'ai l'espoir que ce Recueil sera de quelque utilité pour le commerce des bois carrés, non-seulement pour le commerce de Paris, mais aussi pour celui de Province. En effet, les exploitants et les marchands forains reconnaîtront, dans de nombreuses Ordonnances qui leur sont applicables, que leurs intérêts n'ont jamais été séparés de ceux du commerce de Paris, pour tout ce qui concerne l'exploitation en général, les charrois, les empilages et occupations sur le bord des rivières, les servitudes imposées aux meûniers, le flottage, la navigation, le repêchage des bois et le garage aux abords de Paris.

Ils trouveront aussi ce qui a rapport aux usages dans le commerce (car les usages deviennent pour ainsi dire des lois) ; ils auront sous les yeux la loi du 4 juillet 1837, relative au système décimal, et tout ce qui traite du nouveau mode de mesurage des bois carrés et de leur exploitation, en conformité de ce nouveau système. Puissent le rapprochement et la comparaison de toutes les opinions émises sur ce sujet, et la méditation que l'on pourra en faire, contribuer à aplanir bientôt les dissidences pénibles qui se sont élevées, pour le mesurage des bois, entre les commerces de Province et de Paris, et les entrepreneurs du département de la Seine !

Quant au commerce *des bois carrés* de Paris, il verra qu'aux 11e, 12e, 13e, 14e et 15e siècles, son titre générique était *commerce de bois merrain ;* que pendant trois cents ans, de 1415 à 1735, toutes ses opérations ont été concentrées dans l'île Louviers, spécialement affectée au déchargement et à la vente des bois de charpente, sciage et charronnage.

Il apprendra avec intérêt sans doute, l'origine de sa compagnie qui remonte au mois d'août 1690, ainsi que le prouve un Édit de Louis XIV, « autorisant la réunion de » soixante marchands de bois à bâtir dans la ville et faubourgs de Paris ; laquelle réunion devra contribuer à » rendre les magasins mieux fournis et à diminuer le prix » de la marchandise ; le même Édit autorisant ces marchands de bois à faire corps et communauté entre eux, » à choisir et élire annuellement des syndics, à dresser » des statuts, tels qu'ils aviseront pour établir un bon » ordre dans leur négoce et profession, lesquels statuts, » dressés de l'avis des prévôt des marchands et échevins » de la ville, seront présentés pour être homologués par » le roi en son conseil d'État. »

On trouvera à la date du 5 octobre 1772 une nouvelle

organisation de la compagnie des marchands de bois carrés, homologuée par le bureau de la ville sur les conclusions du procureur du roi ; des syndics furent alors nommés pour gérer les affaires de la communauté, ordonner
toutes les dépenses communes , faire acquisition de cordes, bachots et autres agrès, nommer des employés, des
agents nécessaires pour établir un ordre dans les ports du
haut, sur les rivières, à l'effet d'y maintenir la sûreté des
marchandises, faciliter les flottages, éviter la confusion,
repêcher et sauver les bois entraînés, et faire face au
paiement de toutes ces dépenses *au moyen d'une cotisation
annuellement votée en assemblée générale des marchands,
dûment convoqués , et devenant loi pour les absents.* Ces
dépenses, indispensables dans un intérêt général, ont toujours reçu la sanction de l'autorité, et les opposants au
paiement (bien rares il est vrai) y ont été contraints, au
besoin, par des Sentences du bureau de la ville, et Arrêts
du Parlement, que nous avons rapportés.

Nous avons complété l'historique de la compagnie des
bois carrés, en insérant la dernière organisation qui
eut lieu le 29 avril 1817, par les soins de nos contempo-
rains, et fut homologuée le 23 août suivant par le Ministre d'État, Préfet de police ; c'est celle qui nous régit
aujourd'hui.

On reconnaîtra donc facilement qu'à toute époque le
commerce des bois carrés, à l'instar de celui des bois à
brûler, fut placé en première ligne comme concourant
à la provision de Paris. Une foule d'Ordonnances, Édits,
Arrêts, Règlements, Sentences , ont pour but de faciliter
l'exploitation, le charroi, le flottage, le garage, le déchargement et la vente des bois de charpente, sciage et
charronnage.

Un point fort important aussi, qui n'a jamais fait doute
pour le bois à brûler, mais qui a donné lieu à de fré-

quentes difficultés pour les bois carrés, c'est *le droit d'oc-cupation*, c'est-à-dire la faculté de déposer sur les terres, prés et héritages bordant les ruisseaux et rivières, les bois arrivant des forêts, dépôt indispensable avant le chargement ou le flottage.

Aujourd'hui ce droit d'occupation ne saurait plus être contesté pour les bois carrés, car de nombreuses pièces, contenues dans ce recueil, prouvent, jusqu'à l'évidence, que ce droit à toujours été également reconnu pour les deux commerces.

L'ordonnance de 1672, chapitre 17, dont l'article 14 traite du permis de prendre des terres pour faire amas des bois, a pour intitulé : *chapitre concernant la marchan-dise de bois neuf, flotté et d'ouvrages*; il doit donc néces-sairement concerner le bois carré comme le bois à brûler.

Le même article 14 fixe à raison de tant *par corde* le prix à payer pour l'occupation des terrains, et c'est ce mot *corde* qui semblait exclure l'application au bois carré. Mais le mot *corde* doit s'entendre des deux sortes de bois. Je pense l'avoir prouvé dans le cours de cet ouvrage, en rapportant des documents antérieurs et pos-térieurs à l'ordonnance de 1672, où les droits imposés aux bois carrés, pour les mesureurs, inspecteurs, déchar-geurs et même pour les contrôleurs des droits d'octroi, sont souvent établis à raison de la *voie de bois* * (*les huit voies faisant le cent de charpente*), composée pour la char-pente de *quatorze solives à la voie;* pour les planches, de *cent quatre toises;* pour les lattes, de *cent quatre bottes;* pour les étaux de hêtre, de *dix toises et demie à la voie*, etc., etc.

* Voyez à la Table des Ma-tières, le mot VOIE DE BOIS.

Une *corde* étant alors composée de *deux voies de bois*, il me semble évident que le mot *corde* comprenait les deux espèces de marchandises. Si l'on voulait en effet aujourd'hui rédiger une ordonnance traitant la même matière que celle de 1672, on se servirait de la désignation de *stère* ou *décastère*, qui serait certainement applicable aux bois à brûler et à œuvrer.

Du reste, dans de nombreuses Sentences que je cite à leur date, le bureau de la ville, faisant application des Édits et Ordonnances du Roi et des Arrêts du Parlement, n'établissait aucune distinction entre les deux commerces, les considérant l'un et l'autre comme concourant à la provision et fourniture de la ville, et comme pouvant en conséquence, au même titre, occuper les terres, prés et héritages le long des rivières, etc.

Par tous ces documents, j'ai voulu constater pour le commerce des bois carrés, moins le prix à payer pour l'occupation que le *droit de dépôt*, en indemnisant les propriétaires raisonnablement et selon l'usage.

Ce recueil eût été incomplet si je n'avais pas donné une place à l'institution si nécessaire des *jurés-compteurs et des gardes-ports ;* dans le Code de M. DUPIN on trouve, il est vrai, les Édits, Lettres-Patentes et Ordonnances anciennes qui ont institué ces agents ; mais j'ai cru qu'il était indispensable aussi de rapporter les instructions modernes qui tracent les devoirs de ces employés. C'est en se pénétrant bien des obligations qu'elles leur imposent qu'ils conserveront toute l'autorité que leur a donnée la loi, et qu'en maintenant l'ordre sur les ports, ils continueront de rendre de véritables services au commerce en général, et en particulier à l'approvisionnement de Paris.

A côté de ces devoirs qu'ils ont a remplir, j'ai voulu leur faire connaître les *droits* qui leur appartiennent, pour faire respecter en toute occasion le caractère public dont ils sont revêtus, et assurer les rétributions qui leur sont dues. J'ai donc soigneusement recueilli dans les arrondissements d'approvisionnement en bois pour la Capitale, et auprès de tous les greffes, depuis les tribunaux de justice de paix jusqu'aux Cours Royales, tous les

Jugements et Arrêts intervenus sur cette matière, afin que, le cas échéant, les jurés-compteurs et gardes-ports aient sous les yeux la jurisprudence établie et les moyens d'obtenir *prompte et bonne justice.*

Il était utile aussi de rappeler tout ce qui concerne le service du repêchage des bois carrés effondrés ou épaves, de faire connaître la ligne de conduite que doivent tenir les gardes-rivières chargés de ce soin, ainsi que les attributions de ces agents, dont le service est si important.

J'ai inséré très exactement toutes les décisions émanant de la Direction générale des Ponts-et-Chaussées, décisions d'un si haut intérêt pour le commerce des bois, la liberté de la navigation et l'approvisionnement de la Capitale.

La perception des droits d'octroi occupant une place considérable dans le commerce des bois, j'ai dû rapporter les arrêtés et décisions sur cette matière.

En résumé, ayant eu en vue, pour le commerce des bois carrés, le même but que M. DUPIN pour le commerce des bois à brûler, j'ai dû adopter *le même titre, suivre le même ordre chronologique, le même classement des matières;* enfin j'ai fait tout ce qui a dépendu de moi pour rendre ce Code complet et d'un usage commode.

Il me reste un devoir de reconnaissance à remplir envers M. DUPIN. M'accueillant avec l'intérêt qu'il porte à tout ce qui touche au commerce des bois, dont il a été longtemps le Conseil, il fut le premier à m'écouter avec bienveillance, et à m'encourager dans la tâche que je voulais entreprendre. Sans doute ce travail eût été au-dessus de mes forces, si son *Code des bois et charbons* n'avait pas été constamment sous mes yeux, pour me tracer ma route, me guider et m'indiquer les nombreuses sources où je devais aller puiser les documents qui m'étaient nécessaires.

Que M. LEGRAND, sous-secrétaire d'Etat des travaux publics, chargé de la Direction générale des Ponts-et-Chaussées, me permette également de lui témoigner ma vive gratitude pour l'intérêt tout particulier qu'il a bien voulu accorder à mes recherches, en agréant la communication de chaque feuille aussitôt qu'elle paraissait, et en suivant, pour ainsi dire pas à pas, la marche de mon travail. C'est une occasion toute naturelle aussi de lui témoigner, au nom du commerce des bois carrés, notre profonde reconnaissance, pour la protection dont il n'a cessé d'honorer notre compagnie, protection qui est une preuve de sa sollicitude éclairée pour l'approvisionnement de la Capitale.

Je termine en adressant mes remercîments à M. DESCURES, l'un des régisseurs de l'octroi, pour les précieux renseignements qu'il a eu l'obligeance de me fournir, et aux employés des bibliothèques du Roi, de la Ville et de l'Arsenal, du dépôt des Archives judiciaires et du Domaine, et des bureaux de la préfecture de police, pour leur empressement à me donner tous les secours et toutes les indications dont j'ai pu avoir besoin.

CODE

DU

COMMERCE DES BOIS CARRÉS,

CHARPENTE,

SCIAGE ET CHARRONNAGE RÉUNIS,

POUR L'APPROVISIONNEMENT DE PARIS.

XIIIᵉ SIÈCLE.

De la coutume des vans, chasiers, corbeilles, corbeillons, escrins, cloies, mirien, fourches, fléaux, etc.

Tous ceux qui amènent à Paris, vans, chasiers, corbeilles, corbeillons ou escrins, pour vendre, doivent au roi *une pièce* de leurs œuvres, etc.

Si celui qui apporte de ces choses n'en apporte qu'une, il ne doit rien, s'il déclare qu'il n'en a plus à Paris.

La charretée des cloies à échafauder de tout MIRIEN A DOLER, doit un denier de droit.

Ne doit aucun droit le *chevron dolé*.

(Extrait du livre des Métiers, d'Étienne Boileau.
Archives du royaume, section administrative.)

NOTA. Cette pièce, par son ancienneté et par l'intérêt qui s'attache aux mots MIRIEN A DOLER (*bois à travailler, à raboter, à œuvrer*), devait avoir le premier rang dans ce recueil; nous avons pensé aussi qu'il était nécessaire d'entrer dans quelques détails sur la significa-

1

lion du mot MIRIEN, qu'on trouvera souvent reproduit dans les ordonnances qui suivent.

MERRAIN, MERRBEIN, MERRIEN, *bois de charpente et de construction*, termes usités dans les 11e, 12e, 13e, 14e, 15e et 16e siècles.

> (Glossaire de la Langue romane, ou Signification des Mots, par Roquefort, 1808, t. 2, p. 175.)

GROS MERRIEN, bois à bâtir ou pour ouvrages.

> (Traité de la Police, Delamarre, t. 3, p. 844.)

MIRIEN OU MERRIEN A DOLER, bois à raboter.

> (Règlements sur les Arts et Métiers de Paris, au 13e siècle, connus sous le nom du Livre des Métiers, d'Étienne Boileau, publiés en 1837, par Depping, p. 323.)

CHARPENTIERS EN MERREIN. Saint Louis avait attribué à son premier charpentier le titre de général de la charpenterie, avec inspection sur tous les ouvriers qui travaillaient du tranchant et en merrein.

> (Encyclopédie méthodique. *Jurisprudence*, t. 9, 1789, p. 513.)

BOIS MERREIN, MERREIN D'ARBRES, MATIÈRE DE CHARPENTE, BOIS DE MERREIN, ÉTOFFE DE CHARPENTERIE (du latin *materia*).

> (Inventaire des deux langues Française et Latine, par P. Monet. Lyon, 1635, p. 138.)

MARREIN OU MAIRRAIN, toutes sortes de bois à bâtir, comme poutres, solives.

> (T. 2, p. 29, Dictionnaire de l'Académie française. Paris, 1684.)

MERRIEN, bois à œuvrer.

> (Extrait des ordonnances sur le fait et juridiction de la prévosté des marchands, p. 52 : du MERRIEN et BUCHE, art. 2. Rocolet, imprimeur, 1644.)

MERRAIN, bois carré, idem pages 405 et 406.

MERRAIN OU MERREIN, quelques uns écrivent MAIRAIN OU MEIRAIN. Ce mot vient de *materia* selon Nicol, et selon Ménage de *materiamen*. Ulpian, dans la loi 55, ff. *de legt.* 3, appelle *materia* le bois à bâtir, ou le bois d'ouvrage ; et le distingue du bois à brûler qu'il appelle *lignum*.

> (Dictionnaire universel de Trévoux, M. DCCLXXI, t. 5, p. 953.)

ORDONNANCE
Pour le commerce des bois, charbons, tuiles, etc.
1299.

Au temps de Guillaume Chiboust, prévost de Paris, l'an 1299, en caresme.

C'est l'ordonnance que les maîtres de la cour, notre seigneur le roi, ont fait pour le commun profit des bonnes gens de Paris, sur le charbon et sur les autres denrées que l'on amène à Paris.

Lorsque le charbon sera arrivé à Paris et mis à prix, il devra être vendu dans les trois jours, etc., etc.

Quant aux fagots de bûches, faisceaux d'escenle (planchette dont on couvrait les maisons), *bottes de lattes*, l'ordonnance ci-dessus sera observée, et nul ne *devra les défaire pour relier, ni trier nulles des choses dessus dites, mais les vendre en la manière qu'il les achète sans y toucher.*

(Livre des métiers, d'Étienne Boileau. Archives du royaume, section administrative.)

ORDONNANCES
Sur le fait et juridiction de la prévosté des marchands.
Février 1415.

« CHARLES VI, imitant ses prédécesseurs rois, donna à la ville
» de Paris plus de lustre qu'il ne lui en avait ôté dans sa colère,
» fondée sur la rencontre du temps. Ses principaux magistrats lui
» furent rendus, ses lois rétablies, mais plus pures qu'elles n'étaient:
» et à ce faire fut commis le sieur de Mauloüé, conseiller au parle-
» ment, très célèbre, avec le prévost des marchands et échevins
» qui étaient lors, sur la requête qu'en fit le procureur général
» du roi de la ville de Paris, sur le fait de la marchandise, qui est
» son vrai titre, et tous ensemble compilèrent ce corps d'ordon-
» nances, qui s'observent encore, à la réserve de quelques arti-
» cles que l'usage a pu faire changer, qui seront remarqués en
» leur lieu. »

Le chapitre 12 de l'ordonnance de février **1415**, par **Charles VI**, concernant la juridiction de l'Hôtel-de-Ville de Paris, contient le fait et l'exercice de la marchandise de merrien (bois carré), bûche et autres bois, chaque jour venant et affluant en la ville de Paris.

Que le merrien (bois carré) ne sera déchargé ni vendu en chemin.

Art. 1er. Toutes marchandises chargées sur la Seine, sont réputées être pour la provision de Paris, s'il n'y a destination contraire par la lettre de voiture.

Art. 1. Premièrement, quand aucune marchandise de merrien (bois carré), ou bûche, sera chargée sur ladite rivière de Seine, ou sur l'une des autres rivières descendant en icelle pour être amenée vendre en la ville de Paris, elle ne sera vendue ni descendue, en chemin, sur peine de forfaicture, sinon que le marchand, à qui sera icelle marchandise, ait dit expressément, en faisant son marché avec le voiturier qui l'amènera, qu'il a l'intention de la vendre sur le port, ou marché juré, qui sera entre le lieu où cette marchandise sera chargée, et ladite ville de Paris : et non autrement, sur peine de forfaicture.

De non faire séjourner ladite marchandise de bûches en l'amenant.

Art. 2. Quand aucunes desdites marchandises seront chargées sur ladite rivière de Seine, ou sur l'une des autres rivières descendant en icelle, pour amener vendre en ladite ville de Paris, les marchands, mariniers, voituriers ou autres à qui elles seront, ne feront séjourner sur les ports où elles auront été chargées, que deux jours, et ceux qui les devront amener, les amèneront directement en ladite ville de Paris, à moins que par fortune ou nécessité de temps ils n'en soient empêchés, sur peine de forfaicture.

Où le gros merrien (bois carré) doit descendre.

Le port des Barres était au-delà des Célestins en la maison desquels étaient alors les Carmes appelés Barrez ou Bigarrez, à cause de leur costume de différentes couleurs. 24e chapitre de cette ordonnance.

Art. 3. Quand un marchand forain amènera gros merrien (bois carré) en ladite ville de Paris, il le mettra au-dessous de la bonde des Barres (île Louviers), et ne le mettra ni descendra en ladite ville de Paris sur terre, si ce n'est par permission desdits prévost et échevins, sur peine de confiscation et forfaicture.

5

Que les forains ne doivent faire chantier.

Art. 11. Nul marchand forain ne mettra, ni descendra aucune bûche, perche, merriens à charrons (bois de charronnage), latte, escenles (planchettes dont on couvrait les maisons), ni autres semblables denrées, ou marchandises, en granges ou chantiers sur terre, mais les vendra sur place et marchés établis et ordonnés pour ces marchandises vendre et distribuer, ou les vendra et distribuera sur bateaux, où elles auront été amenées et non autrement, sur peine de confiscation et forfaicture.

De l'ordonnance du merrien.

Art. 24. Quand aucun merrien de fou (*sciages de hêtre*) ou autre menu merrien que les huchiers, écriniers, et faiseurs de fourreaux d'épée, ont coutume de mettre en besogne, sera amené par eau par aucuns marchands forains pour les vendre en ladite ville de Paris, s'il est amené en *flotte* *, il sera trois jours sans *déflotter*, après ce qu'il sera arrivé, et pendant ce les *flotteurs* qui l'auront amené ou les marchands qui l'auront fait venir, iront faire savoir aux huchiers, écriniers et faiseurs de fourreaux d'épée de ladite ville, que la *flotte* est venue, afin que chacun qui en voudra avoir, en ait par égale portion, ou selon sa possibilité, et ce fait, lesdits écriniers, huchiers et autres qui dudit bois voudront avoir, iront *déflotter* et mettre sur terre ledit bois, pour le partager et distribuer entre eux et autres qui en voudront avoir; et en auront les bourgeois de Paris pour leur user avant tous autres, et s'il est amené en bateaux, il sera descendu sur terre, et on le fera pareillement savoir auxdits huchiers, écriniers et faiseurs de fourreaux d'épée, afin que chacun en ait par la manière des susdites, et si dedans lesdits trois jours, lesdits huchiers et autres qui en voudront avoir, ne font diligence, les marchands pourront vendre leur bois où bon leur semblera, et ne vendront les marchands ameneurs ladite marchandise *couvertement*, ni autrement que par la manière que dit est, sur peine d'amende arbitraire.

* Le flottage des bois carrés était connu 150 ans avant l'invention du flottage des bois à brûler, qu'on attribue à Jean Rouvet, en 1549.

Art. 11. A l'égard du bois merrien, perches, lattes et autres bois à œuvrer, les marchands de Paris peuvent mettre lesdites marchandises en chantiers, les forains n'ont pas cet avantage et doivent vendre dans leur bateau promptement, afin que le public soit secouru, et il n'est pas permis ni à l'un ni à l'autre de faire chantiers de bois à brûler.

Art. 24. Comme il y a beaucoup d'ouvriers, ces sortes de marchandises doivent aussi être distribuées entr'eux, afin qu'ils puissent tous gagner leur vie et servir les bourgeois.

Le chapitre 23ᵉ contient le fait de la marchandise des échalats, merrien à treilles, osier et ployon.

De non vendre ni descendre échalats en les amenant.

Art. 1ᵉʳ. Quand aucuns échalats, merain à treilles, osier ou ployon, seront chargés sur la rivière de Seine, ou sur l'une des autres descendants en icelle, pour être amenés vendre en ladite ville de Paris, ils ne seront vendus ni descendus en chemin, sur peine de forfaicture, sinon que le marchand à qui seront icelles marchandises ait dit expressément en faisant son marché au voiturier qui les amènera qu'il a l'intention de les faire vendre à aucun port ou marché juré, situé entre le lieu où cette marchandise sera chargée et ladite ville de Paris; et non autrement, sur ladite peine.

Qu'on ne doit faire séjourner ladite marchandise en l'amenant.

Art. 2. Quand lesdites marchandises ou aucunes d'icelles seront chargées sur ladite rivière, ou sur l'une des autres rivières, pour amener à Paris vendre, les marchands, mariniers, voituriers et autres, à qui elles seront, ne les feront séjourner sur les ports où elles auront été chargées, ou sur le chemin, que deux jours; ceux qui les devront amener, ne les arrêteront pas en route, mais les amèneront directement aux lieux et places ordonnés pour les vendre, à moins que par fortune de temps ou nécessité, ils n'en soient empêchés : et qui fera le contraire par fraude, aura ses denrées forfaictes et confisquées.

CHAPITRE 32.

De non mixtionner, trier ou mêler aucunes denrées ou marchandises, n'y mettre plus belle apparence par-dessus que par-dessous.

Art. 15. Attendu que certains marchands mus par cupidité, ont fait et commis plusieurs fraudes et déceptions en leurs denrées et marchandises, tant en les mélangeant qu'en mettant plus belle apparence par-dessus que par-dessous, et autrement, au préjudice du bien public, et de ladite ville; pour ces causes ordonnons qu'aucun marchand ni autre, depuis ce qu'il aura amené ses denrées ou marchandises pour être vendues en ladite ville de Paris, ne les triera ni mixtionnera, ni aussi ne mettra plus belle apparence par-dessus que par-dessous, et ne fera rien qui puisse tromper, mais les vendra ainsi qu'elles seront et auront été chargées et amenées sans y faire aucune nouvelleté en fraude des acheteurs, sur peine de forfaicture.

CHAPITRE 55.

Comment, sur et au long des bords desdites rivières, doit avoir chemin de vingt-quatre pieds de lé.

Art. 2. Pour ce que de toute ancienneté sur et au long des bords et rivages desdites rivières, tant comme elles s'étendent et comportent de toutes parts, en quelque état que les eaux soient, hautes, moyennes ou basses, doit avoir chemin de vingt-quatre pieds de lé, pour le trait des chevaux tirant les nefs, bateaux et vaisseaux, tant montants comme avalants par icelles, et les marchandises étant en iceux. Et pour ce qu'en ce, sont faits et mis en plusieurs desdits empêchements : par quoi les marchands, mariniers, voituriers et autres fréquentants les marchandises sur icelles rivières, sont souventes fois destourbés, empêchés, et grandement dommagés, et les marchandises retardées d'être amenées en ladite ville de Paris, au préjudice du bien public : ordonnons qu'aucun ne mette ou fasse mettre sur lesdits rivages aucuns empêchements quelconques, et que chacun sur son héritage souffre, fasse, et maintienne convenablement ledit chemin de vingt-quatre pieds de lé, pour le trait desdits chevaux : sur peines contenues en l'article précédent.

Art. 2. Les bords et rivages des rivières doivent avoir vingt-quatre pieds de large en toutes eaux, pour le tirage des bateaux; autrement et sans cette police, il serait impossible de fournir Paris des choses nécessaires; à quoi il faut bien prendre garde, et s'opposer à l'entreprise ordinaire des bourgeois, ecclésiastiques, gentilshommes, et autres qui voudraient enclore la rivière même dans leurs maisons s'ils pouvaient, tant qu'ils sont insatiables et peu affectionnés au public.

De non mettre ni laisser aucuns empêchements dedans la rivière ni sur les bords et rives appendants sur icelle.

Art. 4. Pour ce que dedans ladite ville de Paris, plusieurs marchands de merrien (bois carré), mariniers, voituriers et autres mettent et laissent leurs bateaux effondrés, et aussi leurs gouvernaux, bois merrien (bois carré), et autres empêchements, tant dedans ladite rivière de Seine, comme sur les rivages, quais et ès-rues ap-

Art. 4. En matière de police, la justice en doit être fort prompte, et sans observer les formalités ordinaires en autres rencontres.

pendants sur icelle : et mêmement sur le chemin par où doivent passer les charrettes, gens, voitures, qui vont quérir les denrées et marchandises chacun jour venants et affluants en ladite ville, pour icelles charger ; et ne sait-on souvent à qui sont ces bateaux, gouvernaux, merien (bois carré), ou autres choses qui empêchent, ni ceux contre qui on se doit adresser pour les contraindre à les faire ôter : et par ainsi demeurent de longs empêchements sur les lieux des susdits, au grand grief, préjudice et dommage de tout le bien public de ladite ville ; pour ces causes, ordonnons que doré-navant aucun ne mette ou fasse mettre ou laisser aucunes choses des susdites, ni autres quelles qu'elles soient, ès-lieux des susdits, sur peine de soixante sols parisis d'amende. Pour exécution de laquelle seront saisies les choses qui ainsi empêcheront : inconti-nent ; lesdits empêchements trouvés ès-dits lieux, seront mis en main de justice, pour être vendus jusques à pleine satisfaction et payement de ladite somme. Et pour obvier à ce que lesdits em-pêchements n'y demeurent longuement, sera fait un martel au seing de nous et de ladite ville, dont le demeurant desdits bateaux, gouvernaux, meriens (bois carrés) et autres choses empêchant seron signées et marquées, par les sergents ou commissaires à ce ordon nés par lesdits prévost et échevins ; et si huit jours après ce qu'ice lui seing ou marque y sera mis, ils ne sont ôtés, ils seront trans portés ailleurs, et vendus par lesdits sergents ou commissaires a plus offrant, au profit de nous et de ladite ville, sans en signifie la vente ou délivrance, ne y garder autre solennité.

(Extrait des ordonnances sur le fait et juridiction de l prévosté de Paris, édition 1644, par Rocolet, p. 1.

ORDONNANCE DE FRANÇOIS Iᵉʳ,

Pour la conservation des bois propres à la charpenterie.

Les échalats ne se feront plus de quartiers de chêne.

22 mai 1539.

FRANÇOIS, etc., savoir faisons comme nous désirons tou choses, tant grandes que petites, concernant le bien de nos sujet

être réglées et mesurées par la raison et en prévoyant les inconvénients qui dépendent des erreurs, y obvier et pourvoir, arrêtant
de longue main et à temps le cours d'icelles erreurs bien averties,
comme chose commune et notoire à tous que, d'an en an et de
temps en temps, les bois et forêts de notre royaume s'écoulent,
vident et enchérissent par divers moyens dont une partie se pourrait éviter, mêmement le grand dégât qui se fait du bois de chêne
appliqué aux échalats pour les vignes, à quoi on choisit toujours le
bois plus sain et plus entier, qui toutefois devrait tenir lieu et
servir de charpenteries dans les édifices de notre dit royaume, et
que l'on doit prévoir la principale nécessité de bois en l'avenir.

Voulons à ce pourvoir, et par mêmes moyens inciter nos sujets
à planter et édifier du bois tendre, comme peuplier, saux, marsaux,
et autres sortes de bois tendre, propre, commode et facile à peupler, multiplier, et soit aide non-seulement auxdits échalats, mais
aussi à cercles et chauffages, où faute dudit bois on est contraint à
s'aider du bois de chêne, de châtaigner, et autres francs bois qui
se devraient réserver à bâtir; avons voulu statuer et ordonner,
voulons, statuons et ordonnons par ces présentes, que dorénavant
ne se feront aucun échalats de quartiers de chêne, et faisons inhibitions et défenses à tous nos sujets d'en user ni mettre sous leurs
dites vignes, mais y mettre échalats de bois rond si bon leur semble,
ou autrement pourvoyent à l'entretien de leurs dites vignes, ainsi
qu'il verront être à faire, et ce sur peine de confiscation des vignes
où seront trouvés lesdits échalats après le temps de trois ans, à
compter du jour de la publication de ces présentes, durant lesquels
trois ans avons permis d'user les échalats qui se trouveront avoir
été faits avant lesdites publications.

Si donnons en mandement, etc.

A Fontainebleau, le 22ᵉ jour de mai, l'an de grâce 1539, et de
notre règne le 25ᵉ.

(Fontanon, t. 1, p. 979, édit. de 1611.)

ORDONNANCE DE CHARLES IX.

Pour conserver les bois de chêne nécessaires à la charpenterie des édifices publics et à la construction des navires, il est dit que les échalats ne seront pas faits en cœur de bois de chêne, sous peine de confiscation des vignes pour l'acheteur, et de la marchandise pour le vendeur.

Donné à Meulan, le 24 septembre 1563.

CHARLES, etc., savoir faisons, comme soit chose commune et notoire à tous, que, d'an en an et de temps en temps, les bois et forêts de notre royaume, tant à nous appartenants qu'à nos sujets, se dépérissent, dépeuplent et gâtent par divers moyens, entre autres le grand dégât qui se fait de bois de chêne appliqué en échalats pour les vignes, à quoi on choisit toujours le bois le plus sain, droit en entier, *qui devrait tenir lieu et servir de charpenteries et édifices, navires et autres vaisseaux de notre royaume;* on se priverait (quoique de principale nécessité) de bois à l'avenir, lequel dès maintenant est fort renchéri et malaisé à recouvrer; aussi les bois taillis de notre dit royaume se coupent ordinairement à six ou sept ans, que le bois est encore si mince qu'il n'a pris force de réitérer quand il est coupé, et les fagots, bourrées et cotrets qui s'en font sont de peu de durée et profit, et qu'en différant les coupes de taillis de trois ans, le chauffage en serait beaucoup meilleur, et les taillis repousseraient mieux et auraient de plus beaux rejets.

Voulons à ce pourvoir comme a déjà pu faire notre très honoré seigneur et père (que Dieu absout) aurait fait par son édit donné à Eclairons, le 2ᵉ jour de juin 1548, et par même moyen exciter nos sujets à planter et édifier du bois tendre, comme peuple, aune, saux, marsaux et autres sortes de bois tendre, propre, commode et facile à peupler, multiplier, et comme devant aider non-seulement auxdits échalats, mais à cercles et chauffage, car à défaut de ces bois ON EST CONTRAINT DE S'AIDER DE BOIS DE CHÊNE, CHATAIGNIER ET AUTRES FRANCS BOIS QUI SE DEVRAIENT RÉSERVER.

A BATIR. Avons voulu statuer et ordonnner, statuons et ordonnons par ces présentes que dorénavant ne se feront aucuns échalats en quartiers de chêne, tant en nos dits bois et forêts et autres quelconques appartenants à nos dits sujets.

Si donnons en mandement, etc.

A Meulan, le 24e jour de septembre, l'an de grâce 1563, et de notre règne le 3e.

(Recueil Moreau, bois à bâtir.)

ARRÊT DE LA COUR DE PARLEMENT
Qui oblige les marchands de bois de Paris et forains à conduire au port le plus prochain les bois à brûler et merien (bois à œuvrer) qu'ils auront exploités.

31 *juillet* 1571.

La cour a ordonné, ouï le procureur général du roi, que dorénavant tous marchands de bois, tant de cette ville que forains, descendant et montant par les rivières à Paris, incontinent qu'ils auront acheté la coupe des bois des seigneurs, propriétaires ou autres, les exploiteront et convertiront en *bois de chauffage ou de merrien (bois à œuvrer)*, selon les échantillons portés par les ordonnances, feront les vidanges dedans le temps prescrit par les contrats et le plus diligemment qu'ils pourront, et *incontinent après les mèneront aux prochains ports desdits bois.*

Incontinent que lesdits bois seront ès-dits ports, ils les feront charger en bateaux pour être, sans séjourner sur lesdites rivières, amenés en cette ville de Paris, et non ailleurs, à moins qu'auparavant d'avoir fait charger lesdits bois, le marchand eût déclaré les vouloir mener ailleurs, et fait ladite déclaration par acte authentique.

(Recueil Moreau, bois à brûler, bib. royale.)

ÉDIT DE HENRI III,
Touchant la police générale du royaume.
Du 21 *novembre* 1577,

Art. 8. Le bois merien (bois à œuvrer) qui sera amené par eau en cette ville de Paris, tiendra port sur l'eau pendant trois jours, sans être enlevé en chantier par ceux qui l'auront fait amener, soit qu'ils fussent marchands de la ville ou forains, et afin que les bourgeois et maîtres charpentiers en aient et lotissent pour leur nécessité et commodité, comme font les menuisiers pour le fait de leur métier, et ce sur peine de confiscation audit bois, et d'amende arbitraire dont le tiers sera adjugé comme dessus, sinon que l'achat ou l'amenage fût fait par un bourgeois, charpentier ou menuisier pour sa provision et fourniture seulement.

(Les Édicts et Ordonnances des rois de France, par Fontanon, t. 1, p. 834, édit. de 1611.)

SENTENCE DU BUREAU DE LA VILLE,

Au profit des marchands de bois bourgeois de Paris, pour recouvrer et faire repêcher certaine grande quantité de bois carrés épanchés sur les bords de la rivière, en quelques lieux qu'ils soient.

Du 6 juillet 1579.

Vu la requête présentée à MM. les prévost et échevins de la ville de Paris, par Pierre Bourdin, Germain Herlement, Etienne Douin et Guillaume Raffront, marchands et bourgeois de Paris, par laquelle les suppliants exposaient que cet hiver dernier ils avaient *certaine grande quantité de bois carré sur les ports de la rivière de Loing*, lequel, par la crue des eaux qui seraient arrivées et débordées, aurait été emmené et dispersé en plusieurs lieux et villages.

Ouï le procureur du roi et de la ville en ses conclusions, *attendu que ledit bois est destiné à la provision de la ville*, avons ordonné : les susdits Bourdin, Herlement, Douin et Raffront, marchands et bourgeois de Paris, sont autorisés à faire faire toutes recherches et perquisitions nécessaires pour retrouver et reprendre leurs bois partout où ils sauront qu'ils peuvent être.

Fait au bureau de la ville, le 6 juillet 1579.

(Archives du royaume, section judiciaire.)

LETTRES-PATENTES.

Pour faciliter les voitures et flottage de bois pour les provisions de Paris sur les rivières de Seine, Yonne, Cure, Brevon, etc., les marchands de bois pourront faire repêcher leurs bois carrés et de moule, canards et effondrés, et les déposer ès-lieux convenables.

Du 2 novembre 1582.

Henry, par la grâce de Dieu, roi de France et de Pologne, aux grands-maîtres enquesteurs et généraux réformateurs de nos eaux et forêts, etc., etc., mandons et enjoignons à chacun de vous, en droit soi, si comme à lui appartiendra, souffrir, comme nous faisons auxdits marchands et leurs facteurs, faire ladite conduite; et pour icelle faciliter, leur faire ou faire faire à leur première requête ou de leurs facteurs, ouverture et passage par-dessous tous les ponts, rivages, moulins et écluses, ruptures et lieux plus commodes, et autres endroits qui sont sur lesdites rivières, et où ont accoutumé passer semblables bois de flotte, en payant toutefois par lesdits marchands ou leurs facteurs, les droits, suivant nos ordonnances et l'ancienne coutume; pourront aussi lesdits marchands, leurs facteurs et entremetteurs, tirer et pêcher desdites rivières *tout le bois carré*, moule et de quartier qui demeure *encanardy* et *dans l'eau*, et ce dans six semaines après la queue de leur flotte; et étant retirés hors desdites rivières, *les pareille-lement souffrir empiler ès-lieux convenables et moins dommagea-bles que faire se pourra*, et bailler *ledit bois carré et moulé*, étant empilé, en garde au plus prochain voisin ou au meûnier, pourvu qu'il soit solvable, pour éviter aux grandes pertes que lesdits marchands souffrent de jour en jour pour leur être ledit bois pris et dérobé, de sorte qu'aucuns d'eux en sont tombés en grande mendicité; permettons aussi auxdits marchands ou leurs facteurs, de faire informer des troubles et empêchements, larcins et pilleries qui leur sont faits, en quelque part et lieu que ce soit : et où les seigneurs et propriétaires desdits moulins, écluses, et autres lieux où ils passeraient, leur feraient ou donneraient empêchement ; lesdits marchands ou leurs dits facteurs pourront protester à l'encontre d'eux, et de tous dépens, dommages et intérêts pour le retardement de leurs marchandises ; et à ce que dessus, faire et souffrir et obéir, contraigniez et faites contraindre par toutes voies et manières dues et raisonnables, nonobstant oppositions ou appellations quelconques : pour lesquelles, et sans préjudice d'icelles, ne voulons l'exécution des présentes être différée...

(Extrait des Ordonnances sur le fait et juridiction de la prévosté de Paris, édit. 1644, par Rocolet, p. 415.)

ARRÊT DE LA COUR DE PARLEMENT

Pour faciliter l'arrivée à Paris des bois flottés, merrains, bois carrés etc., sur les rivières d'Yonne, Cure, et ruisseaux y affluant.

19 avril 1595.

Vu par la cour la requête à elle présentée par les marchands de bois fournissant cette ville de Paris, trafiquants sur les rivières d'Yonne, Cure et ruisseaux y descendant ; par laquelle, attendu qu'au préjudice du public, et contre les arrêts de ladite cour, plusieurs commettent abus, malversations et les empêchent à la conduite de grande quantité de bois qui est sur lesdites rivières, étant pour la fourniture de cette ville de Paris, qui en reçoit grande incommodité, requièrent leur être sur ce pourvu, au bien et utilité publique ; vu aussi les arrêts du 23 mai 1572, du 17 décembre 1583, conclusions du procureur général du roi ; et tout considéré : ladite cour a ordonné et ordonne que tous gentilshommes et autres, ayant châteaux, moulins, forges et autres bâtiments, sur les rivières d'Yonne, Cure et ruisseaux y descendant, seront appelés en icelle pour apporter les titres en vertu desquels en jouissent : iceux vus, si besoin est, informer de la commodité ou incommodité, et communiqués au procureur général du roi, en être ordonné ce que de raison. Cependant *leur fait inhibitions et défenses de ne faire, ne faire faire directement ou indirectement aucunes*

*exactions sur les marchandises de bois, voituriers, mercenaires,
en conduisant* BOIS FLOTTÉ, MERRAIN, BOIS CARRÉ, ÉCHALATS et autres marchandises passant sur ces dites rivières et ruisseaux, ni icelui bois prendre et brûler pendant qu'il passe;

Enjoint se contenter des droits qui leur appartiennent, par titres de possession valables et légitimes ; et à ce qu'aucun n'en prétende cause d'ignorance, sera le présent arrêt lu et publié par les juges des lieux, auxquels et aux prévost, visseneschaux, enjoint la cour de tenir la main à l'exécution, à ce que la navigation des bois soit exercée sans exaction, informer des contraventions, et d'envoyer le tout au greffe de notre dite cour, pour en être par elle ordonné ce qu'il appartiendra.

Fait en parlement, le dix-neuvième avril mil cinq cent quatre-vingt-quinze.

Signé VOISIN.

(Extrait des Ordonnances sur le fait et juridiction de la prévosté de Paris, édit. 1644, par Rocolet, p. 404.)

ARRÊT DE LA COUR DE PARLEMENT

Portant injonction aux gentilshommes, leurs meûniers et autres, de donner passage libre aux marchands et voituriers conduisant bois de moule, merrain, bois carrés, échalats et autres, sans commettre aucune exaction.

12 *juillet* 1595.

Vu par la cour, la requête à elle présentée par les marchands de bois fournissant cette ville, trafiquant sur les rivières d'Yonne, Brevon, Cure et ruisseaux y descendant; par laquelle, attendu qu'au préjudice et contre les arrêts, plusieurs gentilshommes, leurs meûniers, fermiers et autres ne veulent permettre aux suppliants et à leurs mercenaires passer avec le bois qu'ils amènent, d'autant qu'ils empêchent que les palles et vannages des moulins soient levés, sinon en leur donnant des cinquante, soixante et quatre-vingts écus qu'ils exigent; et pour mieux colorer l'exaction, aucuns des propriétaires ou des fermiers et meûniers, ou autres qui font séjourner jusqu'à ce qu'ils aient accompli la volonté desdits propriétaires éloignés desdits lieux, et qui se font celer, requéraient sur ce leur être pourvu au bien et commodité du public ; vu les arrêts des 17 décembre 1583 et 19 avril dernier : conclusions du procureur général du roi ; tout considéré, ladite cour a ordonné et ordonne que les gentilshommes et autres qui ont moulins et places sur les rivières et ruisseaux, seront appelés en icelle pour apporter les titres en vertu desquels ils prétendent droit sur les bois, pour en ordonner ce qu'il appartiendra ; et cependant *leur inhibe et défend de faire ou faire faire directement ou indirectement, aucunes exactions sur les suppliants, leurs voituriers et mercenaires conduisant* BOIS FLOTTÉ, DE MOULE, MERRAIN, BOIS CARRÉ, ÉCHALATS et autres marchandises, passant sur lesdites rivières et ruisseaux ni icelui bois prendre, ni brûler lorsqu'il passe. Enjoint ladite cour aux détenteurs et fermiers desdits moulins et autres lieux de lever incontinent qu'ils seront requis, les palles et vannages desdits moulins pour le passage desdits bois et autrement ; et à leur refus ladite cour a permis et permet aux suppliants, voituriers et mercenaires, après commandement aux propriétaires, parlant à leurs dits meûniers ou fermiers, ou à leur domicile, faire lever lesdites palles et vannages, et si besoin est faire rompre lesdites écluses desdits moulins ; faisant inhibitions et défenses à toutes personnes d'y apporter aucun empêchement à peine de cinq cents écus d'amende, et de plus grande peine s'il y échet ; et à ce qu'aucun n'en prétende cause d'ignorance, sera le présent arrêt lu et publié sur les lieux. Enjoint aux juges, prévost et visseneschaux tenir la main à l'exécution, à ce que la navigation des bois soit libre et sans exaction, et informer des contraventions si aucunes sont faites.

Fait en parlement, le 12 juillet 1595.

Signé DUTILLET.

(Extrait des Ordonnances sur le fait et juridiction de la prévosté de Paris, édit. 1644, par Rocolet, p. 405.)

ORDONNANCE

Portant création de trente officiers de maîtres visiteurs et vendeurs de bois, foin et charbon en titre d'office.

Mars 1583.

XV. Ordonnons en notre ville de Paris, trente offices de visiteurs et vendeurs de bois, foin et charbon, en titre d'office, formés à la similitude et semblance des maîtres visiteurs et vendeurs divers, bétail et marées qui sont en ville, pour y être par nous pourvu par concurrence, de six en six mois, avec les prévost des marchands et échevins de notre ville de Paris, de personnes suffisantes et capables duement cautionnées de faire ce doit, et ne commenceront lesdits six mois accordés auxdits prévost des marchands et échevins, que six mois après sa provision et installation des nouvellement pourvus et institués, lesquels nous leur permettons de répartir en autant de bureaux qu'ils verront être à propos pour le soulagement de nos sujets et en iceux, les astreindre d'assister à toutes heures de jours ouvrables y faire garder notre édit de 1577 du 21 novembre sur ce fait du bois, charbon et foin, qui sera mené et vendu ès-ports à ce destinés, tenir registre fidèle de la quantité d'icelui et des prix de la vente, selon la limitation qui sera faite au commencement de chaque année par les prévost des marchands et échevins, en appelant auprès d'eux certain nombre des vendeurs; lequel prix ne pourra aucunement être excédé, non plus que celui du salaire des jurés-mouleurs, mesureurs, priseurs, compteurs, charretiers, baquetiers; sera ledit registre, chaque semaine par eux porté en l'hôtel de notre ville, et faire ledit bois, charbon, et faire débarder et descendre hors des bateaux aux dépens d'iceux marchands vendeurs, et déchargés sur la grève de Paris, desdits ports incontinent qu'ils y seront arrivés et que la vente leur aura été permise.

Les visiteurs et vendeurs nouvellement créés seront tenus leur payer et avancer tout le prix de la valeur de leur marchandise, dans le troisième jour de la vente, d'icelle leur aura été permise et jour le plus tard dans le quatrième aux rabais. Auront pour leurs peines et salaires, huit deniers tournois pour livre, de tous le bois, charbon et foin amené et vendu, à prendre sur les marchands vendeurs, sans que lesdits marchands les puissent empêcher et visitation et perception dudit droit, et outre cela moitié de toutes les amendes et confiscations, qui, à leur dénonciation et poursuites, nous seront adjugées contre les contrevenants, demeurant l'autre moitié au corps de notre ville, ainsi qu'ils ont joui, lesquelles ne pourront être remises ou modérées pour quelques causes et occasions que ce soit; supprimons les offices de contrôleurs de bois, de charbon et foin, par nous créés en les remboursant de la finance entrée en nos parties casuelles, ensemble de leurs frais modérés à six écus sol pour chacun, leurs permettons pouvoir eux-mêmes faire amener le bois, charbon et foin en gardant nos ordonnances de police.

Défendons à toutes personnes de faire provision desdites marchandises, pour après les revendre et débiter secrètement ou autrement comme regrattiers, à beaucoup plus grand prix que l'ordonnance le permettra, aux peines indiquées par icelles et autres plus grandes, s'il y écheait à l'arbitrage et jugement des prévost des marchands et échevins, n'entendant pas empêcher les bourgeois de notre ville de faire provision telle que bon leur semblera, pourvu que ce ne soit pour vendre.

Donné à Paris, au mois de mars 1583, de notre règne le 9e, en parlement le roi y séant, le 7 mai 1583.

(Extrait de la grande conférence des ordonnances et
édits royaux, par P. Guénoi, nouv. éd., Paris, 1678,
t. 2, liv. X, tit. XV, § 46, 1135-36, in-fol. F. 1028.)

SENTENCE DU BUREAU DE LA VILLE,

16 *juillet* 1586,

Par laquelle Jacques Maillet a été condamné à avoir le fouet, pour avoir dérobé une *pièce de bois*, avec arrêt de la cour du 29 dudit mois, confirmatif d'icelle sentence, à la requête du substitut de procureur-général du roi.

SENTENCE DU BUREAU DE LA VILLE,

3 *avril* 1598,

Par laquelle Pierre-Simon, dit Manincquet, et Jean Méreau, voituriers par eau, ont été condamnés à être fouettés et mis au carcan, pour avoir *dérobé et vendu du bois carré* par les chemins, appartenant à Charles Marchant.

(Bib. roy., extrait des ordonnances sur le fait et juridiction de la prévosté de Paris, p. 474, édition 1644.)

SENTENCE DU BUREAU DE LA VILLE,

Qui ordonne qu'il ne sera apporté aucun empêchement à l'arrivage sur le port, des bois carrés destinés pour la provision de Paris.

7 *août* 1596.

Vu la requête à nous présentée par Jean et Louis Piretony frères, marchands, demeurant à Châtel-Censoir, contenant qu'ils ont acheté, fait faire et façonner grande quantité de bois, tant moule que *carré*, dans le bois de Monthalier et Coulon, avec intention de le faire amener et voiturer à Paris, *pour la provision et fourniture d'icelle*, et que nobles hommes Antoine Lelong, seigneur de Monthalier, et Pierre Derieux, seigneur de Masignant et Coulon, *n'ayant aucun motif d'empêcher l'arrivage desdits bois sur les ports*, comme aussi la voiture de ce bois depuis lesdits ports jusqu'en cette ville, que cependant ils ont *fait saisir et arrêter ledit bois sur le port de Monthalier*, et dans les ventes du bois de Coulon : ce qui est au préjudice des réclamants.

Ce considéré et que ledit bois saisi est destiné pour la provision et fourniture de la ville de Paris, il nous plaise ordonner que le bois ainsi saisi et arrêté, tant sur lesdits ports que dans lesdites ventes, sera amené et voituré desdites ventes sur les ports ; ce fait, être exactement voituré pour Paris.

Ouï le procureur du roi et de la ville, en ses conclusions, avons ordonné que les bois ainsi saisis et arrêtés, tant sur lesdits pòrts ci-dessus mentionnés, que dedans les ventes, sera amené et voituré desdits ventes sur les ports, pour ce fait être directement amené et voituré dans ladite ville de Paris, pour la provision et fourniture d'icelle, nonobstant saisie.

Fait au bureau de la ville, le 7 août 1596.

(Archives du royaume, section judiciaire.)

SENTENCE DU BUREAU DE LA VILLE,

Qui facilite l'arrivée à Paris de dix mille solives de bois carrés, destinées pour la provision de ladite ville, lesquelles devront être amenées directement, nonobstant opposition ou saisie.

20 *janvier* 1604.

Vu la requête à nous faite et présentée par Jean et Louis Piretony frères, marchands de bois à Châtel-Censoir, contenant que, *pour la fourniture de Paris*, défunt leur père avait acheté au pays haut grande quantité de futaie sur pied, dont aurait été façonné une bonne partie en bois de moule et *bois carré pour faire amener en cette ville*, et qu'il en aurait été conduit certaine quantité à Monthalier, Coulon, Velle, Moulin, Coulanges-sur-Yonne et *autres ports*, 4 à 5000 de bois de moule et *dix mille pièces de bois carrés*, et le surplus serait resté dans les forêts tant coupé qu'à couper, et spécialement sur la rivière d'Anson où il y en a quantité tant à couper que coupés, achetés du sieur Devillemorin, desquels bois plusieurs personnes s'approprient comme d'une marchandise abandonnée, d'autres en ont fait saisir, bref chacun en prend par où il peut comme chose abandonnée.

Et attendu que ledit défunt Piretony a payé tous ses engagements et que ledit bois est *destiné à la provision de la ville de Paris*, lesdits suppliants désirent qu'il y soit conduit.

Ouï le procureur du roi et de la ville en ses conclusions,

attendu que ledit bois est destiné à la provision de la ville, avons ordonné que tout ledit bois ci-dessus mentionné sera directement et de fait amené et voituré en cette ville de Paris, nonobstant toutes saisies, etc.

Fait au bureau de la ville, le 20 janvier 1604.

(Archives du royaume, section judiciaire.)

SENTENCE DU BUREAU DE LA VILLE,

Qui lève tout empêchement apporté au transport et voiture des bois carrés destinés pour la provision de Paris.

20 *juillet* 1604.

Vu la requête à nous faite et présentée par Guillaume Pajot, marchand de bois et bourgeois de Paris, portant que dans les forêts de Reaumarot et de la Coudre étant en Morvant, Nivernais et Bourgogne, il a acheté grande quantité de bois qu'il a fait façonner en bois de moule, corde et *bois carré*, *et ce pour la provision et fourniture de cette ville*, partie duquel il a fait amener et voiturer au *port de Montbaron* sur la rivière d'Auguizon, au port de Coulon, sur la rivière d'Yonne, au port de Luig, même rivière, et au port de Magny, même rivière, lequel bois voulant faire acheminer en cette dite ville, quelques personnes qui n'y pouvaient rien prétendre *ont fait malicieusement saisir lesdites marchandises, ce qui est à son grand préjudice, d'autant que si cette chose avait lieu, l'approvisionnement de la ville en manquerait.*

Nous requérant ledit Pajot, attendu que ledit bois est *destiné pour la provision de Paris*, il nous plaise ordonner qu'il y sera directement amené, nonobstant opposition.

Nous, après avoir ouï le procureur du roi et de la ville en ses conclusions, et attendu que ledit bois *est destiné pour être amené en ladite ville pour la provision d'icelle*, avons ordonné que lesdits bois seront, à la diligence dudit Pajot, directement et de fait amenés et voiturés dans cette dite ville, nonobstant saisies.

Fait au bureau de la ville, le 20 juillet 1604.

(Archives du royaume, section judiciaire.)

SENTENCE DU BUREAU DE LA VILLE,

Par laquelle le sieur Lorton, marchand de bois pour la provision de Paris, est autorisé à faire toute perquisition nécessaire, pour reprendre le bois carré qu'il a fait flotter au port de Jaulgonne, et qui a été soustrait par des bateliers, à la suite des grandes eaux.

25 *août* 1605.

Vu la requête à nous faite et présentée par François Lorton, marchand de bois, contenant que ci-devant il aurait fait amener et conduire du port de Jaulgonne par la rivière de Marne en cette ville de Paris, quatre *trains de bois carrés* conduits par François Rigot, facteur; duquel bois, au moyen des grandes eaux, il en a été perdu plusieurs pièces tant grandes que petites, que plusieurs personnes, meûniers, et bateliers et autres, ont repêchées, les unes dans l'eau et les autres sur les graviers et bordages quand lesdites eaux ont été abaissées, et qu'ils sont refusant de lui rendre requérant de vouloir les lui rendre.

Considéré ce contenu de cette requête, nous avons permis et permettons audit Lorton, faire faire perquisition et recherche de son dit bois partout où il s'en trouvera, et faire faire commandement à toute personne de le représenter en leur payant leur peine et vacation s'ils en prétendent, et où il se trouvera; que aucuns ayent scié et mis en œuvre dudit bois, seront ajournés à jour certain et compétent par devant nous au bureau de ladite ville, pour eux voir condamner à en payer la valeur.

Fait au bureau de la ville, le 25 août 1605.

(Archives du royaume, section judiciaire.)

SENTENCE DU BUREAU DE LA VILLE,

Rendue en faveur du sieur Pajot, marchand de bois et bourgeois de Paris, qui lui facilite le flottage et

arrivée de ses bois de moule et carrés, destinés pour la provision de la ville.

27 *octobre* 1605.

Vu la requête à nous présentée par Guillaume Pajot, marchand de bois et bourgeois de Paris, contenant que, pour continuer et entretenir son trafic de commerce de bois, il aurait acheté en divers lieux plusieurs *pièces de bois de haute futaie* et grand taillis qu'il aurait fait faire et façonner en bois de moule, corde moulée, *bois carré*, miriein à vin, échalats, etc, et *ce pour la provision et fourniture de Paris*, partie de laquelle marchandise il a fait mener et conduire, tant sur la rivière d'Yonne, Cure en pays du Morvant, le tout descendant dans la grande rivière d'Yonne, et laquelle marchandise plusieurs personnes auraient, pour empêcher le trafic desdits suppliants, fait saisir en vertu de quelques prétendues requêtes qu'ils ont présentées sous faux donné à entendre, de sorte que le suppliant ne peut faire amener sa marchandise dans ladite ville, tant par eau que par terre, *si vous ne lui donnez le pouvoir de le faire selon l'ordonnance.*

Ce considéré et que lesdites saisies sont malicieusement faites pour empêcher le commerce du suppliant, et par des gens auxquels il ne doit rien, et que les marchandises ci-dessus spécifiées, étant tant sur les ports et rivières ci-dessus que dedans les ventes forêts, sont *destinées pour la provision et fourniture de cette ville;*

Il nous plaise ordonner que les marchandises *des qualités ci-dessus* seront directement et de fait amenées en cette dite ville, nonobstant lesdites saisies.

Ouï le procureur du roi et de la ville en ses conclusions, avons ordonné que directement et de fait le bois ci-dessus mentionné *et des qualités dites étant sur les ports et bordages des rivières* et dans les ventes, sera, à la diligence du sieur Pajot ou de ses serviteurs et facteurs, amené et voituré tant par eau que par terre en cette dite ville, nonobstant les saisies et arrêts.

Fait au bureau de la ville, le 27 octobre 1605.

(Archives du royaume, section judiciaire.)

SENTENCE DU BUREAU DE LA VILLE,

Rendue en faveur de marchands de bois, qui fait défense de les troubler dans la voiture et flottage de leurs bois de moule et bois carré, destinés pour la provision de Paris.

5 novembre 1605.

Vu la requête à nous faite et présentée par Jean Piretony, marchand, demeurant à Châtel-Censoir, et Louis Piretony son frère,

Contenant que défunt Jacques Piretony, leur père, et de son vivant, pour continuer son trafic et commerce de bois, a acheté plusieurs grandes forêts sur la rivière d'Yonne, Cure, Anguison, Villemoulins et autres rivières descendantes à Paris, lesquelles forêts il aurait en partie fait couper et le bois en provenant fait amener en cette dite ville, où il était destiné, et pour le surplus couper et ce qui restait à couper desdites forêts lesdits suppliants l'auraient, après l'avoir fait façonner en bois de moule, *bois carré*, cordes moulées, quartier à échalats, que en autres ouvrages et autres qualités de bois, fait jeter ès-dites rivières avec autre grande quantité de bois de pareille qualité à eux appartenant, provenants d'autres forêts par eux suppliants achetées, et fait cedit jet des bois en plusieurs flots que l'on appelle *à bois perdu*, pour être amené et voituré en cette dite ville pour la provision de Paris, où en aurait été amené partie, et pour le reste étant en grand nombre à cause du long séjour qu'il a fait sur ladite rivière pour la commodité des eaux et aussi pour l'empêchement fait audit bois par plusieurs petits flots, ledit bois demeure au fond de l'eau en canards, desquels lesdits suppliants n'ont pu faire tirer que partie au moyen des empêchements susdits.

Ils sont avertis que plusieurs personnes, comme marchands, meûniers, propriétaires de moulins, habitants des villes et plusieurs autres personnes, ont confusément et malicieusement fait pêcher tous lesdits bois canards dont ils se rendent maîtres et propriétaires, et pour en faire perdre la connaissance aux suppliants les ont marqués par les bouts, et non-seulement celui étant au fond de l'eau, mais encore celui par lesdits suppliants fait tirer sur les ports et bords desdites rivières, et s'en attribuent tellement la propriété qu'ils le font mener nuitamment dans leurs maisons, le vendant et débitant à leur volonté, ce qui est la totale ruine et détriment desdits suppliants s'il ne leur est par vous, mes dits seigneurs, sur ce pourvu.

Requérant vouloir ordonner, lesdits bois être amenés en cette dite ville, nonobstant toute saisie ou autres empêchements, et leur permettre faire informer lesdits larcins, martelages et déguisements.

Considéré le contenu en ladite requête, ouï sur ce le procureur du roi et de la ville en ses conclusions, attendu que ledit bois est destiné pour la provision et fourniture de ladite ville, avons ordonné et ordonnons qu'à la diligence desdits suppliants les susdits bois ci-dessus mentionnés et des qualités susdites seront royaument, directement et de fait amenés et voiturés et conduits en cette ville, nonobstant toutes saisies, arrêts ou oppositions, appellations et empêchements quelconques, et toutefois à la charge d'iceux, le tout conformément aux ordonnances du roi et de la ville, et arrêts de nos seigneurs de la cour de parlement; et en outre à la charge, ledit bois étant en ladite ville, ne pourront lesdits Piretony le vendre sans au préalable faire appeler pardevant nous les saisissants, opposants, le tout à la conservation de qui appartiendra. Et en outre permettons auxdits Piretony de faire informer des larcins desdits bois, déguisement d'iceux, martelages, pêchages, pertes et reconnaissances, et être pardevant les premiers et plus prochains juges aux sujets royaux d'entre eux; à ce faire commettons pour les informations faites être rapportées pardevant nous et être ordonné ce que de raison.

Fait au bureau de la ville, le 5 novembre 1605.

(Archives du royaume, section judiciaire.)

SENTENCE DU BUREAU DE LA VILLE,

**Qui fait défense aux seigneurs ou tous autres d'empê-
cher le passage sur la rivière de poutres en chêne
destinées pour la provision de Paris ; ordonne que
le premier sergent de ville, ou autres, fera faire ouverture des écluses, moulins, gauthiers, pour le pas--
sage desdits bois.**

18 *janvier* 1606.

Vu la requête à nous faite et présentée par Dufresne, marchand
de bois,

Contenant qu'il a sur les bords des rivières de Moligny et de
Senain, quantité *de poutres en chêne pour la fourniture de
cette ville de Paris,* qu'il désire y faire venir ce qu'il ne peut faire
conduire, sinon par lesdites rivières, *et à bois perdu,* et d'autant
qu'aucun particulier ne désirant que lesdites rivières se rendent
navigables et n'apportent autre utilité qu'à leur particulier, sous
prétexte qu'ils sont seigneurs de partie desdites rivières, et sur lesquelles ils ont moulins et bâtiments, veulent empêcher le moyen
des écluses, vannages et gauthiers qu'ils ont fait faire, le cours et
trafic de toutes marchandises, même le passage desdites poutres et
autres bois, qui est à son préjudice et du public, requérant de vouloir sur ce pourvoir.

Considéré le contenu de ladite requête, ouï sur icelle le procureur du roi et de la ville en ses conclusions, et attendu que lesdites poutres sont destinées pour être amenées et voiturées en cette
dite ville pour la provision et fourniture d'icelle, avons ordonné
que directement, royaument, et de fait, lesdites poutres seront
amenées et voiturées en ladite ville, et pour ce faire mandons au
premier sergent de ladite ville et autres sergents sur ce requis,
faire faire ouverture desdites écluses, moulins, gauthiers, pour le
passage desdits bois, nonobstant toute opposition ou appellation
quelconques, suivant les ordonnances de la ville et arrêts de nos
seigneurs de la cour de parlement, priant aux juges et officiers des
lieux de tenir la main à l'exécution des présentes.

Faisant défenses à toute personne de troubler ou empêcher l'exécuteur porteur des présentes, à la conduite desdites poutres, ouvertures desdits moulins, pales, vannes, gauthiers, écluses et autres empêchements, à peine de 1500 liv. d'amende.

Fait au bureau de la ville, le mercredi 18 janvier 1606.

(Archives du royaume, section judiciaire.)

SENTENCE DU BUREAU DE LA VILLE,

Rendue en faveur du sieur Batillard, marchand de bois et bourgeois de Paris, qui l'autorise à faire toutes les recherches nécessaires pour recouvrer les bois carrés, poutres, solives, planches et membrures qui lui ont été dérobés sur les ports et bords des rivières, et qui étaient pour la provision de Paris.

29 *juillet* 1606.

Vu la requête à nous faite et présentée par Mathieu Batillard, marchand de bois et bourgeois de Paris,

Contenant que, pour la provision et fourniture de cette ville de Paris, il a fait couper, fait faire et façonner en la forêt de Montaigne, certaine quantité de *bois carré, comme poutres, solives, et autres bois à bâtir et construire maisons, comme aussi plusieurs planches et membrures,* laquelle marchandise il avait fait marquer à sa marque, et une bonne partie fait amener et conduire sur les *ports et bords des rivières* les plus proches de ladite forêt, pour en faire faire la conduite en cette dite ville, dont on lui en aurait pris et dérobé plusieurs pièces, tant sur lesdits ports que dans l'eau, même de ladite marchandise étant demeurée en ladite forêt, qu'il a découvert être en la possession de plusieurs marchands, voituriers, mercenaires, meûniers et autres personnes, ce qui est à son grand préjudice et totale ruine, requérant lui vouloir pourvoir.

Considéré le contenu en laquelle requête, et attendu que le bois ci-dessus nommé est destiné pour la provision et fourniture de cette ville, et ouï sur ce le substitut du procureur du roi et de la ville en ses conclusions, avons permis audit Batillard de faire faire perquisition et recherches en tous les lieux où l'on aura mis dudit bois ainsi mal pris, icelui faire saisir étant en possession de quelques personnes que ce soit, de faire royaument et de fait directement amener en cette dite ville, nonobstant toute saisie ou arrêt, oppositions quelconques, faites ou à faire, et toutefois à la charge d'icelles, conformément aux ordonnances et aux édits du roi et arrêts de nos seigneurs de la cour de parlement, et encore à la charge que lesdits bois étant en cette ville, ledit Batillard n'en pourra disposer sans au préalable faire appeler pardevant nous lesdits saisissants, opposants ou appelants, et ordonne que ceux en possession desquels sera trouvé desdits bois seront assignés aussi pardevant nous à jour certain pour répondre tant aux conclusions dudit Batillard, que celles que le procureur du roi et de la ville voudra prendre pour raison.

Fait au bureau de la ville, le 29 juillet 1606.

(Archives du royaume, section judiciaire.)

SENTENCE DU BUREAU DE LA VILLE,

Qui ordonne la levée d'empêchements apportés au transport à port, et flottage de bois de moule et bois carrés destinés pour la provision de Paris.

12 août 1606.

Vu la requête présentée par Louis Piretony, marchand de bois et bourgeois de Paris, et Jean Piretony, son frère, marchand de bois à Châtel-Censoir;

Contenant qu'ils ont ci-devant acheté du seigneur de Tintery et d'Anne Saint-Leger, sa femme, la coupe de 500 arpens de bois de haute futaie, sise en la forêt d'Abigny, rivière de Cure, comme aussi ils auraient acheté d'autres personnes autre grande quantité de bois sur la rivière d'Yonne, tant de bois coupé et façonné (que moule et *bois carré*), lesquels bois ils ont dit être destinés pour être amenés et voiturés dans ladite ville pour la provision et fourniture d'icelle, mais ils craignent en être empêchés tant par les sieurs et dames de Tintery, que autres personnes qui prétendent quelques droits sur lesdits bois, lesquels les menacent journellement de les faire saisir, requérant vouloir ordonner que nonobstant toute saisie et autres empêchements, ledit bois sera amené en cette ville.

Considéré le contenu en laquelle requête, et attendu que ledit bois ci-dessus mentionné est destiné pour la provision et fourniture de cette dite ville, ouï sur ce le substitut du roi et de la ville en ses conclusions, avons ordonné que toute ladite quantité de bois ci-dessus, en quelque lieu où elle est à présent, soit sur les ports de Cravant, Châtel-Censoir, que autres ports, sera royaument, directement et de fait amenée et voiturée, en cette ville de Paris, au péril et fortune desdits sieurs Piretony, nonobstant toute saisie, arrêt, opposition, appellation et autres empêchements quelconques faits ou à faire, et toutefois à la charge d'icelles, conformément aux édits et ordonnances du roi et de la ville, et arrêts de nos seigneurs de la cour du parlement, et en outre à la charge par lesdits sieurs Piretony de ne vendre et engager lesdits bois par les chemins.

Fait au bureau de la ville, le 12 août 1606.

(Archives du royaume, section judiciaire.)

SENTENCE DU BUREAU DE LA VILLE,

Qui autorise les sieurs Piretony frères, marchands de bois à Paris et à Châtel-Censoir, à faire toute perquisition pour retrouver les bois de merin (bois carrés), et de moule, que des gens mal intentionnés se sont appropriés, et fait défense de troubler lesdits marchands de bois dans la voiture et flottage desdits bois carrés et autres destinés pour la provision de Paris.

28 septembre 1607.

Vu la requête à nous faite et présentée par Jean et Louis Piretony, marchands de bois, demeurant, savoir : ledit Jean Piretony à Châtel-Censoir, et ledit sieur Louis en *la ville de Paris*,

Contenant que, pour la continuation de leur trafic, ils ont acheté grande quantité de bois au pays de Nivernais, lequel ils ont coupé à plusieurs et diverses fois, tant en bois de moule, quartier à faire merin et échalats, que *bois carrés*, et cordes, de tout pour être conduit par la rivière d'Yonne, Cure et ruisseaux descendants en icelle, et amené en cette ville de Paris pour la provision et la fourniture d'icelle, partie desquels bois étant *tant dans les ventes que sur les ports des bois, que le long des rivières et ruisseaux*, tant en flot que tirés sur terre ou demeurés au fond desdites eaux, plusieurs particuliers s'en seraient saisis et emparés, aucun pour en faire leur profit, et les autres comme des marchands qui ont des bois sur ladite rivière, ou leurs commis, auraient, au *deçu* desdits Piretony, fait mêler lesdits bois ensemble, tant en flottance que bois canards, et desquels ils ne veulent faire restitution, quelques offres qu'ils auraient pu faire pour les rembourser des frais qu'ils pourraient avoir fait à la conservation desdits bois et repêchage, et veulent lesdites personnes en ce faisant les priver de la propriété desdits bois, qui est à leur grand préjudice et dommage, requérant sur le tout par nous être pourvu.

Considéré le contenu en ladite requête, et sur ce, ouï et consentant, requérant le procureur du roi et de la ville, avons permis auxdits Piretony de faire informer tant pardevant nous que le plus prochain juge des lieux de la demeure de leurs témoins, que à ce faire commettons contre ceux qui ont pris et se sont emparés desdits bois, ensemble des larcins et exactions à eux faites par plusieurs personnes, en faisant le négoce et le trafic desdits bois, pour ce fait être les informateurs rapporteurs pardevant nous pour en ordonner ainsi que de raison, et pour le regard des bois qui se trouveront en nature, attendu qu'ils sont destinés pour la provision et la fourniture de cette dite ville, permettons auxdits Jean et Louis Piretony, de les faire saisir pour la conservation de leurs droits, et faire établir commissaire, et les faire directement, royaument et de fait amener et voiturer en cette dite ville de Paris, nonobstant toute saisie ou arrêt qui pourraient avoir été faits sur iceux bois, ny toute autre saisie, arrêt, oppositions quelconques, faites ou à faire, et toutefois à la charge d'icelles, le tout suivant et conformément aux édits et ordonnances du roi, etc.

Et faisons défense à toute personne de ne troubler ni empêcher lesdits Piretony en leur trafic et voiture dudit bois, à peine de mille livres parisis d'amende, de tous dépens, dommages et intérêts, et la charge aussi que lesdits bois étant dans cette dite ville, lesdits Piretony n'en pourront disposer, sans au préalable faire appeler pardevant nous les saisissants ou arrêtants.

Fait au bureau de la ville, le 28 septembre 1607.

(Archives du royaume, section judiciaire.)

SENTENCE DU BUREAU DE LA VILLE,

Au profit de plusieurs marchands de bois, pour recouvrer leurs bois merrein et planches en quelques lieux qu'ils soient ; faire ouvrir par un sergent de la ville, les caves, greniers, ou autres lieux dans lesquels pourraient se trouver des bois cachés.

28 *octobre* 1608.

A tous ceux qui ces présentes lettres verront, Jacques Sauguin, etc., salut :

Savoir faisons que, vu la requête à nous faite et présentée par François Lambert, Antoine Faucher et Jean Olivier, marchands de bois,

Contenant qu'ils ont acheté de Mme Delile les bois à elle appartenant, premièrement des bois de Villeneuve-aux-Riches-Hommes-Saint-Maurice et Maulny, une partie desquels ils ont fait abattre et mettre en *bois merriens*, *planches*, échalats et bois de cordes, fagots et autres sortes de bois pour mener en cette dite ville de Paris, pour la provision et fourniture d'icelle ; que lorsque ledit bois a été façonné, tant dans lesdites ventes que sur les ports même amenant icelui en cette ville, et y étant, en aurait été mal pris par plusieurs personnes inconnues, qui l'ont caché pour leur en faire perdre la connaissance ; même de jour en jour, on leur en prend et dérobe, ainsi qu'ils sont avertis ; à l'occasion desquels larcins, cachettes et recèlements, ils souffrent de grandes pertes, requérant sur ce pouvoir.

Considéré le contenu en laquelle requête et sur icelle, ouï le procureur du roi et de la ville, avons permis et permettons auxdits Lambert, Faucher et Olivier de faire faire perquisitions et recherches tant sur les lieux par les chemins jusque en cette dite ville de Paris, où ils seront avertis qu'il y aura de leur bois, et à cette fin faire faire ouverture des caves, celliers et autres lieux où il en sera trouvé, par des serruriers, en la présence des sergents de ville ou autres sergents sur ce requis, pour ledit bois étant trouvé, le saisir et en faire procès-verbal, ensemble faire informer des larcins et recèlements qui ont été faits et qui se feront par ci-après, pour les procès-verbaux et informations faites, être rapportés par devers nous, avec les assignations à ce requises et nécessaires, pour le tout vu, ordonner ce que de raison.

Fait au bureau de la ville, le 20 octobre 1608.

(Archives du royaume, section judiciaire.)

SENTENCE DU BUREAU DE LA VILLE,

En faveur du sieur Lesecq, marchand de bois et bourgeois de Paris, fait défense d'apporter aucun empêchement au transport des bois à bâtir et de moule que ledit Lesecq fait arriver au port et destine à la provision de Paris.

14 *mars* 1609.

Vu la requête à nous faite et présentée par Martin Lesecq, marchand de bois et bourgeois de Paris,

Contenant que, pour la provision et fourniture de cette dite ville, il a acheté au pays d'amont grand nombre de bois tant à *bâtir* qu'à brûler, sur lesquels il est averti que aucun de ses ennemis ont fait procéder par voie de saisie et arrêt, soit pour quelque prétendu dommage et intérêt au passage desdits bois, qu'au-

trement à dessein, afin de les traverser, et empêcher à la voiture
desdits bois, tant par terre à bois perdu, qu'en trains, requérant
qu'il nous plût ordonner les bois être amenés en cette ville royaument et de fait, nonobstant toute saisie et arrêt.

Considéré le contenu en laquelle requête, et sur ce, ouï le
procureur du roi et de la ville en ses conclusions, et attendu
que ledit bois est destiné pour la provision et la fourniture de
cette dite ville, avons ordonné que royaument, directement et de
fait, tout ledit bois dudit Lesecq, tant carré qu'à brûler, sera
royaument, directement et de fait amené et voituré en cette dite
ville, nonobstant les saisies et arrêts et tous autres empêchements
quelconques faits ou à faire, et toutes fois à la charge d'icelles,
conformément aux édits et ordonnances du roi et de la ville, et
arrêts de nos seigneurs du parlement, à la charge que ledit bois
étant en cette dite ville, ledit Lesecq n'en pourra disposer, sans
au préalable faire appeler lesdits saisissants, opposants, lesquels
seront assignés pardevant nous pour en dire leur cause.

Fait au bureau de la ville, le 14 mai 1609.

(Archives du royaume, section judiciaire.)

SENTENCE DU BUREAU DE LA VILLE,

**Qui ordonne que les bois carrés et autres, déposés sur
les ports de l'Yonne et destinés pour la provision de
Paris, seront voiturés et transportés, nonobstant
toute opposition ou empêchement.**

27 mai 1609.

Vu la requête à nous faite et présentée par Jean et Louis Piretony, marchands, demeurant, savoir : ledit Jean Piretony à
Châtel-Censoir, et ledit Louis Piretony en cette ville,

Contenant qu'ils ont, à eux appartenant, tant audit Châtel-Censoir que au-dessus et au-dessous, grande quantité de bois de moule,
corde, traverses, et *bois carrés* et quartiers, destinés pour la provision et fourniture de cette ville, où ils le désirent faire amener

et voiturer ; mais ils craignent que quelques malveillants ou autres personnes envieux contre eux l'aient fait ou fassent saisir à mauvais dessein et mauvaise intention, afin de faire perdre la commodité de l'eau, qui est en bon labourage.

Requérant qu'il nous plaise leur permettre de faire amener ledit bois en cette dite ville nonobstant toute saisie, arrêts, oppositions, appellations et autres empêchements quelconques, attendu qu'il est destiné pour la provision et fourniture d'icelle.

Considéré le contenu en laquelle requête, et ouï sur icelle le procureur du roi et de la ville en ses conclusions, avons ordonné que royaument, directement et de fait, tout le bois des qualités susdites étant sur ledit port de Châtel-Censoir, appartenant auxdits Piretony, sera amené et voituré en cette ville, nonobstant toutes saisies, arrêts, oppositions, appellations et autres empêchements quelconques, faits ou à faire, et toutes fois à la charge d'iceux, conformément aux édits, ordonnances du roi et de la ville, et arrêts de nos seigneurs de la cour du parlement, et encore à la charge que ledit bois étant dans cette dite ville, lesdits Piretony ne pourront vendre ni disposer, sans, au préalable, faire appeler pardevant nous les saisissants, arrêtants, opposants ou appelants, pour en être ordonné ; à la représentation duquel bois, seront les gardiens contraints, partant déchargés, et que ceux qui y prétendront droit seront assignés aussi pardevant nous.

Fait au bureau de la ville, le **27 mai 1609**.

(Archives du royaume, section judiciaire.)

SENTENCE DU BUREAU DE LA VILLE,

Qui lève tout empêchement ou arrêt apporté au transport des *bois de moule et carré* de la forêt au port, appartenant au sieur Lesecq, marchand de bois et bourgeois de Paris, et qui ordonne le flottage desdits bois pour l'approvisionnement de Paris.

11 *février* 1611.

Vu la requête à nous faite et présentée par Martin Lesecq

marchand et bourgeois de Paris, contenant qu'ayant grande quantité de bois de moule, corde, traverse et *bois carré*, sur les rivières et dans les ventes, prêts à faire charroyer, voulant faire flotter, amener et voiturer ledit bois en cette ville de Paris où il est destiné pour la provision et fourniture d'icelle, aucunes personnes, les unes prétendant leur être *dû quelque droit pour le passage du bois*, *les autres prétendant quelques deniers pour dommages*, *le troublent et empêchent auxdits flottage et voiture*, et même ont fait saisir ce bois, quoiqu'il ne leur soit rien dû, mais ce qu'ils en font est pour le vexer et lui faire perdre son bois, s'ils pouvaient, ce qui est à son grand préjudice et du public, dommage et intérêt ; requérant qu'il nous plût lui permettre de faire flotter et amener ledit bois royaument, directement et de fait en cette dite ville, comme y étant destiné, nonobstant saisie, arrêt, opposition, appellation et autres empêchements quelconques faits ou à faire.

Considéré le contenu de laquelle requête, et ouï sur icelle le procureur du roi et de la ville en ses conclusions, avons ordonné que royaument, directement et de fait, tout ledit bois de moule, corde et *carré*, étant ès-lieux, ci-devant déclarés, ensemble le bois qui est dans les ruisseaux, que nous permettons au sieur Lesecq de faire pêcher, sera amené, flotté et voituré en cette dite ville où il est destiné, et à *cette fin*, *le bois étant dans les ventes*, sera *charroyé sur les ports nonobstant lesdites saisies et toutes autres*, arrêts, oppositions, appellations et autres empêchements quelconques faits ou à faire, et toutes fois à la charge d'icelles, conformément aux édits et ordonnances du roi et de la ville, et arrêts de nos seigneurs de la cour du parlement, et encore à la charge que ledit bois étant en cette ville, ledit sieur Lesecq ne pourra en disposer sans au préalable faire appeler les saisissants pour en être ordonné.

Fait au bureau de la ville, le 11 février 1611.

(Archives du royaume, section judiciaire.)

SENTENCE DU BUREAU DE LA VILLE,

Rendue en faveur du sieur Simon Boisseau, marchand de bois et bourgeois de Paris, qui ordonne la recherche et perquisition

d'une grande *quantité de bois carré, corde et merrein à muids*,
venant des ports de Lachaise, Coulanges, rivière d'Yonne, et destinés pour la provision et fourniture de la ville de Paris, dont partie aurait été malicieusement, et par larcin, prise, serrée et cachée
en caves, celliers et autres lieux, par des gens malintentionnés.

18 *août* 1612.

(Archives du royaume, section judiciaire.)

SENTENCE DU BUREAU DE LA VILLE,

Qui autorise le sieur François Lorton, marchand de bois et bourgeois de Paris, à faire les perquisitions nécessaires, aidé par un
sergent à ce requis, pour rentrer en possession des *bois carrés*,
flottés par lui sur le port de Champagne-sur-Seine, pour la provision de Paris, et qui ont été entraînés par la crue de l'eau et
cachés à dessein par des gens malintentionnés, des bateliers et
des meûniers.

8 *avril* 1614.

(Archives du royaume, section judiciaire.)

ORDONNANCE DU BUREAU DE LA VILLE,

Portant qu'il sera donné à bail au sieur Jean Vander Vekin, *marchand de bois de sapin du nord*, un emplacement près le Pont-
Neuf pour y décharger, resserrer et vendre au public les bois de
sapin qu'il fait et fera venir du pays de Norwège et Prusse, des
villes de Dantzick, Hambourg et autres lieux étrangers, lesquels bois
de sapin de toutes longueurs, grosseurs et largeurs sont convenables
pour toutes sortes de bâtiments et même pour ceux du roi; bois de
brin, de fente, de sciage, pour les charpentiers et menuisiers et
autres bois semblables si propres et commodes à tous ouvrages.

Le terrain à occuper sera de 45 à 46 toises de longueur, sur la
largeur de la petite maison bâtie au bord de la rivière près le Pont-

Neuf. La durée du bail, neuf années consécutives. La location 12 livres tournois, sans pouvoir céder la jouissance de son bail.

14 novembre 1614.

(Archives du royaume, section judiciaire.)

SENTENCE DU BUREAU DE LA VILLE,

En faveur du sieur Simon Boisseau, marchand de bois et bourgeois de Paris; l'autorise à faire lever toutes saisies ou empêchements qui pourraient être apportés au flottage des *bois carrés et à brûler* qu'il a sur les ports de Clamecy, Coulanges, Armançon, Cure et autres affluents à l'Yonne, et qu'il destine pour la provision et fourniture de la ville.

22 *mai* 1615.

(Archives du royaume, section judiciaire.)

SENTENCE DU BUREAU DE LA VILLE,

Par laquelle le sieur Nicolas Leprestre, marchand de bois pour la provision de Paris, est autorisé à faire faire les perquisitions nécessaires pour reprendre *tout le bois de charpente* qui a été entraîné par les eaux et s'est répandu sur les terres, prés et berges le long de la rivière, depuis le pays du Morvant, lesquelles charpentes ont été malicieusement cachées par les meûniers.

7 *mai* 1616.

(Archives du royaume, section judiciaire.)

SENTENCE DU BUREAU DE LA VILLE,

En faveur de Jean Hennequin et Charles Loiseau, voituriers par eau, demeurant à Coulanges-sur-Yonne, amenant à Paris, pour le compte du sieur Simon Boisseau, marchand de bois de cette ville, *un train de bois carré qui avait été arrêté*, sous prétexte de prétendu dommage fait aux écluses et vannages du moulin près les noues de Maubart, par le sieur de Marin Haulier, meûnier dudit moulin.

Laquelle sentence ordonne que royaument, directement et de fait, lesdits bois seront amenés en ladite ville de Paris, attendu qu'ils sont destinés pour la provision et fourniture d'icelle, et ce nonobstant toutes oppositions et empêchements quelconques.

Fait au bureau de la ville, le 8 mars 1618.

(Archives du royaume, section judiciaire.)

SENTENCE DU BUREAU DE LA VILLE,

Qui ordonne qu'*un flot de bois carré*, parti de la rivière d'Yonne, au port de Montauthier, pour être conduit à Coulanges, et là être mis en train, et conduit pour la provision et fourniture de cette ville, ne sera pas troublé ni empêché par des gens malintentionnés, qui avaient commencé à mêler audit flot des bois de moule et mauvais bois blancs.

Fait au bureau de la ville, le 3 mai 1618.

(Archives du royaume, section judiciaire.)

SENTENCE DU BUREAU DE LA VILLE,

Qui autorise le sieur Cousin, marchand de bois, demeurant à Paris, acquéreur de la coupe des bois de la forêt de *Fère-en-Tartenois*, appartenant à M. l'amiral de France, à faire passer ses chevaux, harnois et équipages sur les terres et prés du sieur Defresne, opposant, lesdits bois étant destinés pour la provision et fourniture de cette ville.

Fait au bureau de la ville, le 26 juillet 1618.

(Archives du royaume, section judiciaire.)

COMMISSION DONNÉE PAR LE BUREAU DE LA VILLE,

Au sieur Bourlon, de Paris, pour se transporter le long de la rivière de Marne et autres fleuves descendant en la ville de Paris, depuis le pont de Charenton et en amont, pour voir visiter les perthuis, vannes, moulins étant le long et dans lesdites rivières, pour voir et connaître les empêchements qui pourraient être le long des rivages au préjudice de la navigation.

11 *janvier* 1619.

(Archives du royaume, section judiciaire.)

SENTENCE DU BUREAU DE LA VILLE,

Qui autorise le sieur Amblard, marchand de bois et bourgeois de Paris, à faire toutes perquisitions nécessaires pour recouvrer échalats et bois carré qui ont été pris par plusieurs habitants du village de Pont-Renard et autres, et de faire faire les ouvertures des portes, en présence de deux voisins.

Fait au bureau de la ville, le 6 juillet 1619.

(Archives du royaume, section judiciaire.)

SENTENCE DU BUREAU DE LA VILLE,

Qui enjoint à tous les meûniers, depuis **Montargis** jusqu'à la rivière de **Seine**, de *faire ouverture de leurs perthuis pour le passage des bois à bâtir, et les reboucher toutes fois et quant ils en seront requis.*

1er *août* 1620.

Vu la requête à nous faite et présentée par maître Nicolas Lejay, conseiller du roi en ses conseils d'état et privé, président en la cour du parlement, contenant qu'il aurait donné charge à François Mallet, charpentier, de lui faire amener de Montargis quantité de bois à bâtir pour sa maison de Sully et Maison-Rouge, et d'autant que les eaux depuis Montargis jusques en la rivière de Seine sont fort basses, il serait impossible aux mariniers qui ont fait marché avec lui, à savoir Pierre Leroy et Benoît Raye, ses voituriers, d'amener lesdits bois, si les meûniers ne faisaient ouverture de leurs perthuis et ne les refermaient pour retenir l'eau, requérant qu'il nous plaise ordonner, commandement être fait aux meûniers d'ouvrir leurs dits perthuis et les boucher toutes fois et quant ils en seront requis.

Considéré le contenu en laquelle requête, avons ordonné, qu'à la requête dudit sieur président Lejay, commandement sera fait auxdits meûniers des moulins qui sont sur la rivière depuis Montargis jusqu'en cette ville, *faire ouverture de leurs perthuis pour le passage dudit bois à bâtir, et les reboucher toutes fois et quant requis en seront et que la nécessité le requerra*, à quoi lesdits meûniers seront tenus de satisfaire, à peine de l'amende, et de tous dommages, dépens et intérêts.

Fait au bureau de la ville, le 1er août 1620.

(Archives du royaume, section judiciaire, bureau de la ville, minutes.)

REQUÊTE AU ROI PAR LE BUREAU DE LA VILLE,

Pour empêcher une nouvelle création de mouleurs et *compteurs de bois*, à Cravant et autres ports sur les rivières, qui sont suffisamment pourvus de ces offices.

Fait au bureau de la ville, le jeudi 4 mars 1621.

(Arch. du royaume, regist. du bur. de la ville, sect. administr.)

SENTENCE DU BUREAU DE LA VILLE,

En faveur du sieur Patris Lebacle, pour faciliter la voiture et flottage de quantité de bois à *brûler* et à *bâtir sur la rivière d'Armençon*, l'autorisant à jeter lesdits bois à bois perdus, à les repêcher et flotter, pour être destinés ensuite et conduits pour la

provision de Paris, sans que les meûniers puissent apporter aucun empêchement à son travail.

13 mars 1621.

(Archives du royaume, section judiciaire.)

SENTENCE DU BUREAU DE LA VILLE,

En faveur des frères Piretony, demeurant à Paris et Châtel-
Censoir, qui *autorise l'empilage et le dépôt sur les ports de
Coulanges, Vermanton et Cravant de quantité de bois de moule
et bois carré* destinés pour la provision et fourniture de cette ville.

Fait défense de les empêcher ni troubler, etc.

Fait au bureau de la ville, le 30 juin 1621.

(Archives du royaume, section judiciaire.)

DÉPOT DES BOIS CARRÉS
SUR LES TERRES, PRÉS ET HÉRITAGES.

SENTENCE DU BUREAU DE LA VILLE,

Qui enjoint de laisser passer les charriots, charrettes,
harnais et chevaux conduisant et voiturant les *bois
de cordes et bois carrés* sur le port de **Brienon-
l'Archevêque**; ordonne qu'à défaut de place sur ledit port, *les bois de cordes et bois carrés seront
déchargés et empilés sur les terres, prés et héritages aux environs dudit port, avec défense à
toute personne de troubler ou empêcher les marchands de bois et leurs voituriers.*

13 juillet 1621.

Vu la requête à nous faite et présentée par Savignant et Etienne
Baudard père et fils, et Jacques Bragelongue, marchands de bois,
demeurant à Brienon-l'Archevêque, contenant qu'ils se sont rendus
adjudicataires de la coupe de 420 arpents de haute futaie, appelée le
bois de Haulthour, lesquels bois lesdits suppliants ont vendu à

Jean de Champrenaud, marchand de bois et bourgeois de Paris,
livrables, savoir : tout le **BOIS DE CORDE ET BOIS CARRÉ** en l'isle
Notre-Dame à Paris (île St-Louis) et les échalats et autres bois provenant d'iceux, sur les ports dudit Brienon-l'Archevêque et autres
ports près lesdits bois ; pour faire voiturer et charroyer lesquels bois,
tant sur le port de Brienon, que ce qui se doit jeter à bois perdu
dans le ru de Tourny, il convient pour la commodité desdits
charrois, et à cause de la grande distance qu'il y a depuis ces
ventes jusqu'auxdits ports et ru de Tourny, *passer pardedans
plusieurs terres, tant ensemencées que non ensemencées, prés et
autres héritages* appartenant à plusieurs personnes, situées et
assises sous le ressort de diverses juridictions ; *auxquels passages
lesdits charretiers avec leurs chevaux et harnois, sont troublés et
empêchés*, tant par les propriétaires desdits héritages, que prévost
des amendes, et autres juges et officiers des lieux qui les saisissent
ou font saisir ou emmener, puis condamner y ceux charretiers en
de grandes et excessives sommes de deniers, pour prétendues
amendes, lesquels y les contraignent de payer avec excessifs frais
et dépens, auparavant que de rendre lesdits chevaux et harnois,
encore que le plus souvent ils n'avaient fait aucun dommage, et les
prennent dans le grand chemin.

Comme aussi lesdits bois étant arrivés sur les ports, soit par
charrois, ou qu'ils soient tirés à bois perdu dudit ru de Tourny,
les *voulant mettre et empiler sur ces terres et héritages, proche ledit ru et port,* **PARCE QUE LEDIT PORT N'EST PAS DE GRANDEUR
SUFFISANTE POUR RECEVOIR LESDITES MARCHANDISES, ILS Y
SONT TROUBLÉS ET EMPÊCHÉS PAR LES PROPRIÉTAIRES DESDITS
HÉRITAGES,** qui font saisir lesdits chevaux, harnois et marchandises, les poursuivent en diverses juridictions, font condamner y
ceux charretiers en grosses sommes de deniers, tant pour prétendues amendes que dommages-intérêts et dépens qui occasionnent ces charretiers de ne plus vouloir charroyer lesdits bois ; puis,
faisant par les suppliants charroyer, flotter leurs bois, soit par
terre, soit à bois perdu, depuis les ventes jusque sur lesdits
ports, et en ce, faisant voiturer lesdits bois en cette dite ville de
Paris, plusieurs personnes en prennent et dérobent même dans les

ventes et sur y ceux ports, pour en faire perdre la connaissance, et empêcher qu'on ne les puisse recouvrer , les cachent et latitent en lieux clos et fermés , qu'il est impossible de les pouvoir recouvrer sans faire ouverture desdits lieux, requérant , attendu ce que dit est , et que lesdits bois sont destinés pour les provision et fourniture de cette dite ville, il nous plût leur vouloir pourvoir.

Considéré le contenu en laquelle requête , et ouï sur icelle le procureur du roi et de la ville, en ses conclusions : *avons permis et permettons auxdits Baudard et Bragelongue , de faire passer leurs charriots, charrettes, harnois et chevaux, voiturant et conduisant leurs marchandises de bois par dedans les terres , prés et héritages où il leur sera nécessaire de passer, comme aussi de mettre et tirer, tant lesdits bois charroyés que ceux qui seront jetés sur les terres et héritages étant aux environs dudit ru de Tourny et port de Brienon*, en payant par après les dommages et intérêts au dire de gens en ce connaissants dont les parties conviendront, *et défense à toute personne de les troubler , empêcher, saisir , ni arrêter leurs chevaux et harnois*, à peine de cinq cents livres parisis d'amende, et en cas de troubles, empêchements et contraventions, seront les empêchants assignés pardevant nous pour en dire leurs causes.

Tous lesquels bois seront royaument, directement et de fait amenés et voiturés en cette dite ville, où ils sont, comme dit est ; destinés pour la provision et fourniture d'icelle, nonobstant toutes saisies, arrêts, oppositions, appellations et autres empêchements quelconques, et toutes fois à la charge d'iceux, conformément aux édits et ordonnances du roi et de la ville et aux arrêts de nos seigneurs de la cour de parlement, et encore à la charge que lesdits bois étant arrivés en ladite ville , les sieurs Baudard et Bragelongue n'en pourront disposer, sans au préalable faire appeler pardevant nous les opposants et saisissants pour en dire leur cause et en être ordonné.

Permis aussi de faire informer des vols et larcins de leurs dits bois, par le premier juge ou sergent des lieux, et de faire faire ouverture des lieux où ils sauront y en avoir, par le premier sergent, en la présence de deux voisins, pour les informations et procès-verbaux de recherches apportés pardevant nous , et vus, ordonner ce que de raison.

Cy donnons en témoins, etc.

Fait au bureau de la ville, le 13 juillet 1621.

(La requête est jointe à la présente sentence, Archives du royaume, section judiciaire, bureau de la ville, minutes.)

NOTA. Ces décisions prouvent à l'évidence que le bureau de la ville, faisant application des réglements et ordonnances du roi et de la ville, des édits et arrêts de la cour de parlement, n'établissait aucune distinction entre les commerces de bois à brûler et de bois carrés, et qu'il les considérait tous deux comme concourant à la provision et fourniture de la ville, et devant en conséquence, au même titre, occuper les terres, prés et héritages le long des rivières, pour y déposer leurs marchandises de bois.

Voyez les sentences des
7 décembre 1622.
14 janvier 1635.
11 mai 1635.
15 mai 1636.
23 juin 1638.
14 mars 1640.
21 mars 1643.
16 décembre 1673.
22 mai 1675.
20 janvier 1677.
10 mai 1677.

Et autres sentences sur le même sujet, rappelées à la table des matières, au mot OCCUPATIONS.

ORDONNANCE DU BUREAU DE LA VILLE,

Portant création d'un juré-compteur pour les ports de la rivière d'Oise depuis le pont de Beaumont jusqu'à Pontoise, et ce *sur la présentation* des marchands trafiquants en ladite rivière d'Oise.

14 janvier 1622.

Vu la requête à nous faite et présentée par les marchands trafiquants en la rivière d'Oise, tendant à ce que, pour les soulager de l'incommodité qu'ils reçoivent, et remédier aux débats qui surviennent entre les marchands, pour n'y avoir aucun compteur établi pour compter les marchandises qui arrivent sur les ports de la rivière d'Oise, depuis le pont de Beaumont jusqu'à Pontoise, il nous plût y commettre une personne capable pour exercer ladite charge de compteur-juré, aux mêmes droits et salaires que les compteurs établis sur les ports de Compiègne, Creil et autres; *vu aussi la présentation et nomination à nous faites par lesdits marchands, le 30 décembre dernier, de la personne de Germain Charles*, marchand voiturier par eau, demeurant à Pontoise, pour être par nous pourvu de ladite charge de compteur-juré, et nous duement informés des sens, suffisances, loyauté, prud'hommie, expérience et bonne diligence de la personne dudit Germain Charles, et y celui pour les causes et autres, à ce nous mouvants, avons donné, octroyé, donnons et octroyons, par ces présentes, ladite charge et commission de compteur de marchandises de bois qui dorénavant arriveront sur lesdits ports des deux côtés de la rivière d'Oise, depuis le pont de Beaumont jusqu'audit Pontoise, pour par lui, à cette charge et commission, avoir, tenir et dorénavant exercer, en jouir et user aux droits, salaires et profits, tels et semblables dont jouissent les compteurs-jurés par nous établis sur les ports de Compiègne, Creil et autres lieux; auquel Germain Charles avons, en la présence du procureur du roi et de la ville, fait faire le serment en tel cas requis et accoutumé.

Cy donnons en mandement à tous qu'il appartiendra, requérons tous autres, que de ladite charge de compteur, ensemble desdits droits, salaires et profits y appartenant ils fassent, souffrent et laissent ledit Charles jouir et user pleinement et paisiblement sans lui faire aucun empêchement, au contraire.

En témoins, etc.

Fait au bureau de la ville, le vendredi 14 janvier 1622.

Signé, H. Demesne, Quny, Boujou, Lenetre, Danes et Perrot.

(Archives du royaume, section judiciaire.)

NOTA. Suivent la requête et la présentation faite au bureau de la ville par les marchands de bois trafiquants en la rivière d'Oise.

A Messieurs es prévost des marchands et échevins de la ville de Paris.

Supplient, humblement les marchands trafiquants en la

rivière d'Oise, disant qu'il arrive journellement grande quantité de marchandise de bois sur les ports de la rivière d'Oise, depuis le pont de Beaumont jusqu'au pont de Pontoise, qu'eux sont grandement incommodés, au compte desdites marchandises, soit quand elles arrivent audit port, soit lorsqu'elles sont enlevées, ce qui leur apporte d'infinis débats et contestations de la part des marchands vendeurs et les acheteurs, même les charretiers qui en font les charrois par terre depuis les forêts jusque sur les ports de ladite rivière, *le tout au moyen de ce qu'il n'y a pas de compteur-juré d'établi sur lesdits ports, ainsi qu'il y en a sur tous les autres ports desdites rivières par vous établis;* pourquoi les suppliants demandent leur être sur ce pourvu. Ce considéré, messieurs, il vous plaise leur vouloir commettre un homme suffisant, capable en ladite charge de compteur-juré des bois, depuis ledit pont de Beaumont jusqu'audit port de Pontoise, des deux côtés de la rivière, *lequel homme vous sera nommé, présenté par lesdits suppliants,* pour en jouir par lui à l'instar et salaires des autres compteurs-jurés, sur lesdits ports de Compiègne, Sainte-Maxence, Creil, et ferez bien.

Signé: Noël Moreau, Ruffin Moreau, Louis Ragot, Forge, Dupressoir, De Baumont, Augustin Boitol, Zacari Donnerand, Darras, Thomas Lebelle, Bastien Leguillé, Bram, Fontagnelle, Mignot, Hoquet, Leguiller, Roget, Boquet, Dutille, etc., etc.

Nous, marchands, fréquentant la rivière d'Oise, certifions à messieurs le prévost des marchands et échevins de Paris, que Germain Charles, marchand, voiturier par eau, demeurant à Pontoise, est suffisant et capable pour exercer la charge et commission *de juré-compteur de bois* sur les ports de la rivière d'Oise, depuis le pont de Beaumont jusqu'au pont de Pontoise, des deux côtés de la rivière, à l'instar et selon les autres compteurs par vous établis, ès-ports de Compiègne, pont Sainte-Maxence, Creil; lequel Germain Charles *nous présentons à cette fin, pour être par vous reçu au serment accoutumé.*

Fait sous nos seings et jour le 30 décembre **1621.**

(Archives du royaume, section judiciaire.)

SENTENCE DU BUREAU DE LA VILLE,

Qui autorise le sieur Pierre Cousin, marchand de bois et bourgeois de Paris, à faire toutes les perquisitions qui lui seront nécessaires pour recouvrer les *bois carré et de sciage* que des malveillants lui ont dérobés dans la forêt de Fère et sur les ports de Jaulgonne, Tréloup, Dormans, le long de la rivière de Marne.

13 *mai* 1622.

(Archives du royaume, section judiciaire.)

SENTENCE DU BUREAU DE LA VILLE,

Qui autorise le sieur Louis Cornillon, marchand et bourgeois de cette ville, à faire perquisition des voitures et charrettes qui servent à transporter, au port de pont Renard, *les bois carrés* qu'il destine à la provision de Paris et qui avaient été saisis malicieusement par des propriétaires d'héritages sur les terres desquels avait eu lieu le passage desdites voitures, ordonne qu'il ne soit apporté aucun empêchement auxdits transports.

6 *juin* 1622.

(Archives du royaume, section judiciaire.)

SENTENCE DU BUREAU DE LA VILLE,

Qui ordonne qu'il ne soit apporté aucun empêchement au flot de bois *à brûler et à bâtir* que les sieurs Doin et Mansé, marchands de bois et bourgeois de Paris, ont fait jeter en la rivière de Cléry (Loiret).

Les autorise à faire toute perquisition dans les clos, héritages et habitations pour recouvrer les bois qu'ils sauront avoir été malicieusement cachés et retirés à la provision et fourniture de la ville.

2 *août* 1622.

(Archives du royaume, section judiciaire.)

SENTENCE DU BUREAU DE LA VILLE,

Qui ordonne que le transport des bois *de chauffage, sciage, lattes* et d'autres bois, se fera par dedans les terres et héritages où il conviendra de passer, en payant les dommages raisonnables.

18 *août* 1622.

Vu la requête à nous faite et présentée par Simon Sillon, marchand de bois, demeurant à Meaux, contenant qu'il fait exploiter et couper grande quantité de bois, qu'il fait façonner en *bois de chauffage, sciage, charbon, échalats, lattes,* et autres qualités, et les fait charroyer sur plusieurs ports des rivières de Seine et Marne, pour être amenés et voiturés en cette ville de Paris, pour la provision d'icelle ; auquel trafic il est grandement troublé tant par plusieurs personnes qui lui empêchent de faire charroyer lesdites marchandises par dedans quelques héritages, que autres qui les font saisir, dérober, cacher et latiter ; ce qui retarde la provision de cette ville, au grand préjudice du public, et dudit Sillon, requérant qu'il nous plût lui pourvoir, conformément aux édits et ordonnances du roi et de la ville, et arrêts de nos seigneurs de la cour du parlement, attendu la destination desdites marchandises.

Considéré le contenu en laquelle requête et ouï sur y celle le procureur du roi et de la ville en ses conclusions, avons permis et permettons au sieur Sillon de faire tirer lesdites marchandises de bois et charbons de la forêt et les faire charroyer et voiturer sur les ports, et pour le faire, de *faire passer ses chevaux et harnois faisant ladite voiture par dedans les terres et héritages où il conviendra passer en payant le dommage raisonnable,* comme aussi lui avons permis de faire faire perquisitions et recherches des marchandises à lui mal prises en tous les lieux et endroits où il saurait y en avoir.

Et attendu que lesdites marchandises de bois et charbons sont

destinées pour la provision et fourniture de cette ville, avons ordonné qu'elles y seront royaument, directement et de fait amenées, nonobstant, etc.

Fait au bureau de la ville, le **18 août 1622.**

(Archives du royaume, section judiciaire.)

SENTENCE DU BUREAU DE LA VILLE,

En faveur d'Arsenne Dohain, marchand et bourgeois de Paris,
acquéreur de grande quantité *de bois à bâtir* provenant de la forêt
de Montargis et de Chant-de-Coq, qu'il fait flotter et diriger vers
Paris pour l'approvisionnement de cette ville; l'autorise à faire
le long des rivages et dans les héritages dont il requerra l'ouverture en présence de deux témoins, toutes les réquisitions et
recherches nécessaires pour recouvrer sa marchandise.

21 *octobre* **1622.**

(Archives du royaume, section judiciaire.)

SENTENCE DU BUREAU DE LA VILLE,

Concernant l'occupation des terres et prés au bord des
rivières, par les bois de chauffage et charpente, et
l'empilage desdites marchandises aux lieux convenables.

7 *décembre* **1622.**

Vu la requête à nous faite et présentée par Claude Gaillard, marchand, demeurant à Châtel-Censoir, contentant qu'il fait couper
plusieurs bois en pays de Nivernais, et façonner *bois de chauffage
et de charpente,* destinés pour la provision de Paris et faubourgs de
cette ville, lesquels bois il convient faire passer et charroyer par
dedans des terres, prés et autres héritages pour être conduits aux
ports appelés Beuvron et Thorigny et y être *empilés* en quelques

4

héritages à l'opposite desdits ports, pour ce fait lesdits bois être
jetés à bois perdu en ladite rivière et iceux conduire jusques sur
les ports de Clamecy et la forêt où ils doivent être *péchés, empilés* et livrés à Guillaume-Philippe et Guillaume de Vilaine, marchands et bourgeois de Paris, auxquels il les a vendus; en quoi ils
étaient grandement troublés et empêchés par les particuliers propriétaires et détenteurs desdits héritages ensemble au passage des
moulins, perthuis, écluses et vannages, et retiennent et s'emparent
de quantité desdits bois pour raison desquels plusieurs desdits
particuliers s'efforcent de les poursuivre, ensemble les charretiers
et facteurs pardevant divers juges pour la connaissance nous appartient à l'exclusion de tous autres, suivant les ordonnances et
arrêts de nos seigneurs du conseil d'état et de la cour du parlement, et notamment par arrêt de ladite cour du 20 février 1621;
portant défense à tous juges d'en connaître et à eux enjoint de
renvoyer les différents par devant nous, sur peine de nullité de
leur jugement et de tous dépens, dommages d'intérêts; outre plusieurs larcins desdits bois qui étaient journellement faits, ce qui
tournait à son grand préjudice, requérant, attendu la destination
desdits bois pour la provision de cette dite ville, qu'il nous plût lui
pourvoir conformément aux ordonnances et arrêts ci-devant
énoncés.

Consideré le contenu en laquelle requête et ouï sur icelle le
procureur du roi et de la ville en ses conclusions, avons permis
et permettons audit Gaillard, de faire tirer ses dites marchandises
des bois hors des forêts, les faire passer et charroyer par dedans
les héritages qui seront nécessaires, *les empiler aux héritages*
proche ladite rivière de Beuvron, en payant l'occupation raisonnable desdits héritages, faire jeter lesdits bois à bois perdu en ladite rivière et iceux conduire jusque sur lesdits ports de la forêt et
Clamecy, faire perquisition desdits bois mal pris aux lieux où il
y en aura, desquels il sera fait inventaire par le premier sergent,
en présence de témoins, et les saisir et enlever, et de faire informer
desdits larcins, aussi par ce premier sergent, pour être tous lesdits
bois mis et flottés en trains réellement, directement et de fait
amenés et voiturés en cette dite ville, où ils sont destinés pour la

provision et fourniture d'icelle, et à cette fin, enjoignons aux meûniers et détenteurs de moulins, perthuis de ladite rivière de Beuvron d'en faire l'ouverture, retenir et aider de l'eau de leurs écluses quand requis en seront pour faciliter la conduite desdits bois, en les payant du chaumage de leurs moulins, suivant les réglements et arrêts, et à leur refus, permis aux conducteurs desdits bois de faire ladite ouverture et de se faire assister du prévost des maréchauds et de faire tenir main forte à l'exécution des présentes.

Le tout nonobstant toute saisie, arrêt, opposition, appellation quelconques, faites ou à faire, et toutes fois à la charge d'iceux, conformément auxdits arrêts, ordonnances, etc., faisons défense à toute personne de poursuivre le sieur Gaillard, ses facteurs, charretiers ou conducteurs pour raison desdits bois, ailleurs que par devant nous, et à tous juges d'en connaître et sur peine de l'amende de nullité de procédure, et de tous depens, dommages et intérêts, et à la charge expresse que lesdits bois étant en cette dite ville, ledit Gaillard n'en pourra disposer sans au préalable faire appeler par devant nous lesdits saisissants, arrêtants ou opposants pour en dire leur cause y en être ordonné, cy donnons, etc.

Fait au bureau de la ville, le **27 décembre 1622**.

(Archives du royaume, section judiciaire).

ARRÊT DE LA COUR DE PARLEMENT,

Extrait des registres du Parlement,

Pour la réformation des salaires des compteurs et mouleurs de bois à œuvrer, *pour la commodité des bourgeois de cette ville de Paris.*

8 juin 1624.

Et faisant droit sur les conclusions de notre dit procureur-général, a fait et fait défenses et inhibitions à l'avenir auxdits contrôleurs, d'exiger ou prendre aucune chose pour leurs salaires *au droit de comptage*, à cause de leurs dits offices de compteurs et mouleurs de bois, sur les perches et bois de tilleul servant aux tourneurs et challissiers à mettre en ouvrage de leur métier, et généralement sur toute sorte de bois œuvré ou à œuvrer, amené en notre dite ville de Paris, aux périls, fortunes des marchands et habitants résidant en icelle, encore que ledit bois œuvré ou à œuvrer fût loti et partagé entre lesdits marchands et habitants sur les ports et rivières d'icelle ville de Paris, sous peine de concussion, pour laquelle sera contre eux procédé, ainsi que de raison ; comme aussi de prendre ou exiger aucun salaire ou droit de comptage des bourgeois et habitants de notre dite ville de Paris, du bois provenu de leur crû ou qu'ils auraient fait venir pour la provision de leurs maisons, ou qu'ils auraient acheté en bûche, à batelées ou autrement, pourvu toutes fois que ledit bois ne soit compté sur les ports de ladite rivière de Paris par lesdits mouleurs et compteurs, ne fait compter par autres personnes, à la requête desdits bourgeois, manants et habitants.

(Recueil Moreau, bois à brûler, bibliothèque royale.)

ORDONNANCE DU BUREAU DE LA VILLE,

Portant défense aux marchands de bois de *planches, échalats et bois à brûler*, de laisser sur la place de Grève d'autres bois que pour montre de leurs marchandises qui devront rester sur bateaux.

18 *mai* 1628.

Par les prévost des marchands et échevins de la ville de Paris,
Sur ce qui nous a été remontré par le procureur du roi et de la ville, que depuis quelques années les marchands de bois d'*échalats et planches* ont fait décharger sur terre, en la place de Grève, grande quantité de leurs marchandises en *piles*, comme aussi plusieurs hôteliers et charretiers, grand nombre des charrettes et harnois qui servent de retraite et défenses aux voleurs et larrons, lesquels, jour et nuit, font plusieurs vols, commettant de grands excès, d'assassinats et meurtres en la place même, le jour de dimanche divin, 14 de ce mois, tirant à coups de pistolet sur un

laquais passant; et à la faveur desdites piles et charrettes, est à craindre qu'ils ne continuent, requérant y être pourvu pour la sûreté publique, et conservation, tant des bourgeois et habitants de cette ville et faubourgs que de dehors; pourquoi faisant droit, avons enjoint et enjoignons par ces présentes aux marchands de bois, *échalats*, *planches*, hôteliers, charretiers et à tous autres, d'ôter présentement toutes les marchandises de bois de corde, cotrets, fagots, échalats, *planches*, harnois, charrettes, et autres empêchements qu'ils ont su faire aux port, place de Grève, leur faisant defences pour l'avenir de faire sur les ports autre dépôt de bois que pour *servir de montre, laquelle ils seront tenus de faire remettre tous les soirs dans les bateaux, comme aussi leur enjoignons de faire mettre sur le bord de la rivière les échalats* qu'ils ont aux port et place de Grève, et défenses d'en plus mettre ailleurs que sur les ports de la rivière, de tout à peine de confiscation desdites marchandises, et de trois cents livres d'amende contre les contrevenants, et d'être par les marchands responsables des inconvénients qui en pourront après arriver; comme aussi faisons défenses à tous charretiers de laisser leurs charrettes la nuit sur le port de Grève, à peine de confiscation d'icelles et de prison, et sera en plus un règlement affiché sur les ports à ce que personne n'en prétende cause d'ignorance.

Fait au bureau de la ville, le jeudi 18 mai 1628.

(Registres du bureau de la ville, archives, section administrative.)

SENTENCE DU BUREAU DE LA VILLE,

Qui autorise le sieur Leclerc, acquéreur d'une grande quantité de *bois carré entraîné* par la crue des eaux des ports de Saint-Dizier, à faire toute perquisition pour recouvrer sa marchandise, défend à tout pêcheur, meûnier ou autre, d'enlever, latiter lesdits bois qui devront être par eux fidèlement laissés et empilés sur les bords de la rivière de Marne.

25 *janvier* 1630.

(Archives du royaume, section judiciaire).

SENTENCE DU BUREAU DE LA VILLE,

Qui autorise le sieur Farge, marchand, demeurant à Montargis, à faire jeter à bois perdu un flot de bois, de *bois de chauffage* et de *charpenterie* dans la petite rivière de Cléry, et à pousser lesdits bois jusqu'à la queue de l'étang de Férières, où il sera fait un arrêt pour les arrêter, tirer *et empiler sur les terres dudit lieu*, les faire charroyer ensuite sur les ports de Fontenay, où ils seront mis en bateaux ou flottés, pour être amenés en la ville de Paris, étant destinés pour la provision et fourniture d'icelle.

14 *août* 1630.

(Archives du royaume, section judiciaire.)

SENTENCE DU BUREAU DE LA VILLE

Au profit du sieur Nicolas Gaillard, marchand et bourgeois de Paris, qui l'autorise à passer sur les terres, prés et héritages, certaine quantité de bois, tant debout qu'abattu, façonné en bois de *moule, échalats, bois carré*, dans le pays de Nivernais, Morvant, Champagne et autres endroits, qu'il rend aux ports et destine pour la provision et fourniture de la ville.

21 *février* 1631.

(Archives du royaume, section judiciaire.)

SENTENCE DU BUREAU DE LA VILLE,

Qui autorise le sieur Nicolas Gaillard, marchand de bois de cette ville, à faire perquisition sur les bords de la Seine, depuis Champagne jusqu'à Paris, de *bois à bâtir* enlevés par les eaux.

16 *mars* 1632.

(Archives du royaume, section judiciaire).

LETTRES PATENTES ,

Pour faciliter la navigation sur les rivières d'Ourcq, Velle, Chartres, Dreux, Etampes.

Avril 1632.

Louis, par la grâce de Dieu, roi de France et de Navarre, à tous ceux qui ces présentes lettres verront, salut; ayant vu en notre conseil la requête qui nous y aurait été présentée par notre bien amé Denis de Flolligny, bourgeois de Paris, portant offres de faire porter bateaux aux rivières d'Ourcq, Velle, Chartres, Dreux, et Etampes, aux conditions portées en icelles, lesdites offres ayant été renvoyées et vues par les prévost des marchands et échevins de notre bonne ville de Paris, suivant l'arrêt de notre dit conseil, du vingtième août dernier, qui nous auraient donné leurs avis, contenant qu'icelles offres étaient utiles et profitables au public, avec supplication à nous de les recevoir, comme auraient fait les habitants de notre ville de Reims pour ladite rivière de Velle; et le tout examiné et délibéré en notre dit conseil, par arrêt donné en icelui, le septième jour de février dernier, lesdites offres auraient été reçues, pour être exécutées sous les conditions mentionnées audit arrêt, ci-attaché sous le contre-scel de notre chancellerie, suivant lequel savoir faisons que voulons les offres dudit de Folligny, ainsi jugées avantageuses et profitables au commerce et trafic, être effectuées; nous avons dit et ordonné, disons et ordonnons par ces présentes, signées de notre main, qu'icelui de Folligny rendra navigables à ses frais et dépens, lesdites rivières, selon sesdites offres , et conformément à notre dit arrêt, savoir : celle de Velle, depuis ladite ville de Reims, ou plus haut si faire ce peut, jusqu'à la rivière d'Aisne ; celle d'Ourcq, depuis la Ferté-Millon, ou plus haut, s'il se peut, jusques à son embouchure dans la Marne, près Lisy ; celle de Chartres, depuis Nogent jusques audit Chartres; celle de Dreux, jusques en son embouchure en la Seine ; et celle d'Étampes, jusques audit Paris, sans tarder, ni être sujet de décharger et de recharger à Corbeil,

et ce dans deux ans pour chacune desdites rivières , sans discontinuation, à compter un mois après l'enregistrement des présentes,
que ledit de Folligny , sera tenu de poursuivre incessamment ;
pour l'effet de quoi nous lui avons permis et permettons d'élargir,
si besoin est, lesdites rivières, faire canaux nouveaux, excava-
tion, écluses, batardeaux, portes, ponts, partereaux, établir ports
ès-lieux et endroits plus commodes, pour l'apport et décharge des
marchandises, se servir des ouvrages qui ont été commencés par
notre commandement, et prendre les terres et héritages voisins desdites rivières; ensemble les moulins qui se trouveront utiles et
nécessaires pour ladite navigation, en dédommageant les propriétaires d'iceux, au dire de gens à ce connaissants, dont les parties
conviendront pardevant les juges royaux, plus prochains desdites
terres , etc.

(Extrait des ordonnances sur le fait de la prévoté
de Paris, édition 1644, p. 419).

REQUÊTE DU BUREAU DE LA VILLE,

Pour s'opposer à la création de nouveaux visiteurs, vendeurs de bois, *comme étant à charge au public.*

11 mars 1633.

Ledit jour messieurs les prévost des marchands et échevins de
la ville de Paris, délibérant sur les lettres de déclaration du roi du
28ᵉ jour de janvier dernier, et arrêt du conseil de Sa Majesté du
5 du même mois, *pour l'établissement de trente offices de maîtres
visiteurs et vendeurs de bois, charbons et* foin, en cette dite ville
de Paris qui leur ont ont été envoyés par sadite Maj... et nos dits
seigneurs du conseil, ont arrêté *d'en aller faire plainte et remontrances audit conseil et en faire toutes les poursuites qu'il sera
possible pour l'empêcher, comme étant lesdits officiers à la charge
et préjudice du public.*

(Registre du bureau de la ville, section administrative.)

ÉDIT DU ROI,

Portant suppression des trente visiteurs, vendeurs de bois à brûler, merain (*bois carrés*), charbon et foin, à **Paris**, *comme restreignant la liberté du commerce*, et imposition de douze deniers pour livre du prix desdites denrées, outre les douze deniers anciens.

Mai 1633.

Louis, par la grâce de Dieu, roi de France et de Navarre, à tous présents et à venir, salut; par nos lettres de déclaration du vingt-huit janvier dernier, nous aurions ordonné que les trente offices des maîtres visiteurs, vendeurs de bois à brûler, merain (bois carré), et échalats, foin et charbon, en notre bonne ville de Paris, créés par édit du feu roi Henri III, du mois de mars 1583, en notre dite ville, à l'instar des vendeurs de vin, bétail et marée, fussent établis : et le réglement par nous fait sur la vente et la distribution desdites marchandises, en date du 29 juillet 1628, fussent exécutés, mais voulant faire procéder à cet établissement, nos très chers les prévost des marchands et échevins de notre ville, nous auraient fait plusieurs remontrances, et représenté qu'encore que cet établissement apportant d'un côté quelque soulagement certain à nos sujets, il causerait d'un autre côté un plus *grand mal en restreignant la liberté du commerce que les marchands ont toujours estimée le plus précieux bien qu'ils ayent*, nous assurant que pour l'obtenir, et nous désintéresser de la finance desdits offices, ils payeraient plus volontiers quelque augmentation de nos droits sur lesdites marchandises; lesquelles remontrances plusieurs fois réitérées, ayant été examinées en notre conseil, nous avons résolu de faire droit à leur supplication pour témoigner à nos sujets que leur contentement nous est plus cher que nos propres intérêts. A ces causes, de l'avis de notre conseil où étaient les princes de notre sang, et principaux officiers de notre état, et de notre pleine puissance et autorité royale, nous avons, par le présent édit perpétuel et irrévocable, révoqué et révoquons, tant nosdites lettres de déclaration du vingt-huit janvier dernier, que ledit édit du mois de mars 1583, et notre dit réglement du vingt-neuf juillet 1628, et ce faisant supprimé et supprimons lesdits trente offices de maîtres visiteurs, vendeurs de bois à *brûler, merain (bois carré), échalats, foin et charbon*, en notre dite ville, voulant que ceux qui ont été pourvus desdits offices soient remboursés de la finance qu'ils en ont payée en nos parties casuelles, ensemble de leurs frais et loyaux-coûts, sans qu'ils puissent être rétablis pour quelque cause et occasion que ce soit, et pour pourvoir de fonds nécessaires au remboursement desdits officiers, et récompenser la perte que nous faisons en la suppression d'iceux, nous avons par le même édit, dit, statué et ordonné, que dorénavant, à commencer du premier jour de juillet prochain, il sera pris et levé à notre profit sur tout le bois à brûler, merain (bois carrés), œuvré et à œuvrer qui s'amènera et vendra en notre dite ville, douze deniers pour livre du prix de ladite marchandise, outre les douze deniers anciens qui se trouvent sur icelle; lesquels douze deniers nouveaux, nous voulons être perçus par ceux que nous y établirons, tout ainsi et en la même forme et manière que lesdits anciens; et qu'au payement d'iceux, toutes personnes soient contraintes par les voies accoutumées en tel cas : pour sur les deniers provenant desdites levée et imposition être pris par préférence, le remboursement desdits trente offices de maîtres visiteurs, vendeurs de bois, charbon et foin, supprimés par le présent édit, sans que jusques après ledit remboursement lesdits deniers puissent être employés à autres effets pour quelque cause et occasion que ce soit, et donnons un mandement à notre très cher et féal le sieur Séguier, chevalier, garde-des-sceaux de France, que notre présent édit il fasse lire, publier en notre grande chancellerie, le sceau tenant et registrer aux registres de l'audience de France, et à nos conseillers, les gens tenant notre cour des aydes à Paris, qu'ils le fassent semblablement lire, publier et registrer, et le contenu être gardé et observé selon sa forme et teneur, sans souffrir qu'il y soit contrevenu; mandons aussi aux prévost des marchands et échevins de notre ville de Paris, de tenir la main à la levée et perception desdits droits et conservation de ceux que nous y établirons, car tel est notre bon plaisir; et afin que ce soit chose ferme et stable à toujours, nous avons fait mettre notre scel à ces présentes. Donné à Fontainebleau au mois de mai, l'an de grâce 1633, et de notre règne le vingt-quatrième. Signé, Louis.

Lu est publié le sceau tenant de l'ordonnance de monseigneur Seguier, chevalier, garde-des-sceaux de France, moi conseiller du roi en ses conseils, et grand-audiencier de France présent, et régistré ès-registres de la chancellerie de France, à Paris, le 9 juillet 1633.

Signé, OLIER.

EXTRAIT DES REGISTRES DE LA COUR DES AYDES,

Du 16 septembre 1633.

Tout considéré, la cour dit *qu'elle ne peut entrer à la vérification desdites lettres en forme d'édit, et supplie très humblement Sa Majesté de l'en dispenser.*

Fait à Paris, en la Cour des Aydes, le 16 septembre 1633.

Signé BOUCHER.

PREMIÈRE JUSSION,

Du 17 novembre 1633.

LOUIS, par la grâce de Dieu, roi de France et de Navarre, à nos amés et féaux conseillers, les gens tenant notre cour des aydes, à Paris, salut; par notre édit du mois de mai dernier, nous aurions, à la supplication de nos très chers et bien-amés les prévost des marchands et échevins de notre ville de Paris, et pour les considérations y contenues, révoqué nos lettres de déclaration du dix-huit janvier dernier, ensemble l'édit du feu roi Henri III, du mois de mars 1583, et le réglement par nous fait en conséquence le vingt-neuf juin 1628, pour l'établissement des trente offices de maîtres visiteurs, ven-

deurs de bois à brûler, mercin (bois carrés), échalats, foin et
charbon en notre bonne ville de Paris, créés par ledit édit, lequel
édit vous ayant été présenté, vous auriez, par votre arrêt du seize
jour de septembre dernier, déclaré ne pouvoir entrer en la vérification d'icelui, et d'autant qu'il est important pour le bien de
notre service, et que notre intention est que notre dit édit soit exécuté selon sa forme et teneur. A ces causes, et de l'avis de notre
conseil qui a vu notre dit arrêt, *nous voulons et vous mandons*
que sans vous y arrêter, ni aux causes, motifs d'icelui, vous ayez,
toutes affaires cessantes, à procéder à l'enregistrement pur et simple
dudit édit, sans plus y apporter aucun refus ny difficulté, et sans
attendre de nous autres plus exprès commandements que ces pré-
sentes, que nous voulons vous servir de première et finale jussion;
mandons à notre procureur-général en notre dite cour, de faire à
cet égard toutes réquisitions nécessaires, car tel est notre plaisir.
Donné à St-Germain-en-Laye, le dix novembre, l'an de grâce
1633, et de notre règne le vingt-quatrième.

EXTRAIT DES REGISTRES DE LA COUR DES AYDES,
22 décembre 1633.

Tout considéré, la cour dit qu'elle ne peut entrer en la véri-
fication desdites lettres, et supplie très humblement Sa Majesté de
l'en vouloir dispenser.

Signé BOUCHER.

DEUXIÈME JUSSION,
26 décembre 1633.

LOUIS, etc., à nos conseillers, gens tenant notre cour des
Aydes à Paris, salut; nous vous avons adressé nos lettres de jussion, le 17 novembre dernier, pour procéder à l'enregistrement de
notre édit du mois de mai précédent, portant suppression des

offices de maîtres visiteurs, vendeurs de *bois à brûler*, *merien (bois carrés)*, *échalats*, *foin et charbon* en notre ville de Paris, et imposition de douze deniers pour livre du prix desdites marchandises, qui seraient vendues en notre dite ville, pour faire le fonds du remboursement desdits offices supprimés, espérant que vous n'apporteriez plus aucune difficulté à ladite vérification, après vous avoir fait entendre les justes considérations qui nous auraient déterminé à faire ladite suppression et commandé même de notre propre bouche de nous rendre ce service; mais au lieu de recevoir la satisfaction que nous attendions de vous en cette occasion, vous avez persisté dans votre premier refus, sans en déduire les raisons, et d'autant que notre seul dessein, en supprimant lesdits offices, n'a été que de rendre plus libre le commerce et la vente desdites marchandises au soulagement des bourgeois et habitants de notre dite ville, nous avons résolu de leur en faire ressentir l'effet; à ces causes, de l'avis de notre conseil et de notre propre mouvement, pleine puissance et autorité royale, nous vous mandons et ordonnons par ces présentes signées de notre main, qui vous serviront du plus exprès et absolu commandement, que vous pourriez attendre de nous sur ce sujet, *que vous ayez, toutes affaires cessantes, à procéder à l'enregistrement pur et simple de notre édit du mois de mai, sans plus user de remise, restriction, modification ni difficulté*, nonobstant et sans vous arrêter à vos arrêts de refus des **16** septembre et **22** décembre dernier, et toutes les remontrances que vous nous pourriez faire à cet égard, lesquelles nous tenons dès à présent pour faites et entendues, car tel est notre plaisir; enjoignons très expressément à notre procureur-général de faire pour ce toutes les instances nécessaires, etc.

Donné à Paris, le **26** décembre, l'an de grâce 1633.

EXTRAIT DES REGISTRES DE LA COUR DES AYDES,

31 *décembre* **1633**.

Tout considéré, la cour dit qu'elle ne peut entrer en la vérifi-

cation desdites lettres en forme d'édit et de jussion, et supplie très humblement Sa Majesté de l'en excuser.

Signé BOUCHER.

TROISIÈME JUSSION.

2 janvier 1634.

Louis, etc., à nos amez et féaux conseillers les gens tenant notre cour des Aydes à Paris, salut; par nos lettres-patentes, en forme de jussion, des 17 novembre et 26 décembre dernier, nous vous avons amplement déduit les raisons et considérations qui ont donné lieu à notre édit du mois de mai précédent, portant suppression des offices de visiteurs et vendeurs de bois à *brûler, merien (bois carrés), échalats, foin et charbon* qui se consomment en notre ville de Paris, dont l'établissement était si à charge au public et à la liberté du commerce, que nous avons reçu diverses fois des remontrances des prévost des marchands et échevins de ladite ville, pour la suppression d'iceux; mais la nécessité de nos affaires ne nous permettant pas de pourvoir des deniers de notre épargne au remboursement de la finance par eux payée, nous avons ordonné l'imposition du sol pour livre, du prix desdits bois comme le moyen le plus prompt et le plus doux de tous ceux qui nous ont été proposés. Néanmoins les refus, longueurs et difficultés que vous avez apportés à l'enregistrement de notre dit édit ont jusques ici retardé l'effet de ladite suppression et obligent les pourvus desdits offices de continuer l'exercice de leurs charges, et par ainsi vous privez nos sujets de ce soulagement qu'ils ont si instamment demandé, contre notre intention, et les commandements que nous vous avons faits, tant par nos lettres-patentes, que de vive voix sur ce sujet. A ces causes, de l'avis de notre consei et de notre propre mouvement, pleine puissance et autorité royale nous vous mandons, ordonnons et très expressément enjoignon pour la troisième et dernière fois, que vous ayiez toutes affaires ce santes, à procéder à l'enregistrement pur et simple de notre édit d

mois de mai 1633, purement et simplement, sans aucune modification, restriction ni difficulté, nonobstant toutes les remontrances que vous nous pourriez faire sur ce sujet, que nous tenons
dès à présent pour entendues, vos arrêts de refus des 16 septembre, 22 et 31 décembre dernier, que nous avons cassés et annulés,
et toutes choses à ce contraire, car tel est notre plaisir ; enjoignons
à notre procureur-général de continuer ses diligences pour ce
nécessaires, à peine d'en répondre en son propre et privé nom.

Donné à St-Germain-en-Laye, le 2 janvier, l'an de grâce 1634.

EXTRAIT DES REGISTRES DE LA COUR DES AYDES,

14 *janvier* 1634.

Vu par la cour les lettres-patentes du roi en forme d'édit, données à Fontainebleau au mois de mai 1633, par lesquelles et pour
les causes y contenues, Sa Majesté, de l'avis de son conseil, aurait
supprimé les trente offices de maîtres visiteurs, vendeurs de bois à
brûler, mérien, échalats, foin et charbon, en cette ville de Paris ;
voulant que les pourvus desdits offices soient remboursés de la
finance qu'ils en ont payée en ses parties casuelles ; ensemble de
leurs frais et loyaux-coûts, sans que ci-après ils puissent être rétablis pour quelque cause et occasion que ce soit, et pour pourvoir
de fonds pour le remboursement desdits offices, et récompenser la
perte que Sa Majesté fait en la suppression d'iceux, elle aurait
statué et ordonné, par ledit édit que, dorénavant, à commencer
du premier de juillet en dit an, il serait pris et levé à son profit sur
tout ledit bois à brûler, à bâtir, merain, œuvré et à œuvrer, qui
s'amènera et vendra en cette dite ville, douze deniers par livre
des prix de ladite marchandise, outre les douze deniers anciens qui
se levent sur icelle, etc., par lesquelles est mandé à ladite cour
qu'elle eût toutes affaires cessantes, à procéder à l'enregistrement
pur et simple dudit édit du mois de mai mil six cent trente-trois,
purement et simplement, sans aucune modification, restriction ni
difficulté, *nonobstant toutes les remontrances qu'elle pourrait*

faire à Sa Majesté sur ce sujet, qu'elle aurait tenues dès lors pour entendues, et lesdits arrêts de refus des seize septembre, vingt-deux et trente-un décembre dernier, qu'elle auroit cassés et annulés ; et toutes choses à ce contraire, conclusions du procureur général du roi, le tout vu et considéré ; la cour, du très exprès commandement du roi par plusieurs fois réitéré, de vive voix et par écrit, a ordonné et ordonne que lesdites lettres en forme d'édit seront régistrées au greffe d'icelle pour être exécutées selon leur forme et teneur.

(Recueil Moreau, bois à bâtir, Bib. royale.)

SENTENCE DU BUREAU DE LA VILLE,

Qui autorise le sieur Francquarré, marchand de bois, à faire passer par dedans les prés et héritages près le port du Foule près la Bouvière, rivière d'Yonne, les chevaux et harnois qui transportent de la vente audit port, les marchandises de bois de *chauffage et bois à bâtir* destinés pour la provision et fourniture de Paris, en payant de gré à gré le dommage.

28 juin 1633.

(Archives du royaume, section judiciaire.)

SENTENCE DU BUREAU DE LA VILLE,

Qui autorise le sieur Augustin Royer, marchand de bois et bourgeois de Paris, faisant le trafic de *bois de sciage et carré* pour la provision de Paris, de faire toutes perquisitions, aidé d'un sergent à ce requis, pour retrouver les bois entraînés sur le port de Montargis par la crue des eaux, faire faire avec ledit sergent ouverture des lieux où il pensera y avoir de sa marchandise.

19 décembre 1633.

(Archives du royaume, section judiciaire.)

SENTENCE DU BUREAU DE LA VILLE,

En faveur de Pierre Tavesse, marchand de bois pour la provision et fourniture de Paris, exploitant les coupes d'Auzouer-la-Ferrière et autres dans le parc de Gros-Bois et qu'il destine au port de Chenevières, l'autorise à faire passer ses chevaux, bœufs et charrettes sur les terres, prés et autres héritages.

Mars 1634.

(Archives du royaume, section judiciaire.)

ARRÊT DE LA COUR DE PARLEMENT,

Portant défenses à toutes personnes d'exercer aucuns offices nouveaux de la ville, ni lever aucuns droits sur les denrées *de bois à bâtir, foin, chaux et autres,* à peine de concussion.

4 août 1634.

Extrait des registres de parlement.

Ce jour, sur ce que les gens du roi ont fait plainte à la cour, de ce que sans lettres et édits vérifiés, a été depuis peu établi de nouveaux officiers de ville, qui lèvent de nouveaux droits tant *sur le bois à bâtir et brûler,* que sur le foin, la chaux et autres denrées qui se vendent et débitent en cette ville, dont plusieurs particuliers, bourgeois et habitants, se plaignent, requérant y être promptement pourvu pour le bien et utilité publique ; la matière mise en délibération, ladite cour a fait inhibitions et défenses à toutes personnes d'exercer lesdits offices nouveaux, et de lever aucuns droits nouveaux tant en cette ville qu'ailleurs, sur lesdites denrées de bois, foin, chaux et autres, à peine de concussion, et sera le présent arrêt, à la diligence du procureur-général, lu et publié à son de trompe, et affiché partout où besoin sera, à ce qu'aucun n'en prétende cause d'ignorance. Fait en parlement le quatrième jour d'août mil six cent trente-quatre.

(Recueil Moreau, bois à bâtir, Bib. royale.)

ARRÊT DE LA COUR DE PARLEMENT,

Portant défenses d'exercer les nouvelles charges, et de lever les nouveaux droits établis par les prévost des marchands et échevins, *sur le bois de sciage*, foin, charbon et chaux, suivant le précédent arrêt.

7 août 1634.

Extrait des registres de parlement.

Entre Antoine Poignan et Claude Gauchy, marchands de bois en cette ville de Paris, appelants, savoir : ledit Poignan d'un jugement rendu par les prévost des marchands et échevins de cette ville de Paris, le huitième juin dernier mil six cent trente-quatre, par lequel ledit Poignan a été condamné payer à Jean-Baptiste Guiot, ci-après nommé, la somme de dix livres, faisant moitié de vingt livres, de nouveau imposées sur le bois de sciage par lesdits prévost des marchands et échevins, pour deux milliers de planches, à raison de dix sols pour chaque cent, les autres dix livres payables par les marchands vendeurs.

La cour a mis et met les appellations et ce dont a été appelé au néant sans amende, a fait et fait main-levée aux appelants des saisies, ordonne que les particuliers demeureront déchargés des amendes et dépens contre eux adjugés, et auxquels seront aussi rendues les sommes qu'ils ont été contraints de payer ; fait inhibitions et défenses d'exercer les nouvelles charges et de lever les nouveaux droits établis par les prévost des marchands et échevins, sur le bois de sciage, foin, charbon et chaux, suivant le précédent arrêt, et néanmoins sans dépens.

Fait en parlement, le septième jour d'août 1634.

Signé Du TILLET.

(Recueil Moreau, bois à bâtir, Bib. royale.)

SENTENCE DU BUREAU DE LA VILLE,

En faveur du sieur Trotin, maître charpentier à Paris, acquéreur de grande quantité de *bois carré, à bâtir,* en pays de Champagne, auquel il est permis de faire voiturer ses bois, en passant sur les terres et en indemnisant raisonnablement les propriétaires.

Comme aussi de faire perquisition, ouverture des clos, et lieux, depuis Saint-Dizier jusqu'à Paris, où il saura y avoir de son bois, certains particuliers ayant réquarri ses bois, effacé ses marques et celles des marchands qui lui ont vendu lesdits bois, pour lui en ôter la connaissance.

Ordonne au juge ou sergent des lieux d'en informer, etc.

27 *août* 1634.

(Archives du royaume, section judiciaire.)

SENTENCE DU BUREAU DE LA VILLE,

Qui autorise le sieur Robert Pousset, marchand et bourgeois de Paris, à faire tirer hors des forêts ses *bois de chauffage et à bâtir* qu'il exploite en Bourgogne, Nivernais et Morvant, à les faire charroyer sur les ports et bordages des ruisseaux et rivières, à cette fin, passer *par les héritages qui seront nécessaires, les empiler ès-lieux convenables, en payant les dommages et occupations raisonnables,* et les flotter en trains pour être destinés à la provision de Paris.

4 *janvier* 1635.

(Archives du royaume, section judiciaire.)

ARRÊT DE LA COUR DE PARLEMENT
Pour le fait du bois flotté.
3 *avril* 1635.

Ordonne que les rivières de Leigne et Seine, demeureront libres et sans empêchements pour la navigation et passage, tant des bateaux, que bois flottés, à bâtir et à brûler, depuis la source de ladite rivière de Leigne, jusques au lieu de Polisi, auquel elle se rend dans celle de Seine, comme aussi ladite rivière de Seine, depuis le lieu de Polisi jusques en ladite ville de Paris ; permet de jeter et flotter à bois perdu les bois, *tant à brûler qu'à bâtir*, mener, conduire en bateaux sur ladite rivière, sans que les meûniers, propriétaires ou autres puissent apporter aucun empêchement ou obstacle ; tenus au contraire de bailler et souffrir passage libre pour lesdits bois et bateaux par les lieux et endroits désignés.

Donné à Paris, en parlement, le 3 avril 1635.

(Archives du royaume, section judiciaire.)

SENTENCE DU BUREAU DE LA VILLE,

Qui autorise le sieur Depany, marchand de bois, à faire tirer hors des forêts du Nivernais ses *bois de chauffage et à bâtir* et faire charroyer sur les ports et bords des ruisseaux et rivières, à cette fin passer par dedans les héritages qui seront nécessaires, *les empiler ès-lieux convenables en payant les dommages et occupations raisonnables*, les flotter, faire ouverture des pertuis des meûniers, selon qu'il en sera besoin pour la facilité du passage desdits bois, et en payant le dommage suivant les réglements, et à ce refus, permettons au conducteur des flottes de les faire ouvrir, et de les faire informer par le premier sergent ou officier de justice des lieux.

11 *mai* 1635.

(Archives du royaume, section judiciaire.)

ARRÊT DE LA COUR,

30 *juin* 1635,

Portant que *les bois d'ouvrage* tiendront port trois jours pour être après lotis.

Fait inhibitions et défenses à tous marchands forains d'exposer aucuns bois d'ouvrage en vente, et auxdits menuisiers et tourneurs d'en enlever, qu'il n'ait tenu port trois jours entiers, suivant et conformément audit réglement de police, à peine de confiscation desdits bois, et d'amende arbitraire, après lesquels tous bois blancs de sciage seulement, amenés par lesdits marchands forains, seront lotis entre lesdits menuisiers et tourneurs, auxquels ladite cour fait expresses inhibitions et défenses de le regratter ni revendre, qu'il ne soit manufacturé, sous pareille peine.

(Extrait des ordonnances sur le fait de la prévosté
de la ville, p. 431, édition 1644.)

SENTENCE DU BUREAU DE LA VILLE,

Qui autorise Claude Bizardeau et Jean Dépagny, marchands *de bois de chauffage et à bâtir* dans les pays de Morvant, Nivernais et Bourgogne, à mettre et déposer leurs bois comme aussi les *empiler sur les bords des ruisseaux et rivières ès-lieux nécessaires;* ordonne aux meûniers de faciliter le passage desdits bois moyennant le paiement du chômage des moulins, suivant réglement.

15 mai 1636.

(Archives du royaume, section judiciaire.)

SENTENCE DU BUREAU DE LA VILLE,

Qui autorise Claude Dublé, juré du roi ès-œuvres de charpenterie et Augustin Royet, marchand et bourgeois de Paris *trafiquant de bois carrés*, au pays de la Champagne pour la provision de Paris, qui font journellement charger sur les ports de Saint-Dizier et autres aux environs sur la Marne, grande quantité desdits bois, que l'on jette en trains et en flots afin de les voiturer pour ladite ville, à faire toutes les perquisitions et recherches nécessaires pour recouvrer les bois qui leur ont été pris le long des rivages en cours de navigation, et à faire ouverture par le premier serrurier ou maréchal, en présence d'un sergent ou deux voisins, des habitations, caves, celliers où ils sauraient y avoir de leurs bois.

13 octobre 1636.

(Archives du royaume, section judiciaire.)

SENTENCE DU BUREAU DE LA VILLE,

Qui autorise Claude Dublé, juré du roi, à lever l'empêchement apporté en cours de navigation (sous prétexte de prétendus dommages ou droits) , à un bateau chargé de *solives et bois de sciage*, arrêté au port Carreau , rivière d'Oise , et qui est destiné pour la provision et fourniture de cette ville.

15 *janvier* 1637.

(Archives du royaume, section judiciaire.)

SENTENCE DU BUREAU DE LA VILLE,

Qui ordonne de lever l'arrêt et saisie qui avaient eu lieu d'un *train de bois carré* appartenant à Claude Dublé, juré du roi ès-œuvres de charpenterie, conduit par Michel Cordin et ses compagnons flotteurs; lequel train destiné pour les bâtiments de Sa Majesté , palais et autres œuvres , avait été arrêté en la rivière de Tijeaux, à Crécy, par le juge des eaux et forêts et autres personnes, sur prétentions frivoles et imaginaires.

6 *août* 1637.

(Archives du royaume, section judiciaire.)

SENTENCE DU BUREAU DE LA VILLE,

Qui autorise Robert Pousset , marchand et bourgeois de Paris, à faire tirer des forêts les *bois de chauffage et à bâtir* qu'il exploite en Bourgogne, à les faire charroyer sur les ports et bordages des ruisseaux et rivières , à cette fin *passer dans les héritages où seront nécessaires, et empiler lesdits bois ès-lieux convenables, en payant les dommages et occupations raisonnables*, flotter lesdits bois, les emmener pour la provision de Paris, et enjoint aux meûniers de retirer et lâcher l'eau des écluses de leurs moulins, faire ouverture des pertuis, selon qu'il sera besoin, pour la facilité du passage desdits bois, en payant les dommages suivant les réglements.

23 *juin* 1638

(Archives du royaume, section judiciaire.)

SENTENCE DU BUREAU DE LA VILLE,

Qui autorise Jacques Renet, marchand de bois, ayant grande quantité de bois de *chauffage* et *à bâtir* dans les forêts, à les jeter dans les ruisseaux affluents à la rivière d'Armançon, au-dessus de Tanlay, *passer dans les héritages où sera nécessaire et à empiler lesdits bois ès-lieux convenables*, en payant les dommages et occupations raisonnables, lesdits bois étant destinés pour la provision et fourniture de la ville.

14 *mars* 1640.

(Archives du royaume, section judiciaire.)

EXTRAIT DES REGISTRES DU PARLEMENT,

Pour la répression des abus et malversations qui étaient commises sur les rivières d'Yonne, Cure et Cousin par lesquelles est mené et conduit le bois flotté, *mercin (bois carré)* et autres marchandises pour la fourniture de Paris, et faisant défense à tous gentilshommes, leurs gens, serviteurs, ayant château ou moulins sur lesdites rivières, de faire ou commettre à l'avenir aucune exaction sur lesdits marchands de bois ou leurs voituriers, n i disposer du bois qui s'échapperait de leurs trains.

24 *novembre* 1640.

(Recueil Moreau, bois à bâtir, Bib. royale.)

ARRÊT DU CONSEIL,

Au profit des marchands de bois, pour recouvrer et faire repêcher leurs bois canards en quelques lieux qu'ils soient, sans être assujétis à payer aucun droit.

9 *avril* 1642.

(Recueil Moreau, bois à bâtir, Bib. royale.)

SENTENCE DU BUREAU DE LA VILLE,

Qui permet au sieur Ozou, marchand de bois, de faire sortir et enlever des forêts près Bourbon-l'Archambault, les *bois à bâtir et à brûler* qu'il a achetés et qui sont destinés à l'approvisionnement de Paris; permis de faire charroyer, passer et repasser ses charretiers qui charrient les bois, et les harnois sur les terres, prés, héritages qu'il conviendra, en indemnisant raisonnablement et à dire d'experts lesdits propriétaires.

12 *mai* 1642.

(Archives du royaume, section judiciaire.)

ARRÊT DU CONSEIL,

Portant tarif pour la perception des droits sur *les bois carrés,* et autres, à payer aux commissaires contrôleurs, etc., etc.

27 *mai* 1642.

PREMIÈREMENT :

Ais de sapin grands et moyens, venant de Suède, Norwège, Hambourg et Danemark, à six-vingt-deux ais pour cent, le cent en nombre, payera vingt sols, cy.................. 20 s.

Bois de chêne de six pouces en carré, et douze pieds de long, à onze cents pour millier, et cent quatre pour cent, le cent en nombre payera huit livres, cy....... 8 liv.

Bois à faire sommiers, à onze cents pour millier, et cent quatre pour cent, le cent en nombre payera douze livres, cy.. 12 liv.

Bois à bâtir, le millier à onze cents, et cent quatre pour cent, le cent en nombre payera huit livres, cy........ 8 liv.

Bois scié, tant en bateau qu'en planche, le cent en nombre payera trente sols, cy....................... 30 s.

Bois à douvain à pipe, le millier à onze cents, et le cent à cent quatre, il payera trente-cinq sols, ci....... 35 s.

Bois de charronnage de toutes sortes, de quelque qualité qu'il soit, soit qu'il vienne par eau ou par terre, payera pour chaque charriot ou charrette chargée, dix sols, cy... 10 s.

Planches de sapin de toutes sortes de longueur, le cent en nombre, payera quinze sols, cy................ 15 s.

Planches de bois de chêne, bois de bord, le cent en nombre, payera trente sous, cy·.................. 30 s.

Planches de hêtre, le cent en nombre, payera vingt sous, cy.. 20 s.

(Recueil Moreau, bois à brûler, Bib. royale.)

SENTENCE DU BUREAU DE LA VILLE,

Qui autorise le sieur François Briant, marchand de bois, acquéreur de grande quantité de *bois de chauffage*, *à bâtir* et œuvrés, qu'il exploite dans les forêts de Saint-Amand et de Saint-Martin, dans le Puisais (près Bourges), à faire passer lesdits bois sur les terres, prés et héritages, les flotter en train ou bois perdu, les retirer, empiler sur les terres, prés, etc., moyennant indemnité raisonnable, et à les flotter ou charger en bateaux, pour être conduits à Paris, étant destinés pour la provision de cette ville.

5 *septembre* 1642.

(Archives du royaume, section judiciaire.)

SENTENCE DU BUREAU DE LA VILLE,

Entre Jacques Moreau et consorts, marchands de bois pour l'approvisionnement de Paris, et le baron Dallarde, portant défenses de troubler lesdits marchands dans leurs flottages, comme aussi de les empêcher de faire pêcher leurs bois canards ou effondriés.

25 *octobre* 1642.

Faisons défense au baron Dallarde, ses domestiques et gens, et à tous autres ayant moulin sur la rivière, d'empêcher ni troubler les marchands au passage des bois et autres marchandises envoyés pour la provision de Paris, à peine de mille livres d'amende, et à l'égard des bois canards et effondriés, faisons défense à tous ceux qui ont moulin sur Yonne et autres rivières de pêcher ou *faire pêcher aucuns bois canards ou effondriés, mais de les laisser en pleine disposition des marchands traficants pour l'approvisionnement de la ville.*

(Recueil Moreau, bois à brûler, Bib. royale.)

SENTENCE DU BUREAU DE LA VILLE,

Qui ordonne de lever les empêchements apportés au passage de *douze trains de bois carré* flottés au port de Saint-Poré-des-Vauldes, conduits par vingt-six hommes employés sous les ordres de Rolland Lambert, principal conducteur de Louis Berthaud, marchand de bois, et arrêtés méchamment par un meûnier, au lieu dit Sausey, proche et au-dessous de Troyes.

27 *novembre* 1642.

(Archives du royaume, section judiciaire.)

SENTENCE DU BUREAU DE LA VILLE,

Au profit de Louis Berthaut, marchand de bois, acquéreur de grande quantité de *bois, tant à bâtir qu'à brûler*, sur les ports de l'Ourcq et de la Seine, l'autorise à faire passer et repasser ses bois sur les terres, prés et héritages, et à faire les *empilages d'iceux bois* sur les terres et rivages desdites rivières, à la charge d'indemniser raisonnablement et à dire d'experts lesdits proprié-taires.

26 janvier 1643.

(Archives du royaume, section judiciaire.)

ORDONNANCE DU BUREAU DE LA VILLE,

Concernant le transport et le flottage des bois, et les occupations sur les ports, desdits bois *ouvrés, à bâtir, et de chauffage.*

21 mars 1643.

A tous ceux qui ces présentes lettres verront, Cristophe Per-rot, prévost des marchands, et les échevins de la ville de Paris, salut; savoir faisons que, vu la requête à nous faite et présentée par Jacques Boutheroüe et Hugues Soreau, marchands, bourgeois des villes d'Orléans et Tours, contenant qu'encore qu'il y eût plusieurs marchands en divers lieux de ce royaume qui, avec grande dépense, donnent tous leurs soins et industrie pour faire flotter *des bois œuvrés à bâtir et de chauffage pour la fourniture de Paris*, néanmoins, soit que partie de ceux coupés depuis quelques années n'ayant été conservés, ou que étant sur leur retour ils n'eussent rendu aucun rejets, si est ce qu'il est vrai que l'on s'est vu réduit en ladite ville de Paris à couper et *mettre en chauffage grand nombre de solives et autres bois œuvrés de cher prix*, et que fréquemment l'on voit qu'il ne se trouve à suffire du bois de chauffage pour ladite fourniture d'icelle ville, laquelle étant à présent peuplée d'un nombre innombrable de personnes, et n'augmentant pas moins de jour à autre que lesdits bois diminuent, il serait à craindre que cette pénurie causât grand désordre s'il n'y était promptement pourvu, ce qui fut trouvé tellement nécessaire du vivant du feu roi de glorieuse mémoire, qu'il jugea dès lors la communication des rivières de Seine et Loire, par un canal très-utile et avantageux au public, tant pour le transport desdites marchandises de bois de plusieurs provinces en ladite ville de Paris, que pour toutes sortes de marchandises et denrées, et à quoi fut travaillé quelque temps ; que depuis se serait écoulé trente années, et plus, pendant lesquelles toutes les ruines survenues à ce qui était commencé, n'ont pas empêché à quelques particuliers de proposer au roi de faire réussir ce dessein à leurs frais, réparant toutes lesdites ruines et continuant de faire à neuf tout ce qui n'avait été commencé ni tracé ; laquelle proposition ayant été favorablement reçue comme très avantageuse et utile au public, lesdits ouvrages se continuent depuis quelques années avec si grand nombre de toutes sortes d'ouvriers que l'on voit apparemment que dans peu de temps ledit canal sera capable de porter de Loire en Seine des trains de bois et bateaux semblables à ceux que portent lesdites rivières, et afin que le public puisse d'autant plus tôt jouir de cette utilité attendue et en conséquence de ce que les suppliants seront plus de temps à rendre plusieurs ruisseaux et rivières capables de porter des trains ou par flotte qu'il n'en convient pour faire ledit canal de Loire en Seine, pour l'usage de grande quantité de bois dont ils ont fait achat, destinés pour la fourniture de Paris, nous requéraient leur vouloir pourvoir afin que ladite ville de Paris ne fût privée de la fourniture de tous les bois dont ils ont fait achat et qu'ils pourraient acheter ; considéré le contenu en laquelle requête, ouï sur icelle le procureur du roi et de la ville en ses conclusions, avons, en conséquence de la dite destination, permis et permettons auxdits Boutheroüe et Soreau, de tirer et faire sortir et enlever des forêts les bois par eux achetés et qu'ils pourraient acheter, tous et chacuns, les bois qui y sont et

seront ci-après coupés et façonnés, destinés pour la fourniture de
Paris, les faire charroyer, passer et repasser, leurs charretiers, gens,
chevaux, bœufs et harnois, sur les terres, prés et héritages qu'il conviendra, les jeter, flotter et voiturer à bois perdu ou autrement par
les rivières d'Aron, Allaine, Bebré, La Barbuiche, Châteauneuf,
d'Allier, les eaux de Couleuvres et ruisseaux en dépendants et descendants en icelles et le tout en Loire; passer semblablement lesdits bois à travers les mares, fossés et étangs où lesdits ruisseaux
et rivières, faits et à faire, seront conduits, comme aussi par les
écluses, vannes, vannages et pales des moulins s'ils sont trouvés
commodes; sinon pourront y ajouter ou diminuer, même lever lesdites pales, nettoyer, curer, dresser et élargir iceux ruisseaux
et rivières, en faire de nouveaux et à neuf où besoin sera. A cette
fin couper et trancher les terres à la commodité et choix desdits
Boutheroüe et Soreau, prendre *port aux endroits qu'ils jugeront*
propres pour lesdits charrois, conduites et empilages desdits
bois, se servir des eaux desdits étangs, réservoirs, moulins, ruisseaux et rivières pour le flot d'iceux bois, retenir ou laisser couler
lesdites eaux selon la nécessité qui s'y rencontrera, y construire
portes, pertuis, écluses, vannes, arrêts, chaussées, digues, retenues d'eau, moulins à scier lesdits bois, et généralement faire et
disposer en tous les susdits lieux et endroits comme bon semblera
auxdits Boutheroüe et Soreau et sera par eux trouvé le plus utile
et à propos pour l'accomplissement de ladite entreprise, le tout à
leurs frais et dépens; et payant et indemnisant lesdits propriétaires
ou détenteurs et locataires de ce qu'il conviendra en cas que leurs
terres, héritages et possessions en soient endommagés et détério-
rés, auxquels ils feront offre de ce qu'ils jugeront raisonnable pour
la valeur du dommage si aucun est fait; et où ils ne voudraient
se contenter desdites offres, seront sommés et interpellés de convenir d'experts pour estimer et arbitrer lesdits dommages, sur-
le-champ afin d'obvier à frais, et à faute d'en convenir de leur
part, assignés pardevant nous pour répondre à tels faits et conclusions, que lesdits Boutheroüe et Soreau prendront contre eux,
sans que, pendant ce, il soit différé à l'exécution de ce que dessus;
ordonnons, que lesdits bois étant rendus ès-ports et lieux des-

dits flottages en trains ils seront tirés, empilés, mis en trains, ou chargés en bateaux, amenés et voiturés en cette dite ville de **Paris** pour ladite provision d'icelle, et le tout nonobstant obstacles, saisies, oppositions, appellations ou autres empêchements quelconques faits ou à faire, conformément aux édits, ordonnances et arrêts, et toutefois à la charge d'iceux; faisons expresses inhibitions et défenses à toutes personnes, de quelque qualité ou condition qu'elles soient, de troubler lesdits Boutheroüe et Soreau, leurs commissionnaires ou conducteurs, prendre ni exiger d'eux aucune chose qui ne soit légitimement attribuée, les traduire, ni contre eux faire poursuites ailleurs que pardevant nous pour raison de ce que dessus circonstances et dépendances; à tous autres juges d'en prendre cours, juridiction et connaissance en première instance au préjudice de ladite attribution qui nous est faite, à peine de deux mille livres d'amende, nullité des procédures, dépens, dommages et intérêts; enjoignons aux meûniers des moulins de faire ou souffrir l'ouverture de leurs pertuis, vannes et autres passages pour l'avalage desdits bois, sans en façon quelconque, les retarder ni arrêter, sur les mêmes peines; et en cas de trouble, contravention, contremarque de bois et autres choses préjudiciables auxdits Boutheroüe et Soreau et à leur trafic, leur permettons pareillement d'en faire informer par les premiers juges ou sergents des lieux qu'à ce faire commettons. Ensemble des transports, larcins, desdits bois, faire perquisitions, recherches, révendications, saisies d'iceux ès-lieux et endroits où ils découvriront y en avoir, desquels lieux sera fait ouverture par le premier serrurrier ou maréchal, en présence dudit juge ou sergent, et de deux voisins; au refus des propriétaires ou locataires de faire icelles ouvertures, obtenir et faire publier, monitions où besoin sera pour en avoir révélation, à quoi sera passé outre, nonobstant oppositions ou appellations quelconques pour les informations et procès-verbaux qui seront de ce fait être apportés par devers nous, et sur iceux ordonné ce que de raison; cy donnons en mandement audit premier juge ou sergent, prévost des maréchaux, leurs lieutenants, archers et tous autres qu'il appartiendra, et seront requis d'exécuter ces présentes de point en point selon leur forme et teneur, de quoi faire leur donnons pouvoir, en témoins de ce que nous avons mis à icelles présentes le scel de ladite prévosté des marchands. Ce fut fait et donné au bureau de la ville, le 21ᵉ jour de mars 1643.

(Archives du royaume, section judiciaire.)

SENTENCE DU BUREAU DE LA VILLE,

Qui autorise le sieur Antoine Bertrand, marchand et bourgeois de Paris, acquéreur de grande quantité de *bois de chauffage, à bâtir*, échalats et autres, dans la forêt de Ville-Fermoy, destinés pour la provision de Paris, à faire tirer ses bois hors des forêts, iceux charroyer sur lesdits ports de Barbeau et autres ports, et à cette fin passer par dedans les chemins et héritages qui seront nécessaires, *empiler lesdits bois ès-lieux convenables*, en payant le dommage et occupation raisonnablement fixés, à dire d'experts, auxdits propriétaires.

12 *août* 1643.

(Archives du royaume, section judiciaire.)

ORDONNANCE DU BUREAU DE LA VILLE,

Concernant le charrois des bois *de chauffage et à bâtir*, des ventes sur les ports, à travers les prés et héritages, et l'empilage desdits bois ès-lieux convenables le long des bordages des rivages.

8 *octobre* 1643.

A tous ceux qui ces présentes lettres verront, Macé le Boulanger, seigneur de Neumoulin, Quimquempois-Mallé, et Précourt, conseiller du roi en ses conseils d'état et privé, président ès-enquêtes de sa cour de parlement, prévost des marchands, et les échevins de la ville de Paris, salut: savoir faisons, que, vu la requête à nous faite et présentée par Nicolas Disy, bourgeois de Paris, contenant qu'il avait acquis du seigneur comte de Nicey les bois de la forêt dudit lieu de Nicey, en la province de Champagne, ensemble quantité d'autres bois, tant dans ladite province qu'en celle de Bourgogne et ès-environs, lesquels il faisait exploiter et façonner *en chauffages*, *à bâtir* et autres sortes pour la provision et fourniture de ladite ville de Paris; mais pour les y amener, lui était besoin de les faire charroyer sur les bords des rivières de Leigne, Seine et autres rivières et ruisseaux qui s'y joignent, pour à quoi parvenir et s'en servir, afin d'accomplir son dessein, qui autrement lui était impossible, *convenait audit Disy faire plusieurs ports pour les charrois d'iceux bois, sur quelques terres, prés et héritages d'icelles, rivières et ruisseaux*, même d'en faire curer, nettoyer et y construire de pertuis et vannages propres et commodes pour les passages desdits bois, à quoi il était troublé par aucuns particuliers, soi-disant propriétaires et locataires des lieux et endroits où se devaient faire les chemins, ports, charrois, empilages, pertuis et vannages, qui ne voulaient souffrir que lesdites rivières et ruisseaux fussent curés, nettoyés et dressés aux endroits qu'ils prétendaient leur appartenir, et par tout plein d'autres façons mauvaises et voies indirectes dont ils usaient contre les ouvriers, charretiers et conducteurs employés aux choses susdites; jusque-là, que quelques personnes, gentilshommes, ecclésiastiques et autres, sous prétexte de dommages bien souvent imaginaires et de prétentions d'indemnités qui ne leur étaient point dues, les uns pour droits de pêches et passages ès-rivières et ruisseaux, desquels il ne voulaient endurer que le cours fût rendu libre, d'autres pour la liberté que les conducteurs des flots à bois perdus et des trains de bois avaient de passer et de marcher sur le long des bordages desdites rivières et ruisseaux pour pousser lesdits bois, même pour y garer et fermer lesdits trains, et d'autres pour chômages de moulins et dégâts d'écluses et dépendances, s'adressaient aux juges des lieux, où par les habitudes qu'ils y avaient, et sur les requêtes remplies et exposées de ce que bon leur semblait, obtenaient desdits juges des commissions et permissions, en vertu desquelles ils faisaient saisir et arrêter telle quantité de bois qu'il leur plaisait, empêchaient d'ailleurs audit Disy ou ses facteurs et journaliers les tirages et les reprises de ses bois, appelés canards, coulés et demeurés à fond d'eau ès-dites rivières et ruisseaux qu'eux-mêmes faisaient faire, et en disposaient à leur discrétion, par force, violence et à main armée, au détriment dudit Disy, auquel en outre étaient commis beaucoup de larcins, et pris desdits bois, le tout à son notable préjudice, retardement de ladite fourniture de Paris, et contre l'autorité des ordonnances et arrêts prohibitifs de ce que dessus, et qui permettent les conduites des marchandises et provisions d'icelle ville, nonobstant quelconques empêchements, dont ils nous donnent la direction, et attribuent primitivement la connaissance et juridiction en première instance, et par appel au parlement dudit Paris; pour à quoi remédier, et que les contrats et conventions faites et à faire par ledit Disy et ses facteurs, aux fins de son dit trafic fussent exécutés, requérait lui être pourvu selon qu'il en suit :

Considéré laquelle requête, et ouï sur icelle le procureur du roi et de la ville en ses conclusions, avons permis et permettons audit Disy de faire sortir et enlever de ladite forêt de Nicey et autres forêts de l'endroit desdites provinces de Champagne, Bourgogne et environs, *tous et chacun les bois par lui acquis*, et qu'il pourra acquérir, qui sont et seront coupés et façonnés, et pour la conduite d'iceux audit Paris, les faire *charroyer, passer et repasser ses charretiers, chevaux ou bœufs et harnais sur les terres, prés et héritages qu'il conviendra, faire les ports et empilages desdits bois sur les bords et rivages desdites rivières de Leigne, Seine et autres rivières et ruisseaux desdits lieux, prendre tels places et endroits que bon leur semblera dans les terres, prés et pâtures, jeter, flotter et voiturer iceux bois à bois perdu, en icelles rivières et ruisseaux, jusqu'à Marcilly* et autres ports de tirage et flottage en train, lesquelles rivières et ruisseaux les propriétaires d'héritages y tenants et contigus, seront tenus nettoyer, curer, dresser et élargir chaque en droit soi, et y seront contraints selon les ordonnances et arrêts, sinon ledit Disy y fera travailler à leurs frais et dépens; comme aussi nous permettons de faire passer ses

dits bois à travers les étangs, rivières, marais, fosses, et environs
d'iceux, en quelques endroits qu'ils puissent être et par les écluses,
vannes, vannages et pales des moulins, lever lesdites pales, et
rompre les empêchements qui pourraient être mis ou donnés auxdits passages et conduites, même de faire voir et visiter lesdits
moulins, écluses, vannes et dépendances, soit devant ou après
lesdits passages et conduites des flots de bois, pour en connaître
l'état, les propriétaires détenteurs ou locataires présents ou duement appelés, et ce en la présence du premier juge ou sergent
sur ce requis, par experts, dont les parties conviendront, ou à leur
défaut, qui seront nommés d'office par ledit juge ou sergent que à
cet effet commettons, lequel en dressera procès-verbaux pour
servir audit Disy en temps et lieu. Ce que de raison, prendre et
se servir des eaux desdits étangs, moulins, réservoirs et écluses
pour le flot desdits bois, retenir et laisser couler lesdites eaux,
selon la nécessité qu'il en aura, construire pertuis, vannes, vannages, arrêts et chaussées, couper et trancher des terres, prés et
héritages, et généralement faire et disposer en tous les susdits
lieux et endroits, ainsi que ledit Disy trouvera à propos, et sera
par lui reconnu utile pour l'effet de son trafic, à la charge d'indemniser lesdits propriétaires détenteurs ou locataires en cas que
leurs terres et possessions en soient endommagées, auxquels il
fera offre de ce qu'il jugera raisonnable pour la valeur des dommages, si aucuns sont faits et causés par lesdits bois; et où ils
n'accepteront ses offres, les sommera de convenir d'experts avec
lui, pour les estimer sur-le-champ, pour obvier aux frais, faute de
quoi faire par eux, seront à sa requête assignés pardevant nous,
pour répondre aux conclusions qu'il prendra contre eux par ses
exploits, sans que, pendant ce, il soit différé à l'exécution des
choses susdites, et aux flottages en trains, voitures et amenages
desdits bois en ladite ville de Paris, pour la provision et fourniture d'icelle.

Ordonnons qu'il y sera procédé incessamment, réellement,
directement et de fait, nonobstant tous obstacles, saisies, oppositions ou appellations, prises à parties et autres empêchements
quelconques faits ou à faire, conformément auxdits ordonnances

et arrêts; faisons défenses à toutes personnes, de quelque qualité
et conditions qu'elles soient, d'y troubler ledit Disy, ses commissionnaires, conducteurs, charretiers et ouvriers, ni aux tirages
et reprises desdits bois canards; prendre ni exiger aucunes
choses qui ne soient légitimement attribuées, se pourvoir ni les
traduire en quelques juridictions que ce soit, ailleurs que
pardevant nous, saisir ni arrêter ses dits bois, partie ni portion
d'i-ceux, sous prétexte de prétendues indemnités, de droits de
passages et pêches, dommages, circonstances et dépendances, et à
tous juges d'en prendre connaissance en première instance, ni
décerner des permissions de saisir et arrêter iceux bois : ensemble à tous huissiers et sergents d'exécuter les ordonnances et
contraintes desdits juges, à peine de deux mille livres d'amende,
nullité de procédure, dépens, dommages et intérêts dudit Disy et
autres en résultant, même d'en répondre par lesdits juges et sergents en leurs propres et privés noms.

Enjoignons aux meûniers des moulins de faire et souffrir l'ouverture de leurs pertuis et vannes pour le flot et passage desdits
bois, sans les retarder, arrêter ni refermer si promptement leurs
dits pertuis et vannes, sous pareilles peines; permettons en outre
audit Disy de faire par ledit premier juge ou sergent sur ce requis
informer des contraventions à ce que dessus, et des larcins, latitement et mésus desdits bois, tant de ceux à bois perdu que des
trains; faire perquisitions, recherches et saisies d'iceux aux endroits
où il y en aura, dont sera fait ouverture par le premier serrurier
ou maréchal, en présence dudit juge ou sergent, et de deux voisins, faute par les propriétaires ou locataires de les ouvrir. Obtenir
et faire publier monition ès-lieux que besoin sera, pour en avoir
révélation et preuve, à quoi sera passé outre, aussi nonobstant
oppositions ou appellations quelconques pour ce fait, être les informations et procès-verbaux qui en seront faits, apportés pardevers
nous, et sur iceux ordonné ce que de raison; et où on serait en
demeure de satisfaire aux contrats et conventions faits et à faire
par ledit Disy ou ses commissionnaires pour ses coupes, façons,
jets, flottages, livraisons, conduites, voitures desdits bois et
autres dépendances de son dit trafic, comme pareillement de venir

au bureau de la ville, par exploits libellés des demandes et conclusions dudit Disy, et pourra faire procéder par saisies, arrêts et établissements de commissaires sur les biens de ses débiteurs, pour sûreté et conservation de ses droits; lequel Disy et ses commissionnaires pourront semblablement eux faire assister des prévost des maréchaux ou de leurs lieutenants et archers, pour donner main-forte à l'exécution de ce que dessus, et passage auxdits bois. Ce qui sera fait, sans qu'ils soient tenus de mander congé. Si donnons en mandement auxdits premier juge ou sergent, et tous autres qu'il appartiendra et seront requis de mettre ces présentes à due et entière exécution, selon leur forme et teneur, de ce faire leur donnons pouvoir; en témoin de ce, nous avons mis à ces dites présentes le scel de ladite prévosté des marchands : ce fut fait et donné au bureau de la ville, le 8 octobre 1643.

Signé Le Maire.

Louis, PAR LA GRACE DE DIEU, roi de France et de Navarre, au premier notre huissier ou sergent sur ce requis, vous mandons, à la requête de Nicolas Disy, bourgeois de Paris, mettre à due et entière exécution, selon sa forme et teneur, la commission du prévost des marchands et échevins de cette ville de Paris du huitième du présent mois d'octobre, cy-attachée sous le contre-scel de notre chancellerie; de ce faire vous donnons pouvoir et mandement spécial, sans pour ce demander placet, visa, car tel est notre plaisir. Donné à Paris, le 16 octobre l'an de grâce 1643, et de notre règne le premier. Par le roi, en son conseil, signé Thibault, et scellé du grand sceau de cire jaune.

Collationné aux originaux par moi, conseiller et secrétaire du roi et de ses finances.

(Archives du royaume, section judiciaire.)

EDIT DU ROI,

Du mois de février 1644.

Portant création de quarante-neuf offices de commissaires-con-trôleurs, jurés-mouleurs, compteurs, cordeurs, mesureurs et visiteurs de toutes sortes de bois à *brûler, bâtir, sciage et char-ronnage*, et exemption de droits sur les perches et débâcles.

Nous ayant été remontré en notre conseil que les ports et chan-tiers de bois de notre bonne ville de Paris se sont de beaucoup augmentés depuis quelques années, ce qui fait que les officiers qui ont été créés sur lesdits bois ne se trouvent plus en nombre suffi-sant pour vaquer au service du public, qui en reçoit de l'incom-modité; de l'avis de la reine régente, notre très honorée dame et mère, et de plusieurs grands et notables personnages de notre conseil, etc., etc.

Nous avons par notre présent édit, perpétuel et irrévocable, créé et érigé en titre d'office quarante-neuf offices de commis-saires-contrôleurs, jurés, mouleurs, compteurs, cordeurs, me-sureurs et visiteurs de toutes sortes de bois, tant neuf que flotté, à brûler, à bâtir, en poutres, solives, poteaux, chevrons, sciage, charronnage, échalats, lattes, perches et autres bois œuvrés ou non, qui seront amenés tant par eau que par terre, et déchargés aux ports et places de ladite ville de Paris, faubourgs et banlieue d'icelle.

Néanmoins, les marchands de bois pourront vendre leur dit bois en la manière accoutumée, sans qu'ils soient obligés de faire au-cune déclaration aux bureaux desdits commissaires-contrôleurs, lesquels ne pourront percevoir aucuns droits sur les perches et débâcles qui servent à amener les trains.

(Recueil Moreau, bois à bâtir, Bib. royale.)

SENTENCE DU BUREAU DE LA VILLE.

Vu la requête à nous présentée par le sieur Simon Maire, marchand de bois, pour la provision de Paris, contenant que depuis quelque temps il a fait flotter, sur le port de Marcilly et autres, *des trains de bois carrés et poutres* destinés pour la provision de la ville, lesquels trains auraient été arrêtés sur la rivière de Seine par le moyen des glaces au lieu dit Marsain, proche Coudray, et depuis entraînés par les chocs et efforts desdites glaces; pendant quoi le bois dont lesdits trains étaient composés a été mal pris et dérobé par les habitants de plusieurs villages étant le long de la rivière, qui, au lieu de les laisser sur les rivages d'icelle, pour être repris par le marchand ou ses conducteurs, les auraient transportés, latités en leurs maisons.

Ce considéré, et ouï le procureur du roi et de la ville en ses conclusions, avons permis et permettons audit maire de ce, par le premier juge ou sergent sur ce requis et que à cet effet commettons, d'informer desdits vols et larcins et transports, latitement desdits bois et autres choses, et de faire faire par ledit juge recherche, perquisition et saisie desdites marchandises.

Du 19 janvier 1646.

(Archives du royaume, section judiciaire.)

SENTENCE DU BUREAU DE LA VILLE,

Qui autorise le sieur Faigère, marchand de bois de Paris, à faire sortir des forêts de Bourgogne les bois de *moule et bois carrés* qu'il a achetés, même les rouettes et chantiers, à passer et repasser sur les héritages qui seront nécessaires, empiler lesdits bois ès-lieux convenables, en payant le dommage et occupation raisonnables.

Du 27 janvier 1646.

(Archives du royaume, section judiciaire.)

ÉDIT DU ROI,

Portant création de 70 offices de commissaires-contrôleurs, jurés-mouleurs, compteurs, cordeurs, mesureurs et visiteurs de toutes sortes de bois à brûler et bois à bâtir.

Mars 1646.

Le roi Henri III, notre prédécesseur, voulant faciliter le débit du bois en cette ville de Paris, aurait créé des vendeurs de ladite marchandise ; l'édit de création desquels offices nous aurions, par nos lettres-patentes, en forme de déclaration, du mois de décembre dernier, ordonné être exécuté, et au lieu que les droits attribués auxdits offices se devaient lever par augmentation du prix de ladite marchandise, pour éviter la foule de nos sujets, nous aurions converti le revenu de la ferme du second sol de la bûche, en droits que nous aurions attribués auxdits offices, *mais nous ayant été remontré par les marchands et les officiers de ladite marchandise de bois le préjudice que causerait à la distribution d'icelle la création desdits offices de vendeurs,* nous aurions délibéré de supprimer lesdits offices ; mais d'autant que nous ne voulons être privés de partie du secours que nous nous sommes promis de l'exécution dudit édit, à ces causes, savoir faisons que, ayant mis cette affaire en délibération en notre conseil, de l'avis de la reine régente, notre très honorée dame et mère, de notre très cher oncle le duc d'Orléans, de notre très cher cousin le prince de Condé, et de plusieurs grands et notables personnages de notre dit conseil, et de notre certaine science, pleine puissance et autorité royale, nous avons par notre présent édit perpétuel et irrévocable éteint et supprimé, éteignons et supprimons lesdits offices de vendeurs de bois ; ensemble le contrôleur ancien desdits bois de notre Hôtel-de-Ville de Paris dont est pourvu M. Paisan, et avons créé et érigé, créons et érigeons en titre d'offices formés en l'hôtel de notre dite ville de Paris, soixante-dix offices de commissaires, contrôleurs, jurés-mouleurs, compteurs, cordeurs, mesureurs et visiteurs de toutes sortes de bois, tant neuf, flotté, à brûler, à bâtir, en poutres, solives, poteaux, chevrons, sciage, charronnage, que de toutes sortes d'échalats, lattes, osiers, perches, goberges et autres, œuvré, non œuvré, écorces, soit du crû de France ou pays étranger, qui seront amenés tant par eau que par terre, et déchargés aux ports, places, faubourgs et banlieue de ladite ville de Paris, pour, par les pourvus desdits offices, en faire la fonction et exercice, et jouir des mêmes privilèges, droits, fruits, profits, revenus et émolumens, que ceux dont jouissent les cent commissaires, jurés-mouleurs, compteurs, cordeurs, mesureurs et visiteurs desdits bois, et qui leur sont attribués par édits, déclarations, arrêts et réglements sur ce fait.

(Recueil Moreau, bois à bâtir, Bib. royale.)

ARRÊT DU PARLEMENT,

6 *avril* 1646,

Portant défenses aux propriétaires de châteaux et moulins sur l'Ourcq et la Seine d'entraver à l'avenir la navigation des bois pour l'approvisionnement de Paris, et de ne plus empêcher, comme ils le faisaient précédemment, et à main armée, le passage des bois, ni abattre et baisser les vannes des moulins qu'ils tiennent fermées, et par ce moyen forcent les conducteurs de leur payer des sommes considérables et les tiennent à leur discrétion : lesdits marchands pour l'approvisionnement de Paris sont autorisés à reprendre et revendiquer leurs bois repêchés ou enlevés, partout où ils les retrouveraient, et en cas de refus, faire ouverture et perquisition dans les bâtiments et châteaux.

(Recueil Moreau, bois à bâtir, Bib. royale.)

ÉDIT DU ROI,

26 septembre 1646,

Portant création en titre d'office formé en l'Hôtel-de-Ville de Paris, de soixante offices de commissaires-contrôleurs, jurés-mouleurs, compteurs, cordeurs, mesureurs et visiteurs de toutes sortes de bois, tant neuf que flotté, *à brûler, à bâtir, en poutres, solives, poteaux, chevrons, sciage, charronnage, que de toutes sortes d'échalats, lattes, osiers, perches, goberges et autres, œuvrés et non œuvrés,* qui seront amenés, tant par eau que par terre, et déchargés aux ports et places de la ville, faubourgs et banlieue d'icelle, *suppression des quarante offices de commissaires généraux de la police* et attributions de leurs droits à soixante aydes mouleurs nouvellement créés, auxquels Sa Majesté a attribué les mêmes facultés dont jouissent les anciens pourvus et de semblables offices et union à iceux.

Vérifié en la Cour des Aydes, le 26 septembre 1646.

Comme nous avons toujours estimé que l'ordre de la police est un des moyens qui contribue davantage au repos et utilité de nos sujets, nous aurions à ce sujet et pour prévenir les abus qui se commettent à la vente des bois, créé par notre édit du mois de mai 1664, offices de commissaires - contrôleurs généraux de la police, sur la vente des bois qui arrivent, se vendent et débitent en notre bonne ville de Paris, aux droits de six derniers, faisant moitié de l'ancien sol de la bûche; *mais tant s'en faut que cette création ait eu tout le bon succès qu'on s'en était promis, qu'au contraire elle y a plutôt apporté du désordre et de la confusion, au moyen de ce que les cent commissaires-contrôleurs, jurés-mouleurs, compteurs, cordeurs, mesureurs et visiteurs desdits bois, prétendants avoir la même fonction que celle attribuée auxdits commissaires et contrôleurs généraux de la police ont formé et forment tous les jours diverses contestations, qui troublent non-seulement tous lesdits officiers en l'exercice de leurs charges, mais encore l'administration de ladite police, au grand préjudice de tous nos sujets;* pour à quoi remédier, nous ayant été représenté par les prévost des marchands et échevins de notre bonne ville de Paris, que ces troubles et contestations provenaient principalement de la diversité d'officiers et différence de leurs droits et prétentions, et qu'il nous serait et à nos dits officiers et sujets plus avantageux de supprimer lesdits quarante offices de commissaires-contrôleurs généraux de police, à ces causes, savoir faisons qu'après avoir fait mettre cette affaire en délibération en notre conseil, où assistaient la reine régente, notre très honorée dame et mère, notre très cher oncle le duc d'Orléans, notre très cher cousin le prince de Condé, et autres grands et notables personnages de notre conseil, de leur avis et de notre pleine puissance et autorité royale, nous avons par le présent édit perpétuel et irrévocable, éteint et supprimé, éteignons et supprimons, tous les quarante offices de commissaires et contrôleurs généraux de la police, créés par notre dit édit de mai 1644, au remboursement desquels sera par nous pourvu; que dix des soixante-et-dix offices de contrôleurs-commissaires, jurés - mouleurs, compteurs, cordeurs, mesureurs et visiteurs de toutes sortes de bois, tant neuf que flotté, à brûler, à bâtir, en poutres, solives, poteaux, chevrons, sciage, charronnage, de toutes sortes d'échalats, lattes, osiers, perches, merien, goberges et autres, œuvrés et non œuvrés, écorces, soit du crû de la France ou de pays étranger qui seront amenés tant par eau que par terre, aux ports et places de notre dite ville, faubourgs et banlieue de Paris, aussi créés par autre édit du mois de mars dernier qui ne subsistera plus que pour soixante, lesquels, avec les cent anciens mouleurs, feront un corps de cent soixante, lequel nombre ne pourra être dorénavant augmenté, ni aucuns autres offices créés, sous quelque titre que ce soit, qui puissent avoir égard sur ladite marchandise de bois ni sur les officiers d'icelle; auxquels soixante offices de mouleurs présentement créés, nous avons attribué le second sol pour livre de la bûche, fixé à huit sols six deniers pour chaque voie de toutes sortes de bois à brûler, et le sol pour livre des autres bois à bâtir, en poutres, solives, poteaux et autres spécifiés par l'édit de l'année 1644, dont la levée sera faite ainsi qu'il est porté par notre édit du mois de mars dernier, et le même droit sur les trains et bateaux que les anciens mouleurs.

(Recueil Moreau, Bois à bâtir, Bib. royale.)

SENTENCE DU BUREAU DE LA VILLE.

Vu la requête à nous faite et présentée par Étienne Ozon, marchand, faisant le trafic de bois pour la provision de la ville de Paris, contenant qu'il est troublé, empêché, à l'enlèvement de grande quantité de *bois de moule, bois carré et de sciage, échalats, merrin à vin*, et autres qualités qu'il a fait exploiter dans diverses forêts de Bourgogne, par plusieurs personnes sur des prétentions frivoles et imaginaires.

Ouï le procureur du roi et de la ville en ses conclusions, avons permis au sieur Ozon d'enlever hors les forêts *lesdits bois de quelques espèces qu'ils soient*, de les charroyer sur les ports et bords de ruisseaux et rivières d'Yonne, Cure et Cousin, Armençon; de faire passer dans les héritages qui seront nécessaires, *les empiler ès-lieux commodes*, en payant une indemnité et occupation raisonnables à dire d'experts.

Du 7 février 1647.

(Archives du royaume, section judiciaire.)

SENTENCE DU BUREAU DE LA VILLE,

Au profit des sieurs Nicas Mathurin, François Amblard et Pierre Cousin, marchands de bois et bourgeois de Paris, acquéreurs de grandes quantités de *bois de chauffage et à bâtir*, échalats et charbons, dans les pays de Bourgogne et Champagne, qu'ils destinent à la provision de Paris, les autorise à faire tirer leurs bois hors des forêts, les faire charroyer sur les ports, en passant dans les héritages qui seront nécessaires et *à empiler les dits bois ès-lieux convenables*, en payant les dommages et occupations raisonnables.

Du 9 mars 1648.

(Archives du royaume, section judiciaire.)

SENTENCE DU BUREAU DE LA VILLE,

Concernant le transport au port et l'empilage sur les terres, prés ou héritages, de bois de *chauffage* et *à bâtir*, que le sieur Guillaume Raigné exploite en Bourgogne et destine à la provision et fourniture de Paris.

27 *janvier* 1650.

(Archives du royaume, section judiciaire.)

ARRÊT

Confirmatif d'une sentence des prévost des marchands et échevins, qui a maintenu et gardé les jurés-chargeurs de bois en la fonction et exercice du chargeage en charrettes du bois de *charronnage*, fait défenses à tous gagne-deniers de les y troubler.

Fait au bureau de la ville, le 18 juillet 1650.

(Archives du royaume, registres du bureau de la ville, section administrative.)

SENTENCE DU BUREAU DE LA VILLE,

Qui ordonne d'enlever et d'arracher les pieux et arrêts que le baron d'Anglure avait fait mettre dans le lit de la rivière d'Aube, au passage d'Anglure, et comme nuisant à la navigation.

18 *décembre* 1651.

Vu la requête à nous présentée le quatre des présents mois et an, par MM. Henry-Auguste Deloméry, comte de Brienne et de Mombrun, chevalier des ordres du roi, conseiller de ses conseils d'état privés en cour de parlement, et premier secrétaire d'état, Jacques Nivet l'aîné, et Catherine Berger, veuve de feu Jacques Hurlot, marchande de poissons pour l'approvisionnement de Paris, contenant *que de toute antiquité la rivière d'Aube, affluente de la Seine, a été navigable pour porter et conduire bateaux, boutiques à poissons et toutes autres sortes de marchandises,* et leur passage libre au lieu d'Anglure, auquel lieu le seigneur baron d'Anglure prend droit de péage, lequel péage il aurait affermé audit sieur Hurlot, et que depuis continué à sa veuve, dont le dernier des baux date du 3 septembre 1647, n'était encore expiré; mais depuis peu de jours ledit sieur baron d'Anglure aurait entrepris et exécuté son dessein de faire boucher et fermer ledit passage, avec des pieux qu'il aurait fait ficher et planter de telle sorte qu'ils y seraient demeurées arrêtées douze boutiques à poissons de valeur de plus de vingt mille écus neufs, appartenant à ladite veuve Hurlot, et trois audit Nivet, ce qui leur tournait à grande perte, dommages, intérêts, par la mortalité dudit poisson et séjour de leurs gens causé par le retardement au sujet de la fermeture dudit passage; laquelle entreprise ledit sieur baron n'avait pu ni dû faire, étant directement contre l'autorité royale et publique de la navigation, qui doit être laissée libre, voulant par eux forcer et astreindre de passer les bateaux, boutiques et marchandises par la vanne de ses moulins, qui était un passage périlleux et inaccessible auquel un bateau chargé de marchandises d'avoines avait été naguère péri et perdu et un autre blessé; étant une innovation et changement que ledit sieur Baron voulait faire d'ôter le passage ancien et public pour se l'approprier et faire aller eaux en ses moulins, et par ainsi altérer et changer le vrai et ancien cours duquel l'usage doit demeurer libre pour la nécessité publique, contre laquelle ledit sieur baron n'avait pas lieu de réclamer son droit de péage, ne lui étant point diverti par la veuve Hurlot, son mari et elle, l'ayant pris affermé, estimant qu'il fût légitimement dû, afin de n'avoir point de procès contre ledit sieur baron; mais que ledit sieur comte de Brienne y avait le principal et plus notable intérêt de ne pas approuver ni payer le prétendu droit de péage, qu'au préalable il ne lui en fût justifié de titres valables, son intérêt résultant de son comté et seigneurie de Brienne, dont il tirait et faisait passer ses provisions pour amener à Paris en sa maison, et en provenaient lesdits poissons vendus à ladite veuve Hurlot, et tout ce qui en pouvait provenir, entendait de ne point payer ledit prétendu droit de péage, en cas qu'il n'en eût titres, et d'autant que ledit sieur baron n'avait voulu adhérer et obéir à la lettre de cachet qui lui avait été envoyée de la part de son altesse royale pour rendre ledit passage libre, ni à la lettre que lui en avait aussi écrite M. le maréchal de l'Hospital, lieutenant-général au gouvernement de Champagne; lesdits suppliants nous auraient requis leur être sur ce par nous pourvu, et sur laquelle requête aurions ordonné que ledit sieur Baron serait assigné aux fins et conclusions y contenues.

Vu aussi le procès-verbal de la Creux, l'un de nos huissiers et sergents, du cinquième du présent mois, contenant que ledit sieur baron d'Anglure n'était demeurant en cette ville ni logé ès-maisons où il avait accoutumé de loger, au moyen de quoi il n'aurait pu lui donner assignation, auquel procès-verbal était intervenu le duc de Vendôme, et joint avec les suppliants pour ses intérêts à cause de son duché de Beaufort, à même fin que ledit sieur comte de Brienne, et autres pièces attachées à ladite requête.

Tout vu et considéré, ouï le rapport du sieur Philippe, l'un de nous, et le procureur du roi et de la ville en ses conclusions; nous disons que ledit sieur baron d'Anglure sera assigné pardevant nous, à la requête desdits suppliants et dudit sieur duc de Vendôme, intervenant aux fins de la requête, et cependant par manière de provision ordonné que lesdits pieux qui se trouveront avoir été mis dans l'ancien passage dudit Anglure en *seront arrachés et ôtés nonobstant* oppositions ou appellations quelconques faites ou à faire et sans préjudice d'icelles pour lesquelles ne sera différé, *attendu qu'il s'agit de la navigation et nécessité publique ;* et à cette fin déléguons et commettons lesdits sieurs lieutenant-général de Nogent-sur-Seine, ou en son absence, le lieutenant particulier, ou premier conseiller sur ce requis pour, en sa présence, faire exécuter ces présentes, et se faire assister du pré-

vost des maréchaux, archers et tous autres, pour y tenir main-forte
à ce que la force en demeure à la justice; informer des violences et
résistances si aucunes lui sont faites, et nous envoyer les charges
et informations pour être par nous vu et décrété ainsi que de raison, et à tous ces frais en avancer les deniers par les suppliants,
sauf à répéter s'il est dû en fin de causes; défense audit sieur
d'Anglure et tous autres de faire mettre autres pieux dans ledit
passage ni empêchements quelconques à la navigation, jusqu'à ce
qu'autrement en soit par nous ordonné, à peine de 3,000 livres
d'amende, tous dépens, dommages et intérêts, et en cas de contravention permis de faire emprisonner les contrevenants.

Fait au bureau de la ville, le 18 décembre 1651.

Signé Lefébur, Guillois, Philippe et Levieux.

(Archives du royaume, section judiciaire.)

SENTENCE DU BUREAU DE LA VILLE,

Qui autorise les sieurs Étienne Ozon et Jean Gaillard, marchands et trafiquants de bois en Bourgogne pour la provision et
fourniture de Paris, de faire faire le transport de leurs *bois à bâtir*
et autres, à travers les prés et héritages qui avoisinent les ports et
rivières dudit lieu, moyennant indemnité raisonnable.

Fait au bureau de la ville, le 8 février 1652.

(Archives du royaume, section judiciaire.)

SENTENCE DU BUREAU DE LA VILLE,

Qui autorise le sieur Mathurin Nuit, marchand et bourgeois de
Paris, exploitant dans la forêt de Villers-Cotterets, à charroyer,
passer et repasser ses harnais, chevaux et bœufs, sur les terres,
prés et héritages qu'il conviendra, *faire son port et empilage* de
ses bois sur le bord des rivages de l'Ourcq.

Fait au bureau de la ville, le 24 février 1652.

(Archives du royaume, section judiciaire.)

LETTRES-PATENTES,

28 *juin* 1656,

Qui permettent aux sieurs Tournouer et Gobelin , marchands *trafiquants de bois*, pour la provision et fourniture de la ville de Paris, qui avaient acquis dans les pays de Lorraine, Barrois, Champagne, Morvant, Nivernais et autres endroits, grande quantité *de bois façonnés et de bout*, destinés pour la provision de ladite ville, les faire charroyer, passer et repasser les charretiers, chevaux, bœufs, etc., sur les terres, prés et héritages qu'il conviendra, *faire les ports et empilages desdits bois sur les bords et rivages desdites rivières et ruisseaux*; prendre telles places et endroits que bon leur semblera, dans les terres prés et pâtures; jeter, flotter et voiturer iceux bois à bois perdu, comme aussi de passer lesdits bois par les écluses, vannes, vannages et pales des moulins, lever lesdites pales, rompre les empêchements qui pourraient être mis, etc., etc.

(Delamarre, t. 3, p. 870.)

SENTENCE DU BUREAU DE LA VILLE,

Qui ordonne au maître de pont de Beaumont, de lever les empêchements apportés par lui au passage et à la conduite de trains de *bois carrés, poutres, solives et sciages*, venant de la Picardie et destinés pour la provision et fourniture de Paris.

Fait au bureau de la ville, le 3 août 1658.

(Archives du royaume, section judiciaire.)

SENTENCE DU BUREAU DE LA VILLE,

Qui autorise Noël Bérault, marchand et bourgeois de Paris, à faire toutes les recherches et perquisitions nécessaires pour recouvrer grande quantité de *bois carrés, solives et sciages* entraînés, depuis Montargis jusqu'à Paris, et à se faire ouvrir des portes des lieux où il croira retrouver les bois à lui appartenants.

Fait au bureau de la ville, le 10 juin 1660.

(Archives du royaume, section judiciaire.)

SENTENCE DU BUREAU DE LA VILLE,

Qui autorise le sieur Guillaume Rainsot, marchand trafiquant de bois pour la provision et fourniture de Paris, à faire passer ses chevaux, bœufs et harnais sur les héritages, terres et prés qui avoisinent les rivages et bords des ruisseaux et rivières de Loing et Seine, pour y déposer et *empiler ses bois à brûler, sciages, échalats* et autres, destinés pour la provision de Paris, et ce moyennant indemnité raisonnable ou à dire d'experts.

Fait au bureau de la ville, le 17 septembre 1660.

Nota. Autres sentences pareilles, aux dates des 17 avril 1663, 6 septembre 1663, 28 avril 1664, 16 décembre 1664, etc., etc.

(Archives du royaume, section judiciaire.)

ORDONNANCE DU BUREAU DE LA VILLE,

Portant défenses à tous voituriers par eau de disposer du bois qu'ils ont chargé pour la provision de cette ville, ni d'en donner par les chemins sous quelque prétexte que ce soit, et aux fermiers des péages, hôteliers, meûniers et autres d'en prendre, à peine de punition corporelle et de six livres d'amende.

Fait au bureau de la ville, le 18 janvier 1664.

(Archives du royaume, registres du bureau de la ville de Paris, section administrative.)

7

ORDONNANCE DU BUREAU DE LA VILLE,

Portant que les règlements de police seront exécutés, ce faisant que les marchands de bois carré et à œuvrer, ôteront incessamment les bois qu'ils ont empilés sur les ports et quais de cette ville, sinon ôter aux dépens de la chose.

Donné au bureau de la ville, le deuxième jour d'août 1664.

(Archives du royaume, registres du bureau
de la ville, section administrative.)

SENTENCE DU BUREAU DE LA VILLE,

Qui ordonne de n'apporter aucun empêchement ou obstacle aux charrois des bois carrés, bois de sciage et de moule, que le sieur Pierre Picquot, marchand et bourgeois de Paris, a achetés dans les provinces de Champagne et de Brie; autorise ledit sieur Picquot à sortir les bois de la forêt, en faisant passer ses harnais, chevaux et voituriers dedans les terres, prés et héritages qui seront nécessaires, comme aussi à empiler lesdites marchandises, en lieux convenables près le bord des rivières, moyennant indemnité raisonnable, pour occupation et passage, et à charge par lui de conduire directement et de fait lesdits bois, pour la provision de la ville.

Fait au bureau de la ville, le 11 septembre 1666.

NOTA. Autres sentences concernant également le transport et l'empilage sur le bord des rivières, des bois à brûler, carrés et de sciage. des 19 avril 1668, 16 septembre 1669, 29 avril 1670 et 2 juillet 1671.

(Archives du royaume, section judiciaire.)

COMMISSION DE BUISSONNIER,

Délivrée à Jean Ramisson, pour se transporter le long de la Seine depuis Polizy jusqu'à Marcilly, et sur la rivière d'Aube, depuis ledit lieu de Marcilly jusqu'à Bar-sur-Aube, pour faire lever tous les empêchements apportés à la navigation et flottage.

Fait au bureau de la ville, le 7 février 1667.

(Archives du royaume, registres du bureau
de la ville de Paris, section administrative.)

ORDONNANCE DU BUREAU DE LA VILLE,

Portant que les marchands de bois carré seront tenus incessamment, et dans le jour, tirer de l'eau et enlever en leurs chantiers les bois carrés qu'ils ont sur les ports de cette ville, sinon et ledit temps passé, seront ôtés et enlevés à leurs dépens et d'office.

Fait au bureau de la ville, le 20 janvier 1668.

(Archives du royaume, registres du bureau
de la ville de Paris, section administrative.)

SENTENCE DU BUREAU DE LA VILLE,

Portant refus d'autoriser l'ouverture d'un chantier commun destiné à recevoir tout le bois carré qui serait amené par les forains.

31 *décembre* 1668.

Claude Lepelletier, prévost des marchands, et les échevins de la ville de Paris, après avoir vu l'arrêt de la cour du 21 janvier dernier, intervenu sur la requête de Claude Husman, l'un des

cent-suisses de la garde de Sa Majesté, et Benoît Cochet, dit
Saint-Léon, sergent au régiment des gardes de la compagnie du
sieur de Mornies, et sur les lettres-patentes obtenues par lesdits
Husman et Cochet pour l'établissement d'un chantier commun
hors la porte Saint-Bernard, pour serrer les bois carrés des marchands forains; par lequel arrêt, la cour, avant procéder à l'enregistrement desdites lettres, a ordonné qu'elles seraient communiquées au prévost des marchands et échevins pour donner leur avis.

Après avoir pris l'avis des sieurs Dubois, maître maçon,
Alexandre Delépine, juré du roi ès-œuvres de maçonnerie, Simon
Lambert, architecte des bâtiments du roi, Antoine Poittevin et
Jérôme Boubeuf, maîtres charpentiers à Paris, qui avaient été
assignés pardevant nous, et que nous avons consultés sur la commodité ou incommodité que pourrait apporter au public l'établissement d'un chantier commun pour resserrer les bois carrés
et de sciage, que les marchands forains feraient arriver à cette
ville.

Lesdits ont été unanimes pour déclarer qu'ils pensaient qu'un
pareil établissement pourrait être avantageux aux marchands forains, mais qu'ils ne croyaient pas qu'il pût procurer une diminution sur le prix des bois, à cause des frais que les forains seraient
obligés de faire pour location du chantier.

Que le forain qui vend ordinairement à meilleur compte pour se
débarrasser de sa marchandise quand elle est arrivée, ne pourra
plus la vendre au même prix quand elle sera dans un chantier,
augmentée des frais de rentrage, charroyage, empilage, etc.;

Qu'il est hors de doute que le bois étant mis à l'abri de l'injure
du temps, procurera un avantage pour le consommateur, mais
qu'il est à craindre que cette commodité ne soit payée chèrement,
et ne donne l'occasion aux marchands forains de vendre leurs bois
le même prix que les marchands de Paris.

Qu'il était encore vrai que le public éprouverait un certain avantage à acheter des bois rentrés dans un chantier commun, et où
l'on pourrait les visiter, *car on ne peut pas examiner la qualité des bois sur l'eau, on est souvent trompé par les marchands
forains, lorsqu'on fait des marchés avec eux;* mais que le chantier

projeté étant trop éloigné des besoins du public, l'augmentation des frais de transport augmenterait considérablement la marchandise.

Que cependant et en définitive, si le bureau de la ville ne forçait pas indistinctement tous les marchands forains à tirer leurs bois dans ce chantier, mais si cela devenait pour eux une faculté, il n'y avait pas lieu à s'opposer à l'ouverture de cet établissement.

Après avoir pris note desdits dires, les prévost des marchands et échevins de la ville, représentaient à la cour que l'établissement de ce chantier serait tout-à-fait contraire aux ordonnances de la ville et réglements de police, desquels la cour est appelée de prendre lecture sur les extraits y joints, dont la raison apparente c'est d'obliger les marchands forains à vendre meilleur marché que les marchands de Paris.

Il est certain que les forains peuvent vendre leurs bois à meilleur prix que ceux de Paris, n'ayant pas les mêmes frais, charges, et surtout le séjour prolongé de bois en chantier à supporter, ils se contentent d'un gain médiocre pour tirer plus promptement leur argent et s'en retourner dans leurs pays.

Il est encore de notoriété publique que les *marchands forains* qui *sont tous de pauvres gens, ne peuvent supporter ces frais;* l'on sait qu'ils mettent souvent tout leur bien en un train de bois, qu'ils empruntent leurs défrais sur la route des hôteliers, qu'ils ne vivent et n'habitent que sur leurs trains, et tâchent d'en faire promptement le débit pour s'en retourner chez eux, et payer promptement les emprunts qu'ils en ont faits dans les hôtelleries.

Que si on les oblige à se servir de chantier, il leur faudra des sommes considérables et de l'argent comptant pour faire le tirage, charroyage, empilage dans le chantier, qu'ils seront forcés de prendre de l'argent des maîtres du chantier à de très gros intérêts, et finiront par leur vendre leurs bois, dont ils deviendraient infailliblement les regrattiers.

Par tous ces motifs, lesdits prévost des marchands et échevins n'estiment pas qu'il y ait lieu à l'entérinement desdites lettres-patentes, obtenues par lesdits Husman et Cochet.

Fait au bureau de la ville, le 31 décembre 1668.

(Archives du royaume, registres du bureau
de la ville de Paris, section administrative.)

ORDONNANCE DE LOUIS XIV,

Sur le fait des eaux et forêts,

Du mois d'août 1669.

TITRE 15, article 52. Le transport, passage, voiture ou flottage des bois, tant par terre que par eau, ne pourra être empêché ou arrêté, sous quelque prétexte des droits de travers, péages, pontonnages ou autres, par quelque particulier que ce soit, à peine de répondre de tous les dépens, dommages et intérêts des marchands, sauf à ceux qui prétendent avoir titre pour lever aucuns droits, de se pourvoir pardevant le grand-maître, qui y pourvoira ainsi qu'il appartiendra.

ORDONNANCE DU BUREAU DE LA VILLE,

Portant injonction, aux marchands de bois carré, sciage et charronnage, tant en cette ville que forains, de faire descendre les dits bois en *l'île Louviers* et non pas sur les ports de la Tournelle et aux Mulets.

23 *mai* 1671.

De par les prévost des marchands et les échevins de la ville de Paris.

Est ordonné, ouï, et ce requérant le procureur du roi de la ville, à tous marchands de bois carrés, sciage et charronnage, tant en cette ville que forains, de faire arriver et mettre à port en l'île Louviers, que nous avons destinée pour la décharge desdites marchandises, les éclusées et trains de bois qu'ils feront dorénavant voiturer en cette ville; à eux fait défense de ne plus faire descendre, ni garer au port de la Tournelle et aux Mulets lesdites éclusées, à peine d'amende, et afin qu'aucun n'en prétende cause d'ignorance, sera la présente ordonnance affichée sur les ports de cette ville, sur ceux de Moret, Montargis, et à l'embouchure du canal de Briare et à Melun, à la diligence du Buissonnier.

Fait au bureau de la ville, le 23 mai 1671.

(Archives du royaume, registres du bureau
de la ville de Paris, section administrative.)

ORDONNANCE DU BUREAU DE LA VILLE,

Concernant le garage des bateaux et trains de bois à œuvrer, au-dessus de Bercy, à l'île Quinquengronne, et la décharge des bois carrés en l'île Louviers.

25 mai 1671.

De par les prévost des marchands et échevins de la ville de Paris.

Sur ce qui nous a été remontré par le procureur du roi et de la ville, que les ports destinés pour recevoir les marchandises n'ayant pas assez d'étendue pour les contenir, nous aurions, pour donner plus de commodité aux marchands et bourgeois de ladite ville, fait faire un nouveau port entre le pont de la Tournelle et le port aux Mulets, et destiné ce port pour la décharge des provisions des bourgeois du quartier de l'Université et pour la vente des marchandises qui doivent tenir port : mais comme ce lieu était destiné pour l'abord et décharge des marchandises en bois de sciage, nous aurions, pour rendre ce port libre en le déchargeant de ces marchandises qui sont d'un très grand encombrement, pris à loyer l'île Louviers que nous avons, quant à présent, destinée, attendu l'embarras des ports, et par provision, pour servir de port auxdites marchandises , et fait faire un pont sur le bras de la rivière qui sépare ladite île du port St-Paul, à l'endroit de la Goulette étant près des Célestins pour la décharge desdites marchandises; lequel pont étant à présent en état, il ne restait plus qu'à rendre publique cette destination : ordonnant à tous marchands de bois de sciage et charronnage de faire arriver leurs bois en ladite île Louviers, et de faire défenses à tous marchands et voituriers de faire arriver aucune autre sorte de marchandises en ladite île, à peine d'amende ; que pour établir un bon ordre dans les ports, et laisser le chemin libre de la navigation , il était nécessaire, en renouvelant les anciens règlements, d'enjoindre à tous marchands et voituriers de faire arriver et garer leurs bateaux à l'endroit qui leur sera destiné, pour les faire descendre ensuite, suivant l'ordre de leur arrivée dans les ports de vente au nombre porté par les règlements ; qu'après nous être soigneusement informé de plusieurs voituriers par eau de l'endroit le plus sûr et le lieu plus commode pour établir cette gare, ils nous auraient tous déclaré que les bateaux pouvaient être garés en sûreté en la rade qui commence au-dessous de l'île Quinquengronne jusqu'au ponceau de la Râpée , requérant qu'il nous plût y pourvoir. Nous ayant égard auxdites remontrances, et ouï le procureur du roi et de la ville en ses conclusions, avons ordonné à tous *marchands de bois de sciage et charronnage*, de faire dorénavant, et du jour que ces présentes seront affichées sur les ports de cette ville, arriver et décharger leurs marchandises de *bois de sciage et charronnage en ladite île Louviers*, à commencer à la tête de ladite île, du côté du port Saint-Paul, jusqu'à la distance qui sera marquée par un pieu qui sera planté à cet effet, et auquel il sera affiché autant des présentes ; le surplus des bords de ladite île en montant vers l'arsenal, étant destiné pour accoupler les bateaux qui doivent être mis en trait; à la charge par lesdits *marchands de bois de sciage et charronnage* de ne faire empiler leurs dits bois de sciage et charronnage qu'à vingt-quatre pieds du bord de la rivière, pour laisser le tirage des bateaux et trains, et de ne pouvoir mettre plus de trois trains de front sur la rivière, à la tête de ladite île Louviers, du côté du port St-Paul, pour ne point incommoder le chemin de la navigation. Avons enjoint à tous marchands, ayant à présent des marchandises le long des bords de ladite île, de les faire incessamment ôter, et dans trois jours au plus tard, après que ces présentes auront été affichées sur les ports, à peine de cent livres d'amende, et d'être lesdits bois ôtés à leurs dépens; et ayant égard aux conclusions dudit procureur du roi et de la ville, avons ordonné que les règlements faits pour le placement des bateaux dans les ports seront exécutés selon leur forme et teneur; fait défenses à tous marchands et voituriers d'y contrevenir et de faire arriver ès-dits ports les bateaux en plus grand nombre que celui porté par nos règlements; à eux enjoint de faire garer les bateaux qu'ils amèneront en cette ville, à la rade étant depuis ladite île de Quinquengrogne, jusqu'au ponceau de la Râpée, pour être ensuite descendus et conduits au port de leur destination suivant l'ordre de leur arrivée, au fur et à mesure qu'il y aura place dans lesdits ports pour les contenir; seront ces présentes affichées sur les ports de cette ville, et exécutées nonobstant oppositions ou appellations quelconques faites ou à faire, et sans préjudice d'icelles. Fait au bureau de la ville, le vingt-cinquième jour de mai mil six cent soixante-onze.

Signé LANGLOIS.

(Frédéric Léonard (1674), p. 202 à 204.)

ARRÊT DU CONSEIL,

Qui ordonne aux prévost des marchands et échevins d'acquérir l'île Louviers, pour servir à mettre les bois de charronnage, de sciage et bois carrés.

Extrait des registres du conseil d'Etat.

2 octobre 1671.

Sur ce qui a été représenté au roi étant en son conseil, par les prévost des marchands et échevins de sa bonne ville de Paris, que, pour établir une meilleure police sur les ports, et les débarrasser des marchandises que les marchands forains font arriver en ladite ville pour la provision, qui causaient dans les ports, des confusions et des embarras, dont le public recevait un notable préjudice, ils auraient pris la cession du bail judiciaire de l'île Louviers, saisie réellement sur les héritiers du sieur D'Antragues; dans laquelle île, depuis ledit bail, lesdits marchands forains auraient fait décharger leurs marchandises, pour l'enlèvement desquelles ils auraient fait faire un pont de bateaux aux frais de la ville, sur le bras d'eau qui sépare ladite île du port Saint-Paul, ce qui aurait produit beaucoup d'utilité; mais comme les différents incidents qui se forment pendant les criées et le cours des baux judiciaires, pourraient empêcher que le public ne jouît de l'avantage de ce nouvel établissement de ports, que, par l'arrêt du parlement, du vingt-huitième jour de février mil cinq cent quatre-vingt-un, les propriétaires de ladite île Louviers sont obligés de laisser vingt-quatre pieds de lez tout autour de ladite île, pour la facilité de la navigation; que lesdits prévost des marchands et échevins, semblaient être obligés de s'opposer au nom du public, et de demander distraction de ladite saisie réelle desdits vingt-quatre pieds, et d'en faire l'acquisition du surplus, à des conditions justes, ce qui doit être indifférent, tant audit sieur D'Antragues, qu'à ses créanciers, requéraient qu'il plût à S. M. les autoriser à faire l'acquisition de ladite île Louviers, ventilation préalablement faite desdits vingt-quatre pieds de lez; et à cet effet, nommer tels commissaires de son conseil qu'il lui plairait, pardevant lesquels il serait procédé par des experts convenus, à l'estimation de ladite île Louviers, tant sur les baux conventionnels que judiciaires, qui seront représentés à cet effet, distraction faite desdits vingt-quatre pieds, et le prix de ladite estimation consignée à la conservation de qui il appartiendra; ouï le rapport du sieur Colbert, commissaire à ce député, le roi étant en son conseil, a ordonné et ordonne auxdits prévost des marchands et échevins de Paris, d'acquérir ladite île Louviers; et à cet effet, que ledit sieur D'Antragues, propriétaire d'icelle, sera tenu de convenir dans huitaine, du jour de la signification du présent arrêt, d'experts pour faire l'estimation du prix de ladite île, pardevant les sieurs D'Aligre, de Sève, La Marguerie et Hotman, que Sa Majesté a commis à cet effet, devant lesquels ledit sieur **D'Antragues** sera tenu de représenter les derniers baux, tant conventionnels que judiciaires, pour être le prix auquel ladite île Louviers aura été estimée, ventilation et distraction faite desdits vingt-quatre pieds de lez qui doivent être laissés libres pour la navigation, consigné ès-mains des receveurs des consignations du parlement de Paris, à la conservation de qui il appartiendra : faisant Sa Majesté défense de troubler lesdits prévost des marchands et échevins, en la jouissance dudit bail judiciaire.

Fait au conseil d'État du roi, Sa Majesté y étant, tenu à Saint-Germain-en-Laye, le deuxième jour d'octobre mil six cent soixante-onze.

Signé COLBERT.

(Frédéric Léonard (1674), p. 209 à 210.)

ORDONNANCE DU BUREAU DE LA VILLE,

Portant que les bois carrés que le nommé Gautier a fait arriver en bateaux en cette ville et décharger, seront remis dans lesdits bateaux et remontés en l'île Louviers, avec défenses audit Gautier d'exposer lesdits bois sur un autre port, à peine de confiscation.

Fait au bureau de la ville, le **20 février 1672**.

(Archives du royaume, registres du bureau
de la ville, section administrative.)

ORDONNANCE DE LOUIS XIV,

ROI DE FRANCE ET DE NAVARRE,

Concernant la juridiction des prévost des marchands et échevins de la Ville de Paris,

Du mois de décembre 1672.

NOTA. Nous ne rapportons ici que ce qui traite de la navigation, du flottage, et du commerce des bois en général.

LOUIS, par la grâce de Dieu, roi de France et de Navarre : à tous présents et à venir, salut. L'affection singulière que nous portons à nos fidèles sujets, bourgeois et habitants de notre bonne ville de Paris, nous ayant obligé de procurer en toutes choses la *décoration, commodité et avantage de cette capitale de notre état*, en même temps que nous nous sommes appliqué à renouveler et rétablir les ordonnances et réglements sur le fait de la justice et police, dans tout notre royaume, nous avons fait rédiger de nouveau les ordonnances, coutumes, statuts et règlements de la prévosté des marchands et échevinage de ladite ville, concernant le régime et administration d'icelle, la police et vente des marchandises qui y arrivent par les rivières, et qui se distribuent sur les ports, places et étapes, ce que nous aurions estimé d'autant plus nécessaire et utile à ladite ville, que les ordonnances anciennes, faites dès l'année 1415, n'ayant été revues ni réformées, étaient hors d'usage en plusieurs choses et conçues en des termes de police et de navigation qui ne sont plus usités ; joint que l'agrandissement de ladite ville aurait apporté plusieurs changements dans la police et distribution de toutes les provisions nécessaires à la subsistance du grand nombre de ses habitants. A ces causes, après avoir fait voir et examiner en contre-conseil, les articles, ordonnances et règlements sur le fait de la police et administration de la prévosté et échevinage de notre bonne ville de Paris, vente et exposition des marchandises qui viennent par les rivières et qui se distribuent sur les ports, places et étapes de ladite ville ; et de notre certaine science, pleine puissance et autorité royale, nous avons confirmé, approuvé et ordonné, confirmons, et ordonnons les articles, statuts et règlements qui en suivent :

CHAPITRE PREMIER,

Concernant les rivières et bords d'icelles, pour la commodité de la navigation.

Art. I. — *Ne détourner le cours de l'eau.*

Pour faciliter le commerce par les rivières et le transport des provisions nécessaires à la ville de Paris, défenses sont faites à toutes personnes de détourner l'eau des ruisseaux et des rivières.

navigables et flottables, affluantes dans la Seine ou d'en affaiblir ou altérer le cours par tranchées, fossés, canaux, ou autrement ; et en cas de contravention, seront les ouvrages détruits réellement et de fait et les choses réparées incessamment aux frais des contrevenants.

Art. II. — *Ne tirer aucuns matériaux à six toises des bords de la rivière.*

Ne sera loisible de tirer où faire tirer terres, sables ou autres matériaux à six toises près du rivage des rivières navigables, à peine de cent livres d'amende.

Art. III. — *Quel espace faut laisser ès-bords des rivières pour le trait des chevaux.*

Seront tous propriétaires d'héritages aboutissants aux rivières navigables, tenus laisser le long des bords vingt-quatre pieds pour le trait des chevaux, sans pouvoir planter arbres, ni tirer clôtures ou haies plus près du bord que de trente pieds, et en cas de contravention, seront les fossés comblés, les arbres arrachés, et les murs démolis aux frais des contrevenants.

Art. IV. — *Ne sera mis empêchement sur les rivières.*

Ne seront pareillement mis ès-rivières de Seine, Marne, Oise, Yonne, Loing et autres rivières y affluantes, aucuns empêchements aux passages des bateaux et trains de bois montants et avalants ; et si aucuns se trouvent, seront incessamment ôtés et démolis, et les contrevenants tenus de tous dépens, dommages et intérêts des marchands et voituriers.

Art. V. — *A quoi sont tenus les meûniers et gardes-pertuis.*

Enjoint à ceux qui, par concessions bien et duement obtenues, auront droit d'avoir arches, gords, moulins et pertuis construits sur les rivières, de donner auxdits arches, gords, pertuis et passages, vingt-quatre pieds au moins de largeur. Enjoint aussi aux meûniers et gardes des pertuis de les tenir ouverts en tout temps, et la barre d'iceux tournée en sorte que le passage soit libre aux voituriers montants et avalants leurs bateaux et trains, lorsqu'il y

aura deux pieds d'eau en rivière, et quand les eaux seront plus
basses, de faire l'ouverture desdits pertuis, toutes fois et quantes
ils en seront requis; laquelle ouverture ils feront lorsque les
bateaux et trains seront proches de leurs dits pertuis, qui ne pourront être refermés, ni les éguilles remises que lesdits bateaux
et trains ne soient passés, et seront lesdits meûniers tenus laisser
couler l'eau en telle quantité que la voiture desdits bateaux et
trains puisse être facilement faite d'un pertuis à un autre; défenses
auxdits meûniers, gardes desdits pertuis et à leurs garçons, de
prendre aucuns deniers ou marchandises des marchands ou voituriers, pour l'ouverture et fermeture desdits pertuis, à peine de
fouet et de restitution du quadruple de ce qui aura été exigé.

ART. VI. — *Ne sera travaillé aux pertuis sans dénonciation
préalable.*

Lorsqu'il conviendra faire quelques ouvrages aux pertuis,
vannes, gords, écluses et moulins sur les rivières de Seine et autres,
navigables et flottables, et y affluantes qui pourraient empêcher
la navigation et conduite des marchandises nécessaires à la provision de Paris, seront les propriétaires d'iceux tenus d'en faire faire
aux paroisses voisines la publication un mois auparavant que de
commencer lesdits ouvrages et rétablissements: sera aussi déclaré
le temps auquel lesdits ouvrages seront rendus parfaits et la navigation rétablie; à quoi les propriétaires seront tenus de satisfaire
ponctuellement, à peine de demeurer responsables des dommages,
intérêts et retards des marchands et voituriers.

ART. VII. — *Ne sont dus droits sur les rivières, s'ils ne sont
établis avant cent ans, ou par arrêt et déclarations.*

Seront ôtés et démolis toutes barrières, digues, chaînes et autres
empêchements mis aux chemins, levées, ponts, passages et écluses
et pertuis, pour la perception des droits et péages qui ne sont
établis avant cent ans, ou réservés par les déclarations du roi et
arrêts.

Art. **VIII.** — *Les huissiers établis pour le fait de la marchandise feront leurs diligences.*

Seront les huissiers ou sergents de ladite ville, établis pour le fait de ladite marchandise et les buissonniers, tenus donner avis aux prévost des marchands et échevins, des contraventions, si aucunes sont faites, aux ordonnances et règlements; rapporter de six mois en six mois au greffe de ladite ville, les procès-verbaux de visites qu'ils auront faits, contenant l'état des rivières, s'il est fait aucun attérissement, si les vannes, gords, pertuis et arches sont de largeur convenable, si les ponts, moulins et pieux sont en bon état, s'il n'y a aucuns orbillions et coursons en fonds d'eau qui puissent blesser les bateaux; s'il ne se fait point d'entreprise sur les bords et dans le lit des rivières : et faute.de justifier par lesdits officiers des diligences par eux faites, sera par lesdits prévost des marchands et échevins pourvu de personnes capables ès-lieux où il en sera besoin.

Art. **IX.** — *N'empécher le lit de la rivière, ni jeter immondices dans le bassin, et le long des ports et quais de ladite ville.*

Défenses à toutes personnes de jeter dans le bassin de la rivière de Seine, le long des bords d'icelle, quais et ports de ladite ville, aucunes immondices, gravoirs, pailles et fumiers, à peine de punition corporelle contre les serviteurs, et d'amende arbitraire, au paiement de laquelle pourront être les maîtres contraints, et enjoint aux propriétaires des maisons bâties sur les ponts, le long des quais et bords de ladite rivière, et aux entrepreneurs qui auront travaillé ou travailleront à la construction et rétablissement des ponts et arches, ou murs des quais, de faire incessamment enlever les décombres provenant des batardeaux qu'ils auront fait faire pour lesdits ouvrages, à peine d'amende et de répétition contr'eux des peines d'ouvriers employés à l'enlèvement desdits décombres. Et à ce que le présent règlement soit plus ponctuellement gardé, sera affiché à la diligence du procureur du roi et de la ville, et renouvelé de six mois en six mois.

Art. X. — *Ne laisser bateaux à fonds d'eau, ni débris sur les ports.*

Enjoint aux marchands et voituriers de faire incessamment enlever de la rivière les bateaux étant en fonds d'eau , et de faire ôter de la rivière, et de dessus les ports et quais, les débris desdits bateaux , et ce à peine d'amende et de confiscation. A cet effet seront lesdits bateaux et débris marqués du marteau de la marchandise, pour être vendus dans la huitaine, sans autre formalité de justice, et les deniers en provenant appliqués aux hôpitaux de ladite ville.

Art. XI. — *Les prévost des marchands et échevins tiendront la main à l'exécution des règlements pour la facilité de la navigation.*

Et pour l'entière exécution de ce que dessus, maintenir la liberté du commerce et facilité de la navigation , les prévost des marchands et échevins auront soin de visiter les rivières de Marne, Yonne, Oise, Loing , Seine, et autres navigables et flottables y affluantes, pour recevoir les plaintes des marchands et voituriers, informer des exactions si aucunes sont faites sur lesdites rivières, empêcher toutes les levées de droits qui ne seront établis en vertu de lettres-patentes bien et duement vérifiées ; faire faire sommations et injonctions nécessaires. Et seront les ordonnances desdits prévost des marchands et échevins , et jugements par eux sur ce rendus, exécutés par provision, comme pour fait de police, nonobstant oppositions ou appellations quelconques; et sans préjudice d'icelles.

CHAPITRE II.

Concernant la conduite des marchandises par eau.

Art. I. — *Permis de voiturer tous les jours, excepté ceux des quatre fêtes solemnelles.*

Pourront les voituriers aller par les rivières , et conduire les bateaux chargés de marchandises pour la provision de Paris , aux

jours fériés et non fériés, à l'exception seulement des quatre
fêtes solemnelles de Noël, Pâques, Pentecôte et Toussaint;
défense à tous seigneurs, hauts-justiciers, ecclésiastiques ou laï-
ques, et à leurs officiers, d'empêcher le passage desdits bateaux
ès-autres jours, ni d'exiger des marchands ou voituriers aucune
somme de deniers, sous quelque prétexte que ce soit, à peine de
concussion, et de demeurer responsables des dommages et intérêts causés pour les retards.

Art. II. — *On ne doit voiturer de nuit.*

Défense à tous voituriers d'aller par rivières, qu'entre le soleil
levant et couchant, et de se mettre en chemin en temps de vents
ou tempête, à peine de demeurer responsables de la perte des
marchandises, et dommages et intérêts des marchands, sans qu'il
soit loisible aux voituriers de contrevenir au présent réglement,
sous prétexte de jour nommé, ou d'avoir ordre du marchand
de venir en diligence, sauf à eux, en ce cas, à renfoncer les
courbes des chevaux pour hâter la voiture, posé qu'elle se puisse
faire sans risque ni péril.

Art. III. — *Aux passages des ponts et pertuis, l'avalant doit céder au montant.*

Pour éviter les naufrages qui pourraient arriver aux passages
des ponts et pertuis, les voituriers conduisant bateaux et trains
aval la rivière, seront tenus, avant que de passer les pertuis,
d'envoyer un de leurs compagnons pour reconnaître s'il n'y a
point quelques bateaux ou trains montants embouchés dans les
arches desdits ponts ou dans lesdits pertuis, et si les cordes ne
sont point portées pour les montants au-dessus desdits ponts, auquel cas l'avalant sera tenu de se garer jusqu'à ce que les montants soient passés et que les arches et pertuis soient entièrement
libres, à peine de répondre par le voiturier avalant du dommage
qui pourrait arriver aux bateaux et trains montants.

Art. IV. — *Les voituriers tenus de découpler les bateaux, et les compagnons de rivière tenus de se joindre et de prêter la main aux passages difficiles.*

Quand aucuns voituriers seront chargés de la conduite de plusieurs bateaux, et que, pour plus grande commodité, ils les auront accouplés, arrivant nécessité de les découpler, soit au passage des ponts et pertuis ou autres endroits difficiles, sera le principal voiturier tenu de les passer, séparément, et les compagnons de rivière aussi tenus de faire le travail, et se joindre ensemble à cet effet, à peine de demeurer les uns et les autres responsables de la perte desdites marchandises, dommages et intérêts des marchands.

Art. V. — *En pleine rivière, le montant doit céder à l'avalant.*

Voituriers de bateaux montants, venant à rencontrer en pleine rivière des bateaux avalants, seront tenus se retirer vers terre, pour laisser passer lesdits avalants, à peine de demeurer responsables du dommage causé, tant aux bateaux que marchandises.

Art. VI. — *En cas de rencontre des bateaux et coches montants et avalants ou trains de bateaux montants.*

Pour prévenir les accidents qui peuvent arriver par la rencontre des bateaux descendants avec les coches et traits des bateaux montants, seront tenus tous conducteurs de traits de bateaux montants, pour faciliter le passage desdits coches et bateaux descendants, faire voler par dessous lesdits bateaux montants la corde appelée *cincenelle*, et empêcher que les bascules accouplées en fin desdits traits ne s'écartent et empêchent le passage desdits coches et autres bateaux, et seront tenus les conducteurs desdits coches descendants, pour faciliter le passage desdits coches et bateaux montants, de lâcher leur cincenelle, en sorte qu'elle passe par dessous le bateau montant, à peine aussi de toutes pertes, dommages et intérêts.

Art. VII. — *Le voiturier reçu à cession de son bateau et ustensiles, en cas de naufrage.*

Naufrage arrivant par fortune de temps d'aucun bateau chargé

de marchandise, sera le voiturier reçu dans les trois jours à faire
abandonnement de son bateau et ustensiles; quoi faisant, il ne
pourra être plus avant poursuivi pour la perte de la marchandise,
qui sera cependant pêchée et tenue en justice, à la conservation
et aux frais de qui il appartiendra, et où ledit naufrage serait
arrivé par le fait et faute dudit voiturier, ou qu'il eût disposé à
son profit particulier de son dit bateau et ustensiles depuis le naufrage ; en ce cas, demeurera ledit voiturier déchu du bénéfice et
tenu de toutes pertes, dommages et intérêts du marchand.

Art. VIII. — *Le voiturier ne partira du port de charge sans
lettres de voitures, ou sommation faite au marchand de lui en
fournir.*

Défenses aux voituriers de partir des ports de charge, sans
avoir lettres de voiture, à peine d'être déchus du prix d'icelles ; et
si le voiturier allègue que le marchand a fait refus, en ce cas, justifiant par ledit voiturier de sommation en bonne forme, par lui
faite au marchand ou commissionnaire de lui fournir lettres avant
son départ, sera ledit marchand cru, tant sur la quantité des
marchandises, que du prix de la voitures d'icelles.

Art. IX. — *Comment doit être la lettre de voiture.*

Les lettres de voiture contiendront la quantité et qualité des
marchandises, et le prix fixé par la voiture d'icelles, et feront
mention tant du lieu où les marchandises auront été chargées,
que du lieu de la destination et du temps de départ.

Art. X. — *Les marchandises seront amenées, nonobstant toutes
saisies.*

Les marchandises destinées pour la provision de Paris ne pourront être arrêtées sur les lieux ni en chemin, sous quelque prétexte
que ce soit, même de saisies faites d'icelles, soit par les propriétaires ou créanciers particuliers du marchand, soit aussi pour
salaires et prix de la voiture ; nonobstant lesquelles saisies, lesdites
marchandises seront incessamment voiturées et amenées à la garde

des gardiens établis à icelles, pour être vendues et débitées sur les ports, et les deniers de la vente justice à la conservation de qui il appartiendra; à cet effet, les saisissants seront aussi tenus d'avancer les frais de garde, sauf à les répéter, faute de quoi seront lesdites saisies déclarées nulles.

ART. XI. — *En cas de disette, les prévost des marchands et échevins pourront faire voiturer les marchandises étant sur les ports.*

Pour empêcher le monopole et les mauvaises pratiques d'aucuns marchands qui, pour causer disette et augmenter le prix des marchandises, s'entendent ensemble sous prétexte de sociétés, et affectent de ne point faire charger et voiturer en cette ville celles qu'ils ont existantes sur les ports et achetées dans les provinces, défenses sont faites à tous marchands de contracter telles sociétés, sous peine de punition corporelle, et pourront les prévost des marchands et échevins, en cas de besoin, faire voiturer lesdites marchandises en cette ville, aux frais de la chose, pour être vendues au public, ou octroyer permission aux autres marchands de les faire voiturer pour leur compte, aux soumissions de rembourser par eux les propriétaires du prix de leurs marchandises.

CHAPITRE III.

Concernant l'arrivée des bateaux et marchandises aux ports de la ville de Paris.

ART. Ier. — *Droits de compagnie Française supprimés.*

Pour laisser l'entière liberté au commerce, et exciter d'autant plus les marchands trafiquants sur les rivières d'amener en cette ville de Paris toutes les provisions nécessaires, seront et demeureront les droits de compagnie française éteints et supprimés, sans préjudice du droit de hance, et sans qu'il soit fait autre distinction entre les marchands que de forains et de marchands de Paris, ès-cas portés par les réglements.

Art. II. — *N'aller au-devant des marchandises.*

Défenses à tous marchands d'aller au-devant des marchandises destinées pour la provision de Paris , et de les acheter en chemin , à peine contre les marchands vendeurs de confiscation de la marchandise, et de perte du prix contre l'acheteur ; et, en cas de récidive , d'interdiction du commerce.

Art. III. — *Les marchandises seront amenées ès-ports de leur destination.*

Seront les marchandises amenées par les voituriers aux ports destinés pour en faire la vente, et au cas que lesdits se trouvent remplis , les voituriers feront arrêter et garer leurs bateaux ès-lieux qui leur seront désignés par les prévost des marchands et échevins , d'où ils seront ensuite descendus en leurs ports, suivant l'ordre de leur arrivée, qui sera justifiée par les quittances des fermiers du roi, extraites des déclarations faites par les marchands et voituriers au greffe de l'Hôtel-de-Ville, et exhibitions des lettres de voiture aux bureaux des officiers de police.

Art. IV. — *Privilège des bourgeois de Paris pour la décharge de leurs provisions.*

Sera loisible aux bourgeois de Paris non trafiquants de faire décharger au port Saint-Paul, ou autre qui leur sera le plus commode, les marchandises et denrées provenant de leur crû , ou qu'ils auront achetées pour leur provision en prenant permission des prévost des marchands et échevins, qui sera accordée sur un simple certificat.

Art. V. — *De n'embarrasser les ports d'avirons et de gouvernaux.*

Pour débarrasser les ports , et les rendre capables de contenir plus grande quantité de bateaux et marchandises, enjoint aux voituriers et marchands , aussitôt que leurs bateaux auront été fermés, d'en ôter les gouvernaux, lesquels ils seront tenus mettre dans leurs bateaux ou le long des bords d'iceux, à peine d'amende.

Art. VI. — *Les voituriers doivent donner avis aux marchands de l'arrivée de leurs marchandises.*

Les bateaux et marchandises étant arrivés en cette ville au port de leur destination, seront les voituriers tenus d'en donner avis dans vingt-quatre heures au plus tard aux marchands, propriétaires d'icelles ou à leurs commissionnaires, et leur exhiber leurs lettres de voiture, en marge desquelles lesdits marchands et commissionnaires seront obligés de coter le jour de l'exhibition, et en cas de refus leur sera fait sommation à la requête des voituriers : et à l'égard des marchandises qui ne doivent tenir port, lesdits marchands les feront incessamment conduire en leurs maisons et magasins, sans que les voituriers soient tenus à autre chose, sinon à l'égard de celles qui arrivent aux ports du Guichet et Saint-Thomas-du-Louvre, que de délivrer les marchandises de la quantité et qualité portées par la lettre de voiture, sans être tenus de payer la décharge qui sera faite par les compagnons de rivière pour le prix que les marchands ont accoutumé d'en donner, et sans que les voituriers demeurent garants de la conduite et enlèvement desdites marchandises ès-maisons des marchands ; et à l'égard de ceux qui arriveront au port Saint-Paul délivrer les marchandises des quantités et qualités portées par ladite lettre de voiture, pour être déchargées par les officiers-forts, ainsi qu'il se pratique.

Art. VII. — *Les voituriers peuvent décharger les marchandises après sommation au marchand.*

En cas de négligence par les marchands ou commissionnaires de faire enlever leurs marchandises, pourront, les voituriers, après une sommation bien et duement faite aux marchands et commissionnaires auxquels la lettre de voiture sera adressante, faire décharger ladite marchandise du bateau à terre, soit par les officiers-forts au port Saint-Paul, ou compagnons de rivière ès-ports du Guichet et Saint-Thomas-du-Louvre, en faisant néanmoins, par lesdits voituriers, mention par écrit sur les registres de voiture, des quantités et qualités desdites marchandises ainsi déchargées :

et faisant attester ledit registre par lesdits officiers-forts ou par deux personnes dignes de foi; et demeureront, ce faisant lesdits voituriers, ensemble lesdits forts et compagnons de rivière, déchargés desdites marchandises.

ART. VIII. — *A quoi est tenu le voiturier en cas de refus par le marchand d'accepter les marchandises.*

Et où les marchands ou commissionnaires, après une sommation à eux faite, feraient refus d'accepter les lettres de voiture et marchandises à eux adressées, pourront lesdits voituriers se pourvoir pardevant les prévost des marchands et échevins, même si besoin est, en faire ordonner la vente avec le procureur du roi et de la ville, pour éviter au dépérissement et faciliter le paiement de la voiture; et en justifiant par le voiturier de la permission desdits prévost des marchands et échevins, du procès-verbal de vente ou séquestre desdites marchandises et de la décharge d'icelles, attestés en la forme que dessous, en demeureront lesdits voituriers bien et valablement quittes et déchargés; et en cas de vente desdites marchandises, les deniers seront tenus en justice, à la conservation de qui il appartiendra, sur iceux préalablement pris les frais ordinaires, ceux de décharge, garde, prix de voitures, retards et séjours desdits voituriers s'il y échet.

ART. IX. — *Les marchandises ne sont déchargées sans l'aveu des propriétaires ou sommation préalable.*

Défenses aux officiers-forts qui déchargent les marchandises au port Saint-Paul, et aux compagnons de rivière qui ont accoutumé de décharger celles qui arrivent au Guichet, port Saint-Thomas-du-Louvre, et autres ports, de s'entremettre à la décharge desdites marchandises, avant qu'ils en soient requis et préposés par lesdits marchands, propriétaires ou leurs commissionnaires, sous peine de punition corporelle et de tous dépens dommages et intérêts, si ce n'est que le voiturier leur eût fait apparoir de sommation bien et duement faite au marchand ou commissionnaire, de faire faire la décharge desdites marchandises ou qu'elle eût été ordonnée par justice.

Art. X.—*Les charretiers et gagne-deniers ne transporteront les marchandises sans l'aveu des marchands ou de leurs commissionnaires.*

Défenses aussi aux charretiers, crocheteurs et gagne-deniers de s'ingérer au transport et voiture des marchandises de dessus les ports, dans les maisons et magasins, s'ils n'en sont requis ou y soient expressément préposés par les marchands ou leurs commissionnaires, sans que les officiers-forts du port Saint-Paul, ni compagnons de rivière, puissent être responsables du fait desdits charretiers, crocheteurs ou gagne-deniers, sinon en cas qu'il y eût convention entre lesdits forts ou compagnons de rivière, et les marchands propriétaires ou leurs commissionnaires pour le transport, voiture et conduite desdites marchandises, ès-maisons et magasins desdits marchands.

Art. XI. — *Du temps que les marchandises doivent tenir port.*

Les voituriers qui auront amené en cette ville des marchandises de grains, vins, foins, bois, charbons et autres qui doivent tenir port, seront tenus, après avoir donné avis de leur arrivée au port de destination et exhibé leurs lettres de voiture, de laisser leurs bateaux sur les ports pendant quinze jours au moins, à compter du jour que lesdits bateaux seront à port, et pour le vin un mois ; et où la vente desdites marchandises ne serait faite pendant ledit temps, seront lesdits voituriers payés des loyers et semaines de leurs bateaux par les marchands ou leurs commissionnaires, jusqu'à la restitution du bateau en bon état, eu égard à sa grandeur et qualité, au dire de gens à ce connaissant ou qui seront nommés d'office, s'il n'y a convention contraire.

Art. XII. — *Le voiturier n'est tenu du compte de la marchandise, s'il n'en a mesuré.*

Le voiturier qui aura amené des marchandises ne sera obligé de les rendre par compte et mesure, si ce n'est que par lettres de voiture, il soit mention que la marchandise a été délivrée au voiturier par compte et mesure, et que le voiturier soit chargé par icelles de rendre la marchandise aussi par compte, ou que le marchand mette en fait que le voiturier en a mesuré; et si le marchand a mis gourmet ou garde sur le bateau pour la conservation de sa marchandise, le voiturier ne sera tenu de la rendre par compte.

Art. XIII. — *Les compagnons de rivière préférés sur la marchandise.*

Si le principal voiturier n'est en demeure de payer les compagnons de rivière, pourront lesdits compagnons s'adresser aux marchands, et à leur refus à la marchandise, même au bateau dans lequel elle aura été voiturée, qu'ils pourront faire saisir et vendre pour leurs salaires, frais, dépens et séjours, sauf le recours du marchand contre le principal voiturier.

Art. XIV. — *Le marchand chargé du bateau depuis qu'il a été mis à port.*

Demeurera tout marchand responsable des bateaux qui auront servi à la voiture de ses marchandises, dès l'instant qu'ils auront été mis à port, et tant qu'il restera de ses marchandises dans lesdits bateaux.

Art. XV. — *Le bateau est affecté à la marchandise.*

Le bateau répond de la marchandise, en sorte que si le voiturier défaut au marchand en la livraison de la quantité dont il a été chargé, ou si la marchandise se trouve endommagée par le défaut du soustrait, ou faute par le voiturier d'avoir couvert les marchandises de qualité à périr par l'injure du temps; en tous ces cas le marchand peut procéder par voie de saisie et vente de bateau.

Art. XVI. — *A qui doit appartenir le bon de la mesure.*

S'il se trouve dans les bateaux plus grande quantité de marchandise que celle portée par la lettre de voiture, elle appartien-

dra au marchand, en augmentant le prix de la voiture à proportion de ce qu'il s'est trouvé de bon.

Art. XVII. — *Ne seront enlevées des ports de cette ville
les marchandises et bateaux saisis.*

Arrivant que les marchandises étant sur les ports de cette
ville soient saisies sur le marchand et les bateaux sur le voiturier,
ne pourront lesdites marchandises être enlevées desdits ports par
lesdits propriétaires ou saisissants, sous quelque prétexte que ce
soit, au préjudice de ladite saisie, ni les bateaux emmenés, à
peine contre les contrevenants d'amende arbitraire et d'emprisonnement de leurs personnes.

Art. XVIII — *Saisie n'empêchera le débit de la marchandise.*

Ne sera néanmoins sursis, sous prétexte de ladite saisie, à la
vente desdites marchandises ; mais seront celles sujettes à taxe,
vendues aux prix de ladite taxe, et à l'égard de celles dont le prix
n'est point fixé, seront vendues au prix courant, et les deniers
provenant desdites ventes, reçus par les gardiens établis auxdites
saisies, ou tenus en justice à la conservation de qui il appartiendra.

Art. XIX. — *Ne sera exposée en vente sur les ports
marchandise défectueuse.*

Ne sera amené ni exposé en vente en cette ville aucunes marchandises, qu'elles ne soient bonnes, loyales et non défectueuses,
à peine de confiscation.

Art. XX. — *Mélanges des marchandises prohibées sur les ports.*

Défense aux marchands de triquier ni mêler les marchandises
de différentes qualités et prix, et d'en exposer la montre d'autre
et de meilleure qualité, à peine de confiscation.

Art. XXI. — *Le prix d'une vente commencée ne peut plus être augmenté.*

Lorsque la vente d'aucune marchandise aura été commencée à certain prix, il ne pourra être augmenté; et si, dans la suite, le marchand s'est trouvé nécessité de diminuer le prix de la marchandise, la vente sera continuée au dernier moindre prix, sans pouvoir par le marchand augmenter ni revenir au prix de la première vente, à peine d'amende et de confiscation de la marchandise.

Art. XXII. — *Les marchandises ne doivent être transportées d'un port à un autre.*

Pour éviter les surventes, ne pourront les marchandises, une fois exposées en vente dans un port, être transportées en un autre, sous quelque prétexte que ce soit; défenses aux officiers de police d'en souffrir le transport, sans permission des prévost des marchands et échevins, à peine de suspension de leurs charges.

Art. XXIII. — *Tous regrats défendus sur les ports.*

Défenses à toutes personnes d'acheter des marchandises sur les ports et places de cette ville pour les y revendre, et à tous regrattiers d'acheter plus grande quantité de marchandise que celle réglée ès-chapitres particuliers de chacune espèce de marchandises.

Art. XXIV. — *Les forains ne mettront leurs marchandises en magasins, chantiers, greniers, caves ou celliers.*

Ne pourront les marchands forains, mettre en magasins, chantiers, greniers, caves ou celliers, leurs marchandises, à l'exception des bois flottés à brûler, soit sous leurs noms, soit sous celui de personnes interposées, à peine de confiscation des marchandises contre le marchand et d'amende arbitraire contre le bourgeois qui aura ainsi prêté son nom; pourront néanmoins lesdits forains, en cas de nécessité, pour éviter la perte ou dépérissement de leurs marchandises, et avec la permission des prévost des marchands et échevins, faire décharger leurs dites marchandises, en déclarant le lieu où ils les feront conduire, et faisant les soumissions de les faire rapporter sur les ports, pour y être vendues.

CHAPITRE XVII.

Concernant la marchandise de bois neuf, flotté et d'ouvrages.

Art. Ier — *Des échantillons des bois à brûler.*

Seront tous marchands trafiquants de bois pour la provision de Paris, tenus de faire façonner tous les bois à brûler, de trois pieds et demi de longueur, et des grosseurs suivantes; savoir : les bois de moule de dix-huit pouces au moins de grosseur, et les bois de cordes de quartier, de dix-huit pouces au moins de grosseur; les bois de taillis, de six pouces aussi au moins de grosseur; les fagots, de trois pieds et demi de long et de dix-sept à dix-huit pouces de tour, garnis de leurs parements, remplis au-dedans de bois et non de feuilles; les cotrets, de quartier ou de taillis, de deux pieds de long et de dix-sept à dix-huit pouces de tour; et seront lesdits marchands ventiers tenus de fournir auxdits bûcherons des chaînes et mesures desdites longueurs et grosseurs; défense auxdits marchands de faire façonner des bois qui ne soient des échantillons ci-dessus spécifiés, à peine de confiscation.

Art. II. — *A quoi doivent être employés les menus bois.*

Les menus bois étant au-dessus de six pouces seront convertis en charbon ou débités en cotrets et fagots ès-lieux d'où la voiture en peut être commodément faite ; à l'égard des menus bois provenant de l'exploitation des forêts dont les bois viennent par flottages, lesdits marchands pourront s'en servir pour façonner leurs trains et les faire venir avec autres bois, à la charge néanmoins de ne les mêler avec lesdits bois d'échantillon, et de ne les vendre qu'au prix de la taxe qui y sera mise par les prévost des marchands et échevins de ladite ville.

ART. III. — *Des bois dandelles et autrs bois venant par les rivières de Somme et d'Oise.*

Pourront aussi les bois dandelles et autres venant par les rivières de Somme et d'Oise, quoiqu'ils ne soient pas des longueurs ci-dessus, être amenés en cette dite ville pour y être vendus au prix et en la manière qui sera réglée lors de l'arrivage qui en sera fait.

ART. IV. — *Sera loisible aux marchands de faire passer leurs bois sur les terres et héritages étant depuis les forêts jusqu'aux ports flottables et navigables des rivières et ruisseaux.*

Pour faciliter à la ville de Paris la provision desdits bois, pourront les marchands trafiquant desdites marchandises faire tirer et sortir des forêts, passer les charrettes et harnais sur les terres et chemins, étant depuis lesdites forêts jusqu'aux ports flottables et navigables, en dédommageant les propriétaires desdites terres, au dire d'experts et gens à ce connaissant dont les parties conviendront, sans que pour raison desdits dommages, les propriétaires desdits héritages puissent faire saisir lesdits bois, chevaux et charrettes, et empêcher la voiture sur lesdits ports, en faisant par les marchands leurs soumissions de payer lesdits dommages, tels que de raison.

ART. V. — *Permis aux marchands de bois de faire des canaux et de prendre les eaux des étangs pour le flottage des bois.*

Et d'autant que les marchands de bois flotté ne pourraient souvent exploiter lesdits bois sans faire de nouveaux canaux, et se servir des eaux des étangs, sera permis auxdits marchands de bois de faire lesdits canaux et de se servir des eaux des étangs, en dédommageant lesdits propriétaires desdites terres et desdits étangs, au dire d'experts, et gens à ce connaissant dont les parties conviendront.

ART. VI. — *Que les marchands pourront jeter leurs bois à bois perdu.*

Les marchands de bois flotté pourront faire jeter leurs bois à bois perdu sur les rivières et ruisseaux, en avertissant les seigneurs intéressés par publications qui seront faites dix jours avant que de jeter lesdits bois, aux prônes des messes de paroisses, étant depuis le lieu où les bois jetés jusqu'à celui de l'arrêt, et à la charge de dédommager les propriétaires des dégradations, si aucunes étaient faites aux ouvrages et édifices construits sur lesdites rivières et ruisseaux.

ART. VII. — *Du chemin qui sera laissé le long desdits ruisseaux servant au flottage des bois.*

Afin que le flottage desdits bois puisse être plus commodément fait, seront tenus les propriétaires des héritages étant des deux côtés desdits ruisseaux, de laisser un chemin de quatre pieds pour le passage des ouvriers préposés par les marchands pour pousser aval l'eau lesdits bois.

ART. VIII. — *Les marchands pourront faire passer leurs bois dans les étangs et fosses appartenant aux gentilshommes et autres.*

Pourront aussi les marchands de bois les faire passer par les étangs et fosses appartenant aux gentilshommes et autres, lesquels seront tenus à cet effet de faire faire ouverture de leurs basses-cours et parcs aux ouvriers préposés par lesdits marchands, à la charge de dédommager lesdits propriétaires, s'il y échet.

ART. IX. — *De la pêche des bois canards.*

Sera loisible auxdits marchands de faire pêcher par telles personnes que bon leur semblera, les bois de leur flot qui auront été à fond d'eau pendant quarante jours, après que ledit flot sera passé; et si durant lesdits quarante jours autres marchandises jettent un autre flot, lesdits quarante jours ne commenceront de courir que du jour que le dernier flot sera entièrement passé; et ne pourront ceux qui se prétendent seigneurs des rivières et ruisseaux, se faire payer aucune chose, sous prétexte de dédommagement de la pêche ou autrement, pour raison desdits bois canards.

ART. X. — *Les seigneurs, après les quarante jours, pourront faire pêcher les bois canards.*

Si les marchands sont négligents de faire pêcher lesdits bois canards durant les quarante jours, les seigneurs ou autres ayant droit sur les rivières, le pourront faire après lesdits quarante jours, à la charge toutefois de laisser lesdits bois sur les bords desdites rivières, pour les frais de laquelle pêche et occupation des terres leur sera payé par les marchands à qui les bois se trouveront appartenir, ce qui sera arbitré par gens à ce connaissants, dont les parties conviendront, eu égard aux lieux et revenu des héritages et temps de l'occupation; fait défenses auxdits seigneurs et autres, de faire enlever en leurs châteaux et maisons lesdits bois, à peine d'être déchus de tout remboursement pour ladite pêche, et de restitution du quadruple du prix desdits bois qu'ils auront ainsi enlevés, dont lesdits marchands pourront faire faire recherche.

ART. XI. — *Les marchands feront visiter les vannes, écluses, pertuis et moulins, avant que de jeter leurs bois à bois perdu.*

Pour prévenir les contestations fréquentes d'entre les marchands et les seigneurs et autres propriétaires des moulins, vannes, écluses et pertuis établis et construits sur lesdites rivières et ruisseaux, pour prétendues dégradations causées par le passage des bois, seront lesdits marchands tenus, avant de jeter leur flot, de faire visiter, par le premier juge ou sergent sur ce requis, partie présente ou duement appelée aux domiciles de leurs meûniers, lesdites vannes, écluses, pertuis et moulins, et de faire faire le récolement de ladite visite, après le flot passé, par le même juge ou sergent, à peine d'être tenus de toutes les dégradations qui se trouveront auxdites vannes, écluses, moulins et pertuis.

ART. XII. — *Les propriétaires des vannes, écluses, pertuis et moulins, tenus les entretenir en bon état.*

Si par la visite faite avant le flot, il paraît qu'il n'y ait aucune réparation à faire auxdites vannes, écluses, pertuis et moulins, les propriétaires seront tenus de les faire incessamment rétablir après une simple sommation faite auxdits propriétaires, à leurs personnes ou domiciles de leurs meûniers, sinon permis auxdits marchands d'y mettre ouvriers, et d'avancer pour ce les deniers nécessaires qui leur seront réduits et précomptés sur ce qu'ils pourront devoir pour le chômage desdits moulins causé par le passage de leurs bois, et le surplus sera porté par lesdits propriétaires, et pris par préférence sur le revenu des moulins, qui demeurera par privilège affecté auxdites avances.

ART. XIII. — *Des droits qui seront payés pour le chômage des moulins.*

Quand aucuns moulins construits par titres authentiques sur les rivières et ruisseaux flottables, tournant et travaillant actuellement, chômeront au sujet du passage des bois flottés, sera payé pour le chômage d'un moulin pendant vingt-quatre heures, de quelque nombre de roues que le corps du moulin soit composé, la somme de quarante sols, si ce n'est que les marchands ne soient en possession de payer moindre somme auxdits propriétaires desdits moulins ou leurs meûniers; auquel cas sera payé suivant l'ancien usage : défenses auxdits meûniers, à peine de fouet, de se faire payer aucune autre somme, si ce n'est pour leur travail particulier, et dont ils seront convenus de gré à gré avec les marchands ou leurs facteurs.

ART. XIV. — *Permis aux marchands de prendre des terres pour faire l'amas de leurs bois sur les ports des rivières navigables et flottables.*

Pourront lesdits marchands de bois se servir des terres proche des rivières navigables et flottables, pour y faire les amas de leurs bois, soit pour les charger en bateaux, soit pour les mettre en trains, en payant, pour l'occupation desdits héritages, savoir : dix-huit deniers par chaque corde qui sera empilée sur les terres

étant en pré ; et un sol pour chaque corde empilée sur les terres
étant en labour, lesquelles sommes seront payées pour chaque
année que lesdits bois demeureront empilés sur lesdits lieux d'entrepôt, et moyennant lesdites sommes, seront tenus lesdits propriétaires de souffrir le passage des ouvriers sur leurs héritages,
tant pour faire lesdits empilages que pour façonner les trains ; ensemble laisser passer harnais et chevaux portant les rouettes,
chantiers et autres choses nécessaires pour la construction desdits
trains.

Art. XV. *De la longueur et hauteur des piles.*

Et, afin que lesdits propriétaires puissent être payés par chacun des marchands qui auront des bois dans un flot, seront tenus
lesdits marchands de faire marquer leurs bois de leur marque particulière, de les faire triquer et empiler séparément sur lesdits
ports flottables, et de faire faire les piles de huit pieds de haut, sur
la longueur de quinze toises, ne laissant entre les piles que deux
pieds de distance ; et ne pourront lesdits marchands faire travailler à la confection de leurs trains, qu'après avoir payé ladite occupation, à l'effet de quoi seront tenus de faire compter et mesurer
lesdites piles par les compteurs des ports, en présence des propriétaires desdits héritages et prés, ou duement appelés.

Art. XVI. — *Permis aux marchands de bois flotté, tant de cette ville que forains, de mettre leurs bois en chantier.*

Pour procurer l'abondance de la marchandise de bois, pourront
tous marchands, tant dans cette ville que forains, faire mettre en
chantier les bois flottés qu'ils feront arriver, et tiendront lesdits
prévost des marchands et échevins la main à ce que lesdits soient
pourvus de chantiers en lieux convenables, pour la distribution de
leurs bois.

Art. XVII. — *Quel nombre de trains les marchands peuvent avoir devant leurs chantiers.*

Afin que le chemin de la navigation soit laissé libre, ne pourront les marchands de bois flotté, faire descendre au devant de leurs chantiers, plus de quatre trains à la fois, et seront tenus de faire garer avec bonnes et sûres cordes les autres trains qui leur arriveront au-dessus du port de la Tournelle, depuis la dernière maison, en tirant vers le ponceau de la rivière des Gobelins, au-dessus.

Art. XVIII. — *Les bois flottés seront empilés séparément dans leurs chantiers.*

Enjoint aux marchands de bois flotté, faire triquer leurs bois et les faire empiler dans leurs chantiers séparément, selon leurs différentes qualités, à peine de confiscation de leurs marchandises, et sera chacune pile mise à telle distance qu'elle puisse être entièrement vue et visitée par les officiers à ce préposés.

Art. XIX. — *Les bois neufs seront chargés dans les bateaux séparément, suivant leurs qualités.*

Pour éviter au mélange de bois de différentes qualités, qui en pourrait causer la survente, les marchands qui feront arriver des bois neufs, de différentes qualités en même bateau, seront tenus les y faire mettre par piles séparées, à peine de confiscation.

Art. XX. *Les marchands de bois tenus de faire déclaration aux mouleurs, des marchandises qui leur arriveront.*

Seront lesdits marchands tenus, aussitôt l'arrivée de leurs bois, se transporter ès-bureaux des jurés-mouleurs, et leur exhiber les lettres de voiture, dont sera tenu registre, pour y avoir recours quand besoin sera.

Art. XXI. — *Que les bois seront mis à prix sur la montre qui sera apportée.*

Lesdits marchands, avant que de mettre en vente leurs bois de compte, corde ou taillis, fagots ou cotrets, seront tenus d'e apporter au bureau de la ville la montre de chacune espèce pour sur le rapport des officiers mouleurs qui auront fait la visite du bateau ou chantier, y être mis taxe par les prévost des marchands et échevins, et en être fait registre par l'un desdits échevins.

ART. XXII. — *Défenses de vendre les bois à plus haut prix que la taxe.*

Défense à tous marchands de vendre les bois à brûler à plus haut prix que la taxe, et pour prévenir la survente, sera apposé par chaque jour de vente, à chacune pile ou bateau, une banderole contenaut le prix et la qualité de la marchandise; défense aux marchands et tous autres, d'ôter lesdites banderolles à peine de punition.

ART. XXIII.— *De la mesure des bois de moule.*

Les gros bois à brûler seront distribués, tant sur les ports que dans les chantiers, par la mesure de l'anneau, et ne sera vendu pour bois de compte que celui dont soixante-deux bûches au plus, se trouveront remplir les trois anneaux qui composent la voie de bois ; enjoint aux jurés mouleurs de rejeter les bois qui se trou- veront au-dessous de dix-huit pouces de grosseur, pour être remis dans les piles de bois de corde, et vendus aux prix des bois de cette qualité.

ART. XXIV. — *De la mesure des bois de corde et taillis.*

Tous bois qui n'auront dix-sept pouces de grosseur au moins seront réputés de corde ou taillis, et vendus par la membrure, qui aura quatre pieds de haut sur quatre pieds de large, et de- meureront les marchands qui auront fourni les membrures, et les mouleurs qui s'en seront servis, responsables de la contenance d'icelles.

ART. XXV. — *Bois tortus ne seront mis en membrures.*

Défense aux aides, aux mouleurs de bois, de mettre en mem- brures des bois qui soient si tortus que la mesure en soit notablement diminuée, et aux jurés-mouleurs de le souffrir, ni aussi qu'il y ait plus du tiers de bois blanc dans le bois, à peine d'être responsables des dommages et intérêts des acheteurs.

Art. XXVI. — *Du bois d'Andelle.*

La voie du bois d'Andelle et autres, de mesure extraordinaire, sera réglée pour le prix et pour la quantité des bûches qui la composeront, par les prévost des marchands et échevins, lorsque la montre en sera apportée au bureau de la ville, sur le rapport des officiers mouleurs, dont sera fait mention sur les registres, par l'un desdits échevins.

Art. XXVII.— *Les fagots et cotrets seront vendus par compte.*

Les fagots et cotrets seront vendus par compte, par cent, et seront fournis suivant l'usage, les quatre au par-dessus de cent.

Art. XXVIII.—*Les marchands paieront le débardage.*

Tout bois à brûler, même les fagots et cotrets, seront livrés aux acheteurs, à terre, et en état d'être chargés en charrettes, sans qu'ils soient tenus de payer autre chose que le prix de la taxe.

Art. XXIX. — *Les marchands ou leurs domestiques ne s'immisceront au compte et mesure des bois.*

Ne sera loisible aux marchands, ni à leurs domestiques, de s'immiscer au compte ou à la mesure des bois, ni de les mettre dans les membrures, à peine d'amende.

Art. XXX. — *Regrattiers de ladite marchandise.*

Pourront les chandeliers et fruitiers, faire regrat de ladite marchandise à la pièce, et au-dessous de demi-quarteron, sans qu'ils puissent avoir en leurs maisons plus grande possession que d'un millier de fagots et autant de cotrets, et seront lesdits regrattiers sujets aux visites des mouleurs, qu'ils feront gratuitement et sans frais, sauf à leur être pourvu sur le tiers des amendes ordonnées sur leurs dénonciations.

ART. XXXI. — *Peuvent les regrattiers vendre lesdits fagots et cotrets au prix de la taxe qui leur sera faite.*

Et d'autant que contre l'esprit des règlements qui n'ont souffert le regrattage que pour le soulagement des pauvres, les regrattiers au contraire ne l'exercent que pour revendre à un prix excessif, défense auxdits regrattiers de vendre lesdites marchandises de fagots et cotrets à plus haut prix que la taxe qui y aura été mise à leur égard par les prévost des marchands et échevins, de laquelle ils seront tenus avoir pancarte en leurs boutiques.

ART. XXXII. — *Défense aux regrattiers et gagne-deniers d'altérer les fagots et cotrets.*

Pour aussi remédier à l'abus qui se commet par lesdits regrattiers, lesquels altèrent journellement lesdites marchandises, défense auxdits regrattiers et gagne-deniers d'exposer en vente aucuns fagots ou cotrets diminués ou altérés, à peine de confiscation desdites marchandises et de punition corporelle.

ART. XXXIII. — *Du temps que les bois carrés, de sciage, charonnage, merain et d'ouvrages, doivent tenir port.*

Seront les marchands de bois carrés, sciage, charronnage, merain et d'ouvrages, soit de cette ville ou forains, tenus de laisser lesdits bois sur les ports pendant trois jours, à ce que les bourgeois s'en puissent fournir, et après lesdits trois jours, les artisans les pourront lottir dans vingt-quatre heures, et ledit temps passé, seront tenus les marchands de Paris, de faire enlever lesdits bois dans leurs chantiers ; et à l'égard des forains, les laisseront sur les ports, jusqu'à ce qu'ils aient été actuellement vendus.

Art. XXXIV. — *Défense aux marchands de Paris d'acheter sur les ports les marchandises.*

Pour empêcher le monopole, défense aux marchands de Paris d'acheter aucuns bois à brûler, ou d'ouvrages, étant sur les ports de Paris, et auxdits forains de leur vendre, à peine de confiscation contre le marchand, vendeur, et du prix de l'achat.

SENTENCE DU BUREAU DE LA VILLE,

Concernant les transport', occupation et empilage des bois carrés, sciages et autres, sur les bords et rivages des ruisseaux et rivières.

16 *décembre* 1673.

Vu la requête à nous faite et présentée par le sieur Macé Cochy, marchand de bois pour la provision de Paris, y demeurant, disant qu'en la conduite et exploitation des bois à lui appartenant dans les provinces de ce royaume, il est journellement troublé et empêché de faire amener par les rivières tant des pays d'amont que d'aval, les marchandises de *bois carrés, sciages* et autres destinés pour la provision de Paris, au moyen que l'on les saisissait à la requête de plusieurs particuliers qui, au lieu de souffrir lesdits passages tant par terre que par eau, *au désir des ordonnances,* faisaient violence sur ses facteurs, ouvriers, charretiers et conducteurs pour de prétendus dommages et autres prétentions, et par ce moyen ôtaient la faculté et liberté du pêchage, tirage et reprise de ses bois canards coulés et demeurés à fond d'eau dans lesdites rivières et ruisseaux qui lui doivent être libres comme les grands chemins, lui faisant procès et le conduisant en même temps pardevant les juges des lieux qui étaient à la dévotion desdits particuliers.

Considéré le contenu en laquelle requête, ouï sur icelle le procureur du roi et de la ville en ses conclusions, avons permis au sieur Macé Cochy de faire sortir et en enlever des forêts et autres endroits ses dits bois ; les faire charroyer , passer et repasser ses charretiers, chevaux , bœufs et harnais au travers des terres et héritages qu'il conviendra, *faire les empilages desdits bois sur les bords et rivages des rivières et ruisseaux*, prendre telles places et endroits que bon lui semblera dans les terres , prés et pâtures ; jeter, flotter, voiturer ses bois à bois perdus dans lesdites rivières, et si besoin est, les mettre en trains, de telle sorte que le sieur Macé Cochy ne reçoive aucune incommodité, à la charge par lui d'indemniser raisonnablement les propriétaires ou locataires en cas que leurs terres en soient endommagées.

Fait au bureau de la ville, le 16 décembre 1673.

Nota. On peut voir sur la même matière d'autres sentences , savoir :

2 mars 1675 , archives du royaume, sect. judic.
22 mai 1675 ,　　　　　idem.
29 mai 1675,　　　　　idem.
20 janv. 1677,　　　　　idem.
11 sept. 1690,　　　　　idem.
19 juillet 1696 ,　　　　idem.

(Archives du royaume, section judiciaire).

ARRÊT DU CONSEIL ,

Portant modification au tarif des droits sur les bois à œuvrer, par suite des réclamations des marchands de bois de Paris.

7 *juillet* 1674.

Le roi s'étant fait représenter en son conseil le tarif arrêté en icelui du premier avril dernier, des droits de trois sols pour livre ordonnés être levés sur les bois œuvrés et à bâtir, de sciage, charronnage et autres ; et *Sa Majesté étant informée des plaintes faites par les marchands desdits bois, de ce que les commis établis à la recette desdits droits, les prétendent recevoir, non-seulement sans faire aucune distinction de la valeur desdits bois, comme il doit être fait*, mais encore faire payer toutes sortes de bois servant à faire des teintures et autres qui viennent des pays étrangers, même sur d'autres bois de peu de valeur, contre l'intention de Sa Majesté, qui est de traiter favorablement tous ses sujets et marchands, à quoi étant nécessaire de pourvoir : vu lesdits tarifs, les arrêts du conseil des dix février, six mars et premier avril derniers, ouï le rapport du sieur Colbert, conseiller au conseil royal, contrôleur général des finances, et tout considéré, Sa Majesté en son conseil, a ordonné et ordonne, au lieu des droits ordonnés être levés sur lesdits bois, suivant ledit tarif du premier avril dernier, il sera seulement levé et perçu à l'entrée de la ville, faubourgs et banlieue de Paris, à commencer du premier jour du présent mois de juillet, par maître François Le Gendre, fermier général des fermes unies, ou par ses procureurs et commis,

Savoir :

Pour chacun cent de bois de brin de toutes longueurs et grosseurs, réduit au cent de pièces fourni, de quatre au cent et onze cents pour millier.............................. *trente livres.*

Pour chacun cent de solives de toutes longueurs, réduites au cent de pièces, fournies comme dessous au compte des marchands......................... *vingt-quatre livres.*

Pour chacun cent de poteaux de toutes longueurs réduits à la pièce au compte des marchands et fournis comme dessus............................. *vingt livres.*

Pour chacun cent de chevrons réduits, savoir celui de quatre pouces, à raison de quatre toises et demie pour pièce, et celui de trois à quatre à raison de six toises pour pièce, paiera pour chacun cent réduit comme dessus et fourni...... . *vingt livres.*

Pour chacun cent de sciage de planches de douze pieds de longueur et de pouce, et pouce et demi d'épaisseur, réduit à la toise, fourni des quatre au cent et onze cents pour millier.. *six livres.*

Pour chacun cent de sciage de neuf pieds réduit comme dessus.................................. *cinq livres*

Pour chacun cent de sciage de six pieds, fourni comme dessus............................ *trois livres.*

Pour chacun cent de sciage en tables de noyer, fourni de quatre au cent . . . . *douze livres.*

Pour chacun cent de noyer, cormier et poirier en planches, membrures et chevrons, réduit et fourni comme dessus, cinq livres. . . . . *cinq livres.*

Pour chacun cent d'étaux de hêtres, fourni aux comptes des marchands, de cent quatre toises pour cent. . . *trente-cinq livres.*

Pour chacun cent de sciage de sapin et hêtres, planches, membrures et chevrons, fourni comme dessus. . . . . *trois livres.*

Pour chacun cent de sciage de voliges, fourni comme dessus . . . . *quinze sols.*

Pour chacun millier de goberges, au compte des marchands . . . . *trois livres.*

Pour chacun cent de contrelattes de sciage, à deux toises pour une. . . . . *trois livres.*

Pour chacun millier de lattes carrées, à vingt bottes pour millier. . . . . *vingt sols.*

Pour chacun millier de lattes, volices à quarante bottes pour millier. . . . . *quarante sols.*

Par charretée de bois de charronnage . . . . *trente sols.*

Et à l'égard de tous les autres bois, de quelque qualité qu'ils soient, Sa Majesté les a déchargés et décharge desdits droits de trois sols pour livre; fait, Sa Majesté, défenses audit Le Gendre et tous autres de les lever ni faire payer, à peine de concussion. Ordonne, Sa Majesté, que les redevables desdits droits mentionnés au présent arrêt seront tenus d'en faire le paiement audit Le Gendre ou ses commis, et à ce faire contraints par les voies accoutumées, pour les deniers et affaires de Sa Majesté, en vertu du présent arrêt, qui sera lu, publié et affiché aux ports, portes et bureaux de la ville et faubourgs de Paris, et exécuté nonobstant oppositions ou appellations quelconques, et sans préjudice d'icelles; dont si aucunes interviennent, Sa Majesté s'en était réservée et à son conseil la connaissance, et icelle interdit à tous autres juges. Fait au conseil d'état du roi, tenu à Versailles, le septième jour de juillet mil six cent soixante et quatorze.

(Recueil Moreau, bois à bâtir, Bib. royale.)

COMMISSION

De jaugeur et compteur de bois sur le port d'Armeau (Yonne), délivrée au sieur Nicolas Pressurot, par le bureau de la Ville.

13 *janvier* 1676.

Sur ce qui nous a été remontré par le procureur du roi et de la ville, que, pour empêcher les marchands trafiquants de bois pour la provision de Paris, de contrevenir aux ordonnances et règlements de ladite ville, et les obliger de faire façonner leurs bois des qualités, longueurs et grosseurs portées par les ordonnances, et de ne faire la voiture en cette dite ville que des bois qui se trouveraient des échantillons desdits règlements, et, pour prévenir les contestations qui arrivaient souvent entre les marchands, vendeurs et acheteurs, la ville avait de tout temps commis sur les ports des rivières où se chargent lesdites marchandises destinées pour la fourniture de ladite ville, des personnes capables pour visiter et compter lesdits bois, qui rendaient compte de leurs charges au bureau de la ville; et d'autant que Jean Cochard Gaudon, marchand, demeurant à Armeau, commis par nos prédécesseurs par acte du 29 novembre 1651, jaugeur et compteur au port dudit Armeau et dépendances, sis sur la rivière d'Yonne, était décédé, il était nécessaire d'en établir un autre, requérant qu'il nous plût y pourvoir: nous, ayant égard auxdites remontrances, et après que Nicolas Pressurot, demeurant à Armeau, nous a été certifié de bonne vie et mœurs, religion catholique, apostolique et romaine, capable et suffisant pour exercer ladite commission, lui avons, ouï, et ce consentant, le procureur du roi et de la ville, donné et octroyé, donnons et octroyons par ces présentes, la charge et commission de jaugeur et compteur de bois, sur ledit port d'Armeau et dépendances que tenait et exerçait ledit Gaudon, vacante par son décès, pour par ledit Pressurot ladite charge et commission avoir, tenir, et dorénavant exercer, en jouir et user aux salaires, profits et revenus dont

jouissait ledit Gaudon; auquel Nicolas Pressurot avons fait
faire, le serment en tel cas requis et accoutumé de bien et fidèlement exercer ladite charge et commission, tant et si longuement
qu'il en sera pourvu; si donnons en mandement à tous qu'il appartiendra, requérons tous autres, que ladite charge et commission
de jaugeur, compteur sur lesdits port d'Armeau et dépendances,
ensemble desdits salaires revenus et profits y appartenant ils fassent,
souffrent, et laissent ledit Nicolas Pressurot, jouir et user pleinement et paisiblement, sans permettre qu'il lui soit fait, mis ou
donné aucun empêchement, au contraire.

Fait au bureau de la ville, le 13 janvier 1676.

(Archives du royaume, registres du bureau
de la ville de Paris, section administrative.)

ORDONNANCE DU BUREAU DE LA VILLE,

Qui maintient les jurés-compteurs dans le droit de se faire payer leurs salaires sur tous les bois carrés et de chauffage qui sortiront des ports confiés à leur surveillance.

26 *mars* 1676.

Vu la requête à nous présentée par Louis Courtellier, juré-
compteur et mesureur des bois sur les ports de Caizy, Laroche,
Villecien, St-Aubin et autres ports sur la rivière d'Yonne, contenant que le 30 mars 1671, il nous avait plu le commettre à ladite
charge, au lieu de défunt son père, Éloi Courtellier, qui avait
joui d'icelle un long temps; mais comme à la perception des droits
de ladite charge, dus par les marchands à cause des bois qu'ils font
conduire sur lesdits ports, le défunt Courtellier père y aurait souvent été troublé, même obligé de soutenir des procès pour n'être
les droits fixés et réglés, les marchands ne voulant payer que ce

qui leur plaisait et ce qui causait de grandes contestations entre
ledit Courtellier et lesdits marchands, lesquels pouvaient causer sa
ruine; d'autant que par deux règlements, l'un du 17 septembre 1620,
et l'autre du 15 décembre 1651, lesdits droits auraient été réglés
tant pour les bois carrés que pour les bois à brûler; requérant
qu'en conformité desdits deux règlements, il nous plût ordonner
que pour éviter aux contestations qui pourraient survenir sur lesdits ports à cause desdits droits entre les marchands et ledit Courtellier, juré-compteur, qu'il lui soit payé à l'avenir par les marchands propriétaires des bois qui seront voiturés sur lesdits ports
pour droits et salaire,

Savoir :

Trois sols pour chaque millier de fagots et de cotrets; pareille
somme pour chaque corde de bois; dix-huit deniers pour chaque
voie de bois de moule et autres gros bois à proportion; et pour
chaque cent de bois carré, trente sols, lesquels lui seront payés
moitié par le vendeur et moitié par l'acheteur.

Considéré le contenu en laquelle requête, vu les deux règlements susdatés, conclusions du procureur du roi et de la ville, auquel le tout a été communiqué, avons ordonné qu'il sera dorénavant payé audit Courtellier, juré-compteur, pour ses salaires pour
les bois qui seront voiturés sur lesdits ports, savoir : pour chaque
cent de bois carré qu'il comptera et empilera, trente sols; pour
chaque cent de bois de sciage, planches, solives, cinq sols; pour
chaque millier de fagots et cotrets, trois sols; pareille somme
pour chaque corde de bois; dix-huit deniers pour voie de bois de
moule; lequel paiement desdits salaires sera fait moitié par le vendeur et moitié par l'acheteur; seront les présentes exécutées, etc.

Fait au bureau de la ville, le 26 mars 1676.

Signé LEPELLETIER, PRÉQUET et FAURER.

(Archives du royaume, section judiciaire.)

ORDONNANCE

Du 4 février 1677,

Portant que les bois entraînés par la crue des eaux seront repris par les marchands de bois, en quelques endroits et lieux qu'ils soient, francs et quittes des dommages-intérêts, dégâts et rupture que l'on pourrait prétendre avoir été faits, à cause des terres, prés, héritages, ponts, moulins, écluses et dépendances dont les suppliants demeureraient déchargés, attendu que lesdits bois ont été emportés par force majeure.

Louis, par la grâce de Dieu, etc.; mandons, etc.; ladite ordonnance pour être exécutée de point en point, selon sa forme et teneur, par tous les pays, terres et seigneuries de notre obéissance.

Par le roi :   Signé, BOUQUOT.

(Archives du royaume, section judiciaire.)

SENTENCE DU BUREAU DE LA VILLE,

Qui autorise le sieur Pierre Sinson, marchand de bois et bourgeois de Paris, à faire faire perquisition partout où besoin sera, pour recouvrer les bois à *bâtir* provenant de douze brelles de gros bois à bâtir, garées aux ports au Plâtre et de la Râpée, qui avaient été entraînées par les glaces (dont une partie s'était arrêtée au moulin de la pompe Notre-Dame), et à reprendre lesdits bois en payant les salaires raisonnables.

24 *mars* 1677.

(Archives du royaume, section judiciaire.)

ORDONNANCE DU BUREAU DE LA VILLE,

Portant défenses de construire aucunes barrières pour empêcher l'entrée et la sortie des bois carrés de l'île Louviers.

18 *janvier* 1678.

Sur ce qui nous a été remontré, par le procureur du roi et de la ville, que depuis quelque temps les marchands forains, trafiquants de bois carrés, de sciage et de charronnage, étaient troublés en leur commerce par certains particuliers qui prétendraient se faire payer un écu de droit sur les éclusées qu'ils feraient arriver et décharger en l'île Louviers; lesquels individus, pour faciliter leurs exactions, auraient commencé ce matin, à midi, à faire construire une barrière en ladite île, pour fermer le passage du pont de bateaux et empêcher la sortie desdites marchandises, ce qui était une entreprise contre la liberté publique, à quoi il est bon et nécessaire de pourvoir. Nous, ayant égard auxdites remontrances et ouï ledit procureur du roi et de la ville en ses conclusions, *avons fait défenses* à toutes personnes de faire construire aucune barrière pour empêcher l'entrée et la sortie de ladite île Louviers, et à tous charpentiers et ouvriers de travailler à ladite construction; et en cas de contravention, permis d'emprisonner les contrevenants; et ordonné que le sieur de Boyne, l'un de nos échevins à ce commis, se transportera avec ledit procureur du roi et de la ville, assisté des huissiers et archers de ladite ville, et du maître des charpentiers, pour faire démolir et abattre les poteaux qui ont été placés pour servir à ladite barrière; et qu'à la réquisition dudit procureur du roi et de la ville, il sera informé des exactions et levées de deniers que lesdits particuliers prétendent faire sur lesdits marchands forains, même de la construction de ladite barrière; pour ladite information seule et rapportée, communiquée audit procureur du roi et de la ville, être procédé contre ceux qui se trouveront coupables desdites exactions et entreprise contre la liberté publique ainsi qu'il appartiendra; seront ces présentes exécutées, nonobstant oppositions ou appellations quelconques faites ou à faire, sans préjudice d'icelles.

Fait au bureau de la ville, le **18** janvier **1678**.

(Archives du royaume, registres du bureau de la Ville, section administrative.)

ORDONNANCE DU BUREAU DE LA VILLE,

Portant création d'un compteur, garde des bois qui arrivent et se déposent sur les ports de Châtillon et Rogny, dépendant de la terre de Madame Angélique de Montmorency, duchesse de Mecklembourg.

21 *janvier* 1678.

Sur la requête à nous présentée par plusieurs marchands de bois, pour l'approvisionnement de Paris, tendante à ce qu'il nous plût de nommer une personne pour être compteur et garde des bois qui arrivent sur les ports de Châtillon et Rogny, dépendants de nos terres, pour éviter les désordres qui s'y commettent par plusieurs particuliers, qui s'immiscent sans aucuns aveux audit compte des marchandises et à la garde dudit port, ce qui cause souvent des contestations; voulant y pourvoir, nous avons commis et commettons pour remplir à l'avenir les fonctions de compteur des marchandises et garde de celles qui arriveront sur lesdits ports de Châtillon et de Rogny, et autres lieux qui sont sur la rivière de Loing, pour faire les empilages et chargements selon l'usage, avec les émoluments, suivant la taxe qui aura été faite par M. le prévost des marchands et échevins de la ville de Paris, au sieur Robert, qui sera tenu de prêter serment de fidélité.

Signé Angélique DE MONTMORENCY,

duchesse de MECKLEMBOURG.

Confirmé et collationné sur l'original par les conseillers du roi, gardes-notes de Sa Majesté, en son château de Paris.

NOTA. Suit le tarif des droits dus audit compteur des bois.

SENTENCE DU BUREAU DE LA VILLE,

Portant réglement des droits dus au garde des bois sur les ports de Rogny et Châtillon.

14 mai 1678.

Vu la requête à nous présentée par le sieur Robert, qu'ayant voulu exercer ses fonctions, s'en est trouvé empêché par les marchands et voituriers qui l'ont empêché d'exercer sadite condition sous prétexte que l'on n'avait pas fixé le tarif des salaires qui lui seraient dus et par ce moyen se seraient exemptés de l'exécution de nos ordonnances, et se seraient servis de leurs facteurs ou autres pour compter, empiler et charger les marchandises, ce qui apporterait un grand désordre, avons cru devoir prendre des informations pour fixer ledit tarif.

Après informations prises au bureau de la ville, auprès de différents marchands, près desquels nous avions cru devoir nous renseigner, lesquels nous ont déclaré travailler annuellement sur les ports de Rogny et de Châtillon, en bois de sciage, planches, chevrons et bois carrés, et reconnaissaient la nécessité d'un employé pour le compte et la garde des magasins et empilage, et que les droits pouvaient être réglés ainsi qui suit :

Pour chaque cent de bois carré et de solives, mesure du pays . . . . 30 sous.

Pour un cent de bois de planches, sciage, et chevrons. 5 s.

Pour un cent de rais et jantes. . . . . 3 s.

Pour chaque corde de bois. 3 s.

Pour chaque voie de moule. . . . . 18 den.

Pour chaque muid de charbon. . . . . 8 s.

Nous avons arrêté, au bureau de la ville, ledit tarif qui sera payé audit garde, moitié par les marchands vendeurs et moitié par l'acheteur, et ordonnons que ledit Robert comptera, empilera et gardera, en vertu de notre commission, toutes les marchandises, bois carré et autres, qui arriveraient sur lesdits ports, avec défense de le troubler dans son exercice.

Fait au bureau de la ville, le 14 mai 1678.

(Arch. du roy., registres du bureau de la ville, sect. administ.)

ARRÊT DU CONSEIL D'ÉTAT,

Qui ordonne que l'arrêté du 2 octobre 1671 sera exécuté, et faisant que pardevant les commissaires députés, le sieur d'Entragues et les prévost des marchands et échevins seront tenus de commettre des experts pour *l'estimation de l'île Louviers*, dont ledit sieur d'Entragues est propriétaire, et que ladite île servira de port comme elle l'a fait ci-devant, pour mettre les bois carrés de sciage et charronnage, moyennant douze cents livres par an; avec défenses à toutes personnes de prendre ni exiger aucune autre chose, à peine de concussion.

Fait au conseil d'état du roi, tenu à Saint-Germain-en-Laye, le 22 janvier 1678.

Signé BERRY.

(Archives du royaume, registres du bureau
de la ville, section administrative.)

ORDONNANCE DU BUREAU DE LA VILLE,

Qui défend d'apporter aucun trouble à la vente et sortie de l'île Louviers, des bois carrés de sciage et de charronnage, sous prétexte de prétendus droits.

4 février 1678.

Vu la requête à nous faite et présentée par Gabriel de Foix, Jean Bourdilieu, Claude Gayot, Gilbert Charbonnier, Antoine Perret, Claude Labbé, Brice Gayot le jeune, Jean-Baptiste Coulombard, Pierre Boillène, Gilbert Villadon, Anne Chambron, Antoine de Bussy, François Coutereau, tous marchands forains, trafiquants de *bois carrés de sciage et charronnage*, des provinces de Bourbonnais, Auvergne, Bourgogne et Orléanais, contenant qu'encore qu'il leur ait été permis depuis plusieurs années de faire arriver et décharger leurs dits bois dans l'île Louviers sans payer pour ce aucune chose; néanmoins, Antoine Dupoyet aurait

10

le 1er de ce mois fait saisir tous les bois qu'ils avaient dans ladite île Louviers, faute par eux de lui avoir payé un prétendu droit de trois livres par mois pour chacune éclusée desdits bois qu'ils avaient dans ladite île Louviers, et comme c'était une exaction que ledit sieur Du Poyet voulait faire sur eux, qui allait à ruiner ledit commerce, et que la saisie desdits bois leur causait beaucoup de dommage, les empêchait de vendre lesdites marchandises et les obligeait de faire un séjour en cette ville, qui les empêchait de retourner en leur pays pour amener les autres marchandises qu'ils y avaient pendant cette saison où la rivière était fort navigable pour ces sortes de marchandises, et retardait la provision de cette ville; requérant qu'il nous plût déclarer lesdites saisies de leurs bois, injustes, folles et déraisonnables, et leur en faire main-levée avec dépens, dommages et intérêts, et faire défense audit Du Poyet de plus user de telle voie, sous telle peine qu'il nous plairait arbitrer.

Considéré le contenu en laquelle requête, vu notre sentence du 16 janvier dernier, l'arrêt du conseil du 22 dudit mois, conclusions du procureur du roi et de la ville, auquel le tout a été communiqué, avons ordonné que pour faire droit sur ladite requête aux fins des dommages et intérêts prétendus par lesdits suppliants à cause des saisies, ledit Du Poyet sera assigné à comparoir au premier jour pardevant nous au bureau de la ville, et cependant fait main-levée auxdits suppliants desdites saisies et à eux permis de disposer de leurs dits bois; fait défense audit Du Poyet et au nommé Givault, commis au bureau des saisies mobilières, et audit gardien établi par la susdite saisie, d'empêcher lesdits marchands de vendre lesdits bois et leurs acheteurs de les enlever, à peine de cinq cents livres d'amende et tous dépens, dommages et intérêts, et en cas de contravention permis d'emprisonner les contrevenants.

Seront ces présentes signifiées, affichées et exécutées, nonobstant oppositions ou appellations quelconques faites ou à faire et sans préjudice d'icelles.

Fait au bureau de la ville, le 4 février 1678.

Signé: DE POMEREST, DEBEYNE et DEVINS.

(Archives du royaume, section judiciaire.)

ARRET DU CONSEIL,

Portant tarif des droits que le roi veut et ordonne être levés, à l'entrée de la ville, faubourgs et banlieue de Paris, sur les bois ouvrés, à bâtir, de sciage, charronnage et autres.

11 *juin* 1680.

SAVOIR :

Pour chacun cent de bois de brin de toutes longueurs et grosseurs, réduit au cent de pièces, fourni de quatre au cent, onze cents pour millier, trente livres, ci............ 30 liv. » s.

Pour chacun cent de solives de toutes longueurs, réduites au cent de pièces fournies comme dessus au compte des marchands, vingt-quatre livres, ci........................ 24 »

Pour chacun cent de poteaux de toutes longueurs, réduit à la pièce au compte des marchands, fourni comme dessus, vingt livres, ci......... 20 »

Pour chacun cent de chevrons, réduit, savoir, celui de quatre pouces, à raison de quatre toises et demie pour pièce, paiera pour chacun cent réduit comme dessus et fourni, vingt livres, ci.... 20 »

Pour chacun cent de sciage de planches de douze pieds de longueur et de douze pouces et demi d'épaisseur, réduit à la toise, fourni quatre au cent et onze cents pour millier, six livres, ci........ 6 »

Pour chacun cent de sciage de neuf pieds, réduit comme dessus, cinq livres, ci............. 5 »

Pour chacun cent de sciage de six pieds, fourni comme dessus, trois livres, ci.............. 3 »

Pour chacun cent de sciage en table de noyer, fourni de quatre au cent, douze livres, ci....... 12 »

Pour chacun cent de noyer, cormier et poirier

en planches, membrures et chevrons, réduit et
fourni comme dessus, cinq livres, ci.......... 5 »

Pour chacun cent d'étaux de hêtre, fourni au
compte des marchands de cent quatre toises pour
cent, trente-cinq livres, ci.................... 35 »

Pour chacun cent de sciage de sapin et hêtre en
planches, membrures et chevrons, fourni comme
dessus, trois livres, ci...................... 3 »

Pour chaque charretée de bois de charronnage,
une livre dix sous, ci....................... 1 10

Pour chacun sciage de bois d'aune, peupliers et
autres bois blancs, fourni de quatre au cent et douze
cents pour millier, deux livres, ci............ 2 »

Fait et arrêté au conseil royal des finances, tenu à Fontainebleau le 11 juin 1680.

(Recueil Moreau, bois à bâtir, Bib. royale.)

SENTENCE DU BUREAU DE LA VILLE,

11 juin 1682,

Qui ordonne qu'il ne soit apporté aucun trouble aux transports
des bois de chauffage et à bâtir que les sieurs Boissière et Louis
Chanlatte, marchands de bois, font exploiter, dans les forêts de
Piney et Brienne, appartenant à M. le duc de Luxembourg, et de
Bouciquain, appartenant au sieur marquis de Bligny; lesquels
bois sont destinés pour la provision de Paris; l'autorise à jeter
lesdits bois de sciage et d'écarrissage à bois perdu depuis le lieu
de Dolincourt, près Bar-sur-Aube, jusqu'à Marcilly ou *Saron*,
lieu propre à faire arrêt, et pour ce faire, faire passer ses chevaux,
harnais et voituriers, sur les terres, prés ou héritages qu'il conviendra de traverser, à prendre port, et faire l'empilage desdites
marchandises ès-lieux convenables auxdits Boissière et Chanlatte,
moyennant indemnité raisonnable, à dire d'expert, au cas que lesdites propriétés auraient éprouvé du dommage.

Ordonne que les meûniers lèveront, ouvriront et fermeront leurs vannes à la première demande desdits marchands de bois, afin de faciliter le passage de leurs bois et ce moyennant indemnité raisonnable.

Permis auxdits Boissière et Chanlatte de repêcher leurs bois de chauffage et bois carrés partout où ils sauront en trouver, et pour ce, de se faire aider du premier sergent à ce requis, et attendu que lesdites marchandises sont destinées à l'approvisionnement de Paris, devront lesdits bois être conduits royaument, directement et de fait en ladite ville.

Fait au bureau de la ville, le 11 juin 1682.

(Archives du royaume, section judiciaire.)

ORDONNANCE DU BUREAU DE LA VILLE,

Portant défense à tous marchands de bois forains à œuvrer ou leurs facteurs, ayant des marchandises en l'île Louviers, de se battre les uns contre les autres et de se jeter des pierres.

Fait et donné au bureau de la ville, le 21 août 1682.

(Archives du royaume, registres du bureau de la ville, section administrative.)

Nota. Au temps où nous vivons, la concurrence est grande entre marchands de bois, mais cela ne va pas jusqu'à se battre et se jeter des pierres.

SENTENCE DU BUREAU DE LA VILLE,

Qui autorise les sieurs Antoine Pasquier et Pierre Pansot, marchands de bois carrés, à Paris, à faire recherche et perquisition de tous les bois carrés qui ont été entraînés par le débordement des eaux, sur les ports de Valcourt et Moislins (Haute-Marne), et à faire perquisition tout le long des villages près la rivière de Marne , et ouverture des lieux où ils sauront retrouver leur marchandise , et ce, en présence de deux témoins.

Du 10 décembre 1682.

(Archives du royaume, section judiciaire.)

SENTENCE DU BUREAU DE LA VILLE ,

Qui ordonne qu'il ne soit apporté aucun empêchement aux travaux du sieur François Cadet, trafiquant pour la provision de Paris, exploitant de bois de chauffage et à bâtir dans le pays des Ardennes.

L'autorise à se servir des ruisseaux et rivières navigables de Belham, Vaux et Vergnicourt, se jetant dans l'Aisne, à passer et repasser, et faire empilage de ses bois sur les lieux qu'il lui conviendra de choisir ; généralement de disposer des lieux où il sera nécessaire de faire passer ses bois , en indemnisant raisonnablement les propriétaires des héritages, et lieux qui se trouveront avoir été endommagés.

Du 8 juillet 1683.

(Archives du royaume, section judiciaire.)

SENTENCE DU BUREAU DE LA VILLE,

Qui défend au sieur Claude Villardin , soi-disant marchand forain, mais dénoncé et reconnu comme s'étant livré aux opérations de marchand de bois de Paris, de déposer à l'avenir aucuns bois carrés dans l'île Louviers (réservée aux forains), sur peine de confiscation.

Du 3 août 1683.

(Archives du royaume, section judiciaire.)

SENTENCE DU BUREAU DE LA VILLE,

Ordonnant le dépôt des bois sur les terres, prés et héritages, ouverture des vannes et moulins, pour faciliter l'arrivée à Paris desdites marchandises.

Du 27 juillet 1688.

Vu la requête à nous présentée par Thomas Ozanne, Nicolas et Pierre Fleuriot, *trafiquants de bois pour la provision de cette ville de Paris*, contenant qu'ils avaient acquis les coupes de plusieurs bois, tant dans les provinces de Champagne, Bourgogne, qu'autres, tant façonnés que debout; lesquels ils faisaient et continuaient de faire exploiter pour la provision de Paris; mais au passage et conduite desdits bois sur les autres ruisseaux et rivières desdits lieux, même à y faire reprendre ce qui leur était nécessaire et libre, lesdits Thomas Ozanne, Nicolas et Pierre Fleuriot, avaient été et étaient empêchés par aucuns propriétaires, gentilshommes, ecclésiastiques et autres, qui, au lieu de les souffrir, *faisaient violence sur leurs facteurs, charretiers, ouvriers et conducteurs, prétextant des dommages bien souvent imaginaires, et saisissaient et arrêtaient leurs bois et leur ôtaient la faculté des tirages et reprises de ceux appelés canards, coulés et demeurés à fond d'eau*, les tiraient, et traduisaient pardevant les juges des lieux. Auxquels Thomas Ozanne, Nicolas et Pierre Fleuriot, étaient d'ailleurs commis plusieurs larcins et mésus de leurs bois, le tout à leur notable préjudice et retardement de ladite fourniture de Paris, et *contre l'autorité des ordonnances et arrêts qui nous en donnent la direction, et attribuent la connaissance et juridiction* en première instance. Pour à quoi remédier, et aussi que les contrats et conventions faits et à faire par eux et leurs dits facteurs, pour leur trafic fussent exécutés, désirant qu'il leur fût pourvu; considéré le contenu en laquelle requête, ouï sur icelle le procureur du roi et de la ville, en ses conclusions, AVONS PERMIS auxdits Ozanne, Nicolas et Pierre Fleuriot, de *faire sortir et enlever des forêts* et

autres endroits desdits pays , tous et chacuns les bois qui y seront
coupés et façonnés à eux appartenant; et pour la conduite d'iceux
audit Paris, les faire *charroyer*, *passer et repasser les charretiers*,
chevaux, *bœufs et harnais*, *sur les terres*, *prés et héritages*
qu'il conviendra ; faire LES PORTS ET EMPILAGES DESDITS BOIS
SUR LES BORDS ET RIVAGES DESDITES RIVIÈRES ET RUIS-
SEAUX , prendre telles places et endroits que bon leur semblera, dans les terres, prés et pâtures , jeter, flotter et voiturer
iceux bois à bois perdus, en icelles rivières et ruisseaux , les
nettoyer comme dessus et élargir, faire couper et trancher des
terres, prés et héritages à leur commodité et choix, comme aussi
de passer lesdits bois à travers les étangs, marais, fossés et environs d'iceux et par les écluses, vannes, vannages et pales des moulins, et rompre les empêchements qui pourraient être mis ou
donnés auxdits passages et conduites; même si bon leur semble de
faire visiter lesdits moulins, écluses et dépendances, soit devant ou
après lesdits passes et conduites des flottes de bois pour en
voir l'état, les propriétaires ou locataires présents ou duement appelés , et ce en la présence du premier juge ou sergent sur ce requis par les experts dont les parties conviendront, ou qui seront
nommés d'office par ledit juge ou sergent, que, à cette fin, commettons, qui en dressera procès-verbal pour servir auxdits Ozanne,
Nicolas et Pierre Fleuriot, en temps et lieu ce que de raison, etc.;
prendre et servir des eaux desdits étangs, réservoirs, moulins,
écluses, pour le flot de leurs dits bois, retenir et laisser couler
lesdites eaux, selon la nécessité qu'ils auront besoin, construire,
pertuis , vannes , vannages , arrêts , chaussées , et généralement
faire et disposer des susdits lieux et endroits, ce qu'ils jugeront
à propos, et sera par eux reconnu utile pour leur trafic ; à la
charge d'indemniser les propriétaires ou locataires raisonnablement, en cas que leurs terres et possessions en soient endommagées; lequel dommage sera liquidé et estimé par prud'hommes,
que ledit juge ou sergent prendra d'office, en cas que les propriétaires n'en veulent convenir , de laquelle estimation procès-
verbal sera dressé; ordonnons qu'étant lesdits bois en ports flottables et ordinaires, ils seront tirés et empilés et mis en trains,

amenés et voiturés en ladite ville de Paris, réellement, directement et de fait, nonobstant tous obstacles, saisies, oppositions ou
appellations prises à parties et autres empêchements quelconques
faits ou à faire; CONFORMÉMENT AUXDITS ORDONNANCES ET
ARRÊTS, faisons défenses à toutes personnes, de quelque qualité et
condition qu'elles soient, d'y troubler lesdits Ozanne, Nicolas et
Pierre Fleuriot, leurs facteurs, ouvriers, charretiers et conducteurs, ni aux tirages, reprise desdits bois, canards et fondriers,
prendre ni exiger aucune chose qui ne soit légitimement attribuée, se pourvoir ni les traduire en quelque juridiction que ce
soit, ailleurs que pardevant nous; saisir et arrêter lesdits bois partie ou portion d'iceux; à tous jurés d'en connaître en première instance, ensemble à tous huissiers et sergents, d'exécuter les ordonnances et contraintes desdits juges, à peine de nullité des procédures, dommages et intérêts, et de 2,000 livres d'amende, même
d'en répondre par lesdits juges et sergents en leurs propres et privés noms; enjoignons aux meûniers des moulins de faire et souffrir l'ouverture de leurs pertuis et vannes pour le flot et passages
desdits bois, sans les retarder, arrêter, ni refermer si promptement leurs dits pertuis et vannes sur pareille peine; permettons
auxdits Ozanne, Nicolas et Pierre Fleuriot, de faire, par le premier juge ou sergent sur ce requis, informer des contraventions à
ce que dessus, des latitements et mésus desdits bois, tant de ceux
à bois perdu que des trains; faire faire perquisition, recherche et
saisie d'iceux ès-lieux et endroits où il y en aura, dont sera fait
ouverture par le premier serrurier ou maréchal en présence dudit
juge ou sergent et de deux voisins, faute par les propriétaires ou
locataires de les ouvrir; obtenir et faire publier monitions ès-lieux
que besoin sera pour en avoir réclamation et preuve, à quoi
sera passé outre aussi, nonobstant oppositions ou appellations
quelconques, sans préjudice d'icelles; pour défaut être les réclamations et procès-verbaux qui en seront faits, apportés pardevant
nous et sur iceux procédé ainsi que de raison; et où l'on serait en
demeure de satisfaire aux contraintes et conventions faites ou à
faire par lesdits Ozanne, Nicolas et Pierre Fleuriot ou leurs facteurs, pour les coupes, façons, charrois et flottages, livrai-

sons et voitures desdits bois et autres dépendances de leurs trafics, etc., etc.

Fait au bureau de la ville, le 26 juillet 1688.

(Archives du royaume, section judiciaire.)

Nota. Nous avons rapporté cette sentence, qui n'est cependant pas spéciale aux bois carrés, mais bien au trafic des bois en général, parce qu'elle prouve de nouveau que le bureau de la ville, faisant application des règlements, édits, arrêts, et même de l'ordonnance de 1672 relative aux bois flottés et d'ouvrages, n'établissait aucune distinction entre les deux commerces de bois flottés en bois carrés et bois à brûler.

ÉDIT DU ROI,
Contenant organisation du commerce des bois carrés en compagnie,

Et portant création de soixante bourgeois jurés-marchands de bois à bâtir dans la ville, faubourgs et banlieue de Paris, auxquels il est permis de faire corps et communauté entre eux, choisir et élire annuellement des syndics, dresser des statuts tels qu'ils aviseront pour établir un bon ordre dans leur profession, etc.

Donné à Versailles, au mois d'août 1690.

Registré au parlement le 7 septembre 1690.

Louis, par la grâce de Dieu, roi de France et de Navarre, à tous présents et à venir salut : il nous a été proposé *que s'il nous plaisait d'ériger en titre d'office dans notre bonne ville de Paris un certain nombre de marchands de bois de sciage et charronnage, bois à œuvrer et à bâtir, qui seuls en feraient le débit, à l'exclusion de tous autres; les magasins seraient plus fournis, le bois mieux choisi et mieux conditionné et le prix diminué; et ayant fait examiner cette proposition en notre conseil, nous avons trouvé que le public en recevrait un avantage considérable;* à ces causes, et autres, à ce nous mouvans, de l'avis de notre conseil et de notre certaine science, pleine puissance et autorité royale, nous avons

par ce présent édit, perpétuel et irrévocable, créé et érigé, créons
et érigeons, en titre d'office formel, soixante bourgeois jurés-
marchands de bois à bâtir, sciage et charronnage et autres bois à œuvrer dans notre dite ville, faubourgs et banlieue de Paris, auxquels
seuls officiers il sera permis d'avoir des magasins ou chantiers desdites natures de bois exclusivement à tous autres ; lesquels ils
seront tenus de laisser trois jours sur les ports, conformément à
l'ordonnance du mois de décembre 1672, afin que les bourgeois s'y
puissent fournir de ceux dont ils auront besoin pour leur usage
seulement ; après lesquels trois jours les artisans les pourront
lotir pendant vingt-quatre heures, et ledit temps passé lesdits
officiers les feront enlever et mettre dans leurs chantiers ou magasins ; dans l'achat et vente desquels bois ils ne pourront faire aucune société entr'eux, sans néanmoins que ladite exclusion puisse
empêcher les marchands forains emmenant desdits bois, de les
vendre, conformément à ladite ordonnance, aux habitants de notre
dite ville, faubourgs et banlieue de Paris, et même aux charpentiers, menuisiers, charrons ou autres ouvriers en bois ; lesquels
charpentiers, menuisiers, charrons ou autres ouvriers ne pourront
en vendre ni débiter en gros et en détail, s'il n'est par eux œuvré
et en état d'être employé suivant leur art ; voulons qu'il soit
arrêté en notre conseil un rôle desdits soixante offices et qu'il
soit expédié des quittances de finance par le trésorier de nos receveurs casuels, à ceux que nous avons choisis pour remplir lesdits
offices, sur lesquelles et sur celles de marc d'or, il leur sera expédié des provisions en notre chancellerie pour la première fois, sans
qu'à l'avenir ils soient tenus de prendre des provisions de nous,
ni de nous payer aucune finance, sous quelque prétexte que ce
soit ; sur lesquelles ils seront reçus au bureau de la ville et en
prêteront le serment pardevant nos chers et bien amés les prévost
des marchands et échevins d'icelle : voulons en outre que ceux
qui seront pourvus desdits offices créés par le présent édit, aient
la même faculté que les autres officiers de ladite ville, de résigner
par eux, leurs veuves, enfants et héritiers lesdits offices pardevant
notaires ou tabellions, en payant par chacun an, ès-mains du
receveur du domaine de l'Hôtel-de-Ville, huit livres de rente

annuelle chacun, sans être tenus de payer aucun prêt, dont nous
les dispensons et déchargeons ; au moyen de quoi lesdits offices
demeureront conservés à leurs veuves, enfants, héritiers et ayant-
cause, qui en pourront disposer en faveur de personnes capables
qu'ils nommeront auxdits prévost des marchands et échevins, qui
leur en feront délivrer toutes provisions nécessaires, en vertu desquelles ils jouiront des mêmes honneurs, franchise, liberté et pri-
vilége dont jouissent les autres officiers de ladite ville : voulons
aussi que les différents et contestations qui naîtront entre lesdits
officiers présentement créés pour raison des achats et ventes desdits bois et de leur commerce, ensemble pour les fraudes et contraventions, soient jugées en première instance par lesdits prévost
des marchands et échevins de ladite ville, et par appel en notre cour
de parlement, auxquels nous en avons attribué et attribuons toute
cour, juridiction et connaissance, et icelles interdisons à toutes
nos autres cours et juges. *Permettons auxdits marchands de bois
de faire corps et communauté entr'eux, choisir et élire annuellement des syndics, dresser des statuts tels qu'ils aviseront pour
établir un bon ordre dans leur profession, lesquels dressés de
l'avis desdits prévost des marchands et échevins, nous seront présentés pour être homologués et sur iceux expédiées nos lettres à ce
nécessaires.* Si donnons en mandement à nos amés et féaux conseillers, les gens tenant notre cour de parlement et à nos très chers
et bien amés les prévost des marchands et échevins de notre bonne
ville de Paris, que le présent édit ils aient à faire lire, publier et
registrer, et le contenu en celui faire exécuter selon sa forme et
teneur ; cessant et faisant cesser tous troubles et empêchements qui
pourraient être mis ou donnés, nonobstant tous édits, déclarations,
règlements et autres choses à ce contraires, auxquels nous avons
dérogé par cesdites présentes : car tel est notre plaisir, et afin que
ce soit chose ferme et stable à toujours, nous y avons fait mettre
notre scel. Donné à Versailles au mois d'août, l'an de grâce 1690,
et de notre règne le quarante-huitième.

Signé, LOUIS, et sur le repli, par le roi, COLBERT ;
visé, BOUCHERAT, et scellé.

Registré, ouï et ce requérant le procureur-général du roi, pour être exécuté selon sa forme et teneur, suivant l'arrêt de ce jour, à Paris, en parlement le 7 septembre 1690.

Signé, DUTILLET.

(Recueil Moreau, Bib. royale.)

Enregistrement de l'édit du mois d'août dernier portant création de soixante bourgeois jurés-marchands de bois à bâtir, sciage et charronnage.

Sur les conclusions du procureur du roi et de la ville, avons de son consentement ordonné que ledit édit à nous adressé, qui a été lu et publié au bureau de la ville, cejourd'hui, audience tenante, sera registré au greffe de la ville pour être exécuté selon sa forme et teneur.

Fait au bureau de la ville le 3 septembre 1690.

(Registres du bureau de la ville, arch. du royaume, sect. admin.)

SENTENCE DU BUREAU DE LA VILLE,

Qui ordonne le passage des bateaux et trains arrêtés à la forge d'Urville près St-Dizier, lesdites marchandises étant destinées pour la provision de Paris.

11 *février* 1694.

Vu la requête à nous présentée par les sieurs Prignot, Husson, Naslot, Bailly, Foissy et François Paymal, Jacques Boussenot, maîtres mariniers, demeurants en Champagne, contenant qu'encore que Sa Majesté ait établi la navigation libre sur tous les fleuves et rivières du royaume, et que lesdits suppliants n'aient aucuns autres moyens pour faire subsister leur famille, néanmoins le sieur Gillet, maître de forges d'Urville, proche St-Dizier, aurait prétendu empêcher les suppliants de passer avec leurs bateaux chargés de fer, et autres marines, les insultant journellement, et aurait excédé de coups le nommé Mathieu Prignot, et de telle sorte qu'il était mort des suites de ses blessures; avait réitéré ses violences depuis sur Jean Clausse, l'un des suppliants, lequel avait couru risque de sa vie, si ledit Gillet n'en avait été empêché par plusieurs personnes; et d'autant que ces violences et empêchements à la voiture des marchandises par la rivière ne doivent pas être tolérés, requéraient lesdits suppliants qu'il nous plût faire défense audit Gillet d'attenter à leur personne et lui enjoindre de laisser la navigation libre.

Considéré le contenu en ladite requête, conclusions du procureur du roi et de ladite ville, avons ordonné qu'il sera informé à la requête des faits ci-dessus contenus contre ledit sieur Gillet, par-devant le lieutenant-général de Vitry, qu'à cet effet commettons pour ladite information, et faisons défenses et inhibitions audit Gillet et à tous autres de troubler les suppliants dans leur travail et d'empêcher la navigation, sous les peines portées par les ordonnances et règlements de la ville.

11 février 1694.

(Archives du royaume, section judiciaire.)

SENTENCE DU BUREAU DE LA VILLE,

Rendue au profit de Claude Labbé, marchand de bois, trafiquant pour la provision de Paris; ordonne qu'il ne soit apporté aucun empêchement *à la flotte de soixante-dix éclusées de bois carrés* en cours de navigation sur la Loire, qu'il destine à la provision et fourniture de la ville.

5 mars 1696.

(Archives du royaume, section judiciaire.)

SENTENCE DU BUREAU DE LA VILLE,

Par laquelle il est défendu de saisir en route les bois destinés à la provision de Paris.

23 août 1697.

Vu la requête à nous présentée par Léonard Baude, marchand de bois, trafiquant pour la provision de cette ville, contena

qu'encore que par l'article 10 du deuxième chapitre de l'ordonnance de 1672, registrée au parlement le 20 février 1673, il
était expressément statué que les marchandises destinées pour la
provision de Paris, ne pouvaient être arrêtées sur les lieux ni
en chemin, sous quelque prétexte que ce soit, ni de saisie faite
d'icelles, soit par les propriétaires, soit par tous autres; que néanmoins, sous de prétendus dommages, les bois des requérants avaient
été saisis au port de Clamecy, et qu'il nous plût y pourvoir; considéré, etc., etc.

Ordonnons que lesdits bois destinés pour la provision de Paris,
y seront incessamment conduits à la garde d'Antoine Delamesme,
opposant, qui établira un gardien pour sûreté de ses dits droits, si
bon lui semble.

Fait au bureau de la ville, le 23 août 1697.

(Archives du royaume, section judiciaire.)

RÉUNION DES MARCHANDS DE BOIS CARRÉS FORAINS, AU BUREAU DE LA VILLE,

Pour entendre et discuter, avec les propriétaires de
l'île Louviers, le tarif à établir pour droit de dépôt
de bois à œuvrer dans ladite île.

Du 19 septembre 1697.

Pardevant nous, prévost des marchands et échevins de la ville,
sont comparus :

Dame Élisabeth Amilton, épouse séparée quant aux biens de
Philbert, comte de Bramont, et Henry Archambault, propriétaires
de ladite île Louviers, *autorisés à établir des chantiers à Paris
dans ledit lieu pour y recevoir et garder les marchandises de bois
carrés*, et autres que les marchands forains amèneront par eau à
Paris.

Nous ayant demandé l'autorisation d'établir un pont en bois sur
le bras d'eau joignant ladite île au Mail, pour la plus grande com-

modité du public, mais aussi pour les indemniser tant de la grande
dépense qu'ils auraient déjà faite en acquisition de ladite île, que
des travaux à exécuter en un pont et une chaussée pour l'exploitation de l'île, ils demandaient à ce qu'il soit payé pour chaque charrette, harnais et autres qui passeraient et repasseraient sur le pont
chargés de marchandises, dix sous.

Nous aurions, par notre jugement du 6 octobre 1696, permis
aux requérants de faire lesdits travaux, à la charge qu'il ne serait
levé sur les marchandises, aucuns et plus forts droits que ceux qui
seraient par nous réglés.

A l'effet de quoi nous avions ordonné que ladite requête serait
communiquée aux marchands, tant de Paris que forains, trafiquant
dans ladite île, pour y dire ce que bon leur semblerait.

La quinzaine expirée, les sieurs Provenchères et Gayot se seraient présentés, observant que leurs confrères marchands forains
n'arrivaient ordinairement à Paris qu'au mois de septembre, et
que ce délai leur fût accordé.

Les comparants ayant appris que la plus grande partie des
marchands forains avaient donné leur procuration à M. Philbert
Parchot, procureur en parlement, ils auraient demandé à ce que
ledit Parchot fût entendu; et lesdits sieurs Gayot et autres ayant
comparu, nous auraient dit avoir pris connaissance de la requête
présentée par les propriétaires de l'île Louviers, qu'ils étaient
assurés que les travaux projetés amélioreraient la position des
marchands forains et viendraient en aide à leur état; qu'ils consen-
taient à payer une rétribution qu'ils fixeront plus tard, prenant
même l'engagement de faire arriver à ladite île et y destiner tous
leurs bois carrés, mais à condition que les propriétaires feront entretenir les chemins et qu'il sera permis auxdits marchands de
faire arriver et mettre leurs bois où bon leur semblera et sans y
mettre de plus forts droits que ceux de cinq sous pour emplacement, et quatre sous pour le passage sur le pont; que lesdits
propriétaires *ne souffriront pas que les marchands de bois de Paris vendent et débitent leurs bois dans ladite île, mais qu'ils les
tirent seulement sur les berges, pour les rentrer dans leurs magasins après les trois jours fixés par les ordonnances.*

A condition aussi que lesdits marchands de bois de Paris ou leurs commis ne pourront pas acheter les bois des marchands forains pour les revendre dans ladite île.

Sur quoi nous, prévost des marchands, avons donné acte aux parties de leur comparution pour par nous en référer au bureau de la ville.

Nota. Ces conditions et ce tarif ont été acceptés par les propriétaires, le 28 décembre 1697.

(Archives du royaume, registre du bureau
de la ville, section administrative.)

SENTENCE DU BUREAU DE LA VILLE,

Rendue en faveur de la communauté des marchands tourneurs de Paris, qui les maintient dans la liberté de se faire servir, pour la décharge de leurs bois à œuvrer du bateau à terre, et pour le chargement d'icelles dans leurs charrettes, de qui bon leur semblera, et fait défenses à tous particuliers de s'immiscer aux susdits travaux sans y être préposés par les marchands.

7 juillet 1698.

(Archives du royaume, section judiciaire.)

SENTENCE DU BUREAU DE LA VILLE.

Vu la requête à nous présentée par Antoine Sevrait, marchand de bois forain, trafiquant pour la provision de cette ville, contenant qu'il avait fait construire sur le port d'Antoine, rivière de Loire, quatre éclusées de bois de charpente et menuiserie destinées pour cette ville; mais qu'au moment de les faire partir, le sieur Bertrand, notaire royal sur ledit port d'Antoine, se serait avisé de les faire saisir sur un faux exposé, prétendant que lesdits bois

11

lui devaient vingt à vingt-cinq livres pour prétendue occupation par iceux sur ledit port d'Antoine, quoiqu'ils eussent été empilés dans l'étendue des 24 pieds de berge, qui ne doivent rien, selon l'ordonnance de la ville, laquelle saisie est très préjudiciable aux intérêts du réclamant et du public ;

Considéré le contenu en laquelle requête, ouï les conclusions du procureur du roi et de la ville, avons ordonné que les quatre éclusées de bois en question seront incessamment voiturées en cette dite ville de Paris, nonobstant la saisie et arrêt faits d'icelle, sans préjudice du droit des parties au principal, etc., etc.

Fait au bureau de la ville, le 19 août 1698.

(Archives du royaume, section judiciaire.)

SENTENCE DU BUREAU DE LA VILLE,

Rendue au profit de Paul Girardot, marchand de bois à Paris, trafiquant pour la provision de cette ville, et acquéreur en Champagne et Bourgogne de grande quantité de bois à *brûler et à bâtir;* fait défense de le troubler dans le transport des susdits bois, qui pourra être fait en passant et repassant sur les terres, prés et héritages, en *faisant les empilages desdits bois sur les bords et rivages des rivières;* lui permet de généralement disposer des lieux où passeront lesdits bois, ainsi qu'il jugera à propos pour la facilité de son commerce, le tout en indemnisant lesdits propriétaires des lieux qui pourraient être endommagés, *et suivant qu'il a été de tout temps pratiqué en pareille occasion, ainsi qu'il est justifié par nombreux règlements du bureau de la ville*, et notamment par ceux des 28 juin 1656, 19 janvier 1658, 7 février 1662, 17 mai et 4 décembre 1675, confirmés par lettres-patentes du mois de mars 1662, registrées en parlement le 5 septembre de la même année.

Fait au bureau de la ville, le 5 janvier 1699.

Signé : DELALOYRE, BOSC, SAUTREAU, REYNAULT et DIONIS.

(Archives du royaume, section judiciaire.)

SENTENCE DU BUREAU DE LA VILLE,

Concernant une coalition des maîtres charpentiers, menuisiers et autres artisans au préjudice des marchands de bois forains.

8 mai 1699.

Vu la requête présentée par les marchands de bois forains en bois de menuiserie et bois carrés, en l'île Louviers, contenant que, par suite de *l'intelligence et de l'accord qui existent depuis plusieurs mois entre les maîtres charpentiers, menuisiers, layetiers de Paris, ceux-ci ne veulent rien acheter des suppliants, afin de les forcer à vendre leurs marchandises à vil prix ou à les voir périr.* Les ordonnances de police relatives au commerce du bois s'opposant à ce que lesdits forains ne disposent de leurs bois qu'en faveur desdits artisans, cela leur cause une ruine totale, et n'arriverait pas s'ils pouvaient disposer desdites marchandises au profit des marchands de Paris ou de tous autres ;

Considéré le contenu en laquelle requête, ouï le procureur du roi en ses conclusions, avons, de son consentement, sans préjudice aux règlements de police, ordonnances concernant le commerce des bois de sciage et d'ouvrage, et sans tirer à conséquence, permis et permettons auxdits marchands forains de disposer de leur bois, soit au profit des marchands de bois de Paris, soit de tous autres, toutefois après huitaine de la signification des présentes faite aux menuisiers, layetiers et charpentiers ; lesquels devront s'en pourvoir si bon leur semble au même prix qu'ils ont été vendus depuis le commencement de la présente année.

Fait au bureau de la ville, le 8 mai 1699.

(Archives du royaume, section judiciaire.)

TARIF

Des droits que le roi en son conseil a ordonné et ordonne être perçus par les cinquante déchargeurs de bois, créés pour la ville, faubourgs et banlieue de Paris, par édit du mois de juillet 1702.

SAVOIR :

	liv.	s.
Pour cent de jantes, une livre, ci..........	1	»
Pour cent de rais, une livre, ci...........	1	»
Pour cinq toises de moyeux, une livre, ci.....	1	»
Pour un quarteron de bois à débiter, une livre, ci...............................	1	»
Pour un quarteron d'essieux, une livre, ci....	1	»
Pour dix fiches, une livre, ci.............	1	»
Pour dix timons, une livre, ci.............	1	»
Pour deux cents timons, une livre, ci.......	1	»
Pour dix toises d'armon, une livre, ci......	1	»
Pour chacun cent de bois de noyer, une livre, ci.	1	»
Pour trois cents de voliges, une livre, ci.....	1	»
Pour un cent de hêtre en planches, une livre, ci.	1	»
Pour quinze tables de noyer, une livre, ci....	1	»
Pour quinze tables d'orme, une livre, ci.....	1	»
Pour quinze étaux de hêtre, une livre, ci.....	1	»
Pour un cent de perches d'aune, une livre, ci..	1	»
Pour trois cents de lattes, une livre, ci.......	1	»
Pour quatre cents de seuil, une livre, ci......	1	»
Pour cent de bottes d'échalats, une livre, ci...	1	»
Pour cent de bringues et bouillot à la Grève, quinze sols, ci........................	»	15
Au Guichet, pour le cent de bringues et bouillot, une livre, ci........................	1	»

Et autres marchandises à proportion, le tout payable par les marchands et autres à qui appartiendront lesdites marchandises; fait Sa Majesté défenses auxdits officiers de percevoir autres et plus grands droits que ceux ci-dessus, à peine de concussion.

(Recueil Moreau, bois à bâtir, Bib. royale.)

DÉCLARATION DU ROI.

Extrait des registres du conseil d'État,

Du 10 avril 1703,

Rappelant le tarif des droits que le roi en son conseil a ordonné et ordonne être perçus par les cinquante déchargeurs de bois neuf, cotrets, fagots, bois à bâtir et à brûler, sciage, charronnage, charpente, perches, lattes, échalats et toutes autres sortes de bois œuvré et à œuvrer, arrivant en notre ville, faubourgs et banlieue de Paris, tant par eau que par terre.

SAVOIR :

Par voie de bois (ou 13 solives de cinq à sept pouces)... 1 liv.

NOTA. Le surplus n'est que la reproduction du tarif que nous avons donné à la date de juillet 1702, etc.

(Recueil Moreau, bois à bâtir, Bib. royale.)

ORDONNANCE DE POLICE.

25 *mai* 1703.

De par les prévost des marchands et échevins de la ville de Paris, il est enjoint (ce requérant le procureur de la ville) à tous marchands de bois carré, sciage, charronnage d'ouvrages et lattes, de faire arriver leurs bateaux et trains venant d'amont au port de l'île Louviers, spécialement par nous destinée à la décharge desdits bois pour y être déchargés, et laissés sur lesdits ports, suivant les ordonnances et règlements de la ville, avec défenses auxdits marchands et voituriers de les décharger ailleurs, à peine de 50 livres d'amende contre chacun des contrevenants.

(Archives du royaume, registres du bureau de la ville, section administrative.)

ÉDIT DU ROI.

Pour remédier aux abus qui se commettent à Paris, dans la vente des bois à œuvrer défectueux, il est créé cinquante offices de visiteurs, mesureurs et contrôleurs de bois œuvrés et à bâtir, de sciage et de charronnage pour la ville, faubourgs et banlieue de Paris ; des défenses sont faites d'amener à Paris des bois de mauvaise qualité.

Donné à Versailles, au mois de mars 1704.

Louis, par la grâce de Dieu, roi de France et de Navarre, à tous présents et à venir salut : Les rois nos prédécesseurs ont en différents temps créé dans notre ville de Paris, des officiers pour la police des bois à brûler, dont nos sujets, habitants de ladite ville, ont reçu et reçoivent journellement beaucoup d'utilité; et comme nous sommes informés qu'il se commet beaucoup d'abus dans la vente des bois œuvrés et à bâtir, de sciage et charronnage dans notre dite ville, faubourgs et banlieue, parce que les marchands ne se trouvant sujets à l'inspection d'aucuns officiers, ils en vendent le plus souvent de défectueux, dont le public souffre un préjudice considérable, nous avons résolu d'y remédier, et de créer à cet effet des officiers pour y veiller; à ces causes et autres à ce nous mouvans de notre certaine science, pleine puissance et autorité royale, nous avons par le présent édit perpétuel et irrévocable créé et érigé, créons et érigeons au titre d'office formé et héréditaire, cinquante jurés-visiteurs, mesureurs et contrôleurs de bois œuvrés et à bâtir, de sciage et charronnage, dans notre bonne ville, faubourgs et banlieue de Paris, pour par lesdits officiers, visiter, mesurer et contrôler tous lesdits bois qui entrent en ladite ville, faubourgs et banlieue pour y être consommés, ou pour passer debout, et tenir la main à ce qu'il n'en soit vendu et débité aucuns de mauvaise qualité; et pour cet effet enjoignons, conformément à l'article 4 du titre des droits sur les bois de notre ordonnance du mois de juin 1680, aux marchands et tous autres sans exception qui feront arriver des bois de la qualité ci-dessus, tant par eau que

par terre, de faire avant que de les décharger, leur déclaration au
bureau desdits officiers contenant leurs noms , surnoms et demeure , et le lieu dans lequel ils entendent les faire conduire ,
leur quantité et qualité, et d'y représenter leurs lettres de voiture
en bonne forme ; défendons aux marchands voituriers et autres
particuliers d'enlever lesdits bois, qu'ils n'aient été visités et contrôlés, que les droits desdits officiers n'aient été payés : le tout à
peine de confiscation et de cinq cents livres d'amende , dont un
tiers appartiendra auxdits officiers; seront les marchands tenus de
mettre leurs bois en les déchargeant en état de pouvoir être visités, comptés, mesurés et contrôlés , sinon permettons auxdits
officiers de le faire aux frais des marchands, pour le remboursement
desquels frais les marchands et voituriers seront contraints solidairement, ainsi que pour les droits par saisie et arrêt de leurs
bateaux , charrettes et chevaux : voulons que ce qui excèdera la
quantité portée par les lettres de voiture ou déclarations , ou qui
sera d'une autre qualité que celle qui sera exprimée, soit confisqué , et les contrevenants condamnés à pareille amende de cinq
cents livres , pour le paiement de laquelle lesdits officiers pourront procéder par saisie, même sur le bois bien et duement déclaré,
bateaux , charrettes et chevaux; et pour donner moyens auxdits
officiers de s'appliquer avec soin à faire leurs fonctions, nous leur
avons attribué et attribuons quatre mille livres de gages effectives
à repartir entre eux suivant les rôles qui seront arrêtés en notre
conseil, et la moitié en sus des droits portés par le tarif arrêté en
notre conseil, le 11 juin 1680; laquelle leur sera payée comptant,
par les marchands vendeurs, lors de la vente desdits bois et avant
qu'ils puissent être enlevés; et sera fait bourse commune desdits
droits entre lesdits officiers.

(Recueil Moreau, bois à bâtir, Bib. royale.)

MÉMOIRE ADRESSÉ AU ROI

Par les marchands de bois à œuvrer, tant de Paris, que forains, contre l'interprétation donnée au tarif par les contrôleurs,

et arrêt du conseil d'État,

Qui, contrairement à ladite réclamation, ordonne que l'édit du mois de mars dernier sera exécuté selon sa forme et teneur, et en conséquence que les droits attribués par ledit aux visiteurs, mesureurs et contrôleurs des bois œuvrés, à bâtir, sciage et charronnage, seront payés à compter du jour de l'enregistrement dudit édit, lors de la vente desdits bois et avant qu'ils puissent être enlevés, et ce, tant des bois étant actuellement sur les ports et dans les chantiers, que de ceux qui arriveront ci-après.

Du 29 avril 1704.

Extrait des registres du conseil d'État.

Sur la requête présentée au roi en son conseil par Michée-Provenchères, marchand de bois à œuvrer, à Paris, tant en son nom que pour les autres marchands de bois de Paris, Jean Bayard, Antoine Perret, Pierre et Antoine Villardin, Gilles et Jacques Laudois, Gilbert Andreau, tant pour eux que pour les autres marchands de bois de charpente et menuiserie, forains de la province de Bourbonnais, Alexis et Bertrand Provenchères, tant pour eux que pour les autres marchands de même bois, forains de la province d'Auvergne, contenant que François Blondeau, chargé par arrêt du conseil d'État de la vente des cinquante offices de visiteurs, mesureurs et contrôleurs de bois œuvrés et à bâtir, de sciage et de charronnage pour la ville, faubourgs et banlieue de Paris, créés par édit du mois de mars 1704, ayant voulu étendre l'exécution de cet édit au-delà de sa disposition, il a prétendu, en attendant la vente de ces offices, qu'il était bien fondé à lever les droits y attribués, tant sur les bois que les suppliants feraient venir à l'avenir depuis cet édit, que sur ceux qui leur étaient arrivés auparavant , dont ils ont acquitté tous les droits , et qui étant dans l'île Louviers , le Mail et le port au Plâtre (la Râpée), seront réputés comme s'ils étaient dans leurs chantiers ; ce qui a donné lieu à une contestation entre les suppliants et Blondeau pardevant le sieur prévost des marchands, qui a renvoyé les parties au conseil, et cependant ordonné qu'il serait tenu un registre de tous les droits prétendus par Blondeau , sur lequel les suppliants feraient leurs soumissions de les payer s'il était ordonné par Sa Majesté; ce qui oblige les suppliants, en conséquence de cette sentence, de supplier très humblement Sa Majesté d'observer que, quoiqu'ils paient à Sa Majesté trois sols pour livre de tous les bois qu'ils amènent et font entrer dans Paris , sans parler des droits de domaine et barrages , des droits du canal de Briare , de ceux des déchargeurs, des débardeurs, des boues et planches , des gardes-nuit et de ceux de remontages , néanmoins les suppliants, soumis aux ordres de Sa Majesté , ne prétendent pas contester les droits qu'elle a attribués à ces nouveaux offices de visiteurs , mesureurs et contrôleurs de ces bois ; mais cet édit, qui établit une nouvelle loi des fonctions et des attributions de droits nouveaux , ne peut avoir son exécution que pour l'avenir par deux raisons sans replique : la première est tirée des propres termes de l'édit, qui porte que ces nouveaux officiers sont créés pour visiter, mesurer et contrôler tous les bois de cette qualité qui entrent dans la ville , faubourgs et banlieue de Paris, pour y être consommés ou pour passer debout. A cet effet, enjoint aux marchands, ou autres sans exception qui feront arriver les bois de cette qualité, tant par eau que par terre, de faire, avant que de les décharger, leur déclaration au bureau de ces officiers, contenant leurs nom , surnom et demeure, et le lieu dans lequel ils entendent les faire conduire , et d'y représenter leurs lettres de voitures en bonne forme; et par arrêt du conseil d'État du 29 mars 1704, qui a commis François Blondeau pour l'exécution de cet édit, Sa Majesté lui permet d'établir des commis pour faire les fonctions de ces offices et jouir des droits y attribués en attendant la vente, à commencer du jour de l'enregistrement de cet édit. Au moyen de quoi, cet édit ni les droits y attribués ne

peuvent concerner les bois que les suppliants ont fait entrer dans
Paris auparavant, parce que les suppliants en ayant payé les droits,
et étant réputés dans leurs chantiers, ne peuvent en prétendre
les droits, qui ne tombent, aux termes de cet édit, que sur les
bois qui entreront à l'avenir dans la ville, faubourgs et banlieue de
Paris, et qui y seront déchargés; la deuxième raison est, que les
suppliants ayant acheté sur les lieux ces bois sur le pied des droits
qui étaient établis avant cet édit, et plusieurs d'entre eux en ayant
fait des marchés sur le même pied, suivant lesquels ils en font
journellement délivrance, il est aisé de juger que ces nouveaux
droits tomberaient en pure perte pour eux; en sorte que le petit
profit qu'ils pourraient faire sur ces ventes se trouverait consommé
par ces droits auxquels leurs bois ne peuvent être assujettis,
d'autant plus que dans le nombre de ces anciens bois qui sont entrés, et qui sont déchargés avant cet édit, il y en a qui, étant
pourris et gâtés, les suppliants qui n'en pourront retirer le prix et
leurs frais, perdraient encore ces nouveaux droits, ce qui n'a
jamais été l'intention de Sa Majesté; c'est pourquoi le sieur
prévost des marchands, qui a vu que cette prétention de Blondeau
était une extension qu'il voulait donner à cet édit, a renvoyé les
parties à Sa Majesté, ce qui oblige les suppliants à se pourvoir.
A ces causes, requérant qu'il plût à Sa Majesté, en conséquence
du renvoi du sieur prévost des marchands, par son ordonnance
du 25 avril 1704, ordonner que l'édit du mois de mars 1704
n'aura lieu que pour les bois qui sont entrés et qui sont arrivés,
depuis l'enregistrement de cet édit, dans la ville, faubourgs et
banlieue de Paris, et qui y ont été déchargés, avec défense à
Blondeau, les commis et préposés d'exiger aucuns droits sous prétexte de cet édit, sur les bois des suppliants qui sont entrés et qui
ont été déchargés avant ce même édit, et pour lesquels ils ont payé
les droits lors établis, à peine de concussion; ce faisant, décharger
les suppliants des soumissions qu'ils ont faites sur le registre de
Blondeau, en exécution de cette sentence de renvoi du sieur
prévost des marchands.

Vu ladite requête signée des suppliants et de maître Perrin,
leur avocat en conseil, et les pièces justificatives d'icelle y

attachées, ensemble la réponse fournie à ladite requête par ledit Blondeau, auquel elle aurait été communiquée; ouï le rapport du sieur Fleuriau-d'Armenoville, conseiller ordinaire au conseil royal, directeur des finances, le roi en son conseil, faisant droit sur le renvoi fait par les prévost des marchands et échevins de ladite ville de Paris, et sans s'arrêter à la requête des marchands de bois de ladite ville, a ordonné et ordonne que ledit édit du mois de mars dernier sera exécuté selon sa forme et teneur; et en conséquence que les droits attribués par ledit édit aux visiteurs, mesureurs et contrôleurs des bois œuvrés, à bâtir, sciage et charronnage, seront payés à compter du jour de l'enregistrement dudit édit, lors de la vente desdits bois et avant qu'ils puissent être enlevés, et ce tant des bois étant actuellement sur les ports et dans les chantiers, que de ceux qui arriveront ci-après.

Fait au conseil d'État du roi tenu à Versailles, le vingt-neuvième jour d'avril mil sept cent quatre, collationné.

Signé Dujardin.

(Recueil Moreau, bois à bâtir, Bib. royale.)

RÉCLAMATION

Des sieurs Mathieux, Lemoine, Deboine, Bellejambe, Chof, Piquet, Texier, Simon, Turlure, Pion, Crochet, Ceuvier, Sestois, Barbot, et autres marchands de bois de charpente et menuiserie pour l'approvisionnement de Paris, contre l'exécution anticipée des droits dus au sieur Blondeau, contrôleur.

SENTENCE DU BUREAU DE LA VILLE.

8 mai 1704.

A tous ceux qui ces présentes lettres verront : Charles Boucher, chevalier, seigneur d'Orsay et autres lieux, conseiller du roi en ses conseils et en la cour de parlement, prévost des marchands et les échevins de la ville de Paris, salut : savoir faisons qu'aujourd'hui, date des présentes, comparurent en jugement devant nous Me François Sonnois, procureur de Claude Mathieux, François Lemoine, dit de la Chasnay, les sieurs de Beine, Thomas Bellejambe, Pierre Chof, Gabriel et François Piquet, Jean Texier, Simon Turlure, Claude Pion, Charles Crochet, Jacques Ceuvier, Sestois et Louis Barbot, tous marchands de bois de charpente et menuiserie ès-chantiers de cette ville et faubourgs, demandeurs en requête du 7 de ce mois, et exploit fait par Blanchet, huissier en cette juridiction, ledit jour, contrôlé par Carbonnet le même jour ; et Me François Girard, substitut du procureur du roi et de ladite ville et postulant pour Me François Blondeau, chargé par arrêt du conseil d'État de la vente de cinquante offices de visiteurs, mesureurs et contrôleurs de bois œuvrés et à bâtir, de sciage et charronnage de cette ville de Paris, créé par édit du mois de mars dernier, registrés au parlement le 18 avril dernier, défendeurs et demandeur en l'exécution de l'arrêt du 29 avril dernier, rendu en conséquence de l'édit de création desdits contrôleurs du mois de mars 1704.

Nous, parties ouïes, ensemble le procureur du roi et de la ville en son réquisitoire et conclusions, avons ordonné que l'arrêt du conseil du 29 avril dernier sera enregistré au greffe de la ville et exécuté selon sa forme et teneur ; et suivant icelui, les parties de Sonnois et tous autres marchands de cette ville et forains, condamnés payer audit Blondeau les droits attribués auxdits offices de visiteurs, mesureurs et contrôleurs de tous les bois œuvrés et à bâtir, sciage, étant sur les ports et dans les chantiers de cette ville et faubourgs, et de ceux qui leur arriveront ci-après, et ce, au fur et à mesure de la vente desdits bois, dont ils tiendront fidèle registre paraphé de nous, qu'ils représenteront audit Blondeau ou à ses commis ; seront en outre lesdits marchands de Paris, tenus dans trois jours, faire leurs déclarations au bureau dudit Blondeau, de la totalité des bois étant actuellement dans leurs chantiers ; et lesdits marchands de Paris et les forains, de faire pareillement leurs déclarations des bois qu leur arriveront ci-après, pour être par ledit Blondeau pris droits pour lesdites déclarations

et payé des droits qui lui seront dus en conformité d'icelle après
la vente desdits bois; et cependant permis auxdits marchands de
vendre les bois étant dans leurs dits chantiers et sur les ports, sans
être arrêtés ni inquiétés par ledit Blondeau, ou ses commis, en
payant néanmoins par lesdits marchands audit Blondeau les droits
des bois qu'ils vendront, dépens composés; et sera la présente
sentence exécutée, nonobstant oppositions ou appellations quelconques, faites ou à faire, et sans préjudice d'icelles. Ce fut fait et
donné au bureau de la ville, et prononcé par nous, prévost susdit,
le huitième jour de mai 1704.

(Recueil Moreau, bois à bâtir, Bib. royale.)

SENTENCE DU BUREAU DE LA VILLE,

Qui ordonne qu'il ne soit apporté aucun trouble aux transports
des bois de chauffage et à bâtir que les sieurs Sestois et Debenne,
marchands de bois à Paris, font exploiter dans les forêts de la
Brie et Champagne, lesquels bois sont destinés pour la provision
de Paris ; l'autorise à faire passer ses chevaux, harnais et voituriers sur les terres, prés ou héritages qu'il conviendra de traverser, à prendre port et faire l'empilage desdites marchandises ès-
lieux convenables, moyennant indemnité raisonnable à dire
d'experts, au cas que lesdites propriétés auraient éprouvé du
dommage.

Ordonne que les meûniers lèveront, ouvriront et fermeront
leurs vannes à la première demande desdits marchands de bois,
afin de faciliter le passage de leurs bois, et ce, moyennant indemnité raisonnable.

Permis auxdits Sestois et Debenne de repêcher *leurs bois de
chauffage et bois carrés* partout où ils sauront en trouver, et
pour ce, de se faire aider du premier sergent à ce requis, et, attendu
que lesdites marchandises sont destinées à l'approvisionnement de
Paris, devront lesdits bois y être conduits directement et de fait.

Fait au bureau de la ville, le 21 mai 1704.

SENTENCE DU BUREAU DE LA VILLE,

Qui autorise le sieur Jean Renault, marchand de bois, trafiquant pour la provision et fourniture de Paris, y demeurant, et acquéreur de grande quantité de bois dans les provinces de Champagne et Brie, qu'il destine en bois de corde et à bâtir, pour être conduits pour la fourniture de la ville, à sortir ses marchandises hors les forêts, faire passer et repasser ses chevaux, bœufs, harnais, et équipages à travers les prés, terres ou héritages qu'il conviendra, pour amener aux bords des rivières lesdits bois, à prendre tels lieux et places qui seront nécessaires pour faire l'empilage desdits marchandises, en indemnisant raisonnablement ou à dire d'experts, les propriétaires dont les terres, prés ou autres héritages auront été endommagés.

A charge par ledit Renault de faire flotter les susdits bois, et les conduire directement et de fait en ladite ville.

Fait au bureau de la ville, le **21** mai **1704.**

SENTENCE DU BUREAU DE LA VILLE,

Qui autorise le sieur Texier, marchand de bois, trafiquant pour la provision et fourniture de Paris, y demeurant, à faire faire les recherches et perquisitions nécessaires pour recouvrer ses bois de charpente, qui ont été entraînés par les dernières crues d'eau sur les rivières de Bourgogne, et ont été en grande partie latités et serrés par les habitants des villages situés près les bords et rivages desdites rivières.

L'autorise à se faire assister d'un sergent à ce requis, pour faire et ordonner ouverture des lieux où il saurait y avoir de son bois, à requérir, si besoin est, tel nombre de personnes qui seront nécessaires, pour que force reste à justice.

1er *juin* 1704.

SENTENCE DU BUREAU DE LA VILLE,

Qui autorise le sieur Périquet, marchand de bois de Paris, à faire faire toutes les perquisitions et recherches nécessaires pour rentrer en possession de ses bois à bâtir entraînés des ports de l'Yonne, latités et pris par les habitants des villages qui bordent ladite rivière d'Yonne ; à se faire assister d'un sergent ou huissier pour l'ouverture des lieux où il saura y avoir de son bois, lesquelles marchandises devront être conduites à Paris, y étant destinées.

Juin 1704.

(Archives du royaume, section judiciaire.)

SENTENCE DU BUREAU DE LA VILLE,

19 *juin* 1704.

Portant modération d'amende de cent francs à vingt francs à laquelle avait été condamné le sieur Jean Laville, déchireur de bateaux, pour avoir épluché certaine quantité de débris de ses bateaux au port au plâtre (port de la Rapée), lui enjoint de ne pas récidiver, et à l'avenir d'observer les ordonnances de police qui assujettissent les déchireurs de bateaux à conduire leurs toues et autres bateaux à l'île des Cygnes.

ARRÊT DU CONSEIL ET LETTRES-PATENTES

Pour la perception des droits attribués aux gardes des ports.

Donné à Versailles, le 17 juin 1704.

LOUIS, par la grâce de Dieu, roi de France et de Navarre, à tous ceux qui ces présentes lettres verront, salut :

Par notre édit du mois d'avril dernier, nous avons entre autres choses créé en titre d'offices, formé des gardes des ports étant le long des rivières de Seine, Oise, Yonne, Marne et autres affluantes en notre bonne ville de Paris, aux droits, fonctions, privilèges et exemptions portés par notre dit édit : et par arrêt de notre conseil d'état du 3 juin 1704, nous avons ordonné que les pourvus desdits offices jouiront des droits ci-après, que nous leur avons accordés sur toutes les marchandises qui seront amenées sur lesdits ports; lesquels droits leur seront payés par les voituriers, marchands, bourgeois et autres privilégiés et non privilégiés, qui auront amené lesdites marchandises, ou à qui elles appartiendront, sans aucune exception, lors de l'arrivage et décharge desdites marchandises, même à l'enlèvement d'icelles, *avec défenses auxdits officiers d'exiger de plus grands droits à peine de concussion, à la charge par eux de veiller sans discontinuation, à la conservation des marchandises qui seront apportées et exposées sur lesdits ports, et empêcher qu'il n'y soit commis aucuns délits ;* et en cas qu'il en arrive, nous avons ordonné que lesdits officiers en dresseront leurs procès-verbaux, arrêteront, constitueront prisonniers les délinquants, vagabonds et gens sans aveu qui se trouveront sur lesdits lieux à heure indue, ou qui commettront quelque désordre, et que, pour l'exécution dudit arrêt, toutes lettres nécessaires seraient expédiées, et voulant que ledit arrêt soit exécuté en tout son contenu.

A ces causes, de l'avis de notre conseil et de notre certaine science, pleine puissance et autorité royale, nous avons par ces présentes, signées de notre main, dit et ordonné, voulons et nous plaît, que les pourvus des offices des gardes des ports, ÉTANT LE LONG DES RIVIÈRES DE Seine, Oise, Yonne, Marne et autres affluantes en notre bonne ville de Paris, créés par notre édit du mois d'avril 1704, jouissent des droits ci-après, que nous leur avons accordés et attribués par ces présentes *sur toutes les marchandises qui seront amenées sur lesdits ports ;* lesquels droits leur seront payés par les voituriers, marchands, bourgeois et autres privilégiés et non privilégiés, qui auront amené lesdites marchandises, ou à qui elles appartiendront, sans aucune exception, lors de l'arrivage et décharge desdites marchandises, même à l'enlèvement d'icelles ; savoir :

Pour l'arrivage de chaque millier de cotrets et fagots, cinq sols ; pour l'enlèvement trois sols neuf deniers.

Pour l'arrivage de chaque corde de bois, deux sols six deniers ; et pareille somme pour l'enlèvement, deux sols six deniers.

Pour l'arrivage de chaque cent de bottes de lattes et d'échalats, cinq sols ; pour l'enlèvement, trois sols neuf deniers.

Pour l'arrivage de chaque millier de merrain, goberge et layette, trente sols ; pour l'enlèvement vingt sols.

Pour l'arrivage de bois de charpente, en grume, sciage, tel qu'il soit réduit à la solive, quarante sols du cent ; et pareille somme de quarante sols pour l'enlèvement.

Pour l'arrivage de chaque millier de cerceaux réduits, trois sols neuf deniers ; et pour l'enlèvement deux sols six deniers.

Pour l'arrivage de chaque cent d'osier, dix sols ; et pareille somme de dix sols pour l'enlèvement.

Pour l'arrivage de chaque somme de bois de charronnage, trois sols neuf deniers ; et pareille somme de trois sols neuf deniers pour l'enlèvement.

Pour l'arrivage de chaque douzaine de grands cerceaux à cuve, deux sols ; et pour l'enlèvement, un sol trois deniers.

Pour l'arrivage de chaque somme d'étaux, trois sols neuf deniers ; et pareille somme de trois sols neuf deniers pour l'enlèvement.

Pour l'arrivage de chaque millier d'écille, deux sols six deniers ; et pareille somme de deux sols six deniers pour l'enlèvement.

Pour l'arrivage de chaque corde de bureaux, deux sols ; et pareille somme de deux sols pour l'enlèvement.

Pour l'arrivage de chaque millier de foin, quinze sols ; et pour l'enlèvement dix sols.

Pour l'arrivage de chaque cent de bottes de chanvre et lin, vingt-cinq sols ; et pareille somme de vingt-cinq sols pour l'enlèvement.

Pour l'arrivage de chaque muid de charbon, de bois ou de terre, mesure de Paris, qui sera amené sur le port, sept sols six deniers ; et pareille somme de sept sols six deniers pour l'enlèvement.

Pour chaque bateau de chaux, dix sols.

Pour chaque bateau de plâtre, dix sols.

Pour chaque voie de tuiles, briques, ardoises, carreaux, soit de marbre ou de pierre, un sol quatre deniers.

Pour chaque bateau chalant de fruits, trente sols ; et pour chaque toue, quinze sols.

Pour chaque voie de poterie de terre ou tuyaux, fayence, cristaux, bouteilles et verrerie, un sol quatre deniers.

Pour chaque cent de futailles, huit sols six deniers.

Pour chaque bateau de pavés, trente sols.

Pour chaque muid ou demi-queue d'eau-de-vie, vin, cidre, verjus, vinaigre, vin gâté, et toute sorte de liqueurs ou boissons arrivant un sol, les autres pièces plus grandes ou plus petites, à proportion.

Pour chaque bateau chalant et toue qui seront déchirés, de quelque grandeur qu'ils soient, vingt sols.

Pour toutes marchandises non expliquées au présent tarif, de quelque nature qu'elles soient, il sera payé par voie ou charretée, un sol neuf deniers, SANS QUE LESDITS OFFICIERS PUISSENT PRENDRE NI EXIGER DE PLUS GRANDS DROITS A PEINE DE CONCUSSION à la charge par eux de veiller sans discontinuation à la conservatio des marchandises qui seront apportées et exposées sur lesdits por et empêcher qu'il n'y soit commis aucuns délits, et en cas qu'il arrive, nous voulons que lesdits officiers en dressent leurs procè verbaux, arrêtent et constituent prisonniers les délinquants, v bonds et gens sans aveu qui se trouveront sur lesdits ports à heure indue ou qui commettront quelques désordres.

Si donnons en mandement à nos amés et féaux conseillers, les gens tenant notre cour de parlement et des aides à Paris, que ces présentes ils fassent lire, publier et enregistrer, et du contenue en icelles, jouir et user les pourvus desdits offices de gardes des ports étant le long des rivières de Seine, Oise, Yonne, Marne et autres affluantes en notre bonne ville de Paris, créés par notre édit du mois d'avril dernier, sans souffrir qu'il leur soit donné aucun trouble et empêchements quelconques, nonobstant tous édits, arrêts, règlements, ordonnances, privilèges et autres choses à ce contraires, auxquels nous avons dérogé et dérogeons par ces présentes : car tel est notre plaisir; en témoin de quoi nous avons fait mettre notre scel à ces dites présentes.

Donné à Versailles, le dix-septième jour de juin, l'an de grâce 1704, et de notre règne le soixante-deuxième.

Signé LOUIS.

Et sur le repli, par le roi,

PHELIPEAUX.

Vu au conseil,

CHAMILLART.

Et scellé du grand sceau de cire jaune,

Registrées, ouï, et ce requérant le procureur général du roi, pour être exécutées selon leur forme et teneur, suivant l'arrêt de ce jour.

A Paris, en parlement, le huit août 1704.

Signé DONGOIS.

TARIF

Des droits des gardes des ports, des rivières de Seine, Oise, Yonne, Marne et autres.

(Extrait des registres du conseil d'État.)

Le roi s'étant fait représenter, en son conseil, l'édit du mois d'avril 1704, par lequel Sa Majesté a, entre autres choses, maintenu et confirmé à perpétuité les gardes des ports et lieux de Saint-Leu-de-Seran, Sainte-Maxence et Manicamp, créés par édit de l'année 1641, en la propriété desdits offices et en la jouissance des droits qu'ils percevaient dont il sera arrêté un tarif au conseil. Et par le même édit, Sa Majesté leur a en outre attribué un quart en sus desdits droits, à la charge de payer les sommes qui seront réglées audit conseil, et crée des offices de gardes des autres ports *étant le long des rivières* de Seine, Oise, Yonne, Marne et autres affluantes à Paris, pour en jouir par les pourvus aux mêmes droits et fonctions dont jouissent les gardes desdits ports de Saint-Leu-de-Seran, Sainte-Maxence et Manicamp, créés par l'édit de 1641 et des autres priviléges et exemptions portés par ledit édit; la sentence rendue à l'Hôtel-de-Ville de Paris, le 15 juin 1693, sur la requête de Jacques Gosset, garde sur les ports de la rivière d'Oise, depuis Varenne jusqu'à Chauny, des deux côtés de ladite rivière et dépendances, résidant à Manicamp, par laquelle, après avoir vu le certificat de plusieurs marchands et du consentement du procureur de Sa Majesté et de ladite ville, il a été ordonné que, conformément au tarif fait par le bailli de Noyon, le 13 décembre 1681, pour les droits à percevoir par le garde du port de Pont-l'Évêque, il sera payé audit Gosset les droits ci-après, savoir :

Pour l'arrivage de chaque millier de cotrets et fagots, quatre sols; et pour l'enlèvement, trois sols.

Pour l'arrivage de chaque corde de bois, deux sols ; et pareille somme pour l'enlèvement.

Pour l'arrivage de chaque cent de bottes de lattes et d'échalats, quatre sols ; et pour l'enlèvement, trois sols.

Pour l'arrivage de chaque millier de merrain, goberge et layette, trente sols ; et pour l'enlèvement, vingt sols.

Pour l'arrivage de bois de charpente, en grume, sciage, tel qu'il soit réduit à la solive, quarante sols du cent; et pareille somme pour l'enlèvement.

Pour l'arrivage de chaque millier de cerceaux réduits, trois sols; et pour l'enlèvement, deux sols.

Pour l'arrivage de chaque cent d'osier, huit sols; et pareille somme pour l'enlèvement.

Pour l'arrivage de chaque somme de charronnage, trois sols; et pareille somme pour l'enlèvement.

Pour l'arrivage de chaque douzaine de grands cerceaux à cuve, dix-huit deniers; et pour l'enlèvement, un sol.

Pour l'arrivage de chaque somme d'étaux, trois sols; et pareille somme pour l'enlèvement.

Pour l'arrivage de chaque millier d'écille, deux sols; et pareille somme pour l'enlèvement.

Pour chaque corde de bureaux, dix-huit deniers; et pareille somme pour l'enlèvement.

Pour l'arrivage de chaque millier de foin sur le port, quinze sols; et pour l'enlèvement, dix sols.

Pour chaque cent de bottes de chanvre et de lin, vingt sols, et pareille somme pour l'enlèvement, et pour chaque muid de charbon, mesure de Paris, qui sera amené sur le port, à la charge par ledit Gosset d'aider à la décharge desdits charbons, des charrettes ou de dessus les chevaux, desquels droits ci-dessus ledit Gosset sera payé par les marchands, mariniers et autres trafiquants desdites marchandises; A QUOI FAIRE ILS SERONT CONTRAINTS, SUIVANT ET CONFORMÉMENT AUDIT TARIF, qui sera exécuté nonobstant oppositions ou appellations quelconques faites ou à faire et sans préjudice d'icelles; sauf auxdits marchands, mariniers, trafiquants dans l'étendue des ports où ledit Gosset est officier, à s'opposer dans la quinzaine du jour de la publication et affiche sur les lieux du présent tarif, et dire ce qu'ils aviseront bon être.

Et Sa Majesté, voulant faire arrêter, en exécution dudit édit, le tarif des droits qui doivent être perçus par ledit garde des ports; ouï, le rapport du sieur Chamillart, conseiller ordinaire au conseil royal, contrôleur général des finances, Sa Majesté en son conseil a ordonné que les pourvus desdits offices de gardes des ports, créés par ledit édit du mois d'avril 1704, LE LONG DES RIVIÈRES de Seine, Oise, Yonne, Marne et autres affluantes à Paris, jouiront des droits ci-après compris, ledit quart en sus que Sa Majesté leur a accordé sur toutes les marchandises qui seront amenées sur lesdits ports, lesquels droits leur seront payés par les voituriers, marchands, bourgeois et autres privilégiés et non privilégiés qui auront amené lesdites marchandises, ou à qui elles appartiendront, sans aucune exception, lors de l'arrivage et décharge desdites marchandises, même à l'enlèvement d'icelles, savoir :

	l.	s.	d.
Pour l'arrivage de chaque millier de cotrets et fagots, cinq sols, ci.....................	»	5	»
Pour l'enlèvement, trois sols neuf deniers, ci.....	»	3	9
Pour l'arrivage de chaque corde de bois, deux sols six deniers, ci...............................	»	2	6
Et pareille somme pour l'enlèvement, deux sols six deniers, ci...............................	»	2	6
Pour l'arrivage de chaque cent de bottes de lattes et d'échalats, cinq sols, ci.....	»	5	»
Pour l'enlèvement, trois sols neuf deniers, ci.....	»	3	9
Pour l'arrivage de chaque millier de merrain, goberge et layette, trente sols, ci.................	1	10	»
Pour l'enlèvement, vingt sols, ci.............	1	»	»
Pour l'arrivage du bois de charpente, en grume, sciage, tel qu'il soit réduit à la solive, quarante sols du cent, ci.................................	2	»	»
Et pareille somme de quarante sols pour l'enlèvement, ci.................................	2	»	»
Pour l'arrivage de chaque millier de cerceaux réduits, trois sols neuf deniers, ci................	»	3	9
Pour l'enlèvement, deux sols six deniers, ci.....	»	2	6
Pour l'arrivage de chaque cent d'osier, dix sols, ci.	»	10	»
Et pareille somme de dix sols pour l'enlèvement, ci.................................	»	10	»
Pour l'arrivage de chaque somme de bois de charronnage, trois sols neuf deniers, ci.............	»	3	9
Et pareille somme de trois sols neuf deniers pour l'enlèvement, ci.................................	»	3	9

	l.	s.	d.
Pour l'arrivage de chacune douzaine de grands cerceaux à cuve, deux sols, ci	»	2	»
Pour l'enlèvement, un sol trois deniers, ci	»	1	3
Pour l'arrivage de chaque somme d'étaux trois sols neuf deniers, ci	»	3	9
Et pareille somme de trois sols neuf deniers pour l'enlèvement, ci	»	3	9
Pour l'arrivage de chaque millier d'écille, deux sols six deniers, ci	»	2	6
Et pareille somme de deux sols six deniers, pour l'enlèvement, ci	»	2	6
Pour l'arrivage de chaque corde de bureaux, deux sols, ci	»	2	»
Et pareille somme de deux sols pour l'enlèvement, ci	»	2	»
Pour l'arrivage de chaque millier de foin, quinze sols, ci	»	15	»
Et pour l'enlèvement, dix sols, ci	»	10	»
Pour l'arrivage de chaque cent de bottes de chanvre et lin, vingt-cinq sols, ci	1	5	»
Et pareille somme de vingt-cinq sols, pour l'enlèvement, ci	1	5	»
Pour l'arrivage de chaque muid de charbon de bois ou de terre, mesure de Paris, qui sera amené sur le port, sept sols six deniers, ci	»	7	6
Et pareille somme de sept sols six deniers, pour l'enlèvement, ci	»	7	6
Pour chaque bateau de chaux, dix sols, ci	»	10	»
Pour chaque bateau de plâtre, dix sols, ci	»	10	»
Pour chaque voie de tuiles, briques, ardoises, carreaux, soit de marbre ou de pierre, un sol quatre deniers, ci	»	1	4

	l.	s.	d.

Pour chaque bateau chalant de fruits , trente sols , ci... 1 10 »

Et pour chaque toue , quinze sols, ci.......... » 15 »

Pour chaque voie de poterie de terre ou tuyaux , fayence, cristaux, bouteilles et verreries, un sol quatre deniers , ci............................... » 1 4

Pour chaque cent de futailles , huit sols six deniers, ci... » 8 6

Pour chaque bateau de pavés, trente sols, ci..... 1 10 »

Pour chaque muid ou demi-queue d'eau-de-vie , vin , cidre , verjus , vinaigre , vin gâté ou toutes sortes de liqueurs ou boissons arrivant, un sol, ci........ » 1 »

Les autres pièces , plus grandes ou plus petites, à proportion.

Pour chaque bateau chalant et toue qui seront déchirés , de quelque grandeur qu'ils soient , vingt sols , ci... 1 » »

Pour toutes les marchandises non expliquées au présent tarif, de quelque nature qu'elles soient, il sera payé par voie et charretée, un sol neuf deniers, ci... » 1 9

Fait Sa Majesté défense auxdits officiers d'exiger de plus grands droits, à peine de concussion, et à la charge par eux de veiller sans discontinuation à la conservation des marchandises qui seront apportées et exposées sur lesdits ports, et empêcher qu'il n'y soit fait aucun délit; et en cas qu'il en arrive, ordonne Sa Majesté que lesdits officiers en dresseront leurs procès-verbaux, arrêteront et constitueront prisonniers les délinquants, vagabonds et gens sans aveu qui se trouveront sur lesdits ports à heure indue, ou qui commettront quelque désordre; et pour l'exécution du présent arrêt , seront toutes lettres nécessaires expédiées.

Fait au conseil d'état du roi, tenu à Versailles, le troisième jour de juin 1704.

Collationné.　　　　　　　　　Signé DUJARDIN.

EXTRAIT DES REGISTRES DU CONSEIL D'ÉTAT,

Qui ordonne que tous les marchands de bois œuvrés, à bâtir, de Paris ou f ains, seront tenus de fournir des déclarations des bois qu'ils ont sur les ports ou dans les chantiers, soit qu'ils soient arrivés avant ou après l'édit du mois de mars dernier, et qu'ils auront des registres pour écrire les ventes journalières desdits bois,

Du 5 août 1704.

(Recueil Moreau, bois à bâtir, Bib. royale.)

MÉMOIRE AU ROI

Sur les abus qui se commettent dans l'emploi des bois à œuvrer pour les constructions de Paris.

25 août 1704.

Les abus qui se commettent dans la vente des bois œuvrés et à bâtir ont donné lieu à différents règlements pour empêcher que le public ne fût trompé dans l'emploi qui en est fait pour son service.

C'est dans cette vue qu'on a ordonné qu'ils seraient vus et visités par gens experts et à ce connaissants.

Rien n'est plus nécessaire, car souvent les entrepreneurs ou ouvriers emploient des bois défectueux dont le service est de si mauvais usage, que les bâtiments n'ont plus la durée qu'ils avaient autrefois.

L'on a même créé des jurés visiteurs, mesureurs et contrôleurs desdits bois par édit du mois de mars et de mai 1704. Ces offices ont été établis, mais leurs droits sont si modiques que ceux qui les ont acquis n'ont pas à beaucoup près l'intérêt des sommes qu'ils ont payées dans les coffres du roi, ce qui fait qu'ils en négligent les fonctions. Il serait à propos de supprimer ces officiers, d'en créer des nouveaux, leur donner des fonctions fixes et certaines, leur donner des gages et des droits sur la marchandise qui puissent leur produire un revenu suffisant pour que des gens expérimentés dans cette matière puissent les acquérir et y trouver avec l'intérêt de leur argent une récompense honnête de leur travail ; l'augmentation qui serait faite sur le prix de ces bois ne serait pas à beaucoup près si considérable que celle qui a été mise sur toutes les denrées, et particulièrement sur le bois à brûler, qui paie aux officiers plus du tiers de sa valeur.

Il faudrait aussi établir de ces officiers dans les principales villes du royaume dont l'état est ci-joint. Cet établissement doit être considéré comme un de ceux qui sont le moins à charge au pauvre, car il n'y a guère que l'opulent qui fait bâtir, et la plupart par vanité et ostentation ; SOUVENT MÊME LES MAISONS SONT FAITES PAR DES ARCHITECTES POUR LES REVENDRE : ce sont ceux-là particulièrement qui observent moins la qualité des bois qui s'emploient à la confection desdits bâtiments et à œuvrer, parce qu'ils ne sont pas obligés au maintien de la durée de leurs ouvrages, et qu'en ne les employant pas d'une aussi bonne qualité qu'ils devraient l'être, outre qu'ils y gagnent, ils se préparent des occasions de travailler qui renaissent plus souvent quand les bois qu'ils emploient sont de moindre valeur.

Avec l'utilité publique qui se rencontrerait dans la bonne confection des ouvrages, le roi recevrait un nouveau secours dans l'état de ses affaires.

On pourrait créer cent de ces officiers pour la ville et faubourgs de Paris, et le nombre réglé par le mémoire ci-joint des villes principales où on en pourrait établir.

On leur accorderait à Paris les droits énoncés au projet de tarif aussi ci-joint, l'on y a marqué par trois colonnes le prix courant des bois, les attributions dont les contrôleurs qu'on propose de supprimer jouissent pour chaque nature de bois, et les nouveaux tarifs qu'on propose d'arrêter pour les cent offices dont on demande la création.

On leur attribuerait, outre ce, 250 livres de gages chacun et un minot de sel à Paris.

Comme les bois ne sont pas si chers en province, l'on réduirait les gages et les droits des officiers qui y seront établis, à la moitié ou au tiers de ceux de Paris.

Si Sa Majesté ne jugeait pas à propos d'augmenter si considérablement les droits sur ces bois à Paris, *elle pourrait comprendre dans les attributions de ces officiers le produit de la ferme du bois carré;* ce serait une aliénation d'une petite ferme du roi, mais elle serait faite sur un pied si considérable que Sa Majesté y trouverait toutes sortes d'utilités : CETTE FERME NE PRODUIT QUE 37,000 LIVRES DE RENTE PAR AN, suivant les comptes de clerc à maître qu'en rendent les fermiers généraux.

Les bois à œuvrer ne paient aucuns droits en province et cette marchandise est celle qui est le moins chargée.

Si cette proposition est agréable à Monseigneur, les fermiers du contrôle des bans de mariage qui l'ont mise en état, offrent de se charger du recouvrement de la finance qui en proviendra, et d'en faire un forfait proportionné à ce qu'elle peut porter, qui servira à rembourser les offices des contrôleurs supprimés et ce qui est dû auxdits fermiers et à Laval, fermier du contrôle des extraits.

(Ce mémoire en manuscrit se trouve dans le recueil Moreau, bois à bâtir, Bib. royale. Il n'est revêtu d'aucune signature; nous pensons qu'il émane du bureau de la ville.)

Nota. Il paraît que ce mémoire a été pris en considération, car nous trouvons le 27 septembre 1704, une déclaration du roi portant création de 50 offices de contrôleurs, visiteurs, mesureurs de bois à œuvrer, pour remédier aux abus qui se commettent à Paris dans la vente desdits bois.

Bien antérieurement, il avait existé déjà un certain nombre de visiteurs vendeurs de bois merien (bois carré), qui furent supprimés par édit du roi en mai 1633, *comme restreignant la liberté du commerce.*

Remédier aux abus qui se commettaient dans la vente du bois à œuvrer était un prétexte : le but principal qu'on se proposait alors, apparaît suffisamment pour nous dans ce mémoire. « C'est qu'avec l'utilité publique qui se rencontrerait dans la bonne confection des » ouvrages, le *roi recevrait un nouveau secours dans l'état de ses* » *affaires,* » et en effet quelques mois après la nomination de ces cinquante officiers visiteurs, mesureurs de bois carrés, nous retrouvons des édits de septembre 1705 et avril 1709 portant création : 1° de soixante nouveaux inspecteurs-visiteurs-mesureurs de bois carrés ; 2° de vingt autres, formant avec les premiers nommés un ensemble de *cent trente*, c'est-à-dire trois fois *plus de visiteurs, mesureurs qu'il n'y avait sans doute alors de marchands de bois.*

Nous qui, dans ces derniers temps, avons pu apprécier les effets d'une pareille inspection exercée dans les chantiers de bois à brûler de Paris, n'hésitons pas à dire, sans crainte d'être démentis que la marchandise étant grevée d'un droit au profit de ces officiers mesureurs, il en résultait uniquement une charge sans aucune espèce de compensation pour le consommateur.

« Au surplus l'édit de 1633, qui avait supprimé ces officiers *comme » restreignant la liberté du commerce que les marchands ont toujours » estimée le plus précieux bien qu'ils aient,* » nous semble parfaitement conforme aux véritables intérêts du commerce et nous doutons qu'on soit jamais tenté de rétablir cette inspection des mesureurs, visiteurs des bois carrés, qui du reste n'a été que passagère, car un édit du roi du mois de mai 1715, *faisant don par forme d'octroi* à la ville de Paris de tous les droits à percevoir sur toutes les marchandises entrant dans Paris, a supprimé tous ces offices créés depuis le 1er janvier 1689, sur les ports, quais, chantiers, halles, etc.

DÉCLARATION DU ROI,

27 *septembre* 1704,

Portant création de cinquante contrôleurs-visiteurs de bois carrés à Paris, pour visiter, mesurer et contrôler tous les bois à œuvrer et à bâtir qui entrent dans la ville de Paris, et tenir la main à ce qu'*il n'en soit vendu ni débité aucuns de mauvaise qualité.*

Registré en la cour des Aides, le 18 novembre 1704.

(Archives du royaume, registres du bureau de la ville, section administrative.)

ACQUISITION

Faite par la ville de Paris de l'île Louviers, anciennement appelée des Javeaux, pour servir de chantier aux bois carrés, sciage et charronnage.

6 *juillet* 1705.

Les bans ayant été publiés par le premier huissier de la cour, ils auraient été enchéris :

Par MM. Drouast, procureur............... 20,000 liv.

Chardon...................... 25,000

Alavoyne..................... 35,000

Drouast 40,000

Chardon..................... 45,000

Drouast...................... 60,000

Lambert...................... 61,000

Alavoyne 61,500

Pour quoi, et après avoir par ledit huissier de la cour lu et publié la dernière enchère ainsi faite par ledit Alavoyne, procureur, à la somme de 61,500 liv. par plusieurs et dernières fois, sans que personne se soit présenté pour enchérir ;

La cour a adjugé et adjuge purement et simplement audit Alavoyne, comme plus offrant et dernier enchérisseur la totalité de ladite île Louviers et ses dépendances, contenant 7 arpens de terre ou environ, la maison tenant au rempart, un pont de 6 arches, etc., le tout venant de M. Debalzac D'Antragues.

Le sieur Alavoyne fera mettre et instituer en pleine possession et jouissance les sieurs prévost des marchands et échevins de la ville de Paris.

Le 6 juillet 1705.

(Archives du royaume, registres du bureau de la ville, section administrative.)

ÉDIT DU ROI,

Portant création de soixante nouveaux offices d'inspecteurs, visiteurs et contrôleurs généraux de la police sur les ports et quais, et dans les chantiers de la ville, faubourgs et banlieue de Paris.

Donné à Marly, au mois de septembre 1705.

(Recueil Moreau, bois à bâtir, Bib. royale.)

ÉDIT DU ROI,

Portant création de cent commissaires inspecteurs, contrôleurs, aux empilemens des bois à brûler, œuvrés et à bâtir dans la ville et faubourgs de Paris.

Donné à Versailles, au mois de janvier 1706.

Seront tenus les marchands de bois de faire apporter, suivant l'usage, les bois qu'il conviendra empiler jusqu'au lieu des empilements, même de les faire porter et jeter sur la hauteur desdites piles quand elles seront commencées, en sorte que les commissaires inspecteurs et contrôleurs puissent commodément arranger et construire les piles.

Et pour leur donner moyen de s'appliquer avec soin à faire leurs fonctions, nous leur avons attribué par le présent édit 15 sols par toise carrée de bois œuvré à bâtir, sciage, charronnage qui serait mis en piles.

(Archives du royaume, section judiciaire.)

ÉDIT DU ROI,

Qui unit à la communauté des anciens gardes de nuit sur les ports et quais de la ville de Paris les quarante nouveaux offices de semblable qualité, créés par édit du mois d'octobre 1705.

Donné à Marly, le 1er juin 1706.

Avec le tarif des droits qui leur sont accordés: pour chacune voie de bois à œuvrer ou à bâtir, sciage, volige, charronnage, lattes, échalats, mairin, etc., et *tous autres bois de quelque qualité qu'ils soient, venant par eau,* 4 sols 9 deniers (*la voie de tous lesdits bois sera réglée suivant le tarif du domaine,* ci . . . .   » l. 4 s. 9 d.

Par chaque brelle de bois de charpente ou sciage venant de Champagne.   1   16   9

Par chaque train de pareil bois venant des autres pays   4   12   »

Par chaque éclusée de bois à œuvrer venant du canal de Briare ou Orléans.   2   6   »

Lesdits officiers, soit le jour, soit la nuit, seront tenus de se trouver constamment sur les ports avec leurs bandoulières, épées et autres armes pour veiller à la garde et conservation des marchandises et faire arrêter les délinquants, vagabonds qui porteront dommage à ladite marchandise de bois.

(Archives du royaume, section judiciaire.)

ORDONNANCE DE POLICE

Du 19 avril 1707.

Ayant égard au réquisitoire et conclusions du procureur du roi , avons fait défense et faisons défense aux marchands de pierres d'en décharger aucunes à l'avenir sur le port destiné au tirage des bois, qui est depuis la cahutte des Quatre-Vents jusqu'à l'égout inférieur du port au Plâtre (de la Râpée à l'égout Traversière).

Donné au bureau de la ville.

(Archives du royaume, registres du bureau de la ville, section administrative.)

ÉDIT.

Novembre 1707,

Sur la représentation faite par les marchands de bois, tant forains que de Paris, qu'il serait plus avantageux pour le commerce que les droits qui se perçoivent au profit du roi, et ceux au profit des mesureurs fussent perçus conjointement, il est ordonné suppression des offices de jurés visiteurs, mesureurs et contrôleurs des bois carrés à bâtir dans la ville et faubourgs de Paris, créés par édit du mois de mai 1704.

Et création de cent nouveaux offices de pareille nature cumulant les deux fonctions.

Donné à Versailles au mois de novembre 1707.

LESDITS OFFICIERS SERONT A L'AVENIR LES SEULS EXPERTS ENTRE LE MARCHAND VENDEUR ET LES ACHETEURS; suit le tarif des droits qui leur sont attribués.

LOUIS, PAR LA GRACE DE DIEU, roi de France et de Navarre, à tous présents et à venir salut; par notre édit du mois de mai 1704, nous avons créé cinquante offices de jurés visiteurs, mesureurs et contrôleurs des bois œuvrés à bâtir, menuiserie, sciage et charronnage en notre bonne ville, faubourgs et banlieue de Paris, auxquels nous avons attribué moitié des droits qui se perçoivent à notre profit sur lesdits bois, lesquels nous avons depuis augmentés : mais les marchands de bois, tant forains que ceux de ladite ville, nous ayant fait depuis représenter que si les droits qui se perçoivent à notre profit et ceux dont jouissent lesdits officiers étaient perçus conjointement en même bureau, ils trouveraient une grande facilité à faire leur commerce, parce qu'ils ne perdraient pas comme ils font un temps considérable à prendre différents acquis, nous avons jugé à propos d'y pourvoir : à ces causes et autres à ce nous mouvans, de notre certaine science, pleine puissance et autorité royale, nous avons, par le présent édit perpétuel et irrévocable, éteint et supprimé les offices des jurés visiteurs, mesureurs et contrôleurs des bois œuvrés à bâtir dans notre dite ville et faubourgs de Paris, créés par notre édit du mois de mai 1704, voulons qu'il soit incessamment procédé à la liquidation des sommes par eux payées pour l'acquisition desdits offices, suivant les quittances de finances qu'ils en représenteront en notre conseil, et ensuite pourvu à leur remboursement; et du même pouvoir et autorité que dessus, nous avons créé et érigé, créons et érigeons en titre d'office formé et héréditaire, cent offices de commissaires-jurés visiteurs, marqueurs, mesureurs et contrôleurs de toutes sortes de bois œuvrés, à bâtir, charpente, menuiscrie, sciage, charronnage, pour être établis dans notre dite ville, faubourgs et banlieue de Paris; y faire seuls à l'exclusion de tous autres, la visite, contrôle et mesurage de tous lesdits bois, de quelque nature que ce puisse être, sans aucune exception; les marquer aux entrées de ladite ville, faubourgs et banlieue, sur les ports, places et quais, et dans les chantiers; à l'effet de quoi il leur sera fait dans leurs bureaux déclaration desdits bois, par les marchands auxquels ils appartiendront lors de l'arrivée d'iceux, avant que de les pouvoir mettre en chantier, vendre ni enlever, et ce par qualités, nature et quantités, à peine de confiscation desdits bois et de trois cents livres d'amende : au moyen de quoi la perception des droits sur lesdits bois qui se faisait à notre profit par le fermier de notre ferme des Aydes, demeurera éteinte du jour de l'enregistrement de notre dit édit. Et seront les droits compris audit tarif payés aux entrées de notre dite ville, faubourgs et banlieue, par le marchand vendeur, lors de l'arrivée, soit qu'ils soient destinés pour notre service ou celui de nos sujets, et à quelques sortes de maisons, édifices, bâtimens et ouvrages que lesdits bois doivent être employés, nonobstant que lesdits bois passent debout sans séjourner dans notre ville, faubourgs et banlieue; SERONT LESDITS OFFICIERS PRIS, A L'EXCLUSION DE TOUS AUTRES, POUR EXPERTS ENTRE LES MARCHANDS VENDEURS ET LES ACHETEURS DANS LES CAS OU IL SERA BESOIN, ET PAYÉS A RAISON DE SIX LIVRES PAR VACATION; pourront lesdits offices être exercés par toutes sortes de personnes et avec toutes sortes d'autres offices sans incompatibilité.

(Recueil Moreau, bois à bâtir, Bib. royale.)

TARIF

Des droits que le roi en son conseil veut et ordonne être payés aux nouveaux officiers contrôleurs des bois œuvrés et à bâtir.

Pour chaque cent de bois de brin de toutes longueurs et grosseurs, réduit au cent de pièces, fourni sur le pied de onze cents pour mille, cinquante-neuf livres, ci . . . . 59 l. » s.

Pour chaque cent de solives de toutes longueurs réduites à deux toises pour pièce, et fourni comme dessus, cinquante-quatre livres, ci . . . . 54 l. » s.

Pour chaque cent de poteaux de toutes longueurs réduits à trois toises pour pièce, fourni comme dessus, trente-huit livres, ci . . . . 38 l. » s.

Pour chaque cent de chevrons et membrures de toutes longueurs, réduits à quatre toises de membrures pour pièce, à quatre toises et demie de chevrons de quatre pouces de gros pour pièce, et à six toises pour le chevron de trois et quatre pouces de gros, trente-huit livres, ci . . . . 38 l. » s.

Pour chaque cent de toises réduites et fournies comme dessus, de sciage en planches de douze pieds de long et d'un pouce d'épaisseur, treize livres, ci . . 13 l. » s.

Pour chaque cent de toises, réduites et fournies comme dessus, de planches de neuf pieds de long, d'un pouce d'épaisseur, onze livres, ci . . . . 11 l. » s.

Pour chaque cent de toises, réduites et fournies comme dessus, de planches de six pieds de long, d'un pouce d'épaisseur, six livres dix sols, ci . . . . 6 l. 10 s.

Les planches, chêne de douze, neuf et six pieds, seront à un pouce et demi d'épaisseur tiercées, et à deux pouces doublées et réduites à la toise.

Les planches chêne, dosses et entrevoux seront comptées trois toises pour deux, sans autre fourniture.

Pour chaque cent de toises, réduites et fournies de quatre au cent, seulement de sciage en tables de noyer, vingt-quatre livres, ci................. 24 l. » s.

Pour chaque cent de toises, réduites et fournies comme dessus, de sciage de noyer, cormier, poirier et autres en planches, membrures et chevrons, onze livres, ci.................................. 11 l. » s.

Les guéridons et morceaux de noyer d'épaisseur seront réduits à la toise et comptés deux toises pour une.

Pour chaque cent de toises réduites et fournies des quatre au cent seulement, d'étaux et hêtre sans diminution des dosses, soixante-neuf livres, ci..... 69 l. » s.

Pour chaque cent de toises réduites et fournies comme dessus, de sciage de hêtre, sapin et bois blanc en planches, membrures et chevrons, sept livres dix sols, ci........................... 7 l. 10 s.

Pour chaque cent de toises réduites et fournies comme dessus, de planches, voliges, deux livres dix sols, ci.................................. 2 l. 10 s.

Pour chaque mille de goberges réduites à quatre pieds de long, dix livres, ci.................. 10 l. » s.

Pour deux cents de toises réduites de contre-lattes de sciage, six livres dix sols, ci............... 6 l. 10 s.

Pour deux cents bottes de lattes, deux livres quinze sols, ci............................'.... 2 l. 15 s.

Pour chaque cent de bottes de perches à jardins et à tourneurs, à trois pour une des petites perches, à deux pour une des moyennes, et une des grosses, cinq livres, ci.............................. 5 l. » s.

Pour chacune charretée de bois de charronnage, fixée aux quantités suivantes, cinq livres dix sols, ci. 5 l. 10 s.
Cent quatre jantes.
Cent quatre rais.
Vingt-six toises d'essieux de sept pouces de gros.
Trente toises d'empanons de six pouces de gros.

Vingt-six morceaux de bois à débiter.

Pour chaque cent de toises réduites et fournies comme dessus, de sciage de sapin, hêtre et chêne en planches, d'un pouce et demi et chevron de toute ongueur, provenant du déchirage et dépeçage des bateaux, quatre livres, ci . . . .   4 l. » s.

Fait défense, Sa Majesté, à tous lesdits officiers de percevoir autres et plus grands droits que ceux marqués ci-dessus, à peine de concussion, et à toutes sortes personnes de les troubler et inquiéter dans les fonctions desdits offices.

Fait et arrêté au conseil royal des finances, tenu à Versailles le quinzième jour de novembre mil sept cent sept. Collationné.

Signé DE LAISTRES.

(Recueil Moreau, bois à bâtir, Bib. royale.)

DÉCLARATION DU ROI,

Qui impose obligation aux marchands de bois à bâtir, charpente, menuiserie, sciage, charronnage et déchireurs de bateaux, de faire une déclaration des bois qu'ils feront entrer dans Paris, et de faire le déchargement de leurs bois, distinctement, pile par pile, sans mélange de qualité et en état d'être facilement visités et contrôlés.

Donné à Versailles, le 22 mai 1708.

(Recueil Moreau, bois à bâtir, Bib. royale.)

ÉDIT

Portant création de vingt nouvelles charges de contrôleurs des bois œuvrés à Paris, attendu l'accroissement considérable dans le commerce des bois, par suite de la grande quantité de bâtiments construits en la ville de Paris.

Donné à Versailles, au mois d'avril 1709.

(Recueil Moreau, bois à bâtir, Bib. royale.)

BANLIEUE DE PARIS,
Sujette aux droits d'octroi.
23 *juillet* 1709.

PREMIÈREMENT.

Vaugirard.

Issy.

Le Moulin des Chartreux, et la 1re maison de Clamart.

Venvres.

Mont-Rouge.

Chastillon.

Bagneux, jusqu'au ruisseau du bourg de la Reine.

Gentilly.

Arcueil et Cachant, jusqu'à la rue de Laï, dont il y a 4 ou 5 maisons audit village de Laï qui en sont.

Ville-Juif.

Ville-Neuve-la-Saussaye, jusqu'au chemin du Moulin-à-Vent.

Ivry.

Le pont de Charenton.

Saint-Mandé.

Conflans.

Charonne.

Bagnolet.

Romainville, jusqu'au grand chemin de Noisy-le-Sec.

Pantin et les Prés-St-Gervais.

Pointrouville, dit Belleville.

L'hôtel de Savy, dit l'hôtel de St-Martin.

La Villette.

La Chapelle.

Aubervilliers, jusqu'au ruisseau de la Cour-Neuve.

St-Oüin.

St-Denis, jusqu'au Gris.

La maison de Seine.

Montmartre.

Clichy-la-Garenne.

Villiers-la-Garenne.

Le port de Neuilly.

Le Roule.

Mesnies, Le Mesnil.

Boulogne, jusqu'au pont de St-Cloud, jusqu'à la Croix dudit pont.

Auteuil.

Passy.

Chaillot.

La Ville-L'Evêque

Vitry, jusqu'à la fontaine.

La Pissotte, jusqu'à la planche du ruisseau.

Montreuil, jusqu'à la rue première venant à Paris, du côté du bois de Vincennes.

Enregistré au bureau de la ville, le 23 juillet 1709.

Signé TAITBOUT.

(Arch. du roy., reg. du bur. de la ville, sect. admin.)

DÉCLARATION DU ROI.

Par suite de l'impossibilité dans laquelle se trouve le commerce des bois carrés , sciage et charronnage , de payer le rôle de deux cent quarante mille livres auquel le commerce avait été imposé, le roi, prenant en considération la réclamation desdits marchands, change le mode de perception, et ordonne la levée de nouveaux droits, tant sur le bois à brûler, que sur les bois de sciage , charronnage et autres, avec le tarif desdits droits.

A Versailles, le 19 août 1710.

Nous ne donnons qu'un extrait de cette déclaration , en ce qu'elle traite du commerce des bois carrés.

Par notre édit du mois de novembre 1706 , nous avons créé en titre d'office des contrôleurs pour parapher les registres des banquiers, marchands et artisans en la ville de Paris, et par notre déclaration du 18 octobre 1707 , nous avons ordonné que les corps et communautés d'officiers, et ceux des marchands , banquiers , négociants et artisans à bourse commune seraient à l'avenir dans le pouvoir et faculté de tenir tels registres que bon leur semblerait, sans être obligés de les faire parapher par autres que par les syndics en charge de leur communauté, toutefois en nous payant les sommes pour lesquelles ils seraient compris dans les rôles qui seraient arrêtés en notre conseil ; mais ayant été informés que, pour éluder l'exécution de nos édit et déclaration , aucuns particuliers négociants, artisans et autres, dont les registres font foi en justice, prétendent s'exempter du paiement dont ils sont tenus, sous prétexte que n'ayant ni communauté, ni bourse commune, ni syndics, ils ne doivent pas être assujettis au paiement de la finance desdits droits, nous avons ordonné par une autre déclaration, du 3 décembre 1709, que lesdits négociants , marchands et autres, qui n'ont ni communauté , ni syndics , seront dispensés des droits du paraphe de leurs registres ; mais en conséquence de ce qui précède, il aurait été arrêté un rôle en notre conseil, le 30 avril 1709.

dans lequel les marchands de bois flottés, de Paris, ont été compris pour la somme de deux cent quarante mille livres ; les marchands de bois neuf, pour celle de soixante-seize mille livres, et les marchands de bois à bâtir et œuvrer, sciage et charronnage, à pareille somme de deux cent quarante mille livres, et plus les deux sous pour livre, avec attribution de gages au denier seize ; en vertu de ce rôle, Louis Liaser a fait des poursuites et diligences nécessaires pour le paiement desdites sommes ; par notre édit du mois d'août 1709, nous avons créé dans chacune des communautés de marchands des offices de maîtres jurés, ayant la garde de leurs archives, statuts, titres, etc. ; par autre déclaration, du 6 mai 1710, nous avons ordonné que tous les marchands qui ne sont pas en maîtrise et jurande y seront établis ; Jean-Jacques Clément demande à ces mêmes marchands de bois à brûler, à bâtir, bois de sciage et charronnage le paiement de pareille somme ci-dessus, *ce qui a donné lieu auxdits marchands de nous faire représenter qu'ils sont les uns et les autres dans l'impossibilité de nous payer des sommes si considérables, ni par répartition sur chacun d'eux, ce qui ruinerait entièrement leur commerce ;* mais que pour nous marquer leur zèle et pour se libérer, le moyen le plus sûr serait qu'il nous plût, ainsi qu'il s'est pratiqué en l'an 1692, et suivant notre déclaration du 29 janvier 1697, ordonner qu'à l'avenir, conjointement avec les marchands forains, il sera payé deux sols six deniers sur *chaque voie de bois à brûler, et quinze sols sur chaque voie de bois de sciage, charronnage, bois œuvrés, à bâtir et autres*, suivant le tarif qui en sera arrêté en notre conseil, lesquels droits ils consentent être à leur charge, pris sur eux et non sur l'acheteur, lesquelles offres nous ont paru raisonnables et avantageuses, et avons arrêté en notre conseil le tarif qui suit,

SAVOIR :

Bois de sciage, charronnage, à bâtir, œuvrer et autres.

Pour *une voie de bois de charpente, contenant treize pièces*, les huit voies faisant le cent de charpente, quinze sols, ci... **15 s.**

Pour une *voie* de bois de chêne, en planches et membrures, d'un pouce ou pouce et demi, contenant soixante-
dix toises, l'une portant l'autre, quinze sols, ci........ 15 s.

Pour une *voie* de bois de chêne jaune, non flotté, contenant cent quatre toises, quinze sols, ci.............. 15 s.

Pour une *voie* de bois de chêne, contenant cent quatre
toises, quinze sols, ci........................... 15 s.

Pour une *voie* de tout bois blanc, contenant cent quatre
toises, quinze sols, ci........................... 15 s.

Pour une *voie* de sapin, contenant soixante-dix-huit
planches de douze pieds chacune, quinze sols, ci....... 15 s.

Pour une *voie* de lattes, contenant cent quatre lattes,
quinze sols, ci................................. 15 s.

Pour une *voie* de lattes à ardoises, contenant cinquante-
deux bottes, quinze sols, ci..................... 15 s.

Pour une *voie* de gouttières, contenant cinquante-deux
toises, quinze sols, ci........................... 15 s.

Pour une *voie* de noyer en membrures, planches ou
poteau, contenant cent quatre morceaux, quinze sols,
ci. .... 15 s.

Pour la *voie* de bois de bateau, contenant soixante-dix
toises, quinze sols, ci........................... 15 s.

Fait et arrêté au conseil royal des finances, tenu à Marly,
le vingt-sixième jour d'août mil sept cent dix.

(Recueil Moreau, bois à bâtir, Bib. royale.)

NOTA. On remarquera de nouveau que ce tarif, quoique n'étant
applicable qu'aux bois carrés, est encore établi à *la voie*.

ÉDIT

de mai 1715 ,

Faisant don par forme d'octroi à la ville de Paris de tous les droits qui seront réservés ci-après, le produit devant en être versé en mains du receveur de ladite ville et portant suppression des offices créés depuis le 1ᵉʳ janvier 1689, sur les ports, quais et dans les chantiers, halles, foires et marchés de la ville, faubourgs et banlieue de Paris.

Suppression en entier de plusieurs droits, réduction des autres en faveur du public, qui seront réunis en un seul et même droit, et payés pour la commodité du commerce en un seul bureau, à commencer du 1ᵉʳ octobre suivant.

AVEC LE TARIF.

Donné à Marly au mois de mai 1715.

LOUIS, par la grâce de Dieu, roi de France et de Navarre, à tous présents et à venir, salut. Les dépenses considérables que nous avons été obligés de faire depuis l'année 1688, pour la solde et l'entretien d'un grand nombre de troupes pendant les deux dernières guerres, nous ont forcé d'avoir recours à différents moyens pour nous en procurer les fonds; l'affection que nous avons toujours eue pour nos sujets nous a fait souvent préférer l'aliénation des domaines de notre couronne et des créations de rentes sur les revenus de l'état, aux impositions qui leur auraient été à charge; mais comme, dans le cours de vingt-cinq années de guerres, les dépenses ont toujours augmenté, et que les aliénations et les créations de rentes ont diminué les revenus ordinaires, nous avons été obligés, pour trouver de nouveaux secours, de faire, en différents temps, des créations d'offices, auxquels nous avons attribué des gages et augmentations de gages, dont le fonds a été assigné sur nos fermes, recettes générales et autres revenus et auxquels nous avons aussi attribué différents droits, payables par nos sujets : et comme il a plu à Dieu de terminer une si longue guerre par la conclusion d'une paix aussi solide qu'avantageuse, nous croyons ne pouvoir mieux répondre à toutes les grâces que le ciel a visiblement répandues sur notre personne et sur notre état, qu'en déchargeant nos peuples des impositions que la durée de la guerre avait rendues nécessaires, à mesure que nous rétablirons dans les revenus et les dépenses de l'état, l'ordre et la proportion que les guerres ont interrompus, et qu'en supprimant les offices qui sont à la charge de nos sujets, et par préférence ceux auxquels il a été attribué des droits qu'ils paient journellement, parce que la vente de ces offices ayant été faite pour des finances modiques, il n'est pas juste que les titulaires continuent de jouir de revenus considérables aux dépens de nos autres sujets; et comme les offices créés sur les ports, quais de la ville de Paris, sont de cette nature, que d'ailleurs les *droits qui y sont attachés fatiguent également les marchands et les bourgeois par la multiplicité des bureaux, causent une augmentation de prix considérable sur les denrées nécessaires à la vie et sont très préjudiciables au commerce*, nous nous sommes déterminés à supprimer tous lesdits offices créés depuis 1688, ensemble la totalité des droits établis depuis ladite année 1688, sur les bleds-froments, seigles, farines et sur toutes sortes de fruits crus et cuits, légumes, herbages et autres espèces de denrées les plus nécessaires à la vie ; comme aussi plusieurs autres menus droits à charge au public, et même de supprimer, pour la facilité et commodité du commerce, les anciens et nouveaux droits établis sur les bateaux et sur les trains, brêles et éclusées de bois, et d'accorder aux bourgeois et habitants de notre bonne ville de Paris l'exemption entière de tous les nouveaux droits établis depuis ladite année 1688, sur les denrées provenant de leur crû ; nous aurions souhaité pouvoir en même temps supprimer en entier tous les autres droits attribués auxdits officiers, mais comme les dettes que nous avons contractées pendant les deux dernières guerres ne nous laissent aucun moyen de pourvoir au remboursement des propriétaires de ces offices et droits et de leurs créanciers, qu'en laissant subsister pour un temps une partie desdits droits, nous avons résolu d'en éteindre le quart et de réunir en un seul et même droit, par un nouveau tarif, les trois quarts que nous sommes obligés de laisser subsister pendant un certain nombre d'années, pour procurer aux propriétaires le remboursement des finances qu'ils nous ont payées et à l'effet d'assurer à leurs créanciers le paiement effectif des sommes qu'ils leur ont prêtées ; dans cette vue, nous nous sommes déterminés à faire don par forme d'octroi à temps, au corps de notre bonne ville de Paris, de tous lesdits droits réservés, et d'en faire remettre le produit entre les mains du rece- veur de ladite ville, pour être par lui employé annuellement au paiement des principaux et intérêts des finances payées par les ti- tulaires, ou des sommes dues à leurs créanciers suivant les liqui- dations qui en sont faites par les commissaires de notre conseil que nous nommerons à cet effet ; à ces causes et autres à ce nous mou- vans, de l'avis de notre conseil et de notre certaine science, pleine puissance et autorité royale, etc. ;

Nous avons par le présent édit perpétuel et irrévocable, éteint et supprimé tous les nouveaux offices qui en suivent, créés et établis par nos édits et déclarations, depuis le 1ᵉʳ janvier 1689, usques à présent, sur les ports, quais, chantiers, halles, foires et marchés de notre bonne ville, faubourgs et banlieue de Paris, pour l'exercice de la police sur les marchandises et denrées qui y sont amenées pour y être vendues, consommées, ou passées debout ;

SAVOIR :

Art. 1ᵉʳ.

Les commissaires, contrôleurs, jurés-mouleurs de bois ;

Les aydes-mouleurs ;

Les chargeurs de bois ;

Les contrôleurs des quantités ;

Les déchargeurs de bois neuf ;

Les commissaires, inspecteurs et contrôleurs aux empilements des bois ;

Les contrôleurs de la vente de toutes sortes de bois à brûler réunis ;

Les commissaires-jurés visiteurs, marqueurs, mesureurs, contrôleurs des bois à bâtir, œuvrés et à œuvrer, sciage et charronnage ;

Les contrôleurs-jurés planchéeurs, débacleurs, boueurs et commissaires au nettoiement des ports et quais, etc., etc.

TARIF

De réduction et modération des droits sur les bois carrés, à bâtir, à œuvrer, sciage et charronnage.

Nota. Nous nous abstenons de rapporter ce qui est étranger au commerce des bois carrés.

Pour chaque cent de bois de brin flotté, réduit et fourni, sera payé soixante-cinq livres douze sols, ci......... 65 l. 12 s.

Pour *chaque voie dudit bois de* brin flotté, entrant par terre, la *voie composée* de quatorze pièces réduites et fournies, sera payé dix livres cinq sols, ci........................... 10 l. 5 s.

Pour chaque cent de solives flottées, de toutes longueurs, réduites et fournies comme dessus, entrant par terre ou par eau, sera payé soixante livres quatre sols, ci.................... 60 l. 4 s.

Pour *chaque voie de solives* flottées, venant par terre, la voie composée comme celle de la solive non flottée, sera payé huit livres douze sols, ci... 8 l. 12 s.

Pour chaque cent de poteaux flottés, de toutes longueurs, réduits à trois toises pour pièce, fourni comme le bois de brin, sera payé quarante-quatre livres deux sols, ci.................... 44 l. 2 s.

Pour *chaque voie desdits* poteaux flottés, entrant par terre, composée de quarante-deux toises fournies, à trois toises pour pièce, sera payé six livres neuf sols, ci.............................. 6 l. 9 s.

Pour chaque cent de chevrons et membrures flottés, de toutes longueurs, réduits à la pièce, savoir à quatre toises de membrures pour pièce, à quatre toises et demie de chevron de quatre pouces de gros, et à six toises pour chevrons de trois à quatre pouces de gros, fourni comme dessus, sera payé quarante-quatre livres deux sols, ci............ 44 l. 2 s.

Pour *chaque voie de membrures et chevrons* flottés, arrivant par terre, la voie composée de cinquante-six toises de membrures, soixante-trois toises de chevrons de trois à quatre pouces de gros, sera payé six livres neuf sols, ci..................... 6 l. 9 s.

Pour chaque cent de toises, réduites et fournies, de quatre au cent de sciage en planches flottées de douze pieds de long, d'un pouce d'épaisseur, sera payé quatorze livres, ci.................... 14 l. »

Pour chaque cent de toises, réduites et fournies comme dessus, de planches de neuf pieds de long, d'un pouce d'épaisseur, sera payé douze livres deux sols, ci.............................. 12 l. 2 s.

Pour *chaque voie de planches* de chêne flottées entrant par terre, composée de soixante-huit toises d'un pouce d'épaisseur, et les autres longueurs et épaisseurs à proportion, sera payé six livres un sol, ci.............................. 6 l. 1 s.

Pour *chaque voie de bois* de chêne, hêtre, sapin et bois blanc non flottés, entrant tant par terre que par eau, en planches, membrures, poteaux, dosses, et chevrons, la dosse et le chevron réduits à neuf pieds pour toise, et la voie composée de cent quatre toises, sera payé dix livres sept sols, ci. 10 l. 7 s.

Pour chaque cent de toises d'étaux de hêtres, réduits et fournis, de quatre au cent sans diminution
des dosses sera payé quatre-vingt-seize livres six
sols, ci.................................... 96 l. 6 s

Pour *chaque voie d'étaux* de hêtres, entrant tant
par terre que par eau, la voie composée de dix toises d'étaux, sera payée dix livres, ci......... 10 l. »

Pour chaque cent de toises de planches voliges
flottées, réduit et fourni comme dessus, sera payé
deux livres quatoze sols, ci.................. 2 l. 14 s.

Pour *chaque voie de planches* voliges non flottées,
entrant par terre et par eau, la voie composée de
trois cents, réduits et fournis, sera payé dix livres
sept sols, ci.............................. 10 l. 7 s.

Et pour toutes les autres espèces non comprises ou omises dans
ce présent tarif, les droits en seront payés à proportion de leurs
qualités, grosseurs et longueurs.

(Recueil Moreau, bois à bâtir, Bib. royale.)

DÉCLARATION DU ROI,

**Portant modération des droits sur divers bois à bâtir et
création de droits sur le déchirage des bateaux,
défense de faire entrer des bois *défectueux dans
Paris sous peine de confiscation*.**

6 *août* 1715.

Nous avons, par notre édit du mois de mai dernier, supprimé
un nombre considérable d'offices, créés depuis le 1ᵉʳ janvier 1689,
sur les ports, quais, chantiers de notre ville de Paris; et nous
avons réduit en faveur du public tous les autres droits que nous
étions obligés de conserver. L'applaudissement universel avec lequel cet édit a été reçu du public nous avait fait penser qu'il n'y

avait été omis aucunes des choses qui pouvaient convenir à l'accomplissement de nos intentions pour le soulagement de nos sujets; mais nous avons depuis reconnu que, parmi les droits dont le tarif est composé, il y en avait quelques uns qui pouvaient encore être modérés, et d'autres qui n'étaient pas en proportion avec la valeur des marchandises, *et que les droits de déchirage des bateaux étaient nécessaires* pour empêcher qu'il n'en soit déchiré que des mauvais, afin que les bons soient conservés pour la navigation.

Nous avons, par ces présentes, dit, déclaré et ordonné ce qui suit : Voulons que le droit de dix livres dix sous, *par voie de bois de brin, de bois à bâtir non flotté entrant par terre (la voie composée de quatorze pièces réduites et fournies)*, demeure réduit à dix livres... **10 liv.**

Celui de soixante-cinq livres dix sous pour le cent de bois de brin flotté, réduit et fourni comme le non flotté, à... **60**

Et celui de dix livres cinq sous pour *la voie dudit bois de brin flotté*, entrant par terre, *composée comme dessus de quatorze pièces*, réduit à sept livres dix sous, et pour le surplus des autres espèces de bois carrés à bâtir, œuvrés et à œuvrer, sciage et charronnage, qui arriveront, tant par terre que par eau, les droits en seront payés suivant et conformément audit nouveau tarif.

DÉFENDONS très expressément à tous marchands de bois carrés à bâtir, à œuvrer, sciage et charronnage, tant de Paris que forains et autres, D'Y EN AMENER DE MAUVAIS ET DÉFECTUEUX, A PEINE DE CONFISCATION : voulons qu'il ne leur soit fait aucune déduction desdits droits, sous prétexte de la mauvaise qualité de ceux qu'ils amèneront ; et qu'au surplus pour la régie et perception desdits droits, les articles du titre des droits sur le bois dans Paris, de notre ordonnance du mois de juin 1680, soient exécutés selon leur forme et teneur, de la même manière que si lesdits droits étaient encore en nos mains.

(Recueil Moreau, bois à bâtir, Bib. royale.)

ORDONNANCE DU BUREAU DE LA VILLE,

Concernant le déchargement des bois carrés dans l'île Louviers.

21 août 1715.

Sur ce qui nous a été remontré par le procureur du roi et de la ville, que, quoique par les ordonnances et règlements, les ports de cette ville aient été marqués pour chaque marchandise pour la provision de cette ville, afin d'éviter le désordre et la confusion, que l'île Louviers ait été destinée pour faire arriver les marchandises de bois de sciage, charronnage et d'ouvrages, et que, par notre jugement des 25 mai 1703 et 12 septembre 1709, il ait été fait défenses à tous marchands de bois de les faire arriver et décharger ailleurs que dans ladite île, à peine de cinquante livres d'amende ; néanmoins, il a eu avis que desdits bois sont amenés sur les autres ports, et que même les marchands de foin qui ont leurs places marquées dans ladite île font descendre lesdites marchandises dans le port Saint-Paul, ce qui embarrasse ledit port et est contraire aux ordonnances et règlements, pourquoi requérait qu'il nous plût y pouvoir. Ayant égard auxdites remontrances et réquisitoire du procureur du roi et de la ville, nous avons ordonné que les règlements et ordonnances pour la décharge des marchandises dans les ports de cette ville seront exécutés selon leur forme et teneur ; et suivant icelles fait défenses à tous marchands de bois de sciage, charronnage et d'ouvrages de faire arriver et décharger leurs dites marchandises pour ladite provision ailleurs que dans ladite île, à peine de cinquante livres d'amende pour chaque contravention.

Fait au bureau de la ville, le 21 août 1715.

Signé BIGNON.

(Archives du royaume, registres du bureau de la ville, section administrative.)

TARIF

Arrêté par messieurs les prévost des marchands et échevins de la ville de Paris,

20 *décembre* 1715,

Des droits acquis par Adrien Masse, sur les marchands de bois à brûler et bois à bâtir, sciage et charronnage, œuvrés et à œuvrer, et autres, par terre et par eau, suivant la déclaration du roi du 13 août 1710 et tarif du conseil du 26 dudit mois.

Pour chaque voie de bois neuf à brûler, deux sous six deniers, réduits à...................... » l. 1 s. 6 d.

Pour chaque voie de bois flotté, deux sous six deniers, réduits à.................... » l. 1 s. 6 d.

Pour chaque voie dudit bois de sciage, charronnage, à bâtir, œuvré, à œuvrer et autres, quinze sous, réduits à.................... » l. **11** s. 3 d.

Fait au bureau de la ville, le 20 décembre 1715.

Signé TAITBOUT.

NOTA. On remarquera que les droits sont encore fixés par chaque *voie de bois*, soit à brûler, soit de bois de sciage, bois à bâtir, charronnage, etc., et que la désignation de *voie de bois* s'applique indistinctement aux deux marchandises, bois à brûler et bois à bâtir.

(Recueil Moreau, bois à bâtir, Bib. royale.)

ORDONNANCE DU BUREAU DE LA VILLE,

Concernant le tirage d'office des bois de charpente hors de la rivière.

30 *janvier* 1716.

Sur ce qui nous a été remontré, par le procureur du roi et de la ville, qu'il y a plusieurs brelles et trains de bois de charpente et de sciage, dans les ports et rivières au-dessus de cette ville, lesquels étant emportés par les glaces dans les ports et ponts de cette ville, y causeraient des désordres considérables et pourraient renverser lesdits ponts; pourquoi requérait qu'il nous plût y pourvoir, ayant égard auxdites remontrances et réquisitoire du procureur du roi et de la ville, nous avons ordonné que les propriétaires desdits bois de charpente, sciage et charronnage qui sont dans les ports et rivières au-dessus de cette ville, seront tenus de les faire incessamment tirer hors desdits ports et rivières, et conduire dans des lieux surs pour ne pouvoir être enlevés par des grosses eaux et les glaces, et jetés dans les ports et ponts de cette ville, sinon et à faute de ce faire d'ici le 2 février prochain, que le 3 du même mois il y sera mis ouvriers, à la diligence des officiers-garde-bateaux que nous commettons à cet effet, et aux frais et dépens de la chose; pourquoi leur sera délivré exécutoire, contre qui il appartiendra; ordonné en outre que tous les marchands de bois pour la provision de cette ville, tant flotté que de charpente, sciage et charronnage, *seront tenus de faire tirer hors del'eau leurs marchandises de bois, dans la quinzaine du jour de leur arrivée dans les ports de cette ville*, et cependant de les fermer avec bonnes et suffisantes cordes, et les pieux enfoncés quatre pieds dans terre, à peine de cent livres d'amende pour chaque contravention.

(Archives du royaume, registres du bureau de la ville, section administrative.)

SENTENCE

Qui ordonne que les syndics de la communauté des officiers contrôleurs de bois carrés, seront autorisés à ne lever le droit sur les bois de sapin d'Auvergne, déchargés annuellement en l'île Louviers, *qu'à la sortie*, attendu que ces quantités de sapin d'Auvergne, étant considérables *et les bois fort tendres*, les empreintes des marques et marteaux desdits contrôleurs apposés à l'arrivée des bois disparaissent et les marchands profitent de cette circonstance pour éluder les droits, protestant que ces bois ont déjà payé le droit, et ont perdu l'empreinte du marteau, ce qui est contraire à la vérité.

Du 3 mai 1718.

(Archives du royaume, section judiciaire.)

LETTRES-PATENTES,

Au profit des contrôleurs de bois carrés, enregistrées au bureau de la ville,

le 28 *février* 1719,

Pour leur faciliter la levée des droits sur tous les bois œuvrés et à œuvrer, qui se déchargent dans l'île Louviers, et obvier aux contestations qui naissent entre lesdits officiers et les marchands, pour raison de ladite perception, leur permet de les percevoir *seulement à la sortie* de ladite île Louviers, au fur et à mesure de la vente et enlèvement des bois, conformément à la sentence du bureau de la ville du 3 mai dernier, qui sera exécutée pour tous les bois à œuvrer généralement qui se débitent dans ladite île, sans aucune exception.

Fait au bureau de la ville, le 28 février 1719.

Signé : Trudaine, Masson, etc.

(Archives du royaume, registres du bureau de la ville, section administrative.)

ORDONNANCE DU BUREAU DE LA VILLE,

Concernant la police des ports et quais de ladite ville, et donnant aux marchands *la liberté de faire la décharge et enlèvement de leurs marchandises, comme de choisir telles personnes qu'ils voudront pour faire lesdits travaux*; fait défense à tous gagne-deniers de travailler à la décharge desdites marchandises, s'ils n'en sont requis par les marchands, à peine d'un mois de prison pour la première contravention et d'être chassés pour toujours desdits ports en cas de récidive.

15 *janvier* 1720.

(Recueil Moreau, bois à bâtir, Bib. royale.)

ORDONNANCE DU BUREAU DE LA VILLE,

Concernant le chargement des bois de sciage sur les ports de l'Ourcq, comme nécessaires à l'approvisionnement de Paris.

10 mai 1720.

Sur ce qui nous a été remontré, par le procureur du roi et de la ville, qu'à cause de la disette de bois à brûler pour la provision de cette ville, sur les parties d'icelle, le 12 mars dernier, nous avions fait défense aux gardes des ports de la rivière d'Ourcq, de laisser charger des sciages sur les bateaux pour ladite provision, jusqu'à ce qu'il en soit autrement ordonné, tant qu'il y avait du bois à brûler sur lesdits ports propres à charger pour ladite provision, à peine de cent livres d'amende pour chacune contravention : mais que ayant présentement des bois à brûler sur les ports de cette ville, *et les bois de sciage étant nécessaires pour la provision de cette dite ville*, requérait ledit procureur du roi et de la ville qu'il nous plût y pourvoir. Ayant égard auxdites remontrances et réquisitoire du procureur du roi et de la ville, nous avons levé les défenses portées par notre ordonnance du 12 mars dernier, et en conséquence permis aux gardes des ports de ladite rivière d'Ourcq de laisser charger les marchandises de bois de sciage concurremment avec le bois à brûler pour la provision de cette ville jusqu'à ce qu'il en soit autrement ordonné ; ce qui sera exécuté, nonobstant oppositions ou appellations quelconques et sans préjudice d'icelles.

Fait au bureau de la ville, le 10 mai 1720, et ont signé : TRUDAINE, de ROSNEL, BALLIN, SAUTREAU et BELISSON.

(Archives du royaume, registres du bureau de la ville, section administrative.)

LETTRES-PATENTES,

Portant don et cession, à messieurs du bureau de la ville, de l'île des Cignes, pour être affectée au déchirage des bateaux et au déchargement des bois à œuvrer et bois à brûler, arrivant des provinces de Normandie et Picardie.

21 mars 1721.

LOUIS, par la grâce de Dieu, roi de France et de Navarre, à tous salut; sur ce qui nous a été représenté qu'il convenait au bien de notre service et à l'avantage des bourgeois et habitants de notre bonne ville de Paris, de transférer au-dessous de l'hôtel royal des Invalides, au-delà de ses avenues, dans le terrain appelé le Gros-Caillou, des chantiers de bois qui sont à la Grenouillère, partie desquels ont déjà été pris pour la construction de plusieurs hôtels convenables à l'aspect de notre palais, et de notre jardin des Tuileries que, pour la décoration du quartier de Saint-Germain-des-Prés, et la commodité et sûreté du public, il n'était par moins nécessaire de destiner un lieu pour la décharge des bateaux, pour le commerce des bois qui en proviennent, et pour celui des bois à œuvrer et à brûler qui arrivent du côté de nos provinces de Normandie et Picardie, et qu'il n'y avait point de lieu qui paraisse plus propre pour ce commerce que l'île des Cygnes, située vis-à-vis le Gros-Caillou, qui nous appartient; s'il nous plaisait de faire don à notre ville, et l'autoriser pour faire les acquisitions et les travaux pour l'exécution de ce dessein, duquel nous avons fait dresser un plan; et voulant en accélérer l'exécution, et continuer de donner à notre bonne ville de Paris des marques de notre affection et de notre attention à ce qui peut être de son avantage : à ces causes, de l'avis de notre très cher et très amé oncle le duc d'Orléans, petit-fils de France, régent; de notre très cher et très amé oncle le duc de Chartres, premier prince de notre sang; de notre très cher et très amé cousin, le duc de Bourbon, de notre très cher et très amé cousin le comte de Charollais, de notre cher et très amé cousin le prince de Conty, princes de notre sang; de notre très cher et très amé oncle le comte Toulouse, prince légitime, et autres pairs de France, grands et notables du royaume, nous avons cédé et abandonné, et par ces présentes, signées de notre main, cédons et abandonnons, même faisons tout don et délaissement à nos chers et bien amés les prévost des marchands et échevins de notre bonne ville de Paris, de l'île des Cygnes qui nous appartient, *pour être à l'avenir destinée aux déchireurs de bateaux et à leur commerce* qui se fait le long de la rivière, *comme aussi pour servir de dépôt, vente et port public pour les bois à brûler et à œuvrer que les marchands forains font arriver du côté d'aval*, et où les prévost des marchands et échevins leur marqueront des places.

Fait à Paris en parlement, le 21 mars 1721.

Signé GILBERT.

(Archives du royaume, registres du bureau de la ville, section administrative.)

ORDONNANCE DU BUREAU DE LA VILLE,

Portant défense aux mariniers de disposer en route et en cours de navigation, des équipages qui servent à la confection et solidité des trains.

24 mars 1721.

Nous avons ordonné qu'en payant par les marchands de bois pour la provision de cette ville aux marchands faiseurs de flottages sur les ports, jusqu'à ce qu'il en soit autrement ordonné, la somme de quatre-vingt-douze livres pour la façon de chaque train, lesdits marchands faiseurs de flottages seront tenus de faire travailler incessamment à la construction desdits trains, suivant l'usage ordinaire, d'y employer des *étoffes de bonne qualité, tant rouettes et chantiers* que perches d'avalants, garnies de bouts de fer et bons clous, en assez grande quantité pour les rendre solides et les conduire en cette ville, même de fournir les futailles nécessaires pour mettre dans les devants desdits trains ; et aux compagnons *emportant les paquets de rouettes ordinaires et nécessaires pour raccommoder en route lesdits trains, de les faire arriver en cette ville, à peine de mille livres d'amende pour chaque contravention,* et faisons défense aux ouvriers travaillants à la c onstruction desdits trains de quitter et d'abandonner l'ouvrage et les ports, à peine d'un mois de prison pour la première fois, et d'être poursuivis extraordinairement.

Fait au bureau de la ville, le 24 mars **1721**.

Signé : CHATEAUNEUF, SAUTREAU, BELICHON, DENIS et C.-L. CHAMIN.

(Archives du royaume, registres du bureau de la ville, section administrative.)

PERMISSION DONNÉE PAR LE BUREAU DE LA VILLE,

Pour faire descendre à Rouen des bois de charpente, qui étaient destinés pour l'approvisionnement de Paris.

20 *juillet* **1722.**

Vu au bureau de la ville, la lettre de M. de Gasville , intendant à Rouen, en date du 16 du présent mois de juillet, à ce qu'il soit permis de faire descendre les bois de charpente nécessaires pour les réparations de l'hôtel de M. le premier président de Rouen, l'état des bois que le sieur Labrie, charpentier à Rouen, a achetés pour cet effet du sieur Bouillon, marchand de bois, provenants de Saint-Dizier, annexé à la minute des présentes , consistant en soixante solives de vingt-un pieds de longueur et de neuf à dix pouces de grosseur, deux cents pieds de plates-formes et un millier tant de menus que gros bois carrés de charpente, voiturés par le nommé Le Cocq, marinier ;

Nous permettons audit Le Cocq de faire descendre et passer sous les ponts de cette ville les bois de charpente ci-dessus énoncés, pour les conduire à Rouen et être employés aux réparations dudit hôtel, et enjoignons aux maîtres des ponts tant de cette ville qu'autres de laisser passer et faire passer librement lesdits bois sans leur donner aucun empêchement, et leur faisant néanmoins aparoir de l'acquit des droits dus pour le passage desdits bois en cette ville.

Fait au bureau de la ville, le 20 juillet 1722.

Signé : CHATEAUNEUF, DENIS, C.-L. CHAMIN,
ROUSSEL ET SAUTREAU.

(Archives du royaume, registres du bureau
de la ville, section administrative.)

ARRÊT DE LA COUR DE PARLEMENT,

Contre François Villiot, marchand de bois, qui confirme la sentence du bureau de la ville qui le condamne à payer les droits des maîtres des ponts, vingt livres de dommages et intérêts, en l'amende et aux dépens, pour avoir fait passer une toue chargée de bois, à heure induë, sans le ministère desdits maîtres des ponts.

19 *novembre* 1722.

(Recueil Moreau, bois à bâtir, Bib. royale.)

NOMINATION PAR LE BUREAU DE LA VILLE,

D'experts pour mesurer des bois de charpente, suivant les traités faits avec le roi, aux us et coutumes de Paris.

30 *mai* 1723.

Sur ce qui nous a été remontré par le procureur du roi et de la ville que Sa Majesté ayant passé deux traités pour des fournitures de bois de charpente, dont le mesurage doit être fait suivant les us et coutumes de Paris, il est nécessaire, pour la réception desdits bois, d'avoir un certificat desdits us et coutumes ; pourquoi requérait qu'il nous plût nommer deux experts pour donner leur rapport et avis desdits us et coutumes, et si l'usage à Paris est de

diminuer sur la quantité des bois les flaches, les culées qui sont
roulées et gelivées, et les bouts des pièces qui ne sont pas équarries
à proportion de la culée; pour ledit rapport et avis vus, être ordonné ce que de raison : ayant égard aux remontrances et réquisitoire du procureur du roi et de la ville, nous avons nommé et
nommons par ces présentes les sieurs Hosne, syndic, et Fourier,
adjoint, pour dresser leur rapport et avis des us et coutumes de la
ville de Paris, pour le mesurage des bois de charpente, et si lesdits us et coutumes sont de diminuer sur la quantité des bois, les
flaches, les culées qui sont roulées et gelivées, et les bouts des
pièces qui ne sont pas équarries à proportion de la culée, pour
lesdits rapport et avis vus, soit ordonné ce que de raison.

Fait au bureau de la ville, le 30 mai 1723.

Signé : ROUSSEL, DUQUENOY et SAUVAGE.

(Archives du royaume, registres du bureau
de la ville, section administrative.)

NOTA. Nous désirions vivement trouver l'avis qui a dû être donné
par les experts sus-énoncés, mais toutes nos recherches ont été infruc-
tueuses.

ARRÊT DU CONSEIL D'ÉTAT DU ROI,

Portant confiscation et condamnation d'amende contre François
Villiot, marchand de bois carré, qui avait enlevé frauduleusement
des bois de sciage de l'île Louviers sans avoir acquitté les droits;
et fait défense à tous marchands d'enlever aucuns bois de l'île
Louviers qu'après en avoir fait une juste déclaration, payé les
droits et pris quittance au bureau du port Saint-Paul, à peine de
confiscation et de pareille amende.

Du 21 mars 1724.

(Recueil Moreau, bois à bâtir, Bib. royale.)

NOTA. De pareilles fraudes ne se représentent plus aujourd'hui;
d'abord parce que le commerce des bois carrés se respecte trop pour

vouloir troubler par des infractions coupables la bonne harmonie qui règne entre l'administration de l'octroi et la compagnie des marchands de bois carrés; parce qu'il sait aussi qu'une charge, supportée par chacun, n'est une charge pour personne; enfin parce que, tout en apportant les plus grands égards dans la perception des droits, l'administration de l'octroi s'entoure de moyens tels que toute fraude est devenue impossible.

ARRÊT DU CONSEIL D'ÉTAT,

Qui condamne à 200 fr. d'amende les sieurs Gournay, marchands de bois carrés à Paris, pour avoir voulu éluder les droits que doivent lesdits bois, quand ils sont entrés dans la banlieue de Paris, et ordonne la confiscation des marchandises,

Et fait défense expressément, Sa Majesté, à tous marchands de bois carré à bâtir, à œuvrer, sciage et charronnage, et autres qui en feront entrer dans la banlieue de Paris, sans les amener jusque dans les ports et chantiers de ladite ville, de les en faire sortir sans en avoir fait déclaration et payé les droits, aux peines ci-devant ordonnées de confiscation et d'amende.

Du 13 juin 1724,

(Recueil Moreau, bois à bâtir, Bib. royale.)

SENTENCE DU BUREAU DE LA VILLE,

Pour faciliter le passage des trains sur la rivière d'Aube à la vanne du moulin d'Anglure, dite Belle-Assise, ordonne les travaux nécessaires pour réparer ce passage, devenu difficile par suite de la négligence apportée par les propriétaires dans l'entretien et réparation de ladite vanne.

Du 27 juin 1724.

(Archives du royaume, section judiciaire.)

ARRÊT DU CONSEIL D'ÉTAT DU ROI,

Qui ordonne que l'art. 1ᵉʳ du titre sur les bois dans Paris, de l'ordonnance de 1680, sera exécuté selon sa forme et teneur, et en conséquence ordonne que le nommé Fromenteau, adjudicataire *des bâtiments de la Monnaie de la ville* de Tours, sera contraint au paiement des droits sur tous les bois carrés et à bâtir qu'il fera entrer tant pour la construction desdits bâtiments que pour tous autres ouvrages publics.

Du 14 novembre 1724.

(Recueil Moreau, bois à bâtir, Bib. royale.)

ORDONNANCE DU BUREAU DE LA VILLE,

Portant règlement pour le déchirage des bateaux dans l'île des Cignes.

Sur ce qui nous a été remontré par le procureur du roi et de la ville, *que le déchirage des bateaux* sur les bords de la rivière, le long des ports de cette ville, *ayant toujours beaucoup incommodé le commerce des autres marchandises sur lesdits ports*, et les recoupes qui restent dudit déchirage causent des attérissements si considérables dans le lit de la rivière que la navigation en souffre beaucoup ;

Nous avons ordonné qu'aucun bateau ne pourra à l'avenir être déchiré ailleurs qu'à l'île des Cignes, à peine de confiscation.

15 janvier 1725.

(Archives du royaume, registres du bureau de la ville, section administrative.)

SENTENCE DU BUREAU DE LA VILLE,

Qui autorise le sieur Gayot, marchand de bois, trafiquant pour la provision de Paris, à faire perquisition et recherche de ses bois carrés, charpente, sciage, chevrons, etc., entraînés par la rapidité et force des eaux sur les ports de Barbinche, Digoin et Bessay, et sans indemnités pour les propriétaires d'héritages pour les dégâts occasionnés, attendu que c'est par force majeure que lesdites marchandises ont été entraînées.

Du 26 juin 1725.

(Archives du royaume, section judiciaire.)

ORDONNANCE DU BUREAU DE LA VILLE,

Portant règlement contre les gagne-deniers des carrières de Charenton.

Nous ordonnons que les propriétaires, leurs commissionnaires et les voituriers des marchands arrivant par eau au port des carrières de Charenton seront maintenus dans la liberté, et par eux, leurs domestiques ou telles autres personnes que bon leur semblera employer, faire ou faire la décharge desdites marchandises; faisons défenses auxdits habitants dudit lieu des carrières de Charenton et autres de s'immiscer à ladite décharge, s'ils n'en sont requis par lesdits propriétaires, leurs commissionnaires ou voituriers, comme aussi de les injurier, menacer ou maltraiter, le tout à peine de punition corporelle, même pour la première fois.

Fait et donné au bureau de la ville, le 13 janvier 1727.

Signé : LAMBERT, MAHEU, SAUVAGE, BOULDUC et SCORPS.

(Archives du royaume, registres du bureau de la ville, section administrative.)

ORDONNANCE DU BUREAU DE LA VILLE,

Portant défense à ceux qui se baignent, de tirer des bois des trains qui sont garés sur les ports.

Nous, ayant égard audit réquisitoire du procureur du roi et de la ville et après l'avoir ouï en ses conclusions, disons que les ordonnances et règlements seront exécutés selon leur forme et teneur, et suivant ICEUX FAISONS DÉFENSES A TOUTES PERSONNES QUI SE BAIGNERONT DANS L'ÉTENDUE DES DITS PORT ET QUAIS DE CETTE VILLE, DE TIRER AUCUNS BOIS DES TRAINS QUI Y SONT GARÉS, même d'en approcher sous quelque prétexte que ce soit.

Fait au bureau de la ville, le 12 mai 1727.

Signé : LAMBERT, HUHEU, etc.

(Archives du royaume, registres du bureau de la ville, section administrative.)

SENTENCE DU BUREAU DE LA VILLE,

Pour faciliter l'arrivée à port et la navigation sur les rivières d'Aire et d'Aisne, pour amener à Pontavers des bois à brûler et d'ouvrages, par le canal de Bierne, lesquels bois proviennent des forêts de Beaulieu en Argonne et sont destinés pour Paris.

15 octobre 1727.

(Archives du royaume, section judiciaire.)

ARRÊT DU CONSEIL D'ÉTAT DU ROI,

18 novembre 1727,

Qui fait défenses à tous marchands, voituriers et autres, faisant venir dans la banlieue de Paris des bois à œuvrer, sciage, charronnage, et à bâtir, de les décharger en passe-debout, sans auparavant en avoir fait déclaration aux bureaux de Jean Laumier, et y avoir payé les droits portés par les règlements et tarif des mois de juin 1680, 6 août 1715, 22 mars et 15 mai 1722 et 13 juin 1724, sous peine de confiscation desdits bois, ensemble des voitures et chevaux, et d'une amende solidaire de deux cents livres.

Leur enjoint, sous les mêmes peines, de faire leurs déclarations et payer les droits pour tous les bois qu'ils ont actuellement dans ladite banlieue, permet audit Laumier et à ses commis d'en faire inventaire, les visiter, contrôler et marquer du marteau de la ferme; et défend auxdits marchands et voituriers de les enlever et passer debout, sans y avoir satisfait, et ce sous aucun prétexte, même sous celui que la destination serait pour les dehors de ladite banlieue, etc.

Du 18 *novembre* 1727.

(Recueil Moreau, bois à bâtir, Bib. royale.)

ORDONNANCE DU BUREAU DE LA VILLE,

Qui défend aux marchands de bois de faire descendre au devant de leurs chantiers *plus de quatre trains à la fois.*

Fait au bureau de la ville, le 3 mai 1728; signé : LAMBERT, SAUVAGE, LEGRAS et MAULTROT.

(Archives du royaume, registres du bureau de la ville, section administrative.)

ORDONNANCE DU BUREAU DE LA VILLE,

Concernant le déchirage des bateaux et le placement des bois en provenant.

Nous avons ordonné que dans le jour tous les bois de déchirage de bateaux qui sont sur la berge dudit quai d'Orsay et la Grenouillière appartenant aux parties d'Horville, seront par elles ôtés, et ceux appartenant à d'autres particuliers seront aussi par eux ôtés, et mis en lieux non nuisibles à la navigation et au tirage des trains; sinon seront ôtés à la diligence de l'huissier de Quilbec , aux frais et dépens des propriétaires d'iceux, contre lesquels sera délivré exécutoire; leur faisons défenses de déchirer et empiler aucuns débris de bateaux que dans les endroits qui leur seront par nous indiqués par écrit.

Fait au bureau de la ville et prononcé par nous, prévost des marchands, le 4 mai 1728.

Signé : TAITBOUT.

(Archives du royaume, registres du bureau de la ville, section administrative.)

ORDONNANCE DU BUREAU DE LA VILLE,

Concernant les marchandises de bois d'ouvrages pour la provision de cette ville, et portant défense aux menuisiers et charpentiers, de laisser séjourner sur les berges les bois qu'ils achètent en l'île Louviers.

Du 12 octobre 1728.

A tous ceux qui ces présentes lettres verront : Nicolas Lambert, chevalier, conseiller du roi en ses conseils, président au parlement et en la seconde chambre des requêtes du palais, prévost des marchands, et les échevins de la ville de Paris, salut, savoir faisons, savoir : que sur ce qui nous a été remontré par le procureur du roi et de la ville, que plusieurs menuisiers, charpentiers et autres artisans, lesquels pour leur commerce, achetant des bois d'ouvrages dans l'île Louviers, négligent de les enlever; que ces bois occupent des places dont les marchands forains de ces marchandises, pour la provision de cette ville, ont besoin pour le placement de celles qu'ils y amènent; que la fixation de la hauteur des piles de ces marchandises , qui doivent rester exposées en vente dans ladite île , comme aussi des routes et sentiers nécessaires pour

le passage des voitures et ouvriers qui les y transportent, ou qui
les en sortent, semblerait nécessaire pour le bien du commerce;
pourquoi requérait ledit procureur du roi et de la ville qu'il nous
plût y pourvoir.

Nous, ayant égard au requisitoire du procureur du roi et de la
ville, et après l'avoir ouï en ses conclusions, disons que les ordonnances et règlements seront exécutés selon leur forme et teneur; ce faisant enjoignons à tous maîtres menuisiers, charpentiers
et autres artisans et ouvriers qui auront acheté des bois dans l'île
Louviers, de les enlever dans les trois jours, à peine de cent livres
d'amende pour la première fois, et d'y être mis des ouvriers à
leurs frais et dépens et desdites marchandises, et de confiscation
en cas de récidive; et pour prévenir les intelligences qu'il pourrait y avoir entre les marchands vendeurs et lesdits menuisiers,
charpentiers et autres, en sorte que les véritables propriétaires
desdites marchandises puissent être connus, seront tenus lesdits
propriétaires, toutes fois et quantes ils en seront requis, de nous
représenter les lettres de voiture passées en bonne forme et pardevant notaires, les lettres des canaux par lesquels lesdites marchandises auront passé, et les acquits des droits de domaines et
barrages qu'ils auront payés, le tout en leurs noms. Disons en outre que lesdites marchandises seront empilées, savoir : les planches et membrures de douze pieds de hauteur, et les chevrons,
poteaux et solives de neuf pieds aussi de hauteur; ordonnons que
les routes et sentiers marqués sur la place, joint à la minute des
présentes, et paraphé de nous et du procureur du roi et de la ville,
seront laissés libres; savoir, lesdites routes de seize pieds de largeur, et lesdits sentiers de cinq pieds aussi de largeur, à peine de
cent livres d'amende contre les propriétaires desdites marchandises,
lesquelles seront, en outre, ôtées à leurs frais et dépens, et seront
lesdits propriétaires desdites marchandises tenus sur les mêmes
peines, de ranger celles qui se trouveront excéder, lors de la publication des présentes; et à l'égard des maîtres menuisiers, charpentiers et autres artisans et ouvriers, qui ont actuellement des
bois dans ladite île, leur enjoignons très expressément de les enlever dans trois semaines du jour de la publication desdites présentes,

à peine d'être lesdits bois ôtés à leurs frais et dépens, ainsi que lesdites marchandises, et de trois cents livres d'amende ; à l'effet de quoi sera dressé procès-verbal des noms des propriétaires desdits bois, pour connaître les contrevenants.

Mandons aux huissiers-commissaires de police de l'Hôtel de cette Ville, de tenir la main à l'exécution des présentes, de dresser des procès-verbaux des contraventions qui y seront commises, et de les remettre dans le jour ès-mains du procureur du roi et de la ville ; seront pareillement toutes personnes reçues à dénoncer les contrevenants, et leur sera adjugée la moitié des amendes et confiscations, dans le cas où elles seront prononcées ; et seront ces présentes lues, publiées et affichées partout où besoin sera, et exécutées nonobstant oppositions ou appellations quelconques et sans préjudice d'icelles. Ce fut fait et donné au bureau de la ville, le 12 octobre 1724.

Signé : TAITBOUT.

(Recueil Moreau, bois à bâtir, Bib. royale.)

ORDONNANCE DU BUREAU DE LA VILLE,

Qui défend aux voituriers par eau et compagnons de rivière, *de porter aucuns bois chez les cabaretiers et hôteliers, soit pour leur nourriture ou sous quelqu'autre prétexte que ce puisse être ;* fait défense à tous cabaretiers et hôteliers situés le long de la rivière, de recevoir desdits voituriers ou compagnons aucuns bois, à peine de 500 liv. de dommages et intérêts, et de 300 liv. d'amende et même d'interdiction de leur commerce en cas de récidive, et que la sentence qui interviendrait serait lue, publiée et affichée partout où besoin serait, et dans les lieux et endroits étant le long de la rivière.

28 *mars* 1730.

Signé TURGOT.

(Archives du royaume, registres du bureau de la ville, section administrative.)

SENTENCE DU BUREAU DE LA VILLE,

Qui condamne Pierre Vaultier, marchand de bois à Paris, en cent livres d'amende, pour avoir acheté des bois de charpente en *regrat*, avec défenses de récidiver, sous plus grandes peines, même d'interdiction du commerce.

10 *juin* 1730.

(Recueil Moreau, bois à bâtir, Bib. royale.)

ÉDIT

Juin 1730,

Portant rétablissement de charges et offices sur les ports, quais, chantiers, savoir : cent vingt commissaires-jurés visiteurs, marqueurs, mesureurs, contrôleurs des bois carrés, à bâtir, à œuvrer, sciage et charronnage ; vingt inspecteurs, contrôleurs de déchirage de bateaux, etc.

Suit le tarif des droits attribués auxdits officiers et fixés par *voie* de bois de poteaux, par *voie* de solives, *voie* de membrures, *voie* de chevrons, etc.

(Recueil Moreau, bois à bâtir, Bib. royale.)

SENTENCE DU BUREAU DE LA VILLE,

Qui déclare la saisie faite sur Michel Villiot, marchand de bois, d'un train de bois de sciage, tant en chêne que sapin, contenant quatorze coupons, faute par lui d'en avoir fait déclaration au bureau de Remy Barbier, fermier des droits rétablis ; ordonne que lesdits bois seront vendus au profit dudit Barbier ; condamne ledit Villiot en deux cents livres d'amende et aux dépens, et fait défense à tous autres marchands de bois de sciage et à œuvrer de faire arriver des bois à Paris, sans en déclarer la quantité et la qualité, et représenter leurs lettres de voiture.

20 novembre 1730.

(Recueil Moreau, bois à bâtir. Bib. royale.)

SENTENCE DU BUREAU DE LA VILLE,

Qui condamne François Villiot, marchand de bois, et par corps, en cinquante livres d'amende et aux dépens, pour avoir troublé, injurié et menacé le sieur Lemoine, commis de Remy Barbier, fermier-général de la ferme des droits rétablis, à la recette dans son bureau du bois carré, et défend audit Villiot de récidiver, sous plus grandes peines.

Du 25 juin 1731.

(Recueil Moreau, bois à bâtir, Bib. royale.)

ORDONNANCE DU BUREAU DE LA VILLE,

Portant que les marchands de bois à bâtir, œuvrés et à œuvrer, sciage et charronnage, <i>seront tenus de tirer de l'eau leurs bois, quinze jours après l'arrivée d'iceux;</i> et que faute par lesdits marchands d'y satisfaire dans ledit temps, il sera permis à Remy Barbier, fermier général des droits rétablis, ou à ses commis, de faire tirer les bois, et d'en avancer les frais, au remboursement desquels les marchands seront solidairement contraints.

8 août 1731.

Vu la requête à nous présentée par Remy Barbier, fermier général des droits rétablis, et chargé par Sa Majesté de la vente des charges et offices créés et rétablis par édit de juin 1730, sur les quais, ports, halles, places, foires et marchés de la ville et faubourgs de Paris; contenant que l'art. 4 du titre des droits sur le bois dans Paris, de l'ordonnance du mois de juin 1680, enjoint aux marchands tant de la ville de Paris que forains, qui feront arriver du bois œuvré et à bâtir, de sciage et charronnage sujet aux droits dus à Sa Majesté, tant par eau que par terre, de faire leurs déclarations au bureau avant que de décharger, de leur nom, surnom et demeure, et du chantier où ils entendent le conduire, de la quantité, et d'y représenter leurs lettres de voiture en bonne forme, le tout à peine de confiscation et de cent livres d'amende : qu'on avait cru que la disposition de cet article et la déclaration y prescrite, préviendraient tous les abus et remédieraient à toutes les fraudes, mais qu'on a depuis reconnu qu'elles n'étaient pas moins fréquentes, et que cela provenait de ce que l'ordonnance n'avait pas fixé le temps des déclarations qu'elle ordonnait de faire ; que ce fut ce qui donna lieu à l'arrêt du conseil du 3 juillet 1696, qui ordonne l'exécution dudit article 4 du titre des droits sur le bois à bâtir de l'ordonnance de 1680, et en conséquence que tous les marchands, tant forains que ceux de la ville de Paris, qui feront entrer, soit par eau ou par terre, des bois sujets aux droits de Sa Majesté, seront tenus d'en faire leurs déclarations au bureau du fermier desdits droits dans les vingt-quatre heures de leur arrivée aux entrées de ladite ville, à peine de confiscation et de cent livres d'amende : mais qu'au préjudice de cet arrêt, il se trouve plusieurs marchands qui ne laissent pas de continuer leurs fraudes, et ce sous prétexte que ledit arrêt ne marque pas précisément le temps que les marchands peuvent laisser leurs bois dans la rivière après avoir fait leurs déclarations, qu'il arrive de là que contre l'esprit dudit arrêt qui n'a eu pour objet que de remédier aux fraudes, et de les prévenir autant qu'il est possible, les MARCHANDS LAISSENT LEURS TRAINS, UN ET QUELQUE FOIS DEUX MOIS ENTIERS, SANS FAIRE LE TIRAGE; d'où il résulte plusieurs inconvénients : car il est certain que ce retard est cause que les trains se brisent, sont souvent submergés et échappent par là à la visite des commis qui ne peuvent pas les toiser ni les numéroter, et sont par conséquent dans l'impossibilité de vérifier si les déclarations qui ont été faites à l'arrivée sont justes et sincères, ou si elles ne le sont pas : qu'il arrive même quelquefois que les trains se relâchent en différents ports, soit par un effet du hasard ou de la mauvaise intention des marchands, qui, sachant où ils sont arrêtés, les tirent à des heures indues et prohibées par les règlements, ou lorsqu'ils savent que les commis sont occupés à d'autres tirages, n'étant pas douteux que c'est presque toujours dans un esprit de fraude que les marchands retardent le tirage de leurs trains, qu'ils auraient intérêt d'avancer, s'ils n'avaient que des vues droites et conformes à l'équité. Qu'il serait donc nécessaire, pour ne pas exposer le suppliant à des fraudes qui deviennent fré-quentes et qui se multiplient tous les jours, de fixer un certain temps aux marchands pour le tirage de leurs bois, au-delà duquel temps, il serait permis au suppliant de les tirer et d'en avancer les frais qui lui seraient remboursés par les marchands de gré à gré, ou en cas de contestation suivant la taxe qui en serait faite judiciaire-ment et en la manière accoutumée; que la prétention du suppliant est d'autant plus juste qu'elle est conforme à l'esprit et aux vues de l'arrêt du conseil du 3 juillet 1696, et au bien public, parce *qu'il n'est que trop certain que le retard du tirage des trains embarrasse souvent les ports, et empêche la navigation ;* qu'à ces causes, re-quérait le suppliant qu'il nous plût ordonner que les marchands de bois à bâtir, œuvré et à œuvrer, sciage et charronnage, seront tenus de tirer de l'eau leurs bois, quinze jours au plus tard après l'arrivée d'iceux, et que faute par lesdits marchands d'y satisfaire dans ledit temps, il sera permis audit Barbier ou à ses commis, de les faire tirer et d'en avancer les frais, au remboursement desquels lesdits marchands de bois (en cas de contestation) seront solidaire-ment contraints sur les mémoires qui en seront représentés, et que l'ordonnance qui interviendra sera lue, publiée et affichée dans la ville et faubourgs de Paris et partout ailleurs, à la diligence dudit Barbier, à ce que personne n'en ignore. Vu aussi l'art. 4 du titre des droits sur le bois dans Paris de l'ordonnance du mois de juin 1680, et l'arrêt du conseil du 3 juillet 1696, mentionnés en ladite requête.

Nous, commissaire susdit, en vertu du pouvoir à nous donné par les arrêts ci-dessus datés, avons ordonné et ordonnons que les marchands de bois à bâtir, œuvrés et à œuvrer, sciage et charronnage, SERONT TENUS DE TIRER DE L'EAU LEURS BOIS, QUINZE JOURS AU PLUS TARD APRÈS L'ARRIVÉE D'ICEUX ; et que faute par lesdits marchands d'y satisfaire dans ledit temps, il sera permis audit Remy Barbier, fermier-général des droits rétablis, ou à ses commis, de faire tirer les bois et d'en avancer les frais, au remboursement desquels les marchands seront solidairement contraints sur les simples quittances et mémoires qu'ils en représenteront ; et sera notre présente ordonnance lue, publiée et affichée dans la ville, faubourgs et banlieue de Paris, et partout où besoin sera, à la diligence dudit Barbier, à ce que nul n'en prétende cause d'ignorance.

Fait à Paris, en notre hôtel, le huitième jour d'août 1731.

Signé TURGOT.

Par Monseigneur,

HOUSSEMAINE.

(Recueil Moreau, bois à bâtir, Bib. royale.)

ORDONNANCE DU BUREAU DE LA VILLE,

Concernant le tirage, surveillance des ports, arrimage, empilage et déchargeage des bois carrés, d'ouvrages et autres, au port de l'île Louviers de cette ville.

12 février 1732.

A tous ceux qui ces présentes lettres verront, Michel-Étienne Turgot, chevalier, seigneur de Sousmons, etc., conseiller du roi en ses conseils, président au parlement et en la seconde chambre des requêtes du palais, prévost des marchands, et les échevins de la ville de Paris, salut : savoir faisons que sur ce qui nous a été remontré par le procureur du roi et de la ville, que pour prévenir les exactions qui pourraient être faites à l'occasion du tirage des bois flottés arrivant dans les ports de cette ville, nous aurions fixé

les salaires des tireurs, hotteurs et empileurs, avec injonctions
très expresses à eux de s'y conformer, et pareilles défenses sur
des peines très sévères de refuser de faire le travail ; que les
mêmes motifs excitent son ministère au sujet des bois d'ouvrage
qui arrivent, se vendent et débitent dans l'île Louviers; qu'il y a
deux compagnies des gardes françaises aux soldats desquelles nos
prédécesseurs ont bien voulu accorder la préférence pour faire le
tirage, déchargeage, empilage et chargeage de ces bois ; que s'il
n'y était pas pourvu, ces soldats se prévalant de cette préférence
se rendraient les arbitres des prix de leur travail, par la nécessité
dans laquelle ils réduisent les marchands de leur payer ces prix
en refusant de faire le travail; que d'un côté la fixation de ces
prix, de l'autre des peines sévères contre ceux de ces soldats qui
n'obéiront pas au règlement qu'il nous propose de faire, main-
tiendront l'ordre et la tranquillité qui doivent être observés,
pourquoi requérait le procureur du roi et de la ville qu'il nous
plût y pourvoir.

Nous, ayant égard au réquisitoire du procureur du roi et de la
ville, et après l'avoir ouï en ses conclusions, disons que les ordonnances et règlements concernant le tirage hors de l'eau, le déchargeage des bateaux, empilage, arrimage et déchargeage des
bois arrivant et vendus dans l'île Louviers, seront exécutés selon
leur forme et teneur; en conséquence, qu'à commencer du jour
de la publication de ces présentes, il sera payé par les marchands ;

SAVOIR :

Pour le tirage hors de l'eau, le port et l'arrimage d'une éclusée
de bois de sciage et charpente des provinces de Bourbonnais,
d'Auvergne et Bourgogne, et autres des rivières d'Allier et de
Loire, passant par les canaux de Briare et de Loing, lesquels port
et arrimage seront faits, tant près que de loin, aux places qui seront
indiquées par les marchands indistinctement, suivant les différentes espèces desdits bois, en fournissant par les soldats un arrimeur pour chaque éclusée, et partage fait des harts par moitié
entre lesdits marchands et lesdits soldats, *la somme de vingt-deux
livres,* pour celles qui seront de l'épaisseur depuis vingt jusqu'à

vingt-quatre pouces; et à l'égard de celles qui excèderont cette épaisseur, par augmentation à proportion.

Pour pareil travail de tirer hors de l'eau, porter et arrimer un train des épaisseurs ci-dessus, venant de la province de Champagne, de bois de chêne et de charronnage de trente-six toises, composé de dix-huit coupons, à raison de douze pieds de longueur pour chaque coupon, sur dix-huit pieds de largeur, sans aucun partage, tant des gros et menus bois, des perches et des harts, lesquels appartiendront en entier au marchand, *la somme de soixante-trois livres*, à raison de trois livres dix sous pour chacun coupon, et lorsque ledit train excèdera lesdites épaisseurs, par augmentation à proportion.

Pour pareil travail de tirer hors de l'eau, porter et arrimer un train de bois de sapin venant de Lorraine de trente-six toises, sans aucun partage, tant de gros et menus bois, des perches et des harts, lesquels resteront en entier au marchand, *la somme de cinquante-huit livres dix sous*, à raison de trois livres cinq sous le coupon; et en cas de plus grande et moindre longueur des coupons, et de plus grande ou moindre épaisseur desdits trains, à proportion.

Lorsque la rivière sera prise par les glaces, qu'il faudra casser, *un tiers en sus* des sommes ci-dessus fixées.

Pour le tirage de chaque coupon de perches d'aulne servant aux tourneurs, sans débacle, quatre livres quatre sols.

Pour décharger et porter à terre dans ladite île, tant près que loin, aux places qui seront indiquées par les marchands, les bois neufs de charpente et de sciage de toutes espèces, arrivant en bateaux, en fournissant par lesdits soldats un arrimeur, sera payé auxdits soldats *pour chacune voie composée comme ci-après*, le double du prix fixé pour le chargeage.

Pour l'empilage desdits bois, après le tirage hors de l'eau, déchargeage de bateaux et arrimage, sera payé à raison de *dix sous* pour chacun cent de toises de bois de sciage.

Pour le chargeage desdits bois dans les charrettes, tant près que loin, il sera payé par les bourgeois, marchands, ouvriers et autres, savoir :

Pour *une voie de planches de chêne* d'un pouce ou *d'un pouce et demi de bois mouillé, composée de* soixante-huit *toises, huit sols*, ci . . . . 8s.

Pour *une voie* de pareil bois et composée de cent-quatre toises, pareille somme de huit sols, ci 8

Pour *une voie* de membrures de bois de chêne mouillé, composée de soixante-dix toises, pareille somme de huit sols, ci 8

Pour *une voie* de même bois sec, composée de quatre-vingt-dix toises, pareille somme de huit sols, ci 8

Pour *une voie de bois* de brin, composée de quinze toises, seize sous, ci 16

Pour *une voie de solives, poteaux* et *chevrons,* composée de treize pièces réduites, huit sols, ci 8

Pour *une voie de planches* de sapin de douze pieds de bois mouillé, composée de soixante-dix-huit planches, huit sols, ci 8

Pour *une voie du même bois sec,* composée de cent quatre planches, pareille somme de huit sols, ci 8

Pour *une voie* de planches de sapin de neuf et de dix pieds de bois mouillé, composée de cent quatre planches, huit sols ci 8

Pour *une voie du même bois sec* composée de cent trente planches, pareille somme huit sols, ci 8

Pour *une voie de planches* de bois de sapin mince de six et huit pieds mouillé, composée de cent cinquante-six planches, huit sols, ci 8

Pour *une voie du même bois* sec composée de deux cent huit planches, pareille somme, huit sols, ci 8

Pour *une voie de planches,* membrures, poteaux de bois de hêtre, composée de cent quatre toises, huit sols, ci 8

Pour *une voie de bottes de lattes* à ardoises ou carrées de cœur, composée de cent quatre bottes, huit sols, ci 8

Pour *une voie de bottes de lattes blanches et d'aubier,* composée de cent quatre bottes, huit sols, ci 8

Pour *une voie de gouttières* composée de soixante toises, huit sols, ci . . . . **8 s.**

Pour *une voie d'étaux* de hêtre composée de dix toises et demie, douze sols, ci **12**

Pour *une voie de dosses d'étaux de bois* de *hêtre*, composée de treize toises, douze sols, ci **12**

Enjoignons aux marchands, bourgeois, ouvriers et autres, de se servir par préférence des soldats des deux compagnies, travaillant ordinairement dans l'île Louviers, pour tirer hors de l'eau, décharger des bateaux, porter et arrimer, charger en charrettes, les bois de toutes natures, et aux prix ci-dessus; leur permettons néanmoins de, par eux-mêmes, leurs enfants, commis, garçons et domestiques, faire ou faire faire lesdits travaux. Enjoignons auxdits soldats de faire lesdits tirages, déchargeages, ports, arrimages, empilages et déchargeages, à la première réquisition qui leur sera faite, à peine de trois mois de prison et d'être exclus pour toujours de pouvoir travailler, tant audit port de l'île Louviers, qu'à tous autres, où se vendent toutes sortes de natures de marchandises, sans exception, dans l'étendue de cette ville, même pour la première fois.

Leur faisons très expresses inhibitions et défenses d'exiger, même de recevoir quand il leur serait volontairement offert, aucuns deniers, soit pour eau-de-vie, récompenses, ou sous quelque prétexte que ce puisse être, sur pareille peine de punition corporelle, même pour la première fois.

Permettons audits marchands, bourgeois, ouvriers et autres, lorsque lesdits soldats refuseront de faire lesdits travaux, de se servir de tels gagne-deniers et autres personnes qu'ils jugeront à propos; défendons en ce cas auxdits soldats d'entrer dans ladite île Louviers, de s'immiscer de faire aucuns desdits ouvrages, ni troubler lesdits gagne-deniers et autres, sur peine de punition corporelle même pour la première fois.

Ordonnons que lesdits bois seront tirés de l'eau et déchargés des bateaux par lesdits soldats, suivant l'ordre de leur arrivage.

Disons que lesdits soldats travailleront ensemble, sans distinction entre eux et à la bourse commune, pour chaque nature d'ouvrage, savoir : le tirage, déchargeage, port et arrimage, empilage et chargeage dans les charrettes.

Faisons très expresses inhibitions et défenses auxdits bourgeois, marchands, ouvriers et autres, de payer auxdits soldats plus grandes sommes que celles ci-dessus par nous fixées, sur quelque prétexte que ce puisse être, à peine de mille livres d'amende.

Ordonnons que par les bourgeois, marchands, ouvriers et autres, il sera payé aux deux sergents de nous agréés, pour être présents tout le jour pendant le temps du travail, et contenir lesdits soldats dans leur devoir, une livre par chaque train de Champagne, dix sous pour chaque éclusée, et une livre pour un bateau, sitôt après le travail fait ; et défendons auxdits marchands sur pareille peine de mille livres d'amende, de payer lesdites sommes lorsque lesdits deux sergents, ou l'un d'eux, n'auront point assisté audit travail, ou lorsqu'ils auront fait ledit travail par eux-mêmes ou fait faire par leurs commis, garçons et domestiques, ou que par le refus desdits soldats ils auront employé des gagne-deniers, ainsi qu'il est prescrit ci-dessus.

Mandons aux huissiers-commissaires de police de l'hôtel de cette ville, de tenir exactement la main à l'exécution des présentes, de dresser des procès-verbaux des contraventions qui y seront commises et de les remettre dans le jour ès-mains du procureur du roi et de la ville ; de faire constituer prisonniers lesdits soldats par lesdits deux sergents ; enjoignons aux gardes de jour et de nuit préposés audit port, de leur prêter assistance et main-forte et de faire rapport des contraventions. Et seront lesdites présentes lues, publiées et affichées par tout ou besoin sera et exécutées nonobstant oppositions ou appellations quelconques, sans préjudice d'icelles.

Fait au bureau de la ville, le 12 février 1732.

Signé Taitbout.

L'an mil sept cent trente-deux, le 19 février, l'ordonnance ci-dessus a été lue et publiée au son de tambour sur le port de l'île Louviers et autres ports et endroits ordinaires et accoutumés, par

Jean Herne de Quilbec, commissaire de police et huissier audiencier en l'Hôtel-de-Ville de Paris, soussigné.

Signé DE QUILBEC.

NOTA. On remarquera encore que ce tarif ne stipule les droits dus pour déchargement de tous les bois carrés, sciage et charronnage, qu'à raison de *chaque voie de bois*.

(Recueil Moreau, bois à bâtir, Bib. royale.)

ORDONNANCE DU BUREAU DE LA VILLE,

Concernant le tirage, déchargeage, port, arrimage, empilage, et chargeage par la compagnie des gardes françaises, des bois d'ouvrages, et autres provenants des forêts des Vosges, lorraines, et allemandes, au port de l'île Louviers de cette ville.

Du 21 mars 1732.

A tous ceux qui ces présentes lettres verront, Michel-Étienne Turgot, Chevalier, seigneur de Sousmons, Bons, Ussy, Potigny, Périers, Brucourt et autres lieux, conseiller du roi en ses conseils, président au parlement et en la seconde chambre des requêtes du palais, prévost des marchands et échevins de la ville de Paris, salut : savoir faisons, que sur ce qui nous a été remontré par le procureur du roi et de la ville, que par notre jugement du 12 février dernier, nous aurions fixé les salaires qui seraient payés pour les tirage, déchargeage, ports, arrimage, empilage et chargeage des bois carrés, d'ouvrages et autres au port de l'île Louviers de cette ville, avec défense aux bourgeois d'icelle, marchands, ouvriers et autres, de payer plus grandes sommes aux soldats des deux compagnies des gardes françaises qui sont accoutumés de travailler dans ladite île, à peine de mille livres d'amende, et auxdits

soldats d'exiger, même de recevoir, quand il leur serait volontairement offert, aucuns deniers, soit pour eau-de-vie, récompense,
ou sous aucun prétexte que ce puisse être, sur peine de punition
corporelle, même pour la première fois; qu'il aurait appris que
quelques marchands forains se proposaient de faire amener en
cette ville une provision annuelle et très considérable de bois provenant des forêts des Vosges, lorraines, allemandes, etc., dont les
qualités et l'espèce fort tendre demandaient de la part de ces soldats une attention particulière pour en éviter l'altération, lors du
tirage et de l'arrimage qu'ils en feraient, pourquoi requérait qu'il
nous plût régler les salaires qui seraient payés par lesdits marchands auxdits soldats.

Nous, ayant égard au réquisitoire du procureur du roi et de la
ville, et après l'avoir ouï en ses conclusions, disons que les ordonnances et règlements seront exécutés selon leur forme et teneur; en conséquence que pour tirer hors de l'eau, porter et
arrimer un train desdits bois de vingt pouces d'épaisseur, il sera
payé auxdits soldats la somme de quatre livres pour chaque coupon de douze pieds de longueur et de dix-huit pieds de largeur,
sans aucun partage, tant des gros et menus bois, des perches et
harts, lesquels appartiendront en entier au marchand; et en cas
de plus grande ou moindre longueur des coupons, et de plus
grande ou moindre épaisseur desdits trains, à proportion; ordonnons que lesdits soldats ne feront le tirage desdits bois de telles
épaisseurs qu'ils puissent être, *qu'à la main, sans pouvoir se servir de picots ni de haches que pour couper les harts et perches;*
qu'ils seront tenus de porter l'un des bouts des planches par terre
ou sur les piles, sans pouvoir les jeter de dessus leurs épaules
par terre ni sur lesdites piles, comme aussi de fournir deux arri-
meurs par chacune bande; enjoignons très expressément auxdits
marchands et auxdits soldats de se conformer au surplus à ce qui
leur est prescrit par notre dit jugement du 12 février dernier.

Mandons aux huissiers-commissaires de police de l'hôtel de
cette ville, de tenir exactement la main à l'exécution des présentes,
de dresser des procès-verbaux des contraventions qui y seront
commises, et de les remettre dans le jour ès-mains du procureur

du roi et de la ville, de faire constituer prisonniers lesdits soldats par les deux sergents préposés et sédentaires au port de l'île Louviers, enjoignons aux gardes de jour et de nuit préposés audit port de leur prêter assistance et main-forte, et de faire leur rapport des contraventions. Et seront cesdites présentes, lues, publiées, affichées, etc., partout où besoin sera, et exécutées, nonobstant oppositions ou appellations quelconques, et sans préjudice d'icelles.

Fait au bureau de la ville, le vingt-et-unième jour de mars 1732.

Signé TAITBOUT.

(Recueil Moreau, bois à bâtir, Bib. royale.)

ORDONNANCE DE LA CHAMBRE CIVILE DE LA JURIDICTION DU CANAL DE LOING,

Portant que les voituriers par eau, chargés de la conduite des bateaux, trains et éclusées de bois, seront tenus de se conformer, pour la navigation sur le canal de Loing, aux règlements faits pour les canaux de Briare et d'Orléans, qui fixent la tenue d'eau pour la charge de chaque bateau, train et éclusée de bois, sur le pied de vingt-deux pouces, sauf aux voituriers, dans les temps où les eaux seront plus abondantes, à charger plus fort leurs bateaux, etc., après toutefois qu'ils en auront obtenu la permission des contrôleurs du canal; sinon procès-verbal sera dressé des contraventions, et icelles punies par amende.

Du 1er octobre 1732.

SENTENCE DU BUREAU DE LA VILLE,

Concernant l'établissement en communauté de la gare des trains.

Du 21 juillet 1733.

A tous ceux qui ces présentes lettres verront, Michel-Etienne Turgot, chevalier, seigneur de Sousmons, Bons, Ussy, Pontigny, Brucourt et autres lieux, conseiller du roi, président au parlement et de la seconde chambre des requêtes du palais, prévost des marchands et les échevins de la ville de Paris, salut, savoir faisons :

Que, vu la requête à nous présentée par les marchands de bois flottés pour la provision de cette ville, poursuites et diligences de Jacques Cocatrix, l'un d'eux, syndic : contenant que, pour *remédier aux abus et d'autant mieux assurer la provision de cette ville*, par une délibération du 30 mai dernier, contrôlée par Blondelu, le 14 juillet, il a été arrêté qu'il sera établi des gardes en communauté, pour veiller à la conservation des trains pendant qu'ils séjourneront dans les gares au-dessus de cette ville, les fermer sûrement avec des cordages qui leur seront fournis à cet effet, avoir soin de les entretenir à flot à fur et mesure que l'eau en rivière diminue : fait choix d'un homme pour commander ces ouvriers, et la dépense répartie proportionnellement à la vente de chaque chantier, comme il se pratique pour les autres affaires communes dudit commerce.

Que cette délibération ne pouvant avoir d'exécution qu'autant qu'il nous plaira de l'agréer, ils avaient recours à notre autorité et requéraient qu'il nous plût l'homologuer, pour être exécutée selon sa forme et teneur, ladite requête signée Houallé, procureur en ce bureau ; vu aussi ladite délibération, dont la teneur suit :

Les marchands de bois flotté pour la provision de Paris, assemblés en la manière accoutumée, voulant remédier autant qu'il sera possible aux abus très préjudiciables à la provision de Paris et au commerce, relativement aux soins nécessaires aux trains, pendant qu'ils séjourneront à la Gare, lesquels par les mauvais soins des gardes que chaque marchand prépose, exposent à de très grands accidents, soit en fermant mal les trains, dont à ce moyen il s'en échappe la nuit, ce qui cause de très grands désordres; ou en les laissant à sec, lorsque l'eau baisse en rivière, ce qui arrive surtout de la part des particuliers qui se chargent de la gare et garde desdits trains pour plusieurs marchands, n'étant pas possible qu'un même particulier puisse veiller exactement aux différents endroits où les trains sont garés, et ce qui occasionne aussi le vol du bois et des perches; considérant d'ailleurs que par les arrangements, pour parer à ces inconvénients, chaque marchand se renfermera dans la règle et n'aura que quatre trains à la fois devant son chantier, a été arrêté et convenu, sous le bon plaisir de MM. les prévost des marchands et échevins, qu'à commencer du 1er janvier de l'année prochaine, il sera établi et fait choix d'un homme pour commander les autres gardes qui seront établis comme il sera dit ci-après et veiller sur eux, et auquel il sera donné des appointements convenables, au moyen de quoi il sera tenu de prendre connaissance de tous les trains que l'on sera tenu de laisser à la Gare, comme aussi de les faire ranger dans les places les plus commodes et fermer sûrement avec des cordes qui lui seront fournies à frais commun; de faire délivrer lesdits trains aux lâcheurs de chaque marchand, et auquel garde en chef sera donné un mémoire instructif de tout ce qu'il sera obligé de faire, lequel emportera pouvoir de choisir autant d'hommes qu'il sera nécessaire pour garder et veiller sous ses ordres au garage et sûreté desdits trains, les changer lorsqu'ils ne feront pas leur devoir, les congédier à mesure que l'ouvrage finira, en avertissant néanmoins préalablement le commis général chargé des affaires communes du commerce, qui en tiendra état; lesquels gardes seront payés au prix qui seront convenus avec eux, par celui des marchands chargés des affaires communes, sur les deniers qui seront établis tous les ans par forme de contribution, comme il se pratique pour les autres affaires du commerce, sans qu'aucun marchand puisse s'en exempter, sous quelque prétexte que ce soit, quand même il ne se serait pas servi desdits gardes, ÉTANT ARRÊTÉ EXPRESSÉMENT QU'AUCUN MARCHAND NE POURRA EN METTRE POUR SON COMPTE PARTICULIER, ÉTANT ABSOLUMENT NÉCESSAIRE QUE CET OUVRAGE SOIT EN COMMUNAUTÉ, et pour parvenir à l'exécution, M. Cocatrix est autorisé à faire tout ce qui conviendra, même de faire contraindre les refusants et opposants.

Fait à Paris, le 30 mai 1733.

Signé : PÉRRINET DE LA SERRÉ, GIRARDOT DEVERMENOU.

Et est écrit, contrôlé à Paris, le 14 juillet 1733.

Signé BLONDELU.

Conclusions du procureur du roi et de la ville.

Nous avons homologué et homologuons ledit acte en forme de délibération, pour être exécuté selon la forme et teneur.

Ce fut fait et donné au bureau de la ville de Paris, le 21 juillet 1733.

Signé TAITBOUT.

NOTA. Les mêmes considérations ont porté le commerce des bois carrés de Paris, à établir à Bercy et à l'instar du commerce des bois à brûler, un garage en communauté.

LES MÊMES RÉSULTATS ONT ÉTÉ OBTENUS, FACILITÉ, ÉCONOMIE, SÉCURITÉ POUR TOUS.

L'emplacement spécialement affecté par l'administration de la police pour le garage des trains de bois carrés à Bercy, s'étend depuis le dessous de l'île Quinquengronne, jusqu'au dernier lion (en aval) du parc de M. De Nicolaï.

SENTENCE DU BUREAU DE LA VILLE

Concernant le billage des bateaux, boutiques à poissons, trains de bois flottés et éclusées de bois carrés et d'ouvrages, au passage sous l'arche avalante du pont de **Melun.**

25 *mai* 1735.

Fait très expresses inhibitions et défenses à tous marchands voituriers par eau pour la provision de cette ville, pilotes et mariniers de conduire et laisser conduire leurs bateaux chargés de toutes sortes de marchandises et les boutiques à poissons, sous l'arche avalante du pont de Melun, sans le secours de trois compagnons de rivière dans les eaux hautes, et de deux dans les eaux basses ou moyennes.

A la réserve néanmoins des conducteurs des *trains de bois à brûler, et des trains et éclusées de bois carrés et d'ouvrages*, et des pilotes des coches, auxquels seuls la liberté demeurera réservée de requérir ou de ne point requérir les compagnons de rivière, ces trains et éclusées pouvant être conduits par les mariniers ordinaires, sans danger et sans inconvénient.

(Archives du royaume, registres du bureau
de la ville, section administrative.)

ARRÊT DU CONSEIL D'ÉTAT DU ROI,

Qui ordonne que les droits sur les bois carrés, sciage, charronnage, etc., seront payés par les entrepreneurs ou voituriers, soit qu'ils soient destinés pour le service de Sa Majesté, ou des particuliers.

Du 6 *décembre* 1735.

(Recueil Moreau, Bois à bâtir, Bib. royale.)

DÉCLARATION DU ROI,

Qui change au profit du bois à brûler la destination de l'île Louviers affectée * jusqu'à ce jour au commerce des bois carrés, * Depuis 1415.

Et qui ordonne que *lesdits bois carrés et d'ouvrages* qui sont déposés dans l'île Louviers, *seront transportés de l'autre côté de la rivière de Seine*, et qu'à l'avenir les bois neufs à brûler, et charbons de bois des ports Saint-Paul et de la Grève, et les marchandises de tuiles, ardoises et charbon de terre, seront seules déchargées dans ladite île Louviers.

Donné à Versailles, le 20 décembre 1735.

Louis par la grâce de Dieu, roi de France et de Navarre, à tous ceux qui ces présentes lettres verront, salut : l'augmentation très considérable du commerce de bois neuf à brûler, le danger des incendies, celui auquel sont exposés les bourgeois et habitants de notre bonne ville de Paris, tant en voiture qu'à pied, les marchands eux-mêmes et les ouvriers, à cause de l'excessive hauteur des piles élevées aux ports de la Grève et de Saint-Paul, l'embarras que causent au port de la Grève les voitures de charbon de bois qui y arrivent par terre, l'incommodité que les passants, les habitants des maisons adjacentes, et l'Hôtel de notre bonne Ville même, reçoivent de la vapeur extrêmement subtile qui s'exhale de cette marchandise, ayant engagé nos chers et bien amés les prévost des marchands et échevins de notre dite bonne ville de Paris, à nous supplier de placer dans l'île Louviers le bois neuf et le charbon qui se débitent aux ports Saint-Paul et de la Grève, nous avons donné nos ordres pour être informé de l'utilité qui pourrait revenir de ce transport, et il nous a paru que la navigation deviendrait moins périlleuse au port de la Grève, où la surface de la rivière se trouve forcément presque couverte de bateaux de bois à brûler, et de ceux qui sont chargés de blé et d'avoine : en sorte que dans la plus

grande partie de l'année, surtout dans les eaux basses, il y a
à peine de la place pour l'avalage d'un bateau, d'où il résulte des
risques manifestes de naufrages à l'embarbement et au passage
de l'arche Saint-Denis de la Chartre dans laquelle l'eau est extrêmement rapide : que d'ailleurs pendant trois mois de l'année les sels
qui remontent, et dont les bateaux sont placés le long du quai de
Saint-Denis de la Chartre, se joignent à ceux de bois, de façon
qu'il est encore impossible de descendre par le pont de bois qui
sert de communication aux îles de Notre-Dame et du Palais les
bateaux de bled et d'avoine qui ne tiennent jamais Rapée, parce
qu'il faut que le port soit garni pour éviter l'augmentation du prix
de ces grains sujets à une altération à cause du mauvais temps
qu'ils ont souvent essuyé avant leur arrivée, dans ce temps où la
la navigation ne peut se faire par le pont Marie, à cause du commerce de poisson qui couvre toute la superficie de la rivière au-
dessus et au-dessous dudit pont; en sorte qu'il ne peut descendre
avec sûreté par ce bras de la rivière que les marchandises destinées pour le port de la Grève, celles qui doivent passer les ponts
Notre-Dame et au Change étant obligées de prendre nécessairement leur route par le pont de la Tournelle à cause du dehors
que font les bois et les grains; qu'au reste le commerce de poisson
se relèverait infailliblement au port Saint-Paul si les marchands y
pouvaient placer avec aisance une marchandise aussi nécessaire
qui se conserverait par une eau pure et coulant facilement, et ne
causerait pas, comme il arrive le plus souvent, des pertes considérables aux marchands qui s'en retournent la plupart ruinés dans
leur province, de sorte que le nombre en diminue tous les jours;
QU'ENFIN L'ILE LOUVIERS CONTIENT A PEU PRÈS NEUF ARPENTS,
ET PEUT ÊTRE TRÈS FACILEMENT AUGMENTÉE D'UN TIERS AVEC
AVANTAGE POUR LA NAVIGATION; qu'on pourrait y placer des marchandises de tuiles, d'ardoises et de charbon de terre, qui sont
chères par l'impossibilité de les placer aux ports dans une quantité
suffisante pour faire une concurrence entre un assez grand nombre de marchands, surtout de charbon de terre, qui, voyant
périr leurs bateaux dans les îles de Charenton et de Bercy, et dans
la rivière d'Yères à Villeneuve-Saint-Georges, à cause qu'ils ne

sont que de sapin, construits avec chevilles de bois, et pour un voyage seulement, cherchent à vendre cette marchandise en route, et notre dite bonne ville en est privée aussi bien que du bois de déchirage qui se consomme communément dans l'intérieur des maisons ; ces motifs nous ont déterminé à FAIRE EXAMINER OU LES BOIS CARRÉS ET D'OUVRAGES QUI SE DÉPOSENT DANS LADITE ILE LOUVIERS POURRAIENT ÊTRE TRANSPORTÉS ; et nous avons reconnu que le lieu le plus convenable était la portion de rempart au-dessous de l'Hôpital-Général qui contient cinq arpents, et qui peut être augmentée à droite et à gauche, et ne peut être achevée qu'avec une dépense excessive; à ces causes, de l'avis de notre conseil, qui a vu le plan dudit rempart ci-attaché sous le contre-scel des présentes, de notre certaine science, pleine puissance et autorité royale, nous avons par ces dites présentes signées de notre main, dit, déclaré et ordonné, disons, et déclarons, et ordonnons, voulons et nous plaît, *que dans trois mois pour toute préfixion et délai, les bois carrés et d'ouvrages qui sont actuellement déposés dans l'île Louviers, soient voiturés et transportés de l'autre côté de la rivière de Seine dans la portion de rempart au-dessous de l'Hôpital-Général, appelé le rempart Saint-Victor,* pour y être vendus et débités, comme ils l'étaient dans ladite île Louviers ; et qu'à l'avenir les bois neufs à brûler, et charbons de bois des ports Saint-Paul et de la Grève, ensemble les marchandises de tuiles, ardoises et charbon de terre, soient déchargées dans ladite île Louviers, pour y être pareillement vendues et débitées, comme elles se vendent et débitent èsdits ports de Saint-Paul et de la Grève; FAISONS DÉFENSE *à tous marchands de bois carrés et d'ouvrages, de faire décharger leurs marchandises dans ladite île Louviers,* et à tous marchands de bois neuf à brûler et de charbon de bois des ports Saint-Paul et de la Grève, de conduire leurs bateaux et voitures ailleurs qu'en ladite île Louviers, à peine de trois cents livres d'amende, et de plus grandes peines, s'il y échoit : voulons que toutes les contestations qui pourront naître sur l'exécution des présentes, soient jugées en première instance par les prévost des marchands et échevins de notre bonne ville de Paris, sauf l'appel de notre cour de parle-

ment. Si donnons en mandement, à nos amés et féaux les gens tenant notre dite cour de parlement, que ces présentes ils aient à
faire lire, publier et enregistrer, et le contenu en icelles garder,
observer et exécuter selon leur forme et teneur, car tel est notre
plaisir ; en témoin de quoi nous avons fait mettre notre scel à ces
dites présentes.

Donné à Versailles, le vingtième jour du mois de décembre,
l'an de grâce 1735, et de notre règne le vingt-unième.

Signé Louis.

Et plus bas, par le roi,   Phélypeaux.

Vu au conseil, Orry, et scellé du grand sceau de cire jaune.

Registrée, ouï, ce requérant le procureur général du roi, pour
être exécutée selon sa forme et teneur, suivant l'arrêt de ce jour.

A Paris en parlement, le 30 janvier 1636.

Signé Ysabeau.

(Recueil Moreau, bois à bâtir, Bib. royale.)

SENTENCE DU BUREAU DE LA VILLE,

Qui condamne François Villiot, marchand de bois à Paris, et
Pierre Godard, marchand voiturier par eau, chacun en cent livres
d'amende, pour avoir, par ledit Villiot, *acheté en regrat* dans
l'eau sur le port de l'île Louviers, dudit Godard, deux cent
trente-une planches de bois des Vosges, et mille huit planches de
sapin ; et pour par ledit Godard, les avoir vendues audit Villiot,
et le prix d'icelles être sur ledit Godard saisies au profit des dames
de Saint-Cyr.

Du 1er février 1736.

A tous ceux qui ces présentes lettres verront, Michel-Étienne
Turgot, chevalier, seigneur de Sousmons, Bons, Ussy, Potigny,
Perriers, Brucourt et autres lieux, conseiller du roi en ses conseils, président au parlement et en la seconde chambre des requêtes du palais, prévost des marchands et les échevins de la ville

de Paris, salut : savoir faisons qu'aujourd'hui date des présentes, comparant en jugement devant nous, maître Jean-Baptiste Houallé, procureur des jurés en charge et communauté des maîtres menuisiers de cette ville, Jean-Baptiste Jubert, l'un d'eux présent, saisissants et demandeurs aux fins du procès-verbal fait par Blanchet, huissier-commissaire en cette juridiction le 30 août dernier, contrôlé par Pitou le même jour, en exécution de notre sentence du 14 octobre, et aux fins de l'exploit fait par Joseph Laurain, huissier résident à Saint-Dizier, le 8 novembre, dûment contrôlé audit lieu le 9, et défendeurs;

Maître Nicolas-Adrien Boisneuf, procureur de François Villiot, marchand de bois à Paris, défendeur et demandeur, aux fins de la requête verbale signifiée par Balige, huissier-commissaire en cette juridiction, le 28 avril dernier;

Et maître François Brechot, procureur de Pierre Godard, marchand voiturier par eau, défendeur;

Parties ouïes, ensemble le procureur du roi et de la ville en ses conclusions, nous, avant faire droit, disons qu'il en sera délibéré, à l'effet de quoi les pièces seront mises sur le bureau : et après en avoir délibéré, avons déclaré bonne et valable la saisie faite sur les parties de Boisneuf, le 30 août 1735, de deux cent trente-une planches de douze pieds de bois des Vosges, et mille huit planches aussi de douze pieds de sapin; en conséquence, avons confisqué lesdites marchandises, sur ladite partie de Boisneuf, et le prix d'icelles sur la partie de Brechot, le tout au profit des dames de Saint-Cyr, à la représentation et délivrance desquelles planches seront les gardiens contraints par corps, quoi faisant déchargés; et pour avoir par ladite partie de Boisneuf, en contravention des statuts, ordonnances, arrêts et règlements de police, acheté lesdits bois dans l'eau, sur le port de l'île Louviers, et par celle de Brechot, les avoir ainsi vendues à ladite partie de Boisneuf, en contravention de l'art. 34 du chap. 17, de l'ordonnance de 1672, les condamnons chacun en cent livres d'amende et aux dépens, et leur faisons défense de récidiver sous plus grandes peines; et sera la présente sentence, lue, publiée et affichée par tout où besoin sera, et exécutée, nonobstant oppositions ou appellations quelconques, et sans préjudice d'icelles. Ce fut fait et donné au bureau de la ville, et prononcé par nous, Claude-François Petit, écuyer, conseiller du roi, quartinier et premier échevin de ladite ville de Paris, le mercredi, premier jour du mois de février 1736.

Signé TAITBOUT.

(Recueil Moreau, bois à bâtir, Bib. royale.)

SENTENCE DU BUREAU DE LA VILLE,

Qui condamne François Villiot, et le nommé Gauthier, marchands de bois carré, chacun en cent livres d'amende, *pour avoir déposé des bois sur la voie publique*, vis-à-vis leurs chantiers; ordonne la confiscation de ceux appartenants audit Gauthier, au profit de l'Hôpital-Général, et par grâce et sans tirer à conséquence, que ledit Villiot sera tenu d'enlever, dans le jour, ceux qui lui appartiennent.

Du 11 *avril* 1736.

(Recueil Moreau, bois à bâtir, Bib. royale.)

SENTENCE DU BUREAU DE LA VILLE,

Qui ordonne que, dans le jour, le nommé Pradet, maître menuisier, sera tenu d'enlever les bois qui lui appartiennent dans l'île Louviers, sinon qu'ils en seront sortis à ses frais et dépens, et vendus portion d'iceux jusqu'à concurrence, et le condamne à deux cents livres d'amende pour y avoir laissé ledit bois sur la berge.

Du 3 *juillet* 1736.

(Recueil Moreau, bois à bâtir, Bib. royale.)

SENTENCE DU BUREAU DE LA VILLE,

Qui donne acte à Jean Legimbre, Gilbert, Marion, François Gayot, Nicolas Potonnier, marchands de bois, de leurs offres d'enlever les bois carrés et d'ouvrages qu'ils ont dans l'île Louviers, savoir : lesdits Legimbre, Marion et Gayot, dans le courant de la semaine prochaine, et ledit Potonnier, dans le lundi prochain ; condamne les nommés Deschamps, Pannelier et Bernard, aussi marchands de bois, chacun en trois cents livres d'amende, pour avoir laissé dans ladite île les bois carrés et d'ouvrages qui leur appartiennent, contre la disposition de la déclaration du roi du vingt décembre dernier ; et leur ordonne de les enlever et conduire dans trois jours au nouveau chantier public, sinon ledit temps passé, qu'ils y seront transférés d'office à leurs frais et dépens.

Du 11 *juillet* 1736.

(Recueil Moreau, bois à bâtir, Bib. royale.)

SENTENCE DU BUREAU DE LA VILLE,

Qui condamne Alexis Cordelier, marchand de bois forain, et Michel Villiot, marchand de bois à Paris, chacun en mille livres d'amende, pour avoir, par ledit Cordelier, vendu audit Villiot, trois éclusées de bois de charpente et menuiserie dans l'eau au port de la Rapée, et par ledit Villiot, les *avoir achetées en regrat;* et ordonne la confiscation desdits bois et prix d'iceux au profit des dames de Saint-Cyr, sur lesdits Cordelier et Villiot.

Du 11 *juillet* 1736.

(Recueil Moreau, bois à bâtir, Bib. royale.)

ORDONNANCE DE POLICE

Et commission donnée par le bureau de la ville à maître Nicolas de Saint, *pour se transporter le long de la rivière de Marne, et faire conduire d'office en cette ville les bois carrés* **qui sont déposés sur les ports, pour éviter le renchérissement des bois et même la disette d'iceux.**

Du 13 juillet 1736.

A tous ceux qui ces présentes lettres verront, Michel-Étienne Turgot, chevalier, seigneur, etc., etc., conseiller du roi en ses conseils, président au parlement et en la seconde chambre des requêtes du palais, prévôt des marchands, et les échevins de la ville de Paris, salut; savoir faisons que sur ce qui nous a été remontré par le procureur du roi et de la ville, que, sous de faux prétextes, les marchands tant de Paris que forains ne font point breller les bois carrés qu'ils ont sur les ports de la rivière de Marne, qu'ils en laissent aussi le long de la rivière dans les ports au-dessus de cette ville sans les y faire descendre, et ce, dans la vue sans doute d'en causer la cherté et la disette, requérait qu'il nous plaise commettre telle personne qu'il nous plaira *pour se transporter le long des rivières et dans les ports d'icelles, faire breller d'office et descendre les bois carrés,* les faire charroyer dans les ports, et ensuite conduire dans les ports de cette ville; nous, ayant égard aux remontrances et réquisitoire du procureur du roi et de la ville, et étant duement informé des sens , suffisance, capacité, expérience et bonne diligence de la personne de maître Nicolas de Saint, huissier-commissaire en ce bureau; pour ces causes et autres à ce nous mouvants l'avons commis et commettons par ces présentes à l'effet de se transporter sur les ports et le long de la rivière de Marne et *partout où il appartiendra y avoir des bois carrés, les faire charroyer, breller et descendre en cette ville pour la provision d'icelle,* et à cel effet faire exécuter les ordonnances et règlements du bureau; lui

permettons de faire emprisonner les contrevenants, et faire géné-
ralement tout ce qu'il conviendra pour accélérer la provision
de Paris de ladite marchandise de bois carrés; avons pris et reçu
dudit maître de Saint le serment en tel cas requis et accoutumé
de bien et fidèlement exercer ladite commission; mandons à nos
subdélégués sur les lieux, requérons tous autres officiers de justice
et maréchaussée de l'assister, de lui prêter main-forte : en témoin
de quoi nous avons fait mettre à ces présentes le scel de la prévôté
des marchands.

Fait et donné au bureau de la ville de Paris, le 13 juillet 1736.

Signé, Turgot, Petit, De Santeuil, Tripart,
Touvenot et Moreau.

(Archives du royaume, registres du bureau
de la ville, section administrative.)

SENTENCE DU BUREAU DE LA VILLE,

Qui condamne le nommé Bonchrétien, marchand de bois carré,
en cinq cents livres d'amende, pour avoir fait descendre au port au
Plâtre (extrémité inférieure du port de la Rapée) dix éclusées tant
solives que planches qui empêchaient d'autres marchands de
bois flottés de faire descendre des trains qui étaient au-dessus, et de
les tirer de la rivière.

Du 3 août 1736.

(Recueil Moreau, bois à bâtir, Bib. royale.)

SENTENCE DU BUREAU DE LA VILLE,

Qui condamne le nommé Leblanc, marchand de bois forain, en
deux cents livres d'amende; ordonne que dans le jour il sera tenu
d'enlever les planches qu'il a sur la rivière au port de la Rapée en
NUISANCE A LA NAVIGATION, sinon, qu'elles seront ôtées à ses
frais et dépens, et lui fait défenses de récidiver sous plus grandes peines.

Du 4 août 1736.

(Recueil Moreau, bois à bâtir. Bib. royale.)

ORDONNANCE DU BUREAU DE LA VILLE,

Concernant la sortie de tous les bois de charpente, menuiserie et charronnage de l'île Louviers, sinon *enlèvement d'office,* cette localité cessant d'être affectée au commerce des bois carrés.

21 *août* 1736.

Vu le procès-verbal par nous fait le 11 août présent mois, contenant notre transport dans l'île Louviers, avec le procureur du roi et de la ville, et l'état des bois de charpente, de menuiserie et de charronnage dans ladite île et que les propriétaires n'ont pas encore enlevés pour l'exécution de la déclaration du roi et ordonnances du bureau de la ville.

Nous ordonnons qu'à la première sommation qui sera faite tant aux propriétaires desdits bois dénommés au procès-verbal; savoir, les sieurs Bizeau, Gayot, Legimbre, Viot, Provenchères, marchands de bois, Labédouche, commissionnaire, Régnier, commis-facteur, qu'à tous autres, ils seront tenus d'enlever les bois en question de ladite île Louviers; sinon et faute d'y satisfaire que lesdits bois seront ôtés à la requête du procureur du roi, et transportés au chantier public nouvellement établi hors de la barrière Saint-Bernard, où il sera vendu, à la requête du procureur du roi, partie desdits bois, jusqu'à concurrence des frais qui auront été faits pour parvenir au transport.

Signé : TURGOT, prévôt des marchands.

(Archives du royaume, registres du bureau
de la ville, section administrative.)

SENTENCE DU BUREAU DE LA VILLE,

Qui condamne Jacques Gauthier maître menuisier, en cinq cents livres d'amende, *pour avoir amené en cette ville, six piles de bois à œuvrer hors d'état de servir à aucun ouvrage de charpenterie, ni de menuiserie, étant pourris, moulus, piqués de vers et oudris,* **et en ordonne la confiscation au profit de l'Hôpital-Général.**

Du 1er mars 1737.

A tous ceux qui ces présentes lettres verront : Michel-Étienne Turgot, chevalier, seigneur de Sousmont, et autres lieux, conseiller du roi en ses conseils, président au parlement, et en la seconde chambre des requêtes du palais, prévôt des marchands et les échevins de la ville de Paris, salut : savoir faisons, qu'aujourd'hui, date des présentes, le procureur du roi et de la ville, demandeurs aux fins des procès-verbal et exploits faits par les officiers des bois carrés de cette ville, et le sieur Guilbec et de Saint, huissiers-commissaires de cette juridiction, les dix-huit et vingt-sept du mois de février dernier, a fait appeler en jugement devant nous Jacques Gauthier, maître menuisier à Paris, défendeur et défaillant, qui n'y serait venu, comparu, ni procureur pour lui, duement appelé, contre lequel avons donné défaut, par vertu et pour le profit duquel nous avons condamné ledit défaillant en cinq cents livres d'amende, pour avoir, en contravention des ordonnances et règlements, amené en cette ville six piles de bois étant dans le chantier du nommé Collin, marchand de bois, au lieu dit du Ponceau, porte Saint-Victor, appartenant audit défaillant, consistant en quatre cent deux chevrons et membrures de neuf pieds, quatre-vingt-six membrures et chevrons de six pieds, cinq cent vingt-huit membrures et chevrons de six pieds, cinquante-sept membrures et chevrons de six pieds, cent quarante-un chevrons et membrures de trois et quatre pieds, et cent trente-sept membrures et chevrons de douze pieds ; le tout de chêne , reconnus par les syndics de la communauté des jurés visiteurs, officiers commissaires, marqueurs, visiteurs et contrôleurs des bois carrés, à bâtir , à œuvrer , sciage et charronnage, et par des commis à l'exercice de trois desdits officiers, être *hors d'état de servir en aucun ouvrage de charpente ni de menuiserie, étant pourris, moulus, piqués de vers et oudris*, le tout en conséquence de la dénonciation faite audit procureur du roi et de la ville par lesdits syndics : ordonne en outre , que lesdits bois seront confisqués au profit de l'Hôpital-Général de cette ville, préalablement coupés avant d'être enlevés en présence d'un des commissaires de police de l'hôtel de cette ville. Lui faisons défense de récidiver à peine d'interdiction du commerce, sans pouvoir y être rétabli et sera la présente sentence lue, publiée et affichée partout où besoin sera, et exécutée, nonobstant oppositions ou appellations quelconques , et sans préjudice d'icelles. Ce fut fait et donné au bureau de la ville, et prononcé par nous, Jean-Baptiste Triport, écuyer, conseiller du roi et de la ville , et premier échevin d'icelle, le vendredi premier mars mil sept cent trente-sept.

Signé TAITBOUT.

(Recueil Moreau, bois à bâtir, Bib. royale.)

SENTENCE

Des prévôt des marchands et échevins de la ville de Paris,

Qui , en ordonnant l'exécution de celle du premier du même mois, condamne Bonaventure Poly, marchand de bois à Fontainebleau, en cinq cents livres d'amende, pour avoir fait voiturer en cette ville , suivant qu'il s'en était chargé, les bois défectueux énoncés en ladite sentence dudit jour premier du présent mois, et qui en déclare le prix confisqué au profit de l'Hôpital-Général, auquel ledit Gauthier sera tenu de le payer.

13 mars 1737.

ORDONNANCE DU BUREAU DE LA VILLE,
1er *avril* 1738.

ART. 22. — Aucuns bois ne peuvent être vendus sur bateaux, ni être empilés, mesurés ou vendus sur la berge ; ils doivent être enlevés au fur et à mesure du déchargement.

(Archives du royaume, section judiciaire.)

SENTENCE DU BUREAU DE LA VILLE,

Portant modération d'amende de 500 fr., réduite à 50 fr., en faveur du sieur Gauthier, maître menuisier, acquéreur de plusieurs piles de bois de menuiserie défectueuses d'après le rapport des contrôleurs officiers des bois carrés ; ladite modération motivée sur ce que le réclamant proteste qu'il ignorait la mauvaise qualité desdits bois *qui lui avaient été vendus pour bois sains par le sieur Poly, marchand de bois forain* à Fontainebleau, et qu'il a agi de bonne foi ; ladite sentence le décharge de la confiscation qui avait été ordonnée desdites marchandises, sauf par lui à ne pas récidiver et à apporter plus de soins dans l'inspection des bois qu'il achètera à l'avenir.

Du 11 *juillet* 1738.

(Archives du royaume, section judiciaire.)

SENTENCE DU BUREAU DE LA VILLE,

Qui décharge le sieur Gandolphe, marchand de bois, de l'amende de cent livres à laquelle il avait été condamné, pour avoir fait tirer cinq éclusées de bois de charpente au port du Ponceau et au rempart St-Victor, le 28 octobre dernier *jour de Saint-Simon, Saint-Jude* ; ce fait ne pouvant valablement lui être imputé, mais bien à la négligence et à l'intelligence entre les soldats chargés du tirage et les gardes des ports qui auraient dû s'y opposer et qui n'ont même pas fait leur rapport.

Du 2 *décembre* 1738.

(Archives du royaume, section judiciaire.)

ORDONNANCE DU BUREAU DE LA VILLE,

Concernant la sûreté de la navigation sur la rivière d'Aube.

7 *janvier* 1739.

De par les prévôt des marchands et échevins de la ville de Paris, à tous ceux qui ces présentes lettres verront : Michel-Étienne Turgot, conseiller d'état, prévôt d s marchands et les échevins de la ville de Paris, salut : savoir faisons sur ce qui nous a été remontré par le procureur du roi et de la ville, qu'il aurait appris qu'il se trouve quelques empêchements dans le lit de la rivière d'Aube, depuis Chalette au-dessus d'Arcis, jusqu'à son embouchure dans la Seine ; que ces empêchements, par eux-mêmes aisés à lever, peuvent apporter néanmoins à la navigation des obstacles qui en causent le retardement et donnent lieu à des naufrages, et conséquemment à l'altération et à la perte des marchandises destinées pour la provision de cette ville de Paris ; qu'ils consistent dans des arbres renversés et des bois de toutes espèces, naufragés et ensablés depuis assez longtemps, et dans des pieux et des pierres provenant d'anciennes constructions dont l'enlèvement a été omis ou négligé, et que les frais pour y parvenir auraient d'ailleurs été fort considérables ; et COMME IL S'AGIT D'ACCÉLÉRER ET D'AUGMENTER S'IL EST POSSIBLE UNE PROVISION D'AUTANT PLUS IMPORTANTE QU'ELLE A POUR OBJET CELLE DES BOIS, DES GRAINS DE TOUTE ESPÈCE, ET DU POISSON QUE LES MARCHANDS PROCURENT DEPUIS QUELQUE TEMPS EN ABONDANCE, DANS L'ÉTENDUE DES PORTS DE CETTE VILLE, MALGRÉ LES DANGERS AUXQUELS ILS SONT EXPOSÉS DANS CET ESPACE DE LADITE RIVIÈRE D'AUBE, ET DONT IL EST DE NOTRE DEVOIR DE LES PRÉSERVER ; pourquoi requérait le procureur du roi et de la ville, qu'il nous plût permettre à tous marchands voituriers par eau, compagnons de rivière et autres personnes, soit qu'elles soient propriétaires ou qu'elles ne le soient point, d'ôter du lit de la rivière d'Aube, depuis Chalette, au-dessus d'Arcis, jusqu'à son embouchure dans la Seine, tous les arbres qui y sont pendants par les racines ou qui y sont tombés, les bois de toutes espèces qui y ont été naufragés, et les pieux et pierres qui s'y trouveront; lesquels arbres, bois, pieux et pierres appartiendront aux marchands et voituriers par eau, compagnons de rivière et autres personnes, pour les indemniser des frais qu'ils auront faits pour y parvenir; à la charge par eux, à l'égard des arbres et pieux, de les couper au niveau du fond et de ladite rivière, en sorte qu'aucuns bateaux n'en puissent être blessés à l'avenir, à peine de trois cents livres d'amende, même pour la première fois, et d'être tenus de toutes pertes, dépens, dommages et intérêts des propriétaires des bateaux et des marchandises voiturées en iceux; ordonnons que le jugement qu'il nous plaira rendre sera lu, publié et affiché partout où besoin sera.

Fait au bureau de la ville, le 7 janvier 1739.

(Archives du royaume, registres du bureau de la ville, section administrative.)

SENTENCE DU BUREAU DE LA VILLE,

Qui autorise le sieur Bonchrétien, marchand de bois pour la provision de Paris, et vendeur d'une assez grande quantité de bois de charpente et menuiserie destinés partie à son chantier de Paris, partie au sieur Sandrier, maître charpentier des bâtiments du roi, pour être employés au château de Fontainebleau, à faire recherche et perquisition de ses bois de charpente et menuiserie entraînés des ports de la Ferté-Chaudron et les Veurdres par la crue d'eau survenue en rivière.

Du 31 janvier 1739.

(Archives du royaume, section judiciaire.)

17

SENTENCE DU BUREAU DE LA VILLE,

Qui condamne Claude Sommet et Nicolas Sommet fils, menuisiers associés, et Claude Boissonnet, compagnon de rivière, chacun en cent livres d'amende, pour avoir acheté des bois carrés
des ouvriers qui avaient travaillé aux réparations des écluses construites sur la rivière de Chausse; et leur fait défense de récidiver, sous peine de punition exemplaire.

12 *janvier* 1740.

(Recueil Moreau, bois à bâtir, Bib. royale.)

SENTENCE DU BUREAU DE LA VILLE,

Concernant les lettres de voitures dont les mariniers doivent être porteurs. Contenant le détail des morceaux avec leur réduction en pièces.

23 *mars* 1740.

Condamne Michel Villiot, marchand de bois pour la provision de Paris, en trois mille livres d'amende, pour avoir fait
faire une lettre de voiture à Epernay, de six cent quatre-vingt-
neuf morceaux de bois de charpente qu'il a fait arriver *sans
y avoir fait mention des quantités desdits bois par réduction
d'iceux, au nombre des pièces que lesdits six cent quatre-vingt-
neuf morceaux composaient :* en cent cinquante livres de pareille
amende, au profit de la communauté des commissaires jurés-
visiteurs, marqueurs et contrôleurs des bois carrés à œuvrer, et au
paiement des droits desdits bois; lui fait défense de récidiver,
ainsi qu'à tous autres marchands de bois carrés de cette ville et
forains, de faire ou laisser partir aucunes desdites marchandises
des lieux où elles seront mises en brelle ou en bateaux, sans lettres
de voiture faites au départ, sans aucun blanc, CONTENANT LES
QUANTITÉS DE MORCEAUX, AVEC LEURS RÉDUCTIONS EN PIÈCES
A LA MESURE DE CETTE VILLE, LEURS QUANTITÉS ET LE PRIX

DE LEURS VOITURES, le lieu où elles auront été mises en brelles ou chargées en bateaux, celui de la destination, et le temps du départ, le nom des marchands auxquels ils seront envoyés, et celui de leurs commissionnaires qui en auront chargé les voituriers, lesquelles lettres de voiture ils feront représenter aux commis de tous les bureaux, soit des fermes du roi ou des seigneurs particuliers, établis sur les rivières de Seine, Yonne, Marne, canaux et autres rivières y affluantes, où il se perçoit des droits, depuis lesdits lieux de départ et de chargement jusqu'en cette dite ville de Paris, ou autres lieux de destination, et de les y faire viser, conformément aux règlements, ce que lesdits commis seront tenus de faire sur-le-champ, sans frais; lesquelles lettres de voiture, lesdits marchands feront remettre à l'instant de l'arrivée desdites marchandises pour Paris, au bureau du roi, et ensuite à ceux de la communauté des contrôleurs des bois carrés et autres communautés, à peine de nullité desdites lettres de voiture, de trois mille livres d'amende, et de confiscation desdits bois pour la première fois, de pareille peine et d'interdiction du commerce pendant six mois en cas de récidive, et de pareille peine et d'interdiction pour toujours en cas de seconde récidive ; *fait pareille défense à tous conducteurs desdits bois, de partir sans lesdites lettres de voiture*, et d'omettre de les représenter et faire viser auxdits bureaux, à peine de cinq cents livres d'amende, et de confiscation du prix de la voiture; de pareille peine et d'interdiction de pouvoir faire la conduite d'aucunes marchandises pour la provision de Paris en cas de récidive; et contre lesdits commis desdits bureaux, d'être tenus de tous dépens, dommages et intérêts; avec injonction auxdits officiers-contrôleurs de bois carrés, de faire la visite, le contrôle et le mesurage de tous les bois qui arriveront en cette ville, sans pouvoir percevoir aucuns de leurs droits, qu'ils n'aient satisfait auxdites visites, contrôle et mesurage.

(Recueil Moreau, bois à bâtir, Bib. royale.)

SENTENCE DU BUREAU DE LA VILLE,

Qui ordonne l'ouverture du pertuis d'Anglure, dont le passage avait été refusé par M. Louis, duc de Commerfort, seigneur dudit lieu, quoique de tout temps il ait été d'usage, pour le passage des bateaux et trains, de passer par la vanne vulgairement appelée *Belle-Assise*.

Permet au sieur Nicard, voiturier par eau et réclamant, de faire faire ouverture desdits pertuis, et en cas de refus, se faire assister d'huissiers et archers nécessaires, en sorte que force demeure à justice.

Du 10 septembre 1740.

(Archives du royaume, section judiciaire.)

SENTENCE DU BUREAU DE LA VILLE,

Qui autorise le sieur Galley, marchand de bois à Paris, à faire les recherches et perquisitions nécessaires *pour recouvrer dix-huit mille pièces de bois de charpente*, réduites au grand cent, que la hauteur excessive des eaux à enlevées en totalité, du moins la meilleure partie, des ports de Nogent-sur-Seine, du port du Tremblay au-dessous de Corbeil, et de Chenevières sur la Marne, lesdits bois marqués de sa marque.

L'autorise à faire ouvrir, par le premier serrurier venu ou maréchal sur ce requis, même en cas de résistance ou rébellion, permis à l'huissier porteur de ces présentes, de se faire assister de tel nombre de personnes ou maréchaussées pour que force reste à justice et que reprise des bois ait lieu; le tout quitte des dommages et intérêts, des dégâts et ruptures que pourraient prétendre les propriétaires ou meûniers dont les suppliants demeureront déchargés, lesdits accidents ne pouvant être imputés qu'à force majeure.

Du 29 décembre 1740.

(Archives du royaume, section judiciaire.)

ORDONNANCE DU BUREAU DE LA VILLE,

Concernant les marchandises de bois carrés, à bâtir, à œuvrer, de sciage, charronnage, et de bois à brûler, naufragés dans les ports de cette ville, et aux environs-au dessus d'icelle, par le débordement de la rivière.

Du 11 janvier 1741.

A tous ceux qui ces présentes lettres verront, Félix Aubery, prévôt des marchands, et les échevins de la ville de Paris, salut : savoir faisons, sur ce qui nous a été remontré par le procureur du roi et de la ville, que le *débordement de la rivière, ayant occasionné le naufrage de grandes quantités de bois carrés, à bâtir, à œuvrer, de sciage, charronnage et de bois à brûler, dans les ports de cette ville et aux environs au-dessus d'icelle*, ils auraient été repêchés par des compagnons de rivière et des gagne-deniers et autres particuliers qui ont dû les déposer sur les ports et quais de cette ville, et le long de la rivière au-dessous de ladite ville, sauf leurs salaires, conformément aux ordonnances et règlements ; qu'il aurait eu avis que quelques uns de ces particuliers, dans la vue d'assurer le paiement de ces salaires et empêcher que lesdits bois ne fussent enlevés sans en avoir été satisfaits, ou par des personnes qui faussement s'en disant propriétaires, en auraient emporté dans leurs maisons et placé dans celles occupées par d'autres personnes ; que comme la diminution de la rivière est assez constante pour donner lieu de croire qu'elle rentrera incessamment dans son lit, les marchands et autres propriétaires desdits bois, ou leurs commissionnaires, n'ont point à appréhender que les parties desdites marchandises qui n'ont pas été emportées, courent le risque auquel elles ont été exposées, que se trouvant à présent en état de vaquer aux recherches de celles que la violence de ces eaux a entraînées, ils ont besoin d'être par nous autorisés pour se mettre en possession, chacun à leur égard, de celles desdites marchandises qui leur appartiennent, soit qu'elles soient sur les ports et quais et dans d'autres lieux de cette ville, soient qu'elles se trouvent sur les héritages et dans divers endroits des villages situés au-dessous de cette ville ; et comme il s'agit de prévenir que lesdits marchands ne soient troublés dans ces perquisitions et tout usage injuste de la part de ceux qui pourraient refuser de restituer ces bois, sur les prétextes imaginaires ou défaut de connaissance des véritables propriétaires, de contestations pour raison desdits salaires ou autrement ; pourquoi requérait le procureur du roi et de la ville qu'il nous plût ordonner, que tous compagnons de rivière, gagne-deniers et autres personnes qui ont repêché desdits bois, ou en ont en leur possession, seront tenus de faire dans quatre jours leur déclaration des quantités desdites marchandises pêchées et laissées sur les ports et quais de cette ville, et sur les héritages le long de la rivière de Seine hors de cette ville, comme aussi de celles étant en leur possession, savoir : à l'égard desdits bois étant dans l'étendue de cette ville au greffe de l'Hôtel-de-Ville, et des autres, pardevant les juges des lieux, lesquelles déclarations seront reçues sans frais, à peine de déchéance de tous salaires pour le repêchage desdits bois qui sont sur lesdits ports et quais de cette ville, et sur les héritages le long de la rivière hors d'icelle ; et à l'égard des autres bois qui seront trouvés passé ledit temps dans aucuns lieux, d'être ceux qui les y ont déposés et ceux qui les ont retirés poursuivis extraordinairement, et de demeurer en outre garants et responsables de toutes pertes, dommages et intérêts des marchands et autres propriétaires desdits bois ; permettre aux marchands et autres propriétaires desdites marchandises, leurs commissionnaires et facteurs, de faire faire des recherches après ledit délai de quatre jours expiré, par le premier huissier ou sergent sur ce requis, dans tous les lieux, tant de cette ville que hors d'icelle où ils croiront qu'il y aura desdits bois, et de se mettre chacun à son égard en possession de ceux qui leur appartiennent A LA CHARGE, PAR EUX DE FAIRE VOITURER SUR LES PORTS DE CETTE VILLE CEUX QUI AURONT ÉTÉ REPÊCHÉS HORS D'ICELLE, et en cas de refus par lesdits compagnons de rivière, gagne-deniers et autres personnes, de donner l'entrée desdits lieux, permettre pareillement auxdits marchands et autres propriétaires, leurs commissionnaires et facteurs d'en faire faire ouverture par le premier serrurier ou maréchal sur ce requis, en faisant par eux dresser des procès-verbaux, parties présentes ou duement appelées ; requérir tous juges et autres officiers de justice et des maréchaussées, de les assister et leur prêter main-forte, ordonner que lesdits compagnons de rivière, gagne-deniers et particuliers, qui auront fait lesdites déclarations, dans ledit délai de quatre jours, seront payés des salaires qui seront par nous fixés, par lesdits marchands et autres propriétaires lors de l'enlèvement desdites marchandises, avec très expresses inhibitions et défenses auxdits compagnons de rivière, gagne-deniers et particuliers, d'exiger, et auxdits marchands et autres propriétaires, et à leurs commissionnaires et facteurs, de leur payer autres et plus grandes sommes, à peine contre les uns de punition exemplaire, et contre les autres de cinq cents livres d'amende, même pour la première fois. Ordonner qu'avant de procéder à la fixation desdits salaires, lesdits marchands seront par nous entendus, comme aussi au sujet des droits attribués aux officiers-commissaires, jurés-visiteurs, marqueurs, mesureurs et contrôleurs desdits bois carrés, à bâtir, à œuvrer, de sciage et charronnage, lesquels seront aussi par nous mandés, à l'effet de déclarer par eux, s'ils entendent les percevoir sur lesdits bois naufragés, lorsqu'ils seront ramenés en cette ville ; pour ledit procureur du roi et de la ville, ensuite ouï, être par nous statué ce qu'il appartiendra. Faire très expresses inhibitions et défenses à tous marchands, maîtres charpentiers, menuisiers et autres, de se transporter sur les ports, dans aucuns des chantiers et autres lieux de cette ville, ni dans aucuns endroits au-dessous d'icelle, à l'effet d'y marquer aucuns desdits bois repêchés ou autres sans exception, jusqu'à ce que lesdits marchands aient fait leurs recherches, triqué et reconnu lesdits bois, chacun à leur égard, sur telles peines qu'il appartiendra ; ordonner que le jugement qu'il nous plaira rendre sera lu, publié et affiché sur les ports, tant de cette ville que desdits lieux et autres endroits accoutumés.

Nous, ayant égard au réquisitoire du procureur du roi et de la ville, disons que les ordonnances et règlements seront exécutés

selon leur forme et teneur; en conséquence, que tous compagnons
de rivière, gagne-deniers et autres personnes qui ont repêché
des bois carrés, à bâtir, à œuvrer, de sciage et charronnage, et des
bois à brûler naufragés dans les ports de cette ville, ou en ont en
leur possession, seront tenus de faire dans quatre jours leur déclaration des quantités desdites marchandises repêchées et laissées
sur les ports et quais de cette ville, sur les héritages, le long de
la rivière de Seine, hors de cette dite ville, comme aussi de celles
étant en leur possession, savoir : à l'égard desdits bois étant dans
l'étendue de cette ville, au greffe de l'Hôtel-de-Ville, et des autres
par devant les juges des lieux; lesquelles déclarations seront
reçues sans frais, à peine de déchéance de tous salaires pour le
repêchage desdits bois qui sont sur lesdits ports et quais de cette
dite ville, et sur les héritages le long de la rivière hors d'icelle;
ET A L'ÉGARD DES AUTRES QUI SERONT TROUVÉS PASSÉ LEDIT
TEMPS DANS AUCUNS LIEUX, D'ÊTRE, CEUX QUI LES Y ONT DÉPO-
SÉS ET CEUX QUI LES ONT RETIRÉS, POURSUIVIS EXTRAORDINAI-
REMENT et de demeurer en outre garants et responsables de toutes
pertes, dommages et intérêts des marchands et autres propriétaires
desdits bois; permettons auxdits marchands et autres propriétaires
desdites marchandises, leurs commissionnaires et facteurs, de faire
faire des recherches après ledit délai de quatre jours expirés par le
premier huissier ou sergent sur ce requis, dans tous les lieux, tant
de cette ville que hors d'icelle, où ils croiront qu'il y aura desdits
bois, et de se mettre, chacun à son égard, en possession de ceux qui
leur appartiennent, A LA CHARGE PAR EUX DE FAIRE VOITURER
SUR LES PORTS DE CETTE VILLE CEUX QUI AURONT ÉTÉ REPÊCHÉS
HORS D'ICELLE; et, en cas de refus par lesdits compagnons de rivière, gagne-deniers et autres personnes de donner l'entrée desdits lieux, permettons pareillement auxdits marchands et autres
propriétaires, leurs commissionnaires, facteurs, d'en faire faire
ouverture par le premier serrurier ou maréchal sur ce requis,
en faisant par eux dresser des procès-verbaux, parties présentes
ou duement appelées : requérons tous juges et autres officiers de
justice et des maréchaussées de les assister et leur prêter main-
forte.

Ordonnons que lesdits compagnons de rivière, gagne-deniers et particuliers qui auront fait lesdites déclarations dans ledit délai de quatre jours, seront payés des salaires qui seront par nous fixés par lesdits marchands et autres propriétaires lors de l'enlèvement desdites marchandises, et qu'à cet effet lesdits marchands et autres propriétaires étant de présent en cette ville, et pour ce mandés, seront entendus.

Faisons très expresses inhibitions et défenses à tous marchands, maîtres charpentiers, menuisiers et autres, de se transporter sur les ports, dans aucuns des chantiers et autres lieux de cette ville, ni dans aucuns endroits au-dessous d'icelle, à l'effet d'y marquer aucuns desdits bois repêchés ou autres sans exception, jusqu'à ce que lesdits marchands aient fait leurs recherches, triqué et reconnu lesdits bois, chacun à leur égard, sur telle peine qu'il appartiendra.

Mandons aux commissaires de police et huissiers audienciers de l'Hôtel de cette ville, de tenir exactement la main à l'exécution des présentes, de dresser des procès-verbaux des contraventions qui y seront commises, et de les remettre dans le jour ès-mains du procureur du roi et de la ville; enjoignons aux commissaires, jurés-visiteurs, marqueurs, mesureurs et contrôleurs des bois carrés, à bâtir, à œuvrer, sciage et charronnage, et aux commissaires, contrôleurs, jurés-mouleurs de bois, aides-à-mouleurs, contrôleurs, chargeurs et déchargeurs, et aux sergents, caporaux et soldats des escouades, gardes de jour et de nuit sur les ports de cette ville, de dénoncer pareillement au procureur du roi et de la ville les contraventions aussitôt qu'elles seront venues à leur connaissance; et seront ces présentes lues, publiées et affichées partout où besoin sera, et exécutées, nonobstant oppositions ou appellations quelconques, et sans préjudice d'icelles.

Fait au bureau de la ville, le onzième jour de janvier mil sept cent quarante-un.   Signé Taitbout.

(Recueil Moreau, bois à bâtir, Bib. royale.)

Nota. On peut voir sur la même matière (aux Archives de la préfecture de police) d'autres ordonnances aux dates des 17 février 1764, 15 janvier 1768, etc., etc.

ORDONNANCE DU BUREAU DE LA VILLE,

Concernant la sûreté et la liberté de la navigation de la rivière d'Aube.

25 *février* 1741.

A tous ceux qui ces présentes verront : Félix Aubery, chevalier, marquis de Vastau, etc., etc., prévôt des marchands, et les échevins de la ville de Paris, salut, faisons savoir :

Que sur ce qui nous a été remontré, que la crue excessive des eaux ayant fait déborder les rivières à diverses reprises depuis deux mois, les berges de celle d'Aube ont été plus exposées encore par la qualité de leur terrain à des dégradations, que le rétrécissement de ces berges emportées en partie, et le renversement dans le bassin de cette rivière d'une grande quantité d'arbres plantés le long de différents espaces qui servent au halage, annoncent aux voituriers et marchands des naufrages et des retards dont la seule idée les alarme ; que ces commerçans attendent des effets de l'autorité qui nous est confiée, l'assurance de protéger cette portion de leur fortune.

Nous, ayant égard à ces réclamations et au réquisitoire du procureur du roi et de la ville, disons que les ordonnances et règlements concernant la sûreté et la liberté de la navigation seront exécutés selon leur forme et teneur. En conséquence, ordonnons que tous propriétaires d'héritages situés le long de la rivière d'Aube, seront tenus chacun à leur égard de faire enlever de son lit dans vingt-quatre heures pour tout délai, les arbres qui y ont été renversés, soit qu'ils se trouvent entièrement renversés du fond du terrain, soit qu'ils y tiennent encore, et permettons aux autres personnes non propriétaires des arbres, passé les vingt-quatre heures, de les sortir du lit de la rivière d'Aube, lesquels arbres leur appartiendront pour les indemniser de leurs frais.

Rendons responsables lesdits propriétaires d'héritages des accidents qui surviendraient et de 500 livres d'amende.

(Arch. du roy., reg. du bur. de la ville, sect. admin.)

TARIF

Des salaires qui seront payés aux soldats des gardes françaises pour l'embarquement des marchandises destinées de Paris à aller à Rouen.

De par les prévôt des marchands et échevins, etc.

Pour la *voie* d'arbres..................... 1 l. »

Pour une *voie* de planches 1   »

Pour une *voie* de contrelattes 1   5 s.

Du 22 *avril* 1741.

Nota. C'est encore *à la voie* que ce tarif relatif aux bois à œuvrer est établi.

(Archives du royaume, registres du bureau de la ville, section administrative.)

SENTENCE DU BUREAU DE LA VILLE,

Qui condamne Laurent Gayot, marchand de bois à Paris, en trois cents livres d'amende, pour avoir fait conduire au port de Corbeil trois éclusées de bois carrés, en avoir fait tirer deux, SANS AVOIR EU DE LETTRE DE VOITURE, au préjudice de la provision de cette ville; lui ordonne de les y faire incessamment conduire, sinon qu'ils y seront amenés d'office, et lui fait défense de récidiver.

Du 14 *juillet* 1741.

(Recueil Moreau, bois à bâtir, Bib. royale.)

SENTENCE DU BUREAU DE LA VILLE,

Qui condamne un marchand de bois en cinquante livres d'amende, pour avoir fait déchirer un bateau au-dessous de la première arche du Pont-Royal; et lui fait défense de récidiver, sous plus grandes peines.

Du 4 *août* 1741.

SENTENCE DU BUREAU DE LA VILLE,

Qui condamne Gilles Gourné, marchand de bois, en cinquante livres d'amende, pour avoir, le sept du présent mois, fait tirer des bois d'ouvrages hors de l'eau, et les avoir fait conduire dans son chantier près la barrière de la Râpée, A SEPT HEURES DU SOIR, nonobstant les dispositions des ordonnances, qui ne permettent toute vente et tout travail dans les ports de cette ville, que jusqu'à cinq heures du soir, depuis le premier de ce mois; et qui lui fait défense de récidiver, sous plus grandes peines.

10 *octobre* 1741.

(Recueil Moreau, bois à bâtir, Bib. royale.)

COMMISSION DONNÉE PAR LE BUREAU DE LA VILLE

Au sieur Nicolas Guillot, pour faire le buissonnage sur la rivière d'Aube; lequel devra se transporter le long de ladite rivière, visiter les berges, pertuis, vannes, moulins, dresser procès-verbaux de contraventions aux règlements relatifs à la police et sûreté de la navigation, et des empêchements y apportés par telles personnes que ce sera.

20 *octobre* 1741.

(Archives du royaume, registres du bureau de la ville, section administrative.)

SENTENCE DU BUREAU DE LA VILLE,

Qui condamne Étienne Guinot, marchand de bois carrés, en cent livres d'amende, *pour avoir fait travailler dans l'heure intermédiaire*, à l'arrangement de ses bois dans le chantier en partie par lui sous-loué, au port au Plâtre, appartenant à Antoine Bon-chrétien, et avoir injurié la sentinelle; lui fait défense de récidiver, sous plus grandes peines, ainsi qu'à tous propriétaires des places appliquées en chantier, et à tous locataires d'icelles, de louer, sous-louer ou prêter tout ou partie desdites places à aucuns marchands forains de bois carrés et d'ouvrages, et à tous lesdits marchands forains de louer, sous-louer ou emprunter tout ou partie desdits lieux, avec injonction auxdits marchands forains de faire tirer lesdits bois au port Saint-Victor (affecté aux forains, depuis la nouvelle destination donnée à l'île Louviers), et de les empiler dans le chantier public y établi, après les y avoir laissés trois jours, pour que les bourgeois de cette ville s'en puissent fournir, et ensuite pendant vingt-quatre heures, afin que les artisans les puissent lotir, sur les peines portées par les ordonnances, arrêts et règlements.

11 *mai* 1742.

(Recueil Moreau, bois à bâtir, Bib. royale.)

SENTENCE DU BUREAU DE LA VILLE,

Portant modération d'amende de dix livres à cinq livres, à laquelle avait été condamné le sieur Delagarde, pour avoir fait éplucher des bois de bateau au bas du bassin de l'Arsenal.

28 *août* 1743.

(Archives du royaume, section judiciaire.)

SENTENCE DU BUREAU DE LA VILLE,

Portant modération d'amende de cent livres à dix livres, à laquelle avait été condamnée la veuve Rogueux, pour avoir déposé des bois de déchirage de bateaux le long du quai, vis-à-vis le chantier du sieur Vermenoux, à la Grenouillère.

4 *septembre* 1743.

(Archives du royaume, section judiciaire.)

ORDONNANCE DU BUREAU DE LA VILLE

Concernant l'emplacement et l'empilage des bois flottés à brûler dans les chantiers de cette ville, et de ses faubourgs, portant défense de rentrer aucuns bois de charpente ou d'ouvrages dans lesdits chantiers de bois à brûler.

13 avril 1744.

Nous, ayant égard au réquisitoire du procureur du roi et de la ville, disons que l'ordonnance du 12 octobre 1695, ensemble l'arrêt de la cour du 24 juillet 1725, seront exécutés selon leur forme et teneur; en conséquence, faisons défenses à tous marchands de bois flotté à brûler, d'emplacer et élever à l'avenir aucuns desdits bois en théâtres ou en piles courantes, qui soient plus proches que de douze pieds des murs desdits chantiers, soit de clôture et de face sur les rues, soit des murs qui les séparent d'avec les hôtels, maisons et emplacements, auxquels ils sont mitoyens; comme aussi de mettre ou souffrir qu'il soit mis dans ladite étendue de douze pieds, aucunes perchés, harts ou autres débâcles, provenants des trains, ni *aucuns bois de charpente, d'ouvrage ou débris de bateaux;* et à toutes personnes de faire ledit usage de la totalité, ou portion dudit espace, le tout sous quelque prétexte que ce soit, à peine contre les uns et les autres de cinq cents livres d'amende et de confiscation desdits bois, pour la première fois, même de plus grande peine en cas de récidive.

(Archives de la Préfecture de police.)

ARRÊT DU CONSEIL D'ÉTAT DU ROI.

En interprétation de l'édit du mois de décembre 1743 et du tarif du 24, qui ordonne que les poteaux de chêne non flottés, compris par double emploi dans l'article 19 des droits sur le bois carré, qui ne doit concerner que le hêtre, le sapin et le bois

blanc, paieront dix-sept livres dix-huit sols huit deniers du cent
de pièces réduites, fournies de dix au cent, comme le bois de brin,
et deux livres quatorze sols *par voie de quatorze pièces ;* que les
membrures et les chevrons de chêne flottés ou non flottés faisant
partie de la charpente, seront réduits comme le bois de brin, et
paieront quatorze livres quatorze sols du cent de pièces fournies
de dix aux cent, et deux livres trois sols *par voie de quatorze
pièces réduites,* fournies; et que les poteaux flottés paieront
comme la membrure et les chevrons ; que les planches et dosses
de chêne non flottées paieront les mêmes droits que les planches
et dosses de chêne flottées, à proportion de leur longueur et épaisseur ; que le hêtre, le sapin et le bois blanc, en poteaux, membrures, chevrons et planches flottés ou non flottés, seront réduits
les uns comme les autres, à six pieds pour toise, et la dosse à
neuf pieds, et que les planches de neuf, dix et onze lignes d'épaisseur, comme celles de deux pouces aussi d'épaisseur, seront réduites sans aucune distinction du fort au faible, à la toise de six
pieds ; et *la voie composée de cent quatre toises* paiera trois livres
neuf sols. Ordonne au surplus l'exécution de l'édit et tarif du mois
de décembre 1743.

28 *avril* 1744.

Nota. C'est encore par *voie de bois* que ce tarif est établi, quoique
s'appliquant aux bois carrés.

(Recueil Moreau, bois à bâtir, Bib. royale.)

SENTENCE DES PRÉVOT ET ÉCHEVINS DE LA VILLE DE PARIS,

Qui condamne Gabriel Bonchrétien de Gardefort fils, marchand
de bois de charpente à Paris, en trois mille livres d'amende, pour
avoir destiné la quantité de neuf cents pièces de bois réduites
pour le lieu de Choisy-le-Roi, les y avoir fait arriver et décharger,
en avoir fait mettre en chantier, en avoir vendu partie, et avoir
rayé sur la lettre de voiture ces mots (pour la provision de), et

ajouté la lettre (A) entre le mot (de) et celui (Paris), c'est-à-dire avoir mis marchand de bois à Paris, au lieu de *pour la provision de Paris.*

Ordonne la confiscation desdits neuf cents pièces de bois au profit de l'Hôpital-Général, et interdit ledit Bonchrétien fils du commerce pour toujours.

Du 6 août 1744.

(Recueil Moreau, bois à bâtir, Bib. royale.)

ARRÈT DU CONSEIL D'ÉTAT DU ROI,

Qui ordonne l'exécution de l'édit du mois de décembre 1743 et que les droits sur *chacune voie de bois de brin* non flotté, seront payés sur le pied de quatre livres cinq sols ; que les droits par cent de bois de brin non flotté, continueront d'être payés sur le pied de vingt-sept livres neuf sols quatre deniers, et qu'à l'égard des droits sur ledit bois de brin flotté, ils ne seront plus payés qu'à raison de quatre livres trois sols quatre deniers *par voie.*

Du 18 octobre 1744.

(Recueil Moreau, bois à bâtir, Bibl. royale.)

SENTENCE DU BUREAU DE LA VILLE,

Portant modération d'*amende de trois mille francs à cent cinquante francs* à laquelle avaient été condamnés les sieurs Godot et Robequin, marchands de bois de Paris, pour avoir fait faire deux lettres de voitures de bois de charpentes flottées, à Pont-sur-Seine, contenant seulement la quantité des morceaux au nombre de quatre cent quatre-vingt-quatre, SANS Y AVOIR DÉTAILLÉ LA VRAIE QUANTITÉ ET LA RÉDUCTION DESDITS BOIS, avec défense de récidiver.

Du 18 décembre 1744.

(Archives du royaume, section judiciaire.)

SENTENCE DU BUREAU DE LA VILLE,

Rendue en faveur des marchands de bois flotté, pour la provision de Paris, et des marchands faiseurs de flottages pour la même provision ; fait défenses aux ouvriers faiseurs de flottages et autres, d'emporter, casser et vendre aucuns bois de moule, chantiers, perches, rouettes, harts et autres étoffes servant à la construction des trains, *ni falourdes ou fagots composés de bouts de chantiers, et de rouettes*, de bouts de bois de moule en tisons, et d'écorces, et A TOUTES PERSONNES D'ACHETER DESDITS OUVRIERS AUCUNE DE CES SORTES DE MARCHANDISES, à peine de cent livres d'amende.

Du 7 mai 1746.

(Archives du royaume, section judiciaire.)

SENTENCE DU BUREAU DE LA VILLE,

Rendue en faveur du sieur Cosme Richard, marchand de bois pour la provision de Paris, acquéreur de bois de haute futaie près Barbeau, et dont les voituriers avaient été saisis, sous prétexte de dommages à des terres ensemencées. Ordonne la main-levée desdits empêchements, permet audit Richard de faire passer ses chevaux, bœufs, harnais dans les terres, prés ou héritages qu'il conviendra, en indemnisant raisonnablement, à dire d'experts, lesdits propriétaires, mais sans qu'ils puissent former saisie ou arrêt, ni empêcher le trafic du sieur Cosme Richard, attendu que ses bois sont destinés pour la provision de Paris.

9 août 1746.

(Archives du royaume, section judiciaire.)

DÉCHIRAGE DE BATEAUX.

Placet présenté au bureau de la Ville, par Claude Dupré, déchireur de bateaux, pour qu'il lui fût permis de faire son déchirage au port *du Mail*, au lieu de l'île dite des Cygnes, endroit à ce destiné,

ET REFUS PAR LE BUREAU DE LA VILLE.

5 *avril* 1747.

A MONSEIGNEUR LE PRÉVOT DES MARCHANDS.

Monseigneur,

Les ordonnances et règlements émanés du bureau de la ville étant des lois d'autant plus respectables qui ne doivent souffrir aucun empêchement, que la sagesse et l'équité des magistrats qui les prescrivent en parfaite connaissance de cause en sont les principaux fondements, soit pour l'avantage public et commun, soit pour l'embellissement et décoration de cette capitale, objets qui semblent devoir prévaloir sur quelques faibles considérations et intérêts particuliers.

Cependant, monseigneur, il est des cas dont les légitimes circonstances doivent opérer quelque tolérance dans l'entière exécution de toutes lois, surtout lorsqu'il en résulte préjudice et dommage à quelqu'un, ainsi qu'à Claude Dupré, marchand de bois de déchirage de bateaux, qui, prenant la liberté de vous en faire ses très humbles remontrances, supplie votre grandeur d'avoir la bonté d'honorer de son attention l'exposé au présent.

Le commerce de déchirage de bateaux n'est pas moins ancien que l'établissement de la navigation en cette ville, que de l'instant que les bateaux les premiers construits se sont trouvés hors d'état de service.

Ce commerce, qui semble à d'aucuns un faible objet, en est cependant un considérable, non pour le bénéfice qui en revient à celui qui le fait, mais pour l'avantage public qui en résulte, soit pour la facilité que trouvent les voituriers de se défaire des bateaux hors d'état de service, ou de ceux qui, quoique d'usage, ne peuvent être remontés facilement d'où ils viennent; telles sont les toues de la rivière de Loire. L'acquisition qu'en font les déchireurs opère des avantages considérables, il débarrassent les ports et quais; les bois qui proviennent du déchirage s'emploient, partie dans les bâtiments par les charpentiers, maçons et menuisiers, l'autre partie se consomme par les plâtriers, ce qui évite une plus considérable consommation des bois neufs de menuiserie, charpente et de corde. Il est des temps où celui de cette dernière espèce ne suffisant pas pour le chauffage des habitants, l'on a recours au bois de déchirage. Enfin le pauvre, privé des moyens de pouvoir aller à la voie, trouve celui de son chauffage dans le débit qui se fait à la hottée, des petites parties de ce bois; considérations qui, sans doute, avaient engagé messieurs les magistrats des premiers temps d'indiquer et établir pour la commodité publique différents endroits pour faire le déchirage; tels étaient le port des Grands-Degrés, celui de l'Arche-Beaûfils et celui de la Grenouillère.

Les choses ont, monseigneur, subsisté en cet état un temps immémorial, jusqu'à celui qu'il a plu au bureau supprimer le port des Grands-Dégrés, et d'ordonner aux déchireurs qui y travaillaient et y avaient leurs établissements, d'aller faire leur déchirage au ponceau de l'Hôpital, et quelque temps après, le port du Mail fut aussi indiqué pour les déchireurs de l'Arche-Beaûfils.

Ces derniers établissements, qui semblaient devoir être irrévocables, sont devenus, du moins celui du Ponceau, l'objet de la mauvaise humeur des fermiers des coches, les sieurs Richard entre autres, dont les esprits inquiets et turbulents, tels qu'il sont anciennement connus du bureau, y ont toujours trouvé des obstacles sans cependant l'avoir pu prouver; il est vrai qu'il y a eu une corde de coche montant prise et cassée dessous des bois de déchirages, mais la résistance qui a occasionné cette rupture était si peu de chose, que cette corde eût pu la vaincre si elle eût été bonne; mais sans doute qu'il fallait un accident pour opérer la suppression de ce port, il est arrivé par la rupture de cette corde. Accident qui n'a pas été de la part des déchireurs examiné d'assez près, car peut-être eussent-ils pu en prouver la défectuosité, ou qu'il y avait eu mauvaise manœuvre de la part des mariniers, et faire constater que cet accident était préparé pour parvenir aux fins que ces fermiers des coches se proposaient par la multiplicité des procès-verbaux qu'ils ont fait dresser. Cependant les remonteurs des sels, ceux des traits de bateaux dont les mâts sont extrêmement plus bas que ceux des coches, et ce qui fait que les cordes sincenelles sont bien plus basses et traînent proche terre, ne se sont jamais plaints que les bois de déchirage au Ponceau leur fissent obstacle, il n'y a jamais eu que les fermiers des coches qui y en aient trouvé.

La suppression de ce port a été quelque temps après suivie de celle du port du Mail par motif de la jalousie des déchireurs qui travaillaient au premier, qui, fâchés d'être obligés d'aller à l'île des Cignes, ont excité le bureau à envoyer aussi à l'île des Cignes ceux du Mail qui faisaient à ce port leur travail sans nuire à quoi ni à qui que ce soit, cet endroit n'étant d'aucun usage à la navigation.

Cependant, monseigneur, sur le fondement de l'établissement du port du Mail, défunt Laurent Fauchon, premier mari de la femme Dupré, aurait formé le sien à la proximité, en prenant à bail pour neuf années une maison et chantier dont le loyer annuel est de 2,000 liv., alors il ne payait pour chaque voiture du port à son chantier, rue de Lesdiguières, que vingt sols, et depuis l'établissement de l'île il a été obligé de payer 3 livres, attendu l'éloignement. Ainsi augmentation de 40 sols sur chaque voiture.

Dupré se trouve aussi obligé de supporter cet excédant de prix de voiture qui lui fait un tort considérable, par la raison qu'il fait annuellement arriver à son chantier plus de six cents voitures; ainsi ces 40 sols d'excédant sur chaque forment un objet de plus de 1,200 liv. par an, en pure perte, dont il ne peut se récupérer, par imputation sur les marchandises qui sont égales de prix chez tous les marchands, même à l'île où se fait le déchirage et où ses pratiques ordinaires ne manqueraient pas d'aller se fournir, s'il voulait leur vendre plus haut prix; les déchireurs ne peuvent se dispenser de convenir qu'il souffre considérablement de cet excédant de prix de voiture.

Un autre inconvénient, qui, monseigneur, lui est d'une conséquence infinie, c'est l'extrême éloignement de sa demeure à l'île, où il ne peut aller journellement veiller à la conduite de ses ouvriers sur l'emploi de leur temps qu'il paie, et sur la disposition de ses marchandises qui plus qu'aucune autre par le même détail exige la présence continuelle du maître; à ces inconvénients se joint la difficulté qu'il trouve à tirer ses bois du port où il fait déchirer, par la raison que plusieurs marchands de bois à brûler du quai d'Orsay s'emparent des emplacements de la tête de l'île, ce qui a obligé les déchireurs à se retirer à la queue, où a été construit le fort Dauphin, endroit impraticable pour les voitures qui n'en peuvent sortir qu'à demi-charge : ainsi autres frais pour décharger, charger et former voie entière pour être amenée au chantier.

De tout ce que Dupré a l'honneur de vous représenter résulte certainement sa ruine totale, ou il faut qu'il quitte ce commerce, ce qu'il ne peut faire par l'engagement forcé de l'exécution du bail de deux mille livres par an.

Dans cette triste situation, il prend la liberté d'avoir recours aux bontés de votre grandeur, qu'il supplie très humblement lui accorder la permission de faire à l'avenir son déchirage au port du Mail; les observations suivantes lui font espérer, monseigneur, que, touché de son état, vous trouverez autant de facilité que de justice à lui accorder sa demande.

1° Que sur la réflexion que vous pourriez faire que les autres déchireurs pourraient demander semblable permission, à cet égard il s'est en quelque façon expliqué à ceux qu'il prévoit pouvoir y prétendre, et qui lui ont dit n'y pas penser, se contentant d'avoir de petits emplacements ou boutiques dans la ville, comme pour montres et adresses pour les acheteurs où ils concluent marché, la livraison se faisant sur l'île où ils font le plus fort de leur commerce, s'évitant par ces moyens les loyers de chantiers et frais de voiture.

2° L'emplacement du Mail où se faisait le déchirage, n'étant

d'aucune utilité à la navigation, il peut y faire déchirer sans cause
nuisante à quoi ni à qui que ce soit, en ayant l'attention de n'y
faire arriver que bateau par bateau,. qui aussitôt abattus les bois
en seront enlevés, sans ne rien laisser séjourner sur la place, la
proximité de son chantier lui en procurant les moyens. Se sou-
mettant à telles peines qu'il vous plaira lui imposer dans le cas
qu'il laisserait aucuns bois sur le port, et lui accordant ladite permission, il en sera reconnaissant par des vœux continuels pour la
prospérité et la santé de votre grandeur.

NOTA. En marge de la première page est écrit: délibéré au bureau
le 5 avril 1747, *de rejeter cette demande comme contraire aux règlements du bureau, et au bien général du commerce, de la police, et de
la navigation.*

Pour demeurer au dépôt du greffe.

Signé DES BERNAGES.

(Archives du royaume, registres du bureau
de la ville, section administrative.)

SENTENCE DU BUREAU DE LA VILLE,

Portant homologation d'une délibération des marchands, voituriers par eau, pour être autorisés à faire les ouvrages nécessaires
dans la rivière de Seine *à Noyan*, près Nogent, en établissant une
batterie de pieux en tête de la petite île qui partage la rivière en
deux, et rend la navigation très difficile en cet endroit.

ET POUR SUBVENIR A LADITE DÉPENSE, il sera payé par chaque
train de bois passant sous le pont de Bray, dix sols, autant pour
chaque bateau ou coche, et pour chaque couplage de margotats,
trois sols, jusqu'à l'entier paiement de ladite dépense évaluée
sept cents livres environ.

12 *janvier* 1748.

(Archives du royaume, section judiciaire.)

ARRÊT DU CONSEIL D'ÉTAT DU ROI,

Relatif à la banlieue, et confirmation des droits qui doivent y être perçus,

Du 31 *décembre* 1748,

Qui déboute le sieur Filleul, concierge du château de Choisy-le-Roi, les nommés Fournier, aubergiste au port à l'Anglais, Vastin, Roussel, Bonchrétien, Letellier, la veuve La Marche, Barjot, Fournier, Lachastre, le Jeune, Séjourné et Lamarre, marchands de bois, les enfants et héritiers de défunt Henri Trou, de son vivant maître de la manufacture de porcelaine et faïence de Saint-Cloud, les habitants et communautés dudit lieu de Choisy-le-Roi, et ceux de Vitry, de l'opposition par eux formée aux arrêts du conseil des 7 août et 14 décembre 1745 et autres.

En conséquence, que les officiers mouleurs continueront de faire leurs fonctions, et de percevoir ainsi que ledit Oblin, les droits attribués à chacun d'eux depuis Nogent-sur-Marne et Choisy-sur-Seine jusqu'à Chatou inclusivement.

Du 31 *décembre* 1748.

(Recueil Moreau, bois à bâtir, Bib. royale.)

SENTENCE DU BUREAU DE LA VILLE,

Qui condamne divers individus aux dommages-intérêts, envers des marchands de bois flotté pour la provision de Paris, pour AVOIR PÊCHÉ SANS PERMISSION, et CACHÉ DES BOIS PAR EUX PÊCHÉS, OU REÇU CHEZ EUX, ou souffert qu'il y fût brûlé des bois pris sur des trains par des compagnons conducteurs d'iceux: leur fait défenses de récidiver, et à tous compagnons de rivière de prendre et emporter aucuns bois des trains qu'ils conduisent, *et à tous particuliers , aubergistes, taverniers, cabaretiers et tous autres de recevoir et souffrir qu'il y soit porté et brûlé chez eux aucuns desdits bois, ni d'en prendre en paiement,* sous prétexte de nourriture, gîte ou autrement ; et à tous particuliers, compagnons de rivière ou autres, de pêcher aucun bois s'ils n'y sont autorisés par écrit de ceux desdits marchands chargés de leurs affaires communes ou de leurs commis.

Du 14 juillet 1752.

(Archives du royaume, section judiciaire.)

SENTENCE DU BUREAU DE LA VILLE,

Qui condamne différents particuliers à rendre aux marchands de bois flotté pour la provision de Paris, les bois dont *ils se sont trouvés en possession, et qu'ils avaient reçus des ouvriers travaillants aux flottages en trains* ; condamne en outre lesdits particuliers aux dommages et intérêts des marchands et en l'amende ; ordonne l'exécution des anciens règlements et iceux renouvelant, fait défense aux ouvriers travaillants au flottage d'emporter aucuns bois, etc. ; défense à tous particuliers d'en acheter ou recevoir desdits ouvriers, sous quelque prétexte que ce soit.

Du 13 février 1753.

(Archives du royaume, section judiciaire.)

AVIS AU ROI,

Par les prévôt et échevins de Paris, pour accorder au sieur **Rovière** le privilège exclusif de faire les voitures sur les rivières de **Marne, Saulx, Ornain** et **Grand-Morin.**

25 *avril* 1753.

Nous estimons, sous le bon plaisir de Sa Majesté, qu'il y a lieu d'accorder au sieur Rovière le privilège exclusif pendant cinquante années, de toutes les voitures et transports des personnes et marchandises et denrées de toutes espèces, sur lesdites rivières,

Aux charges, clauses et conditions suivantes :

1° D'employer pendant tout le temps du privilège et par chaque année, jusqu'à concurrence de cinquante mille livres, aux réparations et ouvrages nécessaires pour détruire tous les obstacles qui embarrassent la navigation de la Marne, depuis Paris jusqu'à Saint-Dizier, et même *Donjeu* s'il est convenable: et pareille somme de cinquante mille livres pour rendre navigables les rivières de Saulx et d'Ornain, depuis Vitry jusqu'à Bar, et celle du Grand-Morin jusqu'à Condé.

2° Qu'il tiendra à la disposition du commerce la quantité de bateaux et chevaux nécessaires pour le service de la marine.

3° Qu'il se conformera au prix du tarif qui sera fixé pour le transport des marchandises.

(Archives du royaume, registres du bureau
de la ville, section administrative.)

HOMOLOGATION

Par le bureau de la ville, d'une délibération des marchands de bois pour la provision de Paris, intéressés au flottage des bois venants des ruisseaux de St-Fargeau, *tant en charpente que bois à brûler;* et autorisation d'emprunter en leurs noms collectifs, les sommes nécessaires pour subvenir au paiement des ouvriers qui seront occupés auxdits travaux de flottage dans un intérêt général.

12 *décembre* 1754.

Vu la requête présentée au bureau par LES MARCHANDS DE BOIS POUR LA PROVISION DE PARIS, INTÉRESSÉS AU FLOTTAGE DES BOIS VENANTS DU RUISSEAU DE BOURDON ET PORT DE SAINT-FARGEAU AU PORT DE ROGNY, TANT EN CHARPENTE QUE BOIS A BRULER, tendante à ce qu'il nous plaise, vu l'acte de délibération arrêté en l'assemblée des suppliants le 12 octobre dernier, contrôlé par Blondelu le 12 du présent mois, homologuer ladite délibération pour être exécutée selon sa forme et teneur, ladite requête signée : *Charon*, procureur en ce bureau.

Vu aussi ledit acte de délibération énoncé en ladite requête du 12 octobre dernier, duement contrôlé par Blondelu le 12 décembre présent mois, la teneur de laquelle en suit :

Nous soussignés, ASSEMBLÉS CEJOURD'HUI EN LA MAISON DE CHARLES DUFOUR, L'UN DE NOUS, POUR AVISER AUX MOYENS DE RENDRE EN MEILLEUR ÉTAT ET PLUS FLOTTABLES LES RUISSEAUX DE BOURDON ET DE SAINT-FARGEAU, dont l'eau desdits deux ruisseaux provient de l'étang de Bourdon et de celui de Moutiers, et AUSSI AUX MOYENS DE PROCURER UN EMPLACEMENT AU PORT DE ROGNY, POUR LA FACILITÉ D'Y TRIQUER LES BOIS FLOTTÉS SUR LESDITS DEUX RUISSEAUX, avons arrêté et sommes unanimement convenus de ce qui suit :

Autour de la rigole qui regagnera la rivière de Loing au-dessus du moulin de Coutard sera construite une vanne et formé un accès pour rendre l'eau audit moulin de Coutard ; seront construites plusieurs rigoles et vannes neuves, et seront les anciennes raccommodées et mises en état.

Sera le ruisseau depuis Bourdon jusqu'à Rogny récuré partout où besoin sera, et les berges rehaussées dans les endroits convenables.

SERONT AU SURPLUS FAITES TOUTES LES AUTRES RÉPARATIONS POUR LA NAVIGATION DU FLOT, lesquels ouvrages, eu égard à l'instante saison, nous avons fait commencer, et SERA LA DÉPENSE DESDITS OUVRAGES ET RÉPARATIONS PAYÉE PAR CHACUN DE NOUS PAR PORTION, suivant le mémoire qui en sera fait par le sieur Jacques-Étienne Blondel, demeurant à Saint-Fargeau, que nous avons nommé et nommons notre garde-général pour la conservation de nos bois et intérêts, et auquel nous avons accordé et accordons par année la somme de sept cents livres, à compter du premier septembre dernier, laquelle somme sera pareillement payée par chacun de nous aussi par proportion.

ET COMME IL EST NÉCESSAIRE DE FAIRE ACTUELLEMENT UN FONDS POUR SUBVENIR AU PAIEMENT DES OUVRIERS employés aux travaux que nous faisons et ferons faire sur les ruisseaux, ensemble pour les frais de jetage, conduite, tirage, triquage et MISE EN ÉTAT AU PORT DE ROGNY, DES BOIS TANT A BRULER QUE DE CHARPENTE, qui seront jetés en la présente année et en la suivante, SOMMES UNANIMEMENT CONVENUS QUE LE SIEUR COLLINET, L'UN DE NOUS, EMPRUNTERA EN NOS NOMS COLLECTIFS et sur son billet les sommes nécessaires, à six pour cent d'intérêt pendant six mois, lesquelles sommes seront remises entre les mains dudit sieur Blondel, notre garde-général, pour frayer audites dépenses, pour raison de quoi ledit sieur Blondel, notre commis, sera tenu de présenter bonne et suffisante caution à la première réquisition de l'un de nous, sans cependant excéder la somme de trois mille livres.

Sera ledit sieur Blondel tenu de nous rendre compte et à tous intéressés qui pourront s'y trouver, de tous les deniers qui lui auront été remis ainsi que de la dépense : de laquelle dépense, ainsi que des appointements dont il est ci-dessus parlé, IL SERA FAIT CONTRIBUTION AU MARC LA LIVRE SUR TOUS LES INTÉRESSÉS AU FLOT, EU ÉGARD A LA QUANTITÉ DE BOIS APPARTENANTS A CHACUN DE NOUS, suivant les états qui seront dressés par ledit commis général ; et seront les intéressés tenus remettre entre les mains de notre dit commis-général, chacun leur quote-part, pourquoi les bois demeureront affectés par privilège et pourront être saisis partout où ils pourraient être transportés, à la poursuite et diligence de notre dit commis-général.

Sera néanmoins loisible à chacun de nous de payer argent comptant ce qui le regardera pour la dépense, et ne sera, en ce faisant, compris dans aucun compte d'intérêt des emprunts; et seront MM. les prévôt des marchands et échevins de ladite ville de Paris, très humblement suppliés vouloir bien homologuer ces présentes.

Fait et arrêté entre nous le samedi 12 octobre 1754.

Signé : Haillon, Ch. Dufour, tant pour M. Delafosse que pour

284

moi, Maignon de Champromain, P. Chichard, Trousseau, Pérard, Loiseau, Ragon, Collinet, Leboys, etc., etc.

Contrôlé à Paris, ce 12 décembre 1754.

Reçu douze sols.

Signé BLONDELU.

Nous avons homologué et homologuons le susdit acte de délibération du douze octobre dernier, pour être exécuté selon sa forme et teneur, PERMETTONS AUX SUPPLIANTS DE FAIRE ASSIGNER PARDEVANT NOUS CEUX QUI SERONT REFUSANTS de satisfaire au contenu en ladite délibération pour l'exécution d'icelle.

Ce fut fait et donné au bureau de la ville de Paris, le quatorzième jour de décembre mil sept cent cinquante-quatre.

Signé : DE BERNAGE, CARON, STOCARD, GILLET.

NOTA. La requête est jointe à la sentence qui est déposée aux archives du royaume, section judiciaire.

SENTENCE DU BUREAU DE LA VILLE,

Qui autorise les marchands de bois de Paris à faire faire toutes recherches et perquisitions nécessaires pour recouvrer les bois de menuiserie qui ont été entraînés sur la Marne, près de Vauricourt (Hoiricourt), et les décharge de tous dommages et intérêts pour dégâts et ruptures qui auraient pu être occasionnés par leurs bois, attendu qu'il y a force majeure.

11 avril 1755.

Vu la requête présentée au bureau par Jean Debaune, Antoine Pannelier, associés, et claude Levacher, marchands de bois pour la provision de Paris, contenant qu'ils ont fait bresler et mettre en trains, savoir : lesdits sieurs Debaune et Pannelier sur le port de Moeslin, rivière de Marne, et ledit sieur Levacher sur le port de Saint-Dizier, chacun *une quantité assez considérable de bois de sciages, en planches et membrures, bois de chêne*, marqués, ceux appartenants aux sieurs Debaune et Pannelier, A P, et ceux du sieur Levacher, L V ; les trains composés de ces bois ayant été pris de glaces pendant leur route au lieu appelé VAURICOURT, entre Saint-Dizier et Vitry-le-Français, à la débâcle des dernières glaces ces trains ont été jetés de côté et d'autre sur les bords de la rivière, et les bois dispersés et restés à sec ; les suppliants ayant appris que leurs biens avaient été enlevés et transportés en différents endroits, ont envoyé le commis préposé par eux pour les réclamer, mais on leur a refusé de leur en faire la remise. CES BOIS DE MENUISERIE ÉTANT DESTINÉS A LA PROVISION DE PARIS, ET NE POUVANT SOUS QUELQUE PRÉTEXTE QUE CE SOIT ÊTRE ARRÊTÉS SUR LES LIEUX NI EN CHEMIN PAR AUCUN PARTICULIER, NI SOUS AUCUNE CAUSE EN VERTU DE L'ART. 10, CHAP. 2, DE L'ORDONNANCE DE 1672, ET CONTRE LA RÈGLE, que lesdits bois ayant été enlevés sans la participation des suppliants, ils ont recours à nous pour être sur ce pourvu.

A ces causes, NOUS AVONS PERMIS aux suppliants, de par leur commis à ce préposé, faire faire recherche et perquisition de leurs bois, sciages et autres qui ont été dispersés par la débâcle des glaces et la force des eaux, SE REMETTRE EN POSSESSION, EN QUELQUES LIEUX QU'ILS SE TROUVENT, FRANCS ET QUITTES DE TOUS DOMMAGES ET INTÉRÊTS, DÉGATS ET RUPTURES, dont les suppliants demeureront déchargés, attendu que lesdits bois ont été emportés par force majeure.

Faisons défenses à toutes personnes d'empêcher les suppliants ou leur commis à ce préposé d'enlever et faire enlever lesdits bois, d'en cacher et latiter aucuns dans leurs maisons et autres lieux, sous les peines portées par les sentences, arrêts et règlements rendus en pareil cas.

PERMETTONS à l'huissier, porteur de la présente, après une simple sommation, DE FAIRE FAIRE OUVERTURE, par le premier serrurier ou maréchal sur ce requis, DES PORTES DES MAISONS, LIEUX ET ENDROITS que besoin sera, observant les formalités de l'ordonnance.

Donnons acte aux suppliants des offres qu'ils font de payer, s'il y échoit, les frais qui pourraient avoir été légitimement faits pour le repêchage, suivant qu'il en sera jugé et décidé par le bureau, et néanmoins faisons défense à tous particuliers, sous prétexte desdits frais et salaires, et sous tous autres prétextes que ce soit, de retenir lesdits bois, empêcher ni troubler la réclamation et remise en possession d'iceux par les suppliants ou leur commis à ce préposé.

Permettons à l'huissier porteur de la présente sentence, de se faire assister de cavalerie, de maréchaussée, pour que force demeure à justice; et sera la présente sentence exécutée, nonobstant oppositions, appellations quelconques, et sans préjudice d'icelles.

Ce fut fait et donné au bureau de la ville de Paris, le onzième jour d'avril 1755.

Signé: De Bernage, Caron, Gillet et Stocard.

(Archives du royaume, section judiciaire.)

SENTENCE DU BUREAU DE LA VILLE,

Qui permet au sieur Jacques Deschamps, marchand de bois pour la provision de Paris, de faire perquisition et recherche des bois de *charpente et menuiserie* entraînés sur différents ports des rivières de Loire et d'Allier,

De se faire assister d'un huissier, et de main-forte en cas de résistance, de manière que force en demeure à justice.

29 *janvier* 1756.

(Archives du royaume, section judiciaire.)

SENTENCE DU BUREAU DE LA VILLE,

Pour faciliter et hâter l'arrivée à Paris de bois de cordes et de bois de charpente qui étaient au port de Berry-au-Bacq, lesquels bois devront être flottés jusqu'à Conflans-Sainte-Honorine, et de là remonter en bateau à Paris, nonobstant opposition ou empêchements quelconques.

29 *mars* 1756.

(Archives du royaume, section judiciaire.)

SENTENCE DU BUREAU DE LA VILLE,

Qui condamne le sieur Douche, marchand de bois d'ouvrages, en cinquante livres d'amende, pour AVOIR, DE SON AUTORITÉ, FAIT DÉFERMER AU PORT AU PLATRE (la Rapée) UN TRAIN APPARTENANT AU SIEUR SIFFLET, MARCHAND DE BOIS FLOTTÉ, pour faciliter le travail du tirage d'une éclusée de bois d'ouvrages appartenant audit Douche, avec défenses de récidiver sous plus grandes peines.

Du 2 *octobre* 1756.

(Recueil Moreau, bois à bâtir, Bib. royale.)

SENTENCE DU BUREAU DE LA VILLE,

Qui autorise le sieur Moreau, marchand de bois pour la provision de Paris, à faire faire perquisition et recherche des bois à œuvrer, et notamment des bois de charronnage en orme qu'il avait achetés, dépendants de l'avenue de Saint-Ange, en la paroisse de Ville-Cerf, et dont partie lui a été soustraite par des gens mal-intentionnés.

Autorise l'huissier porteur de ces présentes à constater par procès-verbaux les endroits où il se trouvera desdits bois, quelle quantité il s'en trouvera, les noms de ceux qui les auront latités, même à saisir lesdits bois ainsi trouvés; en cas de refus d'ouverture de portes dans les endroits où il se présentera, à faire ouvrir lesdites portes par le premier serrurier ou maréchal requis, comme aussi pour l'entière exécution de la présente sentence, ledit huissier est autorisé à se faire assister de la maréchaussée, et à prendre par suite contre ceux des marchands chez qui lesdits bois se trouveront latités, telles conclusions qu'il avisera bien être.

Ce fut fait et donné au bureau de la ville de Paris, le 17 septembre 1757.

Signé: DE BERNAGE, LEMPEREUR, TRIBARD, VERNAY et BRALLET.

(Archives du royaume, section judiciaire.)

ORDONNANCE

De M. le lieutenant-général de police, commissaire du conseil en la partie des bois carrés,

Qui condamne le sieur Morel, chandelier au bourg de Charenton, et par corps, au paiement des droits dus aux officiers des bois carrés et en l'amende de cent livres par modération, pour les bois qu'il a fait entrer par le pont dudit Charenton ; et lui fait défense et à tous autres, de faire entrer aucuns bois dans la banlieue de Paris, sans au préalable en avoir fait déclaration et payé les droits, à peine d'amende et de confiscation des marchandises.

Du 8 novembre 1758.

(Recueil Moreau, bois à bâtir, Bib. royale.)

SENTENCE DU BUREAU DE LA VILLE,

Qui condamne François Moinos, fermier de bateaux à lessives, en dix livres d'amende, pour avoir, sans permission ni commission des marchands de bois, pêché des bois flottants sur la rivière, se les être appropriés, les avoir cachés et latités dans la cabane de son bateau, avec défenses, et à tous autres, *de pêcher à l'avenir aucuns bois sans commission des marchands*, sous telle peine qu'il appartiendra.

Du 28 août 1759.

(Archives du royaume, section judiciaire.)

SENTENCE DU BUREAU DE LA VILLE DE PARIS,

Qui condamne Lecoin, maître charron, en 200 livres d'amende, pour avoir laissé sur la berge de l'ancien port au Plâtre (partie inférieure du port de la Râpée) une quantité considérable de bois de charronnage, presque tous gros arbres en grume, en contravention aux ordonnances et en nuisance au tirage des autres bois étant encore dans la rivière.

Avec défense de récidiver.

26 juin 1760.

(Cartons de la Préfecture de police.)

SENTENCE DU BUREAU DE LA VILLE,

Par laquelle il est fait défense à toutes personnes, de quelque état et condition qu'elles soient, de prendre, enlever, ni faire enlever aucuns des bois flottés, retirés et empilés sur la rivière d'Aube, ni d'en acheter. Permet de faire faire perquisition dans les châteaux et maisons pour recouvrer lesdits bois.

Du 2 octobre 1760.

(Archives du royaume, section judiciaire.)

SENTENCE DU BUREAU DE LA VILLE,

Qui condamne Jacques Arnoult, pêcheur à Ablond, en cinquante livres d'amende, pour avoir pêché des bois flottants sur la rivière ; lui fait défense de récidiver, sous plus grandes peines, et à tous autres de s'immiscer dans le pêchage de bois *que de l'aveu et sous les ordres par écrit des marchands de bois pour la provision de cette ville*, et à toutes personnes, de quelque état et condition qu'elles soient de prendre, emporter, retirer, cacher, et latiter en leurs maisons aucuns bois flottés, perches et autres, ni souffrir qu'il en soit caché et latité ; comme aussi d'acheter desdits bois et perches des pêcheurs et gens travaillant sur la rivière, à peine de restitution, de dommages-intérêts envers lesdits marchands, et de cent livres d'amende.

Du 19 décembre 1760.

(Archives du royaume, section judiciaire.)

SENTENCE DU BUREAU DE LA VILLE,

Qui condamne le sieur Jacques Huot, meûnier du moulin d'Helvesques-Ville, et le sieur Pierre Oudol, meûnier à Helmaurup, à 300 livres d'amende, pour avoir entravé la navigation, et les trains de bois appartenants à M. Leblanc, marchand forain, résidant à Saint-Dizier, lesquels bois étaient destinés pour la provision de Paris.

23 *septembre* 1761.

(Archives du royaume, section judiciaire.)

DROITS D'OCCUPATION

Des bois à brûler et de charpente sur les terres et prés.

SENTENCE DU BUREAU DE LA VILLE,

Par laquelle est jugé que les marchands de bois ne doivent, pour l'indemnité de l'occupation par leurs bois sur les ports des rivières affluentes à Paris, que ce qui est fixé par l'ordonnance de 1672, art. 14, chap. 17, c'est-à-dire, pour chaque année, savoir : un sol pour chaque corde de bois empilée sur les terres en labour, ET LE BOIS DE CHARPENTE A PROPORTION.

Du 10 mai 1763.

A tous ceux qui ces présentes lettres verront :

Jean-Baptiste-Elie Camus de Pontcarré, chevalier, seigneur de Viarme, Sengy, Beloy et autres lieux, conseiller d'Etat, et les échevins de la ville de Paris, salut; savoir faisons :

Aujourd'hui, date des présentes, comparant en jugement devant nous Me Guillaume-Marie Mignonville, procureur de Pierre de Barry, *se qualifiant fermier du droit de port et garde, tant des bois de corde que de charpente* du port de Dormans-sur-Marne, demandeur aux fins de l'exploit d'assignation donnée devant le juge d'Eon, de la justice et marquis de Dormans, par Louis Borniche, huissier résidant à Dormans, le 7 mai 1759, évoqué pardevant nous, notre sentence du 11 du même mois, par lequel exploit ledit de Barry a exposé que c'était mal à propos que le ci-après nommé refusait de lui payer, en sa dite qualité de fermier du port de Dormans, les droits de port et garde des bois que ledit ci-après nommé avait sur ledit port, et qu'il avait enlevés depuis le mois de novembre 1757, *à raison de 4 sols par chaque corde de bois à brûler, et de bois de charpente à proportion,* dont 2 sols 6 deniers pour l'emplacement dudit bois sur la terre dudit port, et 18 deniers pour l'empilage, mesurage et garde ; attendu que le seigneur de Dormans était fondé dans ladite perception par tous les titres de sa terre, et nommément par un arrêt du parlement du 6 février 1685 ; que sa prétention de ne payer le droit qu'à raison de 1 sol par corde, fondée sur l'art. 14 du chap. 17 de l'ordonnance de 1672 n'était point fondée, attendu que l'article n'était relatif qu'aux héritages particuliers qui se trouvent sur les rivages des rivières navigables, dont les marchands ont quelquefois besoin pour la décharge des marchandises, et non les ports en titre, tels que celui dont il s'agit ; que cela était si vrai, que l'arrêt de 1685, postérieur de quatorze ans, maintient le seigneur de Dormans dans la possession dudit édit, tel que le demandeur le réclame, et tel qu'il avait été compris dans les décrets de la terre de Dormans, l'un au Châtelet en 1642, et l'autre au parlement en 1666, dans un dénombrement au roi, de l'année 1512, et tel qu'il avait toujours été perçu, ainsi qu'il en résulte d'un compte de la terre de Dormans de l'année 1451, et de multitude d'autres pièces, et conclut à ce que ledit ci-après nommé fût condamné au paiement des droits de port et garde desdits bois qu'il avait sur le port dudit Dormans, et de ceux qu'il avait enlevés depuis le mois de novembre 1757, *à raison de 4 sols par corde et du bois de charpente à proportion,* se montant à 6000 ou environ de cordes. Et défendeur Me Jean Charon, procureur de Sébastien Guay et associés, marchands de bois pour la provision de Paris, adjudicataires de la coupe et exploitation des bois de la forêt de Vassy, appartenants à M. le duc de Bouillon, défendeurs et demandeurs aux fins de l'exploit fait par ledit Borniche, huissier, le 21 dudit mois de mai 1759, contenant offres réelles audit de Barry de la somme de 86 livres 2 sols, faisant avec celle de 150 livres à lui payée, suivant quittance du 25 octobre 1758, celle de 336 livres 1 sol 11 deniers, à quoi revient l'indemnité pour l'entrepôt de ses marchandises sur le terrain servant de port à Dormans, et contenues en l'état dont copie est en tête dudit exploit ; et sur le refus de recevoir, assignation pardevant nous audit de Barry, pour voir déclarer lesdites offres bonnes et valables, voir dire que l'art. 14 du chap. 17 de l'ordonnance de 1672 sera exécutée ; ce faisant, le voir débouter du surplus de sa demande, assisté de M⁰ de la Goutte, avocat.

Et encore ledit M⁰ Mignonville, procureur de dame Justine-Joseph Boucot, veuve de messire Antoine-Paul-Joseph Feydeau, chevalier, marquis de Brou, conseiller du roi en ses conseils, maître des requêtes ordinaire de son hôtel, commissaire du roi en la généralité de Rouen, seule et unique héritière de Jacques Boucot, son père, écuyer, seigneur du marquisat de Dormans, conseiller du roi, receveur des droits, domaines et octrois de la ville de Paris, ayant pris au lieu et place dudit sieur son père, demanderesse aux fins de quatre requêtes signifiées par Foucault, Bega, Balige et Gautier, les 19 février et 9 juillet 1760, 18 mars et 6 avril 1763 : la première, tendante à ce qu'en recevant ledit défunt sieur Boucot, partie intervenante, il lui serait donné acte de ce qu'il prenait le fait et cause dudit de Barry, et rectifiant les conclusions qu'il avait prises, sans avoir égard aux offres desdits Guay et associés, qui seraient déclarées nulles et insuffisantes, non plus qu'aux demandes y portées, dans lesquelles lesdits Guay et associés seraient déclarés non recevables, et dont en tout cas ils seraient déboutés, ils seraient condamnés à payer audit de Barry *les droits de port, dus à raison des diverses quantités de marchandises de bois qu'ils ont fait déposer sur le port de Dormans*, et mentionnées en l'état qu'ils ont fait signifier, sur le pied, quant aux bois à brûler, de 4 sols par corde, dont 2 sols 6 deniers pour l'occupation de la terre, et 1 sol 6 deniers pour le mesureur, l'empileur et garde-port, et A PROPORTION POUR LES AUTRES NATURES DE BOIS, le tout à la déduction de la somme de 150 livres payée à compte par ledit Guay ; la seconde, à ce que, sans avoir égard à la requête desdits Guay et consorts du 15 avril précédent, il nous plût adjuger audit sieur Boucot les conclusions par lui précédemment prises : et où nous y ferions difficulté, quant aux 18 deniers dus par corde de bois, pour le mesurage, empilage et garde des bois, sous prétexte que de Barry n'avait pas encore été reçu pardevant nous en qualité de garde du port de Dormans, ET DE CE QUE L'ON PRÉTENDRAIT QU'IL N'AVAIT POINT MESURÉ, EMPILÉ ET GARDÉ LES BOIS EN QUESTION, EN CE CAS IL SERAIT DONNÉ ACTE AUDIT

DE BARRY, DE CE QUE POUR ÉVITER A TOUTE DIFFICULTÉ, IL CONSENTAIT QUE SUR LES SOMMES PAR LUI DEMANDÉES, POUR RAISON DU DÉPOT DES BOIS DONT IL S'AGIT SUR LE PORT DE DORMANS, IL FUT FAIT DIMINUTION DESDITS 18 DENIERS PAR CHAQUE CORDE DE BOIS ET POUR LES AUTRES NATURES A PROPORTION : la troisième, à ce qu'il nous plût adjuger à ladite dame de Brou les fins et conclusions prises en la cause, tant par ledit défunt sieur Boucot, que par ledit de Barry, et où nous y ferions quelque difficulté, en ce cas lui donner acte de ce qu'elle articulait et mettait en fait, que de temps immémorial et jusqu'au moment où la contestation s'est élevée, les seigneurs de Dormans avaient constamment, tant par eux que par leurs fermiers, perçu 2 sols 6 deniers, pour l'occupation de la terre et 18 deniers pour le mesureur-empileur et garde-port, le tout par corde de bois, et *pour les autres natures de bois à proportion;* en cas de déni, lui permettre d'en faire preuve, tant par titre que par témoins, pour l'enquête faite et rapportée, être ordonné ce qu'il appartiendrait : et la quatrième, tendante à ce qu'en recevant madame de Brou, partie intervenante, il nous plût la maintenir et garder dans le droit et possession où sont les seigneurs de Dormans, de temps immémorial, de percevoir 2 sols 6 deniers pour l'occupation des terrains par chaque corde de bois qui se dépose sur le port de Dormans, *et pour les autres espèces de bois à proportion*, et au surplus lui adjuger ses autres fins et conclusions, et défenderesse, assistée de Me Daudasne, avocat.

Ledit Me Charon, procureur desdits Guay et associés, défendeurs et demandeurs, suivant les requêtes signifiées par Balige, les 15 avril et 26 juillet 1760 et 12 avril dernier, tendantes à ce que, sans avoir égard aux interventions, requêtes et demandes dudit défunt sieur Boucot, de ladite dame de Brou et dudit de Barry, dans lesquelles ils seraient déclarés non recevables, ou dont, en tous cas, ils seraient déboutés, il nous plût adjuger auxdits Guay et consorts, les fins et conclusions par eux prises, avec dépens, assistés dudit Me de la Goutte, avocat.

Parties ouïes ensemble le procureur du roi et de la ville, en ses conclusions :

Nous avons reçu la partie de Daudasne, partie intervenante

en la cause, d'entre la partie de Mignonville, d'une part, et celle de la Goutte d'autre part, sans avoir égard à ladite intervention non plus qu'à la demande de ladite partie de Mignonville, à fin de paiement de 4 sols par corde de bois déposée sur la terre du port de Dormans, *et des autres marchandises à proportion*, à celle de la partie de Daudasne, à fin de paiement de 2 sols 6 deniers par corde, ni à toutes les autres fins et conclusions desdites parties de Mignonville et de Daudasne ; avons déclaré bonnes et valables les offres réelles signifiées à la requête des parties de la Goutte; en conséquence icelles condamnées à payer à ladite partie de Mignonville, la somme de 86 livres 2 sols, faisant, avec celle de 150 livres, payée à compte à ladite partie de Mignonville, celle de 236 livres pour l'indemnité sur le pied qu'elle est fixée par l'art. 14 du chapitre 17 de l'ordonnance de 1672, de l'occupation de la terre du port de Dormans par les bois desdites parties de la Goutte, énoncés en l'état signifié à ladite partie de Mignonville et dont il s'agit. Avons débouté lesdites parties de Mignonville et de Daudasne du surplus de leurs demandes et icelles condamné aux dépens, ce qui s'exécutera, nonobstant et sans préjudice de l'appel.

Ce fut fait et donné au bureau de la ville, l'audience tenante, le mardi 10 mai 1763.

(Archives du royaume, section judiciaire.)

Nota. Cette sentence est à nos yeux fort intéressante, *car elle constate la demande faite par les propriétaires de terrains, du droit d'emplacement pour les bois de charpente et bois carrés, par assimilation au bois à brûler, en vertu de l'ordonnance de 1672, et le droit est fixé pour chaque corde de bois à brûler et pour le bois de charpente à proportion.*

C'est donc à tort que l'on voudrait prétendre que l'ordonnance de 1672, relative au dépôt sur les terres et prés, n'est applicable qu'au seul commerce des bois à brûler ; en effet, la demande qui précède est tout-à-fait en opposition avec une semblable prétention puisqu'elle comprend par analogie avec le bois à brûler, *et à proportion, le bois de charpente.*

En se reportant aussi aux nombreuses ordonnances qui régissent le commerce des bois carrés, on reconnaîtra que ce commerce a toujours été l'objet de la sollicitude du gouvernement, comme amenant une des denrées de première nécessité pour l'approvisionnement de la capitale.

L'ordonnance du 22 avril 1539 règle la conservation dans les forêts des bois propres à la charpenterie. L'ordonnance du 24 septembre 1563 traite de la même matière et défend formellement de donner une autre destination aux bois de chêne propres à faire de la charpente. L'ordonnance du 31 juillet 1571 oblige les marchands de bois de Paris et forains à conduire incontinent au port le plus voisin tous les bois à brûler et bois à œuvrer qu'ils auront exploités, faisant défenses à tous seigneurs, propriétaires, quelles que soient leurs conditions, d'empêcher la voiture desdits bois ou denrées. L'ordonnance de février 1415 défend que le merrin (bois à œuvrer) chargé sur la rivière, soit déchargé ou vendu en route étant dès lors réputé pour la provision de Paris. Les lettres-patentes du 2 novembre 1582 ont pour but de faciliter les voitures et flottages des bois carrés et bois à brûler, pour l'approvisionnement de Paris, d'autoriser les marchands de bois ou leurs facteurs de tirer et pêcher de la rivière tous les bois carrés qui demeureraient canards, les propriétaires d'héritages devant souffrir que l'empilage desdits bois soit fait sur le lieu le plus convenable, moyennant le paiement du dommage suivant les ordonnances et les anciennes coutumes, et ledit bois devant rester à la garde du meûnier le plus voisin. Les arrêts du 9 avril 1642, ordonnance d'août 1669, les sentences du bureau de la ville des 27 janvier 1646, 7 février 1647, 17 septembre 1660, 11 septembre 1666, 16 décembre 1673, 11 juin 1682, etc., etc., ont tous pour but de faciliter l'arrivée des bois carrés sur les ports, et ordonnent l'empilage desdits bois carrés ès-lieux convenables, sur les terres, près et héritages.

Différentes sentences du bureau de la ville, entre autres celle du 13 juillet 1736, forcent les marchands de bois carrés, de faire flotter, pour l'approvisionnement de Paris, tous les bois carrés qui se trouvent sur les ports de la Marne, et donnent mission à un commissaire de se transporter à cet effet sur lesdits lieux *pour faire charroyer lesdits bois au port, et ensuite les faire breller pour Paris.* Différentes lettres réquisitoriales du bureau de la ville, entre autres celles des 14 décembre 1769 et 26 octobre 1676, ont pour but de faire arriver à Paris des bois de menuiserie exploités dans les Vosges et des bois de noyer venant du Bugey en Savoie.

Toutes les ordonnances, sentences, arrêts et lettres-patentes, que nous venons de citer, et beaucoup d'autres qui se trouvent dans ce recueil, ont pour but, de faciliter et de protéger le commerce des bois carrés, et l'on ne peut supposer une lacune dans la loi, au moment où la marchandise a le plus besoin d'appui et de protection, c'est-à-dire lors de l'arrivée des bois à port, pour le dépôt sur les terres et prés, avant le flottage. *Qui veut la fin veut les moyens.*

Cette lacune est donc impossible, car le chapitre 17 de l'ordonnance de 1672 qui traite du permis de prendre des terres pour faire l'amas des bois, a pour intitulé : CHAPITRE CONCERNANT LA MARCHANDISE DE BOIS NEUF FLOTTÉ ET D'OUVRAGE ; IL DOIT NATURELLEMENT CONCERNER LES DEUX COMMERCES DE BOIS FLOTTÉS EN BOIS CARRÉS ET BOIS A BRULER.

Il est encore possible que, dans le tarif des droits d'emplacement fixés à un sol la corde, on ait entendu le mot *corde pour les deux espèces de bois à brûler et carré,* car nous retrouvons et signalons dans un grand nombre de règlements, sentences, tarifs, ordonnances qui précèdent ou qui suivent l'ordonnance de 1672, le terme VOIE DE BOIS SOUVENT APPLIQUÉ AUX BOIS CARRÉS; *ainsi une voie de bois de brin composée de 14 solives, une voie de bois de charronnage, une voie de bois de planches, etc.*, et si l'on voulait aujourd'hui rédiger une ordonnance traitant de la même matière que celle de 1672, on ne se servirait pas d'une autre désignation que celle de stère ou décastère qui serait certainement applicable aux deux espèces de bois à *brûler* et *carré*.

* Voyez au répertoire le mot : *Voie de bois.*

En résumé, l'usage presque général a réglé de deux à trois francs par décastère (ou cent solives) par année l'emplacement occupé par le bois carré ; nous ne contestons pas ce chiffre, MAIS NOUS MAINTENONS ET CONSTATONS LE DROIT POUR LE COMMERCE DES BOIS CARRÉS DE DÉPOSER SES MARCHANDISES SUR LES TERRES ET PRÉS, PARTOUT OU IL Y A CONVENANCE ET NÉCESSITÉ, EN INDEMNISANT RAISONNABLEMENT LES PROPRIÉTAIRES, SOIT A DIRE D'EXPERTS, SOIT SELON L'USAGE.

SENTENCE DU BUREAU DE LA VILLE,

Portant que les marchands de bois pour la provision de Paris, trafiquants sur les rivières de Bienne, Armançon et ruisseaux y attenants, sont autorisés à reprendre leurs bois entraînés partout où ils les retrouveront, *francs et quittes de toutes indemnités* qui pourraient résulter des dégâts et ruptures que les propriétaires des héritages pourraient réclamer y avoir été faits et causés par lesdits bois, attendu que l'évènement est de force majeure.

19 *août* 1763.

(Archives du royaume, section judiciaire.)

MALANDRES, ROULURES, GIVELURES, ET AUTRES DÉFAUTS.

1764.

MALANDRE!!!!! Nous osons à peine prononcer ce mot, qui est une source de contestations, et le désespoir des marchands exploitants; c'est bien à tort cependant que l'on suppose la malandre une prétendue maladie inventée par le commerce de Paris pour obtenir sur les ports, au moment de la livraison, des réductions qui lui profiteraient et qu'il n'accorderait pas lors de la revente.

C'est une grave erreur, car, loin d'être un bénéfice, la malandre est une cause de perte pour le marchand de Paris, qui se trouve dans la nécessité de payer des frais considérables de flottage, de tirage et d'octroi pour des bois qui ne sont pas de vente dans ses chantiers.

Cette fausse opinion venant sans doute de ce que le commerce de province ne connaît pas assez les ravages produits par une malandre, nous allons rapporter l'opinion d'anciens auteurs à l'égard de ces défauts.

« ROULURE. Un arbre est roulé quand il se trouve une fente ou
» une solution de continuité qui suit la direction des couches an-
» nuelles, c'est-à-dire quand il y a, dans l'intérieur d'un arbre,
» des cercles concentriques qui ne sont pas unis et adhérents les
» uns aux autres. Quelquefois ces fentes ne sont pas apparentes
» dans les arbres pleins de sève, mais elles s'ouvrent à mesure que
» les arbres se dessèchent; elles s'étendent quelquefois dans toute
» la circonférence de l'arbre, en sorte qu'on est surpris de voir une
» couronne de bois vif qui entoure un noyau de bois mort, qu'on
» peut faire sortir à coups de masse, et alors il ne reste plus qu'un
» tuyau de bois vif. Quand la roulure ne s'étend pas dans toute la
» circonférence, le noyau de bois, ainsi renfermé par la roulure,
» se trouve être d'un bois vif; on juge bien, sans qu'il soit besoin
» de le dire, que la roulure endommage d'autant plus une pièce de

» bois qu'elle a plus d'étendue et qu'elle est plus ouverte. Mais,
» dans tous les cas, elle forme un grand défaut, non-seulement
» parce qu'elle augmente au fur et à mesure que le bois se des-
» sèche, mais encore parce que, quand on vient à refendre à la scie
» un arbre roulé, les morceaux se séparent et il ne reste plus que
» des éclats.

   » *La roulure est donc un vice essentiel.*

   » Givelure. On appelle givelure toute fente qui s'étend du
» centre d'un arbre à la circonférence, quelle que soit la cause qui
» la produise. Cette dénomination vient de ce que les fortes gelées
» font quelquefois fendre les bois. Ces fentes, il est vrai, se re-
» couvrent ensuite par de nouvelles couches ligneuses, mais
» comme les fibres ligneuses qui ont été séparées par accident
» les unes des autres ne se réunissent jamais, il reste dans l'arbre
» une fente qu'on nomme *givelure.* On a ensuite étendu ce terme
» à toutes sortes de fentes qui se trouvent dans le bois : on n'y
» comprend pas celles qui font une séparation de couches an-
» nuelles, ainsi une plaie recouverte, une grosse branche coupée
» dont la section a été recouverte par un nouveau bois, *et qui*
» *sont autant de vices.*

   » Les fentes, qu'occasionnent les coups de tonnerre, les acci-
» dents divers, produits : 1° par les voitures dont les moyeux
» endommagent l'écorce ; 2° par les animaux qui se frottent contre
» les jeunes arbres ou qui entament l'écorce avec leurs dents ;
» 3° par les copeaux d'écorce que les officiers des eaux et forêts
» enlèvent pour frapper l'empreinte de leur marteau sur le corps
» des arbres réservés, etc., etc., *sont des vices.*

   » Enfin on appelle *malandre*, une certaine partie de bois mort,
» que l'on rencontre le plus communément à la culée des arbres
» et qui se prolonge plus ou moins dans l'intérieur de la pièce.
» *C'est encore un vice essentiel.* »

(Extrait de l'exploitation des bois, par Duhamel
de Monceau, 1764, seconde partie, p. 673.)

LETTRES RÉQUISITORIALES DU BUREAU DE LA VILLE,

Pour favoriser l'arrivée des bois de noyer à Paris, tirés du Bugey *en Savoie*, par les sieurs Fortin, marchands de bois carrés à Paris.

Du 26 octobre 1767.

Pardevant nous Armand-Jérôme Bignon, chevalier, etc., prévôt des marchands et échevins de la ville de Paris, assemblés au bureau de ladite ville de Paris, est comparu, André-François Fortin, marchand de bois carrés, sciage et charronnage pour la provision de ladite ville de Paris, y demeurant rue de Charenton, faubourg Saint-Antoine, et tenant chantier au port de la Râpée, lequel nous a exposé que Pierre-François Fortin, son frère et facteur pour les affaires de son commerce, a acheté en Bugey, une quantité assez considérable de bois de noyer que le comparant destine à la provision de cette ville de Paris, et se propose de les y faire arriver par eau jusqu'à Lyon, de là par charroi jusqu'à Rouane, et dudit Rouane à Paris par la rivière de Loire, les canaux de Briare et de Loing et la rivière de Seine; que, craignant d'être empêché, arrêté ou retardé dans le passage desdites marchandises, il requérait qu'il nous plût lui accorder un passeport à raison desdites marchandises et de celles dont il pourra faire achat nouveau, eu égard à leur destination pour la provision de Paris.

Nous, en conséquence des privilèges accordés pour la provision de cette ville, par ordonnances et règlements, prions et requérons messieurs les gouverneurs pour le roi, tous magistrats, juges, officiers municipaux et généralement tous qu'il appartiendra de laisser passer et conduire librement par lesdits Fortin frères, leurs facteurs, voituriers et préposés toute une chacune les marchandises de bois de noyer et autres qu'ils ont achetées et pourront acheter par la suite pour la provision de cette ville, et en cas qu'ils soient troublés, empêchés ou arrêtés dans leur route, leur accorder aide, assistance et justice telle que de raison envers et contre tous.

Ce fut fait et ordonné au bureau de la ville de Paris, le 26 octobre 1767.

Signé, BIGNON, BIGOT, CHARLIER, VIEILLARD
et BOUCHER D'ARGIS.

(Archives du royaume, registres du bureau
de la ville, section administrative.)

SENTENCE DU BUREAU DE LA VILLE,

Qui défend au sieur Grimont, marchand en cette ville, de disposer des lattes venant de la forêt de Villers-Cottrets et amenées par le marinier Bacquois, *avant que la visite en ait été faite* par le contrôleur mesureur de bois carrés. Ordonne qu'il soit procédé à ladite visite desdites lattes pour en connaître les qualités et échantillons ainsi que les défectuosités si aucunes se trouvaient, et que du tout il soit dressé et remis rapport au greffier de la ville.

16 *novembre* 1767.

(Archives du royaume, section judiciaire.)

ORDONNANCE DU BUREAU DE LA VILLE.

Du 25 *janvier* 1768.

Le sieur Michel-Samson Fabus est nommé subdélégué du bureau à Soissons, *pour ce qui regarde la navigation et les ports sur la rivière d'Aisne*, à l'effet de juger et d'instruire toutes les affaires civiles et criminelles.

(Archives du royaume, registres du bureau
de la ville, section administrative.)

SENTENCE DU BUREAU DE LA VILLE,

Concernant le placement et tirage des trains de bois flotté à brûler, et éclusées de bois de charpente et sciage, au port St·Victor, du dessus de la barrière de l'Hôpital, et qui comdamne Lanty, marchand de bois flotté à brûler, en cent livres d'amende, pour y avoir fait lâcher et placer à la fois plus grand nombre de trains qu'il ne devait avoir.

Du 8 juillet 1768.

A tous ceux qui ces présentes lettres verront : Armand-Jérôme Bignon, prévôt, maître des cérémonies des ordres du roi, conseiller d'État, bibliothécaire de Sa Majesté, l'un des quarante de l'Académie Française et honoraire de celle des Inscriptions et Belles-Lettres de Paris, salut: savoir faisons, qu'aujourd'hui, date des présentes, entre le procureur du roi et de la ville, demandeur aux fins du rapport fait par Antoine Ozet, sergent des gardes de jour et de nuit, de poste au port Saint-Victor, le vingt-sept juin dernier, et de l'exploit fait par Blanchet, huissier-commissaire, le 2 du présent mois ;

Et maître Philippe Bellanger, procureur du sieur Lanty, marchand de bois flotté à brûler pour la provision de cette ville, défendeur.

Parties ouïes, disons que les ordonnances et règlements concernant la sûreté et liberté de la navigation, seront exécutés selon leur forme et teneur; en conséquence, que les marchands de bois flottés, soit à brûler, soit de charpente et sciage, qui seront dans le cas de faire aborder et tirer leurs trains et éclusées dans les parties du port Saint-Victor, au-dessus de la barrière de l'Hôpital, qui leur sont désignées, continueront de ne pouvoir y faire lâcher des gares, et avoir chacun à la fois, *savoir les marchands de bois à brûler, que deux trains pour être de suite, et en deux jours, les bois d'iceux tirés de l'eau sur la berge, et de là voiturés en grand*

*rhun dans leurs chantiers, et les marchands de bois carrés , plus
d'éclusées de bois de charpente et de sciage qu'il n'en peut être
tiré et enlevé aussi en deux jours, et ainsi successivement de deux
jours en deux jours,* à peine de cent livres d'amende pour chaque
contravention, et d'être les compagnons de rivière et autres qui
lâcheront et placeront dans ledit port plus grande quantité de trains
et éclusées, emprisonnés pour un mois. Et pour y avoir contrevenu
par ladite partie de Bellanger, et au préjudice des défenses particulières qui lui avaient été faites de nos ordres par l'inspecteur dudit port, avoir le vingt-sept juin dernier, fait lâcher et placer dans
le susdit port quatre trains de bois à brûler indépendamment de
trois qu'elle y avait déjà, l'avons condamnée en cent livres d'a-
mende, lui faisons défenses de récidiver sous plus grande peine.
Et seront ces présentes, lues, publiées et affichées partout où
besoin sera, et exécutées, nonobstant oppositions ou appellations
quelconques, et sans préjudice d'icelles.

Ce fut fait et jugé au bureau de la ville de Paris, l'audience
tenante, et le huit juillet mil sept cent soixante-huit.

Signé TAITBOUT.

L'an mil sept cent soixante-huit, le vingt-un juillet, la sentence ci-dessus a été lue et publiée au son de tambour, sur les
ports de St-Victor, de la Tournelle, et sur tous les autres ports,
lieux et endroits ordinaires et accoutumés de la ville de Paris, par
moi, Louis Noël Blanchet, huissier audiencier et commissaire de
police de ladite ville soussigné, et affichée ès-dits lieux.

Signé BLANCHET.

(Cartons de la Préfecture de police.)

SENTENCE DU BUREAU DE LA VILLE,

Portant autorisation accordée au sieur Leblanc, marchand de bois à œuvrer, tant en son nom que comme représentant tous les marchands de bois carré, trafiquants pour l'approvisionnement de Paris, de faire exécuter sur la Marne, depuis St-Dizier jusqu'à Vitry-le-Français, les travaux nécessaires pour améliorer la navigation hérissée de difficultés ; sauf par ledit Leblanc établir une contribution qui sera perçue sur toutes les brelles de bois à œuvrer, trains, bateaux et bachots, qui passeraient audit lieu de Vitry-le-Français.

18 août 1768.

Vu la requête à nous présentée par Jean-Baptiste Mathieu, Louis Leblanc, Pierre-Clément, Grignon, Jean Hocquet, François Govard, Pierre-François Mathieu fils, Joseph Govard, François Deschamps, Michel Anger, Louis et Claude Rollot, Pierre Paymal, Nicolas Hocquet, Claude Légard, Jean Paymal, Jean-Baptiste Bouland, François Mathieu, Claude Royer, Claude Laurent, François-Pierre Adam, René Toussaint, TOUS MARCHANDS DE BOIS CARRÉS, constructeurs de bateaux et voituriers par eaux.

CONTENANT que *la rivière de Marne ne commence à être navigable qu'à Saint-Dizier, lieu dont les ports sont considérables* pour le dépôt, chargement, flottage des marchandises pour la provision de Paris, et fabrication de bateaux, et lesquels ports se contiennent le long de ladite rivière jusqu'aux villages de Valcourt, Moilain, et Hoiricourt. Que LA NAVIGATION SUR CETTE RIVIÈRE EST TRÈS LABORIEUSE ET PÉRILLEUSE AUX DÉPARTS DE CES PORTS, ELLE EST REMPLIE D'OBSTACLES JUSQU'À LA VILLE DE VITRY-LE-FRANÇAIS, DISTANT DE SIX LIEUES ; QUE LES ÉCUEILS

LES PLUS REMARQUABLES ET LES PLUS DANGEREUX SONT CAUSÉS :

1° Par des roches qui se trouvent dans la rivière au passage des bateaux et brelles au lieu dit les Martelots ; 2° par d'autres roches, au lieu dit les Roches-Fringron, à cinq cents toises au-dessous des premières ; 3° par d'autres roches qui forment un banc appelé le banc de Valcourt ; 4° par d'autres roches vis-à-vis le village de Moclair. Qu'indépendamment de ces principaux écueils qui ont occasionné de fréquents naufrages, il y a encore des obstacles considérables causés par des pieux des anciens moulins sous la Vieuville au gravier d'Argent, même finage, par des étaux d'arbres qui se sont découverts sous le bois de Haute-Fontaine et au lieu dit le pré Vendôme et proche les Ilottes, finage de Hauteville, et enfin qu'il subsiste encore d'autres écueils au lieu dit la Coupée de Montvolant, finage d'Ile, auprès des bois des Religieux de Moncées et au bas du village de Moncées, entre Clois et Norois, au-dessus et au-dessous du finage de Frignicourt à Antigny.

Lesquels sont causés par des bois plantés par des particuliers le long de la rivière, contre la disposition des ordonnances.

QUE LES SUPPLIANTS AYANT LE PLUS GRAND INTÉRÊT DE REMÉDIER A TOUS LES OBSTACLES QUI SE RENCONTRENT DANS LA PARTIE DE RIVIÈRE DEPUIS SAINT-DIZIER JUSQU'A VITRY, ET DE PARVENIR A RENDRE LA NAVIGATION FACILE, ils ont été conseillés d'avoir recours à nous. A ces causes requéraient qu'il NOUS PLUT LEUR PERMETTRE de FAIRE FAIRE TOUS LES OUVRAGES NÉCESSAIRES POUR DÉTRUIRE LES EMPÊCHEMENTS ET DIFFICULTÉS QUI SE RENCONTRENT SUR LE CHEMIN DE LA NAVIGATION, depuis Saint-Dizier, en descendant jusqu'à Vitry-le-Français, et faire en sorte qu'à l'avenir la navigation puisse se faire commodément : autoriser les suppliants à faire procéder aux adjudications au rabais desdits ouvrages et réparations pardevant nos subdélégués de Saint-Dizier et dudit Vitry, chacun en ce qui se trouvera dans l'étendue de son département. ET POUR FOURNIR AU PAIEMENT DES DÉPENSES NÉCESSAIRES POUR LESDITS OUVRAGES ET RÉPARATIONS, ORDONNER QU'IL SERA PAYÉ PAR FORME DE CONTRIBUTION, à

20

commencer du premier septembre prochain, par tous les marchands, voituriers par eaux et autres fréquentant cette partie de rivière, savoir :

Pour une brelle de charpente ou de sciage de six toises de longueur, deux sols six deniers.........	2 s.	6 d.
Pour celle au-dessus de six toises, trois sols....	3	»
Et pour celle au-dessous de six toises, deux sols .	2	»
Pour un bateau de dix toises de longueur et au-dessus, chargé, dix sols....................	10	»
Pour un pareil bateau à vide, cinq sols........	5	»
Pour un bateau chargé, au-dessous de dix toises, cinq sols...............................	5	»
Pour un pareil bateau à vide, deux sols six deniers............	2	6
Pour nn bachot, un sol, soit en descendant soit en montant.............................	1	»

Tous lesquels droits seraient payés par les voituriers, conducteurs de bateaux et brelles, aussitôt leur arrivée au-dessus du pertuis de Vitry, et avant de mettre dessous et dessus ledit pertuis, entre les mains du préposé à la recette des droits appartenants à M. le duc de Bouillon, qui sont dus en passant à Larzicourt, et qui se perçoivent à Vitry, qui serait commis à cet effet pour faire ladite perception, lequel serait tenu : 1° de tenir registre exact de la perception des droits, lequel serait coté et paraphé par le subdélégué du bureau à Vitry-le-Français; 2° lorsqu'il aurait reçu la somme de 400 liv., de la remettre entre les mains du sieur Jean-Baptiste Mathieu, marchand de bois et receveur des deniers patrimoniaux et octrois de la ville de Saint-Dizier, et sur ses quittances, à l'effet par ledit sieur Mathieu d'en faire le paiement aux adjudicataires desdits ouvrages sur les ordres de nos subdélégués de Saint-Dizier et de Vitry, et ainsi continuer par ledit préposé à mesure qu'il aura en caisse pareille somme de 400 livres jusqu'au remboursement du prix total desdites adjudications, quoi faisant il en serait et demeurerait bien et valablement quitte et déchargé.

Ladite requête signée DAVAULT, procureur en ce bureau.

Conclusions du procureur du roi et de la ville.

Nous avons permis aux suppliants de faire faire tous les ouvrages nécessaires pour détruire les empêchements et difficultés qui
se rencontrent sur le chemin de la navigation, depuis Saint-Dizier en descendant jusqu'à Vitry-le-Français, et faire en sorte qu'à
l'avenir la navigation puisse se faire commodément.

AUTORISONS LES SUPPLIANTS A FAIRE PROCÉDER AUX ADJU-
DICATIONS AU RABAIS DESDITS OUVRAGES ET RÉPARATIONS, pardevant nos subdélégués de Saint-Dizier et dudit Vitry, chacun en
ce qui se trouvera dans l'étendue de son département, lesquels
nous commettons à cet effet.

POUR FOURNIR AU PAIEMENT DES DÉPENSES NÉCESSAIRES
pour lesdits ouvrages et réparations, ORDONNONS QU'IL SERA PAYÉ
PAR FORME DE CONTRIBUTION, à commencer du premier septembre prochain par tous les marchands, voituriers par eau et autres
fréquentant cette partie de rivière, savoir :

Pour une brelle de charpente ou de sciage de six toises de longueur, deux sols six deniers. . . . .   2 s. 6 d.

Pour celle au-dessus de six toises, trois sols.   3   »

Et pour celle au-dessous de six toises, deux sols.   2   »

Pour un bateau de dix toises de longueur et au-
dessus, chargé, dix sols.   10   »

Pour un pareil bateau à vide, cinq sols.   5   »

Pour un bateau chargé, au-dessous de dix toises,
cinq sols   5   »

Pour un pareil bateau à vide, deux sols six de-
niers.   2   6

Pour un bachot, un sol, soit en descendant, soit
en montant.   1   »

TOUS LESQUELS DROITS SERONT PAYÉS PAR LES VOITURIERS-
CONDUCTEURS DE BATEAUX ET BRELLES, AUSSITOT LEUR ARRIVÉE
AU PERTUIS DE VITRY, entre les mains du préposé à la recette des
droits appartenants à M. le duc de Bouillon, qui sont dus en passant
à Larzicourt, et qui se perçoivent à Vitry, lequel nous commet-

tons pour faire ladite perception et lequel sera tenu : 1° de faire
registre exact de la perception desdits droits qui sera coté et pa-
phé par notre subdélégué à Vitry-le-Français; 2° lorsqu'il aura
reçu la somme de 400 livres, de la remettre entre les mains de
Jean-Baptiste Mathieu, marchand de bois et receveur des deniers
patrimoniaux et octrois de la ville de Saint-Dizier, et sur ses quittances; à l'effet par ledit Mathieu d'en faire le paiement aux adjudicataires desdits ouvrages sur les ordres de nos subdélégués de
Saint-Dizier et de Vitry, et ainsi continuer par ledit préposé à
mesure qu'il aura en caisse pareille somme de 400 livres jusqu'au
remboursement du prix total desdites adjudications, quoi faisant
il en sera et demeurera bien et valablement quitte et déchargé.

A la charge par ledit Mathieu de tenir registre exact des sommes
qui lui seront remises et des dépenses qu'il fera sur icelles, lequel
registre sera coté et paraphé par notre subdélégué à Saint-Dizier;
que les ouvrages dont il s'agit seront recolés et reçus à fur et à
mesure de leur perfection par le même subdélégué et celui de
Vitry-le-Français que nous commettons à cet effet; et que ladite
contribution cessera aussitôt le paiement total des dépenses, et ce
fait que ledit Mathieu sera tenu de rendre compte du tout au bureau en présence du procureur du roi et de la ville, et en celle de
quatre desdits marchands et voituriers qui seront nommés par le
bureau, et enfin que la présente sentence sera imprimée, lue et
affichée sur les ports de cette ville, sur ceux de Saint-Dizier, de
Vitry-le-Français, et partout ailleurs.

Ce fut fait et donné au bureau de la ville, le 18 août 1768.

Signé : BIGNON, BIGOT, BOUCHER-D'ARGIS, CHARLIER.

SENTENCE DU BUREAU DE LA VILLE,

Qui condamne un gagne-deniers, débardeur de bois, en cinquante livres d'amende, et, en outre, l'interdit pendant trois mois de tout travail sur les ports, pour avoir voulu gêner la liberté qu'ont les marchands de se servir de qui bon leur semble pour débarder leur bois, et avoir empêché d'autres gagne-deniers d'y travailler, même les avoir maltraités et forcés de quitter l'ouvrage.

2 *octobre* **1768.**

(Archives du royaume, section judiciaire.)

SENTENCE DU BUREAU DE LA VILLE,

Qui ordonne *qu'une perception aura lieu sur tous les trains et bateaux venant de Saint-Dizier*, par le sieur Lequerme, commis à cet effet, *pour couvrir le sieur Leblanc*, marchand de bois, trafiquant pour la provision de Paris, *des dépenses par lui faites au nom du commerce des bois sur la Marne, dans l'intérêt général desdits marchands de bois* et pour faciliter la navigation sur cette rivière, et ce en conformité de la sentence du bureau de la ville du 18 août 1768.

17 *janvier* **1769.**

(Archives du royaume, section judiciaire.)

ORDONNANCE DU BUREAU DE LA VILLE,

Concernant la sûreté et la liberté de la navigation sur la rivière de Saulx affluente en celle de Marne.

1er *décembre* **1769.**

Après les plaintes portées en différents temps par les marchands concourant à l'approvisionnement de Paris, et par les voituriers fréquentant cette rivière, sur les difficultés et empêchements qu'ils éprouvent dans le cours de la Saulx, non-seulement par les écueils qui s'y trouvent, mais par des arbres déracinés et renversés, de pieux et de bois de toute espèce, naufragés, entraînés et ensablés dans son lit, dont l'enlèvement a été omis ou négligé, et que la navigation deviendrait insensiblement impraticable sur cette rivière et que l'approvisionnement de Paris se trouverait privé des ressources immenses qu'elle en retire , *surtout en bois de sciage et de construction provenant des forêts du Barrois, Perthois, Argonne, Clermontois*, indépendamment de ceux de chêne et de sapin qui descendraient des Vosges par Bar-le-Duc, et qu'il est dès lors d'autant plus urgent de s'en occuper par une voie plus simple que celle des poursuites particulières contre chacun des propriétaires.

Nous, ayant égard auxdites remontrances, disons que tous propriétaires d'héritages le long de ladite rivière de Saulx, seront tenus d'en rendre les bords libres, dans la largeur prescrite de trente pieds pour le chemin de tirage, et pour cet effet, faire abattre, couper, arracher tous édifices, clôtures, hayes, etc., etc., arbres quelconques : permettons aux marchands de bois et voituriers fréquentant ladite rivière, de faire, après le délai fixé expiré, lesdites destructions à leur profit, comme aussi d'enlever les pieux, pièces de bois, etc., à charge de n'en laisser aucuns dans ledit lit de ladite rivière, etc.

(Archives du royaume, registres du bureau de la ville, section administrative.)

OPINION SUR L'ACTION DU FLOTTAGE.

Le bois flotté est-il préférable à celui qui est transporté en bateaux ou en voitures ?

(Extrait du traité des bois, par J. Massé, tome 2, p. 295 (1769.)

1769.

« QUESTION. — EST-IL PLUS CONVENABLE DE VOITURER LES » BOIS , SOIT PAR CHARROIS, SOIT DANS DES BATEAUX , A SEC,

» OU A FLOT, COMME EN TRAINS OU RADEAUX, ET QUEL EST LE
» DEGRÉ D'ALTÉRATION QUE LE FLOTTAGE OCCASIONNE AU BOIS?

» RÉPONSE. — Il serait avantageux pour les bois de charpent·
» qu'ils puissent être voiturés aux lieux où ils doivent être em-
» ployés sans avoir été mis dans l'eau; et quand, à raison de l'éloi-
» gnement des forêts, on est obligé de les conduire à flot, il est à
» propos de faire en sorte qu'ils n'y séjournent que le moins pos-
» sible, et surtout d'éviter de les remettre à l'eau à plusieurs re-
» prises : lorsque l'on détruit le train pour en charger les bois sur
» des vaisseaux, il faut avoir soin de les laisser se dessécher avant
» de les enfermer, dans la câle, parce qu'immanquablement ils s'y
» échaufferaient plus ou moins suivant la longueur du temps et de
» la navigation.

» Les plus habiles ouvriers dans les différents métiers, qui em-
» ploient des bois à différentes espèces d'ouvrages, sont presque
» toujours les moins instruits des différents effets de la *sève*.
» Chaque pays, chaque atelier a ses principes particuliers; chacun
» cite des expériences qui se contredisent et ne peuvent se conci-
» lier, et tous s'habituent à parler de la *sève* comme de beaucoup
» d'autres choses sans les entendre, les uns prétendant que la *sève*
» est la cause de la pourriture des bois, les autres pensant qu'elle
» contribue à leur conservation; ceux-ci veulent qu'on la laisse
» subsister en partie, ceux-là l'excluent absolument; les uns
» disent qu'il faut la délayer avec de l'eau douce, d'autres au con-
» traire qu'il faut préférer l'eau salée à l'eau douce, d'autres qu'il
» est mieux de dessécher les bois à l'air, parce la *sève* s'échappe
» naturellement, etc., etc.; mais aucun n'est fondé sur des rai-
» sonnements solides, ni sur des expériences exactes et suivies qui
» puissent tendre à éclaircir de quelle nature est la *sève*, en quoi
» elle consiste, et pourquoi on lui attribue tel ou tel effet.

» Ceux qui ont attribué à la *sève* le prompt dépérissement des
» bois en ont conclu qu'on ne pouvait rien faire de plus favorable
» à leur conservation et de plus propre à prolonger leur durée
» que de précipiter leur dessèchement; pour cela, les uns, dans
» la vue de délayer une *sève* tenace, qu'ils regardaient comme
» pernicieuse, ont voulu qu'on les flottât, d'autres ont soutenu

» qu'il serait mieux de les exposer à la grande ardeur du soleil, et
» aux vents hâleux, enfin d'autres ont prétendu qu'il fallait les
» dessécher artificiellement dans des étuves.

» Quand on met le bois sous l'eau, ce fluide se mêle avec la
» *sève*, et il remplit tous les espaces qui, dans l'ordre naturel,
» étaient remplis d'air ; les fibres tendues par la *sève* et le fluide
» étranger restent dans cet état sans s'altérer, ce qui fait que des
» bois restent des siècles sous l'eau sans diminution de qualité ;
» mais qu'arrive-t-il lorsqu'ils en ont été retirés, l'eau étrangère
» qui a délayé la substance gélatineuse de la *sève*, ayant emporté
» avec elle une partie de cette substance, les bois se fendent un
» peu moins, ils se tourmentent peu, mais ils ont un désavantage
» considérable sur ceux qui auront été desséchés et conservés
» sous des hangars, parce que l'eau étrangère a emporté une
» partie de la substance gélatineuse qui contribuait à la fermeté
» du bois.

» Il n'en est pas de même des bois qu'on laisse se dessécher
» doucement sous des hangars ; la partie flegmatique de la *sève*
» se dissipe dans l'air, la partie gélatineuse, qui est plus fixe,
» demeure dans les pores et entretient la liaison des fibres ligneuses.

» LES UNS CONDAMNENT L'EAU, LES AUTRES S'EN DÉCLARENT
» PARTISANS ; chacun juge suivant la façon de penser dont il est af-
» fecté ; celui-ci prétend que tous les désordres qu'on aperçoit dans
» une pièce qu'on tire de l'eau doivent être attribués aux effets de
» ce fluide ; celui-là, au contraire, attribue à l'eau tout ce qui se
» remarque d'avantageux ; l'eau, suivant les uns, occasionne tout
» le mal, suivant les autres, elle a produit tout ce qui est bien.

» Voilà beaucoup d'incertitudes et quantité de questions qui ont
» donné lieu à un grand nombre d'expériences pour tâcher de les
» éclaircir, et il n'est pas encore certain, quoiqu'on le pense assez
» communément, que les bois qui ont resté dans l'eau se dessè-
» chent beaucoup plus promptement que ceux qui n'y ont jamais
» été. »

NOTA. Nous avons cru convenable de rapprocher de cette opinion (quoique arrivant à une date postérieure) l'avis donné sur la

même matière par la commission des architectes du département de la Seine.

AVIS DE LA COMMISSION DES ARCHITECTES DU DÉPARTEMENT DE LA SEINE.

Séance du 26 avril 1837.

QUESTION. — LE BOIS FLOTTÉ EST-IL PRÉFÉRABLE A CELUI QUI NE L'A PAS ÉTÉ ?

« RÉPONSE. — C'est à la *sève*, à l'état liquide, qu'il faut attri-
» buer la cause de la corruption du bois ; un certain degré de la
» température coopère à faire fomenter ce liquide ; mais lorsque
» le principe humide de la *sève* peut s'évaporer, les substances
» moins volatiles que cette *sève* contient, s'épaississent et de-
» viennent alors conservatrices du bois, de destructives qu'elles
» étaient d'abord : on amène la *sève* à cet état en écorçant le bois
» au printemps, l'abattant en hiver et en le plaçant ensuite sous
» des hangars pour en opérer la dessication à l'abri des injures de
» l'air et de l'humidité.

» L'expérience prouve que les bois qui sont exposés alternati-
» vement à l'humidité et à la sécheresse sont ceux qui se détrui-
» sent le plus rapidement ; cette remarque est générale, voici ce
» qui se passe : la présence de l'eau écarte leurs fibres, et son éva-
» poration les rapproche, cette évaporation enlève les parties de
» la *sève* les moins fixes et qui pouvaient coopérer à la fermeté du
» bois.

» D'après cette considération, la question de savoir si le bois
» flotté est préférable à celui qui ne l'est pas, devient plus facile à
» résoudre ; du reste cette question n'est pas nouvelle, elle a fixé
» l'attention de plusieurs constructeurs et de plusieurs physi-
» ciens : Duhamel, qui a fait de grandes recherches à ce sujet, dit :
» *Qu'il serait avantageux pour la bonté des bois de charpente de*
» *pouvoir les voiturer de la forêt au lieu où ils doivent être em-*
» *ployés sans avoir été mis dans l'eau.* Mais l'économie du trans-
» port oblige souvent de conduire les bois à flot, et ce moyen constitue ce qu'on appelle le bois flotté.

» L'eau dans laquelle on plonge le bois, dissout et entraîne les
» parties les plus solubles de la *sève*, voilà ce qui explique pour-
» quoi les bois flottés perdent plus de leur poids et se dessèchent
» ensuite plus vite que ceux qui n'ont pas été flottés.

» L'eau pénètre fort lentement dans le bon bois, mais il n'en
» est pas de même dans celui médiocre ; elle en referme les fentes
» sans les anéantir, de sorte qu'après le flottage et lorsque la des-
» sication du bois est opérée, les fentes, les roulures, les cadras-
» sures et les gelivures reparaissent comme auparavant.

» L'eau arrête les progrès de la carie et préserve de pourriture
» le cœur du bois qui est en retour, mais elle ne rémédie point au
» mal qui se manifeste au bois quand il est tiré de l'eau et dessé-
» ché ; du reste il est moins sujet à être piqué des vers que celui
» conservé à l'air.

» Par le flottage, les bois perdent de leur force ; ceux tendres
» et de médiocre qualité sont beaucoup plus altérés par l'eau que
» ceux dont la qualité est reconnue être bonne ; les bois blancs
» sont de même plus altérés par l'eau que les bois durs ; à peine
» si au bout de trois à quatre mois ces derniers sont pénétrés, on
» en a trouvé parmi ceux-ci de fort sains, après avoir été placés
» cinquante ans dans les positions les plus défavorables à leur durée.

» Les bois de chêne de médiocre qualité sont beaucoup moins
» sujets à se fendre en séchant quand ils ont été longtemps flottés
» que lorsqu'ils ne l'ont pas été, ce résultat est une conséquence
» de l'altération qu'ils ont soufferte, car les bois se fendent et se
» tourmentent d'autant moins qu'ils sont plus tendres et de plus
» mauvaise qualité, et l'on sait que le bois pourri ne se fend point;
» enfin les bois durs de bonne qualité se fendent en séchant après
» avoir été longtemps dans l'eau.

» Le bois flotté a moins de force que celui qui ne l'a pas été,
» et sa combustion développe moins de calorique.

» On a remarqué aussi que les bois qui restaient submergés se
» réduisaient peu à peu à rien lorsqu'ils étaient exposés au cours de
» l'eau.

» *Si donc on met les bois dans l'eau, c'est pour faciliter leur*
» *transport et non pour les améliorer;* il faut les y laisser séjour-

» ner le moins de temps possible, et éviter de les y mettre à plu-
» sieurs reprises, surtout pour ceux tendres et de qualité mé-
» diocre; car pour le chêne dur de première qualité, l'eau le pé-
» nètre lentement et trois ou quatre mois de séjour lui causent
» peu de dommage. »

NOTA. Quant à nous, après avoir rapporté ces différentes opinions peu favorables au passage des bois dans l'eau, sans vouloir disserter sur ce sujet, NOUS DEVONS CEPENDANT CONSTATER UN FAIT QUI SEMBLE TRANCHER LA QUESTION EN FAVEUR DU FLOTTAGE. A Paris, le bois de charpente *non flotté* est généralement repoussé de tous les bâtiments particuliers, ainsi que des constructions élevées au compte de la ville ou du gouvernement; LES CAHIERS DE CHARGES S'ACCORDENT TOUS POUR IMPOSER A L'ENTREPRENEUR, L'EMPLOI DE BOIS DE CHAMPAGNE FLOTTÉ, et le peu de charpentes qui arrivent à Paris en bateaux ou en voitu-res ne seraient pas d'un placement facile, si l'on n'avait pas recours à une petite ruse, qui consiste à tremper les bois dans la vase pour leur donner une couleur factice de bois flotté.

INCONTESTABLEMENT CETTE PRÉFÉRENCE QUE L'ON ACCORDE AU BOIS DE CHARPENTE FLOTTÉ EST FONDÉE SUR LA LONGUE EXPÉRIENCE DES SIÈCLES, et quant aux bois de menuiserie qui ont été transportés sur la rivière, en trains ou en radeaux, leur qualité est incontestable, et il n'y a aucun doute à cet égard.

LETTRES RÉQUISITORIALES,
Pour favoriser l'arrivée à Paris des bois de menuiserie des Vosges.
Du 14 décembre 1769.

Pardevant nous, Armand-Jérôme Bignon, chevalier, sei-gneur, etc., prévôt des marchands, les échevins de la ville de Paris assemblés au bureau de la ville, sont comparus Jacques-Phi-lippe Vée, Charles Leblanc, Marie Courtois, J.-Joseph Gévaudan, J.-P. Genty, Jean-Louis Fabre, Joseph-N. Louis, marchands de bois de menuiserie, pour la provision de Paris, lesquels nous ont exposé que les sciages en bois de chêne provenants des montagnes du pays des Vosges, de qualité tendre et d'échantillons complets, ainsi que les panneaux fendus au centre, appelés merins de

France, portant trois, quatre et cinq pieds de long, sur dix-huit à vingt-quatre lignes d'épaisseur, six et sept pouces et demi au moins de largeur, sont fort recherchés, singulièrement pour les ouvrages de menuiserie dans les bâtiments du roi, les édifices publics et hôtels.

Que depuis quelque temps les marchands exploitants dans les forêts, et qui font débiter les arbres par le moyen de scieries établies dans le canton de Saint-Quirin, et comté Dabo, éprouvent des difficultés pour sortir du pays lesdites marchandises de sciage et panneaux, de manière que la provision de Paris se trouve exposée à manquer de ces sortes de marchandises.

En conséquence des privilèges accordés pour la provision de cette ville par les ordonnances et règlements, prions et requérons messieurs les gouverneurs pour le roi, commissaires départis par Sa Majesté dans les provinces, tous magistrats, juges, officiers municipaux et généralement tous qu'il appartiendra de laisser passer et conduire librement lesdites marchandises de sciage et panneaux, qui seront déclarées être destinées pour la provision de Paris, jusqu'au lieu de Blamont, premier dépôt; de là, à Nancy, deuxième dépôt; de Nancy à Bar-le-Duc, troisième dépôt; et de là à Saint-Dizier sur les ports de la rivière de Marne ; *et en cas que les marchands, propriétaires desdites marchandises, leurs voituriers, facteurs ou préposés seront troublés ou empêchés, ou autrement retardés dans leur route,* leur accorder aide, assistance et justice, telle que de raison envers et contre tous.

Fait et donné au bureau de la ville de Paris, le 14 décembre 1769.

Signé : BIGNON, DELEUS DE LARIVIÈRE, SARRAZIN.

(Archives du royaume, registres du bureau de la ville, section administrative.)

ORDONNANCE DU BUREAU DE LA VILLE,

Portant règlement sur les devoirs des gardes de ports de la rivière de Loing, et canal de Briare.

Du 25 janvier 1770.

Enjoignons aux gardes de ports d'être présents et assister régulièrement au chargement des marchandises, *de constater la quantité qui aura été chargée, d'en tenir registre*, DE DONNER AVIS DE LADITE QUANTITÉ AU MARCHAND POUR LE COMPTE DUQUEL ELLE AURA ÉTÉ CHARGÉE, de donner audit VOITURIER OU A SON FACTEUR CERTIFICAT CONTENANT LA VRAIE QUANTITÉ DE MARCHANDISES QUI AURA ÉTÉ CHARGÉE, et d'en prendre reconnaissance dudit voiturier ou de son facteur.

Ordonnons que ces présentes seront lues, publiées et affichées sur les ports desdites rivières de Loing et canal de Briare, et partout ailleurs où besoin sera, et exécutées, nonobstant oppositions ou appellations quelconques, et sans préjudicier et par provision, s'agissant de fait de police et de la sûreté et célérité de la provision de Paris.

(Archives du royaume, section judiciaire.)

SENTENCE DU BUREAU DE LA VILLE,

Qui déboute les propriétaires d'héritages le long de *la rivière de Saulx*, de la prétention qu'ils avaient de refuser *les bois de sciage* entraînés par les eaux et déposés sur leurs dits héritages, SOUS PRÉTEXTE QU'ILS N'AVAIENT PAS ÉTÉ RÉCLAMÉS DEPUIS SIX SEMAINES.

Permet aux sieurs Vauclin et Dubreuil, tous deux marchands de bois pour la provision de Paris, et dont lesdits bois avaient été entraînés du port de Vernay, sous Bar-le-Duc, de se livrer à toutes recherches nécessaires pour recouvrer leurs marchandises, aidés au besoin d'un huissier, pour faire ouverture des portes dont l'entrée leur serait refusée.

8 août 1771.

(Archives du royaume, section judiciaire.)

SENTENCE DU BUREAU DE LA VILLE,

Qui autorise le sieur Jean Vauclin, marchand de bois à Paris, à faire recherche et perquisition de bois *de charpente* emportés par le débordement des eaux, du port de Vernay, sous Bar-le-Duc, *rivière de Saulx* ; faire faire ouverture des lieux où il croira qu'il peut y en avoir, par un huissier sur ce requis, *sans que les propriétaires des héritages puissent conserver lesdits bois, sous prétexte qu'ils n'ont pas été réclamés depuis six semaines.*

8 août 1771.

(Archives du royaume, section judiciaire.)

SENTENCE DU BUREAU DE LA VILLE,

Portant autorisation de faire sur la rivière de Condé, des travaux s'élevant à 5,152 livres, pour faciliter le flottage à bois perdu, des cordes, sciages et bois à œuvrer exploités par le sieur Guay; et contribution au marc la livre pendant six ans sur tous les bois que le commerce des bois fera flotter sur ladite rivière de Condé.

3 avril 1772.

Vu la requête à nous présentée par Sébastien Guay, marchand de bois pour la provision de Paris, adjudicataire de la coupe du quart en réserve du bois de l'abbaye d'Orbais, contenant demande, conformément aux articles 5 et 6 du chapitre 17 de l'ordonnance de 1672, d'être autorisé à faire des ouvrages à la rivière de Condé, affluente à celle de Marne, pour LE FLOTTAGE A BOIS PERDU, de BOIS DE CORDE, BOIS DE SCIAGE ET BOIS A OEUVRER qu'il destine à la provision de Paris ; lesquels travaux, d'après le devis mis sous les yeux du bureau de la ville, entraînent une dépense de 5,152 livres.

Enjoint audit sieur Guay et autres marchands qui useront de cette voie de navigation et FERONT JETER LEURS BOIS A BRULER ET A OEUVRER SUR LADITE RIVIÈRE DE CONDÉ, de les faire marquer préalablement chacun d'une marque particulière dont l'empreinte sera déposée au greffe de la subdélégation du bureau au département de Château-Thierry, afin qu'au lieu où les bois seront retirés, la reconnaissance et le triquage puissent en être faits.

Fait défense à toutes personnes de troubler et empêcher les suppliants dans leurs travaux, prendre on enlever aucun desdits bois, ou ce cas échéant, ordonne la perquisition desdites marchandises et ouverture des lieux par le premier huissier requis, conformément à l'art. 12 de ladite ordonnance.

Enjoint aux propriétaires de vannes, écluses et moulins, de les faire établir et entretenir en bon état pour faciliter l'arrivée desdites marchandises pour la provision de Paris ; en conséquence, ordonne *que les bois de corde et de sciage* provenant de ladite exploitation et de toutes autres, seront flottés et amenés par la rivière de Condé jusqu'à sa chute en la rivière de Marne, au lieu dit de Mézy, où ILS SERONT RETIRÉS ET EMPILÉS, pour ensuite être voiturés par la rivière de Marne, à la charge par le suppliant et les autres marchands pour raison dudit flottage, de se conformer à ce qui est prescrit par les articles 6, 11 et 13 de l'ordonnance de 1672.

Enjoint aux propriétaires d'héritages aboutissant à ladite rivière de Condé, de faire couper les arbres et arracher les broussailles dans la largeur de 4 pieds de l'un et l'autre côté, de manière que le passage soit libre le long d'icelle pour les opérations du flottage.

ORDONNE QUE LE SUPPLIANT SERA REMBOURSÉ DE LA DÉPENSE NÉCESSAIRE POUR RÉTABLIR LE FLOTTAGE SUR LADITE RIVIÈRE DE CONDÉ, PAR CONTRIBUTION AU MARC LA LIVRE,

TANT SUR LES BOIS QU'IL Y FERA FLOTTER QUE SUR LES AUTRES
QUI Y SERONT FLOTTÉS PENDANT LE COURS DE SIX ANNÉES, à
compter de celle en laquelle le flottage sera commencé, nous réservant toutefois de ne statuer à cet égard qu'après que les ouvrages seront faits; et comme il s'agit de l'exécution de l'ordonnance de 1672 et de la sûreté et célérité de la provision de Paris,
requérons les officiers de la maréchaussée de prêter main-forte,
lorsqu'elle leur sera demandée, pour procurer et maintenir l'exécution des présentes.

Ce fut fait et donné au bureau de la ville, le 3 avril 1772.

Signé : CHEVAL, PIA, BELLET, VIEL.

(Archives du royaume, section judiciaire.)

NOUVELLE ORGANISATION

Du commerce des bois carrés de Paris en compagnie: nomination d'un syndicat, et homologation par les prévôt et échevins de la ville de Paris.

5 octobre 1772.

Extrait des minutes du greffe du bureau de l'Hôtel-de-Ville de Paris.

Vu la requête à nous présentée par les *marchands de bois carrés, sciage, charronnage, pour la provision de Paris*, tendante
à ce qu'il nous plût, vu la délibération prise et arrêtée en l'assemblée des suppliants tenue le douze septembre dernier, contrôlée
par Langlois, le premier du présent mois, homologuer ladite délibération, pour être exécutée selon sa forme et teneur, ladite
requête signée Charron, procureur en ce bureau ; vu aussi ledit
acte de délibération dont la teneur suit :

Aujourd'hui samedi, douze septembre mil sept cent soixante-
douze, en l'assemblée *des marchands de bois carrés, sciage et*

charronnage pour la provision de Paris, convoquée par billets en la manière accoutumée, a été représenté par MM. Deschamps, Lavigne, Véo et Noël, chargés des affaires communes :

1° Que sur les ports en province, lors du flottage des trains et brelles et chargements des marchandises en bateaux, les mariniers, ou leurs facteurs et compagnons de rivière, confondent les marchandises, ce qui occasionne des mécomptes et quelquefois même des pertes, en sorte que ce désordre devient des plus préjudiciables au commerce; 2° *que les mariniers qui amènent les trains, contre la fidélité qu'ils doivent aux marchands* et les défenses qui leur sont faites par les règlements, à partir du port de St-Maur jusqu'à la Rapée, *se remettent en usage de s'emparer et de vendre les équipages servant à amener lesdits trains et brelles; en sorte qu'indépendamment qu'ils privent les marchands des équipages qui leur appartiennent, ils exposent les trains et brelles, non-seulement à manquer de se garer, mais encore que des mises entières de planches ou de morceaux de charpente s'échappent et sont perdues pour les marchands*, comme cela est arrivé; qu'enfin le manque d'équipages sur lesdits trains et brelles fait qu'ils ne sont pas assurés à la gare assez solidement, d'où il arrive que, par le choc ou frottement un peu fort, surtout en temps de grandes eaux, par des bateaux ou trains arrivant, *lesdits trains ou brelles en gare sont entraînés, et qu'étant dépouillés de leurs équipages, il devient difficile de les repêcher*, et même, dans les temps de grandes eaux, que cela est de la plus grande difficulté, de manière qu'il en est arrivé quelquefois des accidents et qu'il peut en arriver de considérables dans les ports de cette ville, qui exposent les marchands à des procès pour garantie des dommages; 3° que depuis que ce ne sont plus les soldats du régiment des gardes françaises qui travaillent au tirage des bois, il n'y a plus la même subordination de la part des ouvriers qui font actuellement ce travail, n'étant pas commandés comme l'étaient les soldats par un sergent d'inspection, d'où il résulte qu'assez souvent l'ouvrage se fait mal.

Que, pour établir un ordre d'administration, il paraissait nécessaire de nommer actuellement l'un des marchands résidant en cette ville sous le *titre de syndic, et deux autres sous le titre d'adjoints audit syndic,* ainsi que cela avait eu lieu précédemment à l'avantage de tout chacun, à l'effet de surveiller plus particulièrement tout ce qui peut intéresser et concerner le commerce en général, convoquer les assemblées des marchands pour délibérer et décider sur les choses qu'ils estimeront nécessaires, et qu'enfin pour pourvoir aux établissements et dépenses pour la communauté, il *serait à propos d'établir aussi annuellement un fonds qui sera fait par chacun des marchands en proportion à son commerce.*

La matière mise en délibération, l'ASSEMBLÉE A ÉTÉ UNANIMEMENT D'AVIS:

1° Que pour surveiller à l'arrivée des trains, les faire garer le plus solidement possible, les visiter, pour s'assurer des équipages qui y sont, et en cas qu'il y en manque, en dresser un rapport et avertir sur-le-champ le marchand auquel appartiendront les marchandises, il sera établi un commis à la Râpée, lequel sera reçu au bureau de la ville sur la commission qui lui sera donnée par le syndic et ses adjoints; lequel commis sera en outre autorisé à surveiller les ouvriers pendant le tirage des bois dans les ports et dresser ses rapports des contraventions aux règlements de police, aux abus qui pourront être commis par lesdits ouvriers, lesquels rapports seront remis le même jour ou le lendemain au plus tard, entre les mains de M. le procureur du roi et de la ville, à l'effet de faire ordonner ce qu'il estimera à propos.

2° Que dans le temps des grosses eaux et des glaces, ledit commis, sous les ordres du syndic et des adjoints, fera ce qui sera avisé pour assurer autant qu'il sera possible les trains et brelles de bois de charpente, de sciage et de charronnage et des bateaux qui en seront chargés, *suivra le repéchage et recouvrement de ce qui en sera emporté par les grandes eaux* et généralement faire par lui commis tout ce qui pourra concerner le commerce desdits bois de charpente, sciage et charronnage dans les ports de cette ville.

3° Qu'il sera présenté requête à MM. les prévôt des marchands et échevins, à l'effet de faire prescrire ce qui en sera avisé de mieux *pour établir un ordre dans les ports d'en haut sur les rivières, à l'effet d'y maintenir la sûreté des marchandises et*

*empêcher les mélanges, et faciliter le flottage des bois carrés des-
tinés pour la provision de Paris.*

4° Que pour régir et administrer les affaires dudit commerce,
surveiller ce qui pourra le concerner, tant pour la sûreté des
marchandises pendant qu'elles sont dans les ports de cette ville et
convoquer les assemblées des marchands pour délibérer et arrêter
ce qui sera jugé à propos selon les cas qui se rencontreront, il sera
annuellement nommé dans une assemblée, à la pluralité des voix,
l'un des marchands résidant à Paris *sous le titre et qualité de
syndic, et deux autres sous le titre et qualité d'adjoints audit
syndic, et ce qui sera arrêté en chaque assemblée vaudra et aura
loi quoique tous les marchands ne s'y soient pas trouvés,* pourvu
cependant que la convocation en ait été faite la veille par billets
envoyés à chacun desdits marchands, et que la délibération soit
signée au moins par douze d'iceux, non compris le syndic.

5° Que, pour pourvoir aux dépenses nécessaires aux affaires et
aux achats qui y seront estimés à propos pour la communauté, *il
sera fait annuellement un fonds entre les mains du syndic;* QUE
POUR CLASSER CE FONDS, IL SERA PAYÉ PAR CHAQUE MARCHAND
6 SOLS PAR CENT FRANCS DU MONTANT DES DROITS QUI SE PAIENT
SUR LES BOIS au bureau des officiers des bois carrés, ce qui, pour
ladite perception, chaque marchand sera tenu tous les six mois de
représenter audit syndic les numéros des déclarations aux registres
desdits officiers à chaque arrivage de marchandises, et du montant
des droits résultant de chacune desdites déclarations; EST AUSSI
CONVENU ET ARRÊTÉ QUE LADITE CONTRIBUTION COMMENCERA
A AVOIR LIEU A COMPTER DU 1er JANVIER 1772.

6° Que, SUR LE PRODUIT DE LADITE CONTRIBUTION, ledit syndic, de trois en trois mois payera les gages des commis qui seront
établis sur le pied qui sera convenu entre le syndic et les adjoints, et
les individus dont ils feront choix pour ladite commission; PAYERA
AUSSI, DE L'AVIS CEPENDANT ET PAR LESDITS ADJOINTS, CE QUI
SERA RELATIF AUX AFFAIRES DE LA COMMUNAUTÉ.

7° Que, lorsqu'il sera établi des fonds, il *sera fait des achats de
cordages, bachots, agrès,* selon qu'il sera avisé dans une assemblée générale, et autres choses qui seront estimées nécessaires

pour plus de sûreté des trains, brelles et bateaux dans les ports de
cette ville, lors des grandes eaux ou glaces en rivière.

Enfin, qu'annuellement le 28 du mois de décembre, il sera con-
voqué une assemblée générale dans laquelle sera procédé à la
nomination du syndic et de deux adjoints, ou à la continuité de ceux
en place : dans laquelle assemblée seront nommés deux marchands,
pour avec les deux adjoints entendre le compte qui sera rendu
par le syndic, en faire l'arrêté et en donner décharge audit syndic;
duquel compte un double avec les pièces justificatives pour les
choses qui en seraient susceptibles, ainsi que tous les papiers
relatifs et concernant l'administration dudit commerce, seront remis
dans un coffre qui restera en la maison de M. Le Blanc, ancien
marchand, qui sera prié de vouloir bien le permettre : et quant aux
deniers qui pourront être entre les mains du syndic, ils seront par
lui remis au syndic nouveau qui lui en donnera décharge.

Et à la pluralité des voix ont été élus et nommés : MM. Noël,
Gévaudan et Gandolphe ; savoir, M. Noël en qualité de syndic, et
MM. Gévaudan et Gandolphe en qualité d'adjoints, pour gérer jus-
qu'au 28 décembre 1773 ; lesquels ont accepté.

Et seront MM. les prévôt des marchands et échevins de cette
ville, très humblement suppliés d'homologuer ces présentes.

Fait et arrêté les an et jour susdits.

> Signé : FROMAND avec paraphe, DESCHAMPS avec
> paraphe, COLLINET, NOEL, PERNET avec pa-
> raphe, FABRE, GRELOT, DOUCHIN, ROUSSEL,
> FLERKMAN, GANDOLPHE, P. GENTY, FRISON
> et CUVYER : ces cinq derniers avec paraphe;
> LEMOINE, BERNARD aîné, GÉVAUDAN, M. E.
> COURTOIS, BOULLAND, HUTIN, FORGEAN, POI-
> RÉE, LOUIS, CHOBAS, CADET, GARNIER, LIN-
> CELLE, PILLARD, ROBEQUIN, COURTOIS fils,
> GÉVAUDAN jeune, GÉVAUDAN, RATAFIOL,
> RAMPON et L'HUILLIET; ces treize derniers
> avec paraphe.

Au bas de ladite page de la délibération est écrit ce qui suit : contrôlé à Paris le 1er octobre 1772 ; reçu 14 sols.

Signé LANGLOIS.

Conclusions du procureur du roi et de la ville.

Nous avons homologué et homologuons par ces présentes le susdit acte de délibération du 12 septembre dernier, pour être exécuté selon sa forme et teneur.

Ce fut fait et donné au bureau de la ville de Paris, le 5 octobre 1772.

Signé : DELAMICHODIÈRE, BELLET, VIEL, QUATREMÈRE et SPROTE.

(Archives du royaume, section judiciaire.)

ARRÊT DU CONSEIL D'ÉTAT DU ROI,

Qui juge que tels bois du sieur Songis, expédiés par passeports, pour le *service de la marine du roi*, et traversant la ville de Paris, ne sont sujets à aucun droit de passe-debout envers les officiers des bois carrés.

8 *mars* 1774.

(Recueil Moreau, bois à bâtir, Bib. royale.)

ÉTAT DE RÉPARTITION

Faite par nous, marchands de bois carrés, sciage, charronnage, déchireurs de bateaux et autres bois à œuvrer de la ville et faubourgs de Paris, en notre assemblée de ce jour, de la somme de deux cent cinquante-quatre livres, à laquelle nous sommes taxés, pour contribuer à l'entretien du bataillon de milice de Paris pour l'année 1774, suivant la lettre de Monseigneur le lieutenant-général de police, en date du 2 janvier 1774.

Pour le recouvrement être fait sur les quittances du sieur Jean-Philippe Genty, marchand de bois, rue St-Martin.

7 février 1775.

Fait et arrêté le présent état de répartition à la somme de deux cent cinquante-quatre livres, savoir : deux cent cinquante livres d'une part, et quatre livres de réimposition, tant pour la rédaction du présent rôle que pour la non-valeur ; laquelle somme sera recouvrée en vertu de l'ordonnance de monseigneur le lieutenant-général de police, à la diligence et sur les quittances du sieur Jean-Philippe Genty, l'un de nous, à Paris le 7 février 1775. Signé : Telliard, Courtois, Potonié, Chobas, Louis, Robequin, Fabre, Gandolphe, Lincelle l'aîné, Lemoine, Pilliard, Bernard aîné, Pernet, Hutin, Courtois, Gévaudan, Douslir, Gévaudan jeune, Godefert, Frizon, Flerkman, Gévaudan, Noël, Boulland, Colas, Cuvier, Douche, Frison, Genty, Grélot et Bourlon, Moreau, rue de Lappe ; Noël, Poirée, Roussel, Rampon, Ratafiol, Thierry l'aîné, Thierry jeune, Vée, etc., etc.

Vu les ordres du Roi portés par la lettre de M. le comte d'Argenson, ministre secrétaire d'État, ayant ci-devant le département de la guerre, et celle de M. le marquis de Monteignard, ayant ci-devant le même département, ensemble le rôle de répartition par nous arrêté, le 2 janvier de la présente année ; le tout considéré,

Nous avons arrêté l'état de répartition ci-dessus et des autres parts à la somme de deux cent cinquante-quatre livres, au paiement de laquelle les y dénommés seront contraints, chacun en droit, soit comme pour les propres deniers et affaires de Sa Majesté, au moyen de quoi ils en seront et demeureront bien et valablement quittes et déchargés envers les jurés de leur communauté chargés du recouvrement de ladite, somme de laquelle ils seront tenus de rendre compte pardevant nous en présence de trois anciens et de trois modernes.

Fait à Paris, en notre hôtel, le 18 février 1775.

Signé Lenoir.

(Cartons de la préfecture de police.)

ORDONNANCE DU BUREAU DE LA VILLE,

Par laquelle les marchands de bois carrés pour la provision de Paris sont autorisés à établir des commis pour veiller à la conservation des bois carrés destinés à ladite ville.

7 février 1775.

A tous ceux qui ces présentes lettres verront, salut ; savoir :

Vu la requête à nous présentée par les sieurs Noël, Gévaudan et Gandolphe, SYNDIC ET ADJOINTS CHARGÉS DES AFFAIRES COMMUNES DES MARCHANDS DE BOIS CARRÉS, SCIAGE ET CHARRONNAGE DE CETTE VILLE, tendante à ce qu'il nous plût, vu la commission délivrée par les syndic et adjoints, en conséquence de la délibération des marchands de bois, du 12 septembre 1772, homologuée par sentence du bureau, le 5 octobre de la même année, par laquelle ils nous ont nommé et présenté le sieur Delaizement, pour exercer la commission, *à l'effet de surveiller à l'arrivée des trains, les faire garer le plus solidement possible, les visiter, constater les équipages qui y seront, et en cas qu'il en manque, en dresser rapport, et avertir sur-le-champ le marchand auquel appartiendront les marchandises ; surveiller les ouvriers pendant le tirage des bois dans les ports et dresser rapport des contraventions aux règlements de police ou des abus qui pourraient être commis par les ouvriers*, et remettre leurs rapports dans le jour ou le lendemain au plus tard au procureur du roi et de la ville. Vu l'extrait baptistaire du suppliant, par lequel appert qu'il est né le 13 juillet 1747, recevoir le suppliant à ladite commission et prendre de lui le serment en ce cas requis ; l'information faite en conséquence par le sieur Étienne, échevin l'un de nous, des vie, mœurs, conversations, religion catholique apostolique et romaine dudit Delaizement, de sa jeunesse et de ses sens, suffisance, capacité, expérience et fidélité et affection au service du roi.

Conclusions du procureur du roi et de la ville.

Nous avons reçu et recevons par ces présentes ledit Louis Renout Delaizement pour en qualité de commis des marchands de bois carrés, sciage et charronnage en cette ville de Paris, à l'effet de surveiller à l'arrivée des trains, les faire garer le plus solidement possible, etc., et constater et dresser procès-verbaux de toutes contraventions de police, soit de la part des ouvriers et de tous autres.

Auquel Delaizement avons fait faire le serment de fidèlement exercer lesdites fonctions, de garder et observer les ordonnances et règlements.

En témoin de quoi nous avons fait sceller les présentes du scel de la prévôté des marchands.

Ce fut fait et donné au bureau de la ville de Paris, le mardi 7 février 1775.

Signé : DELAMICHODIÈRE, VERNAY, TRUDON, ESTIENNE.

(Archives du royaume, section judiciaire.)

ARRÊT DU PARLEMENT,

Qui ordonne le paiement de la cotisation établie par la compagnie des marchands de bois carrés de Paris, et homologuée par sentence du bureau de la ville, à l'effet de parer aux dépenses faites par les syndic et adjoints dans un intérêt général.

Du 7 août 1775.

Entre les marchands de bois carrés et demandeurs aux fins de a requête énoncée en l'arrêt du 26 juin 1775, d'une part ;

Et les officiers du bureau des bois carrés, les sieurs Dedion, Honoyer, Morisset, Gandolphe le jeune, Thierry et Lavigne, défendeurs, d'autre part ;

Vu par la Cour ;

Conclusions du procureur général du roi, ouï le rapport de M. Debèze de la Belouze ;

La Cour ordonne que les parties feront diligence de faire juger l'appel, et cependant par provision et sans préjudice de leurs droits respectifs, au principal, que *la sentence du bureau de la ville du 5 octobre 1772 sera exécutée selon sa forme et teneur;* en conséquence, que les marchands de bois carrés qui n'ont point encore acquitté les droits y énoncés pour COTISATION, seront tenus de les acquitter dans huitaine du jour de la signification du présent arrêt, à personne ou domicile, et D'EN CONTINUER LE PAIEMENT, AINSI QUE TOUS LES PARTICULIERS QUI FONT ARRIVER DES BOIS CARRÉS A PARIS POUR LEUR COMPTE, à quoi faire, ils seront contraints par saisie et vente desdites marchandises; à l'effet de quoi, ordonne que les officiers du bureau des bois carrés seront tenus de communiquer leurs registres au syndic ou préposé par lesdits marchands de bois carrés, à l'effet de faire ladite vérification, à quoi faire ils seront contraints par toutes voies dues et raisonnables. Condamne ledit Gandolphe le jeune et ledit Lavigne, chacun à leur égard, aux dépens envers les marchands de bois carrés, sur autres dépens compensés.

Fait en parlement, le 7 août 1775.

Signé: D'ALIGRE, premier président, et DEBÈZE DE LA BELOUZE, rapporteur.

(Archives du royaume, section judiciaire.)

SENTENCE DU BUREAU DE LA VILLE,

Portant arrêté de compte des contributions et dépenses faites par *le commerce des bois à œuvrer* sur la Marne, pour améliorer la navigation sur cette rivière, depuis St-Dizier jusqu'à Vitry-le-Français, en vertu de l'ordonnance du bureau de la ville des 18 août 1768 et 17 janvier 1769.

28 *juin* 1776.

(Archives du royaume, section judiciaire.)

SENTENCE DU BUREAU DE LA VILLE,

Portant autorisation d'exécuter sur les rivières d'Armance et d'Armançon et ruisseaux y affluents, les travaux nécessaires POUR FACILITER LE FLOTTAGE DES TRAINS DE BOIS, pour le remboursement être fait par tous les intéressés, proportionnellement à la quantité de trains que chacun d'eux aura fait flotter.

Savoir :

Par train de *bois à brûler*............... 2 liv.

Par train de *bois carré*................. 2

14 *mars* 1777.

(Archives du royaume, section judiciaire.)

SENTENCE DU BUREAU DE LA VILLE,

Qui, sur la demande des contrôleurs des bois carrés et pour empêcher toute fraude de la part du commerce, ordonne de faire à l'avenir le contrôle desdits bois, en se servant de quatre nouveaux marteaux, dont deux serviront à marquer les bois de charpente et charronnage, et les deux autres pour les bois de menuiserie.

18 *mars* 1777.

(Archives du royaume, section judiciaire.)

SENTENCE DU BUREAU DE LA VILLE,

Qui autorise les marchands de bois pour la provision de Paris, et les mariniers intéressés au flottage sur la rivière de Seine, à faire faire au lieu dit de Marnay, près Nogent-sur-Seine, *les travaux nécessaires pour améliorer la navigation et le flottage à ce passage difficile et dangereux.*

Ordonne qu'il sera payé pour CONTRIBUTION par chaque train

de *bois à brûler et à bâtir*, brelles, bateaux et autres marines, pour couvrir desdites dépenses faites dans un intérêt général.

Savoir :

Par train *de bois à brûler* passant audit lieu...   5 s.   » d.

Par train *de bois de construction*............   5 s.   » d.

Et par chaque couplage de margotats........   2 s.   6 d.

7 août 1778.

(Archives du royaume, section judiciaire.)

SENTENCE DU BUREAU DE LA VILLE,

Qui ordonne que le contrôle des bois carrés sera constaté avec deux nouveaux marteaux que le sieur Laurent David a fait faire, pour éviter toutes fraudes et contraventions qui se commettent lors de la vente desdits bois.

14 mai 1779.

(Archives du royaume, section judiciaire.)

ORDONNANCE DU BUREAU DE LA VILLE,

Concernant les repêchages, recherches, perquisitions et remises en possession des différentes marchandises de bois à *brûler* et de *charpente* naufragées et entraînées par les débordements subits de la rivière de Seine, et autres rivières et ruisseaux y affluents.

Du 18 mai 1779.

Nous étant fait rendre compte par les principaux marchands de bois pour l'approvisionnement de Paris ainsi que des avis adressés par nos subdélégués, il a été reconnu, que les eaux s'étant élevées sur aucunes desdites rivières jusqu'à plus de 10 pieds en fort peu d'heures, ont entraîné une très grande partie des bois *tant à brûler que de charpente*, chantiers, perches, rouettes, etc. , qui étaient sur les ports flottables et de chargement, ainsi qu'une grande partie de trains et de coupons préparés.

Que par cet évènement, que la prudence de l'homme ne pouvait prévoir, il doit se trouver actuellement beaucoup de bois répandus sur les terres à la proximité des rivières où ils sont à la merci des gens malintentionnés, et exposés à être volés et perdus pour la provision de Paris, et *qu'il est par conséquent très instant de les ramasser et de les approcher des ports, à l'effet d'être flottés, voiturés et conduits à Paris*; et qu'en pareille circonstance il a été, par le bureau de la ville, rendu plusieurs jugements par lesquels *les marchands ont été autorisés à se remettre en possession de leurs bois, de les ramasser et enlever sans être tenus (attendu force majeure) d'aucuns dommages et intérêts pour les dégâts et ruptures que lesdits bois pourraient avoir causés et que pourraient prétendre les propriétaires de prés, terres, jardins, vannes, écluses, pertuis, moulins, ponts, circonstances et dépendances.*

Pourquoi, vu la circonstance actuelle où les mêmes précautions et autorisations paraissent devenir on ne peut plus instantes, requérait le procureur du roi et de la ville qu'il nous plût y pourvoir.

Nous, ayant égard, etc., etc., ordonnons que, dans les trois jours de la publication des présentes, tous particuliers qui ont pêché, retiré chez eux aucuns bois ou autres marchandises entraînées par le débordement des rivières de Seine, Marne, Loing, Aube, Yonne, Cure, Cousin, Beuvron, etc., seront tenus de faire leur déclaration au greffe de l'hôtel-de-ville, et, pour les autres lieux, aux greffes des subdélégations du bureau le plus prochain d'iceux;

Leur faisons très expresses défenses de s'en emparer, de se les approprier, les cacher ou latiter, sous peine d'être poursuivis extraordinairement.

Permettons aux marchands pour l'approvisionnement de Paris, leurs commis ou facteurs, d'y faire repêcher, ramasser et retirer des prés, terres, jardins, héritages, etc. , tout ce qu'ils pourront recouvrer de leurs bois, pour les mettre en leur possession, francs et quittes de toutes indemnités ou dommages et intérêts que pour-

raient prétendre les propriétaires ; faisons défense à toutes personnes, de quelque état ou condition qu'elles soient, de s'opposer
aux recherches, etc., etc.

Autorisons les marchands ou leurs facteurs à faire faire perquisition de ceux qui pourraient avoir été cachés dans les lieux où ils
sauront qu'ils sont déposés dont les portes leur seront ouvertes, et,
en cas de refus après une simple sommation, leur permettons de
les faire ouvrir par un simple serrurier ou maréchal sur ce requis,
en présence de nos subdélégués, juges, notaires, huissiers sur ce
requis, dont sera dressé procès-verbaux pour être communiqués au
procureur du roi.

Requérons tous officiers de maréchaussée de prêter assistance et
main-forte, etc., etc.

(Archives du royaume, registres du bureau
de la ville, section administrative.)

ARRÊT DU PARLEMENT,

Ordonnant le paiement de la cotisation arrêtée en assemblée générale des marchands de bois carrés de Paris, pour la provision de cette ville, pour couvrir les syndic et adjoints des dépenses ordonnées par eux dans l'intérêt général de leur compagnie.

12 *mars* 1781.

Entre les marchands de bois carrés pour la provision de Paris,
poursuites et diligences du sieur *Gandolphe, leur syndic,* demandeurs en requête du 21 décembre 1780, d'une part ;

Et le sieur Nizard, maître charpentier à Paris, défendeur,
d'autre part ;

Et entre lesdits marchands de bois carrés, poursuites et diligences dudit Gandolphe, demandeurs en requête du 5 janvier 1781,
d'une part ; et Jean-Baptiste Thierry l'aîné et François Thierry le
jeune, défendeurs, d'autre part ;

Vu par la cour la requête desdits marchands de bois carrés, du

21 décembre dernier, tendante à ce qu'ils fussent reçus opposants à l'arrêt du 4 dudit mois, faisant droit sur ladite opposition, main-levée leur fût faite des défenses y portées; en conséquence, il fût, par provision, ordonné que la sentence du bureau de la ville de Paris, du 5 octobre 1772, et l'arrêt rendu au rapport de M. Debèze de la Belouse, conseiller, le 7 août 1775, en vertu desdites sentences et arrêts, seraient continués, et ledit Nizard y est condamné aux dépens : arrêt du 22 décembre dernier, d'appointer et mettre ès-mains de Mᵉ Philippe, conseiller, production des parties par leurs requêtes; requête desdits marchands de bois carrés, du 5 janvier dernier, tendante à ce que, sans préjudice du droit des parties au principal, il fût ordonné que, sans s'arrêter aux conditions oppo-sées aux offres faites par lesdits Thierry, l'arrêt du 7 août 1775 serait exécuté selon sa forme et teneur; EN CONSÉQUENCE QUE LES POURSUITES ENCOMMENCÉS EN VERTU D'ICELUI CONTRE LESDITS THIERRY SERAIENT CONTINUÉES (POUR LES CONTRAINDRE AU PAIEMENT DE LA COTISATION NÉCESSAIRE POUR COUVRIR LES DÉPENSES FAITES DANS UN INTÉRÊT GÉNÉRAL DE COMPAGNIE), sauf à eux à prendre, si bon leur semblait, communication du compte rendu par ledit Gandolphe leur syndic, et actuellement pendant au bureau de la ville; et lesdits Thierry fussent condamnés aux dépens.

Vu l'arrêt du 11 janvier dernier, joint au précédent, produc-tion des parties par leurs requêtes des 24, 25 et 30 janvier der-nier, 3, 6, 8, 14, 15, 17 et 19 février 1781, 5 et 7 mars pré-sent mois, celle du 30 janvier dernier de Jean Simonet, Delor et Faguet, tous les trois maîtres charpentiers à Paris, à fin d'inter-vention et autres fins y contenues; celle du 14 février dernier desdits Simonet et consorts, à fin d'intervention dans l'instance d'appointement à mettre et joint et autres fins y portées; celle du 17 dudit mois de février du sieur Nizard, maître charpen-tier à Paris, aussi à fin d'intervention dans ladite sentence d'ap-pointement à mettre et autres fins y portées; celle du 7 de ce mois desdits Thierry, aussi à fin d'intervention et autres fins y portées, au bas desquelles requêtes sont les ordonnances de la cour en ju-geant, conclusions de procureur général du roi.

Ouï le rapport dudit conseiller, tout vu, considéré.

La cour reçoit les intervenants parties intervenantes; sur le surplus des requêtes des parties, les renvoie à l'audience avec les gens du roi, dépens réservés.

Fait en parlement, ce douze mars mil sept cent quatre-vingt-un.

Signé: PHILIPPE et D'ALIGRE.

(Archives du royaume, section judiciaire.)

Nota. Voyez l'arrêt du parlement du 7 septembre 1782, qui con-damne les opposants au paiement de la cotisation votée en assemblée générale des marchands de bois carrés pour la provision de Paris.

SENTENCE DU BUREAU DE LA VILLE,

Qui déclare bonne et valable la saisie *des bois de déchirage* provenants d'une toue qui avait été frauduleusement déchirée à heure indue, et ordonne la confiscation desdits bois.

6 août 1781.

(Archives du royaume, section judiciaire.)

ARRÊT DU PARLEMENT,

Concernant la cotisation votée en assemblée générale
des marchands de bois carrés.

23 juillet 1782.

Entre les marchands de bois carrés pour la provision de Paris, poursuites et diligences de Gandolphe, leur syndic, demandeur en requête des 21 décembre 1780 et 5 janvier suivant, sur lesquelles demandes les parties ont été appointées ès-mains de Me Philippe, conseiller, au rapport duquel est intervenu arrêt le 12 mars suivant, qui a renvoyé les parties à l'audience, et lesdits marchands de bois carrés demandeurs sur leur renvoi à l'audience, aux fins de leur requête du 26 février, d'une part;

Et Nizard, Delor, Faguet et Thierry l'aîné et le jeune, tous marchands de bois et maîtres charpentiers à Paris, défendeurs, d'autre part;

Et lesdits Faguet et Delor, demandeurs aux fins de leur requête du 23 mars dernier, et défendeurs d'une part, et lesdits marchands de bois carrés, défendeurs et demandeurs en requête du 16 juillet présent mois, d'autre part;

Sans que les qualités puissent nuire ni préjudicier ;

Après que la cause d'entre les parties a été placée la 35e du 52e rôle, lue après sommaire, publiée le 1er juillet présent mois ;

La cour, pour faire droit aux parties sur les demandes dont il s'agit, les appointe sommairement à mettre leurs requêtes et pièces ès-mains de Me Radix, conseiller, dépens réservés.

Fait le 23 juillet 1782.

Signé ROPPRAT, pour les marchands de bois.

(Archives du royaume, section judiciaire.)

NOTA. Voyez l'arrêt du parlement à la date du 7 septembre 1782, qui condamne les opposants au paiement de ladite cotisation, votée en assemblée générale des marchands de bois carrés pour la provision de Paris.

ARRÊT DU PARLEMENT,

Qui ordonne que les marchands de bois, ou autres en retard d'acquitter leur cotisation, seront tenus d'en effectuer le paiement dans la huitaine entre les mains du sieur Gandolphe, syndic de la compagnie des marchands de bois carrés, pour la provision de Paris.

7 septembre 1782.

Entre les marchands de bois carrés pour la provision de Paris, poursuites et diligences de Gandolphe, leur syndic, demandeur en requêtes des 21 décembre 1780 et 5 janvier 1781, sur lesquelles demandes les parties ont été appointées ès-mains de M. Philippe, conseiller, au rapport duquel est intervenu arrêt le 12 mars suivant, qui a renvoyé les parties à l'audience.

Et lesdits marchands de bois carrés, demandeurs sur le renvoi à l'audience, aux fins de leur requête du 26 février dernier, d'une part', et Nizard, Delor, Faguet, Thierry l'aîné et le jeune, tous marchands de bois et maîtres charpentiers à Paris, défendeurs, d'autre part;

Et lesdits Faguet et Delor, demandeurs, aux fins de leur requête du 23 mars dernier, et défendeurs d'une part, et lesdits marchands de bois carrés, défendeurs, demandeurs en requête du 16 juillet aussi dernier, d'autre part;

Vu par la cour la requête desdits marchands de bois carrés pour la provision de Paris, poursuites et diligences dudit Gandolphe, leur syndic, du 21 décembre 1780, tendante entre autres choses à ce qu'ils fussent reçus opposants à *l'arrêt obtenu par ledit Nizard, le 4 dudit mois de décembre* : faisant droit sur ladite opposition, il fût fait main-levée des défenses portées audit arrêt, en conséquence ordonné par provision *que la sentence du bureau de la ville du 5 octobre* 1772, et l'arrêt de la cour du 7 août 1775, au rapport de M. Debèze de la Belouze, conseiller, seraient exécutés selon leur forme et teneur; et arrêt *du 23 juillet* 1782, par lequel après que la cause d'entre les parties avait été placée la 35e du 52e rôle des appointements sommaires, a appointé les parties à produire sommaire dans quinzaine, leurs requêtes et preuves ès-mains de M. Radier, conseiller, dépens réservés, productions respectives des parties en exécution dudit arrêt et conclusion du procureur général du roi, etc.

Ouï le rapport dudit conseiller, tout joint et considéré, la cour, sans s'arrêter aux requêtes et demandes desdits Nizard, Delor, Faguet, Thierry l'aîné, Thierry le jeune, dont ils sont déboutés, reçoit les marchands de bois carrés pour la provision de Paris, opposants à l'exécution de l'arrêt du *4 décembre dernier*. Faisant droit sur l'opposition, lève les défenses y portées; en conséquence, ordonne que la sentence du bureau de la ville de Paris *du 5 octobre* 1772, et l'arrêt de la cour du 7 août 1775 seront exécutés par PROVISION, ET QUE LES POURSUITES ENCOMMENCÉES EN VERTU DESDITES SENTENCES ET ARRÊT SERONT CONTINUÉES POUR PARVENIR AU PAIEMENT DE LA COTISATION VOTÉE EN ASSEMBLÉE GÉNÉRALE

DES MARCHANDS DE BOIS CARRÉS. CONDAMNE LESDITS NIZARD, DELOR, FAGUET ET THIERRY, CHACUN A LEUR ÉGARD AUX DÉPENS, MÊME EN CEUX RÉSERVÉS PAR L'ARRÊT DU 12 MARS 1781.

Fait en parlement, le 7 septembre 1782.

Signé : LEFÈVRE et RADIER.

(Archives du royaume, section judiciaire.)

ORDONNANCE DU BUREAU DE LA VILLE,

Qui autorise à faire des travaux sur la Marne, pour améliorer la navigation et le flottage, AU MOYEN D'UNE CONTRIBUTION QUI SERA ÉTABLIE ENTRE LES MARCHANDS DE BOIS, POUR L'APPROVISIONNEMENT DE PARIS et les voituriers, pour frayer aux dépenses nécessaires pour faire tous les ouvrages.

ORDONNE qu'il sera payé par CHAQUE TRAIN DE BOIS FLOTTÉ, BRELLE OU ÉCLUSÉE DE CHARPENTE, SCIAGE OU CHARRONNAGE arrivant au port de Charenton.............. » l. 10 sols.

Pareille somme de dix sols par chaque bachot.. » 10 s.

Et par chaque bateau.................. 1 10 s.

La présente ordonnance sera lue, publiée et affichée, tant sur les ports de la ville de Paris qu'à Châlons en Champagne, Dormans, Château-Thierry et autres endroits, et partout où besoin sera.

Ce fut fait et donné au bureau de la ville, le 23 novembre 1783.

DEBÈZE DE LA BELOUSE.

(Archives du royaume, section judiciaire.)

EXTRAIT DU RÈGLEMENT DE POLICE,

Pour la navigation sur les rivières d'Ourcq et d'Aisne. et les ports en dépendants, et spécialement pour la rivière d'Ourcq.

Du 17 février 1784.

Extrait des registres du greffe de la maîtrise des eaux et forêts du duché de Valois, à Villers-Cotterets.

Sur ce qui nous a été judiciairement représenté par le procureur du roi et de S. A. S. Mgr le duc d'Orléans en ce siège, que, nonobstant les dispositions de l'ordonnance des eaux et forêts, du mois d'août 1669, titre XXVII, et de celle du mois de décembre 1672, les autres ordonnances, arrêts, édits et déclarations intervenus depuis, et spécialement les règlements de ce siège, pour le maintien de la police sur les ports de la rivière d'Ourcq et le bien de la navigation, il se trouve cependant différents objets sur lesquels il n'est encore intervenu aucun règlement et qui ont occasionné des abus et des désordres qui préjudicient tant à la conservation de ladite rivière, aux prairies qui lui servent de rivages, et aux moulins qui sont construits sur son cours, qu'à la navigation et aux flottages des bois, ainsi qu'à leur placement dans les différents ports; que ces abus sont absolument opposés au bon ordre et à la police qui doivent être observés sur les rivières navigables et flottables, ainsi que sur les ports d'icelles;

Qu'il est instant de remédier à ces abus si préjudiciables au bon ordre et à la sûreté de la navigation du commerce, et que pour y parvenir, il est indispensablement nécessaire d'y pourvoir par un règlement qui, en renouvelant les dispositions des anciennes ordonnances et prescrivant des règles certaines pour ce qui n'y a pas été prévu relativement au canal, son lit, ses marche-pieds, ses gords, ses écluses et ses pertuis, fixât les devoirs et les obligations des gardes, jurés-compteurs des ports, de leurs commis, des marchands de bois, de leurs gardes-ventes, des mariniers, matuchins, bardeurs et autres employés sur les ports et à la navigation , et réglât définitivement tout ce qui peut concerner le canal d'Ourcq ou y avoir quelque rapport ; sur quoi faisant droit, nous ordonnons ce qui suit :

CHAPITRE II.

Police des ports.

Art. 2. Enjoignons aux gardes, jurés-compteurs des ports et à leurs commis, de laisser entre les piles de bois, *soit de sciage , de charpente* ou *de chauffage*, une distance de deux pieds au moins, à peine de dix livres d'amende et de rétablir à leurs frais les piles à cette distance.

Art. 5. NE POURRONT , LES MARCHANDS ET TOUS AUTRES, COMMETTRE QUI QUE CE SOIT POUR TRAVAILLER SUR LES PORTS, CE TRAVAIL N'APPARTENANT QU'AUX COMMIS GARDES-PORTS OU GENS PAR EUX PRÉPOSÉS, à moins que les marchands n'en aient obtenu la permission des officiers de la maîtrise et prévenu les jurés-compteurs, le tout sans préjudicier aux droits de ces derniers.

Art. 6. Enjoignons aux voituriers par terre de déposer leurs bois et marchandises dans les endroits des ports qui leur seront indiqués par les jurés-compteurs ou leurs commis, à peine de vingt livres d'amende , et de supporter les frais qui résulteraient du transport de leurs bois auxdits endroits.

Art. 7. Seront tenus les marchands de faire marquer de leurs marteaux toutes les marchandises qu'ils déposeront sur les ports, même d'y faire vérifier par les gardes - ventes, porteurs de leurs marteaux , si quelques *pièces* n'auraient pas été omises, afin de les marquer sur-le-champ, en présence des gardes-ports ; sinon et à faute de ce faire , les jurés-compteurs n'en seront pas responsables.

CHAPITRE III ,

Concernant les fonctions des jurés-compteurs des ports et de leurs commis.

Art. 1er. Les jurés-compteurs des ports feront MESURER (*les bois à œuvrer*) ET CORDER LES BOIS SUR LES PORTS, *au fur et à mesure qu'ils y arriveront;* seront tenus les marchands d'en payer le cordage, ainsi qu'il est d'usage, à raison de deux sous six deniers par corde, et le *droit d'arrivage*, ainsi qu'il est fixé par l'usage, en conséquence des tarifs et conformément au règlement de réformation de 1690, et autres arrêts et règlements qui en ont déterminé la quotité, notamment l'arrêt du conseil d'État du roi du 1ᵉʳ septembre 1705, mais pourront commettre quelqu'un de leur part pour être présent audit cordage, sans préjudicier aux droits des jurés-compteurs.

Art. 3. Il ne sera enlevé ni chargé aucun bois sur les ports par les mariniers, matuchins, bardeurs ou autres, que les mandats par écrit des marchands n'aient été remis aux jurés-compteurs et sans qu'ils ayent ordonné ledit chargement. Défendons aux jurés-compteurs et à leurs commis de délivrer aucuns bois sans lesdits mandats.

Art. 4. Enjoignons aux mariniers de se rendre eux-mêmes chez les jurés-compteurs pour y prendre leurs lettres de voitures ou d'y envoyer les personnes préposées de leur part; et disons que les jurés-compteurs seront tenus de les leur délivrer sans aucun retard, pourvu que la demande leur en soit faite dans les heures réglées par l'ordonnance et sans autres frais que ceux des droits d'enlevage fixés par le tarif, et seront à l'avenir les lettres de voitures imprimées et LES QUALITÉS, QUANTITÉS (1) ET ESPÈCES DE BOIS, REMPLIES et signées par les jurés-compteurs ou leurs commis, dont ils seront garants.

Art. 5. Lorsqu'il arrivera des reventes ou rétrocessions entre les marchands, le rétrocédant sera tenu d'en donner avis aux jurés-compteurs, de leur dénommer son cessionnaire, de leur détailler les bois qu'il lui aura cédés et de leur désigner les numéros des piles; faute de quoi défendons aux jurés-compteurs de faire la livraison d'aucuns bois.

Art. 6. Les mariniers ou leurs voituriers qui remonteront la rivière pour venir charger, seront tenus d'en prévenir les jurés-

---

(1) Ce qui, pour le bois à œuvrer, ne peut et ne doit être fait que par un inventaire détaillé par coupon, part, ou éclusée.

compteurs, de leur exhiber des mandats des marchands dont ils seront porteurs, afin qu'il leur soit fait délivrance des bois mentionnés auxdits mandats; et dans le cas où lesdits mariniers chargeraient et partiraient sans avoir remis lesdits mandats et s'être munis de lettres de voitures, il en sera dressé procès-verbal par les jurés-compteurs, qui seront tenus de l'affirmer véritable dans les vingt-quatre heures, et de le déposer au greffe pour être, sur icelui, fait les poursuites convenables. Enjoignons au contrôleur du canal, résidant à Lisy, d'arrêter ceux desdits mariniers qui ne seront pas munis de lettres de voitures, de ne pas les laisser passer, d'en dresser procès-verbal, de l'affirmer véritable dans les vingt-quatre heures, et de le déposer au greffe, pour être, sur icelui, prononcé telles peines qu'il appartiendra.

Art. 7. LES MARINIERS, MATUCHINS OU VOITURIERS SERONT TENUS, LORS DE L'ENLÈVEMENT DES BOIS, D'EN PAYER LES DROITS D'ENLEVAGE AUX JURÉS-COMPTEURS ; lesquels ne seront perçus, par celui des ports de la rivière d'Ourcq, qu'à raison de moitié du taux auquel ils sont fixés par les arrêts et règlements, et conformément au cahier des charges des adjudications; *desquels droits les jurés-compteurs donneront leurs reçus au bas de leurs lettres de voitures*, lesquelles ils seront autorisés à ne pas délivrer en cas de refus d'acquitter lesdits droits.

Art. 10. Seront les commis et gardes-ports soumis aux jurés-compteurs des ports, et tenus de leur obéir ès-choses qui concerneront le service des ports et la navigation, sous peine de révocation; enjoignons, en cas de désobéissance, aux jurés-compteurs, d'en dresser leurs procès-verbaux, de les affirmer dans les vingt-quatre heures, et de les déposer au greffe pour être, sur iceux, prononcé contre lesdits commis telle peine qu'il appartiendra.

Art. 11. Dans le cas où les jurés-compteurs ne pourraient dresser leurs procès-verbaux, ils dénonceront au procureur du roi celui des commis qui se trouvera en faute, pour le faire punir juridiquement, ainsi que le cas l'exigera.

Art. 12. Seront tenus les gardes, jurés-compteurs, de délivrer aux propriétaires des terrains sur lesquels se font les amas et dépôts de bois, leurs certificats détaillés de l'occupation desdits terrains, à l'effet par eux de se faire payer par les marchands du droit de posage qui leur appartient.

CHAPITRE IV.

Art. 1er. Défendons à tous mariniers, matuchins et autres, de prendre aucuns bois sur les ports et de les PORTER DANS LES AUBERGES OU CABARETS, SOUS PRÉTEXTE DE CHAUFFAGE, A PEINE DE CINQUANTE LIVRES D'AMENDE ; DÉFENDONS PAREILLEMENT AUX AUBERGISTES ET CABARETIERS D'EN LAISSER ENTRER CHEZ EUX, A PEINE DE SEMBLABLE AMENDE POUR LA PREMIÈRE FOIS, ET D'ÊTRE PUNIS, LES UNS COMME VOLEURS, ET LES AUTRES COMME RECÉLEURS EN CAS DE RÉCIDIVE.

Art. 21. Ordonnons aux gardes, jurés-compteurs des ports et à leurs commis, aux gardes-pêches, pêcheurs, gardes-éclusiers et à tous autres gardes, *de garer et mettre sur terre*, conformément aux art. 16 et 17 du titre XXXI de l'ordonnance de 1669, les épaves et bois pêchés dont ils auront connaissance.

(Extrait des registres du greffe de la maîtrise des Eaux et Forêts du duché de Valois, à Villers-Cotterets.)

SENTENCE DU BUREAU DE LA VILLE,

Qui ordonne aux propriétaires ou fermiers et meûniers des forges et moulins de la Marne au-dessus de Saint-Dizier, *d'ouvrir et fermer leurs empellements pour donner des flots pour le départ des trains de bois à œuvrer* et bateaux chargés de fer, jusqu'à Vitry-le-Français, moyennant 6 livres que les marchands ou flotteurs seront tenus de payer à chaque propriétaire ou fermier desdites usines.

26 *juillet* 1785.

Vu la requête à nous présentée par Jean-Baptiste Mathieu père, Pierre-François Mathieu fils, Jean-Baptiste Bouland, Joseph Mahuet, Pierre-Claude Mahuet, Pierre-Claude Robert, Robert fils, Deschamps, Leblanc fils, Hocquet, Ogé, Bouland fils, tous marchands de bois pour la provision de Paris, Toussaint Perrin,

Claude Maugery, Claude-Nicolas Cosson, Pierre Roussel, Bourgogne, Hocquet, Godard Ogé, Godard Beury, Ogé Godard, tous voituriers par eau de la rivière de Marne, demeurant à Saint-Dizier, contenant QUE LES MAITRES DE FORGES ET MEUNIERS QUI TIENNENT LES USINES ET MOULINS SITUÉS AU-DESSUS DE SAINT-DIZIER, PROFITENT DE LA CIRCONSTANCE MALHEUREUSE OU SONT LES SUPPLIANTS D'AVOIR ÉTÉ FORCÉS DE METTRE A TERRE LEURS MARCHANDISES QUI ÉTAIENT A FLOT AU-DESSOUS DE SAINT-DIZIER, PAR LE MANQUE D'EAU, POUR METTRE LES SUPPLIANTS A CONTRIBUTION; que, dès le mois de février dernier, les suppliants ont commencé à flotter des trains de bois et à charger des fers et autres marchandises sur la rivière de Marne ; mais le défaut d'eau ayant depuis intercepté la navigation, ils ont, *après avoir attendu inutilement des crues d'eau, pris le parti de tirer leurs trains à terre et de décharger leurs bateaux, et ont imaginé de flotter en détail et par partie avec un seul pied d'eau jusqu'à Vitry-le-Français*, où la réunion des rivières de Saulx, de Blaise et autres affluentes à la Marne, procurent une navigation plus facile. Pour faire descendre leurs flottes nouvelles, ils ont réclamé des secours des maîtres de forges et meûniers qui tiennent les moulins de Saint-Dizier et les usines supérieures ; *ces secours étaient que les maîtres de forges et meûniers leur procurassent des flots d'eau de temps à autre. Ces derniers ont accueilli volontiers la demande des suppliants, mais ils se sont fait un plaisir de profiter de la malheureuse position des suppliants pour les rançonner ;* d'abord les flots d'eau n'avaient coûté qu'environ quarante-cinq livres, mais on vient de les faire monter tout récemment à un si haut prix que les dépenses vont à plus de deux cents livres.

Le fermier du moulin de Saint-Dizier, vient d'exiger, ci..........................	13 l.	4 s.	0 d.
Le propriétaire de la forge du clos Mortier.	48	»	»
Celui de la forge de Marnaval..........	27	»	»
Celui de la forge de Bienville..........	24	»	»
Celui d'Eurville à un quart de lieue au-dessous	60	»	»
	172 l.	4 s.	0 d.

A quoi ajoutant les buvettes aux forgerons et garçons meûniers, CELA EXCÈDE DEUX CENTS LIVRES.

Qu'il faut observer que les flots d'eau que ces propriétaires fermiers ou meûniers font payer si chèrement aux suppliants ne leur occasionnent aucun chômage ; toutes les forges chôment depuis le samedi à minuit jusqu'au dimanche à minuit, et ce n'a été, comme ce n'est encore, que les flots de ces retenues d'eau et chômage sordinaires et accoutumés que les suppliants leur ont demandé et leur demandent.

Que de tous les temps l'on a toujours considéré les rivières comme grands chemins et ayant une destination première pour la navigation, en telle sorte que les moulins et usines ont toujours cédé à la navigation. Que par un arrêt du 22 août 1609, il est enjoint à tous meûniers de lever leurs écluses et vannes, et de donner passage si commode au bois, qu'il pût être conduit jusques à l'embouchure de l'Yonne ; par un autre arrêt du 16 avril 1628, l'exécution en est renouvelée ; par des lettres-patentes accordées à un sieur Desolligny le 3 avril 1633, concernant le flottage de bois, il lui est donné tout pouvoir de s'emparer même des moulins pour le bien de la navigation ; par un autre arrêt de 1635, il est ordonné que les moulins ne pourraient apporter aucun empêchement à la navigation.

QU'ENFIN PAR L'ORDONNANCE DE 1672, ART. 5 DU TITRE PREMIER, IL EST ENJOINT AUX MEÛNIERS DE TENIR LEURS PERTUIS OUVERTS EN TOUS TEMPS LORSQU'IL Y AURA DEUX PIEDS D'EAU EN RIVIÈRE, ET QUAND LES EAUX SERONT PLUS BASSES, DE FAIRE L'OUVERTURE DE LEURS PERTUIS TOUTES FOIS ET QUANTES ILS EN SERONT REQUIS. Et seront lesdits meûniers (porte la loi) tenus de laisser couler l'eau en telle quantité que la voiture desdits bateaux et trains puisse être facilement faite d'un pertuis à un autre.

Qu'il est bien constant que l'esprit de cette ordonnance a été que ces pertuis n'arrêtent pas l'eau de manière à nuire à la navigation, au contraire cette loi veut d'abord qu'ils soient toujours ouverts afin que la navigation ne soit pas privée de l'eau ; ensuite, comme dans les eaux basses, s'ils étaient obligés de laisser leurs pertuis toujours ouverts, leurs moulins ou usines perdant l'eau ne pourraient plus aller, la même loi veut bien leur permettre de les tenir fermés dans ce cas là, mais elle ne leur permet pas de les tenir fermés au point de mettre les navigateurs dans le cas d'en passer par les conditions les plus dures pour avoir de l'eau ; au contraire, elle leur enjoint de les ouvrir à toutes réquisitions.

Les propriétaires ou fermiers et meûniers donnent pour prétexte qu'ils sont dans le haut et que la navigation est au-dessous ; l'ordonnance veut que les meûniers soient tenus de laisser couler l'eau en telle quantité que la voiture puisse être facilement faite d'un pertuis à un autre. De Saint-Dizier à Vitry, il n'y a point de pertuis, il faut donc qu'ils laissent couler l'eau en telle quantité que la voiture puisse se faire de Saint-Dizier à Vitry, cela est fondé en raison, l'eau vient toujours d'en haut : quatre usines et un moulin, qui sont au haut de la navigation, peuvent intercepter l'eau en tenant leurs pertuis fermés, c'est ce qui arrive, et ils ne le font que pour mettre les suppliants dans la dure nécessité d'être rançonnés.

Les suppliants n'exigent pas de ces maîtres de forges qu'ils ouvrent leurs pertuis à toutes réquisitions quoiqu'ils y soient fondés : depuis le samedi à minuit jusqu'au dimanche à minuit, toutes les forges chôment ; eh bien, les suppliants n'en demandent l'ouverture que pendant ces chômages, assurément ils ne leur font aucun tort quant à ce qu'ils exigent pour ces lâchées d'eau dans un temps où elles ne leur sont d'aucune utilité. Il est bien aisé de se décider par le même article ci-dessus cité, il est fait défense auxdits meûniers et gardes-pertuis de prendre aucuns salaires pour l'ouverture et la fermeture, à peine de restitution du quadruple, ainsi il ne leur serait rien dû aux termes même de la loi. Mais les suppliants vont plus loin : si ces lâchées d'eau leur occasionnent quelques chômages, ils s'offrent volontiers de les payer, mais ils ne leur donneront pas arbitrairement ce qu'ils exigent ; *ils prendront pour base de leurs offres l'art.* 13 *du chapitre* 17 *de l'ordonnance de* 1672, *qui fixe à quarante sols le chômage pour* 24 *heures.*

Il est urgent pour les suppliants que le bureau vienne promptement à leur secours, *leurs bois sont actuellement sur le gra-*

vier, autrement ils sont menacés de deux maux inévitables, ou d'être victimes de l'avarice de ces propriétaires ou fermiers de forges et meûniers qui prennent à tâche de les fouler pour leur procurer des lâchées d'eaux, ou de voir leurs bois emportés par un débordement s'ils attendaient que les eaux vinssent.

Pourquoi dans de pareilles circonstances les suppliants ont été conseillés de recourir à notre autorité. A ces causes, requéraient qu'il nous plût ordonner que, pour faciliter la conduite des trains de bois et bateaux chargés de fers, arrêtés par la bassesse des eaux depuis Saint-Dizier jusqu'à Vitry, les propriétaires ou fermiers des forges de Baillard, de Bienville, d'Eurville, de Marnaval et du clos Mortier, et les meûniers des moulins de Guë et de Saint-Dizier seront tous tenus à la réquisition des suppliants de fermer leurs palles le samedi soir à minuit, et ensuite d'ouvrir leurs empellements. Le propriétaire ou fermier de la forge de Baillard, le dimanche à deux heures du matin ; le propriétaire ou fermier de Bienville, à trois heures aussi du matin; le propriétaire ou fermier de la forge d'Eurville, à trois heures et demie du matin; le meûnier du moulin de Guë, à quatre heures et demie aussi du matin ; le propriétaire ou fermier de la forge de Marnaval, à cinq heures encore du matin ; le propriétaire ou fermier de la forge du clos Mortier, à cinq heures et demie du matin, et enfin le meûnier du moulin de Saint-Dizier, à six heures aussi du matin ; et de ne les refermer après cela que quatre heures après l'ouverture que chacun d'eux aura faite de leurs dits empellements, et ainsi faire de pareilles ouvertures et fermetures tous les dimanches et fêtes de chaque semaine lorsqu'ils en seront requis par les suppliants, aux offres que font les suppliants de payer à chacun des meûniers propriétaires ou fermiers desdites forges et moulins, six livres ou telle autre somme qu'il nous plaira arbitrer pour le salaire des ouvriers qui seront employés auxdites fermetures et ouvertures des susdits empellements; sinon et faute par eux de faire les susdites fermetures et ouvertures lorsqu'ils en seront requis par les suppliants, autoriser les suppliants à faire faire lesdites fermetures et ouvertures aux frais et dépens desdits meûniers, propriétaires ou fermiers desdits moulins et forges; ordonner que lesdits meûniers, proprié-

taires ou fermiers des susdites usines et moulins, seront et demeureront garants et responsables envers les suppliants des retards
qu'ils leur auront occasionnés et de toutes pertes, dépens, dommages et intérêts. Ladite requête signée Mignouville.

Vu aussi notre ordonnance du 8 juillet présent mois, portant
que ladite requête serait communiquée au procureur du roi et
de la ville, pour par lui être requis ou consenti, et par nous
ordonner ce que de raison.

Conclusions du procureur du roi et de la ville.

Nous, pour faciliter la conduite des trains de bois et bateaux
chargés de fers, arrêtés par la bassesse des eaux depuis Saint-Dizier jusqu'à Vitry, AVONS ORDONNÉ *que les propriétaires ou fermiers des forges de Baillard, de Bienville, d'Eurville, de Marnaval et du clos Mortier, et les meûniers des moulins de Guë et de
Saint-Dizier,* SERONT TOUS TENUS, *à la réquisition des suppliants, de fermer leurs palles le samedi soir à minuit, et ensuite
d'ouvrir leurs empellements; le propriétaire ou fermier de la forge
de Baillard, le dimanche à deux heures du matin; le propriétaire
ou fermier de Bienville, à trois heures du matin; le meûnier du
moulin de Guë, à quatre heures et demie aussi du matin; le propriétaire ou fermier de la forge de Marnaval, à cinq heures encore
du matin; le propriétaire ou fermier du clos Mortier, à cinq
heures et demie du matin, et enfin le meûnier du moulin de Saint-
Dizier, à six heures aussi du matin; et de ne les refermer après
cela que quatre heures après l'ouverture que chacun d'eux aura
faite de leurs dits empellements: et ainsi faire de pareilles ouvertures et fermetures tous les dimanches et fêtes de chaque semaine,
lorsqu'ils en seront requis par les suppliants, en payant par les
suppliants à chacun des meûniers, propriétaires ou fermiers desdites forges et moulins,* LA SOMME DE SIX LIVRES, à quoi seulement par provision sans tirer à conséquence et jusqu'à ce que par
nous il en soit autrement ordonné, nous avons fixé, suivant les
offres des suppliants, le salaire des ouvriers qui seront employés
aux fermetures des susdits empellements, sinon et faute par eux de

faire les susdites fermetures et ouvertures lorsqu'ils en seront requis par les suppliants, avons autorisé les suppliants à faire faire lesdites fermetures et ouvertures aux frais et dépens desdits meûniers, propriétaires ou fermiers desdits moulins et forges : et avons ordonné que lesdits meûniers, propriétaires ou fermiers des susdites usines et moulins seront et demeureront garants et responsables envers les suppliants des retards qu'ils leur auront occasionnés et de toutes pertes, dépens, dommages et intérêts.

Et seront ces présentes exécutées, nonobstant oppositions ou appellations quelconques, et sans y préjudicier.

Ce fut fait et jugé au bureau de la ville de Paris, le 26 juillet 1785.

Signé : MARIN, COSSERON, MITOUART, PIGNON.

(Archives du royaume, section judiciaire.)

SENTENCE DU BUREAU DE LA VILLE,

Qui autorise le flottage des bois carrés et de sciages, *sur la Marne au-dessus de St-Dizier,* ordonne que les détenteurs d'usines, forges et moulins, seront tenus d'élargir leurs pertuis, si besoin est, pour ne pas gêner ladite navigation et ledit flottage, au contraire.

23 décembre 1785.

Vu la requête à nous présentée par les sieurs Jean-François Deschamps, dit Leblanc, Joseph Mahuet, Pierre-Claude Robert et Jean-Nicolas Ogé l'aîné, tous marchands de bois carrés,

Contenant que les suppliants ont du bois à amener sur la rivière de Marne, mais que, pour éviter les frais de voiture par terre jusqu'audit lieu de Saint-Dizier, où commence seulement le flottage, ils désireraient pouvoir flotter lesdits bois sur ladite rivière au-dessus de Saint-Dizier, ainsi que cela avait lieu jadis; car si depuis quelque temps on ne flotte pas dans cette partie de la Marne supérieure à Saint-Dizier, cela ne provient que des obstacles que les propriétaires ou fermiers de forges et les meûniers des moulins y apportent, et qu'entre autres obstacles on doit ranger les usines de Baillard, d'Eurville, du Moulin de Guë, les forges de Marnaval, clos Mortier et le moulin de Saint-Dizier, comme ayant rétréci leurs pertuis au point d'en interdire l'approche à toute navigation ; que l'art. 3 du 55e chapitre de l'ordonnance de 1415, assujettit les moulins aux nécessités de la navigation et du flottage qui ont toujours été considérés comme un des plus pressants besoins.

Que l'ordonnance de François Ier, du 24 janvier 1520, ordonne que les pertuis aient vingt-quatre pieds de lez, et que, par un arrêt de 1635, il est ordonné que les moulins ne pourront porter aucun empêchement à la navigation ; qu'enfin par les art. 4 et 5 du chapitre premier de l'ordonnance de 1672, ces ordonnances anciennes sont renouvelées, et qu'il y est dit formellement que sur les rivières il ne devra être apporté aucun empêchement au passage des bateaux et trains, et que, si aucuns se trouvent, ils seront incessamment ôtés et démolis, et les contrevenants tenus de tous dépens, dommages et intérêts.

Conclusions du procureur du roi : nous avons permis aux suppliants de faire assigner pardevant nous les propriétaires, fermiers et meûniers des usines sus énoncées, pour voir ordonner qu'ils seront tous tenus, suivant, conformément et en exécution de l'article 5 du chapitre premier de l'ordonnance de 1672, de donner à leurs gros pertuis vingt-quatre pieds au moins de largeur, de les tenir ouverts en tous temps, et la barre d'iceux tournée en sorte que le passage soit constamment libre aux mariniers, leurs bateaux et trains lorsqu'il y aura deux pieds d'eau en rivière ; et quand les eaux seront plus basses, de faire l'ouverture de leurs pertuis, toutes fois et quantes ils en seront requis, sans qu'ils puissent les refermer ni mettre les aiguilles avant que lesdits bateaux et trains soient passés, en laissant couler l'eau en telle quantité que la voiture desdits bateaux et trains puisse être facilement faite d'un pertuis à un autre, sans pouvoir, pour ce, exiger aucun salaire sous quelque prétexte que ce soit. Autorisons les suppliants à faire incessamment ôter et démolir, en exécution de l'art. 5 du chapitre 1er de l'ordonnance de 1672, lesdits pertuis qui se trouveraient trop étroits, rendant responsables les propriétaires de toutes pertes, dépens, dommages et intérêts envers les marchands de bois et voituriers.

Seront les présentes exécutées, nonobstant oppositions ou appellations quelconques.

Fait au bureau de la ville, le 23 décembre 1785.

(Archives du royaume, section judiciaire.)

SENTENCE DU BUREAU DE LA VILLE,

Qui, en conformité de l'art. 3 du chapitre premier de l'ordonnance de 1672 et de l'art. 4 du même chapitre, ordonne qu'il sera *laissé vingt-quatre pieds pour le tirage sur les ports de Brienne-la-Vieille et Blaincourt jusqu'à Arcis-sur-Aube*, et que les arbres qui se trouveront dans cette étendue seront coupés.

31 mars 1786.

(Archives du royaume, section judiciaire.)

ORDONNANCE DU BUREAU DE LA VILLE,

Portant agrandissement au port de tirage affecté spécialement aux marchands de bois carrés, sur le port de la Râpée.

4 juillet 1786.

Vu la requête à nous présentée par les sieurs Vée, Colinet, Merville, Bourlon, Lebégueur, Soret et Durand, tous marchands de bois carrés pour la provision de Paris, y demeurant, tant pour eux que pour les autres marchands de bois dont ils ont pouvoir, portant agrandissement du port de tirage, réservé aux marchands de bois carrés au port de la Râpée, ordonnons que lesdits marchands prendront à cet effet neuf toises du côté du levant sur la partie affectée au déchargement des plâtres, et que des pieux d'une grosseur et solidité suffisante seront posés par lesdits marchands pour servir de limite et de ligne de démarcation entre le chemin de tirage et le port au Plâtre ; *et attendu que les quantités de pierres à plâtre qui ont été déchargées sur la berge dudit port, y ont laissé des résidus qui se sont durcis, d'une épaisseur d'environ trois pieds au-dessus de son niveau, et que cet état actuel fait perdre un espace de terrain considérable et fort précieux ; nous ordonnons que, sous huitaine pour tout délai, les marchands de pierres à plâtre feront, à leurs frais, égaliser ladite berge et aplanir ledit terrain, sinon qu'il y sera pourvu d'office ;* LEUR FAISONS DÉFENSE DE DÉPOSER A L'AVENIR LEURS MARCHANDISES SUR L'EMPLACEMENT AFFECTÉ AU TIRAGE DES BOIS CARRÉS ; et afin qu'ils n'en prétendent cause d'ignorance, les présentes seront affichées sur tous les ports de cette ville, et notamment sur ceux dont il s'agit, et mandons au commissaire de police de l'hôtel-de-ville de tenir exactement la main à son exécution.

Fait et arrêté au bureau de la ville, le 4 juillet 1786.

(Archives du royaume, section judiciaire.)

ORDONNANCE DU PRÉVOT DES MARCHANDS,

Qui enjoint aux propriétaires de moulins, établis sur la rivière d'Aube, de faire construire les vannes desdits moulins sur vingt-quatre pieds de largeur, conformément à l'ordonnance de 1672, à peine de deux cents livres d'amende.

10 *février* 1789.

LOI

Qui ordonne l'exécution provisoire des lois non abrogées.

Du 22 septembre 1792.

NOTA. On en a conclu dans le temps, et avec raison, que l'ordonnance de 1672 devait continuer d'être exécutée selon sa forme et teneur. Voyez la décision du 19 floréal an IX.

(Code du Commerce des bois et charbons, par M. Dupin aîné, page 613.)

MAXIMUM.

DÉPARTEMENT DE PARIS.

Maximum arrêté par l'Agent national, pour les bois de travail, le 3 floréal an II de la république.

	PRIX que doit vendre le marchand dans Paris.		
	liv.	sols	den.
Bois de charpente, de marine ou refus de marine...........(les cent solives.).......	797	18	»
Le cent de charpente marchande, de			
St-Dizier............ 720 l.			
Basse-Marne......... 621			
Tijeaux............. 625 {Tous ces bois réunis et mêlés en chantier devront être vendus tous confondus.}	650	»	»
Montargis........... 654			
Brienne............. 704			
Moulins(Bourbonnais)... 629			
Planches et membrures de chêne assorties (échantillon ordinaire de Paris), livrées suivant l'usage, bois sec........le cent...........	180	13	22
Idem en bois vert......id..............	164	17	6

23

	liv.	sols	den.
Entrevoux et chevrons de chêne assortis à l'ordinaire, bois sec......le cent.........	126	13	4
Idem en bois vert ......id.............	118	19	3
Planches de hêtre flotté, de dix pouces de large sur deux pouces d'épaisseur, et membrures de trois pouces et demi sur six pouces et demi, assorties, bois sec...:......... le cent	157	17	»
Idem en bois vert.............. id.	150	3	»
Planches et membrures de bois de hêtre sec, assorties en gros et petits échantillons .... id.	147	16	9
Idem en bois vert.............. id.	138	2	9
Étaux de hêtre de vingt-deux pouces de large et au-dessus et de six pouces d'épaisseur..................... id.	1547	14	»
Dosses d'étaux à neuf pieds pour toise id.	1743	»	»
Lattes de cœur de quatre pieds..... id.	127	13	1
Lattes blanches idem........ id	95	17	3
Planches de sapin réduites à onze pieds, ordinaires....:........... id.	153	8	3
Planches de chêne des Vosges, réduites à dix pouces de large sur douze lignes d'épaisseur................ id.	208	10	»
Planches, membrures et feuillets de chêne de Fontainebleau délivrés à l'usage ordinaire................... id.	225	18	9
Voliges de peuplier, de huit à neuf pouces de large, marchandes........ id.	48	»	»
Idem dites à couvreurs.......... id.	32	»	»
Bois de chêne de déchirage de bateaux, première qualité............. la toise	6	10	»
De sapin, idem............... id.	6	»	»

	liv.	sols	den.
Les grosses jantes en bois d'orme, de trois pouces et demi à quatre d'épaisseur, et de neuf à treize pouces de largeur sur trois pieds deux pouces de long, rendues sur les ports de Paris, le cent de jantes........................	193	6	8
Petites jantes de trois pieds deux pouces de long sur sept à huit pouces de large, le cent, idem.................................	133	6	8
Lizoirs en orme, de quatre pieds sept à huit pouces de long sur treize à quatorze pouces de largeur, le cent de morceaux.............	666	13	4
Petits lizoirs de quatre pieds sept à huit pouces de long sur onze à douze pouces de large, le cent de morceaux.....................	586	13	4
Bois de chêne en grume, réduction faite du cinquième du pourtour pour l'équarrissage, première qualité, rendu sur les ports de Paris, le grand cent de solives.....................	1066	13	4
Bois de frêne, dit de tourneur, de quatre pieds deux pouces de long, la corde.............	100	»	»

(Cartons de la préfecture de police.)

LOI

Relative aux poids et mesures.

1er vendémiaire an IV.

C'est par suite de cette loi et de celle du 18 germinal an III, que le CENT DE SOLIVES de bois de charpente a été remplacé par le DÉCASTÈRE.

ARRÊTÉ

Qui déclare applicable à la recherche des bois volés sur les rivières ou ruisseaux flottables et navigables, les dispositions de l'arrêté du 4 nivôse présent mois.

Du 26 nivôse an v.

Le directoire exécutif informé que, sans respect pour les propriétés, des habitants des communes riveraines des rivières et ruisseaux flottables, se permettent de voler les bois lors du passage des flots; que ces vols se multiplient dans une progression tout à la fois alarmante pour le commerce qu'ils découragent, et dangereuse pour l'approvisionnement auquel ils apportent une diminution sensible; que la difficulté d'atteindre les auteurs de ces vols, et leur impunité donnent au mal une activité effrayante;

Voulant faire cesser de pareils abus, et CONSIDÉRANT QU'IL N'EST POUR Y PARVENIR, QUE LE MOYEN DES PERQUISITIONS DOMICILIAIRES; QUE LES MÊMES MOTIFS QUI ONT DÉTERMINÉ A LES PERMETTRE AUX GARDES FORESTIERS POUR LA RECHERCHE DES BOIS COUPÉS EN DÉLIT OU VOLÉS, SONT APPLICABLES AUX BOIS QUI SE VOLENT SUR LES RIVIÈRES, PORTS ET RUISSEAUX FLOTTABLES,

Arrête ce qui suit :

Art. 1er. Les dispositions de l'arrêté du 4 nivôse an v, relatives à la recherche ou perquisition des bois coupés en délits ou volés, sont applicables à la recherche des bois volés sur les rivières ou ruisseaux flottables et navigables; EN CONSÉQUENCE, TOUS INSPECTEURS DE LA NAVIGATION OU GARDES DE RIVIÈRE COMMISSIONNÉS PAR LE MINISTRE DE L'INTÉRIEUR, REÇUS ET ASSERMENTÉS DEVANT LES TRIBUNAUX, SONT AUTORISÉS A FAIRE LA RECHERCHE ET PERQUISITION DES BOIS VOLÉS SUR LES RIVIÈRES ET RUISSEAUX FLOTTABLES ET NAVIGABLES, ET LE LONG D'ICEUX, de la manière énoncée aux art. 1, 2, 3 et 4 dudit arrêté, et les officiers, agents, adjoints municipaux et commissaires de police, tenus de les accompagner dans les perquisitions lorsqu'ils en seront requis , conformément aux dispositions dudit arrêté et sous les peines y portées.

Suivent les articles 1, 2, 3, 4, *de l'arrêté du 4 nivôse an* v.

Art. 1ᵉʳ. Tout garde forestier qui jugera utile ou nécessaire à la recherche des bois coupés en délit ou volés , d'en faire perquisition dans un bâtiment, maison, atelier ou cour adjacente, requerra le premier officier ou agent municipal , ou son adjoint, ou commissaire de police du lieu , de l'accompagner dans cette perquisition, et désignera dans l'acte qu'il dressera à cette fin, l'objet de la visite, ainsi que les personnes chez lesquelles elle devra avoir lieu.

2. L'officier, agent ou adjoint municipal , ou commissaire de police, ainsi requis, ne pourra se refuser d'accompagner sur-le-champ le garde forestier dans la perquisition.

Il sera tenu en outre, conformément à l'art. viii du titre iv de la loi du 29 septembre 1791, de signer le procès-verbal de perquisition du garde avant l'affirmation : sauf au garde à faire mention du refus qu'il en ferait.

3. Tout officier, agent ou adjoint municipal qui contreviendra, soit à l'une, soit à l'autre des dispositions de l'article précédent , sera, par le commissaire du directoire exécutif près l'administration municipale du canton, dénoncé à l'administration centrale du département, laquelle sera tenue de suspendre le contrevenant de ses fonctions, conformément à l'article 194 de l'acte constitutionnel, et d'en rendre compte sur-le-champ au ministre de la police générale, pour, sur son rapport, être, par le directoire exécutif, statué sur la traduction de l'officier suspendu , devant les tribunaux.

4. Tout commissaire de police qui se trouvera dans le cas de l'article précédent, sera, par le commissaire du directoire exécutif près l'administration municipale, dénoncé , tant à l'admistration municipale elle-même qui sera tenue de le destituer, conformément à l'article xxvi du code des délits et des peines, qu'à l'accusateur public qui procédera , à son égard , ainsi qu'il est réglé

par les articles CCLXXXIV et suivants du code des délits et des peines.

Le présent arrêté sera inséré au bulletin des lois, les ministres de la justice, des finances et de la police générale, sont chargés, chacun en ce qui le concerne, de veiller à son exécution.

ARRÊTÉ

Qui fait défenses d'emporter de la rivière, des ports, berges, aucuns bois, comme bûches, harts, planches et autres débris de bois et de bateaux.

22 germinal an VI.

DÉCISION DU MINISTRE DE L'INTÉRIEUR,

Contenant des mesures répressives contre les infrac-tions portées aux arrêtés règlementaires relatifs au service des ponts et de la navigation, sur la rivière de Seine, entre Paris et Rouen.

Du 19 floréal an IX.

Art. 1er. Conformément à l'art. 11 du CHAPITRE 4 DE L'OR-DONNANCE NON ABROGÉE DE 1672 (1), il est défendu aux mari-niers fréquentant la basse Seine, de passer eux-mêmes, soit de jour ou de nuit, dans les lieux où il y a des chefs de ponts et pertuis établis, sous les peines portées par ledit article ; il leur est enjoint de se ranger aux approches des ponts et pertuis, dans les gares indi-quées par l'arrêté règlementaire des 5, 6, 7 et 8 thermidor an VII, et de se conformer pour la prestation du droit au tarif indiqué tant audit arrêté qu'en celui du 14 messidor précédent.

Art. 2. L'inspecteur de la navigation qui aura eu connaissance d'une contravention commise aux dispositions de l'art. 1er, sera tenu, s'il se trouve sur les lieux, de la réprimer sur-le-champ, et

(1) Voyez la loi du 22 septembre 1792.

dans le cas contraire, il précisera au chef du pont le plus voisin, et notamment au lieu du passage de Vernon, de tenir en consignation le bateau montant ou avalant, dont le conducteur aurait donné lieu à des plaintes, jusqu'à ce qu'il ait été pris des mesures propres à assurer la réparation de la contravention ou du délit.

Art. 3. *Tous mariniers ou conducteurs doivent être porteurs de lettres de voitures constatant, conformément aux art. 8 et 9 de l'ordonnance précitée, la* QUANTITÉ et QUOTITÉ des MARCHANDISES, le lieu du chargement, celui de la destination, le nom du propriétaire, celui du conducteur et le lieu du départ; il pourra être pris, selon les cas, les mesures de sûreté contre ceux qui seraient trouvés sans papiers, refuseraient d'exhiber ceux dont ils seraient porteurs, se permettraient des injures ou des voies de fait à l'égard des agents de la navigation.

OCTROI.

Arrêté qui accorde aux marchands de bois de construction un délai de quatre mois pour l'acquit des droits d'octroi sur les bois carrés et planches arrivant par eau.

1ᵉʳ *messidor an* IX.

Vu : 1° la pétition des marchands de bois de construction domiciliés à Paris, tendante à obtenir un crédit pour l'acquit des droits d'octroi auxquels ces bois sont assujettis;

2° L'avis de la régie intéressée de l'octroi;

3° Et le rapport de l'agence de surveillance établie près ladite régie;

Désirant concilier les intérêts du commerce de bois de construction avec la sûreté de la perception des droits d'octroi;

ARRÊTE :

Art. 1ᵉʳ. Il est accordé aux marchands de bois de construction un délai de *quatre mois pour l'acquit des droits d'octroi sur les bois carrés et planches arrivant par eau*, à la charge par lesdits marchands de se conformer expressément aux conditions suivantes:

Art. 2. A l'instant de l'arrivage desdits bois, les marchands propriétaires ou leurs agents seront tenus de représenter des lettres de voitures en bonne forme, contenant l'énonciation du nombre de pièces et de planches qui composent les trains ou le chargement desdits bois : à défaut de lettres de voitures, il y sera suppléé par des déclarations réelles, signées desdits marchands ou de leurs agents, et contenant la même énonciation.

Art. 3. Dans les vingt-quatre heures de l'arrivée des bois aux ports de déchargement, les marchands propriétaires ou leurs agents devront se présenter aux bureaux de la recette de l'octroi, pour y faire leur soumission d'acquitter les droits desdits bois.

Art. 4. Aucun déchargement ne pourra être fait que préalablement il n'en ait été donné avis aux préposés de la régie de l'octroi.

Art. 5. Les bois seront comptés et toisés immédiatement après leur déchargement, et chaque pièce sera frappée d'un marteau dont l'empreinte sera concertée entre la régie de l'octroi et l'agence de la surveillance.

Art. 6. Dans la décade qui suivra la déclaration prescrite par l'art. 2, les marchands et propriétaires seront tenus de souscrire des billets d'une valeur égale au montant des droits dont ils seront reconnus débiteurs.

Art. 7. Les billets ne pourront être d'une somme moindre de cent cinquante francs, *payables à quatre mois fixes* à compter du jour de ladite déclaration, libellés conformément au modèle annexé au présent arrêté, souscrits par le principal débiteur du droit et *endossés par deux marchands de bois, soit de construction, soit de chauffage, n'étant pas ses associés et ne faisant pas partie de la même raison de commerce.*

Art. 13. Avant de pouvoir être admis au crédit accordé par le présent arrêté, tout marchand débiteur des droits d'octroi sera tenu d'effectuer le paiement de ce qu'il doit, savoir en numéraire et sans délai, les droits dus depuis plus de quatre mois, et ceux moins anciennement dus en billets dans la forme prescrite par l'art. 7. Ces billets seront faits de telle sorte, qu'entre l'époque de leur échéance et la date de l'arrivée des bois, dont les droits sont encore dus, il n'y ait toujours qu'un intervalle de quatre mois.

Art. 14. Le présent arrêté sera présenté à l'approbation du ministre de l'intérieur.

(Archives de l'administration de l'octroi.)

DÉCISION

Portant établissement de jurés-compteurs sur les canaux, rivières, et ports d'approvisionnement de Paris.

6 thermidor an ix.

Le ministre de l'intérieur, vu le rapport du commissaire général de la navigation, du 8 germinal dernier, tendant à ce que la réorganisation du service des jurés-compteurs sur les ports d'approvisionnement, demandée par les marchands fréquentant les canaux et la rivière d'Yonne, fût étendue aux rivières de Marne, Aisne et Oise, et autres affluents de la Seine; l'acte des marchands fréquentant lesdites rivières, portant, lors de leur réunion générale du 2 messidor an 9, adhésion aux mesures proposées, indication du nombre des jurés-compteurs à établir sur chaque rivière, et du traitement qui leur serait fait au compte du commerce; l'art. 15 du chapitre XVII de l'ordonnance de 1672, et les arrêts du conseil du 17 juin 1704, constatant l'ancienne existence desdits compteurs et sommeurs, leur réorganisation du mois d'avril précédent sous une dénomination différente, et le tarif des sommes attribuées à l'exercice de leurs fonctions; la nomination, faite en brumaire an v, d'un juré-compteur pour la rivière de Seine, et autres pièces jointes, statue ainsi qu'il suit :

Art. 1ᵉʳ. La délibération du commerce de bois fréquentant les canaux, rivières et ports d'approvisionnement de Paris, du 2 messidor an IX, est approuvée pour être exécutée selon sa forme et teneur; en conséquence, il y aura à l'avenir, pour la sûreté du commerce qui se fait sur lesdites rivières, des jurés-compteurs au nombre de onze, répartis de la manière suivante :

SUR LA RIVIÈRE D'YONNE.

Un pour les ports de Clamecy jusqu'à Surgy inclusivement.
Un de Surgy à Cravant.
Un sur l'Yonne, de Cravant jusqu'à Montereau, et y compris l'Armançon.
Et un pour la rivière de Cure.

SUR LES RIVIÈRES DE SEINE, MARNE ET MORIN, AISNE, OISE ET OURCQ.

Deux pour le service des rivières d'Aisne et Oise.
Un pour les rivières de Marne et de Morin.
Un pour la rivière d'Ourcq.
Un pour la Seine, de Montereau jusqu'à Conflans.

CANAUX DE BRIARE, ORLÉANS ET LOING.

Un pour les canaux de Loing et Briare.
Un pour le canal d'Orléans.

2° Les jurés-compteurs seront pourvus de commission sur la présentation du commerce, visée du commissaire général de la navigation d'approvisionnement; ils seront assermentés devant les tribunaux, à l'instar des autres agents de la navigation d'approvisionnement; il sera délivré une nouvelle commission au compteur déjà établi sur la Seine, dans laquelle il sera exprimé que ses fonctions, précédemment limitées de Montereau à Paris, s'étendront désormais jusqu'à Conflans.

3° Les compteurs, conformément à l'objet de leur institution et aux règlements, recevront les bois, charbons et autres marchandises arrivant sur les ports d'approvisionnement, *les feront empiler selon l'usage et à la mesure propre à chaque espèce;* ils dresseront les comptes des marchandises, les fourniront aux mar-

chands, surveilleront les gardes-ports, dresseront des procès-verbaux des contraventions, dirigeront l'arrivage et la sortie des marchandises, exécuteront les ordres qui pourront leur être donnés à
cet égard par le gouvernement, et tiendront les inspecteurs instruits de la situation et du mouvement des ports de leur arrondissement.

4° La remise à faire aux jurés-compteurs est arrêtée fixée ainsi
qu'il suit :

	fr.	c.
Il sera payé pour chaque décastère de bois à brûler.	»	20
Pour chaque cent de cotrets et fagots............	»	5
Pour chaque décastère de bois de charpente......	1	»
Par cent bottes de lattes et d'échalas............	»	10
Par chaque cent de bottes d'écorces............	»	10
Par chaque millier de merrain.................	»	25
Par chaque banne de charbon de quinze hectolitres.	»	7
Par chaque millier de cercles.................	»	10

L'art. 1er sera réduit à moitié pour tous les bois de chauffage
qui se déposent sur les ports d'Yonne et Cure, de Cravant en remontant.

5° La remise pour les objets non exprimés au précédent article, se réglera de gré à gré, et, en cas de difficulté, selon le tarif
de 1704, en réduisant à moitié les sommes exprimées audit tarif;
elle sera supportée par l'acheteur, s'il n'y a convention contraire,
ET, DANS TOUS LES CAS, EXIGIBLE AU MOMENT OU LES MARCHAN-
DISES SERONT ENLEVÉES, SUR CELUI QUI FERA PROCÉDER A
L'ENLÈVEMENT, SAUF A LUI A RÉPÉTER S'IL Y A LIEU.

NOTA. Suit l'Instruction sur le service des jurés-compteurs.

INSTRUCTION

Sur le service des jurés-compteurs établis sur les rivières, ports et canaux, servant à l'approvisionnement de Paris par la décision du 6 thermidor an 9.

Du 22 pluviôse an x.

Art. 1er. Les jurés-compteurs ont sous leurs ordres, chacun dans l'étendue de l'arrondissement qui lui est confié, les gardes-ports, les directeurs des ports, tous ceux qui se mêlent de l'empilage des bois et *réception des marchandises*, en ce qui concerne l'empilage desdits bois et la mesure des marchandises comprises au tarif annexé à la décision du 6 thermidor an ix et à l'arrêt du 17 juin 1704.

Art. 2. Ils doivent surveiller journellement l'empilage, l'arrivage, la mise en état, le mesurage et l'enlèvement de toutes les marchandises énoncées en l'art. 1er qui arrivent sur les ports, soit à flots ou à bûches perdues, soit par charrois; ils sont spécialement chargés de reconnaître si les bois sont de la longueur et grosseur déterminées par l'art. 1er du chapitre XVII DE L'ORDONNANCE NON ABROGÉE DE 1672. Ils feront épaler en leur présence les voitures de charbons sur les ports où cet usage est établi, et assisteront, *autant que possible*, au mesurage et chargement de ce combustible sur les ports où les charbons sont mis en bauge.

Art. 3. Pour faciliter la circulation autour des piles et leur inspection, ils feront observer la distance déterminée à deux pieds par l'art. 15 du chapitre XVII de l'ordonnance de 1672, réduite à soixante-six centimètres. Dans aucun cas, cette distance ne pourra être moindre de seize centimètres, et elle ne sera tolérée ainsi que pour cause d'absolue nécessité.

Art. 4. Conformément au règlement du 12 novembre 1785 et à l'art. 25 du chapitre XVII de l'ordonnance précitée, *ils ne souffriront point l'introduction des bois coursins, souches et bois morts et défectueux dans l'empilage des bois.*

Art. 5. Lorsqu'une pile aura été trouvée défectueuse dans sa construction et ses dimensions, le juré-compteur le fera constater par l'inspecteur de la navigation ; sur son autorisation, il pourra faire abattre et relever la pile aux frais des ouvriers ou gardes-ports qui auront commis ou toléré la contravention.

Art. 6. *Il est prescrit aux jurés-compteurs de ne se servir, pour la réception et la livraison des bois, que des mesures déterminées par la loi relative au système métrique.* Ils doivent veiller à ce que les gardes-ports soient pourvus de décastères, conformément à l'arrêté règlementaire du 3 nivôse an VII, et *seconder de tout leur pouvoir les vues du gouvernement, sur la mise en activité des nouvelles mesures pour toutes les autres marchandises qui se déposent sur les ports de leurs arrondissements.*

Art. 7. Il leur sera délivré, aux frais du commerce de bois de Paris, un marteau particulier portant l'empreinte R. F. Toutes les piles reconnues en état seront frappées de ce marteau sur chaque bout. Au même endroit, les piles seront numérotées à la rouanne, et à la suite du numéro sera également marquée à la rouanne la quantité de décastères que chaque pile contiendra ; il en sera fait registre, ainsi que du nom du vendeur et de l'acheteur.

Art. 8. Les jurés-compteurs sont chargés d'empêcher les feux abusifs sur les ports, de surveiller l'emport des faix accordés aux ouvriers ; de saisir les faix qui excèderaient en nombre, quantité et grosseur, la portion de bois qui est accordée auxdits ouvriers par l'ordonnance du 19 décembre 1736 ; *de s'opposer à ce que les aubergistes ou cabaretiers reçoivent des flotteurs et mariniers des bois en paiement ; de surveiller toute espèce de vol de bois, charbons et autres marchandises déposés sur les ports en arrivage ou en départ pour l'approvisionnement de Paris.* Lorsqu'ils auront connaissance d'une contravention, ils en dresseront leur rapport, qu'ils affirmeront devant juges compétents ; ils SONT AUTORISÉS A FAIRE ET POURSUIVRE LE RECOUVREMENT DES MARCHANDISES ENTRAÎNÉES PAR LES EAUX, VOLÉES OU DISTRAITES, conformément à l'arrêté des consuls du 7 floréal an IX, en employant les formes établies par les arrêts du gouvernement des 4 et 26 nivôse an V, lois et règlements intervenus et à intervenir dans cette matière.

Art. 9. Dans toutes les tournées, ils doivent vérifier avec soin les registres des gardes-ports, les parapher, veiller à ce qu'ils soient tenus en ordre et à jour : ces précautions leur sont plus particulièrement recommandées lors des crues extraordinaires et débâcles et inondations, pour pouvoir constater les pertes réelles de chaque marchand, et assurer l'intérêt de tous contre les fausses réclamations.

Art. 10. Conformément aux art. 14 et 15 du chap. XVII de l'ordonnance de 1672, les *jurés-compteurs sont tenus de dresser contradictoirement avec les propriétaires des terrains sur lesquels* LES BOIS ET MARCHANDISES DESTINÉS A L'APPROVISIONNEMENT DE PARIS AURONT ÉTÉ DÉPOSÉS, *ou leurs représentants, ou fondés de pouvoirs, l'état des quantités déposées sur chaque partie*, et les sommes à eux revenant, d'après les dispositions de l'art. 14 précité.

Art. 11. Les jurés-compteurs, gardes-ports et autres préposés à la surveillance des bois et marchandises destinés à l'approvisionnement de Paris, ne peuvent commercer sur ces marchandises directement ou indirectement, sous peine de privation de leurs places. LES JURÉS-COMPTEURS ET GARDES-PORTS DOIVENT SE RENFERMER POUR LEUR SALAIRE DANS LA FIXATION DES PRIX DÉTERMINÉS PAR LA DÉCISION DUDIT JOUR, 6 THERMIDOR, ART. 4 ET 5, A PEINE DE DESTITUTION, ET MÊME D'ÊTRE POURSUIVIS COMME CONCUSSIONNAIRES.

Art. 12. Soit que les salaires attribués aux jurés-compteurs soient acquittés par l'acheteur, conformément aux dispositions de l'art. 5 de la décision du 6 thermidor an IX, ou par le vendeur, ou bien par l'un et l'autre à la fois, suivant la faculté accordée par le même article, *la perception ne pourra avoir lieu qu'au moment de l'enlèvement des marchandises; et si*, *au moment de cet enlèvement, les jurés-compteurs étaient absents, les gardes-ports percevront pour eux à la charge de leur en compter.*

Art. 13. La présente décision, en forme d'instruction, sera imprimée et affichée partout où besoin sera ; les commissaire et inspecteurs de la navigation d'approvisionnement sont chargés d'en surveiller et d'en assurer l'exécution.

Approuvé par le ministre de l'intérieur, le 22 pluviôse an X.

Signé CHAPTAL.

ORDONNANCE DE POLICE,

Concernant l'arrivée, le dépôt et la vente des bois de chauffage à l'île Louviers.

Du 1er floréal an x.

Art. 1er. L'île Louviers est destinée au dépôt et à la vente des bois neufs de chauffage. Il ne peut y être tiré ni déposé *aucuns bois flottés, à œuvrer ou de charpente*, ni déchargé aucune autre marchandise, sans une permission spéciale du préfet de police.

DÉCISION DU MINISTRE DE L'INTÉRIEUR,

Portant permission de flotter sur la rivière d'Ourcq.

Du 10 ventôse an xi.

DÉCISION DU MINISTRE DE L'INTÉRIEUR,

Concernant l'établissement d'un garde-général à la résidence de Lisy.

Du 29 prairial an xi.

1° Il sera établi un garde-général sur la rivière d'Ourcq à la résidence de Lisy, lequel sera pouvu de commission sur la présentation du commerce.

2° Ce garde-général aura sous sa surveillance immédiate les gardes-ports, il fera le plus fréquemment possible des tournées le long de la rivière, depuis le premier port de chargement jusqu'au-dessous de son embouchure, et particulièrement depuis Marolle jusqu'à Triport; il *empêchera les vols et s'opposera formellement à ce que les matuchins ne vendent en route et ne portent dans les auberges les marchandises de bois, charbons et autres, confiées à leur conduite.*

3° Le garde-général délivrera à chaque marinier en chef un vu
passer, sur lequel il fera mention de la quantité de chargement, de
sa destination, du nom du propriétaire et de celui du voiturier, et
en fera registre.

4° Tout *matuchin* qui fera le commerce pour son compte, sera
tenu, avant la livraison de ses marchandises, de justifier de sa propriété au garde-général et d'y faire apposer par celui-ci le marteau portant l'empreinte R. F. dont il sera porteur.

5° Les bases de la remise accordée au garde-général sont fixées
ainsi qu'il suit :

Il sera payé pour chaque décastère de bois à brûler   » f. 20c.

Pour chaque muid de charbon de 50 hectolitres...   » 20

Pour chaque décastère de bois dit charbonnette et
bois court.................................   » 15

Pour chaque cent de fagots et bourrées ....   » 10

La remise sera exigible au moment de l'enlèvement des marchandises, et supportée par celui qui y fera procéder, sauf son recours s'il y a lieu.   Signé CHAPTAL.

NOTA. Le bois à œuvrer paie à proportion des autres marchandises.

ARRÊTÉ
Qui détermine l'uniforme du service des agents de la navigation.

Du 13 vendémiaire an XII.

Le gouvernement de la république, sur le rapport du ministre
de l'intérieur ;

Le conseil d'État entendu, arrête ;

Art. 1er. Les agents du service de la navigation porteront l'uniforme ci-après déterminé :

Habit français ou croisé, de drap bleu national, collet de même
couleur, doublure pareille ; gilet de casimir blanc, pantalon ou
culotte de même que l'habit ; chapeau à la française ; demi-bottes
et une arme.

2. L'habit sera brodé en argent, d'un dessin représentant un câble entrelacé de feuilles d'eau, suivant le modèle joint.

La broderie sera selon le gradé; savoir :

Pour le commissaire général de la navigation de la Seine, deux rangs de broderie aux collet, parements, pattes et tour extérieur des poches, avec broderie simple sur les coutures du pantalon, de sept millimètres de large, et les bottes bordées d'un petit galon à gland d'argent.

Pour les inspecteurs généraux, deux rangs de broderie aux collet et parements, et au pantalon un galon d'argent de sept millimètres.

Pour les inspecteurs particuliers, un rang de broderie aux collet et parements.

Pour les receveurs et contrôleurs du droit de navigation, un rang de broderie au collet seulement.

Pour les simples agents, jurés-compteurs et chefs de service, un galon d'argent au collet, de neuf millimètres.

Les gardes généraux porteront sur chaque côté du collet, deux boutonnières en argent.

3. Les gardes ordinaires ne seront point tenus à l'habit d'uniforme, mais ils porteront toujours une bandoulière, aux termes des anciennes ordonnances.

4. Le commissaire général et les inspecteurs porteront à leur chapeau, ganse et petit bouton d'argent; les autres agents auront bouton de métal blanc et ganse de laine de même couleur.

Le bouton aura pour exergue au pourtour, *navigation;* et au milieu une ancre croisée avec deux avirons.

5. L'arme sera un sabre ou une épée, ceinturon bleu avec plaque au milieu.

6. Les gardes généraux ou ordinaires porteront une bandoulière écarlate, bordée en blanc, avec ces mots : *surveillance sur les ports et rivières.* Ils pourront avoir, conformément à l'arrêt du parlement du **28** février **1763**, des armes défensives, indépendamment de celles sus-énoncées.

OCTROI MUNICIPAL.

Le crédit de quatre mois, accordé au commerce des bois carrés pour l'acquit de ses droits d'octroi, est porté à six mois.

17 vendémiaire an XIII.

Vu : 1° son arrêté du 1er messidor an IX, approuvé le 23 du même mois par le ministre de l'intérieur, lequel arrêté accorde un délai de quatre mois aux *marchands de bois de construction* pour l'acquit des droits d'octroi auxquels ces bois sont assujettis à leur entrée dans la ville de Paris ;

2° La pétition présentée par lesdits marchands, à l'effet d'obtenir un crédit de huit mois pour le paiement des droits d'octroi, *celui de quatre mois dont ils jouissent étant insuffisant, attendu que leurs bois ne sont de vente qu'après un séjour de plusieurs années dans le chantier, et que la vente ne s'en effectue ensuite qu'à de très longs termes de paiement;*

3° Et le rapport des régisseurs dudit octroi en date du 2 vendémiaire, présent mois, par lequel ils exposent que la vente des bois de charpente et sciage est toujours de beaucoup postérieure à leur arrivée et se fait en général au crédit, ET ESTIMENT QUE POUR FAVORISER CETTE BRANCHE IMPORTANTE DES APPROVISIONNEMENTS DE PARIS, SANS NUIRE AUX INTÉRÊTS DE L'OCTROI, IL CONVIENDRAIT DE PORTER A SIX MOIS LE TERME DE CRÉDIT accordé aux marchands qui en font l'exploitation;

ARRÊTE :

Art. 1er. Le crédit dont les marchands de bois de charpente et sciage jouiront à l'avenir pour les droits d'octroi de la ville de Paris EST FIXÉ A SIX MOIS, qui commenceront à courir du jour de l'arrivage desdits bois dans les différents ports de cette ville.

Art. 2. L'arrêté dudit jour 1er messidor an IX, continuera

d'être exécuté en tout ce qui n'est pas contraire à la disposition de l'article précédent.

Art. 3. Le présent arrêté sera soumis à l'approbation de son excellence le ministre des finances, une ampliation en sera ensuite adressée aux régisseurs de l'octroi, qui demeureront chargés de son exécution.

(Archives de l'administration de l'octroi.)

OCTROI MUNICIPAL.

Crédit accordé aux marchands de bois à brûler et bois de construction, pour la totalité des droits dus sur les marchandises qu'ils font entrer à Paris, comme concourant à l'approvisionnement de la capitale.

30 vendémiaire an XIV.

Vu: 1° La pétition par laquelle les marchands de bois de chauffage pour l'approvisionnement de Paris, après avoir exposé que, nonobstant la décision de son excellence le ministre de l'intérieur, qui règle les différents termes dans lesquels l'octroi du bois à brûler doit être acquitté, la régie dudit droit a maintenu l'obligation antérieurement imposée au commerce, de payer comptant le cinquième du droit dû, réclament l'entière exécution de la susdite décision du ministre;

2° La lettre de M. le conseiller d'État, directeur général des ponts-et-chaussées, etc., portant invitation au préfet de la Seine de faire jouir le commerce du bénéfice entier de la décision de son excellence;

3° Et ladite décision, en date du 23 floréal an II, par laquelle le crédit dont doivent jouir les marchands de bois à brûler est accordé sans restriction;

ARRÊTE :

Art. 1er. En conformité de la décision de son excellence le ministre de l'intérieur dudit jour 23 floréal an ıı, les marchands de bois à brûler pour l'approvisionnement de Paris, auront *crédit* à la caisse de l'octroi de cette ville *pour la totalité des droits dus,* sans être tenus de payer comptant le cinquième des droits.

Art. 2. *La disposition de l'article précédent est déclarée commune aux marchands de bois à construire.*

Art. 3. Ampliation du présent arrêté sera adressée aux régisseurs de l'octroi, qui demeurent chargés de son exécution.

(Archives de l'administration de l'octroi.)

ORDONNANCE DE LA PRÉFECTURE DE POLICE,

Portant que chaque marchand de bois carré est tenu de se pourvoir d'un bachot et d'une corde pour le repêchage de ses trains de bois carré, sciage et charronnage.

Paris, 18 *février* 1807.

Le conseiller d'État chargé du troisième arrondissement de la police générale de l'empire, préfet de police et l'un des commandeurs de la Légion-d'Honneur;

Vu le rapport de l'inspecteur général de la navigation et des ports du 20 janvier dernier et duquel il résulte que plusieurs maîtres de berge étant en même temps employés par des marchands de bois carré et de bois à brûler, se servent pour le repêchage des trains de bois de charpente dans Paris, de cordes et bachots appartenants aux marchands de bois à brûler;

2° Que non-seulement ces derniers éprouvent un tort réel par la souffrance de leurs cordes au repêchage des trains de charpente, mais encore que, ne trouvant pas leurs cordes libres au moment où ils font descendre leurs trains de bois à brûler, ils sont obligés pour éviter la perte de leur marchandise, de repêcher leurs trains sur les cordes de leurs confrères, ce qui cause journellement des discussions entre les marchands et les maîtres de berge;

Considérant que ce désordre nuit aux travaux des ports et peut occasionner des accidents;

Arrête ce qui suit:

Art. 1er. Chaque marchand de bois carré est tenu de se pourvoir, avant le 1er août prochain, *d'un bachot et d'une corde de repêchage* pour l'exercice de son commerce.

Art. 2. Il sera pris des mesures administratives de police contre ceux des marchands qui, au 1er août prochain, ne se trouveraient pas munis des bachots et cordes dont il s'agit.

Art. 3. L'inspecteur général de la navigation et des ports est chargé de donner connaissance du présent arrêté aux marchands de bois carré et de rendre compte du résultat.

Le conseiller d'État, préfet de police,

Signé DUBOIS.

(Cartons de la Préfecture de police.)

DÉCISION DU MINISTRE DE L'INTÉRIEUR,

Contenant organisation des ports de la rivière de l'Allier.

Du 9 mars 1807.

Le ministre de l'intérieur, vu les demandes formées par les marchands et mariniers fréquentant la rivière de l'Allier, tendantes à ce qu'il soit établi des gardes-ports et un juré-compteur sur cette rivière, pour constater la réception et la livraison des marchandises et veiller à leur conservation; le rapport du commissaire général de la navigation et de l'approvisionnement de Paris, statue ainsi qu'il suit:

Art. 1er. Il sera établi sur les ports principaux de la rivière de l'Allier, des gardes-ports qui seront nommés par l'administration, sur la présentation du commerce, commissionnés conformément à la décision ministérielle du 14 prairial an x, et assermenté en la manière accoutumée.

2. Il sera nommé sur la même rivière un juré-compteur qui, à l'instar des jurés-compteurs établis sur les canaux, rivières et ports d'approvisionnement de Paris, par décision du 6 thermidor an IX, et sous la surveillance de l'inspecteur de la navigation, sera chargé d'inspecter tous les gardes-ports, la tenue de leurs registres et tout le service en général ; de rendre à l'inspecteur de la navigation tous les comptes, et lui fournir tous les états que ledit inspecteur demandera; ce juré-compteur se conformera spécialement aux dispositions de l'instruction sur le service des jurés-compteurs, en date du 22 pluviôse an x, lesquelles ne seront point abrogées par la présente décision.

3. Les gardes-ports seront tenus d'inscrire, jour par jour et sans aucun blanc, sur un registre timbré, coté et paraphé par le juge de paix de l'arrondissement, *toutes les marchandises qui arriveront et sortiront des ports.*

4. Les gardes-ports seront tenus de faire empiler les bois, relier les échalas, traversins et lattes, de surveiller le mesurage des charbons tant de bois que de terre ; ils veilleront à la conservation des marchandises et n'en laisseront déposer aucune sur les chemins de halage.

5. Les gardes-ports viseront toutes les lettres de voiture des marchandises arrivant sur les ports, soit par terre, soit par eau, et viseront pareillement les lettres de voiture des marchandises qui en sortiront.

6. Chaque garde-port et le juré-compteur, dans toute l'étendue de leur arrondissement, seront tenus, en cas de crues ou de glaces, de faire garer et fermer solidement, dans les endroits les plus convenables, tous les bateaux qui pourront s'y trouver ; même, en cas de danger préalablement constaté, de faire décharger lesdits bateaux et de mettre les marchandises en sûreté ; ils ne laisseront jamais garer de bateaux de charbon de terre au-dessus des bascules de poissons.

7. Les gardes-ports fourniront tous les mois au juré-compteur l'état des marchandises entrées et sorties de leurs ports ; le juré-

compteur en formera un état général qu'il adressera à l'inspecteur de la navigation , pour être transmis par lui au ministère de l'intérieur.

8. Le juré-compteur et les gardes-ports *ne peuvent commercer directement ni indirectement sur les marchandises confiées à leur surveillance, sous peine de privation de leurs places; le juré-compteur et les gardes-ports doivent se renfermer, pour leur salaire, dans la fixation des prix déterminés ci-après,* A PEINE DE DESTITUTION ET MÊME D'ÊTRE POURSUIVIS COMME CONCUSSIONNAIRES.

9. Le juré-compteur sera tenu à porter l'uniforme attribué aux jurés-compteurs et chefs de service , par l'art. 2 de l'arrêté du gouvernement du 13 vendémiaire an XII, relatif aux agents du service de la navigation. Aux termes de l'article 6 du même arrêté , les gardes-ports porteront une bandoulière écarlate bordée de blanc, avec ces mots : *surveillance des ports et rivières* ; ils pourront avoir, conformément à l'arrêté du parlement du 23 février 1736, des armes défensives.

10. Les gardes-ports et le juré-compteur se conformeront aux lois, arrêtés du gouvernement et règlements de police, sur le fait de la navigation et de l'approvisionnement de Paris ; ils dresseront des procès-verbaux de tous délits et contraventions qui viendront à leur connaissance, et les adresseront de suite à l'inspecteur de la navigation.

11. Il sera pris, envers les contrevenants aux dispositions ci-dessus et à celles relatives à la police des ports, telle mesure de police administrative qu'il appartiendra , sans préjudice des poursuites à exercer contre eux pardevant les tribunaux, conformément aux lois et aux règlements existants.

12. *La rétribution des gardes-ports et du juré-compteur sera exigible à l'enlèvement des marchandises, et si au moment de cet enlèvement, le juré-compteur était absent, les gardes-ports percevront pour lui , à la charge de lui en compter.*

13. La rétribution des gardes-ports et du juré-compteur demeure fixée ainsi qu'il suit (*Art. modifié par la décision ministérielle du 4 octobre 1807, qui suit*) :

Signé CHAMPAGNY.

TARIF MODIFIÉ

De la rétribution des gardes-ports et du juré-compteur de la rivière d'Allier, substitué au tarif porté en l'article 13 de la décision du ministre de l'intérieur, du 9 mars 1807, contenant organisation des ports de la rivière d'Allier.

Nota. Cette modification a eu lieu par décision ministérielle en date du

4 octobre 1807.

DÉTAIL DES MARCHANDISES.	TARIF.	
	Gardes-Ports.	Juré-Compteur.
	f. c.	f. c.
Par 100 mètres de bois de charpente..........	1 25	» 02 1/2
Par 100 mètres de bois de sciage de toute espèce	1 »	» 02 1/2
Par 100 mètres de planches de sapin bois marchand	» 30	» 02 1/2
Par grand millier de traversins ou mérains	3 40	» 10
Par décastère de bois à brûler................	1 40	» 20
Par grosse de sabots........................	2 80	» 20
Par millier de bottes d'échalas ou lattes........	12 »	1 »
Par millier de cercles.......................	» 70	» 05
Par 100 kilogrammes de fer..................	» 10	» 02 1/2
Par banne de charbon de bois................	0 07	» 03
Par banne de charbon de terre...............	» 07	» 03
Par 100 bouteilles de verre..................	» 90	» 10
Par pièce de cidre, vin, eau-de-vie, vinaigre et huile	» 05	» 02 1/2
Par 100 kilogrammes de fonte................	» 03	» 02
Par bateau de fruits ou marrons..............	3 »	» 50
Par poinçon de plâtre, sable et terre à faïence..	» 08	» 02
Par grande douzaine de faïence ou poterie.....	» 03	» 02
Par bateau de papier ou quincaillerie..........	4 »	» 50
Par 100 kilogrammes de sel..................	» 50	» 10
Par bascule de poissons.....................	4 »	» 50
Par bateau de charronnage..................	3 »	» 50
Par pied cube de bois de marine.............	» 02	» » 1/2
Par meule de moulin........................	1 90	» 10
Par bateau de pierres ou pavés..............	2 50	» 50

DÉTAIL DES MARCHANDISES·	TARIF.	
	Gardes-Ports.	Juré-Compteur.
	f. c.	f. c.
Par bateau de suif ou chandelle..............	3 50	» 50
Par 100 mètres de voliges de sapin............	» 15	» 01 1/2
Par 100 mètres de voliges de chène...........	» 50	» 02 1/2
Par bateau neuf de 20 à 24 courbes...........	2 »	1 »
Par bateau neuf de 15 à 20 courbes...........	1 33 1/2	» 66 1/2
Par bachot neuf.............	» 30	» 15
Par mètre de mâts...........................	» 03	» 02
Par millier de foin.....................•....	» 70	» 30
Par millier de paille........................	» 35	» 15
Par caisse de 50 bouteilles d'eau minérale.......	» 05	» 02 1/2
Par bateau d'antimoine......................	4 »	» 50
Par bateau de chiffons......................	2 25	» 25
Par bateau de chanvre......................	4 »	» 50

Tous les bois ou planches destinés au soultrage des bateaux, et qui seront reconnus excéder les quantités nécessaires à cette opération, seront soumis au demi-droit porté au présent tarif.

Approuvé par son excellence le ministre de l'intérieur, à Paris, le 4 octobre 1807.

Signé CRÉTET.

Pour copie conforme : le conseiller d'État directeur général des ponts- et-chaussées.

Signé MONTALIVET.

OCTROI MUNICIPAL.

Arrêté portant modification à la forme et au libellé des billets d'octroi.

14 mars 1808.

Vu les arrêtés des 5 pluviôse et 1ᵉʳ messidor an IX, lesquels accordent *aux marchands de bois de chauffage et de construction la faculté d'acquitter les droits d'octroi, en leurs propres effets, à terme et à deux endossements ;*

Vu aussi les art. 137 et 187 du Code de commerce ;

Considérant que les formalités prescrites par les articles pré-cités du Code de commerce, pour les endossements des billets à ordre, ne pourraient être exactement remplies à l'égard des billets souscrits par les marchands de bois pour les droits d'octroi, et qu'il devient dès lors nécessaire de substituer au billet à ordre avec endossement une autre forme de billets qui, également con-sacrée par le même Code, puisse produire les mêmes effets ;

ARRÊTE :

Art. 1ᵉʳ. Les billets que les marchands de bois de chauffage et de construction sont admis à donner en paiement des droits d'oc-troi, seront faits à l'avenir, payables au receveur municipal de la ville de Paris ou à son ordre, cause pour valeur reçue en droits d'octroi, souscrits par le marchand débiteur, et garantis par forme d'aval *par deux ou trois marchands* n'étant pas les associés et ne faisant pas partie de sa raison de commerce ; ils seront libellés, conformément au modèle annexé au présent arrêté.

Art. 2. Lorsque le receveur municipal, ne faisant pas lui-même le recouvrement desdits billets, les passera à des tiers, il les endos-sera en se conformant aux règles prescrites pour les endossements par l'art. 137 du Code de commerce.

En conséquence, indépendamment de l'énonciation, soit du nom de celui à l'ordre duquel le billet sera passé, soit de la date de l'endossement, la valeur fournie y sera exprimée de l'une des deux manières suivantes : si les billets sont passés au receveur des hospices, la valeur fournie sera exprimée en ces termes, *valeur en compte*, et s'ils sont passés à d'autres parties prenantes, la valeur fournie sera exprimée ainsi, *valeur en mandats du préfet du département.*

Art. 3. En aucun cas le receveur municipal n'encourra, à raison desdits endossements, aucune autre garantie que celle de ses faits et diligences.

Art. 4. Les dispositions des arrêtés desdits jours 5 pluviôse et 1er messidor an IX, non contraires aux présentes, sont maintenues et continueront d'être exécutées selon leur forme et teneur.

Art. 5. Ampliation du présent arrêté sera adressée : 1° aux régisseurs de l'octroi, 2° au receveur municipal, qui demeurent chargés de l'exécuter, chacun en ce qui le concerne.

(Archives de l'administration de l'octroi.)

ARRÊTÉ DU MINISTRE DE L'INTÉRIEUR,

Contenant organisation du service de la navigation au passage du pont de Soissons, département de l'Aisne.

Du 5 mai 1808.

OPINION DE M. LE COMTE MOLÉ,

DIRECTEUR GÉNÉRAL DES PONTS-ET-CHAUSSÉES,

Portant que la demi-rétribution est due aux gardes-ports par les marchandises qui sont chargées directement en bateaux, SANS SÉJOUR SUR LE PORT.

Trèves, le 12 septembre 1810.

Le conseiller d'État, membre de la Légion-d'Honneur, directeur général des ponts-et-chaussées, canaux, navigation intérieure, ports de commerce, etc.,

A M. Marpon, inspecteur de l'Allier.

J'ai reçu, Monsieur, votre lettre du 24 juillet dernier.

Une lettre que vous a écrite mon prédécesseur, le 21 mars 1809, porte que ce qui ne fait que passer sur un port est assujetti *à la demi-rétribution.*

Il est dit dans une lettre que j'ai adressée à M. le préfet de l'Allier, le 19 février dernier : « *Mais dès lors que ces marchandises ont ensuite emprunté le port où elles ont été successivement déposées, jusqu'à parfait chargement.* »

Il suit de cette dernière citation que les marchands ne déposent plus sur les ports, puisqu'ils jettent les marchandises de dessus les voitures dans les bateaux, et ils en concluent qu'il n'est dû aucune rétribution, parce qu'il n'y a pas eu de dépôt momentané.

Cependant le garde assiste au chargement, le constate sur ses registres, vise les lettres de voitures, enfin veille à la conservation des bateaux et des marchandises jusqu'au départ; *ce concours des gardes-ports vous paraît devoir assujettir les marchands à la demi-rétribution.*

Ce que vous me citez, Monsieur, de la lettre du 21 mars 1809, n'est qu'une répétition de ce que mon prédécesseur avait jugé devoir répondre à M. le préfet de l'Allier, ensuite de diverses questions, soumises par ce magistrat, pour l'application de la décision de son excellence, au tarif nouveau, substitué à celui qui avait été primitivement adopté.

On ne peut reconnaître dans cette lettre aucune restriction aux dispositions de celle susdatée de mon prédécesseur.

Il demeure donc constant *que les marchandises qui ne font que passer sur un port sont assujetties à la demi-rétribution, et il doit en être de même de celles qui ne feraient qu'emprunter le port, où elles seraient chargées des voitures sur les bateaux, sans dépôt préalable, parce que, dans ce dernier cas, elles n'en exigent pas moins le concours des gardes-ports,* par l'effet de l'application indispensable des dispositions des articles 3, 5 et 6 de la décision de son excellence du 9 mars 1807.

Vous voudrez bien, Monsieur, transmettre cette explication aux gardes-ports et au juré-compteur.

J'écris au surplus dans ce sens à M. le préfet de l'Allier.

Je suis, Monsieur, etc.

Signé Comte MOLÉ.

NOTA. Nous n'avons pas intention de critiquer cette décision, car M. le directeur général des ponts-et-chaussées a dans ses attributions tout le personnel des gardes-ports et jurés-compteurs, et exerce sur ces fonctionnaires droit de surveillance et de révocation.

Cependant nous ferons remarquer que les droits dont jouissent ces différents agents ont été réglés par arrêt du conseil et lettres-patentes de 1704 non abrogées et ayant encore aujourd'hui force de loi ; *que la modification introduite au tarif, établissant la demi-rétribution en certains cas,* EST CONTESTABLE, et qu'en effet plusieurs tribunaux ont déjà jugé contrairement à cette interprétation, QUE LE DROIT ENTIER ÉTAIT DU EN TOUS CAS.

Voyez les jugements des 10 avril 1839 et 26 décembre 1839.

Voyez aussi la nouvelle interprétation donnée à ce sujet par M. le sous-secrétaire d'État, directeur général des ponts-et-chaussées, à la date du 9 mars 1840, interprétation qui se trouverait en contradiction avec celle de son prédécesseur que nous venons de relater.

DÉCISION DU MINISTRE DE L'INTÉRIEUR,

Contenant organisation des ports de la Loire, depuis Briare en amont jusqu'à St-Rambert.

Du 10 *février* 1812.

Le ministre de l'intérieur, vu l'arrêté de préfet de la Nièvre du 30 floréal an XII, approuvé le 13 fructidor suivant; un deuxième arrêté du même préfet, du 29 janvier 1806, approuvé le 24 février 1807, lesdits arrêtés rélatifs à l'établissement des gardes-ports sur la rivière ;

Vu les demandes formées par les marchands et les mariniers, tendant : 1° à ce qu'il soit créé un juré-compteur sur cette même rivière, pour la surveillance des gardes-ports et de leur service ; 2° à ce que l'organisation résultant des arrêtés du préfet de la Nièvre soit étendue aux ports situés depuis Briare jusqu'à Saint-Rambert ;

Vu la décision du 14 mai 1811, portant création du juré-compteur demandé, le rapport de l'inspecteur de la navigation à la résidence de Decize, et celui du commissaire général de l'approvisionnement de Paris, statue ainsi qu'il suit :

Art. 1er. Il sera établi sur les ports principaux de la Loire, situés depuis Saint-Rambert jusqu'à Briare, des gardes-ports qui seront nommés par l'administration, sur la présentation des marchands et mariniers fréquentant lesdits ports : ces gardes seront commissionnés conformément à la décision ministérielle du 14 prairial an X, et assermentés de la manière accoutumée.

2. Les gardes-ports seront tenus d'inscrire jour par jour et sans aucun blanc, sur un registre timbré, coté et paraphé par le juge de paix de l'arrondissement, *toutes les marchandises qui arriveront et qui sortiront des ports.*

3. Les gardes-ports seront tenus de faire empiler les bois, relier les échalas, traversins et lattes, de surveiller le mesurage des char-

bons, tant de bois que de terre; ils veilleront à la conservation des marchandises et n'en laisseront déposer aucune sur les chemins de halage.

4. Les gardes-ports viseront toutes les lettres de voiture des marchandises arrivant sur les ports, soit par terre, soit par eau; ils viseront pareillement les lettres de voiture des marchandises qui en sortiront.

5. Chaque garde-port, dans l'étendue de son arrondissement, sera tenu, en cas de crues ou de glaces, de faire garer et fermer solidement dans les endroits les plus convenables, tous les bateaux qui pourront s'y trouver; même en cas de danger préalablement constaté, de faire décharger lesdits bateaux et de mettre les marchandises en sûreté; ils ne laisseront jamais de bateaux chargés de charbons de terre au-dessus des bascules de poissons.

6. Les gardes-ports fourniront tous les mois au juré-compteur l'état des marchandises entrées et sorties de leurs ports; conformément à l'art. 4 de la décision ministérielle du 14 mai 1811, le juré-compteur formera un état général qu'il adressera à l'inspecteur de la navigation, pour être transmis par lui au ministère de l'intérieur.

7. Les gardes-ports ne peuvent commercer directement ni indirectement sur les marchandises confiées à leur surveillance, sous peine de privation de leur place; *ils doivent se renfermer pour leur salaire, dans la fixation des prix déterminés ci-après, à peine de destitution, et même d'être poursuivis comme concussionnaires.*

8. Aux termes de l'art. 6 de l'arrêté du gouvernement du 13 vendémiaire an XII, relatif aux agents de service de la navigation, les gardes-ports porteront une bandoulière écarlate, bordée de blanc; au milieu, une plaque de métal blanc, avec ces mots : *surveillance sur les ports et rivières.* Ils pourront avoir, conformément à l'arrêt du parlement du 23 février 1763, des armes défensives.

9. Les gardes-ports se conformeront aux lois, arrêtés du gouvernement et règlements de police, sur le fait de la navigation et de l'approvisionnement de Paris; ils dresseront des procès-ver-

baux de tous délits et contraventions qui viendront à leur connaissance, et les adresseront de suite à l'inspecteur de la navigation.

10. Il sera pris envers les contrevenants aux dispositions ci-dessus et à celles relatives à la police des ports, telles mesures de police administrative qu'il appartiendra, sans préjudice des poursuites à exercer contre eux pardevant les tribunaux, conformément aux lois et règlements existants.

11. *La rétribution des gardes-ports et du juré-compteur sera exigible à l'enlèvement des marchandises; et si, au moment de cet enlèvement, le juré-compteur était absent, les gardes-ports percevront pour lui, à la charge de lui en compter.*

12. Les gardes-ports maintenant en activité, nommés et commissionnés par l'administration dans la forme énoncée en l'art. 1er, sont maintenus, et se conformeront en tous points aux dispositions de la présente décision.

13. Le tarif de la rétribution des gardes-ports, approuvé le 24 février 1807, et celui de la rétribution du juré-compteur, approuvé le 14 mai 1811, sont considérés comme non avenus.

14. La rétribution des gardes-ports et du juré-compteur demeure fixée ainsi qu'il suit:

MARCHANDISES sujettes à l'empilage.	Gardes-Ports.	Juré-Compteur.
	f. c.	f. c.
Par 100 mètres de bois de charpente travaillé ou en grume...............	1 »	» 05
Par 100 mètres de gros sciage de chêne ou autre bois dur..................	1 »	» 05
Par 100 mètres de planches en chêne ou autre bois dur....................	» 80	» 05
Par 100 mètres de voliges de tous bois durs...........................	» 40	» 02 1/2
Par 100 mètres de planches de sapin, bois marchand........................	» 50	» 05
Par 100 mètres de voliges en sapin, toutes planches comptant pièce pour pièce.	» 25	» 02 1/2
Par pied cube de marine et bois carrés..	» 02	» 01

MARCHANDISES sujettes à l'empilage.	Gardes-Ports.		Jurés-Compteurs.	
	f.	c.	f.	c.
Par mètre de mâts et vergues.........	»	03	»	02
Par grand millier de merains (composé de 2,300 pieds)......................	3	»	»	20
Par grand millier de ganivelles (de soixante-neuf cents), usage de Loire......	4	»	»	20
Par millier de bottes d'échalats et lattes.	14	»	1	»
Par millier de cercles...............	»	50	»	10
Par décastère de bois à brûler (usage de Paris)...........................	1	40	»	20
Par décastère de bois de cuisine et de souches...........................	1	»	»	20
Par 100 courbes de bateaux..........	1	»	»	10
Par 100 mètres de bois de charronnage..	»	08	»	05
Par 100 de fagots..................	»	50	»	05
Par 100 de cotrets.................	»	50	»	05
Par 100 bottes d'écorces............	»	60	»	05

MARCHANDISES non sujettes à l'empilage.				
Par 100 pelles à main..............	»	40	»	05
Par grosse de sabots...............	»	40	»	05
Par 1,000 bouteilles et bocaux de verre...	»	50	»	10
Par 1,000 bottes de foin (du poids de 5 kilog.).........................	»	70	»	30
Par 1,000 bottes de paille (idem)......	»	35	»	15
Par banne de 15 hectolitres de charbon de bois...........................	»	05	»	02
Par banne de 15 hectolitres de charbon de terre...........................	»	07	»	03
Par 100 kilogrammes en fer..........	»	05	»	02 1/2
Idem de fonte.................	»	03	»	02
Par 100 kilogrammes de sel..........	»	10	»	02 1/2
Par hectolitre de plâtre, sable, terre à faïence............	»	02	»	01

MARCHANDISES sujettes à l'empilage.	Gardes-Ports.	Jurés-Compteurs.
Par poinçon de vin, cidre, vinaigre, huile de gras, et eau-de-vie, etc........	» 05	» 02
Par grande douzaine de faïence et poterie................................	» 01	0 » 1/2
Par bateau de fruits de toute espèce....	5 »	1 »
Par bateau de papier, quincaillerie et épicerie................................	6 »	1 »
Par bateau de chanvre et laine........	5 »	1 »
Par bateau de chiffons..............	2 »	» 15
Par bateau de suif, chandelles, cuirs et peaux................................	5 »	1 »
Par bateau de pierres ou pavés........	2 50	» 15
Par bateau neuf de 20 à 25 mètres de long, en bois de sapin................	1 50	» 75
Par bateau de 15 mètres de long (idem)...	1 »	» 50
Par bateau neuf de 20 à 25 mètres de long en bois de chêne................	3 »	1 »
Par bateau neuf de 15 à 20 mètres de long (idem)........................	2 50	» 50
Par bascule de poissons..............	5 »	1 »
Par meule de moulin...	» 90	» 10
Par hectolitre de minerai............	» 01	» » 1/2
Par douzaine de bâtons de marine.....	» 40	» 02
Par poinçon de plâtre, chaux et ocre...	» 03	» 02
Par millier d'ardoises, briques, tuiles et carreaux............................	» 15	» 03
Par bateau chargé en gare dans les ports et par jour........................	» 03	» 02

Nota. Les marchandises sujettes à l'empilage seulement, qui arriveraient sur un port d'arrivages et qui ne seraient pas empilées, paieront demi-rétribution.

Tous les bois ou planches destinés au soultrage de bateaux et qui seraient reconnus excéder les quantités nécessaires à cette opération, seront soumis aux demi-rétributions portées au présent tarif.

ORDONNANCE DE POLICE,

Concernant le repêchage des bois de chauffage sur les rivières, dans le ressort de la Préfecture de police (différents arrêtés du préfet de police intervenus depuis, ont rendu cette ordonnance applicable au commerce des bois carrés).

Du 1er avril 1813.

Nous, Étienne-Denis Pasquier, préfet de police, etc.,

Vu les articles 2 et 32 de l'arrêté du Gouvernement du 12 messidor an XIII, et les articles 1 et 2 de celui du 3 brumaire an IX, ordonnons ce qui suit :

Art. 1er. Le repêchage des bois de chauffage sera fait *dans le ressort de la préfecture de police*, par des préposés nommés par nous, sur la présentation du commerce de bois.

2° Les commissions ne seront valables que pour un an.

En cas de révocation ou de démission, les commissions seront remises à l'agent général du commerce.

3° Les commissions délivrées jusqu'à ce jour sont annulées ; il est enjoint aux préposés qui en étaient pourvus, de les rapporter à la préfecture de police, ou de les remettre à l'agent général du commerce, dans huit jours, à compter de celui de la publication de la présente ordonnance.

4° Le service des préposés au repêchage sera réglé par le commerce.

5° Leur salaire sera fixé de gré à gré entre eux et le commerce.

6° Les préposés au repêchage ne pourront appliquer à leur profit aucuns bois repêchés.

7° Il est défendu à toutes personnes autres que les préposés de repêcher les bois.

Il est également défendu d'acheter ou de cacher des bois qui auraient été repêchés, sous peine d'être poursuivi et puni comme voleur.

(Extrait de l'ordonnance du 18 avril 1768.)

8° Néanmoins, en cas de naufrage de trains ou de bateaux, il est permis de repêcher les bois ; mais il est enjoint à tous ceux qui auront repêché des bois, des débris de bateaux, des marchandises ou autres objets naufragés, d'en faire la déclaration dans les vingt-quatre heures, savoir :

Dans Paris, aux commissaires de police, ou à l'inspecteur général, ou aux inspecteurs particuliers de la navigation et des ports.

Dans les communes rurales, aux maires ou à la gendarmerie qui nous en donneront connaissance.

Ceux qui *s'attribueraient, cacheraient* ou *vendraient* en totalité ou en partie des objets repêchés, seront, *ainsi que les acheteurs ou recéleurs*, poursuivis suivant la rigueur des lois (Ordonnances des 11 janvier 1741 et 25 février 1784).

9° Il sera pris envers les contrevenants aux dispositions ci-dessus, telles mesures *de police administrative* qu'il appartiendra, sans préjudice des poursuites à exercer contre eux devant les tribunaux, conformément aux lois et aux règlements.

OCTROI.

Modifications des arrêtés et règlements relatifs au crédit accordé aux marchands de bois carré pour l'acquit des droits d'octroi.

12 *janvier* 1816.

Vu les divers arrêtés, règlements et décisions relatifs au crédit accordé pour le paiement des droits d'octroi de la ville de Paris, aux marchands de bois de chauffage, de charpente et de sciage, domiciliés dans ladite ville ;

Vu aussi le rapport de M. le directeur de l'octroi, en date du 12 décembre 1815, et les quatre états y joints ;

Nous, conseiller d'État, préfet de la Seine, arrêtons ce qui suit:

Art. 1er. Les marchands de bois de *chauffage, de charpente et de sciage*, dénommés au tableau qui sera annexé au présent arrêté, sont admis à acquitter en leurs effets les droits d'octroi auxquels lesdits bois sont assujettis et à donner les *avals* exigés par les mêmes effets.

Art. 2. Chaque marchand ne pourra avoir *plus de cinq donneurs d'aval*, ni fournir lui-même *d'aval* à plus *de cinq marchands.*

Art. 3. Les effets souscrits par les marchands de bois seront vérifiés et visés par l'un des contrôleurs des ports.

Ceux desdits effets qui ne seraient pas revêtus de cette formalité ne seront pas reçus à la caisse municipale.

Art. 4. Les contrôleurs des ports et le trésorier de la ville de Paris seront respectivement responsables de l'inexécution du précédent article.

Art. 5. Les sieurs..... quoique compris au tableau mentionné en l'art. 1er, ne seront néanmoins admis à la jouissance du crédit des droits qu'après avoir présenté et fait accepter chacun un deuxième co-obligé.

Art. 6. Les dispositions des arrêtés et règlements antérieurs auxquelles il n'est point dérogé par les présentes sont maintenues.

Art. 7. M. le directeur de l'octroi de Paris est chargé de l'exécution du présent arrêté dont ampliation lui sera adressée.

Semblable ampliation sera transmise à M. le trésorier de la ville.

(Archives de l'administration de l'octroi.)

INSTRUCTION

Concernant la surveillance de la rivière et des ports.

Du 25 mars 1816.

Nous, ministre d'État, préfet de police,

Considérant que, pour faciliter le maintien de l'ordre sur la rivière, les ports, les chantiers et les places de vente du charbon, il est nécessaire de réunir différentes dispositions des lois et règlements qui y ont rapport, croyons devoir en faire l'objet de la présente instruction.

Art. 1ᵉʳ. A compter du 1ᵉʳ avril jusqu'au 30 septembre, les ports sont ouverts depuis six heures du matin jusqu'à midi, et depuis deux heures du soir jusqu'à sept.

Du 1ᵉʳ octobre au 31 mars, ils sont ouverts depuis huit heures du matin jusqu'à quatre heures du soir, sans interruption.

Le tirage des trains de bois à brûler et de charpente, et l'enlèvement de ces bois continueront d'avoir lieu depuis la pointe du jour jusqu'au soir.

Art. 3. Aucune marchandise ne peut être déchargée du bateau à terre, et il ne peut être tiré aucun train, s'il n'en a été fait la déclaration aux bureaux des inspecteurs des ports, et si le permis n'a été déposé au corps-de-garde le plus voisin du déchargement.

Art. 9. *Les bateaux ne pourront être déchirés qu'à l'île des Cygnes, et au port de la Rapée (depuis la patache jusqu'à la barrière).*

Art. 10. Il est défendu de tirer à terre les bateaux pour les raccommoder ou les goudronner, sans une autorisation.

Art. 11. Il est défendu de faire du feu sur les ports, quais, berges, à l'île Louviers, dans les chantiers de bois, dans les places au charbon, et sur les trains et les bateaux, excepté cependant sur les bateaux ayant cheminées avec foyer et tuyau en briques, ainsi que d'y tirer des fusées, pétards, boites, pistolets et autres armes à feu.

Il est également défendu de fumer dans les chantiers de bois, dans les places de vente de charbon et sur les bateaux chargés de marchandises susceptibles de s'enflammer.

Art. 12. Les baraques placées sur les ports ne doivent être ouvertes que pendant les heures du travail.

Personne ne peut y rester pendant la nuit.

Art. 13. Les ports étant uniquement destinés aux marchandises expédiées par eau, il ne peut y être déposé aucunes marchandises arrivées par terre, pour les embarquer, sans une permission spéciale, si ce n'est aux ports des SS.-Pères et d'Orsay spécialement affectés au recueillage des marchandises.

14. Il est défendu de laisser séjourner sur les ports, sur les berges et aux bords de la rivière, aucuns matériaux qui peuvent

être submergés par la crue subite des eaux, et exposeraient les bateaux à être endommagés et à périr avec leurs chargements.

Il est défendu de placer, pour quelque travail que ce soit, des pierres ou pavés sur les bords de la rivière.

Il est défendu d'arracher, de fatiguer et même d'embarrasser les anneaux ou les pieux d'amarre.

Art. 15. Il ne doit être déposé aucuns gravois sur les berges sans notre autorisation.

Art. 17. Il est défendu d'emporter des bûches, perches, harts et débris de bois de dessus les ports.

Il est également défendu aux ouvriers qui travaillent aux tirages, débardages et transports de bois, d'en emporter sous quelque prétexte que ce soit.

Art. 18. Il est interdit à toutes personnes de repêcher les bois excepté en cas de naufrage de trains ou de bateaux, *les préposés, commissionnés par nous à cet effet, doivent seuls les repêcher.*

Art. 21. Il est enjoint aux ouvriers munis de médailles, de les porter d'une manière ostensible dans le cours de leur travail.

MODÈLE DE PERMISSION

Délivrée par la préfecture de police, pour autoriser l'ouverture d'un chantier de bois carré à Paris.

Mai 1816.

Paris, le   1816.

Nous, ministre d'état, préfet de police,

Vû 1° le mémoire de............................... demeurant................................. par lequel........... demande la permission de tenir chantier de bois à œuvrer sur ....

Ensemble le plan figuré de ce terrain avec indication des dimensions et des tenants et aboutissants.

2° Le procès-verbal *de commodo et incommodo*, dressé le.... ....par le ....

3° Le rapport de l'architecte commissaire de la petite voirie, en date du. . . . .

4° Celui de l'inspecteur général de la navigation et des ports du. . . . .

5° L'ordonnance de police du 12 septembre 1816 et notre arrêté du. . . . .

Permettons au sieur. . . . .
de tenir chantier de bois à œuvrer sur la. . . . .
. . . .
aux conditions suivantes :

1° De se conformer aux dispositions des règlements concernant le commerce des bois à œuvrer, et notamment à l'ordonnance de police du 12 septembre 1816.

2° De prendre les précautions nécessaires pour prévenir l'incendie.

Le tout, à peine de voir la présente suspendue ou révoquée et le chantier fermé, sans préjudice des autres mesures à prendre par voie de police administrative et des poursuites à exercer devant les tribunaux.

Cette permission sera représentée dans . . . . jours, à compter de celui de sa date, au . . . .
. . . .
et à l'inspecteur général de la navigation et des ports, qui l'enregistreront, et prendront extrait dont ils feront mention au bas, et surveilleront, chacun en ce qui le concerne, l'exécution des conditions imposées.

Le ministre d'État, préfet de police,

Enregistré et pris extrait par l'inspecteur général de la navigation des ports.

Ce 181

(Cartons de la Préfecture de police.)

ARRÊTÉ DU MINISTRE DE L'INTÉRIEUR.

Du 28 *mai* 1816.

(*Extrait.*)

8° Il est fait défense à tous particuliers, aubergistes, cabaretiers, logeurs et à tous autres, de quelques qualité et condition qu'ils soient, de PRENDRE, EMPORTER, NI ACHETER AUCUNS BOIS DESTINÉS A L'APPROVISIONNEMENT DE PARIS, D'EN RECEVOIR CHEZ EUX, NI D'EN PRENDRE DES OUVRIERS EN PAIEMENT, sous prétexte de nourriture, gîte ou autrement, sous les peines de droit.

OCTROI.

Le crédit accordé aux marchands de bois carré et bois à brûler, pour le paiement des droits d'octroi, n'est valable que pour la durée de l'exercice dans le cours duquel la soumission a été faite.

14 *août* 1816.

Vu les divers arrêtés portant règlement des conditions auxquelles les marchands de bois peuvent être admis au crédit des droits d'octroi de la ville de Paris;

Vu aussi le rapport de M. le directeur, en date du 9 août présent mois;

Nous, conseiller d'État, préfet, arrêtons :

Art. 1er. A l'avenir aucun marchand de bois ne sera admis au crédit des droits d'octroi de la ville de Paris, que pour la durée de l'exercice dans le cours duquel il aura fait sa soumission et que sous la caution et garantie solidaire de deux *autres marchands* de bois, jouissant *eux-mêmes du crédit* des droits, le tout indé-

pendamment des obligations prescrites par les arrêtés précédemment rendus en la matière.

Art. 2. M. le directeur de l'octroi est chargé de l'exécution du
présent arrêté dont ampliation lui sera adressée.

(Archives de l'administration de l'octroi.)

ORDONNANCE DE POLICE,

Concernant le commerce de bois à œuvrer.

Paris, le 12 septembre 1816.

Nous, ministre d'État, préfet de Paris,

Vu l'art. 10 du chap. 2, et les art. 2 et 3 du chap. 3 de
l'ordonnance royale du mois de décembre 1672;

Vu aussi les art. 32 et 33 de l'arrêté du gouvernement du
12 messidor an VIII (1er juillet 1800) et les art. 1 et 2 de l'arrêté
du 3 brumaire an IX (25 octobre 1800);

CONSIDÉRANT QUE LES CHANTIERS DE BOIS A ŒUVRER COMME
CEUX DE BOIS A BRULER NE DOIVENT ÊTRE ÉTABLIS QUE DANS
DES LIEUX PROPRES A CES SORTES DE DÉPOTS ET HORS DE TOUTE
NUISANCE;

Considérant, en outre, que lors de l'entrée dans Paris des
bois à œuvrer, achetés à l'extérieur, il se pratique des fraudes
préjudiciables au produit de l'octroi;

Ordonnons ce qui suit :

SECTION Ire.

Établissements de chantiers.

Art. 1er. Il ne peut être tenu aucun chantier de bois à œuvrer,
dans le ressort de la préfecture de police, sans une permission
délivrée par nous.

Art. 2. Dans un mois, à compter de la publication de la présente ordonnance, tout marchand de bois à œuvrer, actuellement établi, qui voudra continuer son état et conserver son chantier, sera tenu d'en demander et obtenir la permission.

Il joindra à sa demande un plan figuré du local avec indication des dimensions et des tenants et aboutissants.

Art. 3. Les marchands de bois à œuvrer, autorisés à tenir chantier, sont obligés d'avoir à la porte extérieure de leur chantier un tableau indicatif de leurs noms et professions.

Art. 4. Les marchands de bois à œuvrer qui n'auront pas obtenu la permission de continuer à tenir leurs chantiers, par des motifs de sûreté publique ou de salubrité, ne pourront y rentrer de nouvelles marchandises.

Ces chantiers, aussitôt après la vente des bois à œuvrer qui s'y trouvent, seront fermés.

SECTION II.

Arrivage, garage, tirage et vente des bois.

Art. 5. Les marchandises de bois à œuvrer destinées pour Paris y seront directement amenées (Ordonnance du mois de février 1415, chapitre 12, art. 1er, et ordonnance de 1672, chapitre 3, art. 3).

Art. 6. Il est défendu d'aller au-devant des marchandises de bois à œuvrer et d'en acheter en route (Ordonnance de 1672, chapitre 3, art. 2).

Il est également défendu de vendre au regrat à peine de confiscation et d'amende (Lettres-patentes du 11 août 1649, art. 35).

Art. 7. Les trains seront fermés dans les gares et dans les ports avec bonnes et suffisantes cordes attachées à des pieux d'amarre.

Art. 8. Il est défendu d'embarrasser, par des bois ou autrement, les pieux et anneaux qui servent à amarrer les trains et bateaux.

Art. 9. Il est défendu de faire arriver et garer aucuns trains dans les parties du port réservées pour les passages d'eau et les coches, et gêner en aucune manière le service de la navigation et des ports.

Art. 10. Le lâchage des trains de bois à œuvrer pour les ports de Paris ne peut commencer avant le jour et doit cesser à la nuit tombante.

Les trains ou parties de trains seront conduits par quatre mariniers au moins.

Art. 11. Les marchands de bois à œuvrer seront tenus d'avoir en propriété des bachots et des cordes de repêche pour le service des trains qui leur sont destinés.

Art. 12. Les trains et les bateaux de bois à œuvrer ne pourront être tirés et déchargés qu'aux ports affectés à cet usage.

LES BOIS A OEUVRER NE POURRONT ÊTRE VENDUS SUR BATEAU, NI ÊTRE EMPILÉS OU VENDUS SUR LA BERGE, NI Y RESTER DÉPOSÉS SOUS QUELQUE PRÉTEXTE QUE CE SOIT; ILS DOIVENT ÊTRE ENLEVÉS ET RENTRÉS A FUR ET MESURE DU TIRAGE OU DÉCHARGEMENT.

SECTION III.

Dispositions générales.

Art. 13. Quiconque amènera des bois à œuvrer à Paris, ou dans les chantiers des communes rurales, sera tenu de justifier, à toute réquisition, de lettres de voitures en bonne forme; ces lettres de voitures indiqueront les quantités et qualités des bois, le lieu du chargement, l'époque du départ, les noms de l'expéditeur, du marchand ou de tout autre individu à qui ils seraient adressés et du marinier chargé de les conduire (Ordonnance de 1672, chapitre 2, art. 8 et 9).

Art. 14. Lorsqu'une voiture chargée de bois à œuvrer entrera dans Paris, le charretier devra être muni d'un bulletin énonçant la quantité de pièces qu'il conduira, leur qualité et leurs dimensions respectives, le nom du propriétaire du chantier et la destination des bois.

Art. 15. Il est défendu d'amener et d'exposer en vente *des bois défectueux*, à peine de confiscation (Ordonnance de 1672, chapitre 3, art. 19).

Art. 16. Il est défendu de travailler dans les chantiers de bois à œuvrer à la lumière, d'y fumer ou d'y porter du feu, même dans des chaudrons, grilles, chaufferettes, etc.

Les marchands ne pourront aller dans leurs chantiers, pendant la nuit, qu'avec une lanterne close.

Art. 17. Les contraventions seront constatées par des procès-verbaux qui nous seront adressés.

Il sera pris envers les contrevenants, telles mesures de police administrative qu'il appartiendra, sans préjudice des poursuites à exercer contre eux devant les tribunaux.

Art. 18. La présente ordonnance sera imprimée et affichée; les sous-préfets des arrondissements de Saint-Denis et de Sceaux, les maires des communes rurales du ressort de la préfecture de police, les commissaires de police, l'inspecteur général de la police, les officiers de paix, l'inspecteur général de la navigation et des ports, le contrôleur ambulant des chantiers *extra muros* et les préposés de la préfecture de police sont chargés de tenir la main à l'exécution.

Le ministre d'État, préfet de police,

Signé comte ANGLÈS.

Par son excellence :

Le secrétaire général,

Signé FORTIS.

(Cartons de la Préfecture de police.)

NOUVELLE ORGANISATION

DU

COMMERCE DES BOIS CARRÉS DE PARIS

EN COMPAGNIE,

PAR LES SOINS DE MM. MOREAU PÈRE, HARMAND PÈRE ET DIDIOT PÈRE, MARCHANDS DE BOIS POUR L'APPROVISIONNEMENT DE PARIS.

Le **29** *avril* **1817.**

STATUTS ORGANIQUES

Et règlement particulier du commerce de bois carré, pour l'approvisionnement de Paris, arrêtés en assemblée générale, le 29 avril 1817 ; homologués par M. le préfet de police, le 23 août 1817.

Les marchands de bois à œuvrer, dans Paris, désirant établir des bases fixes pour le régime intérieur de leur commerce, sont convenus des dispositions suivantes :

Art. 1ᵉʳ. Les marchands de bois à œuvrer auront trois délégués et deux suppléants.

Des délégués.   Art. 2. Les délégués et suppléants seront nommés par les marchands de bois, qui se réuniront, à cet effet, tous les ans dans le mois de janvier (le délégué le plus ancien en exercice remplit les fonctions de président).

Art. 3. La durée des fonctions de délégué sera de trois ans, et de deux ans pour les suppléants.

Art. 4. Tous les ans les délégués seront renouvelés par tiers, et les suppléants par moitié.

Art. 5. Pendant les deux premières années, le sort désignera le délégué qui devra cesser ses fonctions.

Art. 6. A l'expiration de la première année, le sort désignera le suppléant qui devra quitter ses fonctions.

Art. 7. Le délégué et le suppléant sortants, soit par la voie du sort, soit après trois ou deux années d'exercice, pourront être réélus.

Art. 8. Si l'un des délégués décède, se retire ou donne sa démission, il sera remplacé par le plus ancien suppléant.

Art. 9. Nul ne pourra être délégué ou suppléant s'il n'a exercé, au moins pendant cinq ans, la profession de marchand de bois à œuvrer.

Art. 10. Deux marchands associés ne pourront exercer ensemble les fonctions de délégué ou de suppléant : dans les assemblées leurs suffrages ne compteront que pour un.

Cet article a été amendé le 13 février 1831. Voyez supplément aux statuts.

Art. 11. Les suppléants pourront être appelés aux assemblées des délégués.

Des Suppléants.

Art. 12. Les délégués s'assembleront au moins une fois par mois.

Art. 13. Ils dresseront procès-verbal de leurs délibérations.

Art. 14. Ils donneront aux autorités compétentes tous les renseignements qui pourront leur être demandés.

Art. 15. Ils correspondront avec M. le préfet de police pour tout ce qui est relatif aux intérêts du commerce de bois à œuvrer.

Art. 16. Ils proposent à l'assemblée générale toutes les vues d'améliorations qu'ils jugeront nécessaires et avantageuses au commerce.

Art. 17. Si les circonstances l'exigent, les délégués pourront convoquer une assemblée extraordinaire des marchands de bois, après en avoir préalablement obtenu l'autorisation spéciale de M. le préfet de police.

Art. 18. Les délibérations prises en assemblée générale, et approuvées par M. le préfet de police, seront obligatoires pour tous les marchands de bois à œuvrer, dans Paris.

De l'Agent.

Art. 19. Le commerce de bois à œuvrer aura, pour suivre ses intérêts, un agent-caissier qui sera dirigé et payé par lui.

Art. 20. L'agent-caissier sera nommé en assemblée générale des marchands, sous la ratification de M. le préfet de police.

Art. 21. L'agent-caissier fournira un cautionnement.

Art. 22. Il sera arrêté par les délégués un local, et pour tenir leur bureau, et pour la réunion des assemblées générales (ainsi qu'un terrain pour servir de dépôt aux bois repêchés).

De la Cotisation.
—
Modèle arrêté par le Préfet : voir son homologation.

Art. 23. Pour subvenir aux dépenses de frais de bureau, appointements de l'agent et autres employés qui seront nécessaires, etc., il sera établi une cotisation qui ne pourra excéder *trois centimes* par franc de la quotité des droits perçus par l'administration de l'octroi, sur les bois à œuvrer entrant dans Paris.

Art. 24. Cette cotisation sera acquittée en un seul paiement, et au fur et à mesure de l'arrivage des bois.

Voir l'homologation de M. le Préfet.

Art. 25. Le montant de cette cotisation sera fixé tous les ans en assemblée générale des marchands, suivant les besoins présumés du commerce, et soumis à l'approbation de M. le préfet de police.

Art. 26. Indépendamment de cette cotisation annuelle, les marchands de bois sont convenus de faire dès à présent une première mise de fonds de *trois cents francs*, laquelle pourra être augmentée par suite, s'il y a lieu.

Art. 27. Les marchands de bois à œuvrer, qui s'établiront à l'avenir, seront tenus de verser dans la caisse du commerce une somme égale à celle versée par les anciens marchands de bois, à titre de première mise de fonds.

Art. 28. L'agent-caissier sera chargé en recette de la totalité de la cotisation et de la première mise de fonds, sauf à justifier des non-valeurs; il est pareillement chargé de la conservation des registres, des papiers et du mobilier appartenant au commerce.

Art. 29. Toutes les dépenses seront arrêtées et visées par les délégués.

Art. 30. L'agent-caissier ne pourra payer que sur les mandats des délégués, pour une somme au-dessus de cent francs.

Art. 31. Il rendra ses comptes aux délégués à la fin de chaque année, et avant la convocation de l'assemblée générale.

Art. 32. Ce compte sera arrêté en assemblée générale, et soumis à l'approbation de M. le Préfet de police.

Art. 33. Toutes contestations sur la cotisation et la première mise de fonds seront portées devant les délégués, qui en référeront, s'il y a lieu, à M. le Préfet de police.

Art. 34. Le présent règlement sera soumis à l'approbation de M. le Préfet de police.

Fait et délibéré en assemblée générale du commerce de bois à œuvrer, au bureau provisoire du commerce, chez M. Harmand, quai de la Rapée, n° 15.

A Paris, le 29 avril 1817.

Suivent les signatures ; ainsi signé :

BLANCHARD , DAMBREVILLE , DELANOUE , DURAND père , FAYARD fils, FLERCKMAN, GEORGE père , GODEFERT, GONNET , GUYOT, GUYART, LAURENT fils, MALHERBE père , veuve MERET , MOURETTE , NORMAND fils pour ma mère , POREAUX, ROBERT-ALEXIS , ROBERT-GUYARD , ROLLIN, ROUSSEL, TETU père, THIERRY aîné , THIERRY-DELANOUE père et THROUDE.

MOREAU père , DIDIOT père , HARMAND père.

SUPPLÉMENT AUX PRÉSENTS STATUTS.

Extrait des délibérations des assemblées générales.

Tout fils de marchand , âgé de dix-huit ans , et qui suivra le commerce de son père , sera appelé aux assemblées générales et y assistera sans voix délibérative.

Arrêté du 31 janvier 1819.

Des suppléants.

Arrêtés des 13 février 1820 et 20 avril 1823.

Pour donner au bureau la force et les moyens d'accélérer la marche de ses travaux souvent entravés par l'absence forcée de plusieurs de ses membres, l'assemblée générale a arrêté que son bureau serait augmenté de six nouveaux membres, avec la dénomination d'adjoints aux suppléants, lesquels sont nommés tous les ans et sont rééligibles.

SYNDICS HONORAIRES.

1er arrêté.

Des syndics honoraires.

Art. 1er. Tout marchand de bois carrés, membre de la compagnie, ayant rempli deux fois les fonctions de délégué, et ayant exercé, pendant vingt ans honorablement le commerce de bois à œuvrer, peut recevoir de l'assemblée générale le titre de syndic honoraire, soit qu'il cesse ou continue ce commerce, sans se livrer à des spéculations qui lui soient étrangères.

Art. 2. Les syndics honoraires sont les gardiens nés des statuts et règlements de la compagnie ; ils en surveillent l'exécution.

Art. 3. Ils seront appelés aux assemblées générales et y ont voix délibérative.

Art. 4. Les syndics honoraires assistent aux réunions de bureau.

Ils n'y ont que voix consultative, mais ils proposent toutes les mesures qu'ils croient utiles aux intérêts de la compagnie.

Si leurs propositions ne sont pas adoptées, après avoir été reproduites à trois séances de bureau, ils peuvent en requérir la transcription sur le registre des délibérations.

Art. 5. Le bureau peut, dans l'intérêt de la compagnie, leur confier des fonctions ou commissions au dehors, avec voix délibérative.

Art. 6. Les syndics honoraires font partie des députations et présentations d'honneur.

MEMBRES HONORAIRES DE LA COMPAGNIE.

2e arrêté.

Membres honoraires.

Art. 1er. Tout marchand de bois, membre de la compagnie, qui, après cinq ans d'exercice, cesse honorablement le commerce de bois, sans se livrer à des opérations qui lui soient étrangères, reçoit de l'assemblée générale le titre de membre honoraire.

Art. 2. Les membres honoraires sont appelés aux assemblées générales et y ont voix délibérative.

Art. 3. Ils ne peuvent plus faire partie du bureau qu'après un an de reprise du commerce des bois ; cette reprise des affaires interrompt et suspend la qualité de membre honoraire.

Amendement à l'art. 10 des statuts.

Tout associé ayant payé la première mise de fonds de 300 fr. est de droit membre de la compagnie, avec voix délibérative, et éligible aux diverses fonctions de délégué, suppléant ou adjoint.

Chaque fonction est personnelle et ne peut être exercée que par le membre nommé par l'assemblée ; néanmoins, chacun des associés peut simultanément et individuellement être appelé à chacune de ces fonctions, si préalablement il a rempli les conditions du paiement de la première mise de fonds.

Arrêté du 13 février 1831.

Deux associés peuvent simultanément remplir les fonctions de délégués, adjoints ou suppléants.

Le bureau ayant fait connaître à l'assemblée générale qu'avant de lui proposer la création d'un emploi impérieusement réclamé (*celui d'un second commis à la gare des trains à Bercy*), et qui devait augmenter les charges de la compagnie, il s'était fait un devoir de rechercher les moyens de parer à cette nouvelle dépense.

Qu'il avait reconnu que ce n'était que par une fausse interprétation du règlement, que beaucoup de marchandises avaient pu jusqu'à ce jour échapper au paiement de la cotisation ; les *unes en s'écoulant par voitures ou fardiers en passe-debout délivrés dans les chantiers ; les autres en descendant sous Paris également en passe-debout par parts ou coupons, après avoir reçu les unes et les autres l'aide de la compagnie, et avoir joui à la gare de Bercy des avantages du garage, de la surveillance et de l'entretien en commun.* L'assemblée générale reconnaissant qu'il serait injuste, qu'après services rendus, une marchandise fût affranchie du paiement de la cotisation, car il n'a pu entrer dans la pensée d'aucun de ses membres d'éluder une cotisation votée annuellement

Arrêté du 24 juin 1838, étendant la cotisation aux marchandises sortant en passe-debout.

pour toutes les marchandises que chaque marchand de la compagnie ferait arriver à Paris,

DÉCIDE A L'UNANIMITÉ : 1° qu'à partir du 1er janvier 1839, tous *les bois à œuvrer sortant de Paris en passe-debout, par voitures ou fardiers, seront frappés de la cotisation ordinaire votée annuellement;*

2° *Que cette même cotisation portera aussi sur tous les coupons et parts, descendant sous Paris en passe-debout, et par évaluation raisonnable elle est fixée ainsi que suit :*

Un franc *par coupon;*

Un franc cinquante centimes *par part;*

Et deux francs cinquante centimes *par éclusée ou bateau.*

HOMOLOGATION DE M. LE PRÉFET.

PRÉFECTURE DE POLICE.

Paris, le 23 août 1817.

Nous, ministre d'État, préfet de police,

Vu la délibération prise, le 29 avril dernier, par les marchands de bois à œuvrer, dans Paris, portant règlement pour le régime intérieur de leur commerce;

Arrêtons ce qui suit :

Art. 1er. La délibération ci-dessus énoncée est homologuée pour être exécutée selon sa forme et teneur, sauf les art. 23 et 25 auxquels seront substituées les dispositions suivantes :

Pour subvenir aux dépenses de frais de bureau, appointements de l'agent, et autres employés qui seront nécessaires, etc., il sera établi une cotisation qui ne pourra excéder trois centimes par franc de la quotité des droits perçus par l'administration de l'octroi, sur les bois à œuvrer entrant dans Paris.

Le montant de cette cotisation sera fixée tous les ans en assemblée générale des marchands, suivant les besoins présumés du commerce, et soumis à notre approbation.

Art. 2. La délibération dont il s'agit sera annexée au présent arrêté pour y avoir recours au besoin.

Expédition de notre arrêté et de la délibération sera adressée aux délégués du commerce de bois à œuvrer.

Il en sera envoyé extrait à l'inspecteur général de la navigation et des ports.

Le ministre d'État, préfet,

Signé Comte ANGLÈS.

Pour expédition conforme :

Le secrétaire général,

Signé FORTIS.

RÈGLEMENT PARTICULIER

Du commerce de bois carrés, arrêté en assemblée générale, le 29 avril 1817, faisant suite aux statuts organiques.

Les marchands de bois carrés, dans Paris, désirant établir des bases fixes pour le régime intérieur de leur commerce, sont convenus des dispositions suivantes, pour faire suite aux articles du règlement, qui doivent être soumis à l'approbation de M. le préfet de police.

Art. 1er. Le commerce d'approvisionnement de Paris en bois de charpente, sciage, charronnage et bois à œuvrer de toutes espèces, se réunit, pour l'intérêt commun, sous le titre générique de *commerce des bois carrés*.

Art. 2. Ce commerce est composé de tous les marchands reconnus par l'autorité, et ayant chantier sur un des ports de Paris, et munis de patente de marchand de bois.

Art. 3. Ce commerce s'assemble sous la présidence de ses délégués :

1° Pour élire ses délégués et suppléants ;

2° Pour arrêter les comptes de recettes et dépenses ;

3° Pour choisir ses agents et commis de berge ;

4° Pour fixer le tarif de la cotisation annuelle ;

5° Pour entendre le rapport des opérations et des décisions prises par le bureau.

Assemblée générale. Art. 4. Tous les marchands de bois carrés sont prévenus de l'assemblée générale par une circulaire dont ils accuseront réception.

L'assemblée générale se trouve composée de tous les marchands réunis aux jour, heure et lieu indiqués par ladite circulaire.

Art. 5. Les délibérations et décisions en assemblée générale sont prises à la majorité des suffrages et transcrites sur un registre *ad hoc*.

Art. 6. Les décisions prises en assemblée générale convoquée en conformité de l'art. 4, *sont obligatoires* pour tout le commerce de bois carrés.

Des Délégués. Art. 7. Les délégués forment le bureau et représentent le commerce. Le bureau est en exercice permanent.

Art. 8. Les délégués sont chargés des intérêts du commerce, ils les stipulent en toutes circonstances, soit à Paris, soit sur les ports, soit sur les rivières;

Ils correspondent avec l'autorité pour tout ce qui est relatif audit commerce de bois à œuvrer, à la navigation et au flottage;

Décident sur les objets imprévus et urgents : leurs décisions sont exécutées par provision;

Surveillent la rentrée de la cotisation et les opérations de l'agent;

Vérifient l'état de la caisse lorsqu'ils le jugent à propos;

Examinent, discutent, arrêtent les comptes des débiteurs et comptables;

Proposent toute augmentation ou diminution nécessaire au tarif de la cotisation, et toute autre modification au régime intérieur du commerce.

Des Suppléants. Art. 9. Les suppléants *sont choisis*, *autant que possible*, sur chacun des ports de la Râpée et de l'Hôpital (d'Austerlitz).

Art. 10. Les suppléants assistent aux assemblées du bureau, en vertu d'une convocation spéciale des délégués.

Art. 11. Les suppléants remplacent les délégués en cas d'absence, maladie ou décès.

Art. 12. Le commerce aura, à Paris, un agent et des commis de berge.

Art. 13. L'agent est choisi en assemblée générale

De l'Agent.

Art. 14. L'agent gère les affaires du commerce.

Art. 15. Il défend, d'après l'ordre du bureau, les droits du commerce dans ses rapports avec l'administration de l'octroi, et partout où il est besoin.

Il correspond avec les jurés-compteurs, gardes-ports, commissionnaires, etc.

Il tient un registre de tous les bois à œuvrer qui arrivent à Paris.

Il perçoit les cotisations de chaque marchand conformément au tarif.

Il est chargé en recette de la totalité des cotisations perçues sur le commerce, en vertu des décisions de l'assemblée générale, sauf à justifier des non-valeurs.

Il a la garde des registres et des archives, qui, en aucun cas, ne peuvent être déplacés.

Il dirige et surveille les commis de berge.

Art. 16. L'agent paie toutes les dépenses et tous les mandats visés, délivrés par le bureau.

Il rendra compte à la fin chaque année.

Art. 17. Le compte de l'agent, reçu et arrêté par les délégués, sera soumis à la ratification de l'assemblée générale.

Art. 18. L'agent fournit un cautionnement.

Art. 19. L'agent ne pourra faire directement ni indirectement aucun commerce.

Art. 20. Les commis de berge sont choisis én assemblée générale.

Des Commis de berge.

Art. 21. En cas de fautes graves, les délégués peuvent les suspendre et les faire remplacer provisoirement.

Art. 22. Les commis de berge prennent les ordres de l'agent du commerce.

Ils surveillent le garage des trains, éclusées et bateaux chargés de bois carrés arrivant à Paris, s'assurent de l'état des flottages et réchipages ; ils font rapport à l'agent ; ils s'opposent à tous enlèvements de bois, équipages, débâcles, etc., par les mariniers, ouvriers ou tous autres, avant et pendant le tirage. Ils s'occupent spécialement du repêchage de tous les bois entraînés par les eaux ou effondrés et les font rentrer au dépôt commun (pour les rendre aux véritables propriétaires, aussitôt la reconnaissance des marques qui est faite annuellement par des commissaires nommés à cet effet en assemblée générale).

Ils sont tenus de faire généralement tout ce qui leur sera commandé dans l'intérêt du commerce.

Ils veillent jour et nuit, quand le cas est pressant, à la sûreté des trains et bateaux.

Art. 23. Les commis de berge ne pourront faire directement ni indirectement le commerce de bois carrés.

De la Cotisation. Art. 24. La cotisation sera payée au fur et à mesure des arrivages des marchandises, d'après le tarif arrêté chaque année.

Fait et délibéré en assemblée générale du commerce de bois à œuvrer, au bureau provisoire du commerce, chez M. HARMAND, quai de la Râpée, n° 63.

A Paris, le 20 avril 1817.

SUIVENT LES SIGNATURES ; *ainsi signé* :

BLANCHARD, DAMBREVILLE, DELANOUE, DIDIOT père, DURAND fils, FAYARD fils, FLERCKMAN, GEORGE père, GODEFERT, GONNET, GUYARD, GUYOT, HARMAND père, LAURENT fils, MALHERBE père, veuve MERET père, MOREAU, MOURETTE, NORMAND fils, pour ma mère, POREAUX, ROBERT-ALEXIS, ROBERT-GUYARD, ROLLIN, ROUSSEL, TETU père, THIERRY aîné, THIERRY-DELANOUE père, THROUDE.

Certifié conforme par les membres du bureau :

MOREAU père, HARMAND père, DIDIOT père, *délégués ;* GODEFERT, TETU père, *suppléants ;* GENTY, *agent général.*

(Archives du commerce des bois carrés.)

ARRÊTÉ DU PRÉFET DE POLICE,

Portant homologation d'une délibération du commerce des bois à œuvrer, relative à la nomination de M. Genty aux fonctions d'agent général dudit commerce.

1ᵉʳ *octobre* 1817.

Nous, ministre d'État, préfet de police,

Vu la délibération prise en l'assemblée générale des marchands de bois à œuvrer, le 29 avril dernier, et portant nomination de M. Genty (Jean-Baptiste) à la place d'agent général du commerce de bois à œuvrer,

Arrêtons ce qui suit :

Art. 1ᵉʳ. La délibération ci-dessus énoncée est homologuée pour être exécutée dans sa forme et teneur.

Art. 2. La délibération dont il s'agit sera annexée au présent arrêté pour y avoir recours au besoin.

Art. 3. Expéditions de cet arrêté et de la délibération seront adressées aux délégués du commerce de bois à œuvrer et à l'inspecteur général de la navigation et des ports.

Le ministre d'État, préfet,

Signé comte ANGLÈS.

Suit la teneur de l'extrait de la délibération :

L'assemblée générale a confirmé le choix provisoire que ses délégués avaient fait, dans leur séance du 4 janvier 1814, de la personne de M. Genty (Jean-Baptiste), ancien marchand de bois carré, pour agent général du commerce ; en conséquence, l'assemblée a arrêté à l'unanimité que ses délégués présenteraient à l'approbation de M. le préfet de police ledit sieur Genty, pour agent géné-

ral du commerce des marchands de bois carré pour l'approvisionnement de Paris.

Pour extrait conforme :
Les délégués du commerce de bois carré.

Signé : MOREAU père, HARMAND père et GUYARD.

Pour copie conforme :

Le secrétaire général ,

Signé FORTIS.

(Cartons de la Préfecture de police.)

DÉLIBÉRATION

**Du bureau de commerce des bois carrés pour l'appro-
visionnement de Paris, portant qu'il sera frappé
des jetons pour être distribués aux membres présents
aux assemblées du bureau et aux assemblées générales.**

17 décembre 1817.

Le bureau arrête :

Que la forme des jetons sera octogone ; d'un côté il sera écrit au
milieu, COMMERCE DES BOIS CARRÉS, et autour CHARPENTE,
SCIAGE ET CHARRONNAGE RÉUNIS , et entre deux une couronne
de chêne ; de l'autre côté, une ancre dont la tige serait ornée d'un
caducée, entourée des mots : APPROVISIONNEMENT DE PARIS, et
au bas l'année 1818 , LE TOUT CONFORME AU MODÈLE ANNEXÉ
AUX PRÉSENTES.

Que les carrés seront commandés à M. Hubert-des-Noyers, graveur, demeurant rue de Richelieu, n° 8, lequel graveur demande deux cent quarante francs, pour les faire avec soin et précision, et demeurera garant de ses carrés, jusqu'au tirage de cent jetons.

Et le 2 février 1818, M. Hubert-des-Noyers, graveur, a envoyé cent jetons d'argent (des cent trois qui ont été frappés à la Monnaie des médailles, sur les carrés qui lui ont été commandés d'après la décision du 17 décembre dernier), annonçant que les cent trois jetons pèsent, suivant le bordereau délivré par l'employé à cette vente à ladite Monnaie des médailles, 1 kil. 036 hect. 5 g. à 300 francs le kil. pour 310 francs 95 centimes ; que, sur les cent trois jetons, trois ont été retenus, un pour le cabinet des Coins, et deux pour le graveur (est-il dit), suivant l'usage ; que les carrés, ou coins, sont restés déposés au cabinet des Coins, et que M. le directeur de la Monnaie des médailles en donnera son récépissé.

LE BUREAU ARRÊTE :

Que lesdits jetons resteront déposés à la caisse du commerce, à la garde et sous la responsabilité de l'agent-caissier, qui ne pourra en disposer d'aucuns sans l'autorisation écrite du bureau ;

Que le graveur sera payé de ses carrés ;

Que lesdits jetons seront payés à la Monnaie ;

Enfin qu'il sera acccordé à chaque membre un jeton de présence pour chaque réunion de bureau ou d'assemblée générale.

Fait et arrêté au bureau du commerce des bois carrés de Paris, le 17 décembre 1817.

(Archives du commerce des bois carrés de Paris.)

TRIBUNAL DE Ire INSTANCE DE BAR-SUR-AUBE.

Jugement qui maintient la rétribution due aux gardes-ports pour marchandises confiées à leur surveillance, et enlevées des ports depuis plusieurs années, sans que le débiteur puisse invoquer la prescription avant trente ans.

7 *avril* 1818.

Extrait des minutes du greffe du tribunal de première instance séant à Bar-sur-Aube, département de l'Aube.

Le tribunal de première instance séant à Bar-sur-Aube, quatrième arrondissement du département de l'Aube, ayant l'attribution de la connaissance des matières de commerce à défaut de tribunal consulaire dans l'arrondissement, aux termes de l'art. 640 du Code de commerce, a rendu à son audience du 7 avril 1818, avant midi, le jugement dont la teneur suit :

Entre le sieur Philippe-Hyacinthe Blanchot, garde du port de Brienne-la-Vieille, dûment commissionné, demeurant à Brienne-la-Vieille, demandeur, comparant en personne, assisté de maître Maurice Masson, avocat, d'une part ;

Et le sieur L...., négociant patenté, demeurant à Rouen, département de la Seine-Inférieure, défendeur, comparant par maître Théodore Boucherat, avoué licencié, fondé de son pouvoir spécial sous seing-privé, du 30 mars dernier, enregistré le même jour au bureau de Bar-sur-Aube, d'autre part ;

Parties ouïes, après en avoir délibéré selon la loi,

Attendu qu'aux termes des règlements et notamment des arrêts du conseil d'État et lettres-patentes du 17 juin 1704, enregistrées en parlement le 8 août suivant ; il a été attribué aux gardes des ports étant le long des rivières de Seine, Oise, Yonne et autres affluentes en la ville de Paris, des droits et rétributions *pour les ois et autres marchandises amenées sur lesdits ports*, lesquels droits et rétributions ont été réglés et tarifés par lesdits arrêts et lettres-patentes;

Attendu *qu'il n'existe aucune loi, ordonnance ou règlement qui assujettissent la perception de ces droits à une prescription particulière, et que dès lors elle rentre dans la règle de la prescription de trente ans;*

Le tribunal, jugeant en matière de commerce en premier et dernier ressort, sans s'arrêter ni avoir égard à l'exception de prescription opposée par le défendeur et dont il l'a débouté, ordonne qu'il sera tenu de plaider et défendre au fond, dépens réservés.

Et depuis, après que les parties ont plaidé au fond et qu'il en a été délibéré de nouveau conformément à la loi,

Attendu que le défendeur n'a point contesté le mémoire des bois d'équarrissage amenés pour son compte sur le port de Brienne-la-Vieille dans le courant des années 1811, 1812, 1813, 1814, 1815 et 1816, et confiés à la garde et à la surveillance du sieur Blanchot, garde-port;

Attendu qu'il n'a été prouvé ni même offert de prouver que le sieur Blanchot eût été payé des droits à lui attribués pour cette garde et surveillance;

Le tribunal, statuant en matière de commerce en premier et dernier ressort, condamne le sieur L..... par les voies ordinaires seulement, à payer au demandeur la somme de 768 fr. 52 centimes, pour le montant des droits à lui attribués à raison de la garde et surveillance des bois d'équarrissage amenés pour le compte du défendeur sur le port de Brienne-la-Vieille et enlevés dudit port par le sieur Rouillot, entrepreneur de flottage à Brienne-la-Vieille, dans le cours des années 1811, 1812, 1813, 1814, 1815 et 1816, suivant le tarif desdits droits arrêtés par l'arrêt du conseil d'état et les lettres-patentes du 17 juin 1704, avec les intérêts de ladite somme de 768 fr. 52 centimes; condamne en outre le défendeur aux dépens de l'instance liquidés à quatorze francs cinquante-trois centimes, non compris le coût et signification du présent jugement.

Ainsi fait, jugé et prononcé publiquement, à l'audience du tribunal de première instance séant à Bar-sur-Aube, quatrième arrondissement du département de l'Aube, jugeant en matière de commerce au lieu ordinaire de ses séances, tenantes au palais de justice dudit Bar, où étaient présents et siégaient MM. Jean-Baptiste Charton, président; Alexis-André-Paul Blanchard, juge; Nicolas Louet juge, en présence de M. Edme Vaillant, procureur du roi, et assistés du sieur Remy-Augustin Ballet, greffier en chef du tribunal, tenant la plume à ladite audience, l'an 1818, le 7 avril, avant midi.

En foi de quoi la minute a été signée par le président et le greffier en chef du tribunal.

Signé à la minute : CHARTON, président; BULLET, greffier en chef.

En marge de ladite minute est écrit : Enregistré à Bar-sur-Aube, le 25 avril 1818, folio 108 verso, case 6, volume 33. Reçu 12 fr. 87 cent. décime compris.

Signé LAMONT, receveur.

(Archives du commerce des bois carrés.)

REFUS DE PAIEMENT

De la cotisation commerciale, votée en assemblée générale des marchands de bois carrés pour l'approvisionnement de Paris.

Jugement rendu par le tribunal de commerce de la Seine, contre le sieur Guyot, marchand de bois.

17 décembre 1818.

Extrait des minutes du greffe du tribunal de commerce du département de la Seine, séant à Paris.

Le tribunal de commerce du département de la Seine, séant à Paris, a rendu le jugement dont la teneur suit :

Le jeudi 17 décembre 1818 ;

Entre les sieurs..... délégués du commerce des bois carrés, demandeurs, d'une part ;

Et le sieur Guyot, marchand de bois, demeurant à Paris, quai de l'Hôpital, défendeur, comparant par le sieur Rondeau, agréé, d'autre part ;

Après en avoir délibéré conformément à la loi sur les pièces fournies par les parties,

Attendu que, par acte du 29 avril 1817, enregistré le 10 septembre dernier, par le sieur Gallois, qui a reçu 1 fr. 10 c., plusieurs marchands de bois à œuvrer de Paris se sont réunis pour former, dans leur intérêt commun, un règlement relatif au régime intérieur de leur commerce ;

Attendu que le sieur Guyot a revêtu cet acte de sa signature, et qu'il s'élève maintenant des difficultés contre lui et ses co-signataires sur l'exécution de cet acte ;

Attendu que ledit acte qui résulte de la volonté libre des parties contractantes, est relatif aux faits de leur commerce, et que c'est à tort que le sieur Guyot prétend que certaines dispositions y contenues le font dépendre de l'autorité administrative, qui ne s'immisce point dans les stipulations que des négociants jugent à propos de faire entre eux, pour le bien de leur commerce ;

Attendu que l'approbation apposée audit acte par le ministre d'État, préfet de police, ne peut se considérer que comme l'exercice du droit de surveillance qui appartient à l'autorité sur les points qui sont de son ressort, mais ne forme pas une attribution de juridiction, ainsi qu'il résulte d'ailleurs de la lettre même de ce magistrat, du 17 septembre 1818 ;

Par ces motifs, le tribunal, sans avoir égard au déclinatoire proposé par le sieur Guyot, dont en tout cas il est débouté, ordonne qu'il sera plaidé au fond, et faute par le sieur Guyot de ce faire, donne contre lui défaut, et, pour le profit, adjuge aux demandeurs leurs conclusions avec dépens.

Signification, BRAULARD, huissier.

Ainsi jugé par le tribunal en audience publique où siégeaient M. Cottier, juge, président l'audience, et MM. Lecompte et Fournel, chevaliers de l'ordre royal de la Légion-d'Honneur, juges suppléants.

En foi de quoi la minute du présent jugement a été signée par M. le juge président l'audience et par le greffier.

Sur la minute du présent jugement est écrit: Enregistré à Paris le 28 décembre 1818, f° 136, reçu 1 fr. 90 c.

Signé BAZENERGE.

Collationné: SURRY.

Pour extrait conforme délivré au sieur Laurent:

Signé RUFFIN.

NOTA. Un arrêt de la Cour royale (voyez 13 novembre 1819), adoptant les motifs des premiers juges, a reconnu le bien jugé, et a condamné le sieur Guyot au paiement de sa cotisation s'élevant à 132 f. 70 c.

(Archives du commerce des bois carrés de Paris.)

HOMOLOGATION PAR LE PRÉFET DE POLICE

De la cotisation fixée par l'assemblée générale des marchands de bois carrés.

Paris, le 26 avril 1819.

Nous, ministre d'État, préfet de police,

Vu la délibération prise le 31 janvier dernier par les marchands de bois réunis en assemblée générale, et portant fixation de la cotisation à percevoir en 1819 pour subvenir aux dépenses des frais de bureau, appointements de l'agent et autres employés du commerce;

Et l'arrêté du 23 août 1817, portant homologation du règlement intérieur dudit commerce, dont suit la teneur de ladite délibération et de l'arrêté;

Arrêtons ce qui suit:

Art. 1er. La délibération ci-dessus énoncée est homologuée pour être exécutée selon sa forme et teneur.

Art. 2. La délibération dont il s'agit sera annexée au présent arrêté pour y avoir recours au besoin.

Expédition de notre arrêté et de la délibération sera adressée aux délégués du commerce du bois à œuvrer et à l'inspecteur général de la navigation et des ports.

Le ministre d'État, préfet,

Signé Comte ANGLÈS.

NOTA. *Pareille homologation a eu lieu pendant plusieurs années, jusqu'au moment où M. le préfet de police a dispensé le commerce des bois carrés de l'accomplissement de cette formalité.*

(Cartons de la Préfecture de police.)

REFUS DE PAIEMENT

De la cotisation commerciale votée en assemblée générale des marchands de bois carrés, pour l'approvisionnement de Paris.

Arrêt de la cour royale qui condamne le sieur Guyot, marchand de bois.

13 novembre 1819.

Extrait des minutes du greffe de la Cour royale de Paris et d'un arrêt rendu à l'audience publique de la troisième chambre de la Cour royale de Paris, le samedi 13 novembre 1819.

Entre les sieurs.... délégués des bois carrés, d'une part;

Et Guyot, marchand de bois carrés, appelant, d'autre part;

Il appert que la cour a statué de la manière suivante :

Après avoir entendu Parquin, avocat de Guyot, assisté de Colmet, son avoué, et Dupin aîné, avocat des délégués des bois, assisté de Pousset, leur avoué, en leurs conclusions et plaidoiries respectives, ensemble M. Quequet, avocat général, pour le procureur général en ses conclusions.

27

La cour, faisant droit sur l'appel interjeté par Guyot, du jugement rendu par le tribunal de commerce du département de la Seine, le 17 décembre 1818 ;

Adoptant les motifs des premiers juges, a mis et met l'appellation au néant ; ordonne que ce dont est appel sortira son plein et entier effet ; condamne l'appelant en l'amende et aux dépens des causes d'appel et demandes, liquidés à la somme de 132 fr. 70 cent., non compris le coût et la signification du présent arrêt, et dont distraction est faite à Pousset, avoué, qui l'a requise et a affirmé les avoir avancés de ses deniers.

Sur le surplus des demandes, fins et conclusions des parties, les met hors de cour.

Au bas est écrit : Enregistré à Paris, le 17 novembre 1819, fᵒ 170, c. 4 ; reçu 22 fr., compris le dixième pour deux droits.

Signé RENAULT.

Pour extrait conforme :

Le greffier en chef,

Signé GOT.

(Archives du commerce des bois carrés de Paris.)

AVIS OFFICIEUX

Donné par le bureau du commerce des bois carrés de Paris, sur les usages existant dans le commerce relativement aux quatre au cent, malandres, etc.

22 novembre 1819.

Sur la demande à nous adressée par M. Perret, marchand de bois ; nous, délégués du commerce des bois à œuvrer, à Paris, certifions à tous qu'il appartiendra :

1ᵒ Que l'usage du commerce veut que tous les bois à œuvrer qui se vendent à la toise, à la pièce réduite, ou au cent, soient livrés avec quatre au cent de fourniture ; c'est-à-dire cent quatre

pièces ou cent quatre toises réduites pour cent ; il n'est pas nécessaire que cette fourniture des quatre au cent soit stipulée dans
les conventions, elle est tacite, d'usage, et par conséquent de
droit.

Pour qu'il en soit autrement, soit en plus, soit en moins desdits quatre au cent, il est indispensable de l'exprimer à l'avance.

2° Que les malandres, nœuds gâtés ou pourritures que l'on rencontre communément dans les livraisons de bois, n'autorisent pas
l'acheteur à refuser les morceaux qui en sont atteints, à moins de
convention contraire; ces morceaux doivent être livrés avec déduction proportionnée au mal.

3° Que les bois, soit en grume, soit équarris, se livrent à la
toise et demi-toise, cinq, six et sept pieds formant la toise, ou
bien au pied courant. Alors que les bois sont coupés naturellement et sans mauvaise foi, il n'y a pas de différence, que le toisé
soit fait à la toise, ou pied par pied.

Il faut toujours que tous les pieds soient pleins pour la longueur, comme les pouces pour la grosseur; aucune fraction ne se
compte.

Quand il n'y a pas de convention expresse, le choix du toisé
soit à la toise, soit au pied, appartient de droit à l'acquéreur seul,
par la raison que le vendeur pourrait faire couper ses bois de manière à ce que la division des pieds arrivât toujours au préjudice
de l'acheteur.

Fait et arrêté au bureau du commerce des bois carrés de Paris,
le 22 novembre 1819.

(Archives du commerce des bois carrés de Paris.)

JUGEMENT DU TRIBUNAL DE POLICE CORRECTIONNELLE

Qui condamne le sieur **D.....** à cinquante francs d'amende, aux frais et à la restitution d'un morceau de bois de charpente marqué **T Y**, appartenant à un marchand de bois de Paris, pour avoir, en contravention aux ordonnances de la police concernant le repêchage des bois, retiré de la rivière de Seine, dans Paris, une pièce de bois, sans en avoir fait déclaration à l'inspecteur de la navigation.

26 *septembre* 1821.

(Archives du commerce des bois carrés.)

RÉUNION
Des quatre commerces de bois et charbons.

26 *septembre* 1821.

En cas de vacance ou de création d'emplois, soit de jurés-compteurs, soit de gardes-ports, il était réservé, de temps immémorial* aux différents marchands, pour l'approvisionnement de Paris en bois flottés, bois neufs, charbons de bois, et bois carrés, fréquentant les rivières qui concourent à l'approvisionnement de la capitale, de présenter alors à l'administration, et depuis à M. le directeur général des ponts-et-chaussées un candidat pour chaque vacance ou création d'emploi. Il s'ensuivait souvent que, chaque commerce faisant isolément sa présentation, M. le directeur général se trouvait partagé entre plusieurs candidats, et souvent dans la nécessité de faire un choix qui pouvait ne pas satisfaire la généralité du commerce.

C'est pour remédier à cet inconvénient que les différentes branches du commerce des bois et charbons se sont réunies pour, à l'avenir, opérer de concert la présentation d'un seul candidat et

*Voyez 14 janvier 1622.

éviter à l'administration l'embarras qui eût résulté pour elle de cette division entre les intéressés.

Il a donc été arrêté ce qui suit :

Art. 1ᵉʳ. A compter de ce jour, lorsqu'il y aura lieu à la présentation d'un juré-compteur ou d'un garde de port dans l'étendue du rayon de l'approvisionnement et dans les ports où les bois se flottent ou se chargent en bateaux, cette présentation se fera par les commerces réunis de bois en chantier de l'île Louviers, de charbon de bois par eau, et de bois à œuvrer (charpente, sciage et charronnage).

Art. 2. Elle sera faite par les deux commerces des bois en chantier et de bois à œuvrer, sans le concours des charbons et de l'île Louviers, pour les arrondissements et les ports où les bois ne s'amènent qu'en trains.

Art. 3. Chaque compagnie concourra au choix et à la présentation des candidats dans la proportion suivante :

Le commerce de bois de chauffage en chantier par *neuf* membres composant son bureau;

Le commerce de bois neuf de l'île Louviers, par *cinq* de ses membres délégués;

Le commerce de charbons de bois par eau, également par *cinq* de ses membres délégués;

Enfin le commerce de charpente, sciage et charronnage par *deux* de ses membres délégués; *mais par délibération du 12 décembre 1821, ce nombre a été définitivement porté à quatre.*

Art. 4. L'assemblée ainsi composée nommera au scrutin et à la majorité des voix un syndic qui sera chargé de la présidence, et un secrétaire.

Art. 5. Le choix du candidat à présenter à l'administration se fera au scrutin et à la majorité des voix.

Art. 6. L'assemblée sera convoquée par l'agent général du commerce de bois en chantier, et se réunira dans son bureau. (Par délibération du 30 juillet 1834, l'assemblée générale a nommé un agent spécial des quatre commerces réunis, lequel est chargé des fonctions qui étaient confiées à l'agent général du commerce des bois en chantier.)

Art. 7. Il sera ouvert un registre où seront inscrites les délibérations des quatre commerces ainsi réunis ; ce registre restera déposé entre les mains de l'agent spécial.

Art. 8. L'agent spécial fera successivement connaître aux quatre compagnies de bois et charbons, aussitôt qu'il en aura été informé, les nominations qui auront été faites par l'autorité.

Art. 9. Les présentations seront faites aux noms des syndics et délégués des quatre commerces réunis, elles seront signées par les membres qui y auront concouru.

Art. 10. Toute la correspondance qui aura pour objet les intérêts des quatre commerces réunis partira du bureau (quai de Béthune, 8), et l'autorité sera priée de faire parvenir ses réponses au même bureau.

Art. 11. Toutes les dépenses relatives à la réunion des quatre commerces seront supportées par chaque compagnie, dans la proportion du nombre de ses représentants.

Nota. On est dans l'usage de présenter trois candidats parmi lesquels M. le direct ur général des ponts-et-chaussées fait un choix.

(Archives du commerce des bois carrés.)

HOMOLOGATION

De la nomination du sieur Laurent aux fonctions d'agent général du commerce des bois carrés de Paris,

25 novembre 1822.

Messieurs les délégués,

J'ai reçu, avec la lettre que vous m'avez fait l'honneur de m'écrire, copie de la délibération prise dans l'assemblée générale du commerce des bois à œuvrer, le 7 septembre dernier, par laquelle le sieur Laurent (Charles-Louis) a été nommé agent général de ce commerce, en remplacement du sieur Genty, démissionnaire.

Cette nomination doit être homologuée par moi et considérée comme l'expression du vœu des marchands ; le sieur Laurent fera sans doute tout ce qui dépendra de lui pour justifier leur confiance. Je vous remercie, Messieurs, de cette communication.

Recevez, etc.

Le préfet de police,

Signé DELAVAU.

(Archives du commerce des bois carrés.)

COMMISSION

De commis préposé à la Gare, et de garde pour la surveillance des trains du commerce des bois carrés de Paris.

10 juillet 1823.

Le conseiller d'État, commandeur de l'ordre de la Légion-d'Honneur, directeur général des ponts-et-chaussées, canaux, navigation intérieure et des mines, et chargé spécialement de la navigation d'approvisionnement,

Vu la proposition faite le 20 avril 1823 par le commerce des bois carrés ;

Vu l'avis en date du 18 juin de la même année, de M. Magin, commissaire général de l'approvisionnement de Paris ;

En conséquence de la décision du ministre de l'intérieur du 14 prairial an x (3 juin 1802),

Commet le sieur Ferrand (Guillaume), en qualité de commis préposé à la Gare, et de garde pour la surveillance des trains du commerce à la résidence de Paris ;

A la charge par lui de prêter serment devant le tribunal de première instance d'arrondissement du lieu de sa résidence; de remplir les fonctions qui lui sont confiées avec zèle et fidélité ; de se conformer aux lois et règlements de la navigation, de n'exiger d'autres salaires que ceux attribués à cette place, et de donner aux commissaires et inspecteurs de la navigation relative à l'approvisionnement de Paris tous les renseignements qui lui seront demandés ;

Invite tout fonctionnaire public à donner audit sieur Ferrand aide et assistance, au besoin, dans l'exercice de ses fonctions.

Délivré à Paris, le 3 juillet 1823.

Le conseiller d'État, directeur général,

Signé BECQUEY.

Par le conseiller d'État : le chef du personnel,

Signé DECHEPPE.

Vu par le commissaire général de la navigation et de l'approvisionnement de Paris, chevalier de la Légion-d'Honneur,

Signé MAGIN.

Du 10 juillet 1823.

(Archives du commerce des bois carrés.)

COMMISSION

De garde surveillant à l'arrivage des bois à œuvrer, à la résidence de Paris.

26 juin 1824.

Le directeur général des ponts-et-chaussées et des mines,

Vu la proposition faite par MM. les délégués du commerce des bois carrés ;

Vu l'avis de M. le commissaire général de la navigation, etc. ;

Commet le sieur Lecomte (Pierre-Louis-Taupin), pour exercer les fonctions de garde-surveillant à l'arrivage des bois à œuvrer qui arrivent à Paris, où il fera sa résidence ,

A charge par lui :

1° De prêter serment devant le tribunal de première instance d'arrondissement du lieu de sa résidence ;

2° De remplir avec zèle et fidélité, les fonctions qui lui sont confiées ;

3° De se conformer aux lois et règlements de la navigation ;

4° De n'exiger d'autres salaires que ceux attribués à cette place ;

5° De donner aux inspecteurs de la navigation relative à l'approvisionnement de Paris, tous les renseignements qui lui seront demandés.

Il invite tout fonctionnaire public à donner audit sieur Lecomte aide et assistance, au besoin, dans l'exercice de ses fonctions.

Délivré à Paris, le 26 juin 1824.

Signé BECQUEY.

(Archives du commerce des bois carrés.)

DÉLIBÉRATION

Du bureau du commerce des bois carrés de Paris.

Qui autorise les travaux nécessaires à la reconstruction d'un bureau sur la pelouse de Bercy, pour y recevoir le garde du commerce chargé de la surveillance des trains de bois carrés.

Du consentement de monsieur de Nicolaï, ce bureau sera adossé au mur extérieur de son parc, à charge, par le commerce, de le démolir à la première réquisition de ce propriétaire.

8 juillet 1824.

(Archives du commerce des bois carrés de Paris, correspondance.)

LOI

Relative aux droits à payer pour le chômage des moulins et l'emplacement des bois.

Au château de Saint-Cloud, le 28 juillet 1824.

Louis, par la grâce de Dieu, roi de France et de Navarre, à tous présents et à venir, salut;

Nous avons proposé, les Chambres ont adopté,

Nous avons ordonné et ordonnons ce qui suit:

Art. 1er. Les droits réglés par les art. 13 et 14, du chap. 17 de l'ordonnance du mois de décembre 1672 seront portés:

A 4 fr. au lieu de 40 sous pour chômage d'un moulin pendant vingt-quatre heures, quel que soit le nombre des tournants;

A 10 centimes au lieu d'un sou, par corde de bois empilée sur une terre en labour;

Et à 15 centimes au lieu de 18 deniers, par corde de bois empilée sur une terre en nature de pré;

2° Lorsque les bois déposés ne seront pas empilés à la hauteur prescrite par l'art. 15 du chap. 17 de l'ordonnance, l'indemnité sera payée, par les couches incomplètes, à raison de la quantité de cordes qu'elles contiendraient si elles étaient portées à ladite hauteur.

La présente loi, discutée, délibérée et adoptée par la chambre des pairs et par celle des députés, et sanctionnée par nous cejourd'hui, sera exécutée comme loi de l'État; voulons, en conséquence, qu'elle soit gardée et observée dans tout notre royaume, terres et pays de notre obéissance.

Si donnons en mandement à nos cours et tribunaux, préfets, corps administratifs et tous autres, que les présentes ils gardent et maintiennent, fassent garder, observer et maintenir, et pour les rendre plus notoires à tous nos sujets, ils les fassent publier et enregistrer partout où besoin sera, car tel est notre plaisir; et, afin que ce soit chose ferme et stable à toujours, nous y avons fait mettre notre scel.

Donné en notre château de Saint-Cloud, le 28ᵉ jour du mois de juillet, l'an de grâce 1824, et de notre règne le 30ᵉ.

Signé LOUIS.

Par le Roi :

Le Ministre et secrétaire d'État au département de l'intérieur,

Signé CORBIÈRE.

Vu et scellé du grand sceau :

Le garde-des-sceaux de France, ministre et secrétaire d'État au département de la justice,

Signé DE PEYRONNET.

AUTORISATION

Donnée par le directeur général des ponts-et-chaussées aux délégués du commerce des bois carrés, pour l'approvisionnement de Paris, de flotter des trains de bois carrés sur le canal de Bourgogne, *et de déposer lesdits bois sur les ports de Brienon, de St-Florentin, et autres points que le commerce voudra choisir.*

13 *septembre* 1824.

Messieurs les délégués du commerce des bois carrés,

Par la lettre que vous m'avez fait l'honneur de m'écrire, le 3 juillet dernier, vous demandez l'autorisation de faire flotter des bois de construction sur toute la partie navigable du canal de Bourgogne.

Il résulte des renseignements qui m'ont été adressés à ce sujet par M. le préfet de l'Yonne, que depuis le 15 août 1823 la navigation et le flottage ont été autorisés sur la partie du canal comprise entre Laroche et Germigny, et que les marchands de bois du département de l'Yonne ont déjà profité plusieurs fois de cette nouvelle voie de transport.

Rien ne s'oppose donc, Messieurs, à ce que vous en fassiez pareillement usage. VOUS TROUVEREZ A SAINT-FLORENTIN, A BRIENON OU DANS LES AUTRES POINTS QUE VOUS VOUDREZ CHOISIR, LES PORTS ET LES CHANTIERS DONT VOUS AUREZ BESOIN POUR DÉPOSER VOS BOIS et les mettre en trains, et vous pourrez même, si vous le désirez, faire flotter des trains de bois de chauffage ; vous devez toutefois avoir soin de fabriquer les trains de manière à ce qu'ils ne puissent causer aucune dégradation aux talus du canal.

Je vous invite à vous conformer soigneusement à cet égard aux instructions qui vous seront données par MM. les ingénieurs du canal.

J'ai l'honneur, etc.

Le conseiller d'État , directeur général des ponts-et-chaussées et des mines,

Signé BECQUEY.

(Archives du commerce des bois carrés.)

OCTROI MUNICIPAL.

Nomination d'un agent spécial, chargé de faire, au nom du commerce des bois carrés, toutes les déclarations des bois qui entrent dans Paris.

14 septembre 1824.

Messieurs les délégués,

Plusieurs procès-verbaux de saisie viennent d'être rendus pour les bois de construction introduits sans déclaration ou avec déclaration non identique avec les chargements ; je dois vous faire connaître que l'administration a donné les ordres les plus précis pour tenir strictement la main à l'exécution de la loi qui prescrit des déclarations à l'entrée, parce qu'elle regarde, avec raison, cette formalité comme la première garantie de la perception ; je ne doute nullement de votre bonne volonté pour vous conformer à toutes les mesures prescrites par les règlements ; mais je suis informé que ces contraventions se commettent à votre insu et contre vos intentions ; alors je pense que vous éviteriez toutes les difficultés qui peuvent compromettre vos intérêts, si, comme les marchands de bois à brûler, vous aviez à la Râpée un agent responsable chargé de transmettre vos ordres aux lâcheurs et de faire la déclaration à l'entrée.

Si je me permets, Messieurs, de vous faire cette ouverture, c'est pour vous prouver combien je désire éviter les moyens de rigueur et vous mettre à même de prévoir les désagréments toujours inséparables d'un procès-verbal de saisie.

J'ai l'honneur d'être, etc.,

Messieurs,

Votre, etc.,

Signé DUMONT, inspecteur divisionnaire de l'octroi.

NOTA. Prenant en considération l'avis émis par M. l'inspecteur divisionnaire de l'octroi, le bureau du commerce des bois carrés, dans sa réunion du 2 juillet 1825, a commis *un employé spécial pour faire le service des déclarations, au nom et comme chargé de la procuration de tous les membres de la compagnie.*

Depuis le 31 mars 1832 ces fonctions ont été confiées et réunies à celles de l'agent général de la compagnie.

(Archives du commerce des bois carrés.)

PRÉFECTURE DE POLICE.

Défense de faire stationner les bateaux dans l'espace réservé au garage des trains de bois carrés à Bercy, et d'y faire aucun déchargement de marchandises.

Bercy, le 21 décembre 1824.

L'inspecteur de la navigation et des ports :

Attendu l'art. 1er de l'ordonnance de police du 11 février 1822, concernant le port de Bercy, lequel fixe le port de garage dans les limites du dessous pour le passage d'eau des Carrières-Charenton, jusqu'à l'angle inférieur du port du Bercy, et réserve la partie supérieure de ce garage pour celui des trains de bois;

Considérant qu'il en résulte qu'il ne peut rien être déchargé dans les limites de ce garage, où la mise à port de bateaux peut occasionner des avaries aux trains, et la mise à terre des marchandises causer des accidents en embarrassant les pieux d'amarre et gênant la manœuvre; AUTORISE le sieur Ferrand, garde du commerce des bois carrés, à *ne point souffrir le stationnement d'aucuns bateaux dans l'espace qui lui est réservé pour le garage de ses trains.*

L'inspecteur,

Signé GOMER.

Vu et approuvé par l'inspecteur général de la navigation et des ports.

Signé PAILHES.

(Archives du commerce des bois carrés.)

INTERPRÉTATION ET FIXATION

**Des droits attribués aux gardes-ports par le tarif de
1704 et la taxation consentie en sus par les marchands fréquentant la rivière d'Yonne, pour emplacement, empilage et manutention des diverses marchandises.**

Le 3 janvier 1825.

Les propriétaires et marchands de bois de l'arrondissement de
Joigny, réunis le 2 octobre 1824 chez M. Piochard, inspecteur
général de la navigation de l'Yonne, vu les difficultés sans cesse
renaissantes entre les commerçants et les gardes-ports, pour la
rétribution qui doit être accordée à ces derniers sur les diverses
marchandises qui se déposent sur les ports, ayant proposé de former une commission pour établir une fixation raisonnable qui pût
indemniser les gardes-ports de leurs peines et soins, sans être trop
onéreuse au commerce, et présenter tous projets qu'ils croiraient
être dans l'intérêt général du commerce, ont nommé, à cet effet,
pour commissaires, M. le baron de Bontin, propriétaire exploitant,
MM. Bouron et Vérollot, pour le commerce de charbons par eau,
et MM. Lavollée-Hubert et Fernel-Descrantins, pour le commerce de bois exploitant.

Cette commission, après diverses réunions, ayant considéré qu'un
arrêt du conseil et lettres-patentes du 17 juin 1704 ont déterminé
le tarif des droits des gardes-ports des rivières de Seine, Oise,
Yonne, Marne et autres; que ce tarif devant être pris pour base
fixe de la perception des droits attribués aux gardes-ports pour la
recette, la livraison et la surveillance des marchandises, il ne
s'agissait, pour éviter toutes discussions entre le commerce et les
gardes-ports, que d'établir, pour frais d'emplacement, empilage et
manutention, une taxation particulière qui pût mettre chacune des
parties à portée de se régler d'une manière invariable sur les
divers objets qui pourraient être déposés sur les ports; à cet effet,

MM. les commissaires ont appelé près d'eux les principaux gardes-ports de la rivière d'Yonne, afin de s'entendre sur la taxation qu'il convient d'établir pour concilier les divers intérêts et éviter toute discussion ultérieure entre les commerçants et les gardes-ports; pour parvenir à ces fins, ils ont arrêté entre eux les dispositions qui suivent :

PERCEPTION

Des droits attribués aux gardes-ports par le tarif de 1704 et la taxation consentie en sus par les marchands fréquentant la rivière d'Yonne, pour emplacement, empilage et manutention des diverses marchandises.

NATURE des MARCHANDISES.	Droit d'arrivage suivant 1704.	Droit d'enlèvement suivant 1704.	Taxation consentie en sus par le commerce.	TOTAL.	OBSERVATIONS.
Cotrets et fagots, le millier......	» 25	» 20	1 55	2 »	
Par chaque décastère de bois à brûler, à pile haute et pile basse.	» 25	» 25	1 10	1 60	
Par cent bottes d'échalas de trois pieds six pouces de long.....	» 25	» 20	1 30	1 75	
Par cent bottes d'échalas de quatre pieds deux pouces de long....................	» 25	» 20	» 80	1 25	Sont considérés par le commerce comme équivale le cent de solives ,
Par cent bottes de lattes.......	» 25	» 20	» 80	1 25	Savoir : 600 toises de planches, échantillon de Paris;
Par cent bottes d'écorces.......	» 25	» 20	» 30	» 75	600 id. de membrures;
Par cent bottes d'osier et de rouettes................	» 50	» 50	» 25	1 25	150' id. de battants; 800 id. d'entrevous;
Par cent claies, formées de cent bottes de rouettes..........	» 50	» 50	» 50	1 50	800 id. planches de sapin dites ordinaires;
Bois de charpente, grume ou sciage, réduit à la solive, pour 0/0 solives ou pièces........	2 »	2 »	3 »	7 »	400 id. de 15 lignes; 200 id. de madriers. La volige de 8 pouces large et 8 lignes au plus épaisse, il faudra 13 volize de 6 pieds pour la solive.
Par cent de grandes jantes à roues, formant 20 solives réduites...	» 40	» 40	» 45	1 25	La volige à ardoise comptée au double ainsi
Par cent de petites jantes, formant 10 solives........	» 20	» 20	» 35	» 75	les dosses.

NATURE des MARCHANDISES.	Droit d'arrivage suivant 1704.	Droit d'enlèvement suivant 1704.	Taxation consentie en sus par le commerce.	TOTAL.	OBSERVATIONS.
	f. c.	f. c.	f. c.	f. c.	
Par cent rais à roues, formant 5 solives..................	» 10	» 10	» 30	» 50	(1) Le muid de charbon, sur la rivière d'Yonne, se forme de 24 mesures ou vans, et produit à Paris 36 voies, ce qui porte à 3 fr. par muid la rétribution totale des gardes-ports.
Par chaque somme de bois de charronnage, équivalant à 8 solives..................	» 16	» 16	» 24	» 56	
Par chaque somme d'étaux ou table, équivalant à 8 solives...	» 16	» 16	» 24	» 56	(2) Il y a plus de difficultés à l'empilage.
Par chaque millier de foin.....	» 75	» 50	» 25	1 50	
Par chaque muid de charbon de bois, mesure de Paris, contenant douze setiers ou douze voies (1)..................	» 37 1/2	» 37 1/2	» 25	1 »	(3) L'emplacement et indemnités de terrain à la charge du marchand, ceci ne pouvant être fixé d'une manière régulière.
Par chaque sac de charbon contenant une voie, déchargé de la voiture au bateau........	» 2 1/2	» 2 1/2	» »	» 5	(4) Porté suivant les dispositions de l'arrêt de 1704, pa voie de 600 kilogrammes article général.
Par chaque sac de charbon contenant une voie, déchargé sur le port..................	» 2 1/2	» 2 1/2	» 5	» 10	
Par chaque muid de braise de deux feuillettes formant trois hectolitres ou une voie et demie livré en détail sur le port....	» 4	» 4	» 12	» 20	(5) Il faut deux voitures à un cheval pour amener un millier de tuiles, grand moule, ce qui porte le mille à cinquante centimes, et forme par millier deux voies ou charretées. Ces marchandises sont portées ainsi, l'une compensant l'autre.
Par millier de bourrées ou mille bottes (comme fagots et cotrets) (2)	» 25	» 20	2 55	3 »	
Par millier de chantiers à flotter, pouvant faire mille cotrets...	» 25	» 20	1 55	2 »	(6) Chaque bateau contenant 5 voitures, ce qui fait 40 centimes par chaque voiture
Par décastère de bois à charbon non empilé (3)..............	» 25	» 25	» »	» 50	
Par cent kilogrammes de fer ou de fonte (4).	» 2	» »	» »	» 2	
Par voie de plâtre, contenant un mètre cube...............	» 9	» »	» »	» 9	
Par chaque voie ou voiture de tuiles, grand moule de treize pouces de long sur huit de large; briques, carreaux et ardoises, etc. Chaque voiture prise pour un demi-millier (5).........	» 7	» »	» 18	» 25	
Par chaque bateau de fruit (6)..	1 50	» »	» 50	2 »	

NATURE des MARCHANDISES.	Droit d'arrivage suivant 1704.	Droit d'enlève- ment sui- vant 1704.	Taxation consentie en sus par le com- merce.	TOTAL.	OBSERVATIONS.
	f. c.	f. c.	f. c.	f. c.	Ont adhéré à ce tarif de perception les principaux commerçants fréquentant les ports de l'Yonne :
Par chacune voie de poterie de terre ou tuyaux, faïence, cris- taux, bouteilles et verreries, chaque voie équivalant à un millier (au compte)..........	» 7	» »	» 43	» 50	MM. RETIF, GALLOT, de Saint-Florentin, DUBOIS, DUFOUR aîné, GENTY-BAU-
Par cent de futailles...........	» 45	» »	1 5	1 50	RON, POLYCARPE GOUÉ, GRANDVILLIERS, MAILLE-
Par chaque muid ou demi-queue d'eau-de-vie, vin, cidre, et au- tres boissons arrivant........	» 5	» »	» 5	» 10	FERT-POINSOT, ROGUIER, DURAND-DESORMEAUX, DU- FOUR-CLAVIER, VAUDOUX jeune, RAGON, BRAUCHÉE,
Par millier de cerceaux à feuil- lettes et à muids...........	» 20	» 12 1/2	» 37 1/2	» 70	GRAND aîné, TERRIER, ANGEVIN, par procuration
Par douze cerceaux à cuves.....	» 10	» 6	» 9	» 25	de MM. DAVID et FOUR- NIER, BARBIER, DUPLIN- BERAUDON, BERTRAND,
Par bateau de pavés...........	1 50	» »	» »	1 50	VAUDOUX, BROUX-MILLOT etc.

Fait et arrêté par nous, commissaires délégués.

A Joigny, le 3 janvier 1825.

Signé : Louis VÉROLLOT, baron de BONTIN, FERNEL-
DESCRANTINS, BOURON, LAVOLÉE.

Pour copie conforme :

L'inspecteur-général de la navigation de l'Yonne,

Signé PIOCHARD.

DÉLIBÉRATION

Du bureau du commerce des bois carrés,

3 septembre 1825,

Qui autorise l'agent général à verser, au nom du commerce des bois carrés, la SOMME DE SIX CENTS FRANCS, entre les mains de M. Besson, président de la souscription ouverte EN FAVEUR DES INCENDIÉS DE SALINS.

(Archives du commerce des bois carrés.)

INTERPRÉTATION

Par le bureau du commerce des bois carrés pour l'approvisionnement de Paris, du mode de perception des droits de gardes-ports et jurés-compteurs sur *les sciages*, en conformité des arrêts du conseil et lettres-patentes de **1704**, qui fixent le droit, par cent de charpente, en grume, *sciage tel qu'il soit réduit à la solive.*

Paris, 17 *décembre* 1825.

M. le comte de Dienne, commissaire général de la navigation,

En réponse à la lettre que vous nous avez fait l'honneur de nous adresser le 30 septembre dernier, relative au mode de perception des droits des gardes-ports et jurés-compteurs sur les sciages, que votre intention est d'établir, conformément à l'arrêt de 1704, *en réduisant le sciage à la solive;* après avoir pris tous les renseignements nécessaires, notre bureau, dans sa séance du 10 de ce mois, a cru devoir vous présenter *le rapport du sciage à la solive* ainsi qu'il suit, pour servir de base à la perception des droits des gardes-ports et jurés-compteurs.

600 toises de planches sciage échantillon de Paris, p. 0/0 de solives.

600	id.	de membrures	pour	id.
300	id.	de doublettes	pour	id.
150	id.	de battants	pour	id.
800	id.	d'entrevous	pour	id.
800	id.	de planches de sapin dit ordinaire	pour	id.
400	id.	id. 15 lignes	pour	id.
200	id.	de madriers	pour	id.

La volige ayant 8 pouces de large et 8 lignes au plus d'épaisseur, il faudrait au moins 13 voliges de 6 pieds pour la solive.

La volige à ardoise devrait être comptée au double, car 30 voliges donneraient à peine la solive.

Les dosses de toute nature sont ordinairement comptées à raison de deux pour une.

La fourniture des 4 au cent étant d'usage immémorial, il serait peut-être à propos d'en faire mention dans le tarif.

Telles sont, M. le Comte, les bases que nous croyons devoir vous proposer, nous en référant d'ailleurs à vous, pour rendre à chacun la justice qui lui est due.

Nous avons l'honneur d'être, etc.

Fait au bureau du commerce des bois carrés de Paris, le 17 décembre 1825.

Nota. Voyez le travail des marchands de bois de Bourgogne, sur cette matière, à la date du 3 janvier 1825; il est entièrement conforme à l'opinion du bureau des bois carrés.

(Archives du commerce des bois carrés de Paris, correspondance.)

DÉLIBÉRATION

Du bureau du commerce des bois carrés pour l'approvisionnement de Paris,

Du 8 février 1826,

Qui autorise l'agent général à faire le versement, A TITRE DE SECOURS, D'UNE SOMME DE QUATRE CENT QUATRE-VINGT-ONZE FRANCS, provenant d'une souscription ouverte parmi les marchands de bois carrés de Paris, en faveur de la veuve du sieur Dubeau, marinier, *mort à la suite de l'amputation d'une jambe cassée dans le service du repêchage des trains au port de la Râpée.*

(Archives du commerce des bois carrés.)

DÉLIBÉRATION

Du bureau du commerce des bois carrés pour l'approvisionnement de Paris,

Du 24 juin 1826,

Qui autorise l'agent général à faire le versement, A TITRE DE SECOURS, D'UNE SOMME DE QUATRE CENT QUATRE FRANCS CINQUANTE CENTIMES, provenant d'une collecte ouverte parmi les marchands de bois carrés de Paris, en faveur de la famille du sieur Troivalet, marinier, employé à la Gare, *mort à la suite de blessures reçues dans son service.*

(Archives du commerce des bois carrés.)

CODE FORESTIER.

21 mai 1827, promulgué le 31 juillet suivant.

Bois de charpente (dits marines).

TITRE IX, SECTION Iʳᵉ.

Art. 124. Pendant *dix ans,* à compter de la promulgation de la présente loi, le département de la marine exercera le droit de choix et de martelage sur les bois des particuliers, futaies, arbres de réserve, avenues, lisières et arbres épars.

Ce droit ne pourra être exercé que sur les arbres en essence de chêne, qui seront destinés à être coupés, et dont la circonférence, mesurée à un mètre du sol, sera de 15 décimètres au moins.

Les arbres qui existeront dans les lieux clos attenant aux habitations, et qui ne sont point aménagés en coupes réglées, ne seront point assujettis au martelage.

NOTA. Le délai de 10 ans réservé par la loi étant expiré, les bois ne sont plus soumis à ce régime forestier.

PRÉFECTURE DE POLICE.

ORDONNANCE

Concernant le lâchage, le garage et la mise à port des bateaux et des trains à Paris.

Du 30 juin 1827.

Nous conseiller d'État, préfet de police,

Vu les arrêtés du gouvernement du 1ᵉʳ juillet 1800 (12 messidor an VIII), et 25 octobre 1800 (3 brumaire an IX);

Considérant qu'il importe, dans l'intérêt de la navigation et de l'approvisionnement de Paris, d'établir des règles générales pour le lâchage, la garage, et la mise à port des bateaux et des trains;

ORDONNONS CE QUI SUIT :

Art. 12. Sont spécialement affectées au garage des trains de bois à brûler et de bois à œuvrer les rives ci-après désignées, savoir:

SUR LA SEINE.

Le port de la Gare, commune d'Ivry, à partir de la limite supérieure du port de tirage, fixée à six cent vingt mètres au-dessus du canal *Trioson*, en remontant jusqu'à l'île *aux Pouilleux* (pour le bois à brûler).

La gare de Bercy à partir de la pancarte jusqu'à la tête de l'île *Quinquengrogne*, seulement pendant le temps de l'arrivage des trains (pour le bois carré).

La gare dite des *Graviers*, rive gauche, à partir de la bosse de Seine en remontant jusqu'à l'angle d'aval du parc du Port-à-l'Anglais.

La gare dite de la *Grande-Berge*, même rive, à partir du Port-à-l'Anglais, en remontant jusqu'au banc de sable, connu sous le nom des *Sables de Vitry*.

La *Petite-Gare*, même rive, au-dessous du lieu dit *La Rose*, en face de *Chante-Clair*, à partir des *Sables de Vitry*, jusqu'en face de la *Ferme de la Folie*, en ayant soin de laisser libre le passage du petit îlot de *Chante-Clair*.

Les bords de l'*Ile de l'Aiguillon*, rive droite, dans une étendue de trois cents mètres en aval, et à partir du poteau formant la limite du département.

La gare dite *de la Folie*, même rive, au-dessous du pont de Choisy, ayant une étendue d'environ six cents mètres, en laissant libre le dehors de la gare de Choisy, à partir du pont jusqu'au dessous de l'entrée d'aval de ladite gare.

Les deux gares contiguës de *Chanterelle* et de *Chante-Clair*, même rive, contenant ensemble environ quinze cents mètres.

Le dehors de l'*Ile de Maisons*, même rive, à partir de la tête de l'île, jusqu'en face de la maison du passeur d'eau au Port-à-l'Anglais.

La gare de *l'île Poulette*, même rive, à prendre à l'angle d'aval du parc du Port-à-l'Anglais jusqu'au-dessus de l'emplacement du pont projeté de la bosse de Marne.

La gare dite *du Grand-Haï*, rive droite et rive gauche, à prendre du bras d'aval du canal *Marie-Thérèse*, jusqu'au-dessous du même canal, si les trains le traversent, ou jusqu'au pont de halage de Creteil, si les trains ne le traversent pas, en laissant libre l'ouverture du canal.

Dans le cas où les trains traverseraient le canal, ils pourront être aussi garés au-dessus du pont de Saint-Maur, rive gauche, en ne plaçant qu'un seul couplage de front dans toute l'étendue de l'île de ce nom.

Il est défendu de garer les trains dans aucune autre place que celles ci-dessus désignées.

Art. 13. Les gares de *l'île l'Aiguillon*, *de la Folie* et celles au-dessus du pont de Saint-Maur, si les trains traversent le canal *Marie-Thérèse*, ou celles au-dessus du pont de halage de Creteil, si les trains passent par le pertuis de Saint-Maur, SERONT LES SEULES OU POURRONT ÊTRE PLACÉS LES TRAINS DE BOIS A BRULER OU A OEUVRER AMENÉS A LA VENTE.

Dans toutes les autres gares mentionnées au précédent article, les trains, quels qu'ils soient, *ne pourront séjourner plus de quinze jours*, passé lequel temps, ils seront tirés d'office aux frais et risques de la marchandise, à la diligence de l'inspecteur de l'arrondissement, toutefois après sommation préalable et à défaut d'obtempérer dans le délai de trois jours.

Art. 14. Aucun train, ni aucune portion de train à la destination des ports antérieurs d'amont, ne pourront sortir de ces garages, sans un permis de l'inspecteur de la navigation de Bercy.

Les commis, gardes ou gareurs du commerce ne pourront livrer aucun de ces bois, sans qu'il leur ait été justifié de ce permis.

Art. 15. Pour prévenir l'encombrement de la rivière par les trains destinés à être tirés dans Paris, *les soupentes ne pourront contenir de front, savoir : dans les ports du haut, rive droite,*

plus de huit trains de bois à brûler ou quatre de bois à œuvrer;
dans les ports du haut, rive gauche, en amont du pont du Jardin-
du-Roi, plus de quatre trains de bois à brûler ou trois trains de
bois à œuvrer, et en aval du même pont, plus de quatre trains de
bois à brûler ou deux trains de bois à œuvrer.

Dans les ports du bas, rive droite, les soupentes ne pourront avoir : au port du *Recueillage* qu'un front de huit trains au plus, et au port des *Champs-Élysées* et de *Chaillot* que quatre trains de bois à brûler ou deux de bois à œuvrer; enfin sur la rive gauche, il ne pourra y avoir à la fois plus de huit trains de bois à brûler ou quatre de bois à œuvrer.

Le tout à peine de déplacement d'office aux frais de qui il appartiendra des trains arrivés les derniers, et qui excèderaient les nombres ci-dessus déterminés.

Les lâcheurs seront tenus, au moment de l'arrivée des trains à leur destination, d'en faire la déclaration au bureau de l'inspecteur de l'arrondissement.

Art. 16. Les trains de bois, quels qu'ils soient, ainsi que les bateaux destinés, soit pour l'intérieur de Paris, soit pour l'extérieur, une fois sortis des gares, devront être conduits directement à leur destination et ne pourront être laissés nulle part en approchage.

Art. 17. Il ne sera délivré de permis, soit pour le lâchage des trains de bois à œuvrer et des bateaux chargés de cette marchandise, soit pour le remontage de ces derniers bateaux, qu'autant que l'on justifiera que le destinataire est pourvu de chantier autorisé, et de patente.

Le conseiller d'État, préfet de police,
Signé G. DELAVAU.

Par le conseiller d'État, préfet,

Le secrétaire général,
Signé L. DE FOUGÈRES.

Approuvé le 25 août 1827 :
Le ministre secrétaire d'État au département de l'intérieur,

Signé CORBIÈRE.

(Cartons de la préfecture de police.)

COMMISSION

De garde-rivière, spécialement chargé du repêchage des bois à œuvrer, à la résidence de Paris.

2 juillet 1828.

Le conseiller d'État, directeur général des ponts-et-chaussées et des mines,

Vu la proposition faite par MM. les délégués du commerce des bois carrés;

Vu l'avis de M. le commissaire-général de la navigation, etc., etc.;

Commet le sieur Rolland-Boitard pour exercer les fonctions de garde-rivière, spécialement chargé *du repêchage des bois à œuvrer qui se détachent des trains sur la rivière*, devant fixer sa résidence à Paris,

A charge par lui :

1° De prêter serment devant le tribunal de première instance de la Seine;

2° De remplir avec zèle et fidélité les fonctions qui lui ont été confiées;

3° De se conformer aux lois et règlements de la navigation;

4° De n'exiger d'autres salaires que ceux attribués à cette place;

5° De donner aux inspecteurs de la navigation relative à l'approvisionnement de Paris tous les renseignements qui lui seront demandés.

Invite tout fonctionnaire public à donner audit Rolland-Boitard aide et assistance, au besoin, dans l'exercice de ses fonctions.

Délivré à Paris, le 2 juillet 1828.

Signé Becquey.

(Archives du commerce des bois carrés.)

DÉLIBÉRATION

Du bureau du commerce des bois carrés pour l'approvisionnement de Paris, portant souscription de 1,200 fr. pour l'extinction de la mendicité.

Le bureau a décidé à l'unanimité que l'agent général, au nom du commerce des bois carrés de Paris, souscrira pour la somme de 1,200 francs POUR L'EXTINCTION DE LA MENDICITÉ, et qu'il sera donné de suite connaissance de cette décision à M. Debelleyme, préfet de police ; cette somme sera payée par semestre, à partir du 1er janvier 1829 ; savoir : le 30 juin et le 31 décembre même année, chaque fois 600 fr.

Du 6 décembre 1828.

(Archives du commerce des bois carrés de Paris.)

EXTRAIT DE L'ORDONNANCE DE POLICE

Du 26 mars 1829.

Art. 7. Il est défendu de tirer à terre les bateaux pour les raccommoder ou les goudronner, sans autorisation.

Il est pareillement défendu de déchirer des bateaux ailleurs que dans les endroits indiqués par nous.

COMMISSION

De surveillant pour le repêchage des bois carrés, depuis Brienne (Aube) jusqu'à Arcis.

17 août 1829.

Le conseiller d'État, directeur général des ponts-et-chaussées et des mines,

Vu la proposition en date du 15 juillet 1829, des membres du comité central des quatre commerces réunis de bois et de charbon de bois;

Vu l'avis de M. le commissaire général de la navigation et de l'approvisionnement de Paris du 25 du même mois;

En conséquence de la décision du ministre de l'intérieur du 3 juin 1802,

Commet le sieur Rouilliot (Joseph-Victor), en qualité de garde des ports de Brienne-la-Vieille, de Blaincourt et de Lesmont-sur-Aube, à la résidence de Brienne-la-Vieille, et *de surveillant, pour le repêchage des bois*, de Brienne-la-Vieille à Arcis-sur-Aube,

A la charge par lui :

1° De prêter serment devant le tribunal de première instance d'arrondissement du lieu de sa résidence;

2° De remplir avec zèle et fidélité les fonctions qui lui sont confiées;

3° De se conformer aux lois et règlements de la navigation;

4° De n'exiger d'autres salaires que ceux attribués à cette place;

5° De donner aux commissaires et inspecteurs de la navigation relative à l'approvisionnement de Paris, tous les renseignements qui lui seront demandés.

Invite tout fonctionnaire public à donner audit sieur Rouilliot aide et assistance, au besoin, dans l'exercice de ses fonctions.

Délivré à Paris, le 17 août 1829.

Signé BECQUEY.

Ensuite est écrit par le directeur général, le chef du personnel.

Vu par le commissaire général de la navigation et de l'approvisionnement de Paris,

Signé Comte de DIENNE.

Vu par nous, inspecteur de la navigation de l'Aube,

Signé L. DELALOMBARDIÈRE.

(Archives du commerce des bois carrés.)

OBSERVATIONS

Des deux compagnies du commerce des bois de chauffage et du commerce des bois carrés, sur le droit de faire garer les trains le long des bords de la Seine, contesté à l'administration par quelques propriétaires riverains.

25 *octobre* 1829.

(Ce mémoire, qui contient 32 pages d'impression, se trouve aux archives du commerce des bois carrés.)

OCTROI MUNICIPAL.

Arrêté du préfet, portant que les marchands de bois devront dans les *cinq jours,* à dater de l'envoi qui leur aura été fait, remettre au receveur d'octroi les billets souscrits par eux et leurs avals.

3 *décembre* 1830.

Nous, conseiller d'État, préfet du département de la Seine,

Vu les arrêtés portant règlement des conditions auxquelles les marchands de bois peuvent être admis au crédit des droits d'octroi de la ville de Paris;

Vu aussi le rapport de M. le directeur de l'octroi en date du 11 du mois dernier, tendant à faire décider qu'à l'avenir la faveur du crédit sera retiré à tout marchand qui, dans le délai de cinq jours, à dater de l'envoi qui lui aura été fait, n'aura pas renvoyé aux receveurs de l'octroi, les billets revêtus des formes prescrites,

Arrêtons ce qui suit:

Art. 1er. Conformément aux règlements en vigueur, le décompte des droits dus par les marchands de bois admis au crédit des droits d'octroi, continuera d'être réglé tous les dix jours.

A l'avenir, les marchands de bois jouissant du crédit, devront dans les *cinq jours*, à dater de l'envoi qui leur aura été fait de leur décompte, remettre aux receveurs de l'octroi les billets souscrits par eux et leurs avals dans les formes ordinaires ; faute de satisfaire à cette injonction, le crédit leur sera retiré.

Art. 2. Le directeur de l'octroi de Paris est chargé de l'exécution du présent arrêté, dont ampliation lui sera adressée.

(Archives de l'administration de l'octroi.)

COMMISSION

De garde-rivière, spécialement chargé du repêchage de bois à œuvrer dans le département de la Seine, à la résidence de Paris.

11 *avril* 1831.

Le conseiller d'État, directeur général des ponts-et-chaussées et des mines,

Vu la proposition faite le 12 mars 1831 par les délégués du commerce des bois carrés ;

Vu l'avis de M. le commissaire général de l'approvisionnement de Paris, en combustibles, en date du 17 mars de la même année ;

En conséquence de la décision du ministre de l'intérieur du 3 juin 1802;

Commet le sieur Chambron (Marie-Adolphe-Nicolas), en qualité de garde-rivière, *spécialement chargé du repêchage des bois à œuvrer*, à la résidence de Paris ,

À charge par lui :

1° De prêter serment devant le tribunal de première instance d'arrondissement du lieu de sa résidence ;

2° De remplir avec zèle et fidélité les fonctions qui lui sont confiées;

3° De se conformer aux lois et règlements de la navigation ;

4° De n'exiger d'autres salaires que ceux attribués à cette place ;

5° De donner aux commissaires et inspecteurs de la navigation relative à l'approvisionnement de Paris, tous les renseignements qui lui seront demandés.

Invite tout fonctionnaire public à donner audit sieur Chambron aide et assistance, au besoin, dans l'exercice de ses fonctions.

Délivré à Paris, le 11 avril 1831.

Signé BERARD.

Par le directeur, le chef du personnel,

Signé DECHEPPE.

Vu par le commissaire-général de la navigation et de l'approvisionnement de Paris,

Signé TIPHAINE.

NETTOIEMENT DE LA VILLE.

Extrait du cahier des charges de l'entreprise du nettoiement de la ville de Paris.

·28 juin 1831.

Art. 1er. L'enlèvement des boues a lieu dans toutes les rues, chaussées des rues et des boulevards, culs-de-sacs, cagnards, passages, places, carrefours, halles, marchés, ports, ponts, quais, etc.

Art. 5. APRÈS LES CRUES DE LA RIVIÈRE, L'ENTREPRENEUR SERA TENU DE FAIRE BALAYER, RELEVER EN TAS, ET ENLEVER IMMÉDIATEMENT LES VASES QU'ELLE AURA LAISSÉES SUR LES PORTS ET BERGES DE LA SEINE ET DANS LES RUES VOISINES.

NOTA. L'administration fait exécuter soigneusement sur les ports de tirage, et particulièrement sur le port de la Râpée, cette clause du cahier de charges fort importante pour le bien du service et la facilité des nombreux tirages et déchargements en bois carrés et bois à brûler qui ont eu lieu sur ce port.

(Cartons de la Préfecture de police.)

CIRCULAIRE

Du commissaire général de la navigation, adressée à MM. les jurés-compteurs des ports, pour *qu'ils aient à rectifier une erreur introduite dans la perception de leurs droits relativement à la latte.*

Paris le 5 juillet 1831.

Monsieur,

Une erreur de rédaction dans le tarif qui établit les droits des jurés-compteurs, insérée dans la décision ministérielle du 6 thermidor an IX, p. 656 du Code de commerce de bois et charbon, par M. Dupin aîné, *a fait penser à plusieurs jurés-compteurs qu'ils devaient percevoir 50 cent. par cent de bottes de lattes, au lieu de 10 cent. qui est le droit réellement dû.*

Dans le même ouvrage, p. 789, se trouve également une décision du ministre de l'intérieur du 10 février 1812, contenant organisation des ports de la Loire; la rétribution du juré-compteur (p. 792) est fixée à 1 fr. *par millier de bottes d'échalas ou lattes,* ce qui prouve évidemment l'erreur de rédaction commise dans le tarif du 6 thermidor an IX.

En conséquence de ces explications, je vous invite à prévenir officiellement le juré-compteur de votre inspection, que dorénavant il ne devra recevoir pour ses droits que dix centimes par chaque cent de bottes d'échalas ou de lattes.

Je vous adresse ces observations à la suite d'une réclamation qui a été portée par le commerce à M. le directeur-général, au sujet de l'interprétation que des jurés-compteurs ont donné à l'erreur dans la rédaction du tarif du 6 thermidor an IX, où il est dit, par chaque millier de lattes et d'échalas, 10 cent.; tandis que l'on a voulu dire par chaque cent de bottes de lattes et d'échalas, 10 centimes.

Vous remarquerez, à ce tarif du 6 thermidor an IX, qu'à l'article suivant il est dit, pour chaque cent de bottes d'écorces, 10 c.;

ce qui démontre d'une manière positive l'erreur qui fait l'objet de cette circulaire.

Le commissaire général de la navigation,

Signé TIPHAINE.

(Archives du commerce des bois carrés.)

DÉCISION

De M. le directeur général des ponts-et-chaussées, et mesures prises contre plusieurs marchands de bois exploitant des sciages de hêtre sur la rivière d'Ourq; ordre donné à l'inspecteur de la navigation pour faire dépiler et réempiler les bois en conformité des règlements et des usages (le rebut séparé du bon bois).

3 août 1831.

Monsieur le commissaire général de la navigation,

J'ai reçu, avec la lettre que vous m'avez fait l'honneur de m'écrire, le 11 de ce mois, diverses pièces, notamment un mémoire du commerce de bois carrés, contre les changements récemment apportés par plusieurs marchands de bois dans le mode d'empilage des sciages de hêtre qui sont déposés sur les ports de la rivière d'Ourcq.

LE COMMERCE EXPOSE QUE, DEPUIS UN TEMPS IMMÉMORIAL, ON EST DAS L'USAGE D'EMPILER SÉPARÉMENT, D'UNE PART LES BOIS D'UNE BONNE QUALITÉ, ET DE L'AUTRE CEUX DE REBUT, d'où résulte pour l'acheteur l'avantage de savoir toujours parfaitement à quoi s'en tenir, et de pouvoir, sans crainte de fraude ou de surprise, discuter avec le vendeur le prix de la marchandise.

Mais, d'après le nouveau mode d'empilage qu'on tend à introduire, *ces bois seraient divisés en sciage de première et seconde qualité; l'une comprendrait toujours, il est vrai, les bois sains mais l'autre se composerait d'un mélange à la faveur duquel on livrerait au commerce, comme sciage de seconde qualité, des bois flacheux, pourris, roulés, et autres de cette nature.*

Je pense, Monsieur, que c'est avec raison, et tel est aussi votre avis, que l'on s'élève contre un ordre de choses aussi contraire à la confiance et à la bonne foi qui doivent présider à toutes les transactions commerciales. Il n'appartient d'ailleurs à personne de venir arbitrairement changer des usages établis depuis longues années, surtout lorsque, comme ici, ils rentrent dans les habitudes et les intérêts du commerce en général. *Les changements qu'il serait nécessaire d'y apporter réellement ne pourraient être que l'ouvrage de l'administration*, après qu'elle aurait consulté et entendu toutes les parties intéressées.

Je ne puis donc que désapprouver entièrement la conduite tenue dans la circonstance actuelle par les sieurs C.... M.... et compagnie, et VOUS INVITER A PRENDRE DES MESURES POUR QUE L'ANCIEN ORDRE DE CHOSES SOIT PROMPTEMENT RÉTABLI AUX FRAIS DE QUI DE DROIT, PARTOUT OU IL A ÉTÉ TROUBLÉ.

Je vous invite aussi à rappeler aux gardes-ports et jurés-compteurs, les devoirs et obligations qui leur sont imposés par les règlements, en ce qui a rapport à la police des ports, l'arrangement et classification des marchandises qui s'y déposent, aux mesures d'ordre et de conservation qu'elles exigent, et à les avertir en même temps *qu'ils ne doivent souffrir aucune intervention étrangère dans les soins dont ils sont chargés à cet égard.*

Recevez, etc.

Le conseiller d'État, directeur général
des ponts-et-chaussées et des mines,
Signé BÉRARD.

Pour copie conforme :
Le commissaire général de la navigation,
Signé TIPHAINE.

NOTA. Cette décision a été communiquée au bureau du commerce des bois carrés de Paris, par M. Tiphaine, commissaire général de la navigation. *Suit la lettre de ce fonctionnaire.*

LETTRE DU COMMISSAIRE GÉNÉRAL
DE LA NAVIGATION

Aux délégués du commerce des bois carrés de Paris, relativement à l'empilage des sciages de hêtre sur les ports de l'Ourcq.

3 août 1831.

Messieurs,

Je me suis occupé de la plainte que votre commerce a formée, au sujet des innovations que quelques marchands voulaient introduire, sur les ports de l'Ourcq, dans l'empilage des sciages.

M. le directeur général ayant pris en considération le rapport que je lui ai adressé avec la plainte du commerce, m'a fait l'honneur de m'écrire la lettre dont je joins ici la copie. Je vais, de la lettre de M. le directeur général, en faire l'objet d'une circulaire à MM. les inspecteurs de la navigation, en leur en recommandant l'entière exécution. Je vais aussi adresser à M. Truet, inspecteur de la navigation de la rivière de Marne et de l'Ourcq, des instructions POUR QUE LES BOIS DE SCIAGE QUI AURAIENT ÉTÉ EMPILÉS CONTRAIREMENT A L'USAGE SOIENT RÉEMPILÉS AUX FRAIS DE QUI DE DROIT.

Je vous prie, Monsieur, de prendre le soin d'informer MM. les membres formant le bureau du commerce de bois carrés, de la décision de M. le directeur général contenue dans sa lettre, dont la copie est ici incluse.

J'ai l'honneur, etc.

Signé TIPHAINE,
Commissaire général de la navigation.

(Archives du commerce des bois carrés.)

DÉCISION MINISTÉRIELLE

Portant règlement de la navigation sur la rivière d'Aube.

31 *décembre* 1831.

Les trois et quatre novembre mil huit cent trente-un, la commission nommée en vertu de la lettre de M. le directeur général des ponts-et-chaussées, du 3 août dernier, pour examiner et discuter le projet de règlement de la navigation de la rivière d'Aube, depuis le port de Brienne-la-Vieille jusqu'à Marcilly-sur-Seine, réunie à cet effet dans une des salles de la préfecture et composée de

MM. le baron de Saint-Didier, préfet, président; Lhoste, ingénieur en chef du département de l'Aube; Tézenas, sous-préfet d'Arcis; Tiphaine, commissaire général de la navigation; Babeau, inspecteur général de la navigation; le comte de Labriffe, propriétaire des usines d'Arcis, membre du conseil général; le comte de Plancy, propriétaire des moulins de Plancy, membre du conseil général; Maitre, Maire d'Arcis; Oudinet, maire de Plancy; Moreau père, syndic délégué du commerce des bois carrés de Paris; Lefèvre-Mergez, Maucourant-Savry, commerçants, demeurant à Arcis; Nanquette, maître marinier; Fricault-Papillon, marchand de grains à Anglure; Gauthier, propriétaire des moulins d'Anglure; Pépin, marchand de bois au Petit-Mesnil, près Brienne:

Après avoir entendu le rapport et le projet de règlement de M. l'ingénieur en chef sur la navigation de la rivière d'Aube, et les observations du commerce des bois carrés de Paris;

Après avoir discuté séparément chaque article du projet de règlement et pris en considération les dires et observations faits par les représentants du commerce de bois de Paris, ceux du commerce de la marine d'Arcis, et les propriétaires d'usines établies sur a rivière d'Aube, depuis Brienne jusqu'à Marcilly;

Après en avoir délibéré :

Considérant que la commission n'a eu d'autre but, en s'aidant des lumières et de l'expérience des personnes qui la composent, que de présenter à l'administration supérieure un projet de règlement qui concilie à la fois les intérêts du commerce des bois carrés de Paris, ceux de la marine d'Arcis et ceux des propriétaires d'usines établies sur la rivière d'Aube, depuis le port de Brienne-la-Vieille, point où elle commence à être navigable, jusqu'à Marcilly,

Est d'avis que ce règlement renferme les dispositions suivantes :

Art. 1ᵉʳ. *Le port de Brienne-la-Vieille est le point où la rivière d'Aube commence à être navigable en trains;* en amont, elle n'est que flottable à bûches perdues.

L'origine du port flottable en trains se trouve à 200 *mètres au-dessus du pont, en descendant jusqu'au moulin;* il comprend également les parties basses au-dessous des moulins et déversoir, et comme le flottage à bûches perdües pour l'approvisionnement n'est que suspendu, et que, s'il était rétabli comme autrefois, la navigation des trains et bateaux s'en trouverait interceptée, à l'avenir les flots à bûches perdues seront retenus par un arrêt au-dessus du port flottable de Brienne, à la hauteur du lieu dit *les Brebis,* pâture appartenant à la commune de Brienne, et *dans aucun cas le bois flotté ne pourra être jeté à l'eau plus bas que le lieu dit les Brebis.*

Il sera nommé, par M. le préfet de l'Aube, une commission chargée de déterminer le mode de flottage sur ledit port, de régler les emplacements et ateliers de flottage, d'entendre les divers intéressés, fixer l'indemnité due à chacun d'eux, et notamment aux propriétaires des usines pour les flots et passages.

Art. 2. Les brelles que l'on confectionne dans le port de Brienne-la-Vieille ne pourront pas être composées de plus de quatre coupons dont la longueur ensemble n'excèdera pas 50 mètres.

Art. 3. L'ORIGINE DE PRISE D'EAU DES FLOTS RESTERA FIXÉE A BAUSSANCOURT, situé à 16 kilomètres en amont de Brienne-la-Vieille; *on réunira en descendant les eaux des différentes re-tenues pour en former le flot dont on aura besoin, quand un convoi de trains partira du port;* le prix des flots pour toutes les usines en amont d'Arcis, sera réglé administrativement par un tarif qui sera ultérieurement arrêté.

Voyez 21 avril 1835,

Art. 4. Le chemin de halage de la rivière d'Aube, depuis le port de Brienne-la-Vieille jusqu'au pont d'Arcis, aura 3 mètres 25 centimètres de largeur; il occupera la rive droite de l'Aube du port de Brienne au moulin de Blincourt; cette distance a 6,700 mètres de longueur.

Du moulin de Blincourt au moulin de Précy-Saint-Martin, dis-tants l'un de l'autre de 6,000 mètres, le chemin de halage sera sur la rive gauche; il sera sur la rive droite du moulin de Précy au pont de Lesmont, ce qui comprend 3,500 mètres de longueur; de Lesmont à Chaudrey, la longueur est de 24,800 mètres, le che-min de halage occupera la rive gauche sur toute cette longueur, et de Chaudrey au pont d'Arcis, il ne quittera pas la rive droite; la distance est de 22,100 mètres.

Art. 5. Le marche-pied de 1 mètre 30 cent. de largeur, qui devrait être établi sur la rive opposée, ayant été reconnu inutile pour le service de la navigation, ne sera pas exigé des proprié-taires riverains, depuis Brienne-la-Vieille jusqu'à Arcis.

Art. 6. Toutes les plantations qui existent sur la largeur du chemin de halage, seront coupées au niveau du terrain, lors-que l'on reconnaîtra qu'il y a de l'avantage à conserver les racines pour consolider les berges, car autrement on les arrachera. Les arbres plantés sur les alluvions, ensablements et attérissements qui font partie du lit de la rivière et que les eaux recouvrent avant d'être débordées, seront aussi arrachés autant que les besoins du service de la navigation l'exigeront. Les propriétaires riverains exécuteront ces travaux d'après les instructions que leur donne-ront les ingénieurs des ponts-et-chaussées.

Art. 7. Les vieux troncs d'arbres qui se trouvent sur les talus des berges et dans le lit de la rivière, seront arrachés ou recépés de manière que les trains ne puissent plus les rencontrer et s'y déchirer. On déterminera, dans chaque cas particulier, si ce travail doit être au compte du gouvernement ou des propriétaires riverains.

Art. 8. Les ingénieurs des ponts-et-chaussées sont spécialement chargés de la direction de tous les travaux qui s'exécutent sur les chemins de halage et en lit de rivière. La police, en ce qui concerne le flottage et tout le service de la navigation, est dans les attributions des inspecteurs de la navigation.

Art. 9. Tous les jours, excepté le vendredi, les trains de bois pourront passer au pertuis d'Arcis pendant quatre heures, à compter du lever du soleil; ce temps expiré, la vanne du pertuis sera fermée; cette disposition n'est applicable qu'au pertuis de Cherlieu.

Dans le cas où toutes les brelles n'auraient pas pu passer pendant ces quatre heures, leur départ sera remis au lendemain à la même heure.

Quand le niveau de l'eau sera parvenu à   de l'échelle   les quatre heures ne compteront qu'à partir du passage de la première brelle.

L'arrivée de chaque convoi et la demande du passage devront être annoncées au commissaire de police par un marinier du convoi, la veille, avant midi; cet agent en donnera, au même instant, avis aux usiniers par un bulletin à souche et aux négociants qui auront des bateaux en chargement: dans le cas où l'agent ne serait pas chez lui, le marinier sera tenu d'aller prévenir les usiniers également avant midi.

Ledit agent recevra, par chaque bulletin, 2 fr. de rétribution; savoir : 1 fr. qui sera acquitté par le marinier conducteur du convoi, au nom du commerce des bois carrés, et 1 fr. par la marine d'Arcis et d'Anglure.

L'usinier sera tenu de donner reçu du bulletin en indiquant l'heure de sa remise.

Art. 10. Pour prévenir les effets nuisibles des inondations, les vannes de décharge d'Arcis seront ouvertes toutes les fois que le niveau de l'eau de la rivière s'élèvera plus haut que le repère tracé à   en contre-bas du dessus de la tablette du côté droit du pertuis de Cherlieu, et que l'autorité administrative le jugera nécessaire.

Art. 11. Après que les trains de bois auront passé sous le pont d'Arcis, ils continueront leur marche sans s'arrêter dans le port, et ils iront stationner dans la partie de rivière connue sous le nom *Racle-de-Montreux*.

Art. 12. Les flots accordés à la marine d'Arcis seront donnés les dimanche, mardi et jeudi de chaque semaine pendant deux heures, au lever du soleil; dans le cas d'accidents ou d'un temps qui ne permettrait pas de naviguer, le flot serait donné le lendemain, excepté le vendredi.

S'il vient à passer des brelles les dimanche, mardi et jeudi, la marine d'Arcis profitera du flot, et il ne lui en sera pas donné d'autre.

Si le lendemain du passage des brelles il n'était pas donné de flot à la marine d'Arcis, il sera accordé aux flotteurs, sur leur demande, un flot d'une heure qui sera payé suivant le tarif.

S'il arrivait que des bateaux ou des brelles restassent en route par suite d'évènements imprévus ou de force majeure, on accorderait l'eau nécessaire pour les remettre à flot.

Il est entendu que toutes les fois qu'un flot aura été donné sur la demande d'un ou plusieurs mariniers d'Arcis, dès lors il n'y aura plus lieu d'en accorder un le lendemain.

Art. 13. Dans aucune circonstance, excepté les cas prévus par le présent règlement, le propriétaire des usines d'Arcis ne pourra être forcé à donner plus d'un flot de deux heures par jour.

Art. 14. On n'accordera qu'un flot par semaine à la marine d'Arcis lorsque la rivière sera à l'étiage, c'est-à-dire que son niveau se trouvera au point zéro de l'échelle fixée sur le mur de la maison près du pont, occupée par M. Renard, notaire.

Art. 15. Pendant la suspension du flottage des brelles, les bateaux navigueront au départ du port avec le flot que la marine pourra demander chaque jour fixé par l'art. 12 du règlement.

Art. 16. Le droit de 2 fr. établi au pertuis d'Arcis pour le passage des brelles composées de trois ou quatre coupons des dimensions fixées à l'art. 2, continuera à être payé au propriétaire dudit pertuis.

Art. 17. Chaque flot, de deux heures de durée, sera payé conformément au tarif ci-joint, fixé par les lettres-patentes en date du 29 janvier 1777.

Ce tarif est posé au-dessus de la porte du meûnier.

Art. 18. Une commission sera nommée par M. le préfet de l'Aube, à l'effet de fixer les emplacements les plus commodes à proximité de la rivière pour y établir les ports d'Arcis propres à recevoir les bois de charpente, charbon et autres marchandises destinées à l'approvisionnement de Paris. Cette commission proposera les attributions du garde-port, et les droits qui lui seront payés conformément aux règlements.

Art. 19. Le passage dans l'écluse de Plancy sera ouvert tous les jours aux bateaux montants et descendants, depuis le lever jusqu'au coucher du soleil ; on les introduira dans l'écluse suivant l'ordre de leur arrivée sans distinction.

Art. 20. Le pertuis de Plancy sera ouvert à la navigation pour les brelles et les bateaux descendants, les lundi, mardi, jeudi, vendredi et dimanche de chaque semaine, depuis le lever du soleil jusqu'à neuf heures du matin. Si à une heure il n'était pas arrivé de bateaux d'Arcis, le passage des brelles pourra continuer dans le pertuis.

Les bateaux pourront monter tous les jours, et à cet effet les mariniers pourront réclamer sans rétribution, les lundi, mercredi, vendredi et samedi de chaque semaine, un flot incomplet donné par les vannetons placés à droite de la grande vanne ; on attendra, pour donner le flot, que les bateaux aient passé le point de la rivière désigné sous le nom de *la jonction*.

Art. 21. Tous les flots que la marine réclamera, et qui ne seront pas compris dans l'article précédent, seront payés au meûnier, moyennant 7 fr. 20 c. chacun.

Art. 22. Le service du pertuis, du canal et de l'écluse, sera confié à un éclusier qui sera présent et dirigera toutes les manœuvres des vannes du vannage et des portes de l'écluse, sans pouvoir quitter son poste, depuis le lever jusqu'au coucher du soleil, avec défense expresse d'introduire un bateau dans le sas, hors de sa présence; en cas de maladie, la personne chargée de le remplacer devra être agréée par l'ingénieur de l'arrondissement, de qui émaneront tous les ordres de service.

Art. 23. Les mariniers ne se serviront, dans l'intérieur de l'écluse, pour la conduite de leurs équipages, d'aucun instrument ferré, capable de dégrader les maçonneries ou les ouvrages en charpente.

Art. 24. Les bateaux, soit vides, soit chargés, ne pourront être amarrés à moins de quatre-vingts mètres de distance, tant en amont qu'en aval de l'écluse.

Art. 25. L'éclusier sera aussi chargé de la police des chemins de halage du canal de Plancy; le passage en sera interdit aux voitures, chevaux et bestiaux, excepté aux chevaux de halage que l'on ne pourra employer qu'au nombre de deux de chaque côté.

Art. 26. Les alignements le long desdits chemins seront donnés, savoir : à deux mètres en arrière de la ligne des arbres pour les murs et les haies sèches, et à deux mètres cinquante centimètres pour les haies vives.

Art. 27. On ouvrira la vanne du pertuis pour empêcher les inondations des terrains sur les deux rives de l'Aube, toutes les fois que le niveau de l'eau sera parvenu à   en contre-bas de la tablette des musoirs d'amont de l'écluse et à   sur l'échelle posée à proximité du vannage.

Lorsqu'Arcis lèvera ses vannes pour cause d'inondations, un cantonnier sera expédié par l'administration pour faire lever également les vannes de Plancy, et continuera sa route pour faire lever celles d'Anglure.

Les vannes resteront levées jusqu'à ce que le niveau de l'eau soit descendu à   de l'échelle.

Art. 28. Le passage dans l'écluse d'Anglure aura lieu tous les jours, depuis le lever jusqu'au coucher du soleil. Les bateaux montants et descendants, ainsi que les brelles, seront introduits dans ladite écluse suivant l'ordre de leur arrivée, sans distinction.

Art. 29. Le pont-levis à deux volées, appuyé sur les bajoyers en avant des portes d'amont de l'écluse d'Anglure, ne sera jamais levé plus de deux heures de suite, pour ne pas interrompre trop longtemps la communication avec l'île; et, dans le cas où le passage des convois de brelles et de bateaux demanderait un plus long intervalle de temps, on baisserait le pont, de deux heures en deux heures, pendant un quart-heure, afin que les voitures et les piétons puissent circuler.

Art. 30. *Le meûnier d'Anglure devra donner des flots à la marine toutes les fois qu'il en sera requis, entre le lever et le coucher du soleil, sans distinction de jour et d'heure, moyennant une rétribution fixe de 7 fr. 20 c. par chaque flot, y compris 1 fr. 20 c. pour la manœuvre des vannes.*

Art. 31. Néanmoins, tant qu'il restera en amont de l'écluse d'Anglure des bateaux et des brelles prêts à passer dans le sas, les vannes de flot ne pourront pas être levées avant que le meûnier en ait prévenu les propriétaires de bateaux chargés ou en charge, qui lui paieront 50 c. par chaque avertissement collectif.

Art. 32. Si l'entrée des grands bateaux de charbon dans l'écluse exige que l'on mette à fond les vannes du moulin, alors le meûnier recevra une indemnité de 3 fr. 75 c. par bateau, pour la double manœuvre de baisser et ensuite de relever lesdites vannes après que le bateau sera entré dans le sas.

Art. 33. L'éclusier fera le service de l'écluse et du pont-levis sous les ordres des ingénieurs et conducteurs des ponts-et-chaussées; il gardera ces ouvrages ainsi que le déversoir, et veillera à leur conservation; aucune manœuvre ne pourra être exécutée sans qu'il soit présent et qu'il l'ait commandée. Il sera d'ailleurs obligé d'avoir toute l'assiduité imposée à l'éclusier de Plancy par l'article 22, et de pourvoir à son remplacement en cas de maladie, en remplissant la formalité voulue par l'article précité.

Lorsque les bateaux sortiront de l'écluse, l'éclusier devra lever les vannetons pendant une demi-heure, pour faciliter le passage desdits bateaux sur l'ensáblement formant barrage en lit de rivière.

Art. 34. Les articles 23 et 24 sont applicables à l'écluse d'Anglure ; l'éclusier tiendra la main à leur exécution et maintiendra la police sur le chemin de halage aux abords de l'écluse.

Art. 35. L'éclusier sera aussi chargé de la police du chemin de halage sur la rive gauche du canal, depuis le déversoir jusqu'à la pointe de l'île ; il ne pourra y laisser passer ni bestiaux, ni chevaux, ni voitures, excepté les courbes de chevaux destinés à la remonte des bateaux.

Art. 36. Les vannes de flot d'Anglure seront ouvertes pour les mêmes causes qu'à l'art. 27, toutes les fois que le niveau de l'eau sera parvenu à   en contre-bas de la tablette des musoirs d'amont de l'écluse, ou que l'autorité administrative d'Arcis en donnera l'ordre par écrit.

Art. 37. Le chemin de halage de la rivière d'Aube, depuis le pont d'Arcis jusqu'au confluent de la Seine à Marcilly, aura, conformément à l'ordonnance de 1669, une largeur de 7 mètres 80 centimètres sur la rive où les chevaux tirent les bateaux, et 3 mètres 25 centimètres sur la rive opposée, en observant de mesurer ces largeurs à partir de l'arête supérieure des berges dans les endroits où la rivière est encaissée, et là où elle ne l'est pas, on partira de la limite de la plus grande hauteur où son niveau parvient avant de cesser d'être navigable et sans déborder. Cette hauteur correspond au niveau d'eau parvenue à 1 mètre 15 centimètres sur l'échelle fixée contre le mur de la maison de M. Renard, près du pont d'Arcis, et 3 mètres 22 centimètres en contre-bas des tablettes des musoirs d'aval de l'écluse de Plancy.

Art. 38. Le chemin de 7 mètres 80 centimètres de largeur, qui est celui destiné au halage des chevaux, sera situé sur la rive gauche, depuis le pont d'Arcis jusqu'au pont de Viâpres-le-Grand, ce qui comprend une longueur de 12,750 mètres ; ensuite il passera sur la rive droite jusqu'au pont sur le canal de Plancy, et sa longueur, dans cette position, sera de 3,495 mètres.

Du pont sur le canal de Plancy au pont de Granges, la longueur est de 14,714 mètres, et le chemin de halage sera établi sur la rive gauche. Du pont de Granges à Marcilly, distants l'un de l'autre de 12,326 mètres, le chemin de halage ne quittera plus la rive droite.

Art. 39. Le chemin de 3 mètres 25 centimètres de largeur qui sera établi sur la rive opposée à celle où l'on placera le chemin de halage, subira des changements de position correspondant à ceux dudit chemin.

Ce chemin ne sera pas exigé sur la rive gauche de la rivière, depuis le pont vis-à-vis l'entrée du canal de Plancy jusqu'au grand pont; il en sera de même du marche-pied sur la rive droite, depuis le grand pont jusqu'à l'embouchure du canal.

Art. 40. Les travaux prescrits aux articles 6 et 7, pour le chemin de 3 mètres 25 centimètres de largeur, de Brienne-la-Vieille à Arcis, sur la première partie de l'Aube, s'exécuteront de la même manière pour ceux de 7 mètres 80 centimètres et 3 mètres 25 centimètres de largeur, d'Arcis à Marcilly, sur la deuxième partie de cette rivière.

Art. 41. L'entretien et la réparation des chemins de halage de la grande partie de l'Aube et du franc-bord de la rive opposée, *seront exécutés par des cantonniers stationnaires.*

Art. 42. La distance d'Arcis à Marcilly, qui est de 44,185 mètres, sera divisée en trois cantons : le premier canton aura 12,750 mètres, et comprendra depuis le pont d'Arcis jusqu'au pont de Viâpres-le-Grand; le deuxième canton aura 15,614 mètres de longueur, depuis le pont de Viâpres-le-Grand jusqu'à l'embouchure de la rivière de Vouarce, en aval de Boulages, et le troisième canton, de 15,821 mètres de longueur, commencera à l'embouchure de la Vouarce, et se terminera à Marcilly.

Art. 43. Les cantonniers seront payés sur les fonds affectés annuellement à l'entretien de la navigation de la rivière d'Aube; il seront sous les ordres immédiats des ingénieurs et conducteurs des ponts-et-chaussées, et se mettront, autant que possible, en mesure de fournir à ceux-ci et aux inspecteurs de la navigation les renseignements dont ils auront besoin pour la poursuite des contraventions prévues par l'art. 8.

Art. 44. Toutes les contraventions relatives au service de la navigation et à la police du flottage seront du ressort des inspecteurs de la navigation, et celles relatives à toutes les détériorations d'ouvrages et à des constructions non autorisées seront poursuivies par les ingénieurs des ponts-et-chaussées et leurs agents, ainsi que le prescrit l'art. 8.

Art. 45. Tous les arrêtés et décisions contraires au présent règlement sont rapportés.

Ce règlement sera imprimé et affiché partout où besoin sera, et distribué aux parties intéressées.

Fait à Troyes, les jour, mois et an que dessus.

Suivent les signatures des membres composant la commission :

Le baron DE SAINT-DIDIER, président; LHOSTE, TÉZENAS, TIPHAINE, BABEAU, DE LABRIFFE, DE PLANCY, MAITRE, OUDINET, MOREAU père, LEFÈVRE-MERGEZ, MAUCOURANT-SAVRY, NANQUETTE, FRICAULT-PAPILLON, GAUTHIER, PÉPIN.

Présenté à l'approbation de M. le ministre du commerce et des travaux publics.

Paris, le 31 *décembre* 1831.

Le conseiller d'État, directeur général des ponts-et-chaussées et des mines,

Signé J. BÉRARD.

Approuvé le 31 décembre 1831 :

Le pair de France, ministre secrétaire d'État du commerce et des travaux publics,

Signé Comte D'ARGOUT.

Pour copie conforme :

Le conseiller d'État, directeur général des ponts-et-chaussées et des mines,

Signé BÉRARD.

Pour copie conforme :

Le préfet de l'Aube,

DE SAINT-DIDIER.

(Archives du commerce des bois carrés.)

APPAREIL FAYARD.

FARDIER SANS LEVIER DE BOIS.

Communication faite au bureau du commerce des bois carrés de Paris, par l'auteur d'un nouveau système de fardier pour transporter les bois de charpente.

12 mars 1832.

INSTITUT DE FRANCE.

Rapport à l'Académie royale des sciences, sur le fardier Fayard, pour remplacer le levier de bois.

Le secrétaire perpétuel de l'Académie certifie que ce qui suit est extrait du procès-verbal de la séance du lundi 12 mars 1832.

L'Académie nous a chargés, M. Charles Dupin et moi, de lui faire un rapport sur *un appareil* proposé par M. Fayard aîné, marchand de bois à œuvrer, demeurant quai d'Austerlitz, à Paris, *pour remplacer le levier de bois à l'aide duquel on tient suspendue, sous les voitures appelées fardiers, la charge que ces voitures doivent transporter.*

Tout le monde a vu circuler dans Paris ces voitures montées sur des roues d'un très grand diamètre et sous lesquelles est suspendu, à l'aide d'une forte chaîne qui l'enveloppe par dessous, un faisceau plus ou moins pesant de pièces de charpente ; mais ce qui n'est pas aussi généralement connu, c'est la manœuvre par laquelle on opère le chargement de ces fardiers.

La chaîne destinée à soutenir les pièces de charpente sous cette espèce de voiture a communément six mètres de longueur. Ses extrémités réunies par un crochet passent autour d'un rouleau de bois soutenu transversalement sur les deux limons à peu de distance de l'essieu. Un grand et fort levier de bois passe par un de ses bouts entre ce rouleau et la chaîne, de sorte qu'en l'abaissant on fait cheminer ce rouleau vers l'arrière de la voiture, en même temps qu'on augmente la tension de la chaîne, et que par suite on soulève la charge qu'elle soutient à une hauteur suffisante au dessus du pavé.

Les choses étant mises en cet état, on les y maintient au moyen d'une double corde ou plate-longe qui est fixée à l'autre extrémité du levier ; à l'un des bouts de cette plate-longe on attache un ou plusieurs chevaux qui, par un tirage plus ou moins oblique, opèrent l'abaissement du levier, tandis que l'autre bout de la même corde sert de retenue entre les mains d'un des charretiers qui, lorsque l'appareil a pris la position dans laquelle il doit rester, fait faire à la plate-longe plusieurs tours, soit autour des limons, soit autour du faisceau de pièces de charpente suspendu au-dessous du fardier.

Trois hommes sont ordinairement occupés à ce travail : l'un, debout sur les limons de la voiture, soulève le levier sur son épaule et le dirige quand les chevaux partent ; le second conduit les chevaux ; le troisième, tenant en main la plate-longe de retenue, maintient le levier dans la direction convenable, à mesure qu'il s'abat.

On conçoit que si les chevaux tirent trop obliquement, ou si, pendant cette manœuvre, l'un des bouts de la plate-longe vient à se rompre, le levier est lancé avec plus ou moins de violence en tournant autour de son extrémité inférieure, comme autour d'un centre fixe ; quelquefois même il peut être lancé au loin par l'action de la force centrifuge à laquelle il est soumis pendant ce mouvement.

De pareils accidents n'ont jamais lieu sans danger pour les charretiers et leurs aides et même pour les passants qui circulent sur la voie publique. M. Fayard cite, dans une note jointe à son mémoire, les noms d'un certain nombre de personnes qui ont eu les membres fracturés, ou qui ont perdu la vie par l'effet des contusions auxquelles elles se sont ainsi trouvées exposées.

C'est pour prévenir les dangers inhérents à ce mode de chargement des fardiers, que M. Fayard a imaginé de substituer à l'abattage du grand levier à l'aide duquel on l'opère, deux vérins verticaux qui se meuvent dans deux écroux fixes pratiqués aux extrémités d'une espèce de sommier en forme d'archet, le tout exécuté en fer forgé.

Ce sommier, garni des vérins qui le traversent, est posé transversalement sur les limons de la voiture, dans un plan vertical situé le plus près possible de celui qui passe par le centre de gravité de la charge. Un écrou mobile, le long de la partie inférieure du vérin, porte un crochet auquel on accroche l'une des extrémités de la chaîne destinée à soutenir la charge.

La partie supérieure ou la tête de chaque vérin est percée de trous dans lesquels on fait passer un levier, petit, à peu près semblable à celui d'un étau; en faisant tourner horizontalement ce levier, appliqué successivement aux deux vérins, on soulève autant qu'il est nécessaire le faisceau de bois de charpente enveloppé au-dessous du fardier par la chaîne, et il est facile de retenir cette charge dans la position où elle a été amenée.

On conçoit que cette manœuvre doit s'effectuer sans le moindre risque et avec la plus grande régularité, mais il était nécessaire d'obvier aux secousses auxquelles cet appareil aurait été exposé, sur des chemins trop bombés, ou en traversant des ruisseaux trop profonds.

Pour obvier à ces inconvénients, l'auteur de l'appareil a donné la forme de demi-cylindres au-dessous des abouts du sommier qui portent sur les deux limons, de manière que le sommier et les vérins qui le traversent peuvent osciller dans un plan vertical parallèle à l'axe de la voiture. Il a, de plus, soutenu sur une chape circulaire concave ménagée à chacune des deux extrémités du sommier les deux oreilles qui traversent le vérin, ce qui permet à celui-ci d'osciller dans un plan vertical perpendiculaire à l'axe du fardier.

On voit que le sommier et ses vérins sont soutenus comme les boussoles et les montres marines, ce qui les met à l'abri des secousses qui pourraient briser l'appareil qu'ils forment.

Nous pensons que *M. Fayard a rendu un véritable service en substituant la vis au levier dans la manœuvre du chargement* et

du déchargement des fardiers, et que son appareil mérite l'approbation de l'académie.

Signé : Ch. Dupin, Girard, rapporteur.

L'académie adopte les conclusions de ce rapport.

Certifié conforme :

Le secrétaire perpétuel, pair de France, conseiller d'État,
grand-officier de l'ordre de la Légion-d'Honneur,

Baron Cuvier.

Nota. *En communiquant au bureau du commerce des bois carrés
de Paris ce rapport, adopté par l'académie des sciences, M. Fayard
lui adressait aussi la lettre suivante, pour engager les délégués de ce
commerce à provoquer de l'administration supérieure des mesures
propres à propager ce système de fardier et à proscrire le levier de
bois.*

Février 1832.

A Messieurs les délégués du commerce des bois carrés de Paris.

Messieurs,

Les graves accidents que cause fréquemment l'appareil du levier
lors du chargement et déchargement des fardiers, et notamment
l'évènement malheureux dont j'ai été témoin il y a deux ans, et
qui causa la mort d'un ouvrier, tué par la chûte du levier, me por-
tèrent à chercher les moyens de remplacer ce mode de chargement
par un appareil qui ne présentât aucune espèce de danger, tant
pour les ouvriers occupés à ce travail que pour les personnes qui
peuvent se trouver alors près du fardier.

Lorsque je me suis cru certain du succès de mon appareil, je
l'ai présenté au Conservatoire des Arts et Métiers. M. Charles
Dupin a pensé qu'il méritait d'être présenté à l'académie des
sciences, et il fut chargé, conjointement avec son collègue, M. Girard, d'en faire l'objet d'un rapport. L'académie des sciences, dans
sa séance du 12 mars dernier, déclara QUE CET APPAREIL MÉ-
RITAIT SON APPROBATION, ET QUE C'ÉTAIT UN SERVICE RENDU
A L'HUMANITÉ.

Par le moyen de cet appareil les chevaux ne sont plus nécessaires au chargement, et un seul homme peut enlever la voie et la prendre en tout lieu où le fardier peut seulement pénétrer, de même qu'il permet l'entrée du fardier sous toute espèce de portes; il a en outre l'avantage d'enlever sans secousses les fardeaux de toute nature.

Cet appareil est déjà utilisé par plusieurs voituriers, tels que MM. Dumont, rue de l'Oursine, n° 107, et Perrot, rue du Marché-aux-Chevaux, n° 15.

Mon but n'étant pas d'en faire un objet de spéculation, chacun peut faire exécuter de semblables appareils; j'ai donc cru devoir vous en faire connaître la description, persuadé que, comme moi, vous en reconnaîtrez l'utilité, et que vous engagerez les voituriers que vous employez, à adopter ce nouveau mode qui met les hommes à l'abri de tout accident, et QUE VOUS PROVOQUEREZ, AU NOM DU COMMERCE DES BOIS CARRÉS, L'APPUI DE L'ADMINISTRATION SUPÉRIEURE, POUR PROSCRIRE L'ANCIEN LEVIER.

J'ai l'honneur, etc.

Signé FAYARD.

Délibération du bureau du commerce des bois carrés de Paris, relativement à l'appareil Fayard.

19 mars 1832.

Le bureau assemblé au lieu ordinaire de ses réunions, quai de la Râpée, 45,

Après avoir entendu le rapport de la commission chargée d'examiner la demande de M. Fayard;

Considérant que l'appareil de M. Fayard, quoique paraissant de nature à parer aux graves inconvénients qui sont signalés dans l'ancien système des leviers en bois, n'est cependant pas suffisamment connu et n'a pas fonctionné depuis assez longtemps, pour que le bureau du commerce des bois carrés puisse dès ce moment solliciter de l'autorité des mesures propres à faire renoncer à l'ancien levier; qu'il est sage d'attendre que l'expérience et un plus long usage viennent démontrer la supériorité du nouvel appareil sur l'ancien;

Après en avoir délibéré, arrête :

Que, quant à présent, il ne peut, au nom du commerce qu'il représente, proposer une réforme absolue de l'ancien levier, ni poursuivre, auprès de M. le préfet de police, l'emploi exclusif de l'appareil inventé par M. Fayard aîné.

Toutefois, le bureau fait des vœux pour que, dans l'usage, rien ne s'oppose à l'emploi de ce nouveau fardier, et il engage M. Fayard, à continuer ses expériences auxquelles il portera le plus vif intérêt.

Délibéré au bureau du commerce des bois carrés, le **19 mars 1832**.

Nota. Ces essais consciencieusement tentés par M. Fayard aîné méritèrent l'approbation de l'académie, et valurent à l'auteur la décoration de la Légion-d'Honneur, mais n'eurent pas cependant le résultat qu'il était en droit d'attendre ; d'une part, le mauvais vouloir des ouvriers et voituriers, de l'autre, l'ignorance et la routine, repoussèrent impitoyablement un système d'appareil habilement conçu, mais qui à l'état d'essai et susceptible de perfectionnement, ne fonctionnait pas encore (il faut le reconnaître) avec toute la promptitude désirable.

Ce fut le seul reproche qu'on adressa sérieusement alors à l'appareil Fayard, qui deux ans plus tard était abandonné.

C'est une pierre d'attente, nous l'espérons du moins.

Au moment où nous traçons ces lignes, un de nos confrères, M. Gondol, marchand de bois de charronnage, quai de la Râpée, a failli être tué dans son chantier par la manœuvre brutale de ce levier de bois.

DÉLIBÉRATION

Du bureau du commerce des bois carrés pour l'approvisionnement de Paris, portant souscription en faveur des cholériques de Clamecy, par suite de la demande adressée au commerce par M. Dupin aîné, et dont la teneur suit.

21 *mai* 1832.

Le procureur général à la cour de cassation, à MM. les délégués des bois carrés.

MESSIEURS,

Vous connaissez la triste situation de la ville de Clamecy et surtout DE NOS FLOTTEURS QUI SONT PLACÉS DANS LA DOULOUREUSE ALTERNATIVE, OU D'ATTRAPER LE CHOLÉRA S'ILS SE METTENT A L'EAU POUR TRAVAILLER, OU DE MOURIR DE FAIM S'ILS NE TRAVAILLENT PAS. MM. les marchands de bois à brûler ont déjà eu la bonté de souscrire en faveur de ces malheureux, j'ose espérer que votre compagnie ne sera pas moins généreuse, et que j'aurai à leur annoncer qu'elle vient aussi à leur secours.

Veuillez agréer, etc.,

Signé DUPIN aîné.

Délibération du bureau du commerce des bois carrés de Paris,

Le 25 *mai* 1832.

Le bureau du commerce des bois carrés pour l'approvisionnement de Paris, vu la lettre qui lui a été adressée par M. Dupin aîné, procureur général à la cour de cassation, *ancien avocat du commerce des bois carrés de Paris*, par laquelle il expose la situation malheureuse des flotteurs de Clamecy, et sollicite la générosité du commerce en leur faveur;

Considérant que, dans cette triste circonstance, c'est un devoir d'humanité pour le commerce des bois carrés de Paris, de venir à l'aide des flotteurs de Clamecy;

Délibère :

Il est voté à titre de secours, une somme de 300 fr. qui sera versée ès-mains de M. Dupin aîné pour être remise aux flotteurs de Clamecy, au nom du commerce des bois carrés de Paris.

(Archives du commerce des bois carrés.)

TRAITÉ

Entre le bureau du commerce des bois carrés pour l'approvisionnement de Paris, et les représentants des marchands de St-Dizier et autres forains, pour la surveillance en commun des trains à Bercy.

10 *juillet* 1832.

Le sieur Ferrand, garde du commerce des bois carrés de Paris à la résidence de Bercy, ayant, officieusement aussi, la garde des trains amenés pour le compte de MM. les marchands forains de Saint-Dizier et autres lieux, il a paru juste que le traitement de cet agent fût supporté par tous ceux qui profitent de ce service ; il a donc été convenu entre le bureau du commerce des bois carrés de Paris et MM. Robert Guyard et Paquot, représentant les marchands forains, qu'il serait à l'avenir payé par eux à la caisse du commerce des bois carrés de Paris, 1 fr. par part ou coupon de charpente ou sciage qui serait laissé à la surveillance du sieur Ferrand, à la gare de Bercy.

Au moyen de quoi, ledit sieur Ferrand ne devra rien réclamer du commerce forain, pour raison de ladite surveillance, comme aussi il ne donnera aux mariniers leur reçu que lorsqu'on lui aura justifié avoir acquitté les frais de garde entre les mains de l'agent général de la compagnie.

Fait et arrêté au bureau du commerce des bois carrés, le 10 juillet 1832.

NOTA. Par délibération du 12 juin 1838, cette indemnité (pour surveillance), a été élevée à 1 f. 50 c. à partir de l'année 1839, afin de subvenir aux nouvelles dépenses en personnel et matériel qui ont été augmentées dans l'intérêt général du service de garage à Bercy.

(Archives du commerce des bois carrés de Paris.)

DÉLIBÉRATION

Du bureau du commerce des bois carrés de Paris, portant établissement d'un nouveau port de flottage à Brienne-la-Vieille (Aube).

13 *octobre* 1832.

Vu la délibération du conseil municipal de la commune de Brienne, du 7 février dernier, qui consent à livrer au commerce la superficie des terrains appartenant à la commune, compris aux 1er, 2e et 4e paragraphes de l'art. 1er de la délibération de la commission du 12 janvier dernier, ainsi que le terrain désigné au 3e paragraphe de l'art. 1er susdit, mais moyennant que le revenu serait le même que celui que retire présentement la commune ; comme aussi à acquérir, par échange de M. Pepin, la portion de terrain qui sera nécessaire pour rendre uniforme, et à la largeur de 25 mètres, le terrain appartenant à la commune compris au 1er paragraphe de l'art. 1er de la délibération précitée ;

Vu le devis estimatif des ouvrages nécessaires pour l'établissement d'un nouveau port de flottage en amont du port de la commune de Brienne-la-Vieille, sur la rive droite de l'Aube ;

Considérant que, nonobstant le refus fait par le conseil municipal de la commune de Brienne de prendre à la charge de la commune les travaux nécessaires à l'établissement de ce port, auquel, de l'aveu même dudit conseil, la commune a le plus grand intérêt, le commerce ne peut abandonner la résolution prise par la commission de transporter les ateliers de flottage dans le bief supérieur, par les motifs qui sont déduits au procès-verbal de sa délibération ;

Le bureau arrête :

1. LES TRAVAUX NÉCESSAIRES A L'ÉTABLISSEMENT DES

ATELIERS DE FLOTTAGE EN AMONT DU PONT DE BRIENNE-LA-VIEILLE, ET SUR LA RIVE DROITE, SERONT EXÉCUTÉS AUX FRAIS DU COMMERCE DES BOIS CARRÉS DE PARIS, et suivant le devis estimatif qui en a été fait par M. Charrié, maître charpentier audit Brienne, sauf à débattre le prix de ces travaux;

2° POUR REMPLIR DE SES AVANCES LE COMMERCE DE PARIS, IL DEVRA ÊTRE ÉTABLI UN DROIT DE PÉAGE DE UN FRANC PAR CHAQUE COUPON DE CHARPENTE OU SCIAGE SORTANT DU PORT DE BRIENNE, PENDANT UN ESPACE DE DOUZE ANNÉES, LEQUEL SERA PERÇU PAR LE GARDE-PORT DU LIEU.

La fixation de ce droit résulte des calculs faits des dépenses qu'occasionneront les travaux, locations de terrains, entretien et réparations, et des recettes, suivant le nombre présumé de coupons qui pourront être confectionnés annuellement à Brienne.

Ainsi donc, travaux à faire suivant le devis sus-énoncé, mais qui ne fait pas mention de ferrure.............. 1,800 fr. 0 c.

Intérêts de fonds, eu égard à la décroissance annuelle du capital.................... 700 »

Location pendant 12 ans à 150* fr. par an.. 1,800 » *Portée à 200 f. le 29 décembre 1833.

Entretien et réparations estimés à 50 fr. par an. 600 »

TOTAL de la dépense... 4,900 fr. »

Estimant qu'il pourra sortir (*du nouveau port seulement*) 30 à 40 milliers de charpente environ par an, qui formeront 400 coupons et produiront 400 fr. par an, ce qui fait pour 12 ans 4,800 francs, ci........................... 4,800 »

LE COMMERCE DES BOIS CARRÉS DE PARIS, EN S'IMPOSANT CETTE CHARGE, ET DEVANT SUPPORTER L'ERREUR QUI POURRAIT RÉSULTER DE SES PRÉVISIONS (en effet, les dépenses relatives à ces travaux ont plus que doublé), se réserve de demander à la commune de Brienne, de l'indemniser d'une façon quelconque, en raison de ce que les travaux à faire pour les emplacements de flottage, portés au devis, pourraient être réduits à moitié, en n'exécutant que ceux rigoureusement nécessaires , et que la commune elle-même serait obligée de faire des réparations à ces mêmes terrains par elle concédés et menacés de dégradations ; comme aussi elle serait forcée tôt ou tard de faire des travaux de garantie pour son pont, sans la circonstance où se trouve le commerce de prendre pour son besoin ces terrains à location, et à sa charge les réparations et ouvrages de défense nécessaires à la garantie du pont.

M. Tiphaine, inspecteur principal de la navigation, sera prié de vouloir bien, en transmettant le présent arrêté à M. le préfet de l'Aube , obtenir de ce magistrat les conditions demandées par le commerce de Paris, et l'appui de son autorité pour lui assurer la compensation des sacrifices qu'il s'impose.

Fait et arrêté au bureau du commerce des bois carrés de Paris, le 13 octobre 1832.

(Archives du commerce des bois carrés de Paris.)

DÉCISION MINISTÉRIELLE

Portant règlement pour les jurés-compteurs et gardes-ports de la Haute-Yonne et Cure, ayant dans leurs attributions la surveillance des bois de charpente, sciage et charronnage et bois neufs à brûler.

12 juin 1833.

Nous ne donnons qu'un extrait de cette décision, en ce qu'elle a rapport aux bois carrés.

La décision ministérielle du 12 juin 1833, porte : « L'appro-
» bation donnée au projet de règlement du 25 avril , entraîne,
» quant aux bois flottés, la suppression d'un des deux jurés-comp-
» teurs qui existent maintenant sur l'Yonne, entre Armes et Cra-
» vant : comme il se dépose aussi sur ces ports *des bois neufs et*
» *de charpente dont le mesurage exige également des moyens de*
» *vérification*, un second juré-compteur y restera avec attribu-
» tion de toute surveillance sur ces deux dernières espèces de bois,

» à l'exclusion du premier, chargé sans partage du contrôle à exer-
» cer sur les bois flottés.

Ce second juré-compteur a en conséquence été commissionné
(sur la présentation des deux commerces réunis des bois flottés et
bois carrés) par M. le directeur général des ponts-et-chaussées, et,
par décision du 23 mars 1834, M. le ministre du commerce « a
» rétabli en faveur du juré-compteur, chargé spécialement sur les
» ports de la Haute-Yonne du service *des bois neufs et de char-*
» *pente*, la rétribution entière de 20 centimes par décastère de
» bois neuf déposé sur lesdits ports, ainsi qu'elle est fixée par le
» premier paragraphe de l'article 4 de la décision ministérielle
» du 6 thermidor an IX, » et celle de 1 fr. par décastère de bois
de charpente, en conformité des anciens règlements.

(Archives du commerce des bois carrés.)

Nota. A l'avenir, et par suite de cette décision ministérielle, toutes
les nominations ou révocations de gardes-ports ou jurés-compteurs
sur la Haute-Yonne, ayant dans leurs attributions l'inspection des
bois neufs et des bois carrés, auront lieu sur la présentation de candidats, qui sera faite à M. le directeur général des ponts-et-chaussées
par les deux seuls commerces de bois flotté et de bois carré de Paris.

DÉLIBÉRATION DU CONSEIL MUNICIPAL
DE BRIENNE-LA-VIEILLE,

Portant location par la commune dudit Brienne, au
commerce des bois carrés de Paris, des terrains
nécessaires pour l'établissement d'un nouveau port
à flottage sur l'Aube, à Brienne-la-Vieille.

29 décembre 1833.

Entre les soussignés, M. Charles Gauthier, maire de la commune de Brienne-la-Vieille, y demeurant, stipulant au nom de
ladite commune (d'une part);

M. Frédéric Moreau, marchand de bois, demeurant à Paris,
place Royale, n. 9;

M. George père, marchand de bois, demeurant à Paris, quai
de la Râpée, n. 41;

Et M. Thierry-Delanoue père, marchand de bois carré (d'autre
part), tous trois délégués du commerce des bois carrés de Paris,
et stipulant audit nom;

A été convenu et arrêté ce qui suit :

Une commission convoquée à Bar-sur-Aube, en vertu d'un
arrêté de M. le préfet du département de l'Aube, le 12 janvier
1832, ayant décidé que, par suite des changements survenus dans
le lit de la rivière d'Aube, le brellage étant devenu très difficile
dans le sous-bief des moulins de Brienne-la-Vieille, il était indispensable d'établir de nouveaux ateliers de flottages en amont de
ces usines.

Pour parvenir au but que s'est proposé la commission, le sieur
Gauthier, maire de la commune de Brienne-la-Vieille, en vertu
d'une délibération du conseil municipal du 7 février 1832, par laquelle il a été consenti de livrer au commerce les terrains nécessaires à l'établissement d'un nouveau port de flottage, qui, tout
en procurant l'existence à une partie des habitants de la commune,
offre au commerce des avantages considérables, consent audit
nom, à céder au commerce des bois carrés de Paris, représenté par
ses délégués sus-nommés, qui l'acceptent audit nom, à titre de
bail pour neuf années consécutives qui commenceront à courir du
jour de l'expiration de celui fait par la commune à M. Solin, marchand de bois, à Brienne, par acte authentique reçu de M. De-
laine, notaire à Dienville, pour trois, six ou neuf années consécutives; dont la première desquelles a dû commencer le 1er mars
1829 et devra finir en lui signifiant congé pour la sixième année le
1er mars 1835, la jouissance des terrains désignés aux 1er, 2e et
4e paragraphes de la délibération de la commission du 12 janvier
précitée, ainsi qu'à faire l'échange de la portion de terrain nécessaire pour rendre uniforme l'emplacement du port compris à l'article 1er du 1er paragraphe de la délibération susdite; lequel
échange a été projeté par M. Pépin, marchand de bois, à la Gibe-
rie (Aube), qui y a consenti ainsi qu'il est exprimé par ladite délibération de la commission. Cet échange fait, M. le maire de

Brienne-la-Vieille, ainsi qu'il en est fait mention par la délibération du conseil municipal du 7 février susdit, se réserve expressément le droit de reporter le chemin situé sur ledit terrain, lisant la
rivière d'Aube, qui conduit du pont à la fontaine, au levant dudit
terrain qui fera limite séparative du terrain de M. Pepin sus-
nommé, avec celui de la commune, en prenant naissance également sur le chemin du village qui conduit au port, et se dirigeant
de ce chemin pareillement sur la fontaine ; ce chemin devant avoir
dans toute son étendue une largeur de quatre mètres.

Ce moyennant un loyer annuel de la somme de 200 fr., laquelle
somme de 200 fr. est consentie par le commerce représenté par
ses délégués sus-nommés, qui s'obligent conjointement et solidairement par ces présentes de verser à la caisse communale dudit
Brienne-la-Vieille, ès-mains du percepteur receveur municipal, le
de chaque année que le présent bail aura cours.

Et attendu que le commerce des bois carrés de Paris
pourrait probablement être autorisé à exercer un droit
de péage pendant un temps limité pour le remplir de
ses dépenses, frais de location et des travaux dont
sera ci-après parlé, M. le maire assure, autant comme il est
en son pouvoir, audit commerce, la jouissance desdits terrains
jusqu'à l'expiration du présent bail, époque à laquelle devra cesser
le droit de péage qui lui serait accordé.

Le commerce s'oblige de son côté en entrant en jouissance desdits terrains, soit en continuant le bail fait par la commune à
M. Solin, pendant le temps qu'il lui reste à courir, sauf pour ce
à prendre entre eux les arrangements qu'ils estimeront l'un et
l'autre, et sans pouvoir par eux déroger aux conditions dudit bail,
faire exécuter aussitôt l'entrée en jouissance desdits terrains, et
avant même d'y pouvoir flotter, tous les travaux spécifiés et mentionnés sans exception par le devis dressé, suivant l'avis de M. le
maire de Brienne-la-Vieille, par M. Charrié (Pierre), maître charpentier audit lieu, le 5 octobre dernier, duquel devis copie sera
annexée à ces présentes, conformément à celle adressée au commerce, signée dudit Charrié.

Le commerce s'oblige en outre à faire planter à ses frais dans les terrains qui lui sont concédés par ces présentes, et aussi sur celui emplanté d'arbres par lui abandonné, à la distance qui lui sera convenable, dans la largeur du halage, *des pieux de gare* au moyen desquels les flotteurs devront amarrer leurs trains sans pouvoir se servir pour ce, ni du pont ni des arbres appartenant à ladite commune lisant le cours de la rivière ; et pendant tout le temps qu'il sera en possession et jouissance desdits terrains, *à l'entretien et réparation desdits travaux, comme aussi à conserver en bon état lesdits terrains*, et sans pouvoir, par lui, leur donner une autre destination que d'être employés au dépôt des bois et flottages.

Le conseil municipal ayant vu avec satisfaction l'abandon fait par le commerce du terrain compris au 3ᵉ paragraphe de la délibération de la commission du 12 janvier précitée, en reconnaissance ; M. le maire audit nom, considérant que l'emplacement compris à l'art. 1ᵉʳ du 1ᵉʳ paragraphe de la susdite délibération de la commission, ne sera pas régulièrement uniforme par l'échange projeté entre M. Pepin susnommé et la commune, qu'il conviendrait pour le faire que la commune échangeât ou achetât de M. Vagbeaux, marchand de bois, à Brienne, la petite portion de terrain qui serait nécessaire pour être réuni à celui de la commune, et le rendre complètement uniforme, ce à quoi le conseil consentirait, y étant dûment autorisé, si M. Vagbeaux en faisait un prix convenable, comme aussi à en faire la concession au commerce avec ceux sus-énoncés et abandonnés et sans pour cela prétendre à d'autre loyer annuel que celui sus-stipulé.

Fait double entre les parties dénommées en tête du présent traité.

A Brienne-la-Vieille, le 29 décembre 1833.

(Ce bail est déposé dans les cartons de la direction générale des ponts-et-chaussées.)

OCTROI MUNICIPAL.

Les sciages rebuts sont appréciés par l'octroi, une remise équivalente est accordée.

Extrait de la réponse faite par le conseil d'administration de l'octroi de Paris, aux observations qui lui avaient été adressées par le bureau du commerce des bois carrés, le 28 juillet 1833, tendantes à obtenir des réductions sur les toisés bruts des bois de construction faits dans les chantiers pour la perception des droits d'entrée.

28 juillet 1833.

« On sait que dans le sciage de chêne, il se trouve souvent des
» qualités inférieures, mais dans ce cas le marchand fait des lots
» de ce qu'il appelle *rebut*; il ne lui est pas interdit, comme on le
» prétend, de faire ce triage, et c'est ce qui a lieu, toutes les fois
» que l'objet à quelque importance : on apprécie alors les défec-
» tuosités et on fait une remise équivalente; mais si tout reste
» mélangé, cette appréciation n'est plus possible, et il n'est fait
» aucune différence.

» Le directeur, président du conseil d'administration,

» Signé JOUBERT. »

(Archives du commerce des bois carrés.)

JUGEMENT

Du tribunal de commerce de Montargis, qui condamne des marchands de bois au paiement des droits dus aux jurés-compteurs, et maintient que l'on peut valablement traduire le défendeur devant le tribunal du lieu où les marchandises ont été déposées, et où le paiement devait avoir lieu.

1er août 1833.

Extrait des minutes du greffe du tribunal de commerce séant à Montargis.

Le tribunal de commerce séant à Montargis, deuxième arrondissement du département du Loiret, a rendu le jugement dont la teneur suit :

Entre le sieur Alexandre-Auguste Petit, juré-compteur, demeurant à Châtillon-sur-Loing, faubourg du Puirault, mais néanmoins commune de Sainte-Geneviève-des-Bois, demandeur aux fins de l'exploit de Declaux, huissier à Nevers, en date du 6 juin dernier, enregistré, comparant par Me Fontaine, avoué à Montargis, fondé de son pouvoir spécial suivant lettre-missive datée de Châtillon-sur-Loing, le 16 janvier 1833, visée pour timbre numéro 448 et enregistrée à Montargis cejourd'hui, f° 2, case 2, par Voidel qui a reçu pour timbre et enregistrement, 2 fr. 90 c., et a signé ; lequel pouvoir a été représenté au désir de la loi, d'une part ;

Et 1° le sieur Gabriel Menard, 2° Léonard Menard, 3° et Nicolas Beaujeu, tous les trois marchands de charbon de bois, demeurant à Nevers, défendeurs aux fins de l'exploit sus-daté, comparans par Me Moulinard, avoué à Montargis, fondé de leur pouvoir spécial sous signature privée, en date du 10 juillet dernier, enregistré à Montargis cejourd'hui, f° 2, case 7, par Voidel qui a reçu 2 fr. 20 c., et a signé ; lequel pouvoir a été représenté au désir de la loi, d'autre part.

Point de fait :

Par l'exploit dudit jour 6 juin dernier, le sieur Petit fit assigner en ce tribunal, les sieurs Gabriel-Léonard Menard et Nicolas Beaujeu, pour s'entendre condamner conjointement et solidairement à lui payer la somme de 107 fr. 79 c., savoir : 39 fr. 6 c. pour enlevage de cinq cent cinquante-huit bannes de charbon de bois en 1830, 68 fr. 73 cent. pour enlevage de neuf cent quatre-vingt-une bannes quatre voies de charbon de bois en 1831 ; les condamner aussi solidairement à lui payer la somme de 26 fr. 40 cent. pour trois cent dix-sept bannes de charbon, chargées pendant l'année 1832, ainsi qu'il en sera justifié ; les condamner en outre aux intérêts desdites sommes et aux dépens.

La cause mise au rôle, fut portée à l'audience du 11 juillet dernier et fut continuée à celle de ce jour, à laquelle le demandeur a repris à la barre les conclusions de sa demande et ci-dessus rapportées.

Les défendeurs conclurent à ce qu'il plût au tribunal se déclarer incompétent et condamner les demandeurs aux dépens.

Point de droit :

Devait-on déclarer les défendeurs non recevables dans leur déclinatoire et ordonner qu'il sera de suite plaidé au fond ?

Sur le fond :

Devait-on donner défaut contre lesdits défendeurs, faute de plaider ?

Et pour le profit, devait-on adjuger au demandeur les conclusions par lui prises ?

Quid, à l'égard des dépens ?

Parties ouïes sur l'exception d'incompétence opposée par les défendeurs ;

Considérant qu'il est constant qu'une partie des marchandises dont le demandeur réclame le paiement des droits d'enlevage, a été déposée sur les ports de Dammarie, de Châtillon-sur-Loing et des Salles, se trouvant dans l'arrondissement de Montargis ;

Considérant qu'aux termes de l'art. 420 du Code de procédure civile, le demandeur a le choix devant le tribunal du domicile des défendeurs, devant celui dans l'arrondissement duquel la promesse a été faite et la marchandise livrée, devant celui dans l'arrondissement duquel le paiement devait être effectué ;

Considérant que, dans l'espèce, les marchandises déposées sur les ports dont le demandeur *a droits acquis*, peuvent être assimilées à celles déposées et livrées d'après convention, et emportent nécessairement l'obligation d'en payer lesdits droits au domicile du demandeur, *puisqu'il pouvait s'opposer à l'enlèvement de ces marchandises jusqu'au paiement de ce qui lui était dû*, que dès lors l'assignation procède bien et que les défendeurs doivent être déclarés non recevables dans leur exception ;

Le tribunal déclare les sieurs Menard et Beaujeu non recevables et mal fondés dans leur déclinatoire, se déclare compétent, retient la cause et ordonne qu'il sera de suite plaidé au fond ;

Ouï le demandeur sur le fond, et lecture prise de l'assignation,

Considérant que la demande n'est point contestée, qu'elle paraît juste et fondée ;

Considérant d'ailleurs que le silence des défendeurs est un aveu tacite de la dette, et donne par conséquent lieu à l'adjudication des conclusions prises contre eux ;

Le tribunal donne défaut contre les sieurs Menard et Beaujeu, faute de plaider, et pour le profit, vérification faite de la demande au désir de la loi, condamne conjointement et solidairement les sieurs Menard frères à payer au sieur Petit, la somme de 107 fr. 79 cent., qui se compose : 1° de celle de 39 fr. 6 c. pour enlevage de cinq cent cinquante-huit bannes de charbon de bois en 1830 ; 2° et 68 fr. 73 cent. pour enlevage de neuf cent quatre-vingt-une bannes quatre voies de charbon de bois en 1831 ; condamne également les sieurs Menard frères et Beaujeu solidairement à payer à M. Petit, la somme de 26 fr. 40 cent., pour trois cent soixante-dix-sept bannes quatre voies de charbon, chargées pendant l'année 1832, le tout ainsi qu'il est énoncé en la demande.

Le tribunal les condamne en outre aux intérêts desdites sommes et aux dépens liquidés à 12 fr. 17 cent., non compris le coût du présent jugement et la signification d'icelui qui y seront ajoutés, laquelle signification sera faite par l'huissier qui sera commis par le président du tribunal du domicile réel des défaillants.

Ce qui s'exécutera suivant la loi.

Fait et donné en jugement à l'audience publique du tribunal de commerce séant à Montargis, au palais de justice, où siégeaient MM. Martin-Bardin, président ; Ralge, Verger, Antoine Boivin fils, juges ; et Rouard, Trouillet, juges suppléants ayant voix consultative, assistés de Me Maire-Joseph-Hippolyte Ganneau, greffier du tribunal ;

Le jeudi 1er août 1833, onze heures du matin.

La minute est signée : MARTIN-BARDIN, président, et GANNEAU, greffier.

En marge d'icelle est cette mention :

Enregistré à Montargis, le 5 août 1833, f° 49, case 1re, reçu

10 fr. 12 c.; savoir: disposition définitive, 5 fr.; tître, 1 fr. 20 c., et condamnation, 3 fr.; plus pour décime 92 cent.

Signé: VOIDEL, GANNEAU.

NOTA. Un arrêt de la cour royale d'Orléans (voyez 23 mai 1834) a confirmé ce jugement.

DÉCISION MINISTÉRIELLE

Portant approbation des travaux à faire par la compagnie des bois carrés de Paris, pour l'établissement d'un nouveau port de flottage dans la commune de Brienne-la-Vieille, au bord de la rivière d'Aube, et approbation de l'acte passé entre ladite commune et les délégués de ce commerce au sujet de quelques parcelles de terrains à mettre à la disposition desdits marchands.

Paris, le 31 janvier 1834.

RAPPORT

À Monsieur le ministre secrétaire d'État du commerce et des travaux publics.

Monsieur le ministre,

Le 14 mars dernier M. le préfet de l'Aube vous a adressé les pièces relatives à un projet d'agrandissement du port de flottage de Brienne-la-Vieille, au bord de la rivière d'Aube, projet adopté en principe par la décision de l'un de vos prédécesseurs, du 31 décembre 1831, portant règlement pour la navigation de cette rivière, *et dont le commerce de bois carrés doit supporter tous les frais.*

Comme ces frais se composent en partie de sommes à payer par les marchands à la commune, pour loyers de terrains qui lui appartiennent et qui entreront dans le plan du port dont il s'agit, j'ai prié M. le préfet de faire, des dispositions adoptées à ce sujet et sur lesquelles les parties sont toutes parfaitement d'accord, l'objet d'un acte souscrit par chacune d'elles, afin d'éviter les difficultés qui plus tard pourraient s'élever.

31

Il a été satisfait à ce que je demandais; cet acte fait en double expédition m'ayant été adressé par M. le préfet avec un plan des lieux indiquant la disposition du nouveau port, au moyen des terrains mis à la disposition du commerce de bois, ainsi que le devis de la dépense, j'ai pris spécialement et en définitive l'avis du commerce qui par sa réponse fait connaître qu'il n'a aucune objection à faire contre les mesures et obligations stipulées dans cet acte.

Dans cette position, j'ai l'honneur de vous proposer, suivant que le propose d'ailleurs M. le préfet, d'approuver ledit acte.

Je suis, etc.,

Monsieur le ministre,

Votre, etc.

Le conseiller d'État chargé de l'administration des ponts-et-chaussées et des mines,

Signé LEGRAND.

Approuvé, le 31 janvier 1834.

Le secrétaire d'État, ministre du commerce et des travaux publics,

Signé THIERS.

(Direction générale des ponts-et-chaussées.)

CIRCULAIRE

Adressée par le bureau du commerce des bois carrés de Paris à MM. les gardes-ports pour leur rappeler qu'ils doivent se renfermer pour leurs droits dans le tarif de 1704, et ne demander aucun salaire excédant, sous prétexte du toisé qu'ils font dans l'eau pour établir les inventaires de flottage détaillés par coupon ou part.

Mars 1834.

Le bureau du commerce des bois carrés de Paris reçoit journellement des plaintes sur le service de certains gardes-ports au moment de l'expédition des bois déposés sur leurs ports; les uns ne font aucun inventaire et laissent les marchands auxquels les bois appartiennent dans l'ignorance la plus complète sur la quantité de ceux qui arrivent à Paris; d'autres, en remplissant ce devoir, croient être en droit de réclamer une augmentation de paiement pour ce travail.

Dans l'un et l'autre cas, les gardes-ports ont tort; ils doivent savoir que le marchand paie le droit d'enlèvement, dans lequel se trouvent compris l'inventaire et toisé au départ que doit toujours faire le garde-port, car les ordonnances qui ont déterminé les devoirs qu'ils ont à remplir, leur imposent l'obligation de délivrer aux voituriers des lettres de voiture, ce qu'ils ne peuvent établir qu'après avoir fait l'inventaire des bois chargés ou flottés; l'ordonnance du 25 janvier 1770 *leur enjoint*, au 4e paragraphe concernant les bois, d'être présents et assister régulièrement au chargement des marchandises, de constater la quantité qui aura été chargée, d'en tenir registre, de donner avis de la quantité au marchand pour le compte duquel elle aura été chargée, *de donner au voiturier ou à son facteur certificat contenant la vraie quantité de marchandises qui auront été chargées*, et d'en prendre reconnaissance dudit voiturier ou de son facteur.

Nous vous invitons donc, Monsieur, à vous conformer à ces dispositions, sans exiger d'autre rétribution que celle qui vous est allouée par les tarifs, espérant bien qu'il ne nous parviendra plus de plaintes à ce sujet, et que nous ne serons pas contraints d'avoir recours à des mesures de rigueur pour en prévenir le retour.

Nous avons l'honneur, etc.

Signé : les délégués du commerce des bois carrés.

SUIVENT LES DIFFÉRENTS RÈGLEMENTS ET ORDONNANCES QUI ONT DÉTERMINÉ LES DEVOIRS QU'ONT A REMPLIR LES GARDES-PORTS.

Les ordonnances de 1704, applicables aux rivières de Seine, Oise, Yonne, Marne et affluents, fixent ainsi que suit les droits attribués aux gardes-ports.

« Lesquels droits leur seront payés par les voituriers, marchands » ou autres, lors de l'arrivage et décharge desdites marchandises,

» même à l'enlèvement d'icelles, avec défense auxdits officiers
» d'exiger de plus grands droits, à peine de concussion, à la
» charge par eux de veiller, etc.

» Pour l'arrivage des bois de charpente, en grume, sciage, tel
» qu'il soit réduit à la solive, 40 sous du cent, et pareille somme
» de 40 sous à l'enlèvement. »

Instructions données aux gardes-ports, **25 janvier 1770.**

« Enjoignons aux gardes-ports d'être présents et assister régu-
» lièrement au chargement des marchandises, de CONSTATER LA
» QUANTITÉ QUI AURA ÉTÉ CHARGÉE, D'EN TENIR REGISTRE, DE
» DONNER AVIS DE LADITE QUANTITÉ AU MARCHAND POUR LE
» COMPTE DUQUEL ELLE AURA ÉTÉ CHARGÉE, DE DONNER AUDIT
» VOITURIER OU A SON FACTEUR CERTIFICAT CONTENANT LA
» VRAIE QUANTITÉ DES MARCHANDISES QUI AURONT ÉTÉ CHAR-
» GÉES ET D'EN PRENDRE RECONNAISSANCE DUDIT VOITURIER. »

Instruction ministérielle, du **22 pluviôse an x.**

« Le juré-compteur et les gardes-ports préposés à la surveil-
» lance des bois et marchandises à l'approvisionnement de Paris, ne
» peuvent commercer ni directement, ni indirectement, sous peine
» de privation de leur place. Les jurés-compteurs et gardes-ports
» doivent se renfermer, pour leur salaire, dans la fixation des prix
» déterminés par les décisions et ordonnances de thermidor an IX,
» à peine de destitution et même d'être poursuivis comme con-
» cussionnaires. »

Décision du ministre de l'intérieur, du **9 mars 1807.**

« Il sera établi, sur les ports principaux de la rivière d'Allier,
» des gardes - ports qui seront nommés par l'administration
» sur la présentation du commerce. Les gardes-ports seront tenus
» d'inscrire jour par jour et sans aucun blanc, sur un registre
» timbré, coté et paraphé, toutes les marchandises qui ARRIVE-
» RONT et SORTIRONT des ports.

» La rétribution des gardes-ports sera exigible à l'enlèvement

» des marchandises. Les gardes-ports se confermeront aux lois et
» règlements. »

Décision ministérielle, du 10 février 1812, concernant
l'organisation des ports de la Loire.

« Les gardes-ports seront tenus d'inscrire jour par jour et sans
» aucun blanc, sur un registre timbré, coté et paraphé, toutes les
» marchandises QUI ARRIVERONT ET SORTIRONT DES PORTS; la
» rétribution des gardes-ports sera exigible à l'enlèvement des
» marchandises. »

Règlement de police pour la navigation de l'Ourcq et de l'Aisne,
17 février 1784.

Chap. 3, art. 4. « Seront à l'avenir les lettres de voiture
» imprimées et renfermeront les qualités, QUANTITÉS et espèces
» de bois enlevés, SANS AUTRES FRAIS QUE CEUX D'ENLEVAGE
» FIXÉS PAR LE TARIF. »

L'ordonnance de 1672, chap. 2, art. 8, porte :
« Le voiturier ne partira du port de charge sans lettre de voiture. »

(Archives du commerce des bois carrés.)

CRÉATION
D'un juré-compteur pour les ports de la Haute-Marne
à la résidence de Saint-Dizier.

Mars 1834.

Sur la demande et présentation du comité des quatre commerces des bois et charbons pour l'approvisionnement de Paris, M. le
directeur général des ponts-et-chaussées a commissionné le sieur
Lemaire en qualité de juré-compteur des ports de la Haute-
Marne à la résidence de Saint-Dizier.

NOTA. Dès le 22 mars 1812, le sieur Claude Boulland avait été
nommé garde du port de Saint-Dizier, et le 11 juillet 1834, le sieur
Victor Boulland fut nommé garde du port de Valcourt.

(Archives du commerce des bois carrés.)

TRIBUNAL DE COMMERCE DE PROVINS.

Jugement qui condamne des marchands de bois au paiement des droits dus aux gardes-ports et jurés-compteurs, sans s'arrêter à la prétention opposée que le garde-port n'aurait pas donné ses soins à la marchandise.

8 avril 1834.

Extrait du plumitif du greffe du tribunal de commerce de l'arrondissement de Provins, département de Seine-et-Marne, séant audit Provins.

Audience du huit avril mil huit cent trente-quatre.

Entre le sieur Jean-Baptiste Besse, garde-port, demeurant à Bray-sur-Seine, demandeur aux fins de l'exploit de Boucher, huissier audit lieu, en date du vingt-neuf mars dernier, enregistré le trente-un du même mois, folio 97 recto, case 2, au droit de deux francs vingt centimes, décime compris, comparant par maître Mattelin, avocat, avoué à Provins, y demeurant, son mandataire constitué par l'exploit précité, d'une part ;

Et le sieur Pierre-Nicolas Guillemot, marchand de bois, demeurant audit Bray-sur-Seine, défendeur, comparant en personne et assisté de Me Brivois, aussi avoué près le même tribunal civil de Provins, y demeurant, d'autre part ;

Le tribunal, parties ouïes et après en avoir délibéré en la chambre du conseil, conformément à la loi ;

Attendu qu'il est constant que les quantités de bois pour les droits desquelles la demande est formée, ont réellement été déposées sur les ports de Bray et de Jaulne, que dès lors le droit de dépôt est légitimement dû ;

Sans s'arrêter ni avoir égard à la prétention élevée par le sieur Guillemot de ne pas devoir les droits sur une partie de ce bois, à raison de ce que le sieur Besse n'aurait pas donné ses soins à la garde dudit bois, prétention pour laquelle Guillemot pourrait se pourvoir devant qui de droit en dommages-intérêts ;

Attendu enfin que le prix porté dans la demande est celui du tarif de 1704;

Par ces motifs, et jugeant en premier et dernier ressort,

Condamne commercialement et même par corps ledit sieur Guillemot, à payer au demandeur la somme de deux cent douze francs vingt-deux centimes, pour droits de port et juré-compteur, le tout plus amplement détaillé en l'exploit de demande susdaté et énoncé; le condamne en outre aux intérêts tels que de droit et aux dépens liquidés à vingt-trois francs vingt centimes, hors et non compris le coût, enregistrement et signification du présent jugement;

Et statuant sur la demande en terme et délai faite sur la barre immédiatement condamnation,

Accorde audit sieur Guillemot un mois pour se libérer.

Ce qui sera exécuté suivant la loi.

Ainsi jugé et prononcé par ledit tribunal de commerce de Provins, les jour, mois et an que dit est, en la salle ordinaire des séances, où étaient présents et siégaient à l'audience publique des causes de commerce, Messieurs Thomassin jeune, premier juge, faisant les fonctions de président en l'absence de ce dernier; Guinet père et Marin Lederé, juges, assistés de M. Lair, greffier ordinaire de ce tribunal.

En marge est écrit : Enregistré à Provins, le 14 avril 1834, folio 181 verso, case 6. Reçu pour droit de condamnation, trois francs; pour titre, un franc dix centimes, et pour décime, quarante-un centimes; signé RICHOUD.

Collationné par le greffier du tribunal de commerce.

(Archives du commerce des bois carrés.)

EXTRAIT DE L'ORDONNANCE DE POLICE
Concernant la police du port de Bercy.

Paris, le 15 avril 1834.

Nous, conseiller d'État, préfet de police;

Vu la loi des 16-24 août 1790, et les arrêtés du gouvernement des 12 messidor an VIII (1er juillet 1800), et 3 brumaire an IX (25 septembre 1800).

Ordonnons ce qui suit :

Art. 1er. Le port de Bercy est divisé en port de garage et en port de déchargement.

LE PORT DE GARAGE EST DIVISÉ EN DEUX PARTIES : LA PRE-MIÈRE COMMENCE IMMÉDIATEMENT AU-DESSOUS DE L'ILE DE QUINQUENGROGNE ET SE PROLONGE JUSQU'AU LIEU DIT LES LIONS ; ELLE EST AFFECTÉE AU GARAGE DES TRAINS DE BOIS A ŒUVRER ; la seconde commence à la fin de la première et se prolonge jusqu'à la pancarte placée devant la maison n° 63 ; elle est affectée au garage des bateaux de bois, de charbons de bois, d'ardoises, et plus spécialement au commerce des vins.

Le port de déchargement s'étend depuis la pancarte jusqu'au pont Louis-Philippe (de Bercy).

L'espace compris entre la pancarte placée à six cent vingt mètres en amont du canal Triozon, et l'île au Pouilleux (rive gauche), est affecté au garage des bois à brûler.

La partie du port (rive gauche) qui s'étend depuis la pancarte qui sert de limite aux garages jusqu'au pont Louis-Philippe, est affectée à l'embarquement et au déchargement de toutes marchandises.

Art. 25. Le tirage des trains de bois à brûler et à œuvrer devra être commencé immédiatement après leur entrée à port, il devra s'opérer sans interruption et ne pourra se faire que sur les ports spécialement affectés à ce genre de travail.

En cas d'inexécution de ces dispositions, les trains seront remontés d'office au garage des Lions, dans la partie réservée pour les bois à brûler, aux frais, risques et périls de qui de droit.

Art. 26. LES BOIS DE CHARPENTE ET A ŒUVRER DEVRONT ÊTRE TIRÉS DIRECTEMENT EN CHANTIER, SANS POUVOIR SÉJOURNER SUR LE PORT DE BERCY.

Des tirages sur berge pourront être autorisés au port de la Gare, par permission spéciale, et dans ce cas, les marchandises seront enlevées dans les trois jours qui suivront le tirage ; faute de quoi il y sera pourvu d'office.

(Cartons de la Préfecture de police.)

ARRÊT DE LA COUR ROYALE D'ORLÉANS,

Qui maintient la rétribution due aux jurés-compteurs à l'enlèvement des bois déposés sur les ports; dit que le lieu où sont déposées les marchandises est celui dans lequel le paiement doit être effectué, et qu'en cas de refus, les gardes-ports et jurés-compteurs peuvent valablement assigner les marchands devant le tribunal de commerce de l'arrondissement où la marchandise a été déposée.

23 *mai* 1834.

ARRÊT DE LA COUR ROYALE D'ORLÉANS,

En date du 23 mai 1834, rendu entre M. Petit, juré-compteur des canaux de Briare et de Loing, contre M. Menard et autres.

23 *mai* 1834.

A été extrait ce qui suit :

Attendu qu'une intervention ministérielle de l'an IX porte : qu'il sera établi un juré-compteur pour les canaux de Briare et de Loing, qu'il aura droit à une remise telle qu'elle sera fixée par le commerce, enfin, que cette remise ne sera exigible qu'au moment de l'enlèvement des marchandises;

Attendu qu'une instruction de l'an X confirme la dernière de ces dispositions;

Attendu que, sur la présentation et sur la recommandation du commerce de Montargis, Petit a été nommé juré-compteur pour l'arrondissement de Montargis;

Attendu que la juridiction de l'Hôtel-de-Ville, à laquelle étaient soumises autrefois les difficultés entre les négociants et les jurés-compteurs ayant été abolie, les tribunaux consulaires sont aujourd'hui seuls compétents pour en connaître;

Attendu que le dépôt sur les ports de Dammarie, Châtillon-sur-Loing et Salles, des marchandises dont Petit réclame le paiement des droits d'enlevage est constant, que ces marchandises peuvent être assimilées à celles déposées et livrées d'après convention, et emportant nécessairement l'obligation de payer lesdits droits au domicile de Petit; qu'en effet il pouvait s'opposer à l'enlèvement des marchandises jusqu'au paiement de ce qui lui était dû; qu'on imaginerait difficilement que, pour avoir agi avec moins de rigueur, il se trouverait placé dans la nécessité d'assigner au loin et devant leur juge naturel les négociants qui ont commencé par enlever et qui maintenant se refusent à payer, d'où il suit que l'exception d'incompétence, soit *ratione materiæ*, soit *ratione personæ*, n'est pas fondée :

Au fond, attendu que l'objet de la contestation s'élève à 127 fr., qu'ainsi a été jugé en dernier ressort;

Par ces motifs, nous estimons qu'il y a lieu, statuant sur l'appel interjeté par Gabriel Menard, Léonard Menard et Nicolas Beaujeu, mal fondé dans les exceptions par eux proposées; ordonner que le jugement attaqué sortira effet quant aux condamnations qu'il prononce; condamner les appelants à l'amende ordinaire et aux dépens.

La Cour a ordonné qu'il en serait délibéré en la chambre du conseil; et, de retour en la salle d'audience, la séance publique reprise a continué son délibéré pour être rapporté à l'audience de demain et aujourd'hui 23 mai, la Cour rapportant son délibéré prononcé à l'audience d'hier; vu la quittance de consignation d'amende du 9 janvier dernier, n° 190;

En ce qui touche l'incompétence *ratione materiæ*,

Considérant que les fonctions de juré-compteur se rattachent particulièrement à l'exercice du commerce, que, nommés sur la présentation des notables négociants, il se forme entre eux et ces derniers un quasi-contrat, d'où naissent des engagements réciproques qui les soumettent à la même juridiction; que si l'ancienne législation, par une ordonnance de 1672, avait placé le commerce de bois et de charbons pour l'approvisionnement de Paris, sous la juridiction des prévôt des marchands et échevins de cette ville, cette juridiction exceptionnelle a été détruite et n'a été nominativement remplacée par aucune juridiction spéciale administrative, et que d'ailleurs il ne s'agit point dans l'espèce de l'interprétation, mais bien de l'application de différentes décisions administratives qui ont réglé les droits des parties les unes envers les autres, D'OÙ IL SUIT QUE LES TRIBUNAUX DE COMMERCE SONT SEULS COMPÉTENTS POUR CONNAITRE DES ACTIONS DIRIGÉES PAR LES JURÉS-COMPTEURS CONTRE LES MARCHANDS DE BOIS ET CHARBONS POUR L'APPROVISIONNEMENT DE LA VILLE DE PARIS, A RAISON DES DROITS QUI LEUR SONT DUS;

En ce qui touche l'incompétence du même tribunal, *ratione personæ*;

Considérant que le droit alloué aux jurés-compteurs n'est exigible, aux termes des règlements administratifs, qu'au moment de l'enlèvement des marchandises; QU'AINSI LE LIEU OU ELLES SONT DÉPOSÉES EST CELUI DANS LEQUEL LE PAIEMENT DOIT ÊTRE EFFECTUÉ; qu'en fait, les marchandises des sieurs Menard et Beaujeu étaient déposées dans l'arrondissement de Montargis, et d'où il suit qu'au terme de l'art. 420, n° 3, du Code de procédure civile, ils ont été valablement assignés devant le tribunal de commerce de cet arrondissement;

Au fond, en ce qui touche la recevabilité de l'appel,

Considérant que la demande a pour objet le paiement d'une somme de 127 fr.; que l'appel ne serait recevable qu'autant que cette demande serait indéterminée ou qu'elle excèderait la somme de 1,009 fr.;

Par ces motifs, la Cour met l'appellation au néant; ordonne que ce dont est appel sortira son plein et entier effet; condamne les appelants à l'amende ordinaire de 10 fr. et aux dépens taxés à 76 fr. 96 c. tant en déboursés qu'émoluments, et ce non compris les coût et enregistrement du présent arrêt, desquels dépens distraction est faite au profit de M. Bimbenel, avoué de l'intimé, comme les ayant payés et déboursés de ses deniers, ainsi qu'il l'a présentement affirmé conformément à la loi.

Fait et jugé par la cour royale d'Orléans, chambre civile, en audience publique, où siégaient MM. Travers de Beauvert, premier président; Cotelle, Perrot, Brossard de Corbigny, Porcher, Moreau et Allain, conseillers.

(Archives du commerce des bois carrés.)

COMMISSION

De garde-rivière chargé de repêcher et recueillir les bois à œuvrer qui se détachent des trains ou qui sont entraînés par la crue des eaux.

10 *décembre* 1834.

Direction générale des ponts-et-chaussées et des mines.

Le conseiller d'État, directeur général des ponts-et-chaussées et des mines;

Vu la proposition de MM. les délégués du commerce de bois carrés en date du 20 novembre 1834;

Vu l'avis de M. l'inspecteur principal de la navigation du 2 décembre suivant;

En conséquence de la décision du ministre de l'intérieur du 3 juin 1802;

Commet le sieur Barbier (Henri), en qualité de GARDE-RIVIÈRE SPÉCIALEMENT CHARGÉ DE REPÊCHER, FAIRE REPÊCHER ET RECUEILLIR LES BOIS A OEUVRER qui se détachent des trains sur la rivière de Saulx, canton de Vitry, département de la Marne.

A la charge par lui,

1° De prêter serment devant le tribunal de première instance d'arrondissement du lieu de sa résidence;

2° De remplir avec zèle et fidélité les fonctions qui lui sont confiées;

3° De se conformer aux lois et règlements de la navigation;

4° De n'exiger d'autres salaires que ceux attribués à cette place;

5° De donner aux inspecteurs de la navigation relative à l'approvisionnement de Paris, tous les renseignements qui lui seront demandés;

Invite tout fonctionnaire public à donner audit sieur Barbier

(Henri) aide et assistance, au besoin, dans l'exercice de ses fonctions.

Délivré à Paris, le 10 décembre 1831.

Signé LEGRAND.

Vu par les inspecteur principal et particulier de la navigation de l'arrondissement de Châlons.

Châlons, 12 septembre 1834.

Signé : LEIRIS et POLLART.

Le sieur Barbier (Henri), dénommé d'autre part, ayant prêté serment à l'audience du tribunal de première instance de Vitry-le-Français, le 21 janvier 1835, sa commission a été transcrite au greffe dudit tribunal, sur le registre à ce destiné, par le greffier soussigné.

Signé MONTIGNEUL.

(Direction générale des ponts-et-chaussées.)

DEVOIRS DES GARDES-RIVIÈRE, CHARGÉS DU REPÊCHAGE DES BOIS CARRÉS (LEURS FONCTIONS).

Un arrêt du parlement de Paris du 23 février 1763, homologatif d'une sentence du bureau de la ville du 17 février précédent, autorisait les marchands de bois flottés pour la provision de Paris à établir des commis pour veiller à la conservation des bois destinés à cette provision ; une ordonnance du bureau de la ville, du 25 janvier 1770, permettait auxdits commis de porter des bandoulières aux armes du roi et de la ville, et armes défensives, de faire recherches et perquisitions des bois pris et emportés, etc.

Aujourd'hui, les gardes-rivières salariés par cette compagnie sont, en conséquence de la décision du ministre de l'intérieur, du 3 juin 1802, commissionnés par M. le directeur général des ponts-et-chaussées et des mines, à la charge par eux :

1° De prêter serment devant le tribunal de première instance de l'arrondissement du lieu de leur résidence ;

2° De remplir avec zèle et fidélité les fonctions qui leur sont confiées ;

3° De se conformer aux lois et règlements de la navigation ;

4° De n'exiger d'autres salaires que ceux attribués à leur place ;

5° De donner aux commissaire et inspecteurs de la navigation relative à l'approvisionnement de Paris, tous les renseignements qui leur seront demandés.

Tout fonctionnaire public est invité à donner aux gardes aide et assistance, au besoin, dans l'exercice de leurs fonctions.

Le décret du 26 nivôse an v, qui assimile les gardes-rivière aux gardes forestiers, leur donne le pouvoir légal de dresser des procès-verbaux des délits et contraventions, et ces procès-verbaux, dûment affirmés et enregistrés, font, selon les cas, preuve jusqu'à inscription de faux.

Tous préposés à la surveillance des bois et marchandises destinées à l'approvisionnement de Paris ne peuvent commercer sur ces marchandises directement ou indirectement, sous peine de privation de leurs places (Instruct. du 22 pluviôse an x).

Le garde-rivière est tenu de fixer sa résidence à l'endroit désigné dans sa commission, et en outre de s'acquitter avec soin, zèle et probité, des obligations suivantes :

LES MARINIERS N'AYANT AUCUN DROIT DE DISPOSER DE LA CHOSE CONFIÉE A LEURS SOINS, IL S'OPPOSERA A CE QU'ILS PORTENT DU BOIS DANS LES AUBERGES ET CABARETS, ET DÉFENDRA AUX AUBERGISTES ET CABARETIERS D'EN RECEVOIR ; IL VEILLERA A LA CONSERVATION DES PERCHES ET DES FERS SERVANT A DIRIGER LES TRAINS, ET VERBALISERA CONTRE TOUS CEUX DES CONDUCTEURS QUI SE PERMETTRAIENT D'EN VENDRE OU D'EN DISPOSER DE TOUTE AUTRE MANIÈRE ;

Il veillera à ce que les bois qui s'échappent des trains et qui sont connus sous la dénomination de bois de communauté soient soigneusement ramassés et mis en lieu de sûreté, en attendant le flottage et l'expédition desdits bois au chantier commun. IL REMBOURSERA A QUI DE DROIT ET A RAISON DE 75 CENTIMES PAR SOLIVE OU PIÈCE DE BOIS, FIXÉS PAR LES ORDONNANCES, LES FRAIS DE REPÊCHAGE DES BOIS QUI LUI SERONT REMIS, ET APPOSERA SOIGNEUSEMENT SON MARTEAU (B. R.), sur chaque morceau de charpente, sciage ou charronnage, et en adressera inventaire détaillé à l'agent général : il les fera soigneusement ramasser et mettre en lieu de sûreté; il s'opposera à ce qu'il en soit emporté ou vendu par qui que ce soit, *et n'en permettra l'enlèvement et le déplacement que sur l'autorisation de l'agent général du commerce*; il veillera également à la conservation des chantiers et autres objets qui dépendent des trains et qui les garnissent; il fera toutes les perquisitions nécessaires pour recouvrer les marchandises qui auraient été vendues par les mariniers infidèles, ou soustraites par des gens mal intentionnés.

Il fera rapports et dressera procès-verbaux de tous délits, abus ou contraventions qu'il reconnaîtra ou qui parviendront à sa connaissance dans le cours de ses rondes et tournées, et, après les avoir mis en bonne forme et affirmés, il les transmettra sans délai à l'agent général du commerce.

Enfin, il sera tenu de déférer aux ordres qui lui seront donnés dans l'intérêt du commerce, pour le bien du service, par l'agent général.

ARRÊTÉ

Du directeur général des ponts-et-chaussées portant rejet de la demande formée par un propriétaire, de clore et occuper en constructions son terrain servant au dépôt des bois pour l'approvisionnement de Paris.

Du 28 février 1835.

Monsieur le préfet,

Le sieur de Poret, propriétaire d'un terrain situé au bord de la Marne, à Dormans, *et qui sert au dépôt des bois destinés à l'approvisionnement de Paris*, m'a écrit pour obtenir l'autorisation de disposer de ce terrain qu'il a, dit-il, l'intention d'enclore pour y établir ensuite des constructions.

J'ai examiné et fait examiner avec soin cette demande et *j'ai reconnu que le terrain du sieur de Poret était, aux termes des anciens règlements*, notamment de l'ordonnance non abrogée de 1672 (chap. 17, art. 14), soumis de même que tous ceux situés le long des rivières comprises dans le rayon de l'approvisionnement de Paris , *frappé d'une servitude au profit des bois destinés à cet approvisionnement ;* qu'on ne pourrait donc accueillir les demandes de cette nature sans affranchir les riverains de la servitude dont il s'agit , ni contrevenir aux dispositions de ladite ordonnance sans jeter le commerce de bois dans de grands embarras, gêner et entraver ses expéditions, sans compromettre enfin l'approvisionnement de Paris et une denrée de première nécessité.

Par ces motifs et considérations, j'ai reconnu que la demande du sieur de Poret ne pouvait être admise.

Je vous prie de l'en informer.

Recevez , Monsieur le préfet , l'assurance de . . . , etc.

Signé LEGRAND , conseiller d'État ,
directeur général des ponts-et-chaussées.

(Archives du commerce des bois carrés.)

DÉCISION DU MINISTRE DE L'INTÉRIEUR ,

Concernant l'établissement d'un port pour bois carrés à Brienne (Aube), et fixation des indemnités dues aux propriétaires d'usines pour les flots et passage des trains de bois carrés.

21 *avril* 1835.

RAPPORT

A Monsieur le ministre de l'intérieur.

Monsieur le ministre,

Par décision du 31 décembre 1831, rendue sur le rapport de mon prédécesseur, M. le comte d'Argout, alors ministre des travaux publics, a statué sur les difficultés élevées depuis longues années entre les propriétaires de plusieurs usines situées sur la

partie inférieure de l'Aube, les propriétaires de bois et les flotteurs, au sujet du passage des trains par les vannes ou pertuis desdites usines.

Quant aux usines établies sur la partie supérieure de cette rivière et aux difficultés de même nature auxquelles le passage des
flots donne également lieu, il devait, aux termes de la décision,
être statué ultérieurement après l'accomplissement de certaines
formalités qu'elle indique.

L'article 1er porte en conséquence :

« Il sera nommé par M. le préfet de l'Aube une commission
» chargée de déterminer le mode de flottage sur le port de Brienne,
» de régler les emplacements et ateliers de flottage, d'entendre les
» divers intéressés, de fixer l'indemnité due à chacun d'eux et no-
» tamment aux propriétaires des usines pour les flots et passages. »

Une commission a été instituée en effet, et, dès le 12 janvier
1832, elle s'est assemblée.

Les personnes appelées à en faire partie étaient le sous-préfet
de Bar-sur-Aube, président; le maire de la commune, l'ingénieur des ponts-et-chaussées, les délégués des bois carrés et les
agents de la navigation.

La commission, après mûre délibération sur les divers objets
dont elle avait mission de s'occuper, a arrêté et déterminé, du
consentement des parties intéressées, toutes appelées et entendues,
les dispositions relatives à l'établissement du nouveau port de flottage et aux indemnités de chômage des moulins.

Elle a, en conséquence, voté l'adoption du règlement dont la
teneur suit :

« Art. 1er. Le port de Brienne-la-Vieille comprendra les em-
» placements suivants, appartenant à la commune : 1° un terrain
» situé en amont du pont, sur la rive droite, ayant 124 m. 80 c. de
» longueur ; 2° un terrain situé en aval du port sur la rive droite
» et ayant 144 m. 80 c. de longueur; 3° et sur la rive gauche un
» autre terrain situé en avant du pont, sur 63 m. de longueur ;
» 4° l'emplacement de l'ancien port, situé au-dessous des moulins
» sur la rive droite et compris entre les bâtiments de l'usine et
» une vigne appartenant au sieur Godart.

32

» Art. 2. La superficie entière du terrain mentionné au 3ᵉ pa-
» ragraphe de l'art. 1ᵉʳ, lequel est une alluvion plantée de jeunes
» peupliers de deux ans, sera dévolue au service du port, et la
» commune devra arracher ces arbres.

» Sur les trois autres portions de terrains, on prendra une lar-
» geur uniforme de 25 mètres, mais comme celui qui est désigné
» au 1ᵉʳ paragraphe n'offre pas partout cette dimension, la com-
» mune devra acquérir le long de cet emplacement une surface
» assez grande pour fournir aux besoins du port et pour com-
» prendre encore un chemin rural qui se trouve dans ce moment
» au bord de la rivière; à cet égard, un membre de la commission,
» M. Pépin, qui possède le terrain contigu à celui de la commune,
» et sur lequel pourrait se prendre cet élargissement, propose de
» changer la surface qui sera nécessaire contre un terrain de même
» valeur que la commune possède sur un autre point voisin éga-
» lement d'une propriété de M. Pépin; la commission pense que
» cette proposition devra être adoptée par l'administration.

» Le terrain désigné au second paragraphe de l'art. 1ᵉʳ demande
» aussi une observation, c'est qu'ayant été loué par la commune à
» différents particuliers, ceux-ci devront céder au commerce la
» largeur de 25 m. indiquée plus haut. Cette concession se fera
» suivant les prix de l'adjudication consentie aux locataires.

» Art. 3. Le mode de flottage sera conforme à l'usage pratiqué
» jusqu'ici.

» Art. 4. Le commerce de bois paiera à la commune de Brienne-
» la-Vieille les indemnités convenables pour la jouissance des
» terrains désignés à l'article 1ᵉʳ, comme réservés au service du
» port et qui n'auront pas été loués par le commerce; ces indem-
» nités, ainsi que les charges respectives pour l'entretien des rives,
» seront réglées entre le commerce et la commune, par les voies
» de droit.

» Art. 5. L'INDEMNITÉ A ALLOUER AUX MEUNIERS POUR
» CHAQUE FLOT SERA FIXÉE A 7 FRANCS 20 CENTIMES pour les
» moulins de Baussancourt, Beaulieu, Juvengé, Dienville, pour
» celui de Brienne-la-Vieille, qui se trouve sur la rive gauche,

» pour celui de Blaincourt et de Précy-Saint-Martin; ELLE SERA
» FIXÉE A 3 fr. 60 cent. seulement pour le moulin de Brienne-
» la-Vieille, qui se trouve sur la rive droite.

 » Art. 6. La durée de chaque flot sera de deux heures, pen-
» dant lesquelles le meûnier tiendra la vanne du flottage con-
» stamment levée; il sera tenu d'ailleurs de baisser toutes ses
» vannes, deux heures avant l'instant pour lequel on lui aura de-
» mandé le flot, et dès que les eaux seront arrivées au niveau
» des retenues légales de l'usine, de les maintenir au moins à ce
» point.

 » Ce niveau sera déterminé par un repère spécial pour chaque
» moulin; l'ingénieur de l'arrondissement, membre de la com-
» mission, fixera ces repères, comme il s'y est offert, et en indi-
» quera la détermination dans un procès-verbal qui sera adressé à
» l'administration.

 » Art. 7. Il sera accordé au propriétaire des usines situées sur
» la rive gauche de l'Aube, à Brienne-la-Vieille, une indemnité
» de 2 fr. 50 cent. pour le passage de chaque brelle composée
» de quatre coupons, et de 75 c. par coupon, lorsqu'ils ne seront
» pas assemblés au nombre de quatre.

 » Cette indemnité est stipulée sous la condition que le meûnier
» prolongera de 6 m. 50 c., vers le sous-bief, le coursier de sa
» vanne de flottage.

 » Déjà, pour satisfaire au 1er objet du règlement, des arrange-
» ments ont été faits entre le maire de la commune et les délégués
» du commerce des bois carrés pour l'emploi et la disposition de
» terrains appartenant à la commune et qui sont nécessaires pour
» l'établissement du nouveau port de flottage. »

 Ces arrangements ayant été approuvés par votre décision du
31 janvier 1834, on s'est empressé de commencer les travaux; ils
sont terminés maintenant, et bientôt le commerce pourra profiter
des avantages que lui offriront, pour le dépôt des bois et la confection des trains, de beaux et vastes emplacements qui jusqu'ici ont
manqué à ses opérations.

 PLUS TARD J'AURAI L'HONNEUR DE VOUS ENTRETENIR DES

MESURES A ADOPTER AFIN D'INDEMNISER LE COMMERCE DES SACRIFICES QU'IL FAIT ICI DANS UN INTÉRÊT COMMUN.

M. le préfet de l'Aube propose aujourd'hui d'approuver le règlement dont il s'agit, et d'écarter ainsi les difficultés qu'à défaut d'approbation son exécution peut éprouver.

J'ajouterai à l'appui de cette proposition que ce règlement, prescrit par la décision du 31 décembre 1831, rappelée ci-dessus, complète celui approuvé par cette décision même.

J'ai, en conséquence, l'honneur de vous proposer de l'approuver avec cette disposition additionnelle présentée par M. le sous-préfet de l'arrondissement.

« L'inspecteur de la navigation procèdera annuellement à la » visite de toutes les usines, à l'effet de constater leur état et de » mettre en demeure les propriétaires d'opérer les réparations qui » seraient réclamées dans l'intérêt de la navigation.

Je suis, etc.,

Monsieur le ministre,

Votre très, etc.

Le conseiller d'État, directeur général
des ponts-et-chaussées et des mines,
Signé LEGRAND.

Approuvé, Paris le 21 avril 1835.

Le ministre secrétaire d'État de l'intérieur,
Signé THIERS.

(Direction générale des ponts-et-chaussées.)

DÉCISION MINISTÉRIELLE

Portant approbation du règlement relatif à l'échantillon des sciages de hêtre à débiter dans la forêt de Villers-Cotterets, et au classement et empilage de ces bois sur les ports.

19 *mai* 1835.

Règlement amendé par décision de M. le ministre de l'intérieur.

La compagnie des marchands de bois de charpente, sciage, charronnage et autres de Paris, désignée sous le titre de Compagnie du Commerce des bois carrés, représentée par ses délégués et adjoints, d'une part ;

Et les marchands, exploitant ordinairement dans la forêt de Villers-Cotterets, représentés par MM. Guay jeune, marchand de bois à Villers-Cotterets, Parisis, marchand de bois à Villers-Cotterets, et Quatrelivre, aussi marchand de bois, demeurant à Meaux, d'autre part ;

Les contractants réunis au bureau du commerce des bois carrés, quai de la Râpée, 45, cejourd'hui 4 février 1835, à 10 heures du matin ;

Convaincus par l'expérience d'un grand nombre d'années que la partie des sciages de hêtre est un objet très important pour le commerce exploitant et pour celui de Paris, que les ports de l'Ourcq fournissent à eux seuls la majeure partie de l'approvisionnement de Paris en bois de hêtre, et que cette matière, destinée aux besoins des ouvriers en meubles de la capitale, doit inspirer le plus vif intérêt ;

Reconnaissant que depuis trop longtemps ces sciages sont mal confectionnés et sur des échantillons qui ne conviennent pas à leur emploi, qu'alors le commerce de Paris a pu souvent s'en plaindre avec raison, et qu'en conséquence il s'est fait peu de marchés sans de nombreuses contestations lors des livraisons sur les ports ;

Reconnaissant aussi qu'on a souvent abusé du peu de surveillance qu'il y avait lors de l'empilage sur les ports pour y expédier des bois absolument défectueux ;

Désirant donc éviter à l'avenir tous les inconvénients qui viennent d'être signalés, placer les deux commerces de Villers-Cotterets et de Paris sur le seul terrain qui leur convient, celui de l'ordre et de la loyauté, et donner en même temps plus de régularité et de force dans le classement et l'empilage des bois sur les ports, à l'action des jurés-compteurs et gardes-ports , les contractants ont arrêté, sauf la sanction de l'autorité, qu'un règlement serait rédigé pour fixer d'une manière invariable les dimensions à donner à l'avenir aux différents échantillons de sciage de hêtre, leur classement et leur empilage sur les ports ;

En conséquence, il a été proposé, discuté et arrêté ce qui suit :

ART. 1er.

DIMENSIONS DES DIFFÉRENTS ÉCHANTILLONS DE SCIAGE DE HÊTRE.

Membrure.

Elle est la partie dominante et se composera par toise d'un produit de 21 à 24 pouces.

Doublette et trape.

La doublette ou trape contiendra pour deux toises un produit de 33 à 36 pouces, celle de quartier portera 2 pouces 3/4 d'épaisseur ; celle de hauteur 3 pouces sur 12 pouces de largeur.

Quartelot.

Le quartelot contiendra par toise un produit de 16 à 18 pouces ; 2 pouces d'épaisseur sur 8 à 9 pouces de largeur pour les bois de quartier, et 8 pouces au moins de largeur, entre deux flaches, pour les bois de hauteur.

Planche.

La planche de 18 lignes contiendra un produit de 17 pouces au moins.

Entrevous et feuillet.

L'entrevous ou feuillet contiendra un produit de 10 pouces, portant 14 à 15 lignes d'épaisseur sur 8 à 9 pouces de largeur pour les bois de quartier, et 8 pouces au moins entre deux flaches pour les bois de hauteur.

Dosse.

La dosse devra contenir un produit de 12 pouces au moins.

Etaux.

Les grands étaux devront avoir 6 pouces d'épaisseur sur 24 pouces au moins de largeur.

Les petits étaux auront 4 pouces d'épaisseur sur 18 pouces au moins de largeur.

Les dosses des gros et petits étaux devront contenir au moins les deux tiers du produit fixé pour les grands et petits étaux.

ART. 2.

CLASSEMENT ET EMPILAGE.

Toutes les pièces de la contenance et des dimensions sus-indiquées seront réputées *bon bois*, toutes les fois qu'elles seront exemptes des vices suivants : tels que flaches, pourritures, nœuds creux, fentes, fractures et échauffures évidentes et pouvant occasionner dans l'emploi la perte de 1/6e de sa contenance ; dans ce cas elles seront réputées *bois rebut* et livrées à 3 toises pour 2 ; celles desdites pièces qui présenteraient une perte moindre que le sixième, seraient classées comme bon bois et reçues comme telles dans l'empilage.

ART. 3.

Les pièces qui lors du triage et de l'empilage seraient reconnues ne pas contenir en bon bois, au moins moitié du produit qu'elles doivent avoir dans leur échantillon, seront rejetées et ne pourront même pas faire partie des rebuts.

Les pièces ayant 3 pouces de moins que le pied dans leur longueur perdront un pied, autant toutefois que cette perte de bois ne serait pas faite à dessein, ni en trop grande quantité.

ART. 4.

Tout marchand exploitant conservera la faculté d'augmenter l'échantillon de ses bois, s'il le juge convenable.

ART. 5.

L'empilage et le classement une fois constatés par le juré-compteur et son marteau apposé sur les piles, la recette en sera obligatoire pour l'acquéreur, sauf son recours contre le juré-compteur.*

ART. 6.

Le présent réglement ne sera exécutoire qu'autant qu'il aura été ratifié par la compagnie du commerce des bois carrés, en assemblée générale, et celle de Villers-Cotterêts, et sanctionné par l'autorité.

Dans ce cas il en sera expédié des copies à MM. les jurés-compteurs et gardes-ports chargés seuls de son exécution sur les ports, et aux marchands exploitants qui en feront la demande.

Fait à Paris, les jour, mois et an susdits.

Suivent les signatures.

Le réglement ci-dessus et des autres parts a été approuvé et ratifié par nous soussignés, marchands de bois carrés, réunis en assemblée générale cejourd'hui 22 février 1835.

Suivent les signatures.

Le présent réglement, composé de six articles ci-dessus et des autres parts, a été approuvé et ratifié par nous, marchands de bois exploitants, cejourd'hui 29 mars 1835.

Suivent les signatures.

Le projet de règlement dont est copie a été approuvé par décision de M. le ministre de l'intérieur, en date du 19 mai 1835, avec la disposition additionnelle ci-après indiquée, laquelle fera suite à l'art. 5.

* « Ce recours ne pourra être dans tous les cas exercé, qu'après
» que l'inspecteur de la navigation de l'arrondissement aura été
» appelé à l'effet de constater par un procès-verbal les faits qui
» donneraient lieu aux difficultés.

» Copie de ce procès-verbal sera adressée avec un rapport
» à M. le conseiller d'État, directeur général des ponts-et-chaus-
» sées et des mines, par l'inspecteur principal qui y joindra ses
» observations. »

Paris, le 25 mai 1835.

Le conseiller d'État, directeur-général
des ponts-et-chaussées et des mines,
Signé LEGRAND.

(Direction générale des ponts-et-chaussées.)

DÉLIBÉRATION

Du commerce des bois carrés pour l'approvisionnement de Paris,

Du 20 *octobre* 1835,

Qui autorise l'agent général à remettre au sieur Hotte, ancien employé du commerce, la SOMME DE CENT FRANCS A TITRE DE SECOURS.

(Archives du commerce des bois carrés.)

JUGEMENT DE LA POLICE CORRECTIONNELLE DE CHATEAU-THIERRY,

Du 27 *novembre* 1835,

Qui condamne le sieur N'***, comme auteur du vol d'une pièce de bois de charpente, et le sieur G****, qui l'avait achetée, comme son complice pour recel; mais le tribunal, reconnaissant dans l'affaire des circonstances atténuantes en faveur des prévenus, les condamne seulement :

1° Le sieur N*** à 16 fr. d'amende ;

2° Le sieur G*** à 1 fr.;

De plus, solidairement aux frais.

(Archives du commerce des bois carrés.)

NOUVELLE CIRCULAIRE

Adressée par le bureau du commerce des bois carrés de Paris à MM. les gardes-ports, pour leur rappeler qu'ils doivent se renfermer dans le tarif de 1704 pour les rétributions qui leur sont dues, et qu'ils ne doivent demander aucun droit excédant en raison du toisé dans l'eau au départ, et de l'inventaire de flottage des bois carrés.

1836.

De nouvelles plaintes étant parvenues au bureau du commerce des bois carrés sur les exigences de certains gardes-ports qui prétendent avoir droit à une augmentation de paiement en sus de leurs droits fixés par les tarifs de 1704, pour raison des inventaires d'expéditions qu'ils font; le bureau, avant de prendre des mesures énergiques pour réprimer cet abus, invite MM. les gardes-ports à relire attentivement la circulaire qui leur a été adressée en mars 1834, et à se bien pénétrer que leur devoir est de faire l'inventaire des bois chargés ou flottés sur leurs ports, afin de donner aux voituriers des lettres de voiture conformes au chargement, et que c'est pour ce travail qu'il leur est alloué un droit d'enlèvement.

Si, contre son attente, ce dernier avertissement ne suffisait pas, le bureau se verrait contraint d'appeler toute la sévérité du comité central des quatre commerces contre les gardes-ports qui s'abstiendraient de remplir tous leurs devoirs, ou qui exigeraient un supplément de droit pour leur service.

J'ai l'honneur de vous saluer,

LAURENT, agent général.

NOTA. Veuillez vous reporter à notre circulaire en date du mois de mars 1834, qui relate les obligations et les devoirs imposés aux gardes-ports.

(Archives du commerce des bois carrés.)

POUVOIRS DES PRÉFETS.

Contravention à une ordonnance de police relative à la navigation, considérée comme contravention aux règlements de *grande voirie* et *passible d'une amende de* 5oo *francs*.

Du 12 *février* 1836.

POLICE DE NAVIGATION, POUVOIRS DES PRÉFETS.

Les préfets agissent dans les limites de leurs pouvoirs lorsqu'ils prescrivent les mesures jugées nécessaires dans l'intérêt de la navigation ; les contraventions à ces mesures sont considérées comme contraventions aux règlements de grande voirie, et passibles d'une amende de 500 fr.

Le préfet de la Seine-Inférieure, témoin des pertes et des accidents que les grandes eaux et les glaces occasionnent souvent à la navigation dans son département, a ordonné à ce sujet diverses mesures ; tel est l'objet d'un arrêté du 21 janvier 1829.

Aux termes de cet arrêté, les maîtres mariniers doivent, dès que la Seine commence à charrier, suspendre jusqu'après le dégel et la débâcle, toute disposition relative à l'embarquement des marchandises dans les ports ; ils doivent aussi suivre pour le garage des bateaux les indications données par les agents de la navigation.

Le sieur Maillet Duboullay, s'étant refusé de satisfaire à ces mesures, a été traduit, comme en matière de grande voirie, devant le conseil de préfecture.

Un premier arrêté, rendu par défaut, l'a condamné à une amende de 500 fr. ; cette amende a été réduite à 250 fr. par un second arrêté rendu contradictoirement.

Le sieur Duboullay s'est pourvu devant le conseil d'État contre ces deux arrêtés ; suivant lui, l'arrêté du préfet n'était point obligatoire, puisqu'il n'avait point été préalablement approuvé. Il soutenait d'ailleurs que rien dans cet arrêté ne s'opposait au transbordement des marchandises, seule opération à laquelle il se fût livré, que rien enfin dans les prescriptions relatives au garage des bateaux ne justifiait l'intervention du conseil de préfecture, ni par conséquent les condamnations portées contre lui.

Mais le ministre du commerce et des travaux publics a fait remarquer qu'il s'agissait d'interdire, dans des circonstances graves et périlleuses, toute espèce de travail sur la rivière; qu'un transbordement entraîne nécessairemant le débarquement et l'embarquement des marchandises; qu'en admettant donc que le sieur Duboullay ne fût point dans son tort pour avoir débarqué les marchandises par lui transportées, il l'était pour les avoir réembarquées dans un autre bateau.

Le ministre, abordant ensuite les questions de droit et de principe que soulevait la défense du réclamant, est entré dans les explications que nous reproduisons sommairement ici.

Toutes les lois, notamment celle du 29 floréal an x, rangent sur la même ligne les rivières navigables et les routes classées, les unes et les autres se distinguent par un caractère qui leur est propre; elles sont soumises à des règles spéciales, à un régime exceptionnel, entièrement hors du droit commun, régime désigné sous la dénomination de *grande voirie*.

Aux termes du décret du 22 décembre 1789, les administrations de département sont chargées, sous l'autorité et l'inspection du roi, de toutes les parties de l'administration.

Le décret du 7 septembre 1790 rappelle cette disposition. Suivant ce décret (art. 6), l'administration en matière de grande voirie appartient au corps administratif.

C'est dès lors dans le domaine de l'administration que se trouve placé tout ce qui a rapport aux grandes communications, aux mesures d'ordre, de police, de sûreté et de conservation à y établir et maintenir; les pouvoirs de l'administration s'étendent au surplus sur tout ce qui a pour objet de régler la manière de jouir et de disposer de la voie publique.

Le préfet de la Seine-Inférieure agissait donc dans les limites de ses attributions lorsque, par de sages et prudentes mesures, il prévenait les évènements susceptibles de compromettre la liberté et la sûreté des communications sur la rivière, de compromettre d'ailleurs la conservation des bateaux et des marchandises.

Mais le refus d'obtempérer à ces mesures participait-il de la nature des contraventions que les lois défèrent au jugement des conseils de préfecture?

Le ministre a résolu affirmativement cette question par les observations suivantes.

La loi du 28 pluviôse an VIII investit les conseils de préfecture du droit de prononcer sur les difficultés élevées en matière de grande voirie; ce principe a été développé ensuite par la loi du 29 floréal an X, déjà citée.

Mais les défenses portées par cette loi ne sont pas les seules que réclame l'intérêt public. Pour que les rivières considérées comme grandes routes, puissent répondre aux besoins, aux nécessités de la circulation, il faut encore qu'elles soient sûres et commodes, et que dans ce but elles soient règlementées.

L'ordonnance dite de la ville, de 1672, renferme à ce sujet les dispositions les plus sages et les mieux entendues; la sollicitude de l'administration s'est manifestée d'ailleurs par d'autres actes publics, et en particulier par l'arrêt du conseil d'État du roi du 24 juin 1777, applicable à toutes les rivières du royaume.

L'art. 8 de cet arrêt porte : « Très expresses inhibitions et
» défenses à tous voituriers par eau, mariniers, meûniers et
» compagnons de rivière, de troubler et retarder le service des
» coches et diligences; d'embarrasser les abords des ports et gares
» qui leur sont affectés; de garer leurs bateaux du côté du ha-
» lage et avec les mâts, fourchettes ou gouvernaux dressés; de
» monter ou descendre les trains et bateaux couplés en double
» dans les ports, pertuis, goulettes et autres passages étroits, ni
» les y emboucher avant que d'avoir été reconnaître s'il n'y a
» point de coches ou autres bateaux présentés pour y passer;
» ainsi que de fermer leurs bateaux à l'entrée ou dans lesdits
» passages étroits de manière à gêner ou intercepter la naviga-
» tion, à peine de demeurer responsables de toutes pertes, dépens,
» dommages et retards, même de punition corporelle, si le cas
» échoit. »

Le ministre a fait remarquer ensuite que l'ordonnance du mois d'août 1669, celle du 4 août 1731, et l'arrêt du conseil de 1777, fixaient à 500 fr. l'amende encourue en cas de contravention aux règlements de grande voirie.

Il est évident, observait en définitive le ministre, que lorsque le sieur Duboullay refusait ou négligeait de se conformer aux dispositions ordonnées par le préfet dans l'intérêt de la navigation, il contrevenait aux règlements de grande voirie et encourait par conséquent les peines portées par ces règlements; il est évident aussi, que c'est au conseil de préfecture qu'il appartenait de connaître de l'affaire et de prononcer.

Le ministre rappelait, en terminant, des décisions par lesquelles le conseil d'État a reconnu la compétence des conseils de préfecture en matière de police de navigation (1).

Le pourvoi du sieur Duboullay a été rejeté ainsi que le fait connaître l'ordonnance qui suit :

LOUIS-PHILIPPE, etc.,

Vu la requête à nous présentée au nom du sieur Henri Maillet-Duboullay, demeurant à Rouen, ladite requête enregistrée au secrétariat général de notre conseil d'État, le 24 juillet 1833, et tendante à ce qu'il nous plaise annuler deux arrêtés du conseil de préfecture du département de la Seine-Inférieure, des 15 février et 22 avril 1833, et ordonner la restitution de toutes sommes quelconques que le réclamant aurait payées en exécution de ces arrêtés;

Vu le procès-verbal du 10 janvier 1833;

Vu les arrêtés attaqués;

Vu l'arrêté du préfet de la Seine-Inférieure du 21 janvier 1829;

Vu la lettre de notre ministre du commerce et des travaux publics, du 31 janvier 1834;

Ensemble la lettre y annexée du préfet de la Seine-Inférieure, du 22 octobre précédent;

(1) Ordonnance du 8 avril 1829 (affaire Petit) et du 4 mars 1830 (affaire Moynat), *Annuaire des ponts-et-chaussées*, 1830 et 1831.

Vu la réplique du sieur Maillet-Duboullay, déposée audit secrétariat général le 1er août 1834;

Vu les décrets des 22 décembre 1789 et 7 septembre 1790, la loi du 28 pluviôse an VIII, la loi du 29 floréal an X, l'ordonnance de la ville de 1672, l'arrêt du conseil d'État du roi du 24 juin 1777, et l'ordonnance du 4 août 1731;

Vu toutes les pièces produites;

Ouï Me Ripault, avocat du sieur Maillet-Duboullay;

Ouï M. Chasseloup-Laubat, maître des requêtes, remplissant les fonctions du ministère public;

Considérant que l'arrêté du 21 janvier 1829 a été pris par le préfet de la Seine-Inférieure, dans les limites des pouvoirs qui lui sont attribués par les lois en matière de navigation et de grande voirie ci-dessus visées;

Qu'il résulte du procès-verbal du 10 janvier 1833, que le sieur Maillet-Duboullay a contrevenu aux dispositions de cet arrêté :

1° En opérant le transbordement des marchandises d'un bateau dans un autre, après que l'inspecteur de la navigation avait ordonné la cessation de tout embarquement;

2° En refusant de faire descendre et garer en aval du pont de bateaux, au lieu indiqué par le même inspecteur, deux bateaux alors placés en amont;

Considérant que cette double contravention devait, aux termes de l'art. 3 de l'arrêt du conseil du 24 juin 1777, faire prononcer contre le sieur Maillet-Duboullay l'amende de 500 fr., et que c'est à tort que ladite amende a été réduite à 250 fr. par l'arrêté attaqué;

Notre conseil d'État entendu, nous avons ordonné et ordonnons ce qui suit :

Art. 1er. La requête ci-dessus visée du sieur Maillet-Duboullay est rejetée.

Art. 2. L'arrêté du conseil de préfecture du département de la Seine-Inférieure, du 22 avril 1833, est annulé dans la disposition qui a réduit à 250 fr. l'amende prononcée contre le sieur Maillet-Duboullay; ladite amende est portée à 500 fr.

NOTA. Cette ordonnance qui tranche, comme on le voit, nettement la question, est d'autant plus importante, que dans plusieurs départements les contraventions de cette nature, bien qu'elles soient régulièrement constatées, restent impunies, par la raison que le conseil de préfecture et les tribunaux de police municipale se déclarent tour à tour incompétents pour statuer, et laissent ainsi l'autorité administrative sans moyen de poursuite et de répression.

M......

(Annales des ponts-et-chaussées, première série, 1836.)

EXTRAIT

De la loi relative aux droits de navigation intérieure.

Au palais des Tuileries, le 9 juillet 1836.

Louis-Philippe, roi des Français, à tous présents et à venir, salut;

Nous avons proposé, les chambres ont adopté, nous avons ordonné et ordonnons ce qui suit :

Art. 1er. A dater du 1er janvier 1837, le droit de navigation intérieure ou de péage, spécialisé sur toute la partie navigable ou flottable des fleuves et rivières, dénommés au tableau A. annexé à la présente loi, sera imposé par distance de cinq kilomètres, en raison de la charge réelle des bateaux en tonneaux de mille kilogrammes, ou du volume des trains en décastères.

Ce droit sera perçu, pour chaque cours de navigation, conformément au tarif fixé par ledit tableau, sans préjudice, quant à la rivière d'Oise, des dispositions établies par l'ordonnance du 13 juillet 1825, rendue en exécution de la loi du 5 août 1821.

Les droits de navigation sur le canal du centre seront réduits conformément au tableau B. ci-annexé.

Une ordonnance royale déterminera l'époque où cette réduction aura son effet.

Art. 2. Le nombre des tonneaux imposables sera déterminé,

au moment du jaugeage des bateaux, et pour chaque degré d'enfoncement, par la différence entre le poids de l'eau que déplacera le bateau vide, y compris les agrès.

Le degré d'enfoncement sera indiqué au moyen d'échelles métriques incrustées dans le bordage extérieur du bateau.

Les espaces laissés vides entre les coupons des trains et ceux dans lesquels seraient placés des tonneaux pour maintenir les trains à flot, ne seront point compris dans le cubage.

Art. 3. Les marchandises ci-après dénommées seront soumises au droit fixé pour la deuxième classe du tarif:

1° Les bois de toute espèce, autres que les bois étrangers d'ébénisterie ou de teinture, le charbon de bois ou de terre, le coke et la tourbe, les écorces et le tan;

2° Le fumier, les cendres et les engrais de toute sorte;

3° Les marbres et granits bruts ou simplement dégrossis, les pierres et moellons, les laves, les grès, le tuf, la marne et les cailloux;

4° Le plâtre, le sable, la chaux, le ciment, les briques, tuiles, carreaux et ardoises;

Enfin, le minerai, le verre cassé, les terres et ocres; toutes les marchandises non désignées ci-dessus seront imposées à la première classe du tarif.

Art. 4. Les bateaux chargés de marchandises donnant lieu à la perception des deux droits différents seront soumis au droit le plus élevé, tant à la remonte qu'à la descente, à moins que les marchandises imposées comme étant de première classe ne forment pas le dixième de celles qui seront transportées; auquel cas, chaque droit sera appliqué séparément aux deux parties du chargement.

Art. 7. Les trains chargés de marchandises quelconques seront imposés à un droit double de celui qui sera perçu pour les trains non chargés.

Le droit sur les trains sera réduit de moitié pour toute la partie des rivières où la navigation ne peut avoir lieu avec des bateaux.

Art. 12. La perception sera faite à chaque bureau de navigation:

1° Pour les distances déjà parcourues, si le droit n'a pas été acquitté à un bureau précédent ;

2° Pour les distances à parcourir jusqu'au prochain bureau, ou seulement jusqu'au lieu de destination, si le déchargement doit être effectué avant le prochain bureau ;

3° Enfin, pour les distances parcourues ou à parcourir entre deux bureaux.

Néanmoins, quelque éloigné que soit le point de destination, le batelier aura la faculté de payer, au départ ou à l'arrivée, pour toutes les distances à parcourir ou qui auront été parcourues sur la partie d'une rivière ou d'un canal imposé au même tarif, à la charge par lui de faire reconnaître, à chaque lieu de station, la conformité du tirant d'eau avec les laissez-passer dont il devra être muni.

Art. 14. Lorsque le conducteur voudra payer le droit à l'arrivée, il devra se munir, au premier bureau de navigation, d'un *acquit à caution*, qui sera représenté aux employés du lieu de destination, et déchargé par eux, après justification de l'acquittement des droits.

A défaut de cette justification, le conducteur et sa caution seront tenus de payer les droits pour tout le trajet parcouru, comme si le bateau avait été entièrement chargé de marchandises de première classe.

Art. 15. Tout conducteur de bateau, de trains ou de bascules à poisson, devra, à défaut du bureau de navigation, se munir à la recette buraliste des contributions indirectes du lieu de départ ou de chargement, d'un laissez-passer, qui indiquera, d'après sa déclaration, le poids et la nature du chargement, ainsi que le point de départ.

Ce laissez-passer ne pourra être délivré, pour les bateaux chargés, qu'autant que le déclarant s'engagera, par écrit et sous caution, d'acquitter les droits au bureau de la navigation le plus voisin du lieu de destination, ou à celui devant lequel il aurait à passer pour s'y rendre.

Tout chargement supplémentaire fait en cours de transport sera déclaré de la même manière.

Art. 16. Les laissez-passer, acquits-à-caution, connaissements et lettres de voiture seront représentés, à toutes réquisitions, aux employés des contributions indirectes, des douanes, des octrois de la navigation, ainsi qu'aux éclusiers, maîtres de ponts et de pertuis; ils devront toujours être en rapport avec le chargement.

Cette exhibition devra être faite au moment même de la réquisition des employés.

Art. 18. La perception des droits de navigation sur les trains continuera à être faite, pour chaque rivière, suivant les usages établis.

Art. 20. Toute contravention aux dispositions de la présente loi et à celles des ordonnances qui en régleront l'application, sera punie d'une amende de cinquante à deux cents francs, sans préjudice des peines établies par les lois, en cas d'insultes, violences ou voies de fait.

Les propriétaires de bâtiments, bateaux et trains, seront responsables des amendes résultant des contraventions commises par les bateliers et les conducteurs.

ORDONNANCE DU ROI

Pour l'exécution de la loi du 9 juillet 1836, relative aux droits de navigation intérieure.

Louis-Philippe, roi des Français,

Vu la loi du 9 juillet 1836, concernant la perception du droit de navigation intérieure ;

Vu les articles 10 et 19, portant que les bureaux de jaugeage, le mode de vérification de la charge réelle passible des droits, et celui du cubage des trains, seront déterminés par les règlements d'administration publique ;

Vu notamment l'article 20, ainsi conçu :

« Toute contravention aux dispositions de la présente loi et à celles
» des ordonnances qui en régleront l'application, sera punie d'une
» amende de cinquante à deux cents francs, sans préjudice des

» peines établies par les lois, en cas d'insultes, violences ou voies
» de fait.

» Les propriétaires de bâtiment, bateaux et trains seront res-
» ponsables des amendes résultant des contraventions commises
» par les bateliers et les conducteurs. »

Voulant pourvoir à l'exécution de ladite loi, et concilier les facilités dues au commerce avec la sûreté de la perception ;

Sur le rapport de notre ministre secrétaire d'État au département des finances ;

Notre conseil d'État entendu ;

Nous avons ordonné et ordonnons ce qui suit :

Art. 1er. Les bureaux désignés au tableau ci-annexé, seront
ouverts le 1er novembre 1836, pour le jaugeage des bateaux navi-
guant sur les fleuves, rivières et canaux.

2. Le jaugeage sera fait par les employés des contributions indirectes, en présence du propriétaire ou du conducteur du bateau,
conformément aux instructions données par notre ministre des
finances ; les employés dresseront, de cette opération, un procès-
verbal dont copie sera remise au conducteur ou propriétaire,

7. Le nombre de stères imposables pour les trains de bois sera
déterminé en cubant le volume de chaque train dans la rivière,
déduction faite des espaces laissés vides entre les coupons et de
ceux dans lesquels seraient placés des tonneaux pour maintenir les
trains à flot.

Ne seront point considérés comme trains chargés ceux qui ne
porteront que les perches et rouettes de rechange.

9. Toute fraction d'une demi-distance (deux mille cinq cents
mètres) ou au-dessus, sera comptée, pour la perception, comme
une distance ; toute fraction inférieure sera négligée.

Il sera opéré de la même manière à l'égard des fractions du ton-
neau, du stère et du mètre cube.

10. Aucun bateau, lors même qu'il serait exempt de droit en
conformité de l'article 9 de la loi, aucune bascule vide, aucun

train ne pourra être mis en route ayant que le conducteur ait fait sa déclaration et obtenu un laissez-passer.

Les dimensions des trains seront indiquées dans la déclaration.

11. Tout conducteur de bateaux chargés, de bascules à poisson, ou de trains, passant devant un bureau de navigation, devra s'y arrêter pour acquitter le droit.

Néanmoins, les conducteurs de trains ou de bascules pourront, comme les conducteurs de bateaux, et en se conformant aux dispositions des articles 13 et 14 de la loi, payer le droit au départ ou à l'arrivée.

Lorsqu'il n'y aura pas de bureau de navigation au lieu de destination, le droit sera acquitté au dernier bureau placé sur la route, lequel sera désigné en l'acquit-à-caution.

Les bateliers fourniront aux employés les moyens de se rendre à bord toutes les fois que, pour reconnaître les marchandises transportées ou pour vérifier l'échelle, ils seront obligés de s'en approcher.

12. Lorsque la navigation n'a lieu qu'à l'aide du flot naturel ou artificiel, qui ne permet pas la station devant le bureau de navigation, les acquits-à-caution devront être délivrés au lieu même du départ des trains et bateaux pour tout le trajet à parcourir, et lors même qu'il s'étendrait à deux rivières différentes.

13. Tout conducteur qui sera muni d'un acquit-à-caution aura la faculté, en passant devant un bureau de navigation, de changer la destination primitivement déclarée, à la charge par lui d'acquitter immédiatement le droit pour les distances déjà parcourues.

Signé LOUIS-PHILIPPE.

Par le roi : le ministre d'État des finances,

Signé L. DUCHATEL.

NOTA. Suivent le tarif des droits à payer et le tableau des distances à parcourir sur les principales rivières concourant à l'approvisionnement de Paris, en bois carrés.

TARIF

Des droits de navigation sur les principales rivières navigables ci-après, et concourant à l'approvisionnement de Paris en bois carrés.

(Loi du 9 juillet 1836.)

TABLEAU A.

BASSINS.	RIVIÈRES PRINCIPALES.	AFFLUENCE DE			QUOTITÉ DE LA TAXE PAR TONNEAU ET PAR DISTANCE.				Trains par décistère et par distance.
					A LA DESCENTE. Marchandises de		A LA REMONTE. Marchandises de		
		1er ordre.	2e ordre	3e ordre	1re classe.	2e classe.	1re classe.	2e classe.	
					c.	c.	c.	c.	c.
SEINE	Seine (Haute) du point navigable à Paris.	Aube.			2	1	2	1	2
		Yonne.	Cure... Armançon	......					
		Marne.	Saulx.. Morin (Grand).	Ornain					
	Seine (Basse) de Paris à Rouen.	Oise...	Aisne..	......	2	1	2 5	1 25	5
		Eure..	......	......					

TABLEAU

Des distances pour la perception du droit de navigation intérieure, dressé d'après les renseignements fournis par M. le directeur général des ponts-et-chaussées.

PRINCIPALES RIVIÈRES CONCOURANT A L'APPROVISIONNEMENT DE PARIS, EN BOIS CARRÉS.

De St-Dizier, Marne, et ports intermédiaires jusqu'à Paris.

		Distances.
De St-Dizier, origine du flottage, à la Seine	....	62 8/10
De Valcourt	ibidem..........	61 7/10
De Vitry-le-Français	ibidem..........	55 3/10
De Châlons-sur-Marne	ibidem..........	48 5/10

Distances.

De St-Martin .... à la Seine.......	47	9/10
D'Épernay	ibidem.........	40	6/10
De Damery	ibidem.........	38	9/10
Du Port-à-Binson	ibidem.........	36	9/10
De Dormans	ibidem.........	34	9/10
De Treloup	ibidem.........	34	7/10
De Sauvigny	ibidem.........	33	7/10
De Mezy-Moulin (en amont)	ibidem.........	32	2/10
De Château-Thierry id.	ibidem.........	30	2/10
De Nogent	ibidem...........	27	8/10
De la Ferté-sous-Jouarre	ibidem.........	22	8/10
De Trilport	ibidem.........	16	1/10
De Damart	ibidem.........	8	4/10
De Lagny	ibidem.........	7	9/10

Des ports de Clamecy, Yonne, et des ports intermédiaires
à Paris.

Distances.

D'Armes .... à Bercy..........	53	3/10
De Clamecy	ibidem..........	52	7/10
De Coulanges	ibidem..........	50	5/10
De Chatel-Censoir	ibidem............	48	6/10
D'Auxerre	ibidem..........	40	3/10
De Laroche	ibidem..........	36	»
De Joigny	ibidem...........	34	5/10
De Villeneuve-le-Roi	ibidem...........	30	9/10
De Sens	ibidem...........	27	8/10
De Pont-sur-Yonne	ibidem..........	25	5/10
De Montereau (emb. de l'Yonne) ibidem..........	19	3/10
De Valvins	ibidem...........	15	»
De Fontaine	ibidem..........	13	5/10
De Melun	ibidem..........	11	2/10

Des ports de Brienne, Aube, et ports intermédiaires à Bercy.

		Distances.
De Brienne .... à Bercy.............		47 5/10
De Lesmont	ibidem..............	44 9/10
D'Arcis-sur-Aube	ibidem..............	39 5/10
De Marcilly (Emb. de l'Aube)	ibidem..............	32 8/10
De Conflans	ibidem..............	32 2/10
De Pont-le-Roi	ibidem..............	30 7/10
De Nogent-sur-Seine	ibidem..............	28 7/10
De Bray	ibidem..............	24 1/10
De Courbeton	ibidem..............	19 9/10

OCTROI MUNICIPAL.

Décision de l'administration de l'octroi relative aux passe-debout pour les bois carrés entrés ou non entrés dans les chantiers, mais dont le comptage ou le mesurage définitifs n'auront pas encore eu lieu.

Paris, le 25 août 1836.

L'inspecteur de la division de l'intérieur et conservateur.
de l'entrepôt,

A Messieurs les délégués du commerce des bois carrés.

Messieurs,

Je m'empresse de vous faire connaître que j'ai mis sous les yeux du conseil d'administration de l'octroi de Paris les réclamations que vous m'aviez fait l'honneur de m'adresser relativement au mode à suivre pour les déclarations exigées à l'entrée, et à la gêne que ferait éprouver au commerce des bois carrés le retrait de l'autorisation donnée aux employés de délivrer des passe-debout pour des bois entrés dans les chantiers.

Sur le premier point, le conseil a ajourné la décision à prendre, mais tout porte à croire qu'elle sera de nature à concilier les principes de la loi et les convenances du commerce; en attendant, rien ne sera changé au mode suivi jusqu'à ce jour.

Quant au second objet de votre réclamation, LE CONSEIL A DÉCIDÉ, le 22 de ce mois, sous le n° 2475 :

Que les bois de construction en tirage, résultant d'une ou plusieurs déclarations, entrés ou non dans les chantiers, mais dont le comptage et le mesurage définitifs n'auront pas encore eu lieu, pourront seuls être expédiés en passe-debout, pourvu toutefois qu'il ne se soit pas écoulé plus de quinze jours depuis le commencement du tirage.

J'ai donné des instructions en ce sens aux employés, et je me félicite, Messieurs, d'avoir mission de vous transmettre l'avis d'une décision que le commerce peut considérer comme lui étant favorable.

Signé ROUVENAT,
Inspecteur de la division de l'intérieur.

(Archives du commerce des bois carrés.)

ORDONNANCE DU ROI

Concernant les moulins de Brienne-la-Vieille, sur l'Aube.

28 octobre 1836.

LOUIS-PHILIPPE, roi des Français,

A tous présents et à venir, salut.

Sur le rapport de notre ministre secrétaire d'État des travaux publics, de l'agriculture et du commerce :

Vu le rapport fait à notre ministre du commerce et des travaux publics, au sujet des mesures à adopter, afin d'assurer le service de la navigation sur la rivière d'Aube, dans le département de l'Aube, et la décision intervenue, le 31 décembre 1831, sur ce rapport ;

Un second rapport et la décision ministérielle à la suite, du 31 janvier 1834, approbative d'un acte de vente de terrains appartenant à la ville de Brienne, terrains destinés à l'établissement d'un nouveau port de flottage dans ladite ville ;

Un troisième rapport et la décision du 21 avril 1835, portant approbation d'un règlement ayant pour objet de déterminer tout ce qui concerne l'établissement du nouveau port de flottage dont il s'agit et les relations qui doivent exister entre les usiniers et les flotteurs ;

Les pièces relatives aux difficultés élevées entre les sieurs Dupont et Deline, propriétaires d'usines situées des deux côtés de l'Aube, dans ladite ville ;

La demande de ce dernier tendante à obtenir l'autorisation de conserver ses usines avec les augmentations qu'il y a faites ;

Le rapport de l'ingénieur de l'arrondissement, du 5 janvier 1836, et les dispositions règlementaires qu'il contient à l'égard des usines de ces deux propriétaires ;

Les plans et nivellements qui accompagnent ce rapport ;

Les observations et propositions de l'ingénieur en chef ;

La lettre du préfet du 26 avril 1836 ;

L'avis du conseil général des ponts-et-chaussées (section de la navigation), du 7 du même mois ;

Vu enfin toutes les autres pièces de l'instruction de cette affaire, notamment l'arrêté du préfet de l'Aube, du 24 avril 1817 ;

Le comité de l'intérieur et du commerce de notre conseil d'État entendu,

Nous avons ordonné et ordonnons ce qui suit :

Art. 1er. Les sieurs Dupont et Deline sont autorisés à mettre en activité, sous les conditions ci-après énoncées, les moulins qu'ils possèdent, le premier sur la rive gauche, le second sur la rive droite de l'Aube, à Brienne-la-Vieille, département de l'Aube.

1° Les moulins du sieur Deline comprendront cinq vannes servant de moteurs à des moulins à blé ; une vanne faisant mouvoir une huilerie, enfin une vanne servant à monter les sacs, et trois vannes sans emploi et qui seront réservées pour la décharge des eaux.

2° Ces vannes composeront deux vannages séparés, l'un comprenant l'huilerie, et deux vannes sans emploi recevant l'eau par un canal voûté dont la tête est armée d'une vanne donnant sur le bief et non indiquée dans le paragraphe 1er; l'autre comprenant toutes les autres vannes et désignées dans le paragraphe 1er, prendra immédiatement l'eau dans le bief.

3° Les largeurs de ces vannes seront :

Pour la vanne du premier moulin à blé du côté gauche. 0m. 85c.

Id.	du deuxième id.	0 80
Id.	du troisième id.	0 81
Id.	de l'huilerie id.	0 83
Id.	du mécanisme à monter les sacs	0 80
Id.	sans emploi faisant partie du vannage situé immédiatement sur le bief...	0 83
Id.	de tête du canal voûté.............	1 77

Pour les deux vannes sans emploi placées à la suite { 0 96
dudit canal................................{ 0 82

4° Le vannage situé immédiatement sur le bief aura son seuil à 1 m. 30 c. en contre-bas du sommet du déversoir.

Le seuil de la vanne de tête du canal voûté sera de 1 m. 36 c. en contre-bas du même point. Celui de la vanne de l'huilerie à la suite du canal voûté sera de 1 m. 50 c. en contre-bas du sommet du déversoir, et les seuils des deux vannes adjacentes à celle-ci de 1 m. 69 c. en contre-bas du même sommet.

5° Le vannage du sieur Dupont, situé sur la rive gauche de l'Aube, comprendra six vannes motrices conduisant des moulins à blé, une vanne de décharge servant aussi au flottage, et une vanne donnant entrée à une anguillère et servant en même temps à la décharge des eaux.

6° les largeurs de ces vannes seront :

Pour la 1re vanne motrice à gauche............. 0m. 83c.

2°	id......................	0 82
3°	id......................	0 98
4°	id......................	0 98
5°	id......................	0 98
6°	id......................	0 99

Pour la vanne de décharge servant aussi au flottage. 5 39
Id. de l'anguillère................. 0 98

7° Le seuil gravier des 6 vannes motrices sera placé à 1 m. 42 c. en contre-bas du sommet du déversoir, ceux de la vanne de flottage et de la vanne de l'anguillère seront placés à 1 m. 61 c. en contre-bas du même point.

8° Le sommet du déversoir sera déterminé par le dessus de celui des deux chapeaux actuels qui le couronnent, qui se trouve le plus élevé. Tout le couronnement de cet ouvrage sera ramené à ce niveau par un chapeau supplémentaire qu'on posera sur celui des deux chapaux actuels qui est le plus bas.

9° Les sommets de toutes les vannes de décharge des deux usines seront réglés au même niveau que le déversoir.

10° Le sieur Deline sera tenu d'exécuter les travaux prescrits par l'article 5 de l'arrêté du 24 avril 1817, en ce qui touche seulement la défense de l'îlot qui sert d'épaulement à l'extrémité droite du déversoir.

11° Le travail relatif à la rectification du sommet du déversoir et les ouvrages prescrits pour la défense de l'îlot devront être effectués dans les six mois de la notification de la présente ordonnance.

12° Les quatre anciens moulins de la rive gauche et les deux anciens tournants de la rive droite marcheront concurremment et sans distinction, quelque basses que soient les eaux du bief.

Lorsque, ces six tournants travaillant, l'eau commencera à passer sur le déversoir, le meûnier de la rive gauche pourra, mais seulement alors, faire marcher ses deux autres moulins.

Enfin les deux nouveaux moulins de la rive droite ne pourront commencer à marcher que lorsque tous les autres tournants dont il vient d'être question, étant en activité, l'eau commencera encore à passer sur le déversoir.

13° Dans le cas où les deux moulins supplémentaires de la rive gauche et de la rive droite seraient mis simultanément en mouvement, et où le niveau du bief viendrait à descendre plus bas que le dessus du couronnement du déversoir, on arrêtera successivement les deux moulins supplémentaires de la rive droite, afin de ramener le niveau de l'eau à la hauteur du sommet dudit chaperon.

S'il arrivait qu'après avoir arrêté les deux moulins supplémentaires de la rive droite, l'eau continuât à baisser plus bas que le dessus du couronnement du déversoir, on devrait d'abord arrêter un des moulins supplémentaires de la rive gauche, et s'il ne suffisait pas pour ramener la surface de la retenue au niveau du dessus dudit couronnement, on arrêterait le second moulin supplémentaire de cette rive.

14° Des précautions et quelques ouvrages peu dispendieux pouvant devenir nécessaires pour faciliter l'exécution du règlement en ce qui concerne la marche des usines des sieurs Dupont et Deline, l'administration se réserve de prescrire en temps et lieu à ces propriétaires tout ce qu'elle jugera convenable dans leur intérêt, et afin de prévenir toute espèce de contestations.

Art. 2. LES CONCESSIONNAIRES OU LEURS AYANT-CAUSE NE POURRONT PRÉTENDRE INDEMNITÉ, CHÔMAGE NI DÉDOMMAGEMENTS, SI, A QUELQUE ÉPOQUE QUE CE SOIT, L'ADMINISTRATION, DANS L'INTÉRÊT DE LA NAVIGATION, DU COMMERCE OU DE L'INDUSTRIE, JUGE CONVENABLE DE FAIRE DES DISPOSITIONS QUI LES PRIVE EN TOUT OU EN PARTIE DES AVANTAGES RÉSULTANT DE LA PRÉSENTE AUTORISATION, ET DANS CE CAS ILS SERONT TENUS DE DÉTRUIRE, A LA PREMIÈRE RÉQUISITION, LES TRAVAUX QU'ILS AURONT EXÉCUTÉS EN VERTU DE LADITE AUTORISATION.

Art. 3. Faute par les sieurs Dupont et Deline de se conformer exactement aux dispositions de la présente ordonnance, les usines seront mises en chômage par un arrêté du préfet, sans préjudice de l'application des lois pénales relatives aux contraventions en matière d'usines.

Art. 4. Notre ministre secrétaire d'État au département des travaux publics, de l'agriculture et du commerce est chargé de l'exécution de la présente ordonnance.

Fait au palais des Tuileries, le 28 octobre 1836.

Signé LOUIS-PHILIPPE.

Par le roi :

Le ministre secrétaire d'État des travaux publics,
de l'agriculture et du commerce,

Signé N. MARTIN (DU NORD).

Pour ampliation :

Le maître des requêtes, secrétaire général du ministère
des travaux publics, de l'agriculture et du commerce,

Signé FÉLIX RÉAL.

Pour copie conforme :

Le chef des bureaux du secrétariat général et du personnel,

Signé E. ROBERT.

(Archives du commerce des bois carrés.)

DÉLIBÉRATION

Du bureau du commerce des bois carrés pour l'approvisionnement de Paris,

Du 3 novembre 1836,

Qui autorise l'agent général à remettre, A TITRE DE SECOURS,
LA SOMME DE CINQUANTE FRANCS au sieur René Momon, ouvrier de rivière, à Accolay (Cure), blessé dans son service.

(Archives du commerce des bois carrés.)

RÉPARTITION (EN HUIT SOUPENTES),

Faite par le commerce des bois à brûler et des bois
carrés de Paris, de l'emplacement qui leur est affecté
sur le port de la Râpée pour le tirage de leurs bois.

1er *décembre* 1836.

L'an mil huit cent trente-six, le premier décembre, deux
heures de relevée,

Messieurs les adjoints du commerce des bois à brûler de l'arrondissement Saint-Antoine, réunis à messieurs les délégués et
adjoints du commerce des bois carrés en leur bureau, quai de la
Râpée, n° 45 ;

Il a été exposé, par les délégués du commerce des bois carrés, que, pour faire cesser l'état de désordre et de confusion qui existait jadis sur le quai de la Râpée, port spécialement destiné aux tirages de ces deux commerces, une répartition avait eu lieu en 1816, assignant à chacun des commerces de bois carrés et bois à brûler les places réservées pour effectuer leurs tirages respectifs.

Le port de la Râpée compris depuis l'égout de la rue Villiot jusqu'à la rue Traversière, avait été divisé en huit soupentes, dont quatre de la largeur de 294 pieds devaient être réservées au bois à brûler, et quatre, de la largeur chacune de 48 pieds, pour les tirages des bois carrés.

Que ce travail, qui avait été confié au sieur Soret, maître gareur des deux compagnies, connaissant parfaitement les besoins de chacune d'elles, avait été favorablement accueilli par les intéressés, et qu'il avait à cette époque, et constamment depuis, été sanctionné par l'autorité.

Que cependant l'accroissement successif du commerce des bois carrés et l'augmentation numérique de ces marchands de bois, sur le port de la Râpée, rendaient insuffisantes aujourd'hui les soupentes réservées à leurs tirages; tandis qu'au contraire l'ouverture du canal Saint-Martin, et l'introduction des trains et bateaux de bois à brûler par ce canal, diminuaient d'autant l'importance des tirages des bois à brûler sur le port de la Râpée.

Il a été exposé aussi qu'à la suite de nombreuses démarches faites auprès de l'administration, on était sur le point d'obtenir la réparation du port qui se trouve, depuis plusieurs années, dans le plus mauvais état de viabilité; que deux modes de réparation étaient annoncés, l'un consistant en cailloux qui seraient répandus sur les soupentes des bois à brûler, l'autre en un revêtement de meulières sur les soupentes des bois carrés; que dès lors il y avait intérêt réciproque pour les deux commerces, à ce que l'administration connût bien à l'avance la division des soupentes pour pouvoir y appliquer le mode de réparation qui lui est propre.

Messieurs les adjoints de l'arrondissement Saint-Antoine pour le bois à brûler ont effectivement reconnu que l'introduction des trains et bateaux par le canal leur procurait, jusqu'à un certain point, une décharge dans leurs tirages du quai de la Râpée, et qu'à ce titre il leur était possible de concéder au commerce des bois carrés une portion de leurs soupentes, tant que la jouissance du canal leur serait acquise.

Que cette concession serait faite de leur part autant pour faciliter les réparations du port, que pour entretenir la bonne harmonie entre les deux commerces; que cependant, quoique la portion de soupentes qui va être concédée, doive se trouver à l'avenir réunie aux soupentes des bois carrés, et nécessiter un système de réparation et d'entretien différent de celui qui sera adopté pour les soupentes des bois à brûler, que cependant cette concession ne pourrait pas, dans la circonstance prévue plus bas, être opposée au commerce des bois à brûler comme un abandon des droits qu'il pense avoir.

En considération de tout ce qui précède, le commerce des bois à brûler consent à céder au commerce des bois carrés le septième port à prendre dans le bas de chacune de ses quatre soupentes, c'est-à-dire quarante-deux pieds à chacune d'elles; mais à la condition franchement acceptée par le commerce des bois carrés, que dans le cas hypothétique, il est vrai, mais le seul cas cependant où la jouissance du canal Saint-Martin viendrait à être perdue pour le commerce des bois à brûler, ou même à être suspendue pendant un mois, ce commerce rentrerait immédiatement en jouissance desdits quatre ports de quarante-deux pieds chaque, concédés, à la condition cependant de remettre immédiatement le commerce des bois carrés en jouissance desdits ports aussitôt la réouverture du canal.

Mais dans le cas de la perte totale par le commerce des bois à brûler de la jouissance du canal, le commerce des bois carrés fait toute réserve pour se pourvoir dans cette circonstance devant l'autorité compétente, afin d'obtenir une nouvelle répartition, s'il ne trouvait pas la division ancienne en harmonie avec les besoins présents des deux commerces, et dans le cas aussi où les deux compagnies n'auraient pas pu préalablement se mettre d'accord à cet égard.

Fait double à Paris, les jour, mois et an susdits.

Suivent les signatures des délégués des bois carrés et des adjoints des bois à brûler.

(Archives du commerce des bois carrés.)

Nota. Cette répartition a été immédiatement soumise à M. Dumoulin, inspecteur général de la navigation et des ports; et comme mesure d'ordre, utile sur le port de la Râpée, ce fonctionnaire s'est empressé d'adresser un exemplaire de ce travail à M. l'inspecteur particulier du port de la Râpée, pour que les deux commerces eussent à s'y conformer.

LACHAGE DES TRAINS.

Traité entre le commerce des bois carrés de Paris et M. Achille Demouchy, entrepreneur de marine, pour le lâchage des trains à prendre à la gare de Bercy, et à repêcher aux ports intérieurs de Paris, de la Râpée et d'Austerlitz (l'Hôpital), etc.

12 *décembre* 1836.

Entre les soussignés, délégués et adjoints du bureau de commerce des bois carrés, nommés, par ledit bureau, commissaires à l'effet du présent, stipulant tant pour eux que pour Messieurs les marchands composant la compagnie du commerce des bois carrés, en vertu des pouvoirs qui ont été donnés au bureau par l'assemblée générale, le 14 février dernier, d'une part;

Et M. Claude-Antoine-Achille Demouchy, entrepreneur de marine, demeurant à Paris, quai de la Râpée, n° 59..., d'autre part;

A été convenu ce qui suit:

Art. 1er. Les délégués du commerce des bois carrés de Paris

donnent par le présent, tant pour eux que pour les marchands qu'ils représentent, audit sieur Demouchy, qui l'accepte, l'entreprise générale des lâchage, repêchage et garage de tous les bois de charpente, sciage, charronnage, labourages et autres de toute espèce, sans distinction, qui arriveront pour le compte de chacun d'eux, aux prix, clauses et conditions suivantes.

Art. 2. Toutes les cordes de repêche, reprises et fermures, ainsi que tous bachots, agrès et équipages quelconques, seront fournis par ledit entrepreneur qui s'oblige aussi de laisser sur les trains, parts, coupons ou brelles, cordes suffisantes et bonnes, jusqu'à fin du tirage des marchandises de l'eau, quelle qu'en soit la durée. Si un cheval faisait besoin pour haler la corde, il sera fourni par le marchand, mais seulement s'il est en tirage avec des chevaux.

Art. 3. Ledit sieur Demouchy prendra les trains dans les gares, soit d'un côté, soit de l'autre de la rivière, à partir du passage d'eau des carrières de Charenton, dans l'état où ils se trouveront, les lâchera par coupon, part ou train, selon la demande des marchands, les garera au port de chacun d'eux, soit à la Râpée, l'Hôpital, Saint-Bernard, ou au Mail, disposés à entrer dans le canal Saint-Martin, à ses frais, risques et périls, quelles que soient la saison et la hauteur des eaux; sauf les empêchements causés par force majeure, constatés par l'agent général de la compagnie du commerce des bois carrés, tels que la submersion entière de la pelouse de Bercy, et dans ce cas, il sera toujours tenu d'en opérer le garage, mais sans garantie, et aux risques et périls du marchand. Néanmoins, toutes les fois que l'eau sera à deux mètres au-dessus de zéro au pont de la Tournelle, il sera alloué à l'entrepreneur trois francs en sus par chaque train par lui garé au port du canal Saint-Martin;

Et ce moyennant les rétributions ci-après;

SAVOIR :

Trains de Champagne, de Basse-Marne et de Bourgogne.

Douze francs par chaque train de Champagne, de Basse-Marne et de Bourgogne, composé de huit coupons ou parts, ci. 12 f. c.

Six francs pour chaque demi-train, ci........... 6 »

Deux francs pour chaque coupon, part ou brelle détaché, ci.................................... **2 f. c.**

Six, sept ou huit coupons, parts ou brelles seront payés comme le train, douze francs, ci............. **12 »**

Trois, quatre ou cinq coupons, parts ou brelles, seront payés comme le demi-train, six francs, ci........... **6 »**

Les coupons de labourages en bois à brûler arrivant au nombre de quatre, avec huit coupons de charpente, compteront avec le train; les coupons de labourages détachés seront seuls passibles du prix affecté à chaque coupon de la rivière d'où ils proviendront.

Douze francs pour chaque train de la rivière d'Aube, composé de douze coupons, ci .... **12 f. c.**

Trains de la rivière d'Aube.

Six francs pour chaque demi-train, ci........... **6 »**

Deux francs pour chaque coupon détaché au-dessous de trois, ci. .... **2 »**

Trois, quatre et cinq coupons seront payés cinq fr., ci....................................:.... **5 »**

Six, sept et huit coupons seront payés, comme le demi-train, six francs, ci..................... **6 »**

Et neuf, dix, onze et douze coupons seront payés, comme le train, douze francs, ci................ **12 »**

Douze francs pour chaque train de la petite Seine et du Morin, composé de seize coupons, ci........... **12 »**

Trains de la Petite-Seine et du Morin.

Six francs pour chaque demi-train, ci .... **6 »**

Deux francs pour un coupon détaché, ci .... **2 »**

Trois francs pour deux coupons détachés, ci...... **3 »**

Trois, quatre ou cinq coupons seront payés quatre francs, ci................................. **4 »**

Six, sept, huit, neuf ou dix coupons seront payés comme le demi-train, six francs, ci .... **6 »**

Onze, douze, treize, quatorze, quinze ou seize coupons seront payés, comme le train, douze francs, ci.. **12 »**

Les éclusées de la Loire et des canaux seront payées comme un demi-train de Marne, six francs, ci...... **6 «**

Éclusées.

Trains
de voliges.

Les trains de voliges composés de dix-huit coupons
seront payés douze francs, ci................... **12** f. c.

Le demi-train, six francs, ci................. **6** »

Les coupons détachés au-dessous de six, seront payés
quatre-vingt-dix centimes chacun, ci............. » **90**

Depuis six jusques et compris douze, seront payés
comme le demi-train, six francs, ci............. **6** »

Depuis treize jusqu'à dix-huit coupons, seront payés
comme le train, douze francs, ci.............. **12** »

Art. 4. Les trains, éclusées, coupons, parts ou brelles, pour lesquels les marchands n'auraient pas donné l'ordre de les tenir au-dessus de Paris, et qui seraient lâchés directement par les mariniers, seront garés aux ports indiqués par les marchands, par ledit sieur Demouchy, et à lui payés de même et aux prix stipulés en l'article trois; mais dans ce cas le marinier aura dû en prévenir verbalement, soit M. Demouchy, soit son chef-ouvrier.

Art. 5. Si un marchand avait des bois au-dessus du passage d'eau des carrières de Charenton, depuis ledit passage jusqu'au Port-à-l'Anglais sur la Seine, et jusqu'au grand Haï sur la Marne, le prix du lâchage en sera réglé de gré à gré avec l'entrepreneur; et dans le cas où ils ne pourraient tomber d'accord, et que le marchand serait obligé d'en faire opérer la descente par tout autre que ledit entrepreneur, le prix du repêchage et garage dans le port sera réduit d'un quart des prix fixés en l'article trois, et M. Demouchy sera tenu d'opérer ce garage à ses risques et périls.

Pose et fourniture de bachots.

Art. 6. S'il arrivait que des trains, parts ou coupons fussent effondrés et exigeassent pour la sûreté de la descente, et même pour le tirage, qu'il y fût mis des bachots, lesdits bachots et autres agrès nécessaires seront fournis et placés par ledit entrepreneur, à ses frais, et il les y tiendra pendant vingt-quatre heures, à partir du garage du train ou portion de train dans le port; passé lequel temps ils lui seront payés à raison de trois francs par vingt-quatre heures d'occupation.

Et en toute circonstance l'entrepreneur sera tenu de fournir, sur la demande d'un marchand, un ou plusieurs bachots, au prix de trois francs chacun et par vingt-quatre heures.

Art. 7. Les avaries et pertes de marchandises qui pourraient Avaries.
survenir lors du lâchage des trains et pendant le trajet jusqu'au
port indiqué, quelles qu'en puissent être les causes, seront à la
charge dudit entrepreneur, qui reste, une fois pour toutes, garant
et responsable des marchandises jusqu'à ce que les trains soient
garés et fermés dans les ports respectifs de chacun des marchands,
et même après le garage, de celles qui pourraient provenir de la
vétusté des cordes ou gares qui doivent être laissées sur lesdits
trains, ou parce qu'elles auraient été mal fermées.

Si des avaries existaient au train avant le lâchage, le sieur Demouchy, pour n'en pas devenir responsable, devra les faire constater par le garde de la gare où sera placé le train, et ce, contradictoirement, avec le marchand ou son représentant.

Art. 8. En cas d'avaries, elles seront constatées sur-le-champ Arbitres.
par les employés du commerce, et dans les vingt-quatre heures
deux arbitres seront nommés, l'un par l'entrepreneur, l'autre par
le propriétaire des marchandises, afin d'évaluer contradictoirement, dans le plus bref délai, les pertes qui en résulteraient;
auxquels deux arbitres les parties donnent dès à présent tous
pouvoirs de les juger, et même, en cas de partage d'opinions, de
s'adjoindre un troisième arbitre pour les départager : dans le cas
où l'une des parties, pour une cause quelconque, n'aurait pu
nommer son arbitre, ou que les deux n'auraient pu s'accorder
pour la nomination du troisième, il y sera pourvu d'office par
le plus ancien délégué du commerce.

La décision des arbitres et surarbitre sera, de condition expresse,
sans appel, et les parties intéressées tenues de s'y conformer en
tous points, s'interdisant d'ailleurs, pour raison de ces décisions,
tous recours devant les tribunaux, même devant la cour de cassation.

Ledit sieur Demouchy s'oblige à payer sans discussion, à qui
de droit, et sur la simple décision des arbitres, la somme qui
aura été déterminée pour lesdites avaries.

Art. 9. Ledit sieur Demouchy s'entendra avec les marchands
pour que les travaux de ceux-ci n'éprouvent pas d'interruption;
à cet effet, il sera toujours laissé libre entre les soupentes établies

au port de la Râpée, pour le tirage des bois à brûler, places suffisantes; il en sera de même pour le port de l'Hôpital, dans le cas
où on viendrait à y établir des tirages de bois à brûler.

L'entrepreneur ne pourra se refuser, sur la demande d'un marchand, à lui descendre la quantité de bois dont il aura besoin à
nouveau et jusqu'à concurrence de huit coupons ou parts; à la
condition cependant que ce marchand n'aura pas déjà plus de huit
coupons dans son port et que la soupente ne sera pas encombrée,
ce qui sera constaté par l'agent général de la compagnie, cette
mesure étant une mesure d'ordre et dans l'intérêt général de la
compagnie.

Lâchage d'office. Et dans le cas de négligence ou de refus dudit sieur Demouchy à exécuter l'ordre qui lui serait donné, constaté par l'agent
général, en présence de deux témoins, sur un registre qu'il ouvrira
pour cet effet, le garde du commerce, suivant l'ordre qui lui en
sera donné, soit par l'un des délégués, soit par l'agent général,
est autorisé à faire lâcher, d'office immédiatement, le train ou
portion de train dont le lâchage aurait été requis; le tout aux frais,
risques et périls de l'entrepreneur, bien que le lâchage ne soit pas
fait par ses gens; à la charge encore par l'entrepreneur d'acquitter
tous les frais d'avalage et des pertes résultant des avaries, quels
qu'ils puissent être.

Art. 10. Ledit entrepreneur sera tenu d'avoir un sous-chef,
ou compagnon-maître, qu'il devra faire agréer par le commerce, auquel il le fera connaître en cette qualité; ce compagnon suppléera
dans tous les cas ledit entrepreneur, et de telle sorte que le commerce pourra s'adresser à lui, comme s'il le faisait au sieur Demouchy, pour tout ce qui sera relatif au service.

Bachot de repêche. Art. 11. Il y aura continuellement de stationné en face de la
rue Traversière, un bachot équipé et une pièce de corde destinés
à la repêche des trains qui pourraient s'échapper de l'une ou l'autre
rive, même après avoir été garés.

Art. 12. Le sieur Demouchy affectera quatre bachots avec
tous leurs agrès et chacun desdits bachots garnis d'une corde pour
le repêchage et garage des bois à œuvrer.

Art. 13. Pour éviter tout conflit qui pourrait avoir lieu entre l'entrepreneur des lâchages et celui du remontage des bois dans le canal, le commerce interdit au sieur Demouchy, qui y consent, pendant la durée du présent traité, la faculté d'entrer et faire remonter des trains ou bateaux de bois à œuvrer dans le canal, comme aussi de faire faire ce service pour son compte : le commerce se réservant le droit de traiter avec tel autre entrepreneur qui lui conviendra, pour l'entrée et la remonte de ses bois dans le canal.

Art. 14. En cas de décès dudit entrepreneur, le commerce se réserve impérieusement le droit, et sans que nulle difficulté puisse lui être opposée, de s'emparer à l'instant, ou dans le délai d'un mois, de tout ou partie des quatre bachots, cordes, agrès et ustensiles particulièrement affectés, par l'article douze, au service du commerce ; d'en payer la valeur à dire d'experts et dans les formes voulues par l'art. 8 du présent traité, dans le délai d'un an, sans intérêts, aux héritiers ou ayant-cause dudit entrepreneur. *Décès de l'entrepreneur.*

Art. 15. La présente convention est faite pour six années qui commenceront à courir le 1er janvier 1837, et finiront le trente-un décembre mil huit cent quarante-deux.

Art. 16. Il est bien entendu que le présent traité ne sera obligatoire envers l'entrepreneur que par les marchands qui l'auront ratifié.

Art. 17. Les marchands qui viendraient à faire partie de la compagnie du commerce des bois carrés pendant la durée du présent traité, auront la faculté d'en réclamer l'exécution à leur profit par ledit entrepreneur, en ratifiant le présent à leur entrée dans la compagnie, en s'engageant à l'exécuter dans tout son contenu, et en en donnant connaissance à M. Demouchy dans le mois de leur entrée dans la compagnie.

Art. 18. Le sieur Demouchy ne pourra se livrer par lui-même à aucun commerce de bois à œuvrer, ce à quoi il s'engage expressément par le présent.

Art. 19 et dernier. Si par suite, le présent devenait susceptible d'être enregistré, les frais en seront supportés par la partie qui y aura mal à propos donné lieu.

Fait double, dont un pour M. Demouchy, et l'autre pour le

commerce des bois carrés, et rester dans les archive de la compagnie.

Noᴛᴀ. D'autres traités pour le lâchage et repêchage des trains dans les ports intérieurs de Paris, de la Rapée, d'Austerlitz, etc., avaient eu lieu précédemment entre le commerce des bois carrés et différents entrepreneurs de marine; nous nous contentons de les indiquer, ils existent aux archives du commerce.

Premier traité à la date du 28 juin 1818, entre le commerce et le sieur Soret, pour 9 ans et 6 mois.

Deuxième traité le 20 septembre 1828, avec le même marinier, pour 6 ou 12 ans, interrompu le 3 juillet 1830, par la mort du sieur Soret.

Troisième traité avec M. Achille Demouchy, le 10 juillet 1830, pour 6 ou 12 années.

(Archives du commerce des bois carrés.)

DÉLIBÉRATION

Du bureau du commerce des bois carrés pour l'approvisionnement de Paris, qui autorise l'agent général à payer la somme de *deux mille cinq cent soixante-six francs quarante-cinq centimes* pour travaux exécutés sur le port de Brienne (Aube).

2 *février* 1837.

Le bureau,

Vu la lettre de M. Rouillot, garde-port à Brienne-la-Vieille, concernant les travaux exécutés pour l'établissement d'un nouveau port à Brienne (Aube), y compris deux années de location des terrains que l'on tient de la commune de Brienne, lesquelles dépenses s'élèvent ensemble à 2,566 fr. 45 c.,

Sᴀᴠᴏɪʀ:

Fourniture de charpente...	911 fr.	» c.
Palplanches...........	522	10
Travaux de terrassement, maçonnerie et autres....	733	35
Deux années de location....	400	»

2,566 f. 45 c.

Considérant que ces dépenses ont été faites dans l'intérêt commun de la compagnie, et en conformité de la décision ministérielle du 21 avril 1835;

DÉLIBÈRE,

L'agent général est autorisé à payer la somme de 2,566 f. 45 c. pour les dépenses ci-dessus relatées.

Fait et délibéré au bureau du commerce des bois carrés, à Paris, le 2 février 1837.

(Archives du commerce des bois carrés.)

DÉLIBÉRATION

Du commerce des bois carrés pour l'approvisionnement de Paris,

Ordonnant les travaux nécessaires pour réédifier plus solidement le pavillon destiné au garde du commerce des bois à Bercy, à la suite de l'autorisation verbale donnée par M. de Nicolaï; à charge par le commerce, à la première réquisition de ce propriétaire, de faire disparaître lesdites constructions, qui n'ont été élevées que par tolérance.

13 mars 1837.

(Archives du commerce des bois carrés de Paris, correspondance.)

COMITÉ CENTRAL DES QUATRE COMMERCES
DE BOIS ET CHARBONS.

Circulaire adressée à MM. les jurés-compteurs par le comité central des quatre commerces des bois et charbons, pour engager ces fonctionnaires à rappeler aux gardes-ports qu'ils ne doivent réclamer du commerce des bois carrés aucun droit excédant le tarif de 1704, pour le toisé dans l'eau et les inventaires au départ des marchandises de bois carré qui sortent de leurs ports.

18 *avril* 1837.

Des plaintes ont été adressées par le bureau du commerce des bois carrés au comité central des quatre commerces réunis, sur l'abus que divers gardes-ports de votre arrondissement veulent introduire dans la fixation des droits qu'ils perçoivent au départ des marchandises, en exigeant, contrairement au tarif de 1704, une rétribution plus forte que celle de *quarante sols*, qui leur est allouée pour chaque cent de charpente, grume ou sciage, tel qu'il soit réduit à la solive; et *ils prétendent, pour justifier cette exigence, qu'on les oblige à un toisé ou inventaire au moment du flottage, travail que ces agents considèrent comme en dehors de leurs attributions et des devoirs qui leur sont imposés.*

Les gardes-ports sont évidemment dans l'erreur; car le comité central, qui a examiné attentivement la législation existante sur le but de leur institution, EST D'AVIS QUE LA PRÉTENTION QU'ILS AFFECTENT EST MAL FONDÉE, ET QU'IL Y A URGENCE D'EN PRÉVENIR LE RETOUR PAR DES AVERTISSEMENTS ET, S'IL Y A LIEU, PAR DES EXEMPLES DE SÉVÉRITÉ.

Et comme il importe à nos commettants d'arriver promptement à la répression de cet abus, nous vous recommandons très expressément de transmettre aux gardes-ports, placés sous votre surveillance, les instructions suivantes :

« 1° Les gardes-ports sont tenus d'inscrire, jour par jour,
» sur un registre timbré et sans aucun blanc, toutes les mar-
» chandises qui *arriveront ou sortiront des ports;*

» 2° Il leur est ENJOINT d'assister régulièrement et d'être
» présents au chargement des marchandises, de CONSTATER LA
» QUANTITÉ QUI AURA ÉTÉ CHARGÉE, D'EN TENIR REGISTRE ET
» DE DONNER AVIS DE LADITE QUANTITÉ AU MARCHAND POUR
» LE COMPTE DUQUEL ELLE AURA ÉTÉ CHARGÉE; DE DONNER AU
» VOITURIER CERTIFICAT CONTENANT LA VRAIE QUANTITÉ DES
» MARCHANDISES QUI AURONT ÉTÉ CHARGÉES;

» 3° Le tarif de 1704 a fixé les rétributions dues aux gardes-
» ports, savoir : pour *l'arrivage* des bois de charpente, grume
» ou sciage, tel qu'il soit réduit à la solive, *quarante sols* du
» cent, et pareille somme de *quarante sols à l'enlèvement;*

» 4° Les gardes-ports doivent se renfermer, pour leur salaire,
» dans la fixation des prix déterminés par les décisions et ordon-
» nances, A PEINE DE DESTITUTION ET MÊME D'ÊTRE POUR-
» SUIVIS COMME CONCUSSIONNAIRES. »

Ces instructions sont précises et les gardes-ports, en s'y conformant, resteront dans les limites de leurs droits ; mais s'il en est
qui, par esprit de cupidité, mettent de côté leurs devoirs, jusqu'à
exiger *un salaire* autre que celui qui leur est accordé, veuillez bien,
dans l'intérêt de l'ordre, objet principal de votre mission, nous
signaler ces gardes-ports; car prompte justice sera faite (d'accord
avec l'autorité) du délit dont ils se seraient rendus coupables, malgré
nos justes remontrances et le soin que nous mettons à maintenir
sur des bases solides l'institution si utile des gardes-ports.

Veuillez d'abord nous accuser réception de la présente circulaire :
immédiatement après avoir fait une tournée sur les ports de votre
arrondissement, tournée que vous devrez faire très prochainement, vous nous mettrez au courant de l'effet moral produit par
cette circulaire. Encore une fois, il est de la plus haute importance que l'assemblée générale des délégués des quatre com-

merces soit instruite des difficultés que vous pourriez rencontrer dans l'exécution de la mesure dont il s'agit :

Nous avons l'honneur de vous saluer.

L'agent spécial ,

Signé ROUSSEAU.

NOTA. Ce dernier avertissement émanant du comité central des quatre commerces réunis, et la menace d'exemples de sévérité, s'il y avait lieu, ont enfin fait comprendre aux gardes-ports qu'ils s'exposaient à être poursuivis comme concussionnaires s'ils persévéraient à exiger une rétribution plus forte que celle de 2 francs établie par les ordonnances; aucun fait semblable n'a été signalé depuis, et les inventaires de flottage, détaillés morceau par morceau, coupon par coupon, ont été soigneusement adressés aux marchands de Paris au moment du départ des trains.

(Archives du commerce des bois carrés.)

JUSTICE DE PAIX DE SAINT-DIZIER.

Jugement qui maintient au garde-rivière chargé du repêchage des bois carrés pour l'approvisionnement de Paris, le droit de faire repêcher les bois canards et épaves, de les faire flotter et expédier au chantier commun à Paris; cet agent ne pouvant être poursuivi, à raison de ses fonctions, qu'administrativement.

27 avril 1837.

Un procès de repêchage s'est présenté à l'audience du 27 avril; M. Piat-Millot, demandeur, a conclu à ce que le sieur Nicolas Hayer, repêcheur, fût tenu de rétablir sur le port de Moeslins, un morceau de charpente produisant neufs solives, deux pieds, dix pouces, qu'il avait enlevé le 21 mars 1837, et conduit à Paris; sinon à payer, pour en tenir lieu, la somme de 94 fr. 70 cent.

Le sieur Hayer a excipé d'une commission de garde de rivière à lui délivrée le 6 octobre 1834 par M. le directeur général des ponts-et-chaussées, en conséquence de la décision du ministre de l'intérieur, du 3 juin 1802, et sur la proposition de MM. les délégués du commerce des bois carrés de Paris, en date du 3 août 1834. Il a opposé au demandeur deux exceptions; par la première, il a soutenu qu'étant poursuivi relativement à l'exécution d'un acte émané de l'autorité administrative, M. le juge de paix était incompétent en raison de la matière.

Par la seconde exception, le sieur Hayer a soutenu qu'étant garde commissionné et assermenté, il ne pouvait être poursuivi relativement à ses fonctions, sans que le demandeur en eût obtenu la permission de l'autorité supérieure.

L'affaire a été continuée à quinzaine.

Audience du 11 mai 1837.

Nous, juge de paix : ouï les parties en personnes, tant à notre audience du 27 avril dernier qu'à celle de ce jour;

Considérant en fait, que le sieur Piat-Millot réclame au défendeur une pièce de bois de charpente enlevée de son chantier par les eaux de la Marne dans un moment d'inondation, laquelle a été repêchée par ce dernier et déposée sur le port de Moëslins où elle est restée environ quatre mois, *qu'ensuite elle a été flottée pour Paris où elle est déposée au chantier de dépôt du commerce, quai de la Râpée, n° 45;*

Considérant qu'en agissant ainsi, le sieur Hayer s'est conformé à la commission de garde-rivière qui lui a été délivrée le 6 octobre 1834, par M. le directeur général des ponts-et-chaussées, en vertu d'un arrêté du ministre de l'intérieur en date du 3 juin 1802;

Considérant, en droit, que le fait de l'enlèvement de la pièce de bois, dont s'agit au procès, reproché au défendeur, étant le résultat des fonctions qui lui ont été confiées par l'autorité administrative, nous sommes, comme autorité judiciaire, incompétent pour en connaître, d'après les principes du droit sur la séparation des pouvoirs, qu'au surplus notre opinion est appuyée d'un arrêt de la cour de cassation du 7 juin dernier ;

Sur ces motifs, jugeant en premier ressort, nous nous déclarons incompétemment saisi de la contestation; renvoyons la cause et les parties pardevant qui de droit, et condamnons le demandeur aux dépens.

OPINION

De M. l'inspecteur principal de la navigation de la Marne, sur les devoirs du préposé à la repêche des bois à œuvrer.

22 mai 1837.

« Monsieur le syndic,

» J'ai reçu avec la lettre que vous m'avez fait l'honneur de » m'écrire, le numéro de la feuille de St-Dizier du 18 de ce mois; » je vous renvoie ci-joint cette feuille, et vous remercie, mon- » sieur, d'avoir bien voulu me la communiquer.

» Il est sans doute heureux que le juge de paix de Saint-Dizier » se soit déclaré incompétent dans une affaire où le commerce » que vous représentez a été attaqué dans la personne d'un agent » subalterne; cette déclaration d'incompétence peut, dans des » cas analogues à celui dont il s'agit, être invoquée comme précé- » dent, puisque vous pensez que votre adversaire en restera là. » Mais en admettant même qu'une juridiction supérieure fût ap- » pelée à connaître de l'affaire, il me semble que vos moyens de » défense sont suffisants pour vous faire obtenir gain de cause ; » en effet, le bois qui fait l'objet de la contestation ayant été » extrait du fond de l'eau et déposé sur la berge, où il a séjourné » *pendant quatre mois*, doit être considéré comme bois épave; » OR L'AGENT QUI L'A FAIT ENLEVER, AVAIT QUALITÉ A CET » EFFET, PUISQU'IL EST REVÊTU D'UN CARACTÈRE PUBLIC ET » QU'IL PEUT TROUVER SA JUSTIFICATION, SINON DANS LA » LETTRE, AU MOINS DANS L'ESPRIT DE L'ORDONNANCE DE » 1669, TITRE 31, ART. 16, et dans l'arrêt du conseil d'État du » 24 juin 1777, art. 3. Si vous voulez bien prendre la peine de

» lire ces dispositions et faire la part des modifications qu'ont pu
» subir les formes judiciaires et administratives, vous verrez qu'à
» ces formes près, l'agent en question a agi dans la limite de ses
» devoirs ; tel est du moins mon avis, auquel, au besoin, je pourrai
» donner plus de développement.

    » Recevez, monsieur, etc.

» Signé LEIRIS,

» Inspecteur principal de la navigation. »

(Archives du commerce des bois carrés.)

OPINION

Emise sur le même sujet, par un ancien marchand de bois que ses relations avec Paris ont mis à même de bien connaître l'indépendance et les idées d'amélioration du commerce des bois carrés de Paris (Extrait du journal de Saint-Dizier).

    « Monsieur le gérant,

    » Votre feuille du lundi, 20 avril, contient un article relatif à
» un procès intenté à un flotteur qui aurait brellé et conduit à
» Paris un coupon de bois épars ; cet article laisse à croire que ce
» flotteur aurait agi dans l'intérêt du commerce de Paris et comme
» préposé par lui à cet effet.

    » Si cette allégation est vraie, dit votre feuille, on ne croit pas
» ici que le commerce de Paris puisse commissionner des gardes
» jusque sur nos ports, pour y exercer leurs fonctions comme l'a
» fait le flotteur mis en cause.

    » Il est vraiment fâcheux, monsieur, que toutes mesures prises
» ou proposées dans un intérêt général soient aussitôt mal inter-
» prétées par le commerce de votre pays, il se tourmente à ne voir
» dans ces mesures d'ordre que le seul avantage du commerce de
» Paris ; *il oublie que les mêmes besoins touchent les deux com-
» merces, et qu'une disposition ne peut pas être prise par l'ad-
» ministration dans l'intérêt d'un des deux commerces, sans que
» les résultats en soient les mêmes pour l'autre commerce.*

» Il importe donc, dans l'intérêt du marinier mis en cause,
» de détruire l'impression défavorable, et involontaire sans doute,
» qu'a pu produire votre article dans l'opinion du public, et surtout
» du juge appelé à en connaître ; il est bon de réfuter l'allégation
» qui tendrait à faire croire que le marinier a agi dans l'intérêt du
» commerce de Paris et préposé par lui.

» C'EST DANS UN INTÉRÊT D'ORDRE PUBLIC QU'IL A ÉTÉ
» ÉTABLI, ET QU'IL EXISTE DE TEMPS IMMÉMORIAL, SUR TOU-
» TES RIVIÈRES CONCOURANT A L'APPROVISIONNEMENT DE LA
» CAPITALE, UN SERVICE DE SAUVETAGE DES MARCHANDISES
» DE BOIS ENTRAINÉES, SOIT PAR LES CRUES SUBITES, SOIT
» PAR LES AVARIES EN COURS DE NAVIGATION.

» M. le directeur général des ponts-et-chaussées a commis-
» sionné à cet effet sur les rivières d'Yonne, Seine, Aube,
» Marne, etc., des agents spéciaux, assermentés et chargés du
» soin de repêcher, sauver, recueillir et réunir indistinctement
» tous les bois égarés ou entraînés; il est formellement interdit à
» cet agent de disposer en aucune manière des bois, et même de
» les rendre à qui s'en dirait propriétaire ; il doit en temps favo-
» rable, pour le flottage, recueillir ces bois épars sur les rives, et
» les conduire fidèlement en un lieu sûr, pour que l'on puisse re-
» connaître les marques et les empreintes des marteaux.

» Tous les bois repêchés sur la haute et basse Marne, sur la
» Seine, l'Aube, l'Yonne, etc., sont appelés BOIS DE COMMU-
» NAUTÉ, et sont dirigés vers un dépôt, quai de la Râpée, n° 45,
» à Paris ; chaque année en assemblée générale, des commissaires,
» pris dans le commerce des bois carrés, sont désignés pour re-
» connaître et constater chaque marque, et rendre au véritable
» marchand, de province ou de Paris, ce qui est sa propriété. Il
» n'est pas besoin de dire que cette opération, confiée à d'honora-
» bles négociants, délégués par l'assemblée générale du commerce,
» est faite avec les soins les plus minutieux, le scrupule et le dé-
» sintéressement les plus grands.

» Vous reconnaîtrez sans doute, monsieur, que le marinier en
» brellant les bois épaves, a agi dans un intérêt général, et en vertu

» de la commission qu'il tient de l'administration supérieure, et
» non comme préposé par le commerce de Paris. »

Nota. Nous avons rapporté textuellement le jugement qui précède, ainsi que les opinions émises par M. l'inspecteur principal de la navigation, et par un ancien marchand de bois, pensant que ces documents prouveront jusqu'à l'évidence l'utilité et la nécessité d'un repêchage général en commun.

Par les soins du bureau du commerce des bois carrés, ce service de repêchage en commun, reconnu par l'administration des ponts-et-chaussées, est organisé sur toutes les rivières qui concourent à l'approvisionnement de la capitale. Des repêcheurs habiles, intelligents, probes, parcourent toutes les rives, réunissent dans des lieux sûrs les bois carrés, épaves et canards qui leur sont signalés, en paient le prix de repêchage et ensuite les expédient au dépôt du commerce à Paris; *ils parviennent ainsi à sauver annuellement et à préserver d'une piraterie certaine près de 200 stères de bois de charpente, chêne, sapin, et charronnage, et plus de 3000 mètres courants de planches de menuiserie*, qui sont rendus à leurs véritables propriétaires, aussitôt que l'on a constaté officiellement les marques de chacun.

C'est un service parfaitement établi, dans l'intérêt commun des marchands forains et des marchands de Paris, et le bureau du commerce des bois carrés s'en glorifie à juste titre. Au surplus, à la table de ce recueil (*au mot repêchage*) on trouvera un nombre considérable d'arrêts, édits, jugements, sentences et ordonnances qui confirment la légalité de ce service de repêchage, à l'instar de celui établi par le commerce des bois à brûler, sous la dénomination de *bois de communauté*.

(Archives du commerce des bois carrés.)

SENTENCE ARBITRALE
Pour les commerces de bois carrés et bois à brûler, dans une contestation relative au traité de garage à Bercy.
26 juin 1837.

Extrait de ladite sentence concernant le stationnement des trains de bois de construction dans les gares aux abords de Paris.

Un tribunal arbitral ayant été constitué le **10 juin 1837**, à l'effet de statuer sur une contestation élevée entre la compagnie du

35

commerce de bois de chauffage en chantiers et celle du commerce des bois carrés, au sujet du séjour prolongé des trains de bois de construction dans les gares aux abords de Paris, dont le service est fait par les soins de la compagnie du commerce de bois de chauffage.

Le 17 du même mois sont comparus pardevant MM. Henri Menard, administrateur des coches, arbitre nommé par le commerce des bois de chauffage, et François Marcellot, ancien marchand de bois, pour le commerce des bois carrés, MM. les syndics et adjoints du commerce de bois de chauffage et les délégués et adjoints du commerce des bois carrés, à l'effet de donner aux arbitres leurs conclusions et explications à l'appui.

Et, le 26 juin, les arbitres sus-nommés ont rendu la sentence suivante :

Nous, arbitres susdits et soussignés, nous nous sommes réunis chez M. Henri Menard, l'un de nous, et après avoir examiné les conclusions et pièces produites par les parties et en avoir délibéré conformément à la loi, nous avons arrêté et rendu notre sentence qui suit :

Première et deuxième questions.

La durée du garage n'ayant pas été fixée par les parties, une ordonnance de police l'ayant limitée à quinze jours, les parties reconnaissant qu'il y abus dans la durée du garage, tel qu'il a lieu depuis certain temps.

Première question. Doit-on restreindre la durée du garage fixée par ladite ordonnance, ou, consultant l'usage, en fixer une plus longue ?

Deuxième question. Pour que l'abus dans la durée du garage cesse au préjudice de la compagnie des bois de chauffage, sans faire perdre à la compagnie des bois carrés, l'avantage des conventions entre les parties, quelle indemnité devra la compagnie des bois carrés à celle de bois de chauffage, dans le cas où le terme fixé serait dépassé ?

Bien que les conventions verbales des parties aient été faites dans le régime de l'ordonnance du 30 juin 1837 qui prescrit que les trains ne pourront rester en station aux berges, au-delà de quinze jours;

Comme il est constant que jusqu'ici l'*autorité a prolongé de fait, sinon de droit, cette tolérance;* qu'il est d'ailleurs établi que depuis les conventions actuelles, comme du temps de celles précédentes, ce délai de quinzaine a été dépassé;

Considérant cependant que la compagnie des bois de chauffage ne saurait prendre d'engagement au-delà du terme fixé par l'autorité;

Ordonnons que la durée du garage soit fixée à quinze jours, aux termes de l'ordonnance précitée; que la tolérance de l'autorité continuant, la compagnie des bois de chauffage sera tenue de fournir des cordes sans augmentation de salaire, pendant dix jours, EN TOUT VINGT-CINQ JOURS.

Quant à l'indemnité pour un plus long séjour, ordonnons que dans les cas difficiles à prévoir, où des trains viendraient à séjourner plus de vingt-cinq jours, l'indemnité sera graduée, parce que plus la station est longue, plus les trains s'alourdissent, plus les cordes souffrent.

En conséquence, que l'indemnité sera de cinquante centimes par jour et par train ou portion de train, s'il y a vingt jours, ou moins de vingt jours au-delà des vingt-cinq fixés, c'est-à-dire de vingt-cinq jours à quarante-cinq jours inclusivement, ci. » f. 50 c. p⟨r⟩ j⟨r⟩;

Que l'indemnité sera d'*un franc* par jour de quarante-cinq à soixante jours inclusivement, ci. 1 f. » c.

De *un franc cinquante centimes,* de soixante à quatre-vingt-dix jours, ci................. 1 f. 50 c.

Et de *deux francs* pour chaque jour au-delà de ce terme, ci... .... 2 f. » c.

Signé : HENRI MENARD et MARCELLOT.

(Archives du commerce des bois carrés.)

RÉPARATION PÉCUNIAIRE

De 380 fr. (au profit des pauvres de la commune d'Ambrières, Marne), obtenue d'un batelier trouvé détenteur de bois carrés appartenant aux commerces de Paris et de Saint-Dizier.

11 août 1837.

Rapport de M. l'inspecteur principal de la navigation provoquant l'intervention de M. le directeur général des ponts-et-chaussées auprès du procureur du roi de Vitry.

Monsieur le directeur général,

Le sieur Hayer, garde-rivière commissionné par l'administration, ayant fait, en présence de l'autorité locale, une visite chez le sieur ....., à Ambrières, sur la Marne, a découvert au domicile de cet individu, *une certaine quantité de bois de sciage et de charpente* qui avait été soustraite au commerce; cette soustraction a été constatée par un procès-verbal qui a été adressé, le 12 de ce mois, à M. le procureur du roi de Vitry-le-Français.

Le commerce éprouve depuis longtemps des pertes considérables par suite de soustractions semblables : *il s'est plaint à moi plusieurs fois de ce que les étoffes ou les pièces de bois qui se détachent des trains pendant le flottage, lui étaient enlevées par les flotteurs eux-mêmes, qui les vendaient à vil prix aux habitants des communes riveraines de la Marne.* Pour faire cesser cet abus, j'ai cru devoir inviter les maires de ces communes à prévenir leurs administrés QUE LES BOIS QUE LEUR VENDAIENT LES FLOTTEURS ÉTANT LE PRODUIT DE VOLS, ILS S'EXPOSAIENT, EN LES LEUR ACHETANT, A ÊTRE POURSUIVIS COMME RECÉLEURS.

Ce moyen n'a pas été sans efficacité, mais il n'a pas entièrement déraciné le mal. Ce but serait atteint si le tribunal de Vitry-le-Français prononçait contre le sieur .... une peine assez sévère pour intimider ceux qui seraient disposés à l'imiter; j'ai, en conséquence, l'honneur de vous proposer, M. le directeur général, d'intervenir auprès de M. le procureur du roi près le tribunal en question, et de représenter à ce magistrat combien il importe d'extirper, par un jugement sévère, un mal que l'impunité. perpétuerait.

J'ai l'honneur, etc.

Signé LEIRIS.

Inspecteur principal de la navigation.

NOTA. M. le directeur général des ponts-et-chaussées ayant donné suite à cette affaire, l'agent général du commerce des bois carrés s'est trahsporté sur les lieux pour saisir officiellement le procureur du roi de ce procès. Plus tard, et du consentement de l'autorité, on a transigé ainsi que suit :

RÉPARATION PÉCUNIAIRE.

Entre les soussignés, délégués et adjoints du commerce des bois carrés établi à Paris, quai de la Râpée, n° 45, poursuites et diligences de M. Charles-Louis Laurent, agent général de la compagnie, demeurant audit Paris, quai de la Râpée, n° 45, d'une part ;

Et le sieur....., demeurant à Ambrières, arrondissement de Vitry-le-Français, d'autre part ;

A été convenu ce qui suit :

Depuis longtemps le commerce de bois de Paris remarquait que, malgré les soins apportés à la repêche des bois sur la rivière de Marne, il s'opérait toujours une perte considérable de bois carrés.

Des soupçons surgirent, et un surcroît de surveillance amena la découverte de délits plus ou moins importants.

Un procès-verbal dressé à la date du 10 juillet 1837, par le sieur Nicolas Hayer, garde-repêche à Moeslins (commissionné par M. le directeur des ponts-et-chaussées et des mines), en présence de M. Latuix, adjoint de la commune d'Ambrières, constata *le recel, au domicile du susnommé, de quarante-quatre pièces de bois appartenant, tant au commerce de Paris qu'à celui de Saint-Dizier.*

Le sieur.... a prétendu et prétend encore aujourd'hui que ce bois, provenant des repêches qu'il avait faites, était à la disposition de ses propriétaires, moyennant la prime et la rétribution d'usage accordées aux repêcheurs.

Toutefois les délégués et adjoints du commerce ci-dessus nommés, n'ayant pas admis cette excuse et ayant prétendu au contraire que ces bois avaient été illégalement détenus, puisqu'aucune déclaration n'avait été faite par l'intimé, soit au maire de la commune, soit au garde-rivière, soit à l'inspecteur de la navigation, résolurent, pour arrêter le maraudage, de faire connaître, par un exemple, la sollicitude qu'ils apportaient à la repêche, et d'actionner le sieur.... ;

De son côté, le sieur...., craignant, en raison de son imprudent retard à prévenir les propriétaires des bois qu'il avait recueillis, l'action des délégués et adjoints du commerce de Paris, a résolu de terminer amiablement ce débat;

En conséquence, des ouvertures ont été faites, à la suite desquelles le sieur... s'est obligé :

1° A remettre au commerce de bois de Paris et de Saint-Dizier, entre les mains du sieur Hayer, garde-repêche, à la première réquisition de ce dernier, les bois détaillés au procès-verbal du 10 juillet 1837;

2° A payer à titre d'indemnité, comme de fait il a à l'instant même payé, une somme de trois cent quatre-vingts francs qui sera appliquée de la manière suivante :

TROIS CENTS FRANCS A LA COMMUNE D'AMBRIÈRES, LIEU DU DOMICILE DU SIEUR....., LES DÉLÉGUÉS DU COMMERCE AYANT DÉCLARÉ POSITIVEMENT QU'ILS N'ENTENDAIENT NULLEMENT PROFITER DE LA RÉPARATION PÉCUNIAIRE EXIGÉE DU SIEUR.....;

Trente francs aux frais du procès-verbal du 10 juillet 1837;

Et cinquante francs à Me F..., avocat, avoué à Vitry-le-Français, à titre d'honoraires pour soins et démarches apportées à la médiation et à la réalisation du présent traité.

Tous les pouvoirs sont donnés à M. F..., avocat, avoué à Vitry-le-Français, pour, de concert avec M. le sous-préfet de l'arrondissement de Vitry-le-Français et M. le maire de la commune d'Ambrières, disposer de la SOMME DE TROIS CENTS FRANCS CI-DESSUS, AU PROFIT DES HABITANTS LES PLUS NÉCESSITEUX DE LA COMMUNE.

Au moyen du présent traité, toute action demeure éteinte et le sieur....., s'oblige à donner à l'avenir tous ses soins à la repêche des bois égarés, à la charge par lui d'en rendre compte en temps et lieu au garde-repêche.

Fait double, à Vitry-le-Français, le 11 août 1837.

Signé LAURENT, agent général
Signé......... de la compagnie des bois carrés,

(Archives du commerce des bois carrés.)

JUSTICE DE PAIX DU CANTON DE JARGEAU

(ARRONDISSEMENT D'ORLÉANS).

Jugement contradictoire qui condamne un marchand de bois de province, à payer au garde-port la rétribution qui lui est due conformément au tarif et aux lettres-patentes de 1704.

11 octobre 1837.

LOUIS-PHILIPPE, roi des Français, à tous présents et à venir, salut.

Le juge de paix du canton de Jargeau, arrondissement d'Orléans, département du Loiret, a rendu le jugement dont la teneur suit :

Extrait de la feuille de l'audience ordinaire de la justice de paix dudit canton, tenue en la salle publique de la mairie à Jargeau, par M. Simon-Joseph Fouqueau, juge de paix dudit canton, assisté de Me Thomas Rocher, greffier.

Le mercredi onze octobre mil huit cent trente-sept, à midi;

Entre le sieur Jules Liger, garde de port assermenté, à la résidence de Jargeau, y demeurant, comparant en personne, demandeur aux fins et conclusions de la citation faite à sa requête, au ci-après nommé, à comparoir à notre audience du vingt-sept septembre dernier, suivant l'exploit de de la Salle, l'un de nos huissiers, en date du vingt-deux dudit mois, enregistré à Jargeau, le vingt-cinq, et aux fins et exécution de notre jugement dudit jour vingt-sept septembre dernier;

Et le sieur Hubert Dubois, marchand de bois, demeurant en la commune de Sandillon, aussi comparant en personne, défendeur aux mêmes fins, conclusions et exécution;

Il a été fait lecture par le greffier :

1° De ladite citation et de l'état qui y est en tête, des COTRILLONS (petits cotrets) livrés et chargés sur le port de Sandillon, pour le compte dudit sieur Dubois, reçus sur ledit port, empilés et livrés par ledit sieur Liger, savoir :

Vingt-deux février mil huit cent trente-six, et le vingt-neuf dudit mois et an, livré au sieur Marin Bonin, voiturier par eau à Jargeau, trois mille deux cent soixante, ci. . . . .   **3,260 f.**

Quinze avril mil huit cent trente-sept, et le dix-neuf desdits mois et an, livré au sieur François Marchant et compagnie, marchand de bois et voiturier par eau à Saint-Benoît-sur-Loire, six mille trois cent cinquante, ci. **6,350**

En tout, neuf mille six cent dix, ci. **9,610**

Doit ledit sieur Dubois, audit sieur Liger :

1° Empilage, à cinquante centimes par cent suivant l'usage, quarante-huit francs cinq centimes, ci. . . . . . .   48 fr. 05 c.

2° Enlèvement et *manutentionnement* du chargement du sieur Bonin, quatre francs quarante centimes, ci.   4   40

3° Reliage d'un cent de cotrillons, un franc cinquante centimes, ci.   1   50

Total, cinquante-trois francs quatre-vingt-quinze centimes, ci.   53   95

Et par ladite citation, ledit sieur Liger a conclu à ce que ledit sieur Dubois soit condamné à lui payer ladite somme de cinquante-trois francs quatre-vingt-quinze centimes, plus les intérêts et en outre les dépens;

2° De notre jugement rendu contradictoirement entre les parties, dudit jour vingt-sept septembre dernier, suivant lequel, parties ouïes :

Ledit sieur Dubois a dit qu'il ignore s'il doit ou s'il ne doit pas au sieur Liger les droits qu'il réclame, et par lequel notre jugement, avant de faire droit, avons dit que le sieur Liger rapportera, à notre présente audience, le tarif des droits qu'il réclame;

Et à la présente audience, parties ouïes :

Ledit sieur Liger a rapporté les lettres-patentes du dix-sept juin mil sept cent quatre, relatives à l'établissement de gardes-ports sur les rivières et canaux affluents à Paris, et l'instruction ministérielle de mil huit cent douze, contenant le tarif des droits sur les marchandises qui sont déposées et embarquées sur les bords desdites rivières et canaux.

Sur notre interpellation, ledit sieur Dubois est convenu du fait qu'il a fait déposer et embarquer sur le bord de la Loire, à Sandillon, le nombre de cotrillons de bois établi par le sieur Liger, et que celui-ci a de plus relié cent de ces cotrillons.

Sur tout quoi, nous, juge de paix:

CONSIDÉRANT QUE LA DEMANDE DES DROITS QUE RÉCLAME LEDIT SIEUR LIGER EST CONFORME AUX LETTRES-PATENTES DU DIX-SEPT JUIN MIL SEPT CENT QUATRE, ET AU TARIF DE L'INSTRUCTION MINISTÉRIELLE DE MIL HUIT CENT DOUZE, et que le sieur Dubois doit les cinquante-trois francs quatre-vingt-quinze centimes que ledit sieur Liger lui demande;

Prononçant en premier ressort:

Condamnons ledit sieur Dubois à payer audit sieur Liger, garde-port assermenté, entre autres, pour le port de Sandillon, la somme de cinquante-trois francs quatre-vingt-quinze centimes, pour les causes déduites en la citation, plus les intérêts à compter du jour d'icelle, et en outre les dépens que nous liquidons à six francs soixante centimes, non compris le coût et droits de notre jugement du vingt-sept septembre dernier, et le coût, droits, expédition et signification du présent; notre jugement prononcé en présence des parties;

Mandons et ordonnons à tous huissiers, sur ce requis, de mettre ledit jugement à exécution; à nos procureurs généraux et à nos procureurs près les tribunaux de première instance d'y tenir la main; à tous officiers commandant la force publique, de prêter main-forte lorsqu'ils en seront légalement requis.

En foi de quoi la minute dudit jugement est signée: FOUQUEAU, et ROCHER, greffier; elle porte cette mention: « Enregistré à Jargeau, le dix-sept octobre mil huit cent trente-sept, folio quatre-vingt-quatorze verso, case neuf, reçu un franc pour jugement, soixante centimes pour titre, et seize centimes de décime. »

Signé BELFOY.

(Archives du commerce des bois carrés.)

ARRÊTÉ

Du préfet du département de la Marne, relatif aux chemins de halage sur la rivière de Marne.

3 janvier 1838.

Vu le rapport de l'inspecteur de la navigation, constatant que, dans la visite qu'il vient de faire de la rivière de Marne, dans l'étendue de ce département, il a reconnu que, sur les chemins de halage de la Marne, il existe des arbres et des plantations qui sont nuisibles à la navigation;

Vu l'article 3, chapitre 1er de l'ordonnance du mois de décembre 1672, ainsi conçu:

« Tous propriétaires d'héritages aboutissant aux rivières na-
» vigables, sont tenus de laisser, le long des bords, 24 pieds
» (8 mètres) pour trait de chevaux, sans pouvoir planter arbres,
» tirer haies ou clôtures, ni ouvrir fossés, plus près du bord que
» de 30 pieds (10 mètres), et, en cas de contravention, seront
» les fossés comblés, les arbres arrachés et les murs démolis aux

» frais des contrevenants, sans préjudice à la réparation des dom-
» mages qu'ils peuvent avoir occasionnés. »

Vu la loi du 29 floréal an x ;

Vu aussi nos différents arrêtés pris en exécution de ladite loi ,
notamment celui du 1er mars 1832 ;

Considérant que, pour rendre au commerce toute son activité,
il importe que la navigation soit débarrassée des entraves qui s'opposent à sa libre circulation , et de tenir plus que jamais la main à
l'exécution des articles 2 et 3 de ladite ordonnance du mois de décembre 1672 ;

ARRÊTE :

Art. 1er. A la réception du présent arrêté , les maires des communes riveraines de la Marne, dans l'étendue du département,
notifieront par écrit aux propriétaires d'héritages qui y aboutis-
sent , de couper et enlever, dans le délai de quinze jours , les arbres et plantations existant dans l'étendue du chemin du halage,
de combler les fossés qu'ils y auraient ouverts, et de détruire tous
ouvrages tendant à défendre leurs propriétés , à moins qu'ils n'en
aient obtenu notre autorisation.

Art. 2. Si, à l'expiration de ce délai , les propriétaires n'ont
pas satisfait à l'ordre qui leur aura été donné, les maires feront
faire, en leur présence, l'arrachage des arbres et plantations ,
ainsi que le comblement des fossés, aux frais et dépens de ces
propriétaires.

Art. 3. Dans le courant du mois d'avril prochain, l'inspecteur
de la navigation fera la visite des chemins de halage, pour vérifier
l'exécution des dispositions ci-dessus, et s'il reconnaît des arbres
et autres plantations nuisibles à la navigation , il est autorisé à en
faire opérer l'arrachage par des ouvriers, dont le salaire sera acquitté sur le prix provenant de la vente desdits arbres et plantations,
qui sera faite par adjudication publique, à la diligence des maires.

Art. 4. A compter du jour de la publication du présent arrêté,
il est fait défense à toutes personnes ayant des héritages aboutissant à la rivière de la Marne, de faire dans l'étendue des chemins

de halage et sur les bords de ladite rivière, aucune plantation et ouvrages tendant à défendre leurs propriétés, à moins qu'ils n'en aient obtenu notre autorisation.

En cas de contravention aux dispositions de cet article, les plantations et ouvrages faits sans autorisation seront arrachés et détruits aux frais des propriétaires.

Art. 5. MM. les maires des communes, les agents des ponts-et-chaussées et de la navigation, sont chargés de surveiller avec la plus grande attention l'exécution de l'article ci-dessus; ils dresseront des procès-verbaux des contraventions qui y seront commises, et nous les adresseront sans délai, pour être statué dans les formes prescrites par la loi du 29 floréal an x.

Art. 6. Le présent arrêté sera imprimé, pour être lu, publié, et affiché dans toutes les communes riveraines de la Marne.

Châlons, le 3 janvier 1838.

Le préfet de la Marne,

Le Vicomte DE JESSAINT.

(Archives du commerce des bois carrés.)

ORDONNANCE DE POLICE,

Extrait de l'arrêté de police relatif au port de Bercy.

Paris, le 8 janvier 1838.

Nous, conseiller d'État, préfet de police,

Vu les réclamations qui nous ont été adressées, contre l'état d'encombrement du port de Bercy;

Vu la loi des 16-24 août 1790, et les arrêtés du Gouvernement des 12 messidor an VIII (1er juillet 1800), et 3 brumaire an IX (25 octobre 1800);

Vu l'ordonnance concernant la police du port de Bercy, en date du 15 avril 1834;

Considérant que, malgré les dispositions de l'ordonnance de

police du 15 avril 1834, le port de Bercy est souvent encombré de manière à gêner les mouvements des arrivages et à faire courir aux marchandises les plus graves dangers ;

Qu'il importe de rappeler au commerce et aux mariniers les prescriptions des règlements, en même temps qu'il sera de nouveau recommandé aux agents de l'administration de tenir la main à leur exécution ;

Considérant que, dans les cas prévus par les articles 8 et 21 de l'ordonnance du 15 avril 1834, il peut être souvent plus facile de faire cesser les contraventions et l'encombrement de la rivière, par la descente d'office des bateaux que par leur remontage ;

Avons arrêté ce qui suit :

Art. 1er. Les dispositions de l'ordonnance du 15 avril 1834, concernant la police du port de Bercy, seront de nouveau imprimées et affichées à la suite du présent.

Art. 2. Dans le cas de contravention aux articles 8 et 21 de ladite ordonnance, les bateaux seront, ou remontés d'office, ou descendus au port de l'entrepôt des vins, aux frais, risques et périls de qui de droit, selon que l'une ou l'autre de ces mesures paraîtra d'une exécution plus facile.

Art. 3. Le sous-préfet de l'arrondissement de Sceaux, les maires des communes de Bercy et d'Ivry, l'inspecteur général de la navigation et des ports, et les préposés de la préfecture, sont chargés, chacun en ce qui le concerne, de tenir la main à l'exécution du présent.

Le conseiller d'État, préfet de police,
G. DELESSERT.

Art. 1er. Le port de Bercy est divisé en port de garage et en port de déchargement.

Le port de garage est divisé en deux parties : la première commence immédiatement au-dessous de l'île Quinquengrogne, et se prolonge jusqu'au lieu dit les Lions, elle est affectée ou garage des trains de bois à œuvrer ; la seconde commence à la fin de la première et se prolonge jusqu'à la pancarte placée devant la maison n° 63 ; elle est affectée au garage des bateaux de bois, de charbon, de bois, d'ardoises, et plus spécialement au commerce des vins.

Le port de déchargement s'étend depuis la pancarte jusqu'au pont Louis-Philippe (à Bercy).

L'espace compris entre la pancarte placée à six cent vingt mètres en amont du canal Triozon, et l'île aux Pouilleux (rive gauche), est affecté au garage du bois à brûler.

La partie du port (rive gauche) qui s'étend depuis la pancarte qui sert de limite au garage jusqu'au pont Louis-Philippe, est affectée à l'embarquement et au déchargement de toutes marchandises.

Art. 25. Le tirage des trains de bois à brûler et à œuvrer, devra être commencé immédiatement après leur entrée à port; il devra s'opérer sans interruption, et ne pourra se faire que sur les points spécialement affectés à ce genre de travail.

En cas d'inexécution de ces dispositions, les trains seront remontés d'office au garage des Lions, dans la partie réservée pour les bois à brûler, aux frais, risques et périls de qui de droit.

Art. 26. LES BOIS DE CHARPENTE ET A ŒUVRER DEVRONT ÊTRE TIRÉS DIRECTEMENT EN CHANTIER, SANS POUVOIR SÉJOURNER SUR LE PORT DE BERCY.

Des tirages sur berge pourront être autorisés au port de la Gare, par permission spéciale, et dans ce cas, les marchandises seront enlevées dans les trois jours qui suivront le tirage ; faute de quoi il y sera pourvu d'office.

Art. 29. Il y sera toujours laissé, le long des deux rives de la Seine, les espaces réservés par les lois et règlements qui régissent le service du halage.

(Cartons de la préfecture de police.)

DÉLIBÉRATION DU CONSEIL MUNICIPAL DE PARIS

Concernant les travaux à faire pour la réfection du port de la Râpée.

26 *janvier* 1838.

Le conseil,

CONSIDÉRANT QUE LE PORT DE LA RAPÉE EST DANS UN ÉTAT DE DÉGRADATION QUI LE REND PRESQUE IMPRATICABLE, ET QU'IL EST INONDÉ ET RAVINÉ PAR UN GRAND NOMBRE DE RUISSEAUX QUI LE TRAVERSENT ;

Considérant que la réfection des ouvrages de ce port est indispensable, et que, pour empêcher à l'avenir les dégradations occasionnées par l'affluence des eaux provenant des ruisseaux, il est nécessaire de construire un égout latéral, lequel aura en outre l'avantage d'assainir cette partie de la ville ;

Considérant que les travaux de la reconstruction du port sont à la charge seule de l'État ; que l'État et la ville doivent concourir à la dépense de l'égout projeté, puisque, s'il a surtout pour objet de garantir le port contre des dégradations nouvelles, il aura aussi pour résultat d'assainir le quartier environnant ;

Considérant qu'il est impossible d'évaluer exactement la portion de dépenses à payer par chacun des deux services intéressés ; que, dans cette position, il paraît équitable de réunir les travaux du quai et ceux de l'égout, et de faire un partage égal de la totalité de la dépense entre l'État et la ville, encore bien que cette dernière soit, en principe et de fait, étrangère aux frais de reconstruction ou de réparation des ports ;

Considérant que les modifications proposées par les ingénieurs du service municipal de Paris au premier projet présenté par les ingénieurs du département doivent être accueillies, puisqu'elles atteignent le même but en diminuant la dépense de 30,000 fr. ;

Délibère,

Art. 1er. Il y a lieu d'approuver l'exécution du projet de réfection du port de la Râpée et de la construction d'un égout latéral sur le quai, conformément aux devis et plans ci-dessus visés, et avec la modification sus-énoncée proposée par MM. les ingénieurs du service municipal de Paris.

Ces travaux, dont la dépense est évaluée à 130,000 fr., devront être payés par moitié entre l'État et la ville de Paris.

Art. 2. Un crédit de 65,000 est ouvert sur le fonds de réserve du budget communal de 1838, pour être employé au paiement de la portion contributive de la ville de Paris.

Toutefois, les travaux ne devront être commencés, et le crédit ci-dessus ne pourra être dépensé qu'autant que l'État aura assuré la moitié à sa charge dans la dépense.

Nota. Voyez délibération du 29 juin 1838, portant modification au premier projet, dans le but d'augmenter l'espace affecté aux tirages des bois.

(Délibérations du Conseil municipal de Paris.)

CIRCULAIRE

Adressée par le bureau du commerce des bois carrés de Paris à messieurs les marchands commissionnaires et entrepositaires de bois de construction de Paris et de la province, concernant le stationnement des trains dans les gares au-dessus de Paris.

29 janvier 1838.

Une contestation étant survenue entre la compagnie du commerce de bois de chauffage et celle des bois carrés, sur l'exécution du traité fait entre les deux compagnies pour le garage des trains de bois de construction aux abords de Paris, dont la compagnie des bois à brûler est chargée; il a été nommé de part et d'autre, conformément audit traité, des arbitres pour statuer sur ladite contestation, ayant pour objet principal le séjour prolongé des trains dans les gares, séjour qui augmente la souffrance des cordes d'amarre et pour laquelle la compagnie des bois de chauffage a réclamé une indemnité, alléguant qu'elle n'a traité que sous la condition de fournir des cordes pendant quinze jours, suivant l'ordonnance de police du 30 juin 1827, qui a limité à un pareil nombre de jours la durée du stationnement des trains dans les gares.

En conséquence les arbitres nommés, sans appliquer rigoureusement les termes de l'ordonnance sus-datée, mais considérant que le délai qu'elle détermine a toujours été prolongé par tolérance, *ont fixé à vingt-cinq jours la durée du stationnement,* passé lequel temps il serait payé au commerce de bois de chauffage une indemnité graduée sur la durée du séjour.

Que cette indemnité serait de cinquante centimes par jour, par train ou portion de train, s'il y a vingt jours, ou moins de vingt jours au-delà des vingt-cinq fixés, c'est-à-dire de vingt-cinq jours à quarante-cinq jours inclusivement. Que l'indemnité sera de un franc par jour, de quarante-cinq à soixante jours inclusivement; de un franc cinquante centimes, de soixante à quatre-vingt-dix jours; et de deux francs pour chaque jour au-delà de ce terme.

Vous remarquerez, Monsieur, combien il est important de ne pas laisser les trains dans les gares au-delà du terme de vingt-cinq jours, fixé par les arbitres; car vous auriez alors à payer pour chaque train ou fraction de train, savoir :

A raison de » fr. 50 c. par chaque jour, de 25 à 45 jours, ci, pour 20 jours. 10 fr. »

A raison de 1 » par jour, de 45 à 60 jours, ci, pour 15 jours...... 15 »

A raison de 1 50 par jour, de 60 à 90 jours, ci, pour 30 jours....... 45 »

Total de l'indemnité pour soixante-cinq jours de retard   70 fr. »

Enfin cette indemnité est de 2 fr. par jour, ou 60 fr. par mois, après quatre-vingt-dix jours de stationnnement, composé de vingt-cinq jours de garage ordinaire, et soixante-cinq jours de retard, ainsi qu'il est expliqué ci-dessus.

Et vous verrez aussi qu'un train ou portion de train laissé au

36

garage une partie de l'année, comme cela arrive quelquefois, peuvent être assujettis à payer une indemnité de 480 fr.

Le temps du séjour ordinaire a été débattu par les membres du bureau du commerce des bois carrés appelés dans l'arbitrage, et il ne leur pas été possible d'obtenir plus de vingt-cinq jours de stationnement.

Vous aurez donc, Monsieur, à peser les conséquences du retard qui serait apporté dans l'écoulement de vos bois, et à faire en sorte de vous conformer à la sentence arbitrale sus-énoncée; sans trop compter sur le délai de vingt-cinq jours qui ne sera maintenu qu'autant que l'administration continuera la tolérance dont elle a usé jusqu'alors.

J'ai l'honneur de vous saluer.

Par ordre,
L'agent général du commerce des bois carrés,

Signé LAURENT.

Paris le 29 janvier 1838.

(Archives du commerce des bois carrés.)

NOTA. La compagnie des bois à brûler fait exécuter très sérieusement les clauses de cette sentence arbitrale relatives au prolongement du séjour des trains à la gare.

OCTROI MUNICIPAL.

La règle n'exige que deux donneurs d'aval.

17 mars 1838.

Monsieur le délégué du commerce des bois carrés,

« La règle n'exige que *deux cautions*, mais MM. les marchands
» de bois, afin d'avoir plus facilement des signatures pour leurs
» billets, en cas d'absence des signataires, présentent jusqu'à
» cinq donneurs d'aval : cette mesure est uniquement pour leur
» commodité; vous êtes parfaitement libre par conséquent de
» vous en tenir aux deux qui vous restent. »

Signé DESCURES, régisseur de l'octroi.

(Archives du commerce des bois carrés.)

DÉLIBÉRATION DU CONSEIL MUNICIPAL DE PARIS,

Portant déplacement des chantiers de bois à brûler de l'île Louviers.

Extrait de la délibération du conseil municipal de Paris, séance du 23 mars 1838.

LE CONSEIL,

Considérant que le comblement du bras du Mail a été vivement demandé à diverses reprises dans l'intérêt de la salubrité par les habitants des quartiers voisins ;

Considérant que, par l'exécution du projet dont il s'agit, la ligne des quais de Paris, depuis le quai Saint-Paul jusqu'à l'embouchure du canal Saint-Martin, se trouverait terminée sur le bras principal de la Seine, conformément aux vœux précédemment exprimés par l'administration générale des ponts-et-chaussées ;

Considérant, à l'égard de la suppression des chantiers de l'île Louviers, et de la vente de cette propriété de la ville, qu'*il est reconnu que la conservation de l'espèce de marché formé par la réunion de plusieurs marchands de bois sur un même point, est aujourd'hui sans aucun intérêt, soit pour le commerce et l'approvisionnement de Paris, soit pour les consommateurs;* qu'au moyen de la construction d'un quai et d'un bas-port dans la localité la plus favorablement située pour les arrivages de la haute et de la basse Seine, on rendra un service important au commerce, qui pourra d'ailleurs employer très avantageusement les terrains, qui seront mis en vente, à établir des magasins, des hangars, des ateliers et des dépôts de marchandises de toutes espèces, etc., etc. ;

DÉLIBÈRE :

L'avant-projet pour le comblement du bras de la Seine, dit *le bras du Mail,* et l'établissement d'un quai avec bas-port, depuis le quai et port Saint-Paul, jusqu'à l'embouchure du canal Saint-Martin, en passant sur la partie de l'île Louviers qui borde le bras principal de la Seine, est adopté en principe, etc.

M. le préfet est invité à faire donner congé dès à présent, et pour le 1er avril 1839, aux locataires de l'île Louviers.

Nota. En rapportant cette délibération, quoique étrangère au commerce des bois carrés, notre intention a été de compléter l'historique de l'île Louviers.

Après avoir été *pendant plus de trois siècles* (de 1415 à 1735) *spécialement affectée au débarquement et à la vente des bois carrés, cette île fut concédée*, en 1735, par une ordonnance du bureau de la ville, *au commerce des bois neufs à brûler,* qui en a joui paisiblement jusqu'à ce jour (cent ans).

Enfin en 1838, dans un intérêt général de salubrité et d'embellissement de la capitale, la suppression de l'île Louviers et de ses chantiers a été décidée par le Conseil municipal de Paris.

Voyez la délibération du 29 juin 1838.

TRIBUNAL DE COMMERCE D'ORLÉANS.

Jugement qui ordonne le paiement des droits dus aux jurés-compteurs et gardes-ports, pour des vins embarqués sur les ports de Pont-aux-Moines et Fay-aux-Loges (canal d'Orléans).

25 *avril* 1838.

Louis-Philippe, roi des Français, à tous ceux qui ces présentes verront, salut; savoir faisons que :

Le tribunal de commerce séant à Orléans, département du Loiret, a rendu le jugement dont la teneur suit :

Entre les sieurs Alphonse-Nazaire Bertheaume, juré-compteur du canal d'Orléans, demeurant à Lorris, et le sieur Jean-Louis Maupaté, garde-port de Fay-aux-Loges, tous deux demandeurs aux fins de l'exploit de Delafond, huissier à Châteauneuf, du vingt-quatre février dernier, enregistré le vingt-sept; lesdits sieurs Bertheaume et Maupaté comparant en personne, et assistés de maître Vayssié, leur défenseur agréé, autorisé d'ailleurs par eux suivant pouvoir sous seings-privés en date, à Orléans, du vingt mars dernier, enregistré à Orléans le même jour, folio cinq verso, case cinq, par Delaume, qui a reçu deux francs vingt centimes, visé par le greffier;

Et Jean-Pierre Persillard, voiturier par eau, demeurant à Bon, défendeur, comparant en personne ;

La cause appelée, maître Vayssié pour les sieurs Bertheaume et Maupaté dont il est assisté, a conclu a ce qu'il plût au tribunal :

Condamner par corps le sieur Persillard à payer aux demandeurs la somme de quatre-vingt-seize francs quatre-vingt-dix centimes qu'il leur doit, en leur qualité de juré - compteur et garde-port du canal d'Orléans; plus les intérêts et les dépens.

Le sieur Persillard, tout en reconnaissant devoir la somme qui lui est réclamée, a déclaré consentir au jugement à intervenir contre lui sur la demande des sieurs Bertheaume et Maupaté.

Point de fait:

Il est avancé par les sieurs Bertheaume et Maupaté que, dans le courant du mois de novembre dernier, le sieur Persillard a chargé sur les ports du canal d'Orléans, savoir : sur celui de Pont-aux-Moines, deux bateaux contenant onze cent soixante-douze hectolitres quatre-vingt-douze litres de vin, et quatre cent quatre-vingt-dix-sept poinçons ; sur celui de Fay-aux-Loges, trois bateaux contenant dix-huit cent soixante-seize hectolitres vingt litres de vin, en sept cent quatre-vingt-quinze poinçons, ce qui fait au total douze cent quatre-vingt-douze poinçons ; que lesdits sieurs Bertheaume et Maupaté, en leur qualité de juré-compteur et garde-port, et conformément au tarif du dix-sept juin mil sept cent quatre, et à la décision ministérielle du six thermidor an neuf, ont droit à la rétribution de sept centimes et demi par chaque pièce de vin arrivant ou partant des ports dont les jurés-compteurs et gardes-ports sont employés ; que lesdits sieurs Bertheaume et Maupaté, ayant réclamé vainement au sieur Persillard les sept centimes et demi qui leur étaient dus par ce dernier, par chaque poinçon de vin qu'il a chargé dans le courant de novembre dernier sur les ports de Pont-aux-Moines et de Fay-aux-Loges, dont le nombre des poinçons de vin s'est élevé à douze cent quatre-vingt-douze, ce qui fait en total une somme de quatre-vingt-seize francs quatre-vingt-dix centimes, ont, par exploit de Delafond, huissier à Châteauneuf, du vingt-quatre février dernier, sus-énoncé, fait donner assignation au sieur Persillard à comparaître le sept mars dernier à l'audience de ce tribunal.

Ce jour, et par suite des remises d'office successivement prononcées, la cause vint utilement à l'audience de ce tribunal de ce jourd'hui, à laquelle maître Vayssié, assisté des sieurs Bertheaume et Maupaté, a requis pour ceux-ci l'adjudication des conclusions contenues en l'exploit de demande.

Quant au sieur Persillard, il est convenu devoir la somme formant l'objet de la demande dirigée contre lui, et a déclaré consentir à l'exécution du jugement à intervenir sur cette demande.

La cause en cet état a présenté les questions suivantes :

Point de droit :

Doit-on adjuger aux sieurs Bertheaume et Maupaté les conclusions de leur demande en principal et accessoires?

Quid, à l'égard des dépens?

Attendu que la demande n'est pas contestée par le sieur Persillard qui, au contraire, en reconnaît le bien fondé en déclarant à l'audience devoir la somme qui lui est réclamée, et vouloir acquiescer au jugement qui interviendra contre lui;

Attendu, en ce qui touche la condamnation par corps demandée contre le sieur Persillard, qu'elle ne peut être prononcée, la somme réclamée n'atteignant pas deux cents francs;

Le tribunal, par ces motifs, statuant par jugement en dernier ressort, et après en avoir délibéré conformément à la loi,

Condamne le sieur Persillard à payer aux sieurs Bertheaume et Maupaté la somme de quatre-vingt-seize francs quatre-vingt-dix centimes formant celle à laquelle s'élèvent les droits dus aux demandeurs en leur qualité de juré-compteur et garde-port du canal d'Orléans, pour les vins que ledit sieur Persillard a chargés sur les ports dudit canal dans le courant du mois de novembre dernier;

Le condamne en outre aux intérêts de ladite somme totale sus-énoncée à partir du vingt-quatre février dernier, date de la demande, et en tous les dépens taxés et liquidés, en jugeant, à la somme de quinze francs cinquante centimes, compris le coût de la demande, du pouvoir, de la mise au rôle, et non compris les coûts et les droits non liquidés du présent jugement et des jugements de remise d'office qui seront également supportés par le sieur Persillard, défendeur.

Fait et jugé à l'audience publique du tribunal de commerce d'Orléans, département du Loiret, par MM. Rousseau-Dehais, président, Hallieu, juge, et Moreau Gaudichard, suppléants, assistés de maître Desnoyer, greffier, le mercredi vingt-cinq avril mil huit cent trente-huit.

Mandons et ordonnons à tous huissiers sur ce requis de mettre le présent jugement à exécution; à nos procureurs généraux près nos cours royales et procureurs près nos tribunaux, d'y tenir la main; à tous commandants et officiers de la force publique de prêter main-forte lorsqu'ils en seront requis.

En foi de quoi la minute est signée : ROUSSEAU-DEHAIS et enfin DESNOYERS, greffier.

Et enregistrée à Orléans le douze mai mil huit cent trente-huit, folio cent soixante-et-onze, case huit, par Fresné, qui a reçu trois francs, et trente centimes de décime et a signé FRESNÉ.

Pour expédition : DESNOYERS.

Reçu pour expédition cinq francs soixante centimes et le greffier retient deux francs dix centimes pour sa remise, folio 184, case première.

A Orléans, le 16 mai 1838.

Signé DUMÉ.

NOUVELLE DÉLIBÉRATION DU CONSEIL MUNICIPAL DE PARIS,

Confirmant le déplacement des chantiers de bois à brûler de l'île Louviers (extrait de la délibération).

Séance du 29 juin 1838.

Le Conseil,

Considérant qu'il ne s'agit que d'un déplacement de quelques chantiers de bois et non de leur suppression, puisque rien ne s'oppose à ce que les propriétaires de ces chantiers les rétablissent sur de nouveaux emplacements ;

Considérant qu'il est douteux que l'économie de frais de tirage qu'offrait la situation de ces chantiers au milieu de la rivière, ait jamais profité aux consommateurs, comme on l'a prétendu à l'enquête, puisque loin de s'approvisionner de préférence à l'île Louviers, il résulte des renseignements les plus précis et les plus authentiques, que la vente des bois, qui se serait accrue en pareil cas, ou tout au moins y eût été très active, s'y était successivement réduite et n'était plus, lors des congés donnés, que de moitié à peine de ce qu'elle y avait été autrefois.

CONSIDÉRANT QUE LA RÉUNION D'UN CERTAIN NOMBRE DE CES CHANTIERS DANS L'ILE LOUVIERS N'Y CONSTITUE PAS, COMME ON L'A AUSSI AVANCÉ, UN MARCHÉ RÉGULATEUR DES PRIX, QUE LE MARCHÉ FORAIN QUI Y AVAIT ÉTÉ PRIMITIVEMENT ÉTABLI DANS CETTE VUE, ET A UNE ÉPOQUE OU SON EXISTENCE POUVAIT ÊTRE NÉCESSAIRE, N'A PU S'Y MAINTENIR ;

Considérant d'ailleurs que la CHAMBRE DE COMMERCE, SI BIEN PLACÉE POUR JUGER DE PAREILLES QUESTIONS, A, DANS SON AVIS, QUALIFIÉ DE CHIMÉRIQUES LES CRAINTES QUE LA SUPPRESSION DES CHANTIERS DE L'ILE LOUVIERS PUT OFFRIR LE MOINDRE DANGER POUR L'APPROVISIONNEMENT DE PARIS;

Délibère :

Il y a lieu de persister dans la délibération du 23 mars 1838, approbative d'un avant-projet de travaux ayant pour objet le comblement du bras du Mail, et l'établissement d'un quai et d'un bas-port à l'île Louviers, et ce, sans s'arrêter aux objections soulevées, et de maintenir les congés donnés aux marchands de bois, locataires de l'île Louviers.

A l'égard de la demande de plusieurs locataires de l'île Louviers tendante à obtenir, à titre de tolérance, une jouissance gratuite, pendant quelque temps, des lieux qu'ils occupent ;

Considérant qu'il y a convenance d'accorder, autant que possible, à ces locataires, le temps moral nécessaire pour vendre sur les lieux les bois restant à leurs chantiers, et qu'on peut, à cet effet seulement et à titre de simple tolérance, prolonger gratuite-

ment leur jouissance des lieux qu'ils occupent, dans les termes de
la lettre par laquelle M. le Préfet de la Seine a répondu à leur
pétition, et sans que, sous aucun prétexte, ils puissent continuer
d'y faire arriver et d'y recevoir du bois de nouveau ;

Délibère :

Le conseil s'associe aux intentions de M. le préfet, exprimées
dans sa lettre sus-visée, en réponse à la pétition de quelques marchands, à la condition expresse qne la prolongation de jouissance
qu'il se propose de leur accorder, à titre de simple tolérance,
n'aura lieu qu'en faveur des marchands qui auront pris l'engagement formel de vider les lieux à la première réquisition de l'administration, et que, dans aucun cas, cette tolérance ne sera de
nature à compromettre les droits résultant au profit de la ville,
soit des congés qu'elle leur a donnés, soit des ordonnances de
référé qu'elle a obtenues contre eux.

Nota. Voyez la délibération du 23 mars 1838.

(Délibérations du Conseil municipal de Paris.)

DÉLIBÉRATION DU CONSEIL MUNICIPAL DE PARIS

Concernant les travaux de réfection du port de la Râpée,
et apportant, dans la disposition du port à tirages, la
suppression du ruisseau de l'égout de la rue Villiot
(amélioration vivement réclamée par le commerce
des bois carrés et des bois à brûler).

29 juin 1838.

Le Conseil,

Vu le mémoire en date du   dans lequel M. le
préfet expose que, par délibération du 26 janvier dernier, le conseil a voté l'exécution des travaux nécessaires pour la réfection du
port de la Râpée et la construction d'un égout sur le quai du même
nom, travaux pour lesquels les ingénieurs du service des ponts-et-
chaussées du département avaient présenté un projet d'ensemble ;

que, par un motif d'économie, le conseil a jugé à propos, en ce qui concerne l'égout, d'adopter un projet particulier dressé par les ingénieurs du service municipal; qu'il résulte d'un examen approfondi et d'une information plus complète, que l'établissement de l'égout, suivant le projet adopté par le conseil, laissant subsister le ruisseau principal qui coupe le port en deux parties, et qui forme le prolongement de l'égout de la rue Villiot, ne remplirait pas le but qu'on se propose *et ne détruirait pas la cause des justes plaintes du commerce et de l'administration chargée de la surveillance de l'approvisionnement de Paris*;

Que l'exécution de l'ensemble des travaux projetés d'abord par les ingénieurs des ponts-et-chaussées du département, modifiés depuis par les ingénieurs du service municipal, entraînerait, il est vrai, une dépense un peu plus forte, mais qu'on réaliserait une amélioration complète et définitive, par la suppression de tous les ruisseaux qui traversent le port, que conséquemment il y aurait avantage à adopter le projet ainsi modifié;

Vu la lettre de M. le préfet de police contenant ses observations sur la délibération du conseil municipal mentionnée ci-dessus, et TENDANTE A CE QUE LES TRAVAUX PROJETÉS EMBRASSENT LA SUPPRESSION DU RUISSEAU DE L'ÉGOUT VILLIOT;

Vu une nouvelle réclamation du commerce des bois, tendante aux mêmes fins;

Vu le rapport et le devis de MM. les ingénieurs du service municipal de la ville, en date du 28 juin 1838, portant modification au premier projet dressé par les ingénieurs des ponts-et-chaussées du département;

Considérant qu'en effet le maintien du ruisseau formant le prolongement de la rue Villiot perpétuerait une cause de dégradation et de gêne sur le port de la Râpée; QUE CETTE SUPPRESSION, QUI EST D'AILLEURS VIVEMENT RÉCLAMÉE PAR LE COMMERCE DE BOIS, DOIT PERMETTRE D'AUGMENTER LA SUPERFICIE ACTUELLEMENT INSUFFISANTE SUR LE PORT DONT IL S'AGIT; qu'enfin les avantages qui résulteront d'une opération complète et définitive doivent l'emporter sur la considération de l'économie que le conseil avait en vue de réaliser et qui d'ailleurs est peu importante ;

Est d'avis :

Qu'il y a lieu de pourvoir à l'amélioration du port de la Râpée, suivant les dispositions du projet dressé par les ingénieurs du service municipal et DONT LA DÉPENSE EST ÉVALUÉE EN TOTALITÉ A LA SOMME DE CENT SOIXANTE-HUIT MILLE FRANCS.

En conséquence, il est voté sur le fonds de réserve de 1838 un crédit supplémentaire de 19,000 fr. qui, avec celui de 65,000 fr. déjà voté, devra former le contingent de la ville dans la dépense des travaux d'amélioration sur le quai de la Râpée.

NOTA. Motifs qui font se prononcer pour le projet de M. Baudesson :
La disparition de l'égout de la rue Villiot, sur le quai, sera incontestablement un bienfait pour le port ; le commerce y trouvera d'abord aisance par une circulation plus facile, sur un port qui était désagréablement coupé par l'égout se jetant à ciel ouvert dans la rivière, mais l'avantage que doit en retirer le commerce est bien plus grand sous le rapport de la place que l'on gagnera.

En effet, dans l'état actuel il existe, 30 mètres en haut et 30 mètres en bas de l'égout, un amoncellement de boue et de vase qui rend toute espèce de travail impossible pour le déchargement des marchandises ou le tirage des bois.

Ce point du port est donc totalement perdu, quand il pourrait cependant être si activement employé, puisque on s'y dispute la place pied à pied pour le déchargement des pavés, des meulières, des bois à brûler, et des bois carrés, etc.

En reportant donc la sortie de l'égout Villiot à la rue Traversière, il y aura amélioration pour la circulation sur ce port et augmentation de place pour les déchargements et le tirage, et certes il est impossible de ne pas reconnaître combien cette amélioration sera utile et goûtée du commerce.

Il en résultera nécessairement un égout couvert dans toute la longueur du quai, tandis que le projet amendé divisait l'égout en deux parties, l'une couverte et l'autre à ciel ouvert ; on ne peut pas se dissimuler combien encore est préférable sur ce quai la disparition d'un ruisseau creux, devant servir d'égout, qui gênerait beaucoup le commerce des bois, dont tous les établissements sont sur ce point ; car le rentrage des bois de charpente et des bois en grume a lieu au moyen du tirage par les chevaux, les morceaux de bois traînés péniblement glissent sur le quai, mais le plus faible obstacle est très préjudiciable et occasionne la fracture des chaînes et des crochets.

Le commerce verrait avec peine l'établissement de ce ruisseau creux, et les habitants du quartier préféreraient aussi un égout couvert, certainement plus salubre.

(Délibérations du Conseil municipal de Paris.)

COMMISSION

De garde-rivière chargé de repêcher les bois à œuvrer qui se détachent des trains sur les rivières de Marne et Aube.

5 juillet 1838.

Le conseiller d'État, directeur général des ponts-et-chaussées et des mines,

Vu la proposition de MM. les délégués du commerce des bois carrés, en date du 12 juin 1838 ;

Vu l'avis de MM. les inspecteurs principaux de la navigation, du 28 du même mois ;

En conséquence de la décision du ministre de l'intérieur, du 3 juin 1802 ;

Commet le sieur Hayer (Nicolas) pour exercer les fonctions de garde-rivière, chargé de repêcher, faire repêcher et recueillir les bois à œuvrer qui se détachent des trains sur la rivière d'Aube, depuis Brienne-la-Vieille jusqu'à Marcilly-sur-Seine, et sur la Marne, depuis le pont de St-Dizier jusqu'à Châlons,

A la charge par lui :

1° De prêter serment devant le tribunal de 1re instance d'arrondissement du lieu de sa résidence, s'il n'a pas rempli cette formalité, à raison des fonctions de garde-rivière qu'il exerce déjà ;

2° De remplir avec zèle et fidélité les fonctions qui lui sont confiées ;

3° De se conformer aux lois et règlements de la navigation ;

4° De n'exiger d'autres salaires que ceux attribués à cette place ;

5° De donner aux inspecteurs de la navigation relative à l'approvisionnement de Paris tous les renseignements qui lui seront demandés.

Invite tout fonctionnaire public à donner audit sieur Hayer (Nicolas) aide et assistance, au besoin, dans l'exercice de ses fonctions.

Délivré à Paris, le 5 juillet 1838.

Signé Legrand,

Directeur général des ponts-et-chaussées.

Vu par les inspecteurs principaux de la navigation intérieure.

A Paris, le 6 juillet 1838.

Signé Leirys et Tiphaine.

Vu par les inspecteurs particuliers de la navigation intérieure.

Châlons, le 24 juillet 1838.

Signé A. Pollart.

Brienne-la-Vieille, 10 octobre 1838.

Signé Arsène Babeau.

(Archives du commerce des bois carrés.)

DÉLIBÉRATION

Du bureau du commerce des bois carrés pour l'approvisionnement de Paris, ayant pour but de demander à M. de Nicolaï l'autorisation de construire sur la pelouse de Bercy un second pavillon destiné au nouveau garde des trains.

12 juillet 1838.

Le bureau, après en avoir délibéré, arrête qu'il sera adressé à M. de Nicolaï la lettre suivante :

Monsieur,

Les soins continuels que réclament les trains du commerce de bois de construction dans la gare de Bercy, *par suite du boulever-*

sement qu'ils éprouvent à chaque instant par le sillage des nombreux bateaux à vapeur qui remontent et descendent sur la Seine, nous ayant mis dans la nécessité, pour le service de la gare, de créer un second garde, nous avons l'honneur de venir vous prier de vouloir bien nous permettre de construire un second pavillon pour cet employé, à côté de celui que vous nous avez autorisé à élever, l'année dernière, pour notre premier garde Ferrant ; nous nous engageons, ainsi que nous l'avons fait alors, à faire disparaître ces constructions à votre première réquisition, reconnaissant qu'elles ne sont établies sur cet emplacement que par tolérance de votre part.

Il sera recommandé au nouvel employé, ainsi qu'il l'a toujours été au sieur Ferrant, de s'opposer à tous actes qui pourraient porter atteinte à votre propriété.

Nous avons l'honneur, etc.

Suivent les signatures des délégués.

(Archives du commerce des bois carrés, correspondance.)

JUSTICE DE PAIX DE VEZELAY.

Jugement qui ordonne le paiement des droits réclamés par un juré-compteur et par un garde-port, pour enlèvement de charbons des ports de l'Yonne, le débiteur pouvant être valablement assigné au tribunal du lieu où la marchandise a été déposée.

24 juillet 1838.

LOUIS-PHILIPPE, roi des Français, à tous présents et à venir, salut.

Le juge de paix du canton de Vezelay, arrondissement d'Avallon, département de l'Yonne, assisté du greffier, a rendu le jugement dont la teneur suit :

Audience civile publiquement tenue par nous, Pierre-Étienne Serizier, juge de paix du canton de Vezelay, arrondissement d'Avallon, département de l'Yonne, assisté de Me Louis-Aurore

Prudot, greffier de cette justice de paix, le 24 juillet 1838, en notre hôtel, sis à Vezelay, heure accoutumée;

Entre MM. Lemaire, juré-compteur, demeurant à Coulanges-sur-Yonne, et Jean-François Leclerc, garde-port, demeurant à Châtel-Censoir, demandeurs aux fins de la citation de Jean-Robert-Zimmer Rousseau, huissier à Tannay, arrondissement de Clamecy, en date du 21 de ce mois, enregistrée à Tannay le même jour, ensuite et en vertu d'une cédule délivrée par le juge de paix du canton de Vezelay, le 18 même mois, comparant mesdits sieurs Lemaire et Leclerc en personne, d'une part;

Et 1º Jean-Baptiste Bellot, marchand de bois, demeurant à la Maison-Dieu; et 2º François-Petit Joannot, marchand de bois, demeurant à la Maison-Dieu, défendeurs, comparant en personne, d'autre part;

La demande a pour but de faire condamner les défendeurs à payer aux demandeurs solidairement la somme de 82 fr. 62 c. pour droits de juré-compteur et garde-port, sur deux mille trois cents hectolitres de charbon, qu'ils ont fait déposer sur le port du Gué-Saint-Martin, commune de Lichère, en mai et juin derniers; ayant chargé ce charbon sur un bateau appartenant au sieur Roty, marinier à Crain, lequel bateau a quitté le port le 8 juin dernier sans avoir préalablement acquitté les droits; à ce qu'ils soient en outre condamnés aux intérêts de cette somme et aux dépens.

Les défendeurs, avant de plaider au fond, ont dit que le juge de paix du canton de Vezelay n'était point compétent pour connaître de la présente demande qui est une action purement personnelle, et qu'eux demeurant dans le canton de Tannay, leur juge naturel est le juge de paix du canton de Tannay; pourquoi ils ont conclu à ce que les demandeurs soient déclarés mal fondés en leur demande. Les demandeurs ont dit que, les marchandises ayant été enlevées dans le canton de Vezelay, ce devait être le juge de paix de ce canton qui devait connaître de l'affaire, pourquoi ils ont demandé l'adjudication de leurs conclusions sus-relatées.

Sur le moyen d'incompétence proposé, le tribunal, attendu que les marchandises ont été enlevées dans le canton, se déclare compétent et ordonne qu'il sera immédiatement plaidé au fond.

Alors les défendeurs ont déclaré ne vouloir aucunement plaider au fond.

En conséquence, les sieurs Lemaire et Leclerc ont de nouveau requis l'adjudication de leurs conclusions sus-relatées avec dépens.

Point de droit :

Doit-il être donné défaut contre les défendeurs, faute de plaider au fond ?

Pour le profit, les conclusions des demandeurs doivent-elles leur être adjugées avec dépens?

Considérant que les sieurs Bellot et Petit-Joannot, en refusant de plaider au fond, sont censés défaillants, et que de ce silence on doit naturellement conclure qu'ils n'ont rien à opposer aux moyens de la demande ;

Le tribunal, jugeant en dernier ressort, donne défaut faute de plaider contre Jean-Baptiste Bellot et François-Petit Joannot, sus-qualifiés, adjugeant le profit de ce défaut, les condamne à payer aux sieurs Lemaire et Leclerc, demandeurs, la somme de 82 fr. 62 c., ainsi qu'il est dit ci-dessus; aux intérêts de cette somme, à raison de 5 p. 100 par an, sans retenue, à compter du 21 juillet présent mois, jour de la demande, et en outre aux dépens qui demeurent réglés à 10 fr. 36 c. pour la cédule, l'assignation et port de lettres, mais non compris le timbre et l'enregistrement du présent jugement et son expédition, si toute-fois elle est requise ;

Commet Rousseau, huissier à Tannay, sus-qualifié, pour faire aux défaillants la signification du présent jugement par défaut;

Taxé au sieur Lemaire, sus-qualifié, ce requérant, 4 fr. pour acte de voyage, étant domicilié hors le canton.

La minute des présentes est signée en cet endroit :

SERIZIER, juge de paix, et PRUDOT, greffier.

En marge de la minute se trouve la mention d'enregistrement dont la teneur suit : enregistré à Vezelay, le 27 juillet 1838, f° 49 v°, c. 3, reçu 1 fr. pour jugement, 1 fr. pour titre et 20 cent. pour décime.   Signé LEIDIE.

« Mandons et ordonnons à tout huissier sur ce requis de mettre « ces présentes à exécution ».

» A nos procureurs généraux et à nos procureurs près les tribunaux de première instance d'y tenir la main.

» A tous commandants et officiers de la force publique de prêter main-forte lorsqu'ils en seront légalement requis. »

En foi de quoi nous avons fait sceller ces présentes.

Nota. Il y a eu appel de ce jugement au tribunal civil d'Avallon, 3 juillet 1839 (voyez cette date).

(Archives du commerce des bois carrés.)

COMMISSION

De garde-rivière, chargé de la surveillance des trains de bois carrés dans les gares au-dessus de Paris, à la résidence des Carrières-Charenton.

2 *septembre* 1838.

Le conseiller d'État, directeur-général des ponts-et-chaussées et des mines,

Vu la proposition faite par MM. les délégués du commerce des bois carrés;

Vu l'avis de M. l'inspecteur principal de la navigation, du 25 août 1838;

En conséquence de la décision du ministre de l'intérieur du 3 juin 1802;

Commet le sieur Marié (Martin) pour exercer les fonctions de garde-rivière, chargé de la surveillance des trains de bois à œuvrer, dans les gares au-dessus de Paris, à la résidence des Carrières-Charenton,

A la charge par lui :

1° De prêter serment devant les tribunaux de première instance d'arrondissement du lieu de sa résidence;

2° De remplir avec zèle et fidélité les fonctions qui lui sont confiées;

3° De se conformer aux lois et règlements de la navigation;

4° De n'exiger d'autres salaires que ceux attribués à cette place;

37

5° De donner aux inspecteurs de la navigation relative à l'approvisionnement de Paris, tous les renseignements qui lui seront demandés.

Invite tout fonctionnaire public à donner audit sieur Marié (Martin) aide et assistance, au besoin, dans l'exercice de ses fonctions.

Délivré à Paris, le 2 septembre 1838.

En l'absence du conseiller d'État, directeur général des ponts-et-chaussées et des mines, et par autorisation,

L'inspecteur général,

Signé TARBÉ.

Par le conseiller d'État, directeur général.

L'inspecteur en chef des ponts-et-chaussées, chef des bureaux du secrétariat général et du personnel.

Signé E. ROBERT.

Vu par l'inspecteur principal de la navigation.

Signé LEIRIS.

NOTA. A prêté serment le 12 septembre 1838.

(Archives du commerce des bois carrés.)

DÉLIBÉRATION

Du bureau du commerce des bois carrés pour l'approvisionnement de Paris,

Du 3 novembre 1838,

Qui autorise l'agent général à remettre, A TITRE DE SECOURS, LA SOMME DE SOIXANTE FRANCS au sieur Hubert, ouvrier du port, blessé en travaillant au chantier commun lors de la reconnaissance des bois repêchés.

(Archives du commerce des bois carrés.)

ADMINISTRATION DE L'OCTROI DE PARIS.

Projet de modification à la délivrance des prétoisés et des passe-debout des bois carrés.

Paris, le 15 décembre 1838.

Messieurs les délégués,

PAR NOTRE LETTRE DU 22 AOUT 1836, N° 2475, NOUS AVONS AUTORISÉ L'ENLÈVEMENT EN PASSE-DEBOUT DES BOIS DE CONSTRUCTION EN TIRAGE, RENTRÉS DANS LES CHANTIERS, OU ENCORE SUR BERGE, MAIS DONT LE COMPTAGE ET LE MESURAGE DÉFINITIFS NE SONT PAS TERMINÉS. Nous avons fixé par cette même lettre le délai pendant lequel, à partir du jour de la mise en tirage, on peut accorder des passe-debout pour ces enlèvements ; mais il n'a été rien prescrit relativement au temps moral qui doit s'écouler entre la demande de ces ex-péditions et le moment où peut avoir lieu la vérification qui doit précéder leur délivrance; il en résulte qu'à toute heure du jour, et à mesure qu'il se présente des acheteurs, les marchands de bois demandent des passe-debout. Il en est de même pour les parties de bois qu'ils trouvent à vendre pour l'intérieur avant le toisé *définitif*; on va alors chercher les jaugeurs dans les chantiers et sur les trains ou bateaux où ils sont occupés à reconnaître et constater la matière imposable, on les dérange de cette occupation et on les emmène souvent fort loin, pour mesurer les bois qu'on veut exporter ou livrer à l'intérieur; ces allées et venues se répè-tent plusieurs fois dans le jour, font perdre à ces employés un temps considérable, les fatiguent beaucoup, et doivent nécessaire-ment nuire à la régularité des opérations qu'elles interrompent et conséquemment à la perception. D'un autre côté, les propriétaires des bois qu'on est occupé à mesurer, lors de ces interruptions seraient fondés à s'en plaindre.

Il a donc paru indispensable d'établir une règle fixe *pour la déli-*

vrance des passe - debout, de même que pour les *prémesurés* (c'est ainsi qu'on nomme le mesurage partiel des bois sur berge ou dans les chantiers dont le toisé définitif n'est pas fait).

La faculté d'exporter les bois introduits dans Paris, ainsi que les prémesurés, étant de pure tolérance, ceux qui les réclament doivent nécessairement se soumettre aux exigences du service. Le commerce des bois de construction ne doit pas oublier d'ailleurs que ces concessions et les délais qui lui sont accordés ont fait de ses chantiers de véritables entrepôts à domicile ; mais, en autorisant cet état de choses, nous n'avons pas entendu qu'il dût entraver le travail qui a pour objet d'assurer la perception des droits. *Notre intention n'est point de retirer les facilités accordées, mais de les concilier avec les besoins du service*, et voici ce qui a été arrêté à cet effet, et transmis à M. l'inspecteur de l'octroi.

On ne devra plus permettre à l'avenir que les jaugeurs-mesureurs soient dérangés plusieurs fois par jour de leurs occupations ordinaires, pour aller sur les berges et dans les chantiers faire des prémesurés ou toisés des bois qu'on veut enlever en passe-debout.

Les déclarations de ces enlèvements, ainsi que les demandes de prémesurés, devront toujours être faites *la veille* du jour où ils auront lieu, avant la fermeture des bureaux.

Les déclarations indiqueront la nature des bois et le nombre des morceaux, ainsi que cela se pratique aux barrières pour les entrées en passe-debout.

Le lendemain, les jaugeurs commenceront le service de la journée par la vérification des bois ainsi déclarés pour l'extérieur; cette vérification terminée, ils devront se livrer sans *interruption* à leurs travaux ordinaires.

La même règle sera applicable à toutes les autres marchandises que l'on voudra enlever des ports, par partie, soit pour l'extérieur, soit pour l'intérieur, à moins que ces marchandises ne se trouvent assez rapprochées du bureau des employés, pour que ceux-ci puissent faire les vérifications nécessaires sans être obligés d'abandonner d'autres opérations déjà commencées.

Vous devrez donner connaissance de ces dispositions aux syndics du commerce de bois de construction et faire placer des avis dans les bureaux pour en instruire les redevables.

Enfin, pour prévenir les fraudes qu'on pourrait tenter en substituant des pièces de bois d'une dimension supérieure à celles qui auraient été toisées pour être enlevées sur passe-debout, chaque pièce mesurée recevra à l'une de ses extrémités l'empreinte du marteau de l'octroi.

Toutes celles qui ne porteraient pas empreinte ne seraient pas reconnues à la sortie, et il y aurait lieu de les saisir pour cause de substitution dans le trajet.

Vous voudrez bien, messieurs, faire transcrire la présente sur les registres des ordres généraux de service tenus sur les ports, et donner les instructions nécessaires pour que les dispositions qu'elle prescrit reçoivent leur exécution à partir du 1er janvier prochain. D'ici là, vous devrez informer les syndics du commerce des bois de construction de la mesure qui vient d'être adoptée, et en donner avis aux contribuables, ainsi qu'il a été indiqué plus haut.

Nous avons l'honneur de vous saluer.

Le directeur, président du conseil d'administration,

Signé JOUBERT.

Pour copie conforme :

L'inspecteur,

Signé WERNERT.

NOTA. Ce projet de modification n'a pas été mis à exécution; voyez la lettre de M. le directeur de l'octroi, président du conseil d'administration, sa date du 26 décembre 1838, en réponse à une réclamation que le bureau du commerce des bois carrés de Paris s'était empressé de lui adresser.

(Archives du commerce des bois carrés.)

ÉTABLISSEMENT D'UN PORT

Pour le bois carré sur la rivière d'Aube à Arcis. Traité fait entre le sieur Avyat (propriétaire audit lieu) et le bureau du commerce des bois carrés de Paris.

25 *décembre* 1838.

L'agent général du commerce des bois carrés de Paris, en vertu des décisions du bureau dudit commerce contenues dans ses délibérations des 3 juillet, 19 septembre et 22 décembre derniers,

Après s'être mis en rapport avec M. le maire de la ville d'Arcis et le sieur Aviat, propriétaire en cette ville, pour assurer au commerce des bois carrés la jouissance d'un port qui lui manque à Arcis; ayant reconnu que les terres appartenant audit sieur Aviat sur la rive gauche de l'Aube, près Arcis, étaient celles qui paraissaient les plus convenables pour l'établissement d'un port public, et le sieur Aviat s'étant présenté pour obtenir l'investiture de l'emploi de garde de ce port, en offrant au commerce la jouissance de ses terres pour leur donner cette destination ;

Il a été convenu ce qui suit :

M. Théodore Aviat-Chatelain jeune, demeurant à Arcis, s'engage par le présent, à mettre à la disposition du commerce des bois carrés, et à lui en assurer et garantir l'entière et paisible jouissance, sans qu'elle puisse être interrompue par quelque cause que ce soit, aussitôt sa nomination à l'emploi de garde-port, toutes les terres qui lui appartiennent et qui seront nécessaires pour recevoir et placer les bois qui arriveront sur le port d'Arcis, et à en faire jouir le commerce pendant toute la durée de ses fonctions, en se conformant pour les droits d'emplacement, d'arrivage et de dérivage, à ceux autorisés par les ordonnances, lois et règlements concernant la matière.

Le sieur Aviat prend également l'engagement d'ouvrir gratuitement un chemin dans son verger, si le passage par ce lieu était plus tard reconnu utile au commerce, pour lui faciliter les abords de la rivière.

Il est bien entendu que la présente convention ne préjudicie en aucune manière aux droits des autres commerçants de bois et charbon, qui demeurent réservés.

Fait double à Paris, le 25 décembre 1838.

J'approuve l'écriture ci-dessus et d'autre part,

Signé T. Aviat.

Suivent les signatures des délégués du commerce des bois carrés.

(Archives du commerce des bois carrés de Paris.)

OCTROI MUNICIPAL.

Explications données aux délégués du commerce des bois carrés de Paris, sur la marche tracée pour la délivrance des passe-debout et prétoisés.

Paris, le 26 décembre 1838.

Monsieur le syndic,

Nous avons reçu la lettre que vous nous avez fait l'honneur de nous adresser au nom du commerce des bois carrés, le 22 de ce mois, à la suite de la communication que vous avez reçue de M. l'inspecteur de l'octroi Wernert.

Nous espérons qu'un examen nouveau de la marche que nous avons tracée *pour la délivrance des passe-debout et des prétoisés* à l'usage du commerce des bois, vous fera apprécier ces mesures comme justes, équitables, indispensables pour l'ordre, l'activité du service et l'intérêt de la perception de l'octroi.

Ces mesures, nous en sommes convaincus, n'auront d'ailleurs aucune conséquence funeste pour MM. les marchands de bois de construction; et, si vous voulez bien, Monsieur, vous reporter à la lettre dont M. Wernert vous a remis copie, vous verrez que

NOTRE INTENTION N'EST POINT DE RETIRER LES FACILITÉS AC-CORDÉES, MAIS LES CONCILIER (ce sont nos expressions) **AVEC LES BESOINS DU SERVICE.**

Notre intention a été aussi d'affecter aux berges d'amont deux des employés de première classe qui nous ont été accordés, pour pouvoir accompagner les mesureurs, hâter et faciliter ces opérations ; mais, même avec ce renfort, il est indispensable, et vous le reconnaîtrez avec nous, d'établir un ordre régulier dans la demande de ces mesurages.

Maintenant, Monsieur, nous sommes prêts à vous recevoir avec MM. les délégués qui composent votre bureau ; nous entendrons avec le plus grand intérêt les observations que vous aurez à nous adresser, et nous serons heureux de vous convaincre de nouveau, que le soin de la conservation des droits dont la perception nous est confiée, ne se sépare point des justes égards dus au commerce.

Agréez, Monsieur, etc.

Le directeur, président du conseil
d'administration de l'octroi.

Signé JOUBERT.

NOTA. Le bureau du commerce des bois carrés fut reçu par MM. les directeur et régisseurs de l'octroi, et des explications eurent lieu sur l'impossibilité de faire exécuter les instructions du 15 décembre 1838, dont le résultat eût été (contrairement aux intentions bienveillantes de l'administration), de rendre pour ainsi dire nulle la faculté des passe-debout et des prétoisés.

Le bureau ayant pris l'engagement, au nom du commerce qu'il représente, de déranger à l'avenir le moins possible MM. les jaugeurs, l'administration ayant augmenté le personnel attaché à ce service, depuis cette visite, l'ancien état de choses a été maintenu à la satisfaction de l'octroi et du commerce.

(Archives du commerce des bois carrés.)

COURS DES BOIS,

DEPUIS 1801 JUSQU'A 1838.

Prix moyens, des bois carrés vendus dans les chantiers de Paris, depuis **1801** jusqu'à **1838** (38 ans), droits d'octroi compris.

ANNÉES.	CHARPENTE chêne, le stère.		CHARPENTE sapin, le stère.		Entrevous, chêne de 2,75 à 3 centimètres d'épaisseur, 24 à 27 centimètres de largeur, 100 mètres courants.		Planches chêne, échantillon, de 3,50 à 4 centimètres d'épaisseur, 24 à 27 centimètres de largeur, 100 mètres courants.		SAPIN de Lorraine, les 100 planch. dites ordinaires.	
	fr.	c.	fr.	c.	fr.	c.	fr.	c.	fr.	c.
1801	60	»	55	»	67	50	80	»	136	»
1802	64	»	58	»	75	»	90	»	130	»
1803	62	»	55	»	77	50	95	»	137	»
1804	65	»	60	»	75	50	84	»	134	»
1805	70	»	62	»	81	50	103	»	137	»
1806	80	»	70	»	82	50	107	50	138	»
1807	75	»	67	»	82	50	112	»	139	»
1808	80	»	68	»	86	50	118	»	163	»
1809	90	»	78	»	90	»	122	50	169	»
1810	87	»	75	»	92	»	120	»	178	»
1811	75	»	68	»	86	50	114	»	163	50
1812	75	»	70	»	81	50	112	»	150	»
1813	75	»	70	»	83	»	112	»	154	50
1814	82	»	75	»	79	»	111	»	155	»
1815	80	»	73	»	82	50	110	»	155	»
1816	73	»	65	»	81	50	109	»	160	»
1817	76	»	70	»	80	»	105	»	165	»
1818	78	»	70	»	80	»	105	»	160	»
1819	78	»	70	»	80	»	105	»	160	»
1820	76	»	70	»	77	50	102	50	143	»
1821	86	»	68	»	82	50	111	50	154	»
1822	86	»	75	»	84	50	115	»	157	»
1823	80	»	70	»	83	50	113	50	158	50

ANNÉES.	CHARPENTE chêne, le stère.		CHARPENTE sapin, le stère.		Entrevous chêne de 2,75 à 3 centimètres d'épaisseur, 24 à 27 centimètres de largeur, 100 mètres courants.		Planches chêne échantillon de 3,50 à 4 centimètres d'épaisseur, 24 à 27 centimètres de largeur, 100 mètres courants.		SAPIN de Lorraine, les 100 planch. dites ordinaires.	
	fr.	c.	fr.	c.	fr.	c.	fr.	c.	fr.	c.
1824	90	»	78	»	83	50	114	»	178	50
1825	106	»	90	»	89	»	120	»	204	»
1826	92	»	78	»	90	50	123	»	188	50
1827	76	»	70	»	83	50	119	»	166	50
1828	80	»	72	»	82	50	117	»	156	50
1829	82	»	75	»	82	50	112	»	159	»
1830	90	»	82	»	86	50	116	50	173	»
1831	80	»	70	»	84	»	115	50	164	50
1832	68	»	55	»	74	»	111	»	153	»
1833	74	»	65	»	75	»	110	50	153	50
1834	75	»	58	»	77	50	111	»	154	»
1835	74	»	58	»	77	»	111	»	153	»
1836	89	»	76	»	87	»	120	»	159	»
1837	86	»	66	»	90	50	123	50	170	»
1838	90	»	73	»	90	»	123	50	172	50

(Renseignements puisés dans nos livres de commerce et confirmés par les notes qui nous ont été communiquées officieusement par M. Didiot aîné, l'un des délégués, et par M. Moreau père, syndic honoraire du commerce des bois carrés de Paris.)

TARIFS DES DROITS D'OCTROI

Qui se sont succédé depuis l'établissement de cet impôt sur les bois de construction et de travail (**1799 à 1838**).

BOIS DE CHARPENTE.

ANNÉES.	DÉSIGNATION DES BOIS ET QUOTITÉ DES DROITS EN PRINCIPAL ET DÉCIME.			
	Bois carrés, charpente, chêne.			
	Charpente, brin en grume ou équarrie,	SOLIVES,	POTEAUX.	Chevrons et membrures,
Mesure imposée.	par stère	par stère.	par stère.	par stère.
	fr. c.	fr. c.	fr. c.	fr. c.
1799..................	5 »	4 50	3 50	3 »
1800 à 1803 (fin septembre).	6 »	5 40	4 20	3 60
Octobre 1803 au 11 nov. 1813.................	9 »	7 »	6 »	5 »
Novembre 1813 à la fin d'avril 1814............	9 90	7 70	6 60	5 50
Mai 1814 au 16 août 1815..	9 »	7 »	6 »	5 »
Août 1815 au 30 décembre 1815.................	9 90	7 70	6 60	5 50
1816 au 4 mai 1825*......	9 90	» »	» »	» »
Mai 1825 jusqu'à la fin 1838.................	11 »	» »	» »	» »

* A partir de 1816, il n'y a plus eu de distinction entre les bois de brin, solives, poteaux et chevrons ; ces divers échantillons ont été tous imposés au même prix.

(Communiqué par l'administration de l'octroi.)

TARIFS DES DROITS D'OCTROI

Qui se sont succédé depuis l'établissement de cet impôt sur les bois de construction et de travail (1799 à 1838).

BOIS DE MENUISERIE.

ANNÉES.	DÉSIGNATION DES BOIS ET QUOTITÉ DES DROITS EN PRINCIPAL ET DÉCIME.			
	Planches de chêne			
	De 3 centimètres d'épaisseur sur 4 mètres de longueur,	De 3 centimètres d'épaisseur sur 3 mètres de longueur,	De 3 centimètres d'épaisseur sur 2 mètres de longueur,	SCIAGE,
Mesure imposée.	les 100 mètres	les 100 mètres.	les 100 mètres.	les 100 mètres courants.
	fr. c.	fr. c.	fr. c.	fr. c.
1799	7 50	6 »	3 75	» »
1800 à 1803 (fin septembre).	9 »	7 20	4 50	» »
Octobre 1803 au 11 nov. 1813	9 50	7 50	5 »	» »
Novembre 1813 à la fin d'avril 1814	10 45	8 25	5 50	» »
Mai 1814 au 16 août 1815..	9 50	7 50	5 »	» »
Août 1815 au 30 décembre 1815	10 45	8 25	5 50	» »
1816 au 4 mai 1825	» »	» »	» »	7 70
Mai 1825 jusqu'à la fin 1838	» »	» »	» »	11 »

(Communiqué par l'administration de l'octroi.)

TARIFS DES DROITS D'OCTROI

ui se sont succédé depuis l'établissement de cet impôt sur les bois de construction et de travail (**1799** à **1838**).

BOIS BLANCS ET CHARRONNAGE.

ANNÉES.	DÉSIGNATION DES BOIS ET QUOTITÉ DES DROITS EN PRINCIPAL ET DÉCIME						
	Planches de bois blanc, bois de charronnage et voliges.						
	Planches de hêtre, sapin, et autres de même nature sous la dénomination de bois blancs,	Merrain, panneau, courson et parquet,	BOIS de CHARRONNAGE,		PETIT SAPIN ou volige ordinaire,	VOLIGE à ardoise,	Bois de sapin et autres bois blancs. SCIAGE,
Mesure imposée.	les 100 mètres.	les 100 mètres.	par stère.	par 100 pièces.	les 100 mètres.	les 100 mètres.	les 100 mèt. courants.
	fr. c.	fr. c.	fr. c.	fr. c.	fr. c.	fr. c.	fr. c.
Oct. 1803 au 11 novemb. 1813.	7 »	7 »	8 »	16 »	3 50	1 75	» »
Nov. 1813 à la fin d'avril 1814.	7 70	7 70	8 80	17 60	3 85	1 92,50	» »
Mai 1814 au 16 août 1815.....	7 »	7 »	8 »	16 »	3 50	1 75	» »
Août 1815 au 30 décemb. 1815.	7 70	7 70	8 80	17 60	3 85	1 92,50	» »
1816 au 4 mai* 1825........	» »	» »	» »	» »	» »	» »	7 70
Mai 1825 jusqu'à la fin de 1838........	» »	» »	» »	» »	» »	» »	8 80

*A partir de 1816, le bois de charronnage a été compris au droit fixé pour le bois de charpente.

(Communiqué par l'administration de l'octroi.)

TARIFS DES DROITS D'OCTROI

Qui se sont succédé depuis l'établissement de cet impôt sur les bois de construction et de travail (1799 à 1838).

LATTES ET BOIS DE BATEAUX.

ANNÉES.	DÉSIGNATION DES BOIS ET QUOTITÉ DES DROITS EN PRINCIPAL ET DÉCIME.				
	LATTES.	BATEAUX		BOIS DE DÉCHIRAGE ENTRANT EN PLANCHES,	
		EN CHÊNE.	EN SAPIN.	EN CHÊNE.	EN SAPIN.
Mesure imposée.	les 100 bottes.	par bateau.	par bateau.	le mètre carré.	le mètre carré.
	fr. c.	fr. c.	fr. c.	fr. c.	fr. c.
Octobre 1803 au 11 novembre 1813...	» »	24 »	12 »	» »	» »
Novembre 1813 à la fin d'avril 1814....	» »	26 40	13 20	» »	» »
Mai 1814 au 16 août 1815............	» »	24 »	12 »	» »	» »
Août 1815 au 31 décembre 1815......	» »	26 40	13 20	» »	» »
1816 au 4 mai 1825.	11 »	26 40	13 20	» 19 8/10	» 11
Mai 1825 jusqu'à la fin de 1838.......	11 »	26 40	13 20	» 19 8/10	» 11

(Communiqué par l'administration de l'octroi.)

VOL DE BOIS.

Jugement du tribunal de première instance de Bar-sur-Aube,

2 *février* 1839,

Qui condamne, à la requête de M. le procureur du roi, les nommés Pierre Risoul, menuisier, et Claude-René-Paul, dit Doré, compagnon marinier, à Brienne-la-Vieille : le premier à dix-huit mois d'emprisonnement, et le dernier à treize mois de la même peine, et en outre, solidairement et par corps, aux frais du procès, *pour avoir, ledit sieur Risoul, sciemment recélé les bois de sciage, soustraits frauduleusement sur le port public de Brienne, par ledit René-Paul, dit Doré, dans la nuit du 20 décembre 1838.*

2 *février* 1839.

Nota. Il y a eu appel de ce jugement qui a été confirmé le 8 avril 1839. (Voyez cette date.)

(Archives du commerce des bois carrés.)

ARRÊTÉ DU PRÉFET DE SEINE-ET-MARNE,

Et mesures prises dans l'intérêt de la navigation sur la rivière de Marne, pour empêcher les mariniers d'enlever des trains aucunes étoffes, telles que perches, chantiers, etc.

9 *mars* 1839.

Le Maître des requêtes, préfet du département de Seine-et-Marne,

Vu la décision de M. le ministre des travaux publics, en date du 2 mars 1839, rendue par suite des plaintes portées contre les flotteurs de la Marne, par la compagnie des marchands de bois carrés pour l'approvisionnement de Paris, laquelle décision est ainsi conçue :

Art. 1er. Les trains de bois de charpente, sciage ou charronnage qui des ports supérieurs de la Marne, sont dirigés vers Paris et autres lieux, *devront être maintenus intacts jusqu'à ce qu'ils soient rendus à leur destination.*

Art. 2. *Il est, en conséquence, expressément défendu d'enlever de ces trains en cours de navigation, les étoffes, telles que chantiers, perches, fers, etc., qui servent à les consolider.*

Art. 3. Toute contravention à la présente décision sera, après avoir été constatée par procès-verbal, déférée aux tribunaux de police et punie des peines portées par les lois; les contrevenants demeureront en outre civilement responsables des pertes et dommages résultant de ladite contravention.

Arrête que ladite décision sera affichée et publiée dans les communes du département de Seine-et-Marne, bordant la rivière de Marne, et en particulier dans celles où l'on confectionne les trains dont il s'agit.

Le préfet de Seine-et-Marne,
Signé Vicomte DE GERMINY.

NOTA. Le même arrêté a été publié et affiché le 10 du même mois, dans toutes les communes du département qui avoisinent *la Marne*, par les soins de M. de Jessaint, préfet de la *Marne*; et le 6 janvier 1840 dans les communes de *l'Aisne*, par ordre de M. Desmousseaux de Givré, préfet de ce département.

(Archives du commerce des bois carrés.)

VOL DE BOIS.

Tribunal de Troyes (Aube). Jugement d'appel,

Du 8 avril 1839,

Confirmant le jugement de Bar-sur-Aube, qui avait condamné le sieur René-Paul, dit Doré, compagnon marinier, à treize mois d'emprisonnement pour vol de bois de sciage sur le port public de Brienne.

(Archives du commerce des bois carrés.)

JUGEMENT DU TRIBUNAL DE CLAMECY,

Portant qu'on ne peut poursuivre un garde-port, sans avoir obtenu du conseil d'État une décision autorisant les poursuites.

14 *mars* 1839.

Attendu que la demande en dommages-intérêts dirigée contre Tenaille-Lessy, garde-port à la résidence de Pousseaux, est basée sur ce qu'au mépris des droits et des usages qui régissent la matière, ce dernier aurait fait donner aux piles du premier flot de l'exercice 1838, une surmesure considérable qui aurait permis d'enlever de dessus ces piles trente-un décastères et plus ; que ce fait, imputé à Tenaille-Lessy, aurait été commis par lui, dans l'accomplissement de sa mission, comme garde-port ; qu'il prétend, en cette dernière qualité, pouvoir invoquer le bénéfice de l'art. 75 de la constitution du 22 frimaire an VIII, et que dès lors la demande dirigée contre lui est non recevable à défaut de décision du conseil d'État autorisant la poursuite ; attendu que, pour bien apprécier le caractère des fonctions des gardes-ports, il faut se reporter aux dispositions des édits, ordonnances et règlements qui les ont créés et ont déterminé la nature et l'étendue de leurs devoirs et de leurs droits ; qu'un édit d'avril 1704 a créé ces fonctions à titre d'office, que des arrêts du conseil, lettres-patentes, règlements et ordonnances de police, arrêts du parlement et arrêtés des 17 juin 1704, 17 février 1784, 16 février 1785, 30 août 1786, 3 nivôse an VI et 7 thermidor, en déterminant leurs droits, les ont chargés de veiller, sous les ordres des jurés-compteurs et des inspecteurs de la navigation, à la conservation des marchandises apportées sur les ports ; de dresser procès-verbaux des délits qui y seraient commis, de faire procéder à l'empilage des bois dont ils doivent faire extraire les bûches défectueuses, d'opérer leur mesurage et de veiller à ce qu'on se conforme aux règlements relatifs au commerce des bois et charbons, notamment en ce qui concerne l'emploi des mesures métriques ; que divers règlements les ont en

38

conséquence de ces premières dispositions rattachées à l'administration des ponts-et-chaussées dont émanent leurs commissions ; qu'à la nature de ces contributions, quoique exerçant plus spécialement en faveur des intéressés dans le commerce des bois pour l'approvisionnement de la capitale, on reconnaît des fonctionnaires publics ayant le caractère d'agent du gouvernement ; que le règlement du 25 avril 1833, plus particulièrement invoqué dans la cause, n'a en rien modifié la nature des fonctions de garde-port ; que ce règlement, fait comme la plupart de tous ceux qui régissent la matière, d'après les propositions et sur la provocation des personnes ou des compagnies intéressées dans le commerce de bois, a puisé dans la décision du ministre du commerce du 12 juin même année, le caractère et l'autorité d'un règlement d'administration publique ; que ce règlement rappelant aux gardes-ports la plupart de leurs anciennes attributions, ils apportent des modifications dont l'expérience a pu démontrer la nécessité, et qu'ils règlent leur rapport avec les mandataires des compagnies de commerce, mais sans altérer leur caractère ; que le plus ou moins d'exactitude de quelques expressions de ce règlement ne saurait autoriser à considérer les gardes - ports , dans certains cas, comme des employés privés des compagnies, lorsqu'ils ont été jusqu'à ce jour les employés de l'administration générale, chargés d'un service tout spécial de police, dans l'intérêt du commerce des bois et charbon ; qu'en vain on voudrait voir, dans quelques unes des dispositions du règlement de 1833, de simples conventions privées, arrêtées sous le patronage de l'autorité publique entre les deux compagnies exploitant actuellement le commerce, et conférant aux gardes-ports une mission en dehors de leurs devoirs publics ; qu'un tel résultat aurait pu être l'effet des traités intervenus entre lesdeux compagnies sans aucun concours de l'administration générale, traités par lesquels ces compagnies auraient pu confier aux gardes-ports le soin d'assurer la stricte exécution de leurs conventions, mais que l'intention de l'administration et l'approbation qu'elle a donnée par forme de décision ministérielle aux propositions des deux compagnies, assurent à tous les articles du règlement de 1833, même à ceux qui, étrangers à toute pensée de police générale, ne s'occupent que des relations les plus étroites des intérêts de diverses compagnies, toute l'autorité appartenant aux règlements de l'administration publique, et qu'il ne peut dépendre désormais des compagnies de les modifier sans le concours de l'autorité gouvernementale ; d'où il suit que le garde-port Tenaille-Lessy, s'il a encouru quelque responsabilité par des fautes commises lorsqu'il était chargé de l'exécution du règlement du 25 avril 1833, était alors revêtu du caractère d'agent du gouvernement, et qu'aux termes de l'art. 75 de la constitution de l'an VIII, il ne peut être poursuivi pour des faits relatifs à ses fonctions qu'en vertu d'une décision du conseil d'État ;

Le tribunal, jugeant en matière ordinaire et en premier ressort, déclare le sieur Charbonneau ès-noms non recevable dans sa demande, jusqu'à ce qu'il ait obtenu du conseil d'État une décision autorisant la poursuite du garde-port Tenaille-Lessy, et condamne ledit sieur Charbonneau aux dépens de l'incident, dans lesquels n'entreront pas les frais de la demande principale. Enregistré à Clamecy, le 2 avril 1839, f° 140, c. 8, reçu 5 fr. et 50 c. de décime.

Signé PERROT.

(Il y a eu appel de ce jugement qui a été confirmé par la cour royale de Bourges, le 24 mars 1840. (Voyez cette date.)

NOTA. Les fonctions des gardes-ports sont essentiellement administratives ; un garde-port se trouve dans la classe des agents et préposés du gouvernement dans toute l'étendue du sens attaché à ces mots par l'article 75 de l'acte constitutionnel du 22 frimaire an VIII, et il ne peut être traduit en justice pour un fait relatif à ses fonctions, sans l'autorisation du conseil d'État. Le caractère public dont les gardes-ports sont revêtus a été solennellement reconnu :

1° Par un arrêt que la cour de cassation a rendu le 1er juillet 1808, dans l'intérêt de la loi;

2° Par un autre arrêt rendu par la cour de cassation, le 7 juin 1836, etc.

JUSTICE DE PAIX DE NOGENT-SUR-SEINE.

Jugement contradictoire qui condamne un marchand de bois de province à payer au juré-compteur et aux gardes-ports de la Seine la rétribution qui est due à ces agents, pour droits d'arrivage et d'enlèvement, sur tous les bois à œuvrer embarqués ou flottés directement, encore bien que ces marchandises n'aient pas séjourné sur les ports ou même sur les bords des rivières.

10 *avril* 1839.

Extrait des minutes du greffe de la justice de paix du canton de Nogent-sur-Seine, département de l'Aube.

Le tribunal de paix susdit a rendu le jugement préparatoire et définitif dont suit la teneur par extrait :

Pour Antoine-Albert Lenoir, juré-compteur de la navigation de la rivière de Seine, demeurant à Nogent, demandeur, aux fins d'un exploit de Lachausse, huissier, à la résidence dudit Nogent, en date du 25 février 1839, enregistré, comparant en personne, d'une part ;

Contre M. Fayolle Noël, marchand de bois, demeurant à Beaulieu, commune du Mériot, défendeur, comparant par Me Gilbert Poinsot, avoué à Nogent, son mandataire, d'autre part ;

La demande tend à faire condamner le défendeur à payer au demandeur une somme de 48 fr. 60 c., réclamée pour le montant de ses droits comme juré-compteur de la navigation de la Seine dans le département de l'Aube et de Seine-et-Marne, sur 93,660 mètres 88 centimètres environ de planches, voliges et dosses, le tout chargé sur le port de Beaulieu, près Nogent, en mars, avril, mai, juillet et septembre 1838, le tout fourni et déduit des 4 0/0, et appartenant audit sieur Fayolle ; le faire condamner en outre aux intérêts de droit et aux dépens, sous toutes réserves.

Pour M. Fayolle, son mandataire a d'abord conclu à ce que le tribunal se déclare incompétent, prétendant que le défendeur étant commerçant, cette affaire est du ressort du tribunal de commerce; quant au fond, il a conclu, mais subsidiairement seulement, à ce que Lenoir soit déclaré non recevable en sa demande par les motifs suivants:

Ses bois étaient déposés dans son jardin qui est clos et à proximité de la Seine, et nullement sur le port, en sorte qu'il ne serait dû, ni droit d'occupation, ni droit de surveillance.

Lenoir a persisté dans ses conclusions, soutenant leur bien fondé, et répondant aux moyens présentés par son adversaire, il a dit, sur l'exception d'incompétence, qu'il ne s'agit pas entre les parties d'un acte de commerce, d'un acte qui dût les obliger par un contrat susceptible d'être soumis à l'appréciation de la juridiction commerciale; sur le second moyen, il a dit qu'il ne réclame pas un droit d'occupation, mais un droit de surveillance au chargement, lequel est dû dans tous les cas.

La cause, ainsi présentée à l'audience du 27 février 1839, a été continuée et mise en délibéré.

Il est intervenu, le 10 avril 1839, le jugement contradictoire et définitif dont la teneur suit:

Le tribunal, rapportant le délibéré ordonné, parties ouïes en leurs dires et prétentions respectifs;

Attendu qu'il ne s'agit point dans l'espèce d'un acte de commerce, tel qu'il est défini par les dispositions du Code de commerce, mais bien d'une action purement personnelle et mobilière, dont le chiffre est dans la compétence du tribunal; sans s'arrêter au déclinatoire proposé par le défendeur, se déclare compétent;

Et statuant au fond; attendu que les chargements de voliges, planches et dosses en question ont été avoués et reconnus par le sieur Fayolle, défendeur; qu'ils sont d'ailleurs établis et justifiés par l'attestation du garde-port de Beaulieu; que Lenoir, juré-compteur, a assisté à deux de ces chargements, et que s'il n'a point été présent aux autres, c'est parce qu'il n'y a point été appelé. Attendu qu'aux termes de l'édit de 1704, encore en vigueur et non abrogé par une loi subséquente, portant création de gardes-ports le long des bords de plusieurs fleuves et rivières, y compris la Seine et ses affluents, il est dû aux gardes-ports de la Seine une rétribution fixée à 2 fr. pour l'arrivage et 2 fr. pour l'enlèvement par chaque cent de bois de sciage tel qu'il soit réduit à la solive ;

Attendu qu'une décision ministérielle en date du 6 thermidor an IX, approbative d'une délibération des marchands fréquentant les canaux de l'Yonne, la Marne, l'Aisne, la Loire et les autres affluents de la Seine, accorde, art. 4 et 5, également aux jurés-compteurs, une rétribution exigible au moment où les marchandises sont enlevées et chargées ;

Attendu que LES JURÉS-COMPTEURS ET GARDES-PORTS ONT ÉTÉ INSTITUÉS DANS UN INTÉRÊT D'ORDRE PUBLIC ET DE SURETÉ; QUE LEUR ACTION EXISTE DE FAIT, QU'ELLE N'EST POINT FACULTATIVE, MAIS FORCÉE ; *que pour tout ce qui concerne les bois et charbons destinés à l'approvisionnement de Paris, nul ne peut se soustraire au contrôle de ces agents; que cette surveillance doit être exercée par eux dans toute l'étendue de l'arrondissement confié à leurs soins, non-seulement sur les ports, mais encore sur les bords de la rivière soumise à leur garde, partout où des marchandises sont déposées ou chargées;* QUE CETTE SURVEILLANCE S'ÉTEND PAR CONSÉQUENT A TOUTES LES MARCHANDISES AU MOMENT DE LEUR EMBARQUEMENT, ENCORE BIEN QUE CES MARCHANDISES N'AIENT POINT SÉJOURNÉ SUR LES BORDS DE LA RIVIÈRE OU SUR LES PORTS, ET QU'ELLES AIENT ÉTÉ, COMME DANS L'ESPÈCE, TRANSPORTÉES IMMÉDIATEMENT DES MAGASINS OU CHANTIERS CLOS DU MARCHAND OU PROPRIÉTAIRE A SES BATEAUX pour y être chargées de suite et au fur et à mesure de leur sortie des magasins ou chantiers; que s'il en était autrement le but de l'institution des jurés-compteurs et gardes-ports serait manqué et les intérêts du commerce pourraient être compromis sans cesse, car, pour éviter la rétribution, chacun se soustrairait de cette manière au contrôle et à la surveillance obligée des agents;

Par ces motifs, et jugeant en premier et dernier ressort, le tribunal déclare le sieur Lenoir fondé dans sa demande; par suite condamne M. Fayolle Noël à payer au demandeur la somme de 48 fr. 60 cent. pour la rétribution à lui due comme juré-comp-

teur, le condamne en outre aux intérêts tels que de droit, à partir
du jour de la demande, et enfin aux dépens qui sont liquidés à
6 fr. 45 cent., non compris le coût du présent jugement, timbre,
enregistrement et signification, s'il y a lieu,

Ce qui sera exécuté suivant la loi ;

Ainsi jugé et prononcé à l'audience du mercredi 10e jour du
mois d'avril 1839, tenue publiquement en l'une des salles de
l'hôtel de la mairie de Nogent-sur-Seine, et sis grande rue Saint-
Laurent, par M. Antoine-Louis-Marie Souclier, juge de paix de
la ville et du canton de Nogent-sur-Seine, chef-lieu du deuxième
arrondissement de sous-préfecture du département de l'Aube,
assisté de Me Jean-Nicolas-Isaac Thibault, greffier de la juridiction.

NOTA. Dans certaines localités, villes ou villages, il existe des emplacements établis par le conseil municipal de la commune, pour
servir de lieu de dépôt et d'embarquement à des marchandises de
toutes espèces destinées pour Paris.

Un ordre particulier y étant établi, des inspecteurs, des commissaires ou autres agents y exerçant une surveillance au nom de ladite
commune, on a prétendu maintes fois que l'action du garde-port
n'était plus nécessaire, et ses droits lui furent contestés.

C'est une grave erreur, car les gardes-ports sont établis pour exercer leur surveillance le long des bords des rivières, dans toute
l'étendue de l'arrondissement qui est confié à leurs soins, et sans
aucune exception ; le droit et la raison repoussent donc toutes prétentions contraires, sans qu'il soit besoin d'entrer dans d'autres explications.

(Archives du commerce des bois carrés.)

CONSEIL MUNICIPAL DE PARIS.

Délibération qui ouvre à M. le préfet de police un cré-dit pour l'arrosement du port de la Râpée et autres quais de Paris.

19 avril 1839.

Le conseil,

Vu le mémoire en date du 11 avril 1839, par lequel M. le
préfet de police propose l'arrosement extraordinaire de diverses

parties de la voie publique sur la rive gauche et sur la rive droite de la Seine ;

Vu deux tableaux annexés audit mémoire, indicatifs des localités et de la dépense exigée pour chacune d'elles, savoir :

Rive gauche.

Quai Saint-Bernard....................	1,392 fr.	» c.
Quais des Augustins, Conti, Malaquais, Voltaire................................	4,108	80

Rive droite.

Quai Morland, place Mazas.............	1,360	80
QUAI DE LA RAPÉE..................	3,636	»
	10,497	60

Considérant que l'arrosement extraordinaire de la ligne des quais, soit de la rive gauche, soit de la rive droite de la Seine, est d'une utilité incontestable ;

Délibère :

Il est ouvert à M. le préfet de police un crédit spécial de 10,497 fr. 60 c. pour faire face aux dépenses d'arrosement extraordinaire des localités ci-dessus désignées.

(Délibérations du Conseil municipal de Paris.)

DÉLIBÉRATION

Du bureau du commerce des bois carrés pour l'approvisionnement de Paris,

Du 20 avril 1839,

Qui autorise l'agent général à remettre, A TITRE DE SECOURS, LA SOMME DE QUARANTE FRANCS au sieur Valentin Gamare, ouvrier de rivière à Brienon, blessé dans son service.

(Archives du commerce des bois carrés.)

DÉLIBÉRATION

Du commerce des bois carrés pour l'approvisionnement de Paris, réuni en assemblée générale le **10 février 1839**, contenant, en faveur du juré-compteur de l'Aube, *augmentation temporaire* de ses droits qui se trouvent élevés de **0 fr. 50 c.** par décastère (ou cent solives) sur les bois de charpente, sciage et charronnage.

Circulaire du bureau adressée à **MM.** les marchands de bois de province, pour leur faire connaître ces dispositions.

Le 10 juin 1839.

Messieurs,

Depuis longtemps, les intérêts de MM. les marchands de bois de la province et de Paris qui tirent des bois de la rivière d'Aube et de la Seine, réclamaient hautement une amélioration dans le service de la navigation qui est hérissée de difficultés par suite des nombreux pertuis et des écluses que les trains ont à franchir.

Les flottages, le départ des convois, le règlement des flots, le passage dans les écluses et pertuis, le repêchage et le sauvetage des bois, demandaient, dans un intérêt général, la présence d'un employé capable, actif et vigilant qui, par des tournées fréquentes et par une action ferme, aurait contribué à aplanir les nombreuses difficultés que l'on rencontre sur cette rivière, et principalement celles qui sont toujours soulevées par les meûniers et par les propriétaires d'usines.

Le concours d'un pareil agent devait avoir les plus heureux résultats, en rappelant aux détenteurs d'usines les règlements en matière de navigation, en facilitant la marine, et en provoquant auprès de l'administration locale toutes les améliorations que l'on est en droit d'obtenir.

Le résultat d'une pareille surveillance devait aussi faire diminuer sensiblement la quantité de bois entraînés et repêchés chaque année, dont le nombre est énorme et donne à penser qu'il y en a beaucoup d'autres encore qui, malgré la surveillance active qu'on exerce, ne sont pas retrouvés et échappent pour toujours au véritable propriétaire.

Dans cette position, le commerce des bois carrés de Paris a pensé que le juré-compteur, à la résidence de Nogent, pourrait être appelé à rendre les services que l'on vient d'énumérer, avec d'autant plus de raison qu'ils ne sont point incompatibles avec la nature de ses fonctions qui, au contraire, ont pour objet principal la conservation de toutes les marchandises appartenant indistinctement aux commerces de province et de Paris.

Mais, pour bien remplir toutes ces conditions, il fallait, comme on l'a dit plus haut, un juré-compteur offrant en intelligence et en activité les garanties qui manquaient depuis longtemps à l'ancien titulaire affaibli par l'âge et par un long exercice.

Le comité central des quatre commerces, pénétré de la nécessité d'organiser ce nouveau service sur des bases larges et solides qui en feront toute la force, a accepté la démission qui a été donnée par l'ancien juré-compteur, qui vient d'être remplacé par M. Lemaire, sortant des ports de la Haute-Yonne; mais, dans sa sollicitude toute paternelle pour les anciens employés, le comité a cru devoir lui allouer une pension de retraite qui cessera lors de son décès, et qui, prélevée sur les revenus de la place, sera à la charge de son successeur.

L'équité et les besoins du service le voulaient ainsi; mais il ne serait raisonnablement pas possible d'imposer au nouveau juré-compteur un surcroît de travail, et de diminuer les produits de sa place : ils suffiraient pour assurer une position honorable et indépendante, mais grevés de la pension en question, ils ne seraient plus en rapport avec les charges nouvelles.

CONSIDÉRANT DONC QUE LES SERVICES QU'ON DOIT ATTENDRE DU NOUVEAU JURÉ-COMPTEUR SONT DANS L'INTÉRÊT EXCLUSIF DE LA MARCHANDISE (quel qu'en soit le détenteur), ET QUE DÈS LORS, C'EST A LA MARCHANDISE SEULE QUE L'ON PEUT S'ADRESSER, le commerce de Paris, après y avoir mûrement réfléchi, a décidé que, pour indemniser le juré-compteur des fréquentes tournées qu'il sera tenu de faire, il lui serait accordé, au départ des bois sur les ports, une prime de *cinquante cen-*

times par cent solives sur les bois de charpente, en grume, sciage, tel qu'il soit réduit à la solive, en sus de ses droits ordinaires *fixés à un franc*, et qu'au moyen de cette allocation, qui cessera de droit lors de l'extinction de la pension précitée, il prend l'engagement formel de remplir avec zèle, dévouement et assiduité, toutes les conditions qui ont motivé cette mesure dans un intérêt général.

Vous remarquerez, monsieur, que cette allocation supportée individuellement est, pour ainsi dire, insensible, puisque, portant sur mille solives de bois, l'augmentation ne sera que de cinq francs sur l'ancien tarif; quant aux résultats, ils seront incontestables : les flottages deviendront plus faciles, les repêchages beaucoup mieux faits, la perte de la marchandise presque nulle; les discussions avec les usiniers seront aplanies, et la navigation affranchie des entraves dont elle était hérissée.

C'est à vos lumières, à votre sagesse et à votre expérience que nous soumettons ces réflexions, assurés que nous sommes que vous approuverez les motifs qui ont dirigé le commerce de Paris dans la résolution qu'il vient de prendre, et que votre concours ne nous sera pas refusé pour atteindre le but si vivement réclamé dans l'intérêt de tous et pour la conservation des marchandises.

Recevez, monsieur, etc.

Les délégués du commerce des bois carrés de Paris.

(Archives du commerce des bois carrés.)

TRIBUNAL CIVIL D'AVALLON.

Appel d'un jugement de justice de paix de Vezelay, relatif aux droits dus aux jurés-compteurs et gardes-ports.

Du 3 juillet 1839.

Considérant que les intimés ayant laissé disparaître les charbons déposés sur les ports dans le canton de Vezelay, et ayant consenti à cette disparition, ont par ce fait converti le privilège qu'ils avaient d'être payés sur les marchandises en une action purement.personnelle pour laquelle ils ne pouvaient distraire les opposants de leurs juges naturels ;

Considérant que s'il est vrai de dire que le tribunal de commerce aurait pu être compétent aux termes de l'art. 420 du Code de procédure civile pour juger la demande des intimés , il est évident que le *juge de paix de Vezelay n'était pas compétent* pour une action personnelle contre les opposants qui sont domiciliés *dans l'arrondissement de Clamecy ;*

Considérant que les dépens doivent être mis à la charge de celui qui succombe;

Que la demande d'appel doit être restituée à l'appelant dont l'appel a été jugé bien fondé;

Prononçant , dit que M. le juge de paix de Vezelay a été incompétemment saisi et la sentence du 24 juillet 1838 rendue incompétemment;

En conséquence, qu'il a été bien appelé de ladite sentence du 24 juillet 1838, décharge les appelants des condamnations prononcées contre eux, et condamne les intimés aux dépens des causes principales et d'appel, ordonne la restitution d'appel.

NOTA. Par suite de ce jugement d'incompétence, la cause fut portée le 26 juillet 1839 devant le tribunal de commerce d'Avallon , qui rendit un jugement favorable à la demande des gardes-ports et jurés-compteurs. (Voyez cette date.)

Quant à la question d'incompétence signalée par le tribunal civil d'Avallon, attendu que le juge de paix de Vezelay n'aurait pas été compétent pour juger d'une action personnelle contre les opposants qui étaient domiciliés dans un autre arrondissement, nous renvoyons à un arrêt de la cour royale d'Orléans, du 23 mai 1834, QUI, CONTRAIREMENT A CE JUGEMENT, DÉCIDE QUE LE LIEU OU SONT DÉPOSÉES LES MARCHANDISES EST CELUI DANS LEQUEL LE PAIEMENT DOIT ÊTRE EFFECTUÉ, ET OU LES MARCHANDS OPPOSANTS SONT VALABLEMENT ASSIGNÉS.

(Archives du commerce des bois carrés.)

TRIBUNAL DE COMMERCE DE JOIGNY.

Jugement qui autorise MM. M..... marchands de bois carrés demeurant à Paris, à résilier un marché de bois carrés fait avec MM. R...... et G...... tous deux marchands de bois de province, demeurant à Villeneuve-le-Roi et Villevallier (Yonne) ; attendu que les vendeurs avaient disposé, sans autorisation de leurs acquéreurs, de plusieurs morceaux de bois de charpente, les condamne à des dommages-intérêts et aux frais.

25 *juin* 1839.

Le tribunal,

Considérant que les sieurs R... et G... n'ont pas fait la preuve à laquelle ils ont été admis par le jugement du 11 juin ; qu'en effet aucun des témoins entendus n'a déposé de *la réserve*, par eux alléguée, d'une certaine quantité de bois qui aurait été vendue antérieurement et dont ils avaient donné connaissance à MM. M.... en leur vendant le surplus ;

Considérant qu'il est reconnu par toutes les parties qu'au mois d'août 1838, MM. R... et G... ont vendu à MM. M... TOUS LES BOIS DE CHARPENTE que produirait la vente de Cudot ;

CONSIDÉRANT CEPENDANT QUE MALGRÉ CETTE VENTE VERBALE ET SANS EN PRÉVENIR LES ACQUÉREURS, LES DÉFENDEURS EN ONT VENDU 50 PIÈCES RÉDUITES A UN SIEUR B... QUI LES A ENLEVÉES AU MOIS DE MARS DERNIER ;

CONSIDÉRANT QUE LES SIEURS R... ET G... N'AVAIENT AUCUN DROIT SUR LES 50 PIÈCES, QUE L'ENLÈVEMENT DE CETTE QUANTITÉ, QUOIQUE FAIBLE EU ÉGARD A CELLE ENLEVÉE PAR LES DEMANDEURS, EST UN MOTIF SUFFISANT POUR AUTORISER LA RÉSILIATION DU MARCHÉ POUR LA QUANTITÉ DE BOIS RESTANT A LIVRER, ET D'ACCORDER DES DOMMAGES-INTÉRÊTS ;

Considérant du reste que le marché verbal était exécuté en grande partie ;

RÉSILIE LE MARCHÉ VERBAL fait entre les parties au mois d'août 1838, pour la quantité de bois restant à livrer.

En conséquence, ordonne que MM. R. et G. disposeront de ce restant de bois comme bon leur semblera et les CONDAMNE SOLIDAIREMENT EN CINQUANTE FRANCS DE DOMMAGES-INTÉRÊTS envers MM. M..., aux intérêts de sommes tels que de droit et aux dépens taxés et liquidés à la somme de 48 fr. 3 cent., non compris le coût, droit d'enregistrement et signification du présent jugement.

Fait et ainsi donné en jugeant, etc.

(Archives du commerce des bois carrés.)

DÉLIBÉRATION

Du bureau du commerce des bois carrés pour l'approvisionnement de Paris,

Du 6 juillet 1839,

Qui autorise l'agent général à remettre, A TITRE DE SECOURS, LA SOMME DE SOIXANTE FRANCS, au nommé Auguste Chat, compagnon de rivière à Brienon, blessé dans son service.

(Archives du commerce des bois carrés.)

TRIBUNAL DE COMMERCE D'AVALLON.

Jugement qui ordonne le paiement des droits dus aux gardes-ports et jurés-compteurs, pour des charbons enlevés des ports de l'Yonne.

26 juillet 1839.

Extrait d'un jugement rendu par le tribunal de commerce séant à Avallon, cinquième arrondissement communal, département de l'Yonne.

Le tribunal, ouï le sieur Leclerc en ses demandes, fins, conclusions et moyens plaidés à l'appui; après en avoir délibéré conformément à la loi, les opinions recueillies ;

Considérant que les défenseurs, quoique présents à l'audience, ont déclaré ne vouloir plaider au fond et ont fait défaut ;

Considérant que la demande du sieur Leclerc contre lesdits défenseurs paraît juste au fond et bien fondée ;

Considérant que les dépens doivent être mis à la charge des débiteurs en retard de remplir leurs obligations ;

Prononçant en dernier ressort, donne défaut, faute de plaider, contre les sieurs Bellot et Petit-Jeamiot, et adjugeant le profit de ce défaut, les condamne solidairement à payer au sieur Leclerc la somme de 84 fr. 75 c., qu'ils lui doivent pour droits de garde-port et juré-compteur sur 2,300 hectolitres de charbon ; les condamne en outre aux intérêts de cette somme, à compter du 9 juillet présent mois, et aux dépens de l'instance, taxés et liquidés à la somme de 17 fr. 55 cent., non compris les coût, levée, signification et mise à exécution du présent jugement.

Fait et jugé à l'audience publique du tribunal de commerce séant à Avallon, cinquième arrondissement communal du département de l'Yonne, judiciairement tenue au palais de justice de la ville, où étaient présents et jugeants MM. Pierre Rolley, président ; François Philibert, Leguré, Prat, juges ; Jacques Vigoureux, aussi juge ; et Blaise Perreau, greffier ; le 26 juillet 1839.

Mandons et ordonnons à tous huissiers sur ce requis de mettre le présent jugement à exécution, à nos procureurs généraux et à nos procureurs près les tribunaux de première instance d'y tenir la main, et tous commandants et officiers de la force publique d'y donner main-forte lors qu'ils en seront requis.

En foi de quoi la minute du présent jugement a été signée par M. le président du tribunal et par le greffier.

La minute des présentes est ainsi signée :

ROLLEY, président, et PERREAU, greffier.

(Archives du commerce des bois carrés.)

TRIBUNAL DE COMMERCE D'AUXERRE.

Jugement qui reconnaît l'obligation pour les marchands, de payer, dans tous les cas, aux jurés-compteurs et gardes-ports, les droits tels qu'ils sont fixés par les ordonnances, arrêts et édits, sans que l'autorité administrative puisse intervenir pour interpréter ce règlement ou son application.

29 *août* 1839.

Statuant sur l'exception proposée par le sieur Bruno,

« Le tribunal, considérant que la réclamation du sieur Billaudot, juré-compteur, contre le sieur Bruno, a pour cause la demande en paiement des droits établis par décision du 6 thermidor an IX, art 4 ;

» Considérant que les dispositions de cet article sont précises et qu'elles fixent les droits des jurés-compteurs ; qu'elles ne laissent ni doute ni équivoque et ne peuvent être interprétées autrement que la décision les présente ;

» Considérant que ces droits ont été consentis par le commerce, ainsi que le consacre l'art. 4 cité, et rendus exécutoires par décision ministérielle ; que dès lors l'autorité administrative n'a point à intervenir pour interpréter ce règlement ou son application dans ce cas ;

» Que les tribunaux de commerce sont compétents pour décider des exceptions soulevées ;

» Par ces motifs, le tribunal se déclare compétent, et statue au fond :

» Considérant que jusqu'ici les droits demandés par M. Billaudot ont été acquittés sans contestation ;

» Considérant que le salaire des jurés-compteurs consiste dans la fixation des prix déterminés par la décision du 6 thermidor an IX, art. 4 et 5 ; qu'ils doivent se renfermer, pour leur salaire, dans les dispositions de ces articles, sous peine de destitution ; que la perception des droits qui leur sont attribués doit même être

faite par les gardes-ports, en leur absence, au moment de l'enlèvement des bois;

» Considérant que les jurés-compteurs ont à remplir des obligations qui leur sont prescrites par l'art. 3 de la décision du 6 thermidor an IX ; que ces obligations sont autant dans l'intérêt des
déposants que pour remplir des formalités d'ordre et de comptabilité vis-à-vis du commissaire général de la navigation ;

» Considérant que les jurés-compteurs ont une responsabilité
vis-à-vis des déposants et sont assujettis à une surveillance constante ; que ce service ne peut être gratuit et que les remises pour
prix du service qu'ils rendent sont fixés par la décision de thermidor déjà citée ;

» Par ces motifs, et attendu qu'il est constant que M. Bruno
a déposé du bois de moule et du bois de charpente sur le port;
attendu qu'un droit est dû en vertu d'un règlement précis ;

» Le tribunal condamne le sieur Bruno au paiement de la
somme réclamée et aux dépens. »

(Archives du commerce des bois carrés.)

MODIFICATION

A l'itinéraire des voitures passant sur le quai de la Râpée, et servant au transport des fourrages pour l'approvisionnement des quartiers de cavalerie.

9 *septembre* 1839.

Messieurs les délégués du commerce des bois carrés,

J'ai reçu la réclamation que vous m'avez adressée le 22 avril
dernier, contre le passage sur le quai de la Râpée des voitures
servant au tansport des fourrages destinés à l'approvisionnement
des quartiers de cavalerie.

J'ai l'honneur de vous informer que par suite des observations
que je lui ai faites à cet égard, M. le lieutenant-général commandant la place de Paris a donné les ordres nécessaires pour
qu'à l'avenir les voitures dont il s'agit fussent dirigées à leur sor-

tie du magasin par les rues de Bercy, et de Lacuée, à l'issue de laquelle elles reprendront leur ancie nitinéraire par les quais.

Je me félicite, Messieurs, d'avoir pu faire, dans cette circonstance, quelque chose qui vous soit agréable.

Agréez, etc.

Le conseiller d'État, préfet de police,

Signé DELESSERT.

NOTA. Cette modification à l'itinéraire des transports de fourrages sur le quai de la Râpée, quoique ne paraissant pas avoir une grande importance, a cependant été vivement appréciée par le commerce des bois à œuvrer, dont les opérations et les tirages étaient journellement entravés par les nombreux convois et les longues files de voitures.

(Archives du commerce des bois carrés.)

ARRÊTÉ

Du préfet de l'Aube, et mesures prises par M. le ministre des travaux publics pour mettre un terme aux difficultés qui, de la part des usiniers, s'opposent à la navigation et au flottage des trains de bois carrés, sur la rivière d'Aube.

22 *septembre* 1839.

Le Ministre des travaux publics à Messieurs les délégués du commerce des bois carrés de Paris.

Votre compagnie à réclamé plusieurs fois, dans l'intérêt des mariniers qui fréquentent la rivière d'Aube, contre les empêchements mis à la navigation sur cette rivière par les propriétaires des moulins et usines.

Ces réclamations ayant paru fondées, l'administration a appelé sur cet objet l'attention particulière du préfet; elle a fait connaître en même temps les mesures qu'il était en son pouvoir de prendre pour assurer le service de la navigation.

Ces mesures sont l'objet d'un arrêté que cet administrateur a rendu le 22 du mois dernier et dont il m'a adressé copie.

En lui répondant le 7 de ce mois, je l'ai invité à me tenir exactement informé des nouvelles difficultés que les usiniers opposeraient à la navigation des trains sur ladite rivière pour qu'il pût y être pourvu ainsi qu'il serait jugé nécessaire.

Recevez, Messieurs, l'assurance de ma considération très distinguée.

Le ministre secrétaire d'État des travaux publics,

Signé J. DUFAURE.

ARRÊTÉ DU PRÉFET DE L'AUBE.

Vu le règlement approuvé le 31 décembre 1831, par M. le ministre du commerce et des travaux publics, pour la navigation de la rivière d'Aube, et le règlement supplémentaire approuvé le 29 janvier 1833;

Le procès-verbal d'une délibération en date du 12 janvier 1832, prise par une commission spéciale, en exécution du règlement susvisé, pour déterminer les obligations et les droits respectifs des mariniers et des propriétaires d'usines dans la partie supérieure de la rivière d'Aube, ledit procès-verbal approuvé par décision ministérielle du 21 avril 1835, et portant : « Art. 5. L'INDEMNITÉ » A ALLOUER AUX MEUNIERS POUR CHAQUE FLOT SERA FIXÉE A » 7 FR. 20 CENT. pour les moulins de Baussancourt, Beaulieu, » Juvanzé, Dienville, pour celui de Brienne-la-Vieille qui se » trouve sur la rive gauche, pour ceux de Blaincourt et de Précy- » St-Martin; elle SERA FIXÉE A 3 FR. 60 CENT. seulement pour » le moulin de Brienne-la-Vieille qui se trouve sur la rive droite.»

Vu les diverses réclamations faites à la date des 9 avril 1837, 29 décembre 1838, 23 mars et 9 septembre 1839 par les mariniers et délégués du commerce des bois carrés, tendant à obtenir que l'administration intervienne pour faire cesser les obstacles que rencontre journellement le flottage des bois de la part des propriétaires d'usines;

Notre arrêté du 11 janvier 1839, ayant pour objet de mettre le sieur Joffrin-Palé, propriétaire de l'usine de Blaincourt en demeure de se conformer au règlement approuvé le 20 avril 1835, et de prescrire, en cas de refus de sa part, la mise en chômage de ladite usine ;

Vu les rapports en date des 19 juillet, 12 août et 21 septembre 1839, par lesquels M. l'inspecteur de la navigation, MM. les ingénieurs des ponts-et-chaussées nous font connaître que le flottage des bois éprouve à toutes les usines établies dans la partie supérieure de l'Aube les mêmes difficultés qu'à celle de Blaincourt;

Vu divers procès-verbaux rapportés par MM. les maires et agents de la navigation et des ponts-et-chaussées, constatant que les propriétaires ou fermiers des usines de Dienville et Beaulieu ont exigé des conducteurs de brelles une rétribution plus élevée que celle déterminée par le règlement précité pour la délivrance des flots ;

Considérant QU'IL EST DU DEVOIR DE L'ADMINISTRATION DE PROTÉGER PAR TOUS LES MOYENS LÉGAUX LE FLOTTAGE DES BOIS CARRÉS ; qu'elle ne peut tolérer plus longtemps les prétentions exagérées des propriétaires d'usines, et qu'elle ne doit rien négliger pour arriver à la prompte répression des abus qui lui sont signalés par les rapports, procès-verbaux, plaintes et autres documents sus-visés ;

Arrêtons :

Art. 1er. Les propriétaires des usines de Baussancourt, Beaulieu, Juvanzé, Dienville, Blaincourt, Précy-St-Martin et Brienne-la-Vieille, sont mis en demeure par le présent arrêté de se conformer en tous points aux règlements sur la navigation et notamment aux dispositions arrêtées le 12 janvier 1832 pour le passage des brelles et la rétribution due pour les flots demandés par la marine.

Art. 2. Dans le cas où les propriétaires desdites usines ou leurs ayant-droit refuseraient ou négligeraient de se conformer aux prescriptions du règlement dont il s'agit, les usines seront immédiatement mises en chômage par M. le maire de la commune, assisté d'un agent de l'administration des ponts-et-chaussées, ou d'un agent de la navigation, et les vannes de flottage seront manœuvrées sous les ordres desdits fonctionnaire et agent.

Art. 3. MM. les maires des communes sus-désignées sont autorisés à requérir l'intervention de la gendarmerie pour leur prêter main-forte.

Art. 4. Lorsqu'une usine aura été mise en chômage pour les causes énoncées ci-dessus, il sera dressé procès-verbal de cette opération par les fonctionnaire et agent qui y auront procédé. Ce procès-verbal nous sera transmis dans les vingt-quatre heures de sa rédaction, et nous déterminerons, sur les rapports et propositions de MM. les ingénieurs des ponts-et-chaussées et de M. l'inspecteur de la navigation, la durée du chômage en raison des besoins de la navigation.

Art. 5. M. Maby, conducteur des ponts-et-chaussées à Troyes, est chargé spécialement de surveiller l'exécution des règlements de la navigation de l'Aube, et de se concerter avec MM. les maires pour l'exécution des dispositions qui précèdent. A cet effet, cet employé se rendra sans délai à Dienville, où sa résidence est fixée provisoirement.

Art. 6. Le présent arrêté sera notifié en entier à chacun des propriétaires d'usines auxquelles il s'applique.

Art. 7. Expédition sera adressée :

1° A M. le sous-préfet de Bar-sur-Aube ;
2° A M. l'ingénieur en chef des ponts-et-chaussées ;
3° A M. l'inspecteur de la navigation.

Ces fonctionnaires demeurent chargés d'en assurer rigoureusement l'exécution, chacun en ce qui les concerne.

Troyes, le 22 *septembre* 1839.

(Archives du commerce des bois carrés.)

JUGEMENT DU TRIBUNAL DE COMMERCE D'AUXERRE,

Qui ordonne le paiement des droits réclamés par les jurés-compteurs et les gardes - ports, encore bien que les bois n'aient pas séjourné sur le port.

26 *décembre* 1839.

Le tribunal, statuant sur les moyens présentés en faveur du sieur Daudier, pour justifier son refus de payer au sieur Bonneau la somme de 42 fr. 25 cent., pour les droits de garde-port et de juré-compteur, sur diverses marchandises déposées sur les ports d'Auxerre, pendant les années 1838 et 1839;

Sur le premier moyen :

D'après la loi, les droits de cette nature sont-ils dus ?

Considérant que par lettres-patentes du 17 juin 1704, les droits des gardes-ports, en ce qui concerne la rivière d'Yonne, ont été fixés, à la charge par eux de veiller sans discontinuation à la conservation des marchandises apportées et exposées sur lesdits ports ;

Sur le deuxième moyen :

Ces droits sont-ils dûs lorsque les bois sont déposés le long de la rivière, il est vrai, mais sur un terrain privé et non sur un port ?

Considérant que l'ordonnance de 1672, en autorisant les marchands à déposer leurs bois sur les terres proche des rivières navigables et flottables, a consacré le principe, que tout terrain situé sur les bords de la rivière est un port public ; que conséquemment les droits et les devoirs des gardes-ports s'exercent non-seulement sur l'étendue du port commun, mais encore sur toutes les propriétés situées sur les bords des rivières, lorsque des bois y sont déposés pour être embarqués où flottés ;

Sur le troisième moyen :

CES DROITS PEUVENT-ILS S'APPLIQUER A DES BOIS QUI N'ONT

JAMAIS ÉTÉ DÉPOSÉS, NI SUR UN PORT, NI SUR UN TERRAIN PRIVÉ, LE LONG DE LA RIVIÈRE, MAIS QU'ON FLOTTE IMMÉDIATEMENT, APRÈS LES AVOIR AMENÉS D'UN CHANTIER SITUÉ A DEUX KILOMÈTRES AU BORD DE LA RIVIÈRE;

Considérant que le transport des bois, dans ce cas, suppose nécessairement leur dépôt sur les bords de la rivière pendant un temps plus ou moins long; QUE LE GARDE-PORT N'EN EST PAS MOINS TENU DE VEILLER A LEUR PLACEMENT ET A LEUR CONSERVATION; QU'IL N'EN EST PAS MOINS TENU DE LES COMPTER ET MESURER, D'EN TENIR REGISTRE ET DE REMPLIR A LEUR ÉGARD TOUS LES DEVOIRS QUI LUI SONT IMPOSÉS; qu'ainsi, dans ce dernier cas, comme dans les deux premiers, les droits sont dus aux agents des ports;

Considérant d'ailleurs que, dans le mémoire du sieur Bonneau, la réclamation du garde-port est conforme au tarif de 1704, tarif qui a reçu une nouvelle sanction des commerçants fréquentant la rivière d'Yonne, par l'acte du 3 janvier 1825; que les remises attribuées sur ce mémoire au juré-compteur n'excèdent pas celles fixées par la décision du 6 thermidor an IX;

Par tous ces motifs, le tribunal condamne le sieur Daudier à payer au sieur Bonneau la somme de 42 fr. 25 cent., pour droit d'emplacement et de manutention sur les bois déposés par lui sur les ports d'Auxerre, en 1838 et 1839;

Condamne le sieur Daudier aux dépens.

AUTRE JUGEMENT.

Le tribunal, adoptant les motifs de son jugement du 29 août dernier, et statuant sur les nouveaux moyens présentés en faveur de M. Chevalier, pour justifier le refus de payer à M. Billaudot la remise attribuée aux jurés-compteurs par les articles 4 et 5 de la décision du 6 thermidor an IX;

Considérant que l'institution des jurés-compteurs existe non-seulement comme un moyen d'ordre public, mais encore que ces agents ont été établis dans l'intérêt et sur la demande formelle du

commerce ; que leurs salaires consistent uniquement dans les remises qui leur ont été attribuées sur les différentes marchandises
amenées sur les ports, remises qui ont été fixées d'un commun
accord entre le commerce et l'autorité supérieure ;

Considérant que loin d'avoir été jugée inutile, l'institution a
depuis l'époque de l'an IX été appliquée sur les rivières qui n'a-
vaient pas été comprises dans la première organisation ; que par
arrêtés du ministre de l'intérieur, des 9 mars 1807 et 10 février
1812, des jurés-compteurs ont été établis sur l'Allier et sur la
Loire, toujours sur la demande des marchands et mariniers fréquentant lesdites rivières ; qu'ainsi, sous ces différents rapports,
les moyens présentés par M. Chevallier, pour s'affranchir des droits
dus pour les charbons chargés par lui ne sont pas fondés ;

Considérant que la remise de 7 centimes par 15 hectolitres, fixée
par l'art. 4 de la décision du 6 thermidor an IX, était, lors de la
rédaction de cet article, applicable aux charbons qui étaient, suivant les usages de cette époque, amenés en vrague sur les ports,
mis en tas, mesurés et chargés sur les bateaux; que les modifications apportées dans ces derniers temps au commerce des charbons,
à leurs moyens de transport et de chargement, et surtout l'usage de
les conduire en sacs sur les bateaux, doivent nécessairement restreindre de beaucoup les services et la surveillance des agents des
ports ; qu'il est donc de la plus stricte justice de ne pas ranger
aujourd'hui les charbons en sacs dans la classe des objets mentionnés en l'art. 4, mais de les rapporter dans les cas prévus par
l'art.5 où la remise doit être fixée de gré à gré ;

Considérant que, dans ce cas, entre la demande de 7 centimes par
15 hectolitres faite par M. Billaudot et la prétention de M. Chevalier de ne payer aucune remise au juré-compteur, le tribunal se
trouve dans l'obligation d'arbitrer la rétribution qui est légitimement due :

Le tribunal fixe à 50 centimes par cent sacs, de la contenance
de deux hectolitres chaque, la remise à payer pour les 33,328 sacs
chargés dans les bateaux de M. Chevalier :

En conséquence, et par tous les motifs qui précèdent, condamne
M. Chevalier à payer à M. Billaudot la somme de 166 fr. 64 cent.

pour les charbons qu'il a fait charger dans ses bateaux, sur les ports de Saint-Florentin, Chailly, Brienon et La Roche, depuis le 8 juillet 1838 jusqu'au 22 juillet 1839 ;

Condamne M. Chevalier aux dépens.

Extrait de la décision du 6 thermidor an IX.

La remise à faire aux jurés-compteurs est arrêtée telle qu'elle a été consentie par le commerce, et demeure fixée ainsi qu'il suit :

Il sera payé pour chaque décastère de bois à brûler.	0 f. 20 c.
Pour chaque cent de cotrets et fagots............	0 05
Pour chaque décastère de bois de charpente......	1 00
Pour chaque millier de lattes et d'échalas........	0 10
Pour chaque cent de bottes d'écorces...........	0 10
Pour chaque millier de merain.,..............	0 25
Par chaque banne de charbon de 15 hectolitres...	0 07
Par chaque millier de cercles................	0 10

L'article premier sera réduit à moitié pour tous les bois de chauffage qui se déposent sur les ports d'Yonne et Cure, de Cravant en remontant.

La remise, pour les objets non exprimés au précédent article, se réglera de gré à gré, et, en cas de difficultés, selon le tarif de 1704, en réduisant à moitié les sommes exprimées audit tarif ; elle sera supportée par l'acheteur, s'il n'y a convention contraire, et, dans tous les cas, exigible au moment où les marchandises seront enlevées, sur celui qui fera procéder à l'enlèvement, sauf à lui à répéter, s'il y a lieu.

(Archives du commerce des bois carrés.)

DÉLITS FORESTIERS.

Le simple port d'armes dans une forêt de l'État, quand il n'est pas constaté que l'on chassait, ne constitue pas un délit.

25 *décembre* 1839.

MM. Thomine et Edme Prompsy, marchands de bois carrés à Verzy (Marne), adjudicataires d'une coupe de bois appartenant à l'État, furent trouvés dans la forêt, porteurs de fusils et carniers de chasse, mais sans que le procès-verbal constatât aucun fait de chasse contre eux. Cependant, un procès-verbal ayant eu lieu, ils furent poursuivis comme ayant contrevenu à l'article 4, titre 30, de l'ordonnance de 1669 sur les eaux et forêts, ainsi conçu :

« Faisons défense à toutes personnes de chasser à feu et d'entrer
» et demeurer de nuit dans nos forêts, bois et buissons ou dé-
» pendances, ni même dans les bois des particuliers, avec armes
» à feu, à peine de cent livres d'amende et de punition corpo-
» relle s'il y échet. »

Mais le tribunal de Reims les renvoya des fins de la plainte, en se fondant sur ce que le fait qui leur était reproché ne constituait pas un délit, puisque c'était à dix heures du matin qu'ils avaient été trouvés dans la forêt, et qu'il n'était pas établi qu'ils eussent chassé; appel a été interjeté par l'administration forestière, et l'affaire se présentait aujourd'hui devant la cour.

MM. Prompsy, assistés de Mᵉ Mathieux, invoquaient pour leur défense qu'ils avaient des fusils pour leur sûreté personnelle; que l'art. 4 de l'ordonnance invoquée contre eux était abrogé par l'art. 218 du Code forestier, et que d'ailleurs, même en admettant qu'il ait encore force de la loi, il n'était pas applicable au simple fait de port d'armes.

Personne ne se présentant pour l'administration forestière, la cour, sur les conclusions conformes de M. l'avocat général Didelot, sans résoudre la question de savoir si l'ordonnance de 1669 était ou non abrogée sur ce point, a confirmé le jugement de première instance et renvoyé MM. Prompsy des fins de la plainte.

(*L'Ancre*, journal de St-Dizier.)

CHEMIN DE FER DE VILLERS-COTTERETS
AU PORT-AUX-PERCHES.
Du 31 décembre 1839.

TARIF des transports, chargement et déchargement dans les bateaux, des diverses marchandises ci-après désignées.

NATURE DES TRANSPORTS.	TRANSPORT.		Chargement et déchargement.		TOTAL.	
	fr.	c.	fr.	c.	fr.	c.
DE VILLERS-COTTERETS AU PORT-AUX-PERCHES.						
Grumes réduits au 6e (la pièce)...........	»	25	»	30	»	55
Bois carrés, la solive....................	»	20	»	25	»	45
Étaux, la toise........................	»	30	»	30	»	60
Sciages de bois dur, le 100 de toises.......	3	»	2	»	5	»
Quartelots de bois blanc, le 100 de toises..	2	50	1	50	4	»
Planches et voliges bois blanc, le 100 réduit	1	80	1	»	2	80
Lattes, le 100 de bottes..................	1	50	»	85	2	35
Échalas, le 100 de bottes	4	»	2	»	6	»
DU PAVÉ NEUF AU PORT-AUX-PERCHES.						
Grumes réduits au 6e (la pièce)...........	»	20	»	30	»	50
Bois carrés, la solive....................	»	17	»	25	»	42
Étaux, la toise........................	»	26	»	30	»	56
Sciages de bois dur, le 100 de toises......	2	60	2	»	4	60
Quartelots de bois blanc, le 100 de toises...	2	20	1	50	3	70
Planches et voliges bois blanc, le 100 réduit	1	50	1	»	2	50
Lattes, le 100 de bottes..................	1	30	»	85	2	15
Échalas, le 100 de bottes	3	40	2	»	5	40
DU FOND DE DAMPLEUX AU PORT-AUX-PERCHES.						
Grumes réduits au 6e (la pièce)...........	»	15	»	30	»	45
Bois carrés, la solive....................	»	12	»	25	»	37
Étaux, la toise........................	»	20	»	30	»	50
Sciages de bois dur, le 100 de toises......	2	»	2	»	4	»
Quartelots de bois blanc, le 100 de toises..	1	90	1	50	3	40
Planches et voliges bois blanc, le 100 réduit.	1	25	1	»	2	25
Lattes, le 100 de bottes..................	1	»	»	85	1	85
Échalas, le 100 de bottes................	2	50	2	»	4	50

On pourra toujours s'entendre de gré à gré avec la compagnie.

Le Secrétaire de la Compagnie.

Signé J.-A. NIGUET.

TARIF

Des prix alloués pour le repêchage des bois carrés.

1er janvier 1840.

Il n'existe aucun tarif officiel pour le repêchage des bois de charpente, sciage et charronnage; mais nous constatons les prix établis par l'usage sur toutes les rivières, et qui ont été sanctionnés jusqu'à ce jour par l'administration supérieure;

Par décistère de charpente ou grume (ancienne solive) . . . . 75 centimes.

Par décistère de bois de sapin ou bois blanc. . . 50

Par mètre courant de bois de sciage, soit planches, entrevous ou bois blanc. . . . . 2 1/2.

(Archives du commerce des bois carrés.)

CIRCULAIRE

De M. l'inspecteur de la navigation de la Marne et de la Haute-Marne, concernant l'emploi des mesures métriques sur les ports.

Châlons, 3 janvier 1840.

L'inspecteur de la navigation intérieure de la Marne et Haute-Marne,

A M. Chiquan, juré-compteur, à Dormans.

Monsieur,

J'ai l'honneur de vous prévenir que je viens d'écrire à MM. les gardes-ports de mon arrondissement, que, conformément à la loi du 4 juillet 1837, la mesure métrique devant seule être en usage dans toute l'étendue du royaume à partir du 1er de ce mois, je leur recommande qu'aucune autre mesure ne soit employée sur les ports.

Veuillez, je vous prie, monsieur, tenir strictement la main, en ce qui vous concerne, à la présente loi.

Recevez, monsieur, etc.

Signé A. POLLART.

NOTA. La même circulaire a été adressée à tous les jurés-compteurs des autres arrondissements.

ARRÊTÉ DE M. LE PRÉFET DU DÉPARTEMENT DE L'AISNE,

Pour la répression des désordres qui se commettent sur les trains de bois carrés en cours de navigation.

6 *janvier* 1840.

Nous, préfet du département de l'Aisne,

Vu la lettre du 30 décembre dernier, par laquelle M. le sous-secrétaire d'État des travaux publics nous adresse une décision rendue, le 2 mars, par M. le ministre des travaux publics, et ayant pour objet la répression des désordres qui se commettent lors du flottage des bois sur la Marne et des graves inconvénients qui en résultent;

Arrêtons ce qui suit :

Ladite décision transcrite ci-après sera publiée et affichée dans les communes riveraines de la Marne et portée à la connaissance de M. le procureur du roi.

Fait à Laon, lesdits jour et an.

DESMOUSSEAUX DE GIVRÉ.

Suit la décision de M. le ministre des travaux publics,

Du 2 *mars* 1839.

Art. 1er. Les trains de bois de charpente, sciage ou charronnage qui, des ports supérieurs de la Marne, sont dirigés vers

Paris et autres lieux, DEVRONT ÊTRE MAINTENUS INTACTS jusqu'à ce qu'ils soient rendus à leur destination.

Art. 2. IL EST EN CONSÉQUENCE EXPRESSÉMENT DÉFENDU D'ENLEVER DE CES TRAINS, EN COURS DE NAVIGATION, LES ÉTOFFES, TELLES QUE CHANTIERS, PERCHES, FERS, ETC., QUI SERVENT A LES CONSOLIDER.

Art. 3. Toute contravention à la présente décision sera, après avoir été constatée par procès-verbal, déférée aux tribunaux de police et punie des peines portées par les lois.

Les contrevenants demeureront en outre civilement responsables des pertes et dommages résultants de ladite contravention.

(Archives du commerce des bois carrés.)

TRIBUNAL DE POLICE.

Jugement qui condamne un marchand de bois à l'amende et aux frais pour avoir laissé séjourner des bois carrés sur le port de la Râpée.

Audience du 20 janvier 1840.

Le tribunal, ouï le ministère public, jugeant en dernier ressort, donne défaut contre le sieur N..., commissionnaire en bois carrés, quai de la Râpée, n° 29, non comparant, quoique cité et appelé, et pour le profit, attendu qu'il est légalement établi que le 16 décembre dernier, le sieur N... a contrevenu à l'ordonnance de police du 12 septembre 1816 *en déposant des gardes de bois de charpente sur la berge du quai de la Râpée*, et les ayant laissées ainsi plusieurs jours;

Vu l'art. 471, § 15 du Code pénal portant, « seront punis » d'amende, depuis un franc jusqu'à cinq francs inclusivement, » ceux qui auront contrevenu aux règlements légalement faits » par l'autorité administrative, et ceux qui ne se seront pas con- » formés aux arrêtés ou règlements publiés par l'autorité munici- » pale, en vertu des art. 3 et 5, titre XI de la loi des 16-24 août

» 1790, et de l'art. 46, titre 1er de la loi des 19-22 juillet
» 1791. »

Condamne le sieur N.... en l'amende de trois francs et aux
frais liquidés à six francs quatre-vingts centimes, non compris
l'enregistrement et la signification du présent jugement, le tout
par corps conformément à la loi.

Ainsi fait et jugé en l'audience publique, le 20 janvier 1840,
présidée par M. Perrier, juge de paix du huitième arrondissement de Paris.

En marge est écrit : Enregistré à Paris, le 30 janvier 1840.

Debet 1 fr. 10 cent.

Signé FRESTIER.

A ce que, du contenu audit jugement, le sus-nommé n'en
ignore, et ait à s'y conformer et à y satisfaire, sous les peines
prononcées par la loi, je lui ai, en son domicile et parlant comme
dit est, laissé la présente copie, dont le coût est de soixante-
quinze centimes.

Signé MACHARD.

Nota. Par jugement du 25 février suivant, M. N.... a été de
nouveau condamné à l'amende et aux frais pour avoir laissé séjourner
des bois carrés sur le port de la Râpée.

Puis le 10 mars il a subi une nouvelle condamnation pour les
mêmes causes.

Enfin le 20 mars, même jugement pour avoir laissé séjourner des
bois de charpente sur la place Mazas (près le port de la Râpée), y
causant embarras.

De son côté M. N..., marchand de bois carrés, quai de la Râpée,
n° 17, était condamné à l'amende et aux frais, pour avoir laissé
séjourner des bois carrés sur la berge de la Râpée, en nuisance.

Et M. P..., marchand de bois de charronnage, quai de la Râpée,
n° 31, subissait pareille condamnation pour avoir déposé des bois
en grume sur le port de la Râpée, y causant embarras.

Ensemble, six condamnations en un mois pour prétendus embarras occasionnés sur le port de la Râpée.

Sans vouloir interpréter une pareille sévérité de la part de l'inspecteur de la navigation à l'égard du commerce des bois carrés,
pour séjour momentané de bois sur la berge, dans une saison où

toutes opérations étant interrompues sur ce point, le séjour de quelques morceaux de bois ne pouvait être *en nuisance*, ni a qui, ni à quoi que ce soit; sans vouloir récriminer contre de pareils actes, nous devons, au contraire, sincèrement désirer qu'enfin l'inspection de la navigation sorte de son état de léthargie, et que, comprenant sa mission, elle applique judicieusement et avec impartialité, à chacun, et à toutes espèces de marchandises, les règlements de police indispensables pour assurer l'ordre et la bonne tenue sur les ports de Paris.

RÉCLAMATION

Adressée à M. le ministre des travaux publics par les principaux marchands de bois de la Bourgogne, contre un envahissement au préjudice du port de St-Florentin, spécialement consacré au classement des bois carrés et des bois neufs à brûler.

30 *janvier* 1840.

A M. le ministre du commerce et des travaux publics.

Monsieur le ministre,

L'emplacement destiné au dépôt des bois de flots de l'Armance, dont le tirage vient d'être établi au port du canal à Saint-Florentin, a été pris aux dépens des deux tiers du terrain, déjà trop restreint, *consacré au classement des bois carrés et des bois neufs à brûler.*

Pour que cette perte de terrain ne puisse, même cette année, nuire à la place nécessaire aux bois carrés et aux bois neufs à brûler, nous vous prions, monsieur le ministre, de vouloir bien appliquer à cet usage la chambre d'emprunt tenant du bassin à la route d'Auxerre, en autorisant son remblai immédiat.

L'adoption de cette mesure d'utilité publique remplira en même temps le vœu des marchands de bois soussignés, qui ont l'honneur d'être, avec un profond respect, etc.

Suivent les signatures des principaux marchands de bois de la Bourgogne :

ÉMERY, MICHAUT fils, SERVIN, etc., etc.

CAZEAUX, garde-port.

TRIBUNAL DE COMMERCE D'AUXERRE.

Jugement qui maintient le droit pour les gardes-ports
et jurés-compteurs d'assigner leurs débiteurs, devant
le tribunal du lieu où les marchandises ont été déposées, en cas de refus de paiement des rétributions
fixées par l'arrêt du conseil et les lettres-patentes de
1704.

6 *février* 1840.

Louis-Philippe, roi des Français, à tous présents et à venir,
salut.

Faisons savoir que :

Le tribunal de commerce de l'arrondissement d'Auxerre, tenant
ses séances en la ville d'Auxerre, chef-lieu du département de
l'Yonne ;

A rendu le jugement dont la teneur suit :

Entre le sieur Baptiste Lechat, juré-compteur et propriétaire,
demeurant à Coulanges-sur-Yonne, demandeur au principal et en
débouté d'opposition, suivant exploit de Benet et Gervais, huissiers à Clamecy, en date des 10 octobre 1839 et 7 décembre
1839, enregistrés ;

Comparant en personne et assisté de Mᵉ Chenest, avocat, demeurant à Auxerre, de lui dûment autorisé à plaider, d'une part ;

Et le sieur Pierre-Louis Charbonneau, banquier, demeurant à
Clamecy, au nom et comme syndic de la compagnie du commerce
de bois de la Haute-Yonne, agissant poursuites et diligences du
sieur Crochet, agent général de ladite compagnie, demeurant
aussi à Clamecy, défendeur au principal et demandeur en opposition, suivant exploit de Bailleret, huissier à Clamecy, en date
du 30 novembre dernier, enregistré, et défendeur en débouté
d'opposition ;

40

Comparant par Mᵉ Challe, avocat, demeurant à Auxerre, fondé de pouvoir, aux termes d'un acte sous-signature privée en date à Clamecy, du 8 décembre 1839, enregistré à Auxerre, le 12 décembre 1839, fᵒ 54 vᵒ, c. 2, reçu 2 fr. 20 c. dixième compris; signé LECOINTE, d'autre part;

Point de fait :

Sur la demande formée à la requête du sieur Lechat contre le sieur Charbonneau, syndic de la compagnie du commerce de bois de la Haute-Yonne et en cette qualité, en paiement d'une somme de 1948 francs 63 c. pour droits d'arrivages de bois de flot déposés sur le port de Lucy, courant des années 1838 et 1839, lesquels bois se composent : premièrement, de 8,214 décastères 95 décistères, exercice 1838; deuxièmement, et de 7,377 décastères 79 décistères, exercice 1839, à raison de douze centimes et demi le décastère.

Jugement par défaut, faute de comparution, est intervenu en ce tribunal le 7 novembre dernier, enregistré à Auxerre le 11 novembre 1839, fᵒ 146, reçu 32 fr. 45 c. dixième compris, qui a adjugé au demandeur les conclusions énoncées en son exploit introductif d'instance avec intérêt et dépens.

Expédition du jugement du 7 novembre dernier a été levée et signifiée au sieur Charbonneau, en sa qualité susdite, par exploit de Baillivet, huissier à Clamecy, en date du 30 novembre dernier; le sieur Charbonneau a formé opposition et a fait traduire le sieur Lechat devant le tribunal, pour l'audience du 26 décembre 1839, et a présenté, pour moyens que le siège de la compagnie du commerce de la Haute-Yonne était à Clamecy, que lui, sieur Charbonneau, qui représente cette compagnie, demeure à Clamecy; que le tribunal d'Auxerre était donc incompétemment saisi de la demande du sieur Lechat et qu'il y avait lieu, dès lors, à faire prononcer la nullité dudit jugement en date du 9 novembre dernier. Pourquoi il a conclu à ce que le tribunal se déclare incompétemment saisi de la demande du sieur Lechat et qu'en conséquence le jugement en date dudit jour 27 novembre dernier fût considéré comme nul et non avenu, et que ledit sieur Lechat fût condamné en tous les dépens de l'instance, sous les plus expresses réserves contre les prétentions en appel dudit sieur Lechat.

Par exploit de Gervais, huissier à Clamecy, du 7 novembre dernier, le sieur Lechat a anticipé le délai fixé par le sieur Charbonneau pour l'audience du 26 décembre dernier, pour faire statuer sur son opposition ; a fait traduire le sieur Charbonneau devant le tribunal, pour l'audience du 12 décembre dernier, et a conclu à ce que le sieur Charbonneau fût déclaré purement et simplement non-recevable dans son opposition et que le jugement du 7 novembre dernier fût exécuté selon sa forme et teneur, et que le sieur Charbonneau fût condamné aux dépens.

La cause portée à l'audience du 12 décembre dernier a été successivement continuée à l'audience du 30 janvier.

La cause portée à l'audience du 30 décembre, Me Chenest, pour le sieur Lechat, a judiciairement repris et développé les conclusions énoncées en son exploit introductif d'instance dont il a requis l'adjudication avec intérêt et dépens. Me Challe, pour le sieur Charbonneau, a repris et développé les conclusions énoncées en son exploit d'opposition du 30 novembre dernier et a conclu à ce qu'il plaise au tribunal :

Considéré que les jurés-compteurs et gardes-ports de la Haute-Yonne ne sont point reconnus directement par le ministre du commerce, comme le sont ceux des ports où le commerce n'est pas organisé en compagnie ;

Que sur la Haute-Yonne ils sont nommés par les compagnies et seulement commissionnés par le ministre ;

Que cet état de choses résulte notamment d'un règlement du 25 avril 1833 duement approuvé par l'autorité supérieure ;

Considérant qu'il suit de là que bien que le salaire de ces agents soit payé à raison de la quantité de marchandises déposées sur leurs ports, ce salaire n'est qu'un traitement qui leur est payé par les compagnies dont ils sont les délégués indirects ;

Considérant que l'action en paiement de ce traitement ne saurait être, à raison de leur qualité d'agents commissionnés par l'administration, considérée comme une action commerciale ;

Considérant d'ailleurs que cette action autant qu'elle atteint ces compagnies de commerce, ne saurait être portée que devant le tribunal du domicile de ces compagnies ;

« Considérant en effet qu'une telle action est purement per-
» sonnelle, et que dans la règle générale toute action personnelle
» doit être portée devant le tribunal du défendeur ;

» Considérant que l'on ne saurait, dans l'espèce, échapper à
» cette règle, par l'application du troisième paragraphe de l'ar-
» ticle 420 du Code de procédure civile ;

» Qu'en effet la compagnie de la Haute-Yonne articule et offre
» de prouver, en cas de dénégation, que constamment et sans ex-
» ception depuis sa formation, c'est à Clamecy, lieu de son do-
» micile, que les gardes-ports et jurés-compteurs sont venus tou-
» cher leurs salaires ;

» Considérant que ce fait n'est que l'exécution de la convention
» tacite selon laquelle les salaires de ces agents devaient être
» payés au domicile des compagnies de commerce ;

» Considérant que cette convention résulte d'ailleurs implicite-
» ment, mais nécesssairement pour les gardes-ports et jurés-comp-
» teurs de la Haute-Yonne, du mode de leur nomination indi-
» recte par les compagnies elles-mêmes, et du seul fait de l'exis-
» tence reconnue par les agents des compagnies de commerce,
» fait qui de plein droit substitue à l'action individuelle de ces
» agents contre les marchands une action collective contre ces
» compagnies ;

» Par ces motifs, se déclarer incompétent pour connaître de la
» demande du sieur Lechat, recevoir en conséquence la compa-
» gnie de la Haute-Yonne opposante au jugement par défaut du
» 7 novembre 1839, mettre ledit jugement au néant ; renvoyer
» le sieur Lechat à se pourvoir devant le tribunal de Clamecy et
» condamner ledit sieur Lechat aux dépens.

» Me Chenest, pour le sieur Lechat, a conclu à ce qu'il plaise
» au tribunal :

» Attendu qu'il résulte des règlements de l'an IX, de l'an X
» et de 1833, que le salaire des gardes-ports est exigible au lieu
» où la marchandise se trouve déposée ;

» Attendu qu'en matière commerciale le défendeur peut être

» traduit devant le tribunal du lieu où le paiement devait s'ef-
» fectuer;

» Que les paiements réclamés par le sieur Lechat devaient
» être faits sur des ports situés dans l'arrondissement d'Auxerre;

» Statuant, il plaise au tribunal rejeter l'exception d'incompé-
» tence et par jugement distinct déclarer l'opposition mal fon-
» dée, et ordonner l'exécution du jugement du 7 novembre
» dernier, et condamner le sieur Charbonneau audit nom aux dé-
» pens de cette opposition.

» *Point de droit:*

» L'opposition du sieur Charbonneau est-elle régulière et
» fondée?

» L'incompétence proposée par le sieur Charbonneau doit-elle
» être ordonnée ou rejetée?

» *Prononcé:*

» Le tribunal: ouï le demandeur et le défendeur par leurs fon-
» dés de pouvoirs dans leurs avis, moyens et conclusions;

» Les opinions prises et recueillies en secret;

» Après en avoir préalablement délibéré, conformément à la
» loi, a ordonné que les pièces seraient déposées sur le bureau, et
» son jugement prononcé à l'audience du 6 février lors prochain. »

Audience du jeudi 6 février 1840.

Le tribunal, vidant son délibéré ajourné à ce jour :

Considérant que l'opposition du sieur Charbonneau est régulière
en sa forme;

Reçoit le sieur Charbonneau opposant au jugement du 7 novembre dernier, enregistré;

Et statuant sur l'exception d'incompétence présentée par le
sieur Charbonneau;

Considérant que l'action en paiement de remises attribuées aux
gardes-ports ne peut être considérée autrement qu'une action
commerciale, soit que la demande soit dirigée contre une seule
personne, soit qu'elle ait lieu contre une compagnie de commerce;

Considérant qu'il résulte des règlements des 6 thermidor an IX.

et 22 pluviôse an x, que les salaires des gardes-ports sont exigibles au lieu où la marchandise se trouve déposée;

Que le règlement, du 25 avril 1833, en ce qui concerne la compagnie de la Haute-Yonne, n'a pas dérogé à ces dispositions;

Considérant que les paiements réclamés par le sieur Lechat devaient être faits sur des ports situés dans l'arrondissement du tribunal d'Auxerre;

Qu'en matière commerciale, le défendeur peut être traduit devant le tribunal du lieu où les paiements devaient être effectués;

Par ces motifs :

Le tribunal se déclare compétent et ordonne que les parties présenteront de suite leurs moyens au fond;

Les parties et leurs fondés de pouvoir n'étant pas présents, le tribunal a continué la cause à huitaine.

Ce fut fait et ainsi jugé, et prononcé en ladite audience du tribunal de commerce de l'arrondissement d'Auxerre, tenant ses séances en la ville d'Auxerre, chef-lieu du département de l'Yonne, dans une salle du ci-devant presbytère de Notre-Dame, à midi, et publiquement,

Par MM. Challe fils aîné, juge-président; Commeau jeune, juge; et Sallé fils, juge suppléant pour l'empêchement des autres juges et juges suppléants, assistés de M. Edme Littore, greffier ordinaire, tous tenant ladite audience le jeudi 6 du mois de février 1840.

Ainsi signé, etc.

Enregistré à Auxerre, le 10 février 1840, f° 110, reçu 1 f. 50 c. dixième compris.

Mandons et ordonnons, etc.

(Archives du commerce des bois carrés.)

SYSTÈME MÉTRIQUE

Appliqué à l'exploitation et au mesurage des bois carrés, à partir de 1840.

1840.

Au milieu des divergences pénibles qui existent en ce moment entre les entrepreneurs de Paris, les exploitants, et le commerce des bois carrés, pour le mode à suivre dans le débit et le mesurage des bois selon le système métrique, nous avons pensé qu'il était indispensable de donner une place dans ce recueil à toutes les opinions qui ont été émises à ce sujet.

On nous saura gré sans doute des soins que nous avons pris de recueillir et de rapprocher tout ce qui a été dit et écrit depuis trois mois sur cette matière, car au milieu du désordre qui règne en ce moment, et de l'hésitation générale qui existe dans le commerce des bois, soit à Paris, soit en province, chacun a le plus pressant besoin d'être guidé, d'être éclairé : ce n'est que l'examen consciencieux des différentes opinions, et l'appréciation raisonnable que l'on pourra faire des motifs qui ont déterminé de part ou d'autre à proposer tel ou tel mode de mesurage, qui devront nécessairement ramener le commerce à un système uniforme.

Nous espérons donc que les intérêts généraux finiront par se faire entendre, et que nous verrons bientôt cesser un état de choses tout-à-fait funeste à l'application du système métrique.

Suivent les différentes opinions émises sur cette matière :

1° Par le bureau du commerce des bois carrés de Paris ;
2° Par la chambre de commerce de Rouen ;
3° Par les marchands de bois de Rouen ;
4° Par la marine royale ;
5° Par la chambre de commerce de Paris ;
6° Par les entrepreneurs de charpente de Paris ;
7° Par le commerce de province ;
8° Par un architecte de Paris.
9° Par le commerce de bois de sapin du Jura.

AVIS DU BUREAU DU COMMERCE DES BOIS CARRÉS DE PARIS,

Sur le mode de mesurage pour les bois de construction et sur l'exploitation des bois de sciage, selon le système métrique.

Cette circulaire a été adressée à tous les intéressés au commerce des bois carrés, soit en province, soit à Paris.

1840.

La loi du 4 juillet 1837, rendant prochainement obligatoire le système métrique, le bureau du commerce des bois carrés de Paris a dû s'occuper à l'avance d'un mode de toisé qui, conforme à la loi, se rapprochant aussi de l'ancien système, ne heurterait pas trop les habitudes, et offrirait au commerce en général le plus de facilité possible dans les opérations de mesurage.

Diverses questions principales étaient à résoudre :

D'abord compterait-on pour les équarrissages et les longueurs, de centimètre en centimètre ?

Cela eût été impraticable ; outre qu'il serait presque impossible de faire un pareil toisé sans de nombreuses difficultés, ce toisé eût été trop onéreux pour être imposé aux acheteurs ; car les bois subissant un rétrécissement plus ou moins considérable, en raison de l'influence atmosphérique, le compte ne se serait pas trouvé lors de la revente.

En second lieu, on avait pensé à ne compter les longueurs que de 33 en 33 centimètres (rappelant l'ancien pied) et les épaisseurs de 3 en 3 centimètres (rappelant l'ancien pouce) ; mais on se vit bientôt forcé d'abandonner cette idée, c'eût été faire la part trop large pour l'acheteur.

Il restait un troisième moyen, et c'est celui qui a été adopté par le bureau du commerce des bois carrés de Paris, comme offrant un juste équilibre entre les deux systèmes indiqués ci-dessus.

Ce terme moyen consiste donc à compter les longueurs de

25 centimètres en 25 centimètres, et les épaisseurs de deux en deux centimètres.

Ce mode de mesurage, comparé à l'ancien, offrira certain avantage à l'exploitant, puisque précédemment on ne toisait pour les longueurs que de pied en pied, ou 33 centimètres en 33 centimètres, et qu'à l'avenir ce sera de 25 en 25 centimètres.

Quant aux épaisseurs il en sera de même, puisque l'ancien toisé au pouce, représentant 2 centimètres 1/2, sera remplacé par celui proposé ci-dessus de 2 en 2 centimètres.

Le commerce de Paris a mis de côté son intérêt personnel en établissant ce mode de mesurage ; il n'a eu en vue que l'adoption d'un système qui, se rapprochant le plus possible de l'ancien, contribuera à affranchir les livraisons de difficultés qui se seraient infailliblement présentées lors de chaque opération.

Un tarif de réduction, publié d'après ce mode par M. Leclerc, garde-port à Châtel-Censoir, a été adopté par le commerce de Paris et par tous les marchands de province auxquels il a été communiqué par l'auteur.

A l'égard des bois en grume, on opérerait de la même manière pour les longueurs, de 25 en 25 centimètres, et de la circonférence dont on n'inscrirait que les centimètres pairs, on retirerait le cinquième ou le sixième sans fractions, et on prendrait le quart exact des centimètres restants pour obtenir le carré de l'arbre.

Pour le toisé au quart sans déduction, on devra toujours obtenir le quart exact de la circonférence (voir au surplus le tarif Leclerc pour plus amples renseignements).

Pour l'emploi du système décimal, il est indispensable aussi de poser des règles pour l'exploitation à venir des sciages, et de fixer un mode qui puisse être généralement adopté, en observant la convenance des entrepreneurs qui les emploient, et la commodité dans les réductions : pour remplir ce double but il faut adopter pour les longueurs à donner aux sciages les mesures suivantes :

1 mètre 50 cent. — 1^m 75. — 2^m. — 2^m. 25. — 2^m 50. — 2^m 75. — 3^m. — 3^m 25. — 3^m 50. — 3^m 75. — 4^m. — 4^m 25, et ainsi de suite, de 25 en 25 centimètres, jusqu'aux plus grandes longueurs usitées.

Au moyen de ces divisions, les entrepreneurs trouveront plus de longueurs assorties aux besoins de leurs travaux, et MM. les exploitants plus de facilité dans les découpes.

Convaincus de la nécessité d'adopter pour les sciages ces mesures de longueur seules usitées aujourd'hui dans les constructions, MM. les exploitants sentiront le besoin d'être unanimes pour les mettre en pratique, afin de prévenir les difficultés et le désorde qui pourraient naître des manières différentes d'exploiter.

Il ne serait rien changé aux échantillons des bois que l'on continuerait à exploiter, pour les largeurs et épaisseurs, en conformité de ce qui a été fait jusqu'à ce jour, les largeurs et épaisseurs usitées ne s'éloignant pas du système décimal.

Suivent les signatures des délégués.

Nota. La compagnie du commerce des bois carrés de Paris, dans son assemblée générale du 23 février 1840, a approuvé cette circulaire, et donné son adhésion à tout ce que son bureau avait fait pour propager le système de métrage de 2 en 2 centimètres pour les épaisseurs et de 25 en 25 pour les longueurs.

(Archives du commerce des bois carrés.)

AVIS DE LA CHAMBRE DE COMMERCE DE ROUEN,

Relativement au mode à suivre pour le métrage des bois carrés.

(Nous ne rapportons ici que ce qui traite des bois carrés.)

A M. le ministre du commerce.

Monsieur le Ministre,

La loi du 4 juillet 1837 a décidé que le système des poids et mesures décimales serait irrévocablement et complètement mis à exécution, à partir du 1er janvier 1840, les moyens coercitifs prescrits par les lois devant être employés à compter de cette époque.

Nous pensons que si l'administration ne prend pas à l'avance quelques dispositions pour préparer les commerçants à l'emploi exclusif des mesures décimales, nous arriverons à l'époque indiquée sans que le système ait fait aucun progrès, et le changement ne pourra alors se faire sans quelque perturbation.

Nous prenons donc la liberté, Monsieur le ministre, de vous transmettre quelques observations à ce sujet, en vue d'accélérer le moment où le système décimal pourra exclussivement être employé sans commotion dans le commerce.

D'après l'article 1er de la loi du 4 juillet 1837, le décret du 12 février 1812 est et demeure abrogé; de sorte qu'en droit, les mesures décimales seront désormais les seules reconnues par la loi, et si les articles 2 et suivants permettent, jusqu'au 1er janvier 1840, l'emploi des mesures usuelles créées par le décret de 1812, il n'en reste pas moins constant que, si on veut obéir spontanément à la loi, on ne doit plus, à partir de ce jour, se servir d'autres mesures que celles établies par les lois des 18 germinal an III et 19 frimaire an VIII. Dans tous les cas, la tolérance indiquée à l'art. 2 de la loi du 4 juillet 1837 ne protège que les mesures établies par le décret de 1812, de telle sorte que le pied de roi, l'ancienne aune, la velte, et d'autres mesures de capacité, restent frappées d'interdit, et doivent être, dès à présent, saisies partout où il s'en trouvera, conformément aux lois existantes.

Dans cet état de choses, ne jugerez-vous pas convenable, Monsieur le ministre, de faire rappeler à tous les agents d'administration que cela pourrait concerner directement ou indirectement, que la loi du 4 juillet 1837, n'accorde aucune tolérance pour les anciennes mesures, et que dès lors, l'action de l'autorité doit tendre à les faire supprimer partout où il s'en trouvera. Les administrés, voyant qu'ils sont obligés de renoncer aux anciennes mesures, se décideront sans doute à employer de suite les mesures légales métriques, plutôt que d'adopter provisoirement les mesures transitoires tolérées par le décret du 12 février 1812 et par la loi du 4 juillet 1837, jusqu'au 1er janvier 1840 seulement.

Certains usages se sont établis de temps immémorial dans le commerce, relativement à l'emploi des mesures, tant pour marquer le tirant d'eau des navires, que pour le paiement du fret, pour la fabrication et la livraison de certaines marchandises. Ces usages, il faudra incessamment les traduire en mesures décimales.

S'il n'appartient point aux pouvoirs législatifs ou administratifs d'intervenir pour imposer au commerce tels ou tels usages, cependant, comme il serait vivement à désirer qu'il y eût dans toutes les localités de la France uniformité dans le mode d'employer les mesures, ainsi qu'il y aura unité dans les mesures elles-mêmes, nous avons pensé qu'il devait entrer dans vos attributions, Monsieur le ministre, de chercher à introduire, par l'intermédiaire des chambres de commerce ou par tout autre moyen, une sorte d'uniformité dans les usages décimaux à substituer aux usages anciens.

Nous allons vous indiquer les divers usages que nous pensons devoir être remplacés par de nouveaux, en rapport avec les mesures métriques, et nous vous proposons de soumettre ces diverses questions à toutes les chambres de commerce de France, en leur faisant connaître les points sur lesquels vous croiriez devoir chercher à établir l'uniformité dans tout le royaume.

3ᵉ Question. — Le fret et la livraison des planches des bois du Nord se paient, au moins dans nos pays, sur une mesure de convention composée de 1260 pieds courants.

Quelle autre mesure métrique faut-il y substituer?

4ᵉ Question. — Dans le commerce de bois de charpente, on a pour usage de toiser pieds et pouces pleins, c'est-à-dire que les fractions de longueur qui n'ont pas un pied franc, et celles du carré qui n'ont pas un pouce franc, sont négligées et abandonnées en faveur de l'acheteur.

Quelles fractions du mètre convient-il de subsistuer aux pieds et pouces pleins?

5ᵉ Question. — Les bois de sciage, pour la menuiserie ou les constructions navales, sont débités uniformément dans toutes les localités, par grosseurs progressives de 3 lignes en 3 lignes; ainsi, ces sortes de bois sont débités sur les épaisseurs de 6, 9, 12, 15, 18, 21, 24 lignes, etc.

Quelles épaisseurs progressives en fractions du mètre convient-il d'adopter dans les bois de sciage, pour voir régner la même uniformité que par le passé?

Voici, Monsieur le ministre, notre opinion sur les diverses questions qui précédent.

3e Question.—Quelle mesure métrique convient-il de substituer à celle de 1260 pieds, usitée pour la vente en gros des planches et madriers du Nord?

Nous proposons d'adopter à l'avenir la mesure de *cent mètres courants pour la vente des planches et madriers du Nord en gros,* et le stère ou mètre cube pour le paiement du fret.

4e Question. — Quelles fractions du mètre convient-il de substituer aux pieds et pouces pleins, pour le toisage des bois de charpente en gros?

La marine royale, dans la recette de ses bois de construction, nous fournit, pour répondre à cette question, un antécédent que nous croyons convenable aux intérêts de tous d'adopter; c'est de substituer au pied plein, *le double-décimètre plein*, et au pouce plein, *le double-centimètre plein;* de cette manière, la fraction de longueur qui n'aura pas 2 décimètres ou 20 centimètres pleins sera négligée et abandonnée à l'acheteur; il en sera de même, sur l'équarrissage pour les fractions qui n'auront pas deux centimètres pleins.

5e Question. — Quelles épaisseurs progessives convient-il d'adopter dans le débit des bois de sciage?

Les bois de sciage sont débités aujourd'hui sur des épaisseurs progressives de 3 lignes en 3 lignes; comme cette division n'a aucun rapport exact avec les parties du mètre, nous proposons d'adopter à l'avenir, *pour les épaisseurs du sciage, la progression de centimètre en centimètre;* ainsi, au lieu d'avoir des planches de 6, 9, 12 et 15 lignes d'épaisseur, etc., nous aurions des planches de 1, 2, 3, 4 centimètres d'épaisseur, etc.; nous croyons que les diverses industries qui emploient les bois trouveront, dans cette progression d'épaisseurs, de quoi satisfaire à tous leurs besoins. Nous faisons encore un vœu au sujet des bois de sciage, c'est que le prix de ces sortes de bois soit à l'avenir fixé dans le commerce en gros, *au stère* pour remplacer le pied réduit et le cent de toises, qui sont des mesures de convention, variables dans leurs éléments suivant les localités.

Ne trouveriez-vous pas convenable, Monsieur le ministre, de faire rappeler aux courtiers près les diverses bourses de France, qu'ils sont en contravention à la loi, lorsqu'ils constatent des marchés et qu'ils publient des cours de marchandises à des poids et mesures qui ne sont pas légalement reconnus? Nous sommes loin de provoquer aucune pénalité à cet égard, mais nous pensons que des avis de ce genre, donnés par l'autorité, disposeront d'avance les esprits à l'adoption des mesures légales, de manière à ce que cette adoption n'éprouve plus aucune difficulté au premier janvier 1840.

Nous avons cherché à vous signaler, Monsieur le ministre, les modifications que nous croyons devoir être apportées dans les usages du commerce, en ce qui touche l'emploi des mesures métriques, et nous désirons vivement que vous trouviez dans notre travail quelques matériaux qui puissent vous servir à introduire prochainement et sans commotion, dans tous les pays, l'emploi uniforme des mesures décimales.

Nous sommes avec respect, etc.

Pour copie conforme :

Le secrétaire, membre de la chambre de commerce de Rouen,

Signé CH. MARTIN.

CONVENTION

Des marchands de bois de Rouen, sur le mode d'appliquer le mètre au mesurage des bois de charpente et de menuiserie.

Dans le but de généraliser un mode uniforme d'employer le mètre au mesurage des bois, plusieurs des principaux marchands de bois de Rouen ont signé la convention suivante, qu'ils ont adressée à la chambre de commerce de Rouen :

Nous, soussignés, marchands de bois à Rouen, voulant faciliter l'exécution de la loi du 4 juillet 1837, sur les poids et mesures, et désirant établir l'uniformité dans l'emploi du mètre pour la livraison des bois, conformément au vœu émis par la chambre de commerce de Rouen, dans sa séance du 26 août 1838, sommes convenus de nous conformer aux règles suivantes, à partir du premier janvier prochain :

ARTICLE PREMIER.

Bois de charpente.

On suivra, pour le cubage des bois de charpente équarris, le mode déjà mis en pratique depuis longtemps par la marine royale, d'après le tarif Noury, c'est-à-dire que, pour remplacer l'ancien usage des *pieds et pouces pleins*, on adoptera pour les longueurs le *double-décimètre plein*, et sur les carrés le *double-centimètre plein*; de telle sorte que les fractions de longueur qui n'atteindront pas 20 centimètres, et celles des carrés au-dessous de 2 centimètres, seront négligées.

On suivra le même mode pour le cubage des bois en grume au 1/4 de la ficelle, en ne comptant que les doubles-centimètres sur la circonférence et sur les carrés qui en seront le produit. Lorsque la division du quart donnera un nombre impair, il sera, d'après l'ancien usage au pouce, compté un demi-échantillon. Ainsi, pour spécimen, les arbres ayant les circonférences indiquées ci-dessous, seront cubés comme il est indiqué ci-après.

Un arbre de 120 cent. de tour sera cubé sur 0 30 c. 0 30 c.

Un arbre de 122 d°   sur 0 30   0 30

Un arbre de 124 d°   sur 0 32   0 30

Un arbre de 126 d°   sur 0 32   0 30

Un arbre de 128 d°   sur 0 32   0 32

Un arbre de 130 d°   sur 0 32   0 32

Le prix des bois de charpente sera stipulé au stère ou mètre cube.

ART. 2.

Bois de sciage.

Les planches ou bordages, et toutes espèces de sciage, seront mesurées d'après les mêmes principes, sauf les épaisseurs, qui seront mesurées comme suit :

A l'avenir, on *fera débiter les planches* ou bordages sur des épaisseurs progressives *de centimètre en centimètre*, pour remplacer les anciennes épaisseurs qui allaient de 3 lignes en 3 lignes ; néanmoins, les feuillets ou panneaux, jusqu'à 3 centimètres d'épaisseur, seront débités par épaisseurs progressives de 5 millimètres en 5 millimètres, de telle sorte que les bois de sciage auront les épaisseurs suivantes :

0.010, 0.015, 0.020, 0.025 millimètres; 0.03, 0.04, 0.05, 0.06, 0.07, 0.08, 0.09, 0.10 centimètres, etc.

Les planches de menuiserie seront débitées dans les forêts sur une largeur commune de 0.24 centimètres.

Les planches et feuillets de cette largeur seront vendus au mètre courant.

Les planches de largeurs inégales seront vendues au mètre carré.

Les bordages et gros bois de menuiserie seront vendus au stère ou mètre cube.

On paiera la main-d'œuvre du sciage aux 100 mètres courants de trait de scie pour les bois de 0.24 centimètres de largeur, et aux 100 mètres carrés pour les bois de largeurs inégales.

ART. 3.

Planches et Madriers de Sap du Nord.

On vendra les planches ou madriers du Nord, et on en paiera le fret du Hâvre à Rouen, aux 100 mètres courants, pour remplacer les 1260 pieds.

Les bois de sciage du Nord étant découpés sur des longueurs au pied métrique, on comptera, jusqu'à ce que ce genre de découpe soit changé, les longueurs par 33 centimètres ; ainsi, des planches de 10 pieds compteront pour 3 mètres 33 centimètres ; celles de 11 pieds, pour 3 mètres 66 centimètres.

Les marchands de bois de la Norwège et d'autres pays du Nord seront invités à adopter à l'avenir la découpe de ceux de leurs bois destinés pour la France, sur les longeurs progressives de 20 en 20 centimètres, ce qui d'ailleurs correspond, à très peu de chose près, à la découpe en pieds anglais, qui sont généralement la mesure des pays du Nord.

Art. 4.

La présente convention sera déposée aux archives de la chambre de commerce de Rouen, pour y avoir recours au besoin, et la publication en sera faite dans les journaux de Rouen, afin d'en rendre l'adoption générale.

Fait et signé à Rouen, le 20 décembre 1839.

J.-B. Lemire et fils, Hersent et Legendre frères, Daviron et Compagnie, Séraphin Besson, Hauguet, Commanville, Poutrel aîné, Edouard Besson.

MARINE ROYALE.

Métrage des bois de charpente destinés au service de la marine.

1840.

« Le mesurage sera fait en *décimètre pour la longueur, et en* » *nombre pair de centimètres pour la largeur et l'épaisseur.* »

(Extrait des marchés en vigueur.)

CHAMBRE DE COMMERCE DE PARIS.

Avis sur les modes de mesurage des bois de construction, selon le système décimal.

Paris, le 12 février 1840.

A MM. les délégués du commerce des bois carrés de Paris.

Par la lettre que vous nous avez fait l'honneur de nous écrire, le 9 décembre dernier, vous avez bien voulu réclamer notre opinion et notre appui pour le travail auquel vous vous êtes livrés dans la louable intention de prévenir les divergences que pourrait amener l'emploi des mesures métriques dans les modes de mesurage des bois de construction.

Nous avons l'honneur de vous prévenir que nous venons d'envoyer à M. le ministre du commerce une copie de votre travail, et de lui faire connaître en même temps l'opinion qu'a adoptée la chambre de commerce sur ces dispositions, après le rapport de la commission qu'elle avait chargée de les examiner.

Il y a lieu de suivre les prescriptions de la loi d'aussi près que possible en négligeant, lors du mesurage des bois carrés, les fractions *du centimètre sur l'équarrissage,* et celles *du décimètre sur les longueurs.*

Agréez, messieurs, etc.

Signé COTTIER, président.

LEGENTIL, secrétaire.

(Archives du commerce des bois carrés.)

ARRÊTÉ

De MM. les entrepreneurs de charpente du département de la Seine, concernant le mode à suivre dans le mesurage des bois de construction selon le système décimal.

1840.

(Répandu sous forme de circulaire dans Paris et la province.)

Messieurs,

J'ai l'honneur de vous adresser l'ARRÊTÉ pris par les entrepreneurs de charpente du département de la Seine, relatif au nouveau mode de mesurage des grosseurs et longueurs des bois carrés et en grume, de chêne et de sapin, arrêté pour lequel ils ont été obligés de s'entendre, par suite du nouveau système métrique imposé par la loi du 4 juillet 1837 à partir du 1er janvier 1840.

Afin de remédier aux contestations qui s'élevaient assez souvent lors de la réception des bois, et qui en grande partie avaient pour origine la connaissance incomplète des règles du mesurage, ils ont cru nécessaire de vous en rappeler les principales, qu'un long usage et l'équité ont consacrées.

Art. 1er. *Le mesurage des grosseurs des bois se fera de trois en trois centimètres pleins, et celui des longueurs de vingt-cinq en vingt-cinq centimètres pleins.*

Art. 2. Les grosseurs de bois seront mesurées au milieu des morceaux, sur les deux côtés les plus faibles des faces opposées, d'arrête en arrête, et le trait toujours couvert.

En cas de difficulté, il sera placé deux règlets appliqués aux deux faces adjacentes.

Art. 3. Au cas où il existerait une grosseur moindre en partant du milieu et en se rapprochant du gros bout, cette grosseur serait adoptée au lieu de celle que le morceau offrirait au milieu de sa longueur.

Art. 4. *L'acquéreur aura le droit de mesurer la grosseur du morceau aux deux bouts à égales distances* qui ne pourront être moindres de vingt-cinq centimètres de chacune de ses extrémités, *et d'adopter la moyenne de ces deux mesures.*

L'acquéreur aura aussi la faculté de joindre aux deux dimensions des extrémités ainsi mesurées, celle du milieu, et d'en prendre le tiers.

De plus, l'acquéreur *aura droit d'établir un redens* à l'endroit où la progression cessera d'être régulière.

Art. 5. *Il sera accordé un mètre de déduction* pour chaque malandre, nœud vicieux ou roulure.

Art. 6. *On devra mesurer les longueurs en les affranchissant des abattages*, racines et fausses coupes.

Art. 7. *Tout flàche* qui excèdera le cinquième de la face, sur laquelle il existera, *devra entraîner une réduction de trois centimètres* sur la mesure de cette face.

Dans le cas où ce défaut serait plus considérable, on devra mesurer les morceaux en prenant le quart du pourtour.

Art. 8. Le mesurage des bois en grume se fera en prenant le pourtour dont on déduira le sixième, après quoi on prendra le quart du reste en négligeant les fractions de trois centimètres.

Art. 9. Il sera fait à l'acquéreur la fourniture des quatre au cent, à titre de remise.

Art. 10. Les bois, *pour être livrables, ne devront pas avoir moins de deux mètres de longueur et moins de neuf centimètres d'équarrissage.*

Les différents articles de cet ARRÊTÉ que tous les entrepreneurs sont convenus de prendre pour base de leurs acquisitions, ont en partie été motivés par les obligations qu'impose le système métrique, et par les exigences nouvelles qu'ils ont à subir pour l'exécution de leurs travaux.

Agréez, etc.

SAINT-SALVI,
Président de la société des entrepreneurs de charpente
du département de la Seine.

(Archives du commerce des bois carrés.)

RÉCLAMATION

CONTRE L'ARRÊTÉ PRIS PAR MM. LES ENTREPRENEURS DE CHARPENTE,

Adressée à **M.** le **Préfet** de police, par le maire de Fresnes, canton de Fère-en-Tardenois (Aisne), relativement au nouveau mesurage des bois de charpente selon le système métrique.

16 *février* 1840.

Monsieur le préfet de police,

Je crois devoir vous signaler un abus que l'on cherche à introduire dans le commerce de charpente en éludant la loi qui oblige les commerçants, en général, à se servir des mesures métriques, et cela contrairement au vœu des marchands de bois exploitants qui désirent que, suivant la loi du 4 juillet 1837, le système métrique, sans aucune restriction, soit appliqué exclusivement à toute espèce de mesurage.

Il vient de m'être adressé un *arrêté* pris par les entrepreneurs du département de la Seine relatif *au nouveau mode de mesurage de charpente pour la réception des bois*, qui, entre autres conditions, consiste à ne compter les largeurs et épaisseurs des bois que *de trois en trois centimètres*.

Serait-il possible qu'un *arrêté* pris par des entrepreneurs aurait la force d'imposer des conditions qui ne sont pas dans la loi ? CES MESSIEURS PEUVENT-ILS, PAR LEUR SEULE VOLONTÉ ET DANS LEUR INTÉRÊT PERSONNEL, IMPOSER UNE MESURE POUR RECEVOIR, ET UNE AUTRE POUR LIVRER ? Il y a lieu de craindre que, pour donner suite à cet *arrêté*, les charpentiers de Paris et les marchands de bois en chantier de cette ville ne prennent la détermination de n'acheter de marchandises qu'à ceux des marchands exploitants qui voudront consentir à vendre à ces conditions. S'il en était ainsi et si l'administration n'avait pas de moyens pour les en empêcher, vous conviendrez que ce serait un corps dans l'État qui serait plus fort que la loi. Il ne peut, je le pense, en être ainsi, surtout quand on connaîtra la cause déterminante qui a fait agir le corps des charpentiers.

D'abord, j'ai l'honneur de vous faire observer, Monsieur le préfet, *que les entrepreneurs de charpente livrent les bois, faisant l'objet de leurs travaux, suivant le système métrique dans toute l'acception du mot; c'est-à-dire que, dans les longueurs et grosseurs des bois, ils comptent exactement les décimètres et centimètres ; pourquoi, quand ils reçoivent, ne veulent-ils plus opérer de la même manière?* C'est ce que je vais avoir l'honneur de vous faire connaître.

La première faute qui a été commise, c'est d'avoir toléré le mesurage à la toise et au pied sur les ports et dans les chantiers de Paris pour le bois à œuvrer, tandis que les autres espèces étaient assujetties au système métrique. Alors comme aujourd'hui les charpentiers y trouvaient un grand avantage, ils ont su obtenir la continuation d'un système de mesurage qui se faisait dans leur intérêt seulement. Aujourd'hui que ce moyen est sur le point de leur échapper, ils le représentent sous un autre point de vue : au lieu de se conformer purement et simplement au vœu de la loi, et de mesurer les bois avec un mètre et ses divisions ordinaires de décimètre et de centimètre, ils veulent les changer pour se rapprocher le plus possible des anciens pieds et pouces, *et faire ainsi des réductions sur une plus grande échelle, lors des réceptions.*

Nous avions l'espoir que cet état de choses allait finir par l'introduction du système métrique pur et simple dans le toisé des bois, et voilà que l'on veut nous remettre dans la même position par des moyens captieux et pires encore, puisque trois centimètres sont plus grands que l'ancien pouce.

Je ne puis que vous prier, Monsieur le préfet, d'employer l'autorité que vous a confiée la loi, pour vous opposer, autant qu'il vous sera possible, *à ce qu'un arrêté, pris par un corps d'entrepreneurs, n'acquière pas plus de force que la loi,* et de faire en sorte que cette loi ne soit point ainsi éludée.

J'ai l'honneur d'être, etc.

Signé EVELOY, maire de Fresnes, et marchand de bois exploitant sur la Marne.

(Cartons de la Préfecture de police.)

CONSIDÉRATIONS

Sur le mesurage des bois carrés, selon le système décimal,

Par M. ROUSSEAU, architecte à Paris.

1840.

A MM. les membres composant la chambre de commerce du département de la Seine.

Messieurs,

L'application définitive pour l'année 1840 de la loi du 4 juillet 1837, relative au système décimal des poids et mesures, nous a fait un devoir de vous soumettre quelques considérations au sujet de la fabrication en général et spécialement du débit et du mode de livraison des bois de charpente, dits bois carrés.

Nous placerons en première ligne les conséquences inévitables de l'adoption complète du système légal qui doivent obliger dès à présent le producteur et le consommateur à faire abstraction d'une foule d'usages en pratique jusqu'à ce jour.

La loi n'a autorisé la fabrication des mesures que dans les proportions de l'unité, du double, de la moitié, du cinquième, du dixième, et en cela elle est complètement d'accord avec le principe fondamental du système décimal dont les diviseurs simples et naturels sont 5, 2, 1, tous autres modes de numération ne représentant que des fractions complexes du nombre 10, base invariable du système.

Or donc, la condition de la rigoureuse exécution de la loi ne laisse aucun doute sur la manière de l'appliquer.

Ajoutons encore que le système monétaire s'oppose essentiellement à l'emploi de tout autre mode que celui que nous venons d'indiquer.

Le franc est fractionné par demi-franc, décime, demi-décime et centime; ses multiples sont : 2, 5, 20. Il serait contraire à la

loi, en même temps qu'au principe du système, de frapper et
d'émettre des pièces de 2 centimes 1/2 (0,025), ainsi que des
pièces de 2 fr. 50 cent., ou des pièces de 25 fr.; la pièce de
25 cent. dont l'existence est en opposition avec le principe de la
loi, et qui est de création impériale, doit évidemment être remplacée par celle de 0 fr. 20 cent., double du décime, et les pièces
de 10 fr. et de 100 fr., et celles de 1 et 2 centimes, devant,
selon nous, combler la lacune laissée jusqu'à ce jour dans notre
système monétaire.

Il suit de là qu'il faut renoncer complètement à toutes combinai-
sons qui auraient pour but de se rapprocher des anciennes divisions
binaires ou duodécimales, à moins que cela ne soit possible sans
attaquer la base du principe; ainsi il faut donc éviter de prendre
0,03 comme représentant du pouce; 0,25 ou 0,30 comme se
rapprochant du pied; 0,08; 0,11; 0,14, etc., comme expri-
mant plus positivement 3, 4, 5 pouces, etc., les nombres à préférer, par analogie avec le système, devant toujours être 1, 2, 5,
10, 20, etc., et les gradations devant avoir lieu ou de centimètre
en centimètre, ou de deux centimètres en deux centimètres, de
0,05 en 0,05; de 0,10 en 0,10; de 0,20 en 0,20; de 0,50
en 0,50; d'unité métrique en unité métrique, et en suivant enfin
la même règle pour les multiples.

Nous allons nous occuper de l'exploitation et de la livraison
des bois de charpente (dits bois carrés).

Suivant l'ancien mode, ces bois sont vendus et livrés dans les
forêts et sur les ports aux marchands et aux entrepreneurs par
toise ou demi-toise de longueur, et par pouce d'équarrissage; la
longueur se comptant ainsi, toute fraction de pied comprise entre le
nombre correspondant à chaque toise ou demi-toise et le deuxième
pied suivant est abandonné à l'acquéreur, comme s'il n'existait pas,
et lorsque le deuxième pied de la demi-toise est atteint ou couvert,
toutes les fractions manquantes, pour compléter le troisième pied,
sont considérées comme existantes et comptées pour trois pieds,
en sorte que 4 p. 11°, 7 p. 11°, 10 p. 11°, 13 p. 11°, 16 p. 11°, etc.,
ne sont comptés que 3, 6, 9, 12, 15 p., etc.; tandis que 5 p. 0°,
8 p. 0°, 11 p. 0°, 14 p. 0°, 17 p. 0° sont, au contraire, comptés

comme s'il y avait 6, 9, 12, 15, 18. Cet usage est ce que l'on
nomme le toisé pied avant, pied arrière. Dans certaines localités,
la livraison s'effectue par pieds de longueur, toutes fractions
inférieures abandonnées à l'acheteur; c'est le mesurage au pied
plein.

Pour ce qui est de l'équarrissage, il est d'usage aussi de ne compter que les pouces de la mesure qui sont couverts par le bois, et
d'abandonner à l'acquéreur toutes les fractions inférieures; ceci est
le mesurage au pouce plein. Ce mode de livraison est évidemment
à l'avantage de l'acheteur, pour ce qui regarde l'équarrissage, et le
serait encore pour les longueurs, si, au lieu de laisser aux bois
leur dimension primitive, le marchand exploitant dans les forêts
ne faisait souvent deux morceaux d'un seul pour augmenter le
produit : ainsi une pièce de bois de 16 pieds de longueur, qui,
par le mode en usage, ne rapporterait que 15 pieds en un seul
morceau, peut être comptée 18 pieds, *étant coupée avec industrie*,
c'est-à-dire en deux morceaux dont l'un porterait 5 pieds et l'autre
11 pieds, et qui, toisés isolément, produiraient 3 toises ou 18
pieds; ou bien encore en coupant ce morceau de 16 p. en deux morceaux de 8 p. chaque, qui produiraient encore 3 toises, ou 18 pieds.

Cet usage dans le mesurage des bois carrés, tout bizarre qu'il
peut paraître dès l'abord, est loin néanmoins d'être absurde ; car
il est, sans contredit, le résultat de besoins réels, qui, quoique
mal compris peut-être, se trouvaient en partie satisfaits par le
mode que nous venons d'indiquer.

En effet, ces bois sont mesurés dans les forêts pour le bûcheron,
pour le travail d'équarrissage, le voiturage et pour les premières
opérations de vente aux marchands des ports; ils sont encore mesurés sur les ports et chantiers pour la vente au consommateur,
disons mieux, à l'entrepreneur de bâtiments pour ses opérations.
Les toiseurs dans les forêts, ceux des ports et chantiers, le marchand, les entrepreneurs, sont obligés d'y procéder malgré les
intempéries et toutes les difficultés qui en sont la conséquence,
indépendamment encore de celles nées de la situation des lieux,
et il est évident, dans ce cas, qu'un mesurage rigoureux rendrait

ces opérations plus longues et plus pénibles à la fois; ajoutons aussi que, pour le travailleur dans les forêts, ainsi que pour le voiturier, il serait fastidieux de mesurer ainsi, à cause du peu d'intérêt d'un rigorisme semblable pour de simples façons.

Une autre raison, non moins puissante peut-être, est celle résultant de la nécessité apparente de permettre à l'entrepreneur, qui achète en définitive du marchand sur les ports et chantiers, de réaliser un bénéfice convenable dans les travaux qu'il entreprend, ces bois étant mesurés, pour le prix à en payer par le consommateur propriétaire faisant travailler, pour ce qu'ils ont en œuvre au bâtiment, c'est-à-dire, par centimètre de longueur et d'équarrissage, suivant le nouveau système, et, suivant le système duodécimal par pieds et pouces de longueur et demi-pouces de grosseur.

L'application de la loi du 4 juillet 1837 *tend donc à détruire ces prétendus avantages que, jusqu'à ce jour, l'usage a laissés à l'entrepreneur*, et en même temps la facilité et la rapidité dans les opérations; car on est porté tout d'abord à conclure qu'il faudrait mesurer par centimètre, puisque c'est la dimension fractionnaire qui, dans le système légal, remplace réellement le pouce de l'ancien, encore bien qu'elle soit d'une étendue inférieure au demi-pouce.

C'est ici le lieu d'examiner s'il y a obligation de faire revivre, autant analogiquement que possible, un usage qui paraît être appuyé sur des motifs sérieux.

Et d'abord on ne peut nier l'avantage qu'il y a pour la facilité et la rapidité des opérations dans l'usage établi; mais toute la question n'est pas là : *il s'agit aussi, et, selon nous, c'est ce qu'il y a de plus grave, de savoir si les entrepreneurs profitent bien réellement des prétendus bénéfices qu'ils devraient réaliser au moyen de cet usage: nous n'hésiterons pas à repondre que* NON, et que c'est précisément le contraire qui arrive; nous le prouvons.

Premièrement, tous nos sous-détails sont établis à raison de l'excédant de cubature produit par ce mesurage; secondement, nos sous-détails ne seraient-ils pas établis ainsi, les entrepreneurs comptent tellement sur les éventualités de cet excédant de cubature, qu'il arrive souvent que leurs soumissions pour les travaux ordinaires ne sont guère plus élevés en prix que la valeur des bois sur les chantiers, encore bien que la différence existante dans ce cas, entre le prix d'acquisition sur les ports et celui de soumission, doive comprendre la totalité des déboursés résultant du transport au chantier de l'entrepreneur, des sciages, des façons, des déchets conséquences de ces sciages et façons, du transport du chantier de l'entrepreneur sur le lieu des travaux, du levage et enfin de tous les faux frais.

D'où il suit évidemment que *les entrepreneurs comptent trop souvent sur un bénéfice bien plus grand que celui produit réellement par la différence des mesurages*, et qu'il s'aventurent alors dans les entreprises désastreuses; les faits sont trop patents sous ce rapport, pour que nous insistions davantage sur ce point.

Il n'y a donc pas nécessité rigoureuse que l'entrepreneur ait un bénéfice quelconque sur le mesurage, puisque les sous-détails d'estimation sont établis en conséquence, et que lui-même réduit ses prix proportionnellement et le plus souvent au-dessous.

Mais comme les bois sur les chantiers sont toujours inévitablement d'une longueur et d'un équarrissage plus considérable qu'avant d'être refendus où façonnés, que, par cette cause, 0,10 en longueur et 0,01 d'équarrissage sont peu de chose pour la vente faite à l'entrepreneur, qui doit confectionner les travaux; *qu'il est utile en outre que, sans lui accorder un bénéfice aussi large que celui résultant de l'ancien mode, il en ait néanmoins un qui puisse compenser les pertes qu'il peut éprouver sur les grosseurs, soit par la refente, ou même le nettoyage des bois, soit encore par la dessiccation* ou par les erreurs qui peuvent arriver dans l'opération rapide d'un mesurage sur le chantier; que ce qui est applicable pour la dessiccation et le nettoyage des bois, aux entrepreneurs, l'est à plus forte raison aux marchands des chantiers, auxquels les effets de la dessiccation pourraient produire un bien plus grand préjudice, puisque ce n'est que chez eux qu'elle a réellement lieu, qu'il est indispensable, selon nous, que le mesurage sur le chantier et les ports soit rendu aussi facile que possible.

Nous pensons qu'il pourrait y avoir lieu, pour les premières opérations d'équarrissage et de vente dans les forêts, sur les ports et chantiers, de sortir des conditions d'un mesurage rigoureux, pour en adopter un qui, sans être complètement ce qui était pratiqué, s'en rapprocherait néanmoins.

Beaucoup de personnes, en pensant que cela pourrait être utile, même nécessaire, ont paru embarrassées sur le choix des moyens, et nous avons appris avec quelque surprise que, dans le commerce des bois, on avait, à ce sujet, longtemps hésité entre 0,02 et 0,03, pour l'équarrissage, et 1,00; 0,50; 0,30; 0,25; 0,20, et 0,10, pour la longueur; qu'enfin pourtant on avait en quelque sorte adopté 0,25, pour fraction de longueur, et 2 c. pour l'équarrissage.

Nous sommes en vérité peinés de ce résultat du concours d'hommes spéciaux, non pas pour l'adoption des 0,02 de l'équar- rissage, car c'est ce que nous avons proposé dans l'exposé qui a été mis sous les yeux de MM. les ministres du commerce et des travaux publics et de MM. les préfets de la Seine et de police, mais pour celle de la longueur fractionnée par 0,25.

Dans l'exposé dont nous parlions plus haut, nous proposions pour longueur le mètre remplaçant la demi-toise, et qui présente l'avantage de simplifier singulièrement les calculs, par l'absence des fractions. Pour l'application, nous proposions d'abandonner à l'acheteur tout ce qui serait au-dessous de 0,70, et de compter au- dessus l'unité complète du mètre. Ce mode, indépendamment de ses rapports avec l'ancien, serait probablement, pour ces mesu- rages, préférable en pratique; mais, si on l'abandonne pour les fractions du mètre, il faut nécessairement alors adopter, au lieu de 0,25, la longueur fractionnaire 0,20, qui a l'avantage d'être une division naturelle du système décimal, et serait en analogie directe avec l'unité d'équarrissage proposée, dont elle est le produit, étant multipliée par 10.

Ce mode offrirait sans contredit un avantage réel à l'entrepreneur qui, ainsi que le marchand des chantiers, est souvent la dupe de l'industrie pratiquée dans les forêts au sujet du toisé pied avant, pied arrière, au moyen duquel 2 pieds sont comptés comme 3, sans

que souvent il y ait compensation par l'abandon des longueurs inférieures à 2 pieds : il ne paierait, en aucun cas, pour une longueur
plus considérable que celle qui lui serait véritablement livrée, et
aurait de plus la chance de bénéficier de toutes les fractions inférieures à chaque double décimètre qui devrait n'être compté qu'autant qu'il serait atteint.

Hâtons-nous d'ajouter encore que, pour la marine, les bois sont
mesurés par double-décimètre (0,20), et qu'il serait précieux
qu'un mode raisonné quelconque se généralisât.

POUR CE QUI EST DU DÉSIR MANIFESTÉ PAR LES ENTRE-
PRENEURS DE PARIS, D'ACHETER AUX MARCHANDS EN MESU-
RANT L'ÉQUARRISSAGE DE 0,03 EN 0,03, IL EST PRESQUE
SUPERFLU DE DIRE QU'UNE PAREILLE DEMANDE, DONT LES
EFFETS REMONTERAIENT NÉCESSAIREMENT JUSQU'AUX TRA-
VAILLEURS A FAÇON DANS LES FORÊTS ET AUX VOITURIERS,
EST ENTIÈREMENT HORS DE SENS, non-seulement en ce qu'elle
est contraire aux principes fondamentaux du système légal, mais
encore à ceux de la rigoureuse équité, et que probablement la
masse des travailleurs dont nous venons de parler, ferait certainement et violemment un jour justice d'une telle prétention dont les
conséquences ne se reproduisent d'ailleurs dans aucune autre industrie.

Signé J.-B.-P. ROUSSEAU, architecte à Paris.

(Extrait de l'Almanach des batiments, 1840.)

MÉTRAGE ADOPTÉ PAR LES NÉGOCIANTS DU JURA,

Pour le mesurage des bois de sapin expédiés à **Lyon**,
Châlons-sur-Saône, **Beaucaire**, **Paris**, etc.

1840.

On mesurait anciennement les bois carrés et ronds, au pied,
en ne comptant que les pieds pleins sur les longueurs, et les
pouces pleins sur les largeurs et les épaisseurs; on négligeait tout

ce qui était au-dessous de ces quantités. Ces parties négligées étaient assez considérables, cependant personne ne s'en plaignait, la division du pied le voulait ainsi.

Mais aujourd'hui, par suite du système métrique, ces parties négligées seraient moindres que celles anciennes, si l'on observait strictement la subdivision du mètre en centimètre dans le mesurage des bois.

Mais, dans le commerce, la mesure des bois en général n'exigeant pas une appréciation bien grande, et certaines négligences, que l'intérêt de la marine * prescrit impérieusement, ne pouvant léser ni le vendeur ni l'acheteur, à partir de 1840 *on mesurera les longueurs des pièces en mètre, et l'excédant en double-décimètre, les largeurs et les épaisseurs en double-centimètre*; tout ce qui n'aura pas un double-décimètre plein sur les longueurs, et un double-centimètre également plein sur les largeurs et les épaisseurs, sera négligé entièrement.

* En effet les frais de flottage pour ces bois de sapin venant de contrées éloignées, sont pour ainsi dire plus élevés que ceux d'acquisition première.

(Extrait du tarif Castagnier, imprimé à Beaucaire, 1840.)

TRAITÉ DE GARAGE EN COMMUN

De tous les trains de bois carrés hors Paris, service pris à l'entreprise pour trois ans par la compagnie de bois à brûler.

Le 17 *février* 1840.

Entre la compagnie des marchands de bois de chauffage en chantiers pour l'approvisionnement de Paris, représentée par son syndic et ses adjoints, d'une part;

Et la compagnie des marchands de bois carrés, charpente, sciage et charronnage, aussi pour l'approvisionnement de Paris, représentée par ses délégués, d'autre part;

A été fait, convenu et arrêté ce qui suit:

Art. 1er. La compagnie des marchands de bois de chauffage en chantiers se charge de faire repêcher et garer tous les trains de bois à œuvrer, provenants des rivières de Marne, de haute et basse Seine, d'Aube et des canaux qui arriveront à Paris pendant les années 1840, 1841 et 1842.

Art. 2. La campagne commencera le 1er janvier et finira le 31 décembre de chaque année; la compagnie des marchands de bois de chauffage en chantiers sera tenue du garage pendant tout ce temps.

Art. 3. Les trains provenants de la Marne et de la basse Seine seront comptés à raison de *huit coupons* par train; les trains de l'Ourcq et de l'Aube seront comptés à raison de *douze coupons* par train; les trains de la petite Seine et du Morin ne seront comptés qu'à raison de *deux coupons pour un coupon de Marne;* les dimensions de chacun de ces trains ne pourront excéder 96 mètres de longueur et 7 mètres de largeur; tout ce qui dépassera ces mesures sera compté en plus par fraction de dixième de trains.

Chaque éclusée composée de trois coupons sera comptée pour un demi-train.

Art. 4. Le prix du garage de chaque train de huit ou douze coupons sera de 7 fr. 50 cent., et celui de chaque éclusée, de 3 fr. 75 cent.; il sera intégralement acquitté par la compagnie des marchands de bois carrés, à la fin de chaque mois, d'après les états mentionnés en l'art. 7.

Art. 5. La compagnie des marchands de bois de chauffage en chantiers s'engage, dans le cas où elle obtiendrait, par suite de ses efforts constants pour améliorer le service des gares, quelque diminution dans ses frais de garage, à y faire participer le commerce des bois carrés, en réduisant les prix ci-dessus, proportionnellement à cette diminution.

Si, au contraire, quelques nouveaux changements dans les gares affectées au garage des trains, depuis le passage d'eau des Carrières-Charenton, en descendant, venait à les restreindre de manière à ne plus permettre d'y recevoir en dépôt le même nombre de trains qu'on y a garés jusqu'à ce jour, et à nécessiter le garage provisoire d'une partie de ces trains dans les gares supérieures, les frais de la compagnie des marchands de bois de chauffage en chantiers devenant plus considérables par l'augmentation des approchages, les prix fixés en l'art. 4 seraient augmentés dans la proportion de l'accroissement des dépenses ; et, dans le cas où les deux compagnies ne parviendraient pas à s'accorder à cet égard, le présent traité cesserait d'être obligatoire pour la compagnie des marchands de bois de chauffage en chantiers, envers celle des bois carrés.

Art. 6. La compagnie des marchands de bois de chauffage en chantiers, étant tenue de faire ses dispositions pour garer tous les trains qui arriveront, tous ces trains seront assujettis au droit, lors même que, au lieu de réclamer le garage, ils descendraient en passe-debout, ou se rendraient directement au port de tirage ; seraient cependant exceptés de cette disposition les trains de bois de marine, arrivant pour le compte du gouvernement, dans le cas où la compagnie des marchands de bois carrés ne parviendrait pas à obtenir le paiement du garage de la part des mariniers ou fournisseurs.

Art. 7. Le commis de la compagnie des marchands de bois carrés, préposé à la gare, sera chargé du contrôle des trains, de la formation des états d'arrivage, de la garde des trains immédiatement après le garage, de la réception des billets de gare au moment du lâchage et de la remise des trains à lâcher.

Il sera en outre chargé, concurremment avec le commis des marchands de bois de chauffage en chantiers, de la surveillance des trains après le garage, et ce dernier sera tenu de les faire mettre à flot, arracher ou relâcher, selon le besoin et l'ordre de la gare; le tout sans aucune autre rétribution de la part de la compagnie des bois carrés que le prix du garage ci-devant stipulé.

Le préposé du commerce de charpente à la gare de Bercy devra tenir la main à ce que les flotteurs laissent sur les trains les agrès nécessaires en perches et réveux pour les manœuvrer pendant leur séjour dans les gares, le commerce de bois carrés s'engageant au surplus à tenir en dépôt une quantité suffisante desdits agrès, qui seront au besoin mis à la disposition du commis général des bois de chauffage en chantiers à la Gare.

Il fournira à l'agent général du commerce des bois carrés, selon qu'ils lui seront demandés, le double des états d'arrivages, après s'être assuré de leur concordance avec ceux qui seront tenus par le commis général de la compagnie des marchands de bois de chauffage en chantiers.

Art. 8. L'entretien des cordes et de tous autres agrès nécessaires au repêchage et au garage, et le paiement des ouvriers et employés gareurs, seront entièrement à la charge de la compagnie du commerce de bois de chauffage en chantiers, aucun salaire, aucune remise ne pouvant leur être accordés par la compagnie des marchands de bois carrés, même à titre de pour-boire.

Néanmoins, lorsque les eaux arriveront sur la pelouse de Bercy, les trains de charpente, sciage, etc., qui se trouveront en gare, resteront pendant la durée de la crue à la charge du commerce de bois de charpente, et tous les frais à faire pour leur conservation seront alors supportés par ledit commerce.

Art. 9. En cas de difficulté sur l'exécution du présent traité, toute contestation sera décidée à l'amiable par la voie de l'arbitrage, et ne pourra dans aucuns cas être portée devant les tribunaux; à cet effet, chacune des compagnies sera tenue de nommer un arbitre dans le délai de huitaine, à compter de la mise en demeure.

Dans le cas où les arbitres ne s'accorderaient pas d'opinion, ils choisiront aussi, dans un délai de huitaine, un tiers-arbitre pour les départager.

À défaut de nomination de la part de l'une des compagnies, et en cas de dissentiment des arbitres sur le choix du tiers-arbitre, dans le délai fixé, il y sera pourvu d'office par le tribunal de commerce.

Toutes décisions arbitrales rendues par les deux arbitres ou avec le concours du tiers, seront considérées comme jugements souverains et sans appel, et ne pourront être attaquées, même par la voie de cassation, ni par défaut de forme, ni pour toute autre cause.

42

Le prix stipulé en l'art. 4 est calculé pour la durée ordinaire du garage des trains et éclusées, dont le stationnement dans les gares est limité par les règlements et ordonnances ; mais dans le cas où les destinataires ne feraient point lâcher leurs trains et éclusées dans les délais prescrits, l'indemnité de garage sera augmentée en proportion du retard, conformément à la sentence arbitrale du 26 juin 1837 ; savoir :

1° De » fr. 50 cent. par jour, depuis le 25ᵉ jusqu'au 45ᵉ jour de garage ;

2° De 1 fr. par jour depuis le 45ᵉ jusqu'au 60ᵉ jour de garage ;

3° De 1 fr. 50 c. par jour, depuis le 60ᵉ jusqu'au 90ᵉ jour de garage ;

4° Enfin de 2 fr. par jour de retard après le 90ᵉ jour de garage, indéfiniment.

Dans le cas où de nouvelles ordonnances prolongeraient la durée du stationnement des trains dans les gares , il est convenu que l'indemnité de retard ne sera due qu'à partir du nouveau délai fixé par l'administration, et qu'elle continuera d'être calculée dans les proportions ci-dessus énoncées, à partir de ce délai.

Il est bien entendu que dans aucun cas le stationnement ne pourra être de plus de trente jours, et que l'indemnité à payer par le commerce des bois carrés pour stationnement prolongé, partira du lendemain même du trentième jour.

Fait double entre les deux compagnies de bois à brûler et bois carrés, à Paris le 17 février 1840.

Suivent les signatures des syndics et délégués.

Nota. Le garage en commun des trains de bois carrés hors Paris existait dès 1772, ainsi qu'on en trouve la preuve dans les statuts de ce commerce à cette époque.

Ce service a été réorganisé en 1823, et pris à l'entreprise par la compagnie des bois à brûler ; nous allons rappeler les différentes dates des traités qui se sont succédé.

10 mars 1823. — Pour l'année 1823, au prix de 6 francs par train et 3 francs par éclusée.

15 mars 1824. — Renouvelé pour l'année 1824, aux mêmes prix et conditions.

15 mars 1825. — Pour les années 1825, 1826 et 1827, au prix de 7 fr. 50 c. par train, et 3 fr. 75 c. par éclusée.

15 janvier 1828. — Prorogé pour les années 1828, 1829 et 1830, aux mêmes prix et conditions.

10 janvier 1831. — Traité renouvelé pour les années 1831, 1832 et 1833, aux mêmes prix et conditions que le précédent.

8 février 1834. — Le même prorogé pour les années 1834, 1835 et 1836, aux mêmes prix et conditions.

18 février 1837. — Le même prorogé pour les années 1837, 1838 et 1839, aux mêmes prix et conditions.

Avec les modifications suivantes :

1° Les trains de la petite Seine et du Morin compteront à raison de deux coupons pour un de Marne.

2° Lors de la submersion totale de la pelouse de Bercy, les trains resteront à la charge du commerce des bois carrés.

(Archives du commerce des bois carrés.)

DÉLIBÉRATION

De l'assemblée générale des marchands de bois carrés pour l'approvisionnement de Paris, ordonnant les travaux nécessaires pour achever le port de flottage à Brienne-la-Vieille (Aube).

23 février 1840.

L'assemblée générale approuve la résolution prise par son bureau d'ordonner les travaux nécessaires pour l'achèvement du port de flottage à Brienne-la-Vieille (Aube), AUTORISE LA NOUVELLE DÉPENSE DE 696 FR., et donne son adhésion à la défense qui sera faite aux flotteurs de breller à l'avenir sur le bas-port (du moins en ce qui touche le commerce des bois carrés de Paris), ce lieu de flottage n'offrant pas les conditions de sécurité convenables.

(Archives du commerce des bois carrés.)

INSTRUCTIONS

Données par M. le sous-secrétaire d'État des travaux publics, relativement à la rétribution des gardes-ports, qui ne serait pas due en certains cas.

9 mars 1840.

A Monsieur le Préfet de l'Yonne.

Monsieur le préfet,.

Par votre lettre du 17 décembre dernier, vous entretenez M. le ministre des travaux publics des plaintes formées par les entrepreneurs de marine de votre département, au sujet des rétributions exigées par les gardes-ports établis sur le canal du Nivernais.

Vous demandez à connaître si les rétributions sont légales lorsqu'elles ont pour objet des denrées et marchandises autres que les bois destinés à l'approvisionnement de Paris.

L'ARRÊT DU CONSEIL DE 1704 NE FAIT AUCUNE EXCEPTION ; AINSI TOUTE MARCHANDISE DÉPOSÉE SUR LES PORTS EST CONFIÉE, PAR LE FAIT SEUL DE CE DÉPOT, AUX SOINS ET A LA SURVEILLANCE DES AGENTS DONT IL S'AGIT, ET PASSIBLE DU DROIT FIXÉ PAR L'ARRÊT PRÉCITÉ.

En effet, dès lors qu'il y a dépôt, il y a obligation pour cet agent de veiller à la conservation de la marchandise et au maintien des mesures d'ordre que la manutention exige.

Cependant, comme il arrivait souvent que cette marchandise ne séjournait point sur les ports, que, amenée du lieu de l'exploitation sur le bord de la rivière, elle était embarquée immédiatement, l'administration a senti qu'ici aucun service n'était rendu; qu'ainsi rien n'était dû. Et c'est dans ce sens que des instructions ont été souvent données aux inspecteurs de la navigation. Les plaintes qui sont l'objet de cette lettre me portent, Monsieur le préfet, à renouveler ces instructions, et je charge de ce soin l'inspecteur principal de la navigation.

Le sous-secrétaire d'État des travaux publics,

Signé LEGRAND.

(Direction générale des ponts-et-chaussées.)

NOTA. Les instructions de M. le sous-secrétaire d'État des travaux publics, en ce qu'elles ont rapport aux marchandises qui ne tiennent pas port, diffèrent essentiellement de l'opinion précédemment émise sur la même matière, à la date du 12 septembre 1810, par M. Molé, alors directeur général des ponts-et-chaussées ; nous avons cru devoir en faire l'observation, car ce serait *annihiler* en partie le tarif de 1704, et notamment celui du 10 février 1812 établi par décision ministérielle, et qui range en *deux catégories* les rétributions dues aux jurés-compteurs et gardes-ports.

La première comprend les marchandises *sujettes à l'empilage* (c'est-à-dire nécessitant le dépôt sur le port), telles que les bois à brûler, à œuvrer, etc.

L'autre comprend les marchandises NON SUJETTES A L'EMPILAGE (ou qui se déchargent directement en bateaux), telles que le charbon, le foin, les fruits, le vin, le sel, la faïence, le poisson , la chaux, les ardoises, le papier, les bouteilles, les bocaux, etc., etc.

Il est donc impossible que M. le sous-secrétaire d'État ait eu l'intention d'annihiler ces dispositions , et la sollicitude qu'il porte à l'approvisionnement de Paris, à l'ordre et à la tenue des ports, nous garantissent qu'il ne nous saura pas mauvais gré de lui avoir signalé cette espèce de conflit.

EN 1810, L'ADMINISTRATION MAINTENAIT LE DEMI-DROIT, se fondant selon nous, avec force et raison, sur l'obligation imposée *en tous cas aux gardes-ports d'établir les lettres de voiture de toutes les marchandises qui sont chargées sur leurs ports, même sans dépôt préalable.*

Elle s'appuyait aussi sur les dispositions des art. 3, 5 et 6 de la décision du Ministre de l'Intérieur du 9 mars 1807 et sur les devoirs qu'en tous cas ces agents ont à remplir, de fournir tous les mois au juré-compteur de l'arrondissement, pour être transmis par lui à l'inspecteur, et ensuite au ministre, le mouvement de toutes les marchandises qui *entrent* et qui *sortent* des ports d'approvisionnement pour Paris.

On nous assure , au surplus, que le comité des quatre commerces, si bien placé pour juger les effets de ces instructions, est en réclamation auprès de M. le sous-secrétaire d'État des travaux publics.

(Reportez-vous au 12 septembre 1810.)

QUAI D'AUSTERLITZ (CI-DEVANT DE L'HOPITAL).

Établissement d'un port meulieré, réclamé par le commerce des bois carrés, sur cette partie des rives de la Seine.

11 *mars* 1840.

Le budget communal de 1839 comprend un premier crédit de

30,000 fr. pour l'établissement du port de l'Hôpital, réclamé par le commerce.

Les ingénieurs, invités à produire le projet de ce travail, l'ont présenté à la fin de 1839, et aujourd'hui il est à l'examen des ingénieurs du service municipal chargés de donner leur avis. D'après ce projet la dépense doit être d'environ 300,000 fr.

On avait fait la demande d'un second crédit de 30,000 au budget de 1840; mais le conseil n'a pas cru devoir admettre l'allocation avant que le projet eût été concerté entre les services.

Le crédit de 30,000 fr., voté et non employé en 1839, sera reporté à 1840.

(Renseignements fournis par le premier bureau de la deuxième division de la préfecture de la Seine.)

DÉLIBÉRATION

DES MARCHANDS DE SAPIN DE NANCY, METZ, ET PONT-A-MOUSSON,

Sur les longueurs, largeurs et épaisseurs à donner aux planches de sapin par les exploitants des Vosges, à partir de 1840.

Extrait des minutes du greffe du tribunal du commerce de Nancy.

Suivant acte du vingt-sept novembre dix-huit cent trente-neuf, enregistré le vingt-neuf du même mois, il a été déposé au greffe du tribunal de commerce de Nancy une délibération de MM. les marchands de bois et planches de Nancy, Metz et Pont-à-Mousson, dont suit la teneur :

L'an mil huit cent trente-neuf, le dimanche, vingt-sept octobre, les marchands de bois et de planches des départements de la Moselle et de la Meurthe, soussignés, se sont réunis à Pont-à-Mousson dans le but d'adopter collectivement les mesures les plus convenables pour détruire les abus établis dans leur commerce.

PLANCHES DE SAPIN.

Depuis plusieurs années, divers abus se sont glissés dans la fabrication de la planche et ont progressivement acquis un caractère de gravité tel , qu'il s'agit, en les signalant, d'en faire le redressement immédiat et prendre les précautions nécessaires pour en empêcher le renouvellement.

Les planches livrées au commerce ne portent plus maintenant la longueur, la largeur et surtout l'épaisseur pour lesquelles elles sont vendues. A l'avenir elles devront porter les dimensions ci-après :

TABLEAU.

Qualification de l'échantillon.	Longueur.		Largeur.		Epaisseur.		OBSERVATIONS.
	mètr.	centi.	centi.	millim.	centi.	millim.	
Planche 11/8	3	66	22		00	27	Les planches dites étroites, trouées ou cra-
Id. 12/8	4	00	22		00	27	nées, ne seront reçues que comme rebuts.
Id. 11/9	3	66	25		00	27	Les planches-lattes devront être semblables
Id. 12/9	4	00	25		00	27	aux planches 11 et 12/8 tant pour la longueur, la
Id. 11/12	3	66	33		00	27	largeur et l'épaisseur (y compris le trait de
Id. 12/12	4	00	33		00	27	scie). Les chons porteront la même épaisseur
Id. 12/15	4	00	33		00	35	que les planches et auront au moins 14 cent.
Id. 12/30	4	00	33		07	00	dans leur plus petite largeur

Les dimensions ci-dessus devront être exactes et se retrouver d'un bout à l'autre de la planche.

Les feuilles, ainsi que les madriers, soit de chons, soit de planches de toute espèce, étant des échantillons d'un écoulement accidentel , ne seront reçus qu'autant qu'ils auront été l'objet d'une commande préalable.

Les planches de dimensions autres que celles déterminées dans le tableau ci-dessus , ne seront également pas recevables.

Pour éviter toute confusion, les dénominations en usage jusqu'à ce jour pour désigner les divers échantillons , n'étant point contraires au système décimal, en ne les considérant que comme qualification, continueront à subsister.

Le but de la réunion a donc été de constater les griefs et de for-

mer un corps collectif qui ait un caractère de légalité ou de force
assez puissant pour protéger chacun de ses membres contre les
nouveaux abus qui pourraient survenir, et faire connaître à MM. les
marchands des Vosges, qu'à partir du premier voyage de dix-
huit cent quarante, les soussignés ne recevront que les planches
conformes aux échantillons portés au tableau.

Toutefois cette disposition ne sera exécutoire, *quant à la longueur seulement*, qu'à partir du premier juin mil huit cent quarante, afin de donner à MM. les marchands des Vosges une lati-
tude suffisante pour écouler les troncs qu'ils auraient fait couper
avant d'avoir eu connaissance de la mesure adoptée ; mais elle sera
rigoureusement observée *quant à la largeur et à l'épaisseur*, à
partir du premier voyage de dix-huit cent quarante.

Pour donner de la publicité à la présente délibération, elle sera
insérée dans les journaux des départements des Vosges, de la Moselle et de la Meurthe, et sera imprimée ou lithographiée au nombre de deux cents exemplaires, afin d'en adresser copie à chaque
personne intéressée à connaître les dispositions adoptées par les
soussignés. En outre deux exemplaires manuscrits, timbrés et si-
gnés, seront déposés aux greffes des tribunaux de commerce des
départements de la Moselle et de la Meurthe.

Ainsi fait, adopté et signé à Pont-à-Mousson, ledit jour vingt-
sept octobre mil huit cent trente-neuf.

Jean-Baptiste GERARDIN, Julien DECHIENS, L. DELSOP l'aîné,
BARBAS jeune, M. BLAISSE, BONNETTE et MARIOTTE, PARI-
SOT, MAYEUR, LACAILLE, MARIGNIER, V. BROCARD, MOU-
GIN frères, PÉRIÉ, FROMOLT, THIRION-LAURE, NÉBEUS,
A. DUPONT, THIRION, FERRY-LAURE, GUEDEN, BAR-
BAS aîné, MANGEOT et DUBRAS.

Enregistré à Nancy, le vingt-sept novembre dix-huit cent trente-
neuf, folio soixante-neuf verso, case huit et suivantes. Reçu cinq
francs et cinquante centimes de décime. Signé GUÉRIN.

Pour expédition conforme et collationnée sur la minute de l'original déposé par le greffier du tribunal de commerce, soussigné,
BARBEROT, greffier.

NOTA. Voyez à la date du 30 mars 1840, l'opinion du commerce
des bois carrés de Paris sur la délibération qui précède.

ARRÊT DE LA COUR ROYALE DE BOURGES,

Qui confirme un jugement du tribunal civil de Clamecy, en date du **14** mars **1839**, qui avait jugé
qu'on ne peut poursuivre un garde-port qu'après
avoir obtenu du Conseil d'État une décision autorisant les poursuites.

24 *mars* 1840.

Louis-Philippe, Roi des Français, à tous présents et à venir,
salut.

La chambre civile de la Cour royale séant à Bourges, chef-lieu
du département du Cher, à son audience publique du vingt-quatre
mars mil huit cent quarante, a rendu l'arrêt dont la teneur suit :

Entre le sieur Charbonneau, banquier et propriétaire, demeurant à Clamecy, au nom et comme syndic de la compagnie de messieurs les marchands de bois sur la haute Yonne, appelant, suivant
exploit du onze avril mil huit cent trente-neuf, d'un jugement
rendu par le tribunal civil de Clamecy le 14 mars précédent,
comparant par maître Thiol-Varenne, avocat, assisté de maître
Planchat, avoué près la Cour royale, d'une part ;

Et le sieur Tenaille-Lessy, garde-port, demeurant à Pousseaux,
intimé sur l'appel ci-dessus, comparant par maître Thuest, avocat,
assistant maître Montillot, avoué près ladite cour, d'autre part.

Sans que les présentes qualités puissent nuire ni préjudicier aux
droits et intérêts respectifs des parties.

POINT DE FAIT.

Après tentative de conciliation inutile, le sieur Charbonneau,
comme syndic de la compagnie des marchands de bois de la haute
Yonne, dans une demande du onze août dix-huit cent trente-huit,
a exposé qu'au mépris des droits et des usages qui régissent la matière, le sieur Tenaille-Lessy avait fait donner aux piles du premier
flot de l'exercice mil huit cent trente-huit, une surmesure considérable et excédant beaucoup celle convenue entre les compagnies ;

que longtemps après la mise en état sur l'arrondissement confié au sieur Lessy, trente-un décastères et plus avaient été enlevés des piles auxquelles on avait laissé encore une mesure très forte; que, malgré les avertissements donnés au sieur Lessy, malgré les réclamations du commerce, le sieur Lessy n'avait pas moins continué d'agir en dehors de cette voie et de l'impartialité que la position commandait; que la conduite du sieur Lessy avait causé un grand préjudice au commerce de bois, dont le sieur Lessy était responsable.

En conséquence, le sieur Charbonneau a conclu à ce que le sieur Tenaille-Lessy fût condamné par toutes voies de droit à payer à la compagnie des marchands de bois sur la rivière d'Yonne, une somme de trois mille francs, à titre de dommages-intérêts, dans lesquels seraient compris les frais faits pour la diminution du prix, aux intérêts de cette somme et aux dépens, sous la réserve de poursuivre la révocation du sieur Tenaille-Lessy devant qui de droit.

Dans une requête du douze février mil huit cent trente-neuf, ledit sieur Tenaille-Lessy y a soutenu que cette demande était évidemment formée contre lui en sa qualité de garde-port et pour un fait résultant de l'exercice de ses fonctions, mais qu'aux termes de l'édit d'avril mil sept cent quatre, de l'arrêté du conseil du treize juin de la même année, des lettres-patentes du dix-sept du même mois, portant création de gardes-ports sur l'Yonne et de tous les autres règlements fixant leur mode de nomination et l'exercice de leurs fonctions, ces mêmes gardes-ports étaient de véritables agents du gouvernement, commissionnés pour concourir à la police des ports et surveiller notamment l'empilage des bois, conformément aux règlements de l'administration qui confiait à leurs soins l'exécution de ces mêmes règlements;

Qu'aux termes de l'article soixante-quinze de la constitution du vingt-deux frimaire an huit, encore en vigueur sous ce rapport, les agents du gouvernement ne pouvaient être poursuivis pour des faits relatifs à leurs fonctions, qu'en vertu d'une décision du conseil d'État; qu'en ce cas la poursuite avait lieu devant le tribunal ordinaire; que les marchands de bois de la haute Yonne pouvaient d'autant moins contester au sieur Lessy sa qualité d'agent du gouvernement, que, par délibération du quinze juin dernier et par une lettre très pressante de leur agent général, du premier août suivant, en demandant au gouvernement la destitution du sieur Lessy, ils le signalaient comme un agent prévaricateur ayant fait abus du pouvoir que l'administration lui avait confié et méritant que sa commission lui fût retirée sur-le-champ;

Que dans cette position il fallait, avant de former la demande en dommages-intérêts soumise au tribunal, obtenir l'autorisation du conseil d'État, et que cette demande était non recevable tant que cette autorisation ne serait pas obtenue;

Par ces motifs, le sieur Tenaille-Lessy a conclu à ce qu'il plût au tribunal declarer le sieur Charbonneau non recevable dans sa demande et le condamner aux dépens sous toutes réserves, notamment de soutenir, quand il en serait temps, que le demandeur était sans qualité pour poursuivre le sieur Lessy et que cette poursuite était d'ailleurs mal fondée.

A cette fin de non recevoir, le sieur Charbonneau a opposé qu'aux termes des articles deux et quatre de l'arrêté du vingt-cinq avril mil huit cent trente-trois, le garde-port était le mandataire commun des compagnies des marchands de bois, que dès lors il était soumis à l'action en responsabilité résultant de la gestion; d'après l'article six qu'il ne pouvait être considéré comme agent du gouvernement, et que l'article soixante-quinze de la loi de l'an huit n'était point applicable. En conséquence, il a conclu à ce qu'il plût au tribunal se déclarer compétent, dire qu'il n'y avait lieu à surseoir, dire qu'il serait plaidé au fond, et condamner le sieur Tenaille-Lessy aux dépens de l'incident.

En cet état de choses et le quatorze mars dix-huit cent trente-neuf, est intervenu jugement qui a déclaré le sieur Charbonneau ès-noms, non recevable dans sa demande jusqu'à ce qu'il ait obtenu du conseil d'État une décision autorisant la poursuite du garde-port Tenaille-Lessy; a condamné le sieur Charbonneau aux dépens de l'incident.

Ledit sieur Charbonneau, ès-noms, s'est rendu appelant de ce jugement, suivant exploit susdaté.

Aujourd'hui la cause appelée par l'huissier audiencier de service, maître Thiol-Varenne, avocat, assisté comme dessus, a conclu, pour le sieur Charbonneau, à ce qu'il plût à la Cour dire qu'il a été mal jugé par le jugement dont est appel, émendant, déclarer le sieur Tenaille-Lessy non recevable et mal fondé dans son acception; dire qu'il n'y a pas lieu à autorisation préalable, ordonner en conséquence que la demande fournie contre ledit sieur Lessy suivra son cours; ordonner la restitution de l'amende et condamner le sieur Tenaille-Lessy aux dépens de l'incident.

Maître Therest, avocat, assisté comme dessus, a conclu, pour le sieur Lessy, à ce qu'il plût à la Cour déclarer non recevable ou mal fondé cet appel, confirmer en conséquence le jugement de première instance avec dépens.

Les parties ainsi entendues par leurs avocats et avoués dans leurs conclusions et plaidoiries à l'audience d'hier;

Ouï, à la présente audience, M. l'avocat-général dans ses conclusions;

La cause a présenté à juger la question suivante :

L'autorisation du conseil d'État était-elle nécessaire pour poursuivre l'intimé?

Considérant qu'il ne peut être contesté qu'un garde-port, commissionné par l'administration de la navigation intérieure, ne soit, à raison même de ses fonctions, dans la classe des agents du gouvernement, et que, sous ce rapport, il ne puisse être poursuivi pour faits relatifs auxdites fonctions, sans qu'aux termes de l'article 75 de l'acte constitutionnel de l'an VIII, il soit intervenu de la part de l'administration une autorisation spéciale; qu'il ne s'agit donc dans l'espèce que de déterminer si le fait, pour lequel l'intimé garde-port sur l'Yonne est poursuivi, est relatif à ses fonctions;

Que l'action dirigée contre lui a pour objet des inexactitudes et des infidélités même dans le mesurage des bois destinés à l'approvisionnement de Paris, au compte de la compagnie de la haute Yonne;

Qu'il résulte des ordonnances, règlements et instructions concernant les agents de la navigation, que les gardes-ports sont spécialement chargés de l'empilage des bois et du mesurage préalable des décastères qui doivent être empilés, qu'ils en sont les premiers vérificateurs légalement institués, qu'ils agissent donc comme gardes-ports en opérant le mesurage, et que, si leur opération est infidèle, c'est une forfaiture réelle aux fonctions pour lesquelles ils sont commissionnés;

Que sans doute les fonctions confiées par l'administration au garde-port dans des vues d'un haut intérêt public ont bien pour but aussi de garantir plus efficacement l'intérêt privé des compagnies d'approvisionnement, qu'elles ont le droit de poursuivre contre lui la réparation du préjudice qu'a pu leur causer son méfait, mais que la virtualité de l'acte découlant du caractère officiel de l'agent, et non pas du mandat des compagnies, elles sont obligées, avant tout, de se conformer aux prescriptions de l'art. 75 de l'acte constitutionnel de l'an VIII, comme le garde-port est en droit d'en invoquer la protection.

Par ces motifs, et adoptant au surplus ceux des premiers juges,

La Cour dit qu'il a été bien jugé, mal appelé, confirme le jugement de première instance, en ordonne l'exécution, et condamne l'appelant en l'amende et aux dépens, dont distraction est faite au profit de maître Montillot, qui a affirmé les avoir déboursés.

Ainsi fait, jugé et prononcé au Palais-de-Justice de la Cour royale, séant à Bourges, chef-lieu du département du Cher, le 24 mars 1840, à l'audience publique de la chambre civile, où étaient présents et siégeaient MM. Baudoin, président; Arsène Dubroc, Dufour, Daslafort-Rapin, Corrard-Lalesse, Aupetit-Durand, Hâton, Maurice, Eugène Callaude de Clamecy, conseillers; en présence de M. Raynal, avocat-général, tenant la plume; maître Riffault, greffier.

Mandons et ordonnons à tous huissiers sur ce requis de mettre le présent arrêt à exécution, à nos procureurs généraux, à nos procureurs près nos tribunaux de première instance, d'y tenir la main, à tous commandants et officiers de la force publique de prêter main-forte lorsqu'ils en seront légalement requis.

En foi de quoi la minute est signée BAUDOUIN et RIFFAULT.

Au bas est écrit: Enregistré à Bourges, le 4 avril 1840, n° 1453, reçu 10 fr. en principal et 1 fr. pour le décime en sus; signé MOULIN, receveur. Pour grosse, VEILHAULT.

En marge est écrit: Enregistré à Bourges, le 4 avril 1840, n° 1454, reçu 17 fr. 10 c., décime compris, dû au greffier 2 fr. 70 c.; signé MOULIN.

OPINION

DU BUREAU DU COMMERCE DES BOIS CARRÉS DE PARIS,

Sur les échantillons à donner aux planches de sapin exploitées dans les Vosges; en réponse à la délibération de MM. les marchands de sapin de Nancy, Metz et Pont-à-Mousson.

30 *mars* 1840.

Le commerce des bois carrés de Paris a vu avec satisfaction la résolution prise par messieurs les marchands de bois des départements de la Moselle et de la Meurthe, dans leur délibération du 27 octobre dernier, pour ramener les exploitants à donner à leurs bois les échantillons convenables dont ils s'étaient écartés depuis quelque temps d'une manière tout-à-fait désastreuse pour les acheteurs.

Le commerce de Paris ne peut qu'approuver les mesures que vous avez admises pour les largeurs et épaisseurs des planches de sapin de Lorraine; mais il n'en est pas de même des longueurs qui demanderaient un autre débit que celui que vous avez maintenu.

Notre bureau ayant été sollicité de réclamer de vous un retour sur votre décision, quant aux longueurs à donner à l'avenir aux planches des Vosges, a nommé une commission pour examiner quelles seraient les plus favorables pour la consommation. Cette commission, après avoir pris des renseignements auprès des entrepreneurs de menuiserie, a reconnu que la préférence donnée aux sapins du Nord sur ceux de Lorraine provenait principalement du débit de ces derniers qui n'est pas approprié aux besoins de ceux qui les emploient, et elle a exprimé l'avis que l'on rendrait aux sapins de Lorraine la faveur que leur ont fait perdre ceux du Nord, si on leur donnait les longueurs suivantes : 3 m.; 3 m. 25 c.; 3 m. 50 c.; 3 m. 75 c.; 4 m.; 4 m. 25 c.

La commission, sans s'arrêter au désir de quelques entrepreneurs d'avoir encore quelques longueurs plus petites et plus grandes, telles que 2 m. 50 c. ; 2 m. 75 c. , et 4 m. 50 c. , a pensé que celles ci-dessus indiquées, présentant peu ou point de perte, devraient suffire à tous leurs besoins.

Nous venons donc vous prier, Messieurs, dans votre intérêt, dans celui de la marchandise que vous exploitez, de modifier la détermination que vous avez prise, quant aux longueurs à donner à l'avenir aux sapins des Vosges, et de considérer que c'est pour l'avantage seul des produits que le commerce de Paris fait ces observations ; car, plus le débit sera approprié aux besoins de la consommation, plus l'écoulement des bois sera facile et considérable.

Nous profitons de cette circonstance pour vous prier, Messieurs, de renoncer à l'ancien usage de compter les sapins de Lorraine par planche réduite, et d'entrer franchement dans le système décimal, en adoptant, comme pour toutes les autres espèces de sciage, le mètre courant pour la vente, et d'appliquer un prix particulier à chaque échantillon.

Suivent les signatures des délégués des bois carrés.

(Archives du commerce des bois carrés.)

DÉLIBÉRATION

DU COMMERCE DES BOIS CARRÉS DE PARIS EN ASSEMBLÉE GÉNÉRALE,

Portant que le droit d'enlèvement dû aux gardes-ports, qui est fixé à deux francs par cent de charpente ou grume, sera élevé à trois francs le décastère représentant cent solives, sur tous les bois de charpente ou grume qui seront enlevés pour le compte du commerce de Paris.

Circulaire du 20 avril 1840.

En considération du nouveau travail que l'application exclusive du système métrique va occasionner à MM. les gardes-ports pour l'établissement et la réduction des inventaires qu'ils sont tenus de faire au moment du flottage, le commerce des bois carrés de Paris, voulant reconnaître les soins que ces employés devront apporter dans ce nouveau travail, et en assurer l'entière exactitude, à décidé, dans son assemblée générale du 23 février dernier, que le droit d'enlèvement dû aux gardes-ports, qui est fixé par les arrêts du conseil et lettres-patentes de 1704, à deux francs par cent de charpente, grume et sciage, tel qu'il soit réduit à la solive, SERA ÉLEVÉ A TROIS FRANCS LE DÉCASTÈRE représentant cent solives.

L'assemblée générale a chargé son bureau de rappeler à MM. les gardes-ports, en leur annonçant cet acte de sa sollicitude, qu'ils devront continuer a adresser en temps utile les inventaires détaillés et exacts, par coupon, au marchand pour le compte duquel l'enlèvement aura lieu, sans prétendre à aucune répétition ou réclamation pour le toisé et inventaire à l'eau, attendu que l'ordonnance du 25 janvier 1770 est impérative à cet égard, qu'elle a fixé le droit d'enlèvement dû au garde-port, à charge par lui de constater la véritable quantité enlevée des ports et d'en fournir avis au marchand propriétaire, ainsi que cela résulte des circulaires adressées par le bureau du commerce des bois carrés, en mars 1834 et 1836, et de celle du comité de quatre commerces, en date du 18 avril 1837.

Les inventaires dans l'eau seront faits *de deux en deux centimètres pour les épaisseurs et de vingt-cinq en vingt-cinq centimètres pour les longueurs*, conformément à la circulaire du bureau, en date du 4 octobre 1839.

Il est bien entendu que l'augmentation *consentie par le commerce des bois carrés de Paris* ne frappera que sur les bois de charpente et bois en grume, et non sur les sciages dont les inventaires ne devront subir aucune augmentation de travail.

Suivent les signatures des délégués
du commerce des bois carrés.

(Archives du commerce des bois carrés.)

DÉLIBÉRATION

DU COMMERCE DES BOIS CARRÉS, ET CIRCULAIRE
A MM. LES JURÉS-COMPTEURS,

Portant que les droits dus à ces agents, ainsi qu'aux gardes-ports pour les bois carrés, devront être perçus à l'enlèvement de la marchandise, en conformité de la décision ministérielle du 9 mars 1807.

Circulaire du 20 avril 1840.

Messieurs,

Quelques marchands ayant exposé au bureau du commerce des bois carrés les embarras que leur causaient dans leur comptabilité les paiements des droits des jurés-compteurs et gardes-ports qui sont demandés par ces différents agents, tantôt au moment du départ de la marchandise, tantôt à la fin de la campagne; le bureau, pour faire cesser cette irrégularité, a décidé, dans sa séance du 8 février dernier, que, à l'avenir les gardes-ports ne devront pas laisser partir *les bois carrés* sans, au préalable, avoir reçu des mariniers les droits de juré-compteur et de garde-port, ce qui, au surplus, est conforme à l'article 12 de la décision du ministre de l'intérieur, en date du 9 mars 1807, ainsi conçu:

« La rétribution des gardes-ports et du juré-compteur sera exigible à l'enlèvement des marchandises; et si, au moment de cet enlèvement, le juré-compteur était absent, les gardes-ports percevront pour lui, à la charge de lui en compter. »

Nous vous prions donc, Monsieur, de faire exécuter exactement cette mesure.

Suivent les signatures des délégués du commerce des bois carrés.

(Archives du commerce des bois carrés.)

43

ÉTAT

DES QUANTITÉS DE BOIS EN CHARPENTE, GRUME, ET CHARRONNAGE,

ENTRÉES DANS PARIS DEPUIS L'ÉTABLISSEMENT DE L'OCTROI, DE 1799 à 1839.

(41 ans.)

ANNÉES	BOIS de chêne et bois durs.	BOIS de sapin et bois blancs.	TOTAUX.	ANNÉES	BOIS de chêne et bois durs.	BOIS de sapin et bois blancs.	TOTAUX.
	stères.	stères.	stères.		stères.	stères.	stères.
1799	3,384	»	»	1820	26,506	1,709	28,215
1800	4,715	»	»	1821	44,037	4,135	48,172
1801	5,488	»	»	1822	57,854	4,449	62,323
1802	13,810	»	»	1823	60,628	4,456	55,084
1803	19,191	»	»	1824	61,665	3,222	64,887
1804	13,040	»	»	1825	95,950	7,704	103,654
1805	12,882	»	»	1826	77,718	7,336	85,054
1806	18,807	»	»	1827	42,515	4,130	46,645
1807	19,807	»	»	1828	44,848	6,008	50,856
1808	23,003	»	»	1829	40,185	5,456	45,641
1809	32,638	»	»	1830	40,813	4,497	45,310
1810	30,599	»	»	1831	23,216	2,075	25,291
1811	22,671	»	»	1832	21,253	2,059	23,312
1812	27,664	»	»	1833	35,411	6,657	41,068
1813	21,174	»	»	1834	36,676	6,776	43,452
1814	11,333	»	»	1835	34,061	4,463	38,524
1815	24,125	»	»	1836	44,426	6,921	51,347
1816	22,599	1,483	24,082	1837	51,817	8,386	60,203
1817	23,471	1,403	24,874	1838	57,230	7,582	64 812
1818	27,270	2,687	29,951	1839	49,141	10,216	59,357
1819	35,077	2,614	37,691				

NOTA. Comme on le voit, la consommation des bois de charpente et grume dans Paris, non comprise celle de la banlieue qui s'est accrue dans la même proportion, a plus que doublé depuis 25 ans. Ce tableau, dont nous garantissons toute l'exactitude, offre annuellement une moyenne (depuis vingt ans) de 55,000 stères environ consommés à l'intérieur, auxquels on peut ajouter 10,000 id. id. dans la banlieue.

Total annuel 65,000 stères, ou SIX CENT CINQUANTE MILLE SOLIVES DE CHARPENTE.

CES APPROVISIONNEMENTS SE SONT FAITS AINSI QUE SUIT :

	Par la rivière de Marne..................	20,000 stères.
	Par l'Aube...........................	8,000
	Par la Seine..........................	6,000
Chêne	Par l'Yonne et Cure...................	12,000
	Par le canal de Bourgogne et Armançon...	4,000
	Par la Loire, et les canaux de Briare, d'Orléans et de Loing...................	5,000
	Par l'Oise, l'Aisne et l'Ourcq............	4,000

	du Jura.....................	5,300	
Sapins	du Nord....................	500	6,000
	des Vosges.................	200	

65,000

Report de la consommation annuelle des bois de sciage pendant le même laps de temps (Voy. p. 677)...... 70,000

Ensemble....... 135,000 stères

OU TREIZE CENT CINQUANTE MILLE SOLIVES, charpente et sciage, bois dur et bois blanc, consommées annuellement dans Paris depuis vingt ans, sans y comprendre les lattes et les bois de bateaux.

(Communiqué par l'administration de l'octroi.)

ÉTAT

DES QUANTITÉS DE BOIS DE SCIAGE ENTRÉES DANS PARIS.

DEPUIS L'ÉTABLISSEMENT DE L'OCTROI, DE 1799 A 1839.

(41 ans.)

ANNÉES.	CHÊNE et BOIS DURS.	SAPIN et BOIS BLANCS.	TOTAUX.
	mètres courants.	mètres courants.	mètres courants.
1799	189,000	»	»
1800	308,800	»	»
1801	381,000	»	»
1802	986,900	»	»
1803	1,009,500	71,600	1,081,100
1804	968,600	1,802,000	2,771,000
1805	740,200	2,540,600	3,280,800
1806	904,300	2,503,700	3,408,000
1807	1,108,700	2,493,200	3,601,900
1808	1,345,000	3,609,000	4,954,000
1809	1,544,500	4,659,000	6,203,500
1810	1,506,200	5,129,900	6,636,100
1811	1,045,600	2,622,100	3,667,700
1812	1,545,400	4,071,400	5,616,800
1813	896,400	4,645,300	5,541,700
1814	517,400	3,041,000	3,558,400
1815	1,173,400	4,752,100	5,925,500
1816	2,224,700	2,941,700	5,166,400
1817	2,175,800	3,334,400	5,510,200
1818	2,433,300	3,490,500	5,923,800
1819	3,005,999	3,355,589	6,361,588
1820	2,487,879	3,189,739	5,677,618

ANNÉES.	CHÊNE et BOIS DURS.	SAPIN et BOIS BLANCS.	TOTAUX.
	mètres courants.	mètres courants.	mètres courants.
1821	3,264,572	4,519,115	7,783,687
1822	4,572,304	4,876,753	9,449,057
1823	3,594,288	3,957,271	7,751,559
1824	5,541,015	4,639,705	10,180,720
1825	4,068,703	5,884,211	9,952,914
1826	3,454,011	5,065,590	8,519,601
1827	2,426,667	3,652,079	6,078,746
1828	2,928,708	4,230,779	7,159,487
1829	2,349,385	4,250,436	6,599,821
1830	2,146,566	4,230,957	6,377,523
1831	1,601,441	2,852,188	4,453,629
1832	1,747,065	3,243,800	4,990,865
1833	3,357,434	5,003,261	8,360,695
1834	2,470,814	4,873,586	7,344,400
1835	3,046,289	5,537,152	8,583,441
1836	3,348,212	6,023,580	9,371,792
1837	3,872,040	6,447,597	10,319,637
1838	4,689,123	7,233,810	11,922,933
1839	4,175,502	6,982,057	11,157,559

NOTA. De 1799 à 1815, la perception du droit sur les sciages avait lieu par mètre de longueur sur 3 centimètres d'épaisseur. Depuis 1815 l'octroi opère par mètre courant de planches, à cent centimètres d'équarrissage.

Ce tableau offre depuis 20 ans une consommation annuelle à l'intérieur en bois de sciage, de 6,500,000 mètres courants ou. 65,000 st.

Auxquels on peut ajouter approximativement pour la banlieue. 5,000

Ensemble. . . . . 70,000 st.

(Communiqué par l'administration de l'octroi.)

ÉTAT

DES QUANTITÉS DE LATTES ET BOIS DE BATEAUX ENTRÉES DANS PARIS,

DEPUIS L'ÉTABLISSEMENT DE L'OCTROI, DE 1799 A 1839.

(41 ans.)

ANNÉES.	LATTES.	BATEAUX A DÉCHIRER.		BOIS DE DÉCHIRAGE INTRODUITS DÉCHIRÉS.	
		Chêne.	Sapin.	Chêne.	Sapin.
	bottes.	nombre.	nombre.	mètres carrés.	mètres carrés.
1799	»	»	»	»	»
1800	»	»	»	»	»
1801	»	»	»	»	»
1802	»	»	»	»	»
1803	»	92	857	»	»
1804	»	250	2,400	»	»
1805	»	225	3,000	»	»
1806	»	294	3,193	»	»
1807	»	348	2,512	»	»
1808	»	318	2,927	»	»
1809	»	283	2,812	»	»
1810	»	322	2,956	»	»
1811	»	433	2,717	»	»
1812	»	366	2,274	»	»
1813	»	302	2,709	»	»
1814	»	290	2,062	»	»
1815	»	328	2,878	»	»
1816	»	251	3,386	18,529	7,870
1817	80,562	298	3,036	23,895	7,995
1818	111,852	214	3,676	15,458	5,538
1819	165,543	180	3,326	19,702	8,503
1820	158,611	270	3,749	18,976	7,712

| ANNÉES. | LATTES. | BATEAUX A DÉCHIRER, | | BOIS DE DÉCHIRAGE INTRODUITS DÉCHIRÉS. | |
		Chêne.	Sapin.	Chêne.	Sapin.
	bottes.	nombre.	nombre.	mètres carrés.	mètres carrés.
1821	239,962	199	3,070	16,086	14,903
1822	248,962	184	3,856	17,598	7,624
1823	288,644	241	3,866	19.266	12,113
1824	312,363	279	4,173	22,563	14,528
1825	485,475	221	3,890	15,744	10,854
1826	356,475	191	4,377	11,033	16,844
1827	215,124	212	3,657	18,309	16,224
1828	205,513	252	3,233	15,978	17,401
1829	192,434	242	3,084	17,242	10,940
1830	272,363	169	3,136	20,246	16,224
1831	157,048	104	2,728	11,080	19,846
1832	137,925	112	2,285	13,838	21,266
1833	150,797	169	2,517	7,141	25,550
1834	161,005	156	2,559	11,776	25,783
1835	172,453	193	2,643	10,298	27,366
1836	246,708	169	2,427	12,038	35,851
1837	240,685	147	2,718	9,292	39,932
1838	272,637	145	2,987	10,159	49,731
1839	275,193	203	2,384	11,688	60,360

NOTA. Les bateaux ont été imposés par l'arrêté du gouvernement du quatrième jour complémentaire de l'an XI.

Les bois de déchirage, par l'ordonnance royale du 29 décembre 1815.

Les lattes, par celle du 8 janvier 1817.

(Communiqué par l'administration de l'octroi.)

COMPAGNIE

DU COMMERCE DES BOIS CARRÉS DE PARIS, CHARPENTE,
SCIAGE ET CHARRONNAGE RÉUNIS.

1840.

Bureau syndical,
Quai de la Râpée, 45.

MM. FRÉDÉRIC MOREAU ✿,
DIDIOT aîné, — Délégués.
MÉDER aîné,

THIERRY DELANOUE fils, — Suppléants.
GEORGE aîné ✿,

BARBIER COSSON,
ROCHARD,
GEORGE jeune, — Adjoints.
VIVENOT,
MALHERBE.
NAVET,

MOREAU père (O ✿), — Syndics honoraires.
THIERRY DELANOUE père ✿,

M. LAURENT aîné ✿, Agent général.

Conseil judiciaire.

M. ERNEST MOREAU, avoué de première instance,
place Royale, 21.

———

MM.

ANDRÉ fils aîné, quai de la Râpée, 51.
BARBIER-COSSON, quai d'Austerlitz, 15 bis.
BOCH ✿, rue de l'Université, 155, Gros-Caillou.
BURGH aîné, quai de la Râpée, 1.
CHAMBRON (Rose), quai d'Austerlitz, 1.
CHEVALLIER, rue de Bercy, 25 bis.
DESOUCHES-FAYARD, quai d'Austerlitz, 7.
DIDIOT frères, quai de la Râpée, 7.

MM.

DUMAINE, quai de la Gare d'Ivry, 21.

DURAND, quai de la Râpée, 47.

GEORGE aîné ✻, quai de la Râpée, 41.

GEORGE jeune, quai de la Râpée, 41.

GODARD-BEURY et fils, quai de la Râpée, 33.

GAUDET fils et GODILLON, quai de la Râpée, 63.

GONNET (Mme V^e) et POIRÉ, quai de la Râpée, 31.

GONDOL, quai de la Râpée, 61.

GUITTARD, quai de la Râpée, 29.

JAQUOT, rue de l'Église, 1, chantier rue de l'Université 154 (île des Cygnes).

JOLLY-CHENNEVIÈRES, quai de la Râpée, 69.

LEBEL, quai d'Austerlitz, 5.

LEGRAND jeune, rue de l'Université, 183, Gros-Caillou.

MALHERBE fils, quai de la Râpée, 37.

MALO, rue de Bercy, 50, chantier quai de la Râpée, 49.

MÉDER aîné, quai d'Austerlitz, 29.

MEIGNAN, quai d'Austerlitz, 19.

MOREAU (O ✻) et fils ✻, place Royale, 9, chantier quai de la Râpée, 17.

NAVET Jules (commissionnaire), quai de la Râpée, 29.

NORMAND, quai d'Austerlitz, 39.

ORCEL, quai d'Austerlitz, 15 bis.

PAGÉ, quai d'Austerlitz, 15 bis.

PARISOT-VILLEMART, quai de la Râpée, 37.

PÉPIN fils, rue Royale 6, chantier quai d'Austerlitz, 15.

PETIT, boulevart Beaumarchais, 7, chantier quai de la Râpée, 17 bis.

POREAUX, quai de la Râpée, 15.

PORTENEUVE, quai d'Austerlitz, 23.

POUCHEUX, quai de la Râpée, 15.

ROCHARD, quai de la Râpée, 25.

ROTIVAL, quai d'Austerlitz, 15.

ROUSSEL neveu, quai d'Austerlitz, 27.

MM.

Tetu et fils ✻, rue St-Dominique, 144, Gros-Caillou.

Thierry-Delanoue ✻ et fils, quai de la Râpée, 35, et rue de Bondy, 14.

Thierry-Flerckman, rue du Faubourg-St-Antoine, 138.

Throude-Moreau, quai d'Austerlitz, 21.

Throude aîné, rue de l'Université, 158, île des Cygnes.

Triquet (Mme V^e), rue de la Grande-Truanderie, 54.

Verrat, quai d'Austerlitz, 3.

Verrière, quai de la Râpée, 21.

Vivenot, quai de la Râpée, 43.

GARDES PARTICULIERS
DU COMMERCE DES BOIS CARRÉS.

Ferrand, commis préposé à la surveillance des trains à Paris, à la résidence des Carrières-Charenton.

Marié, commis préposé adjoint à la surveillance des trains, même résidence.

Chambron, garde pour la repêche des bois dans le département de la Seine, à la résidence de Paris.

Hayer, garde-rivière préposé à la repêche des bois sur la Haute-Marne, depuis St-Dizier jusqu'à Châlons, et sur l'Aube, depuis Brienne jusqu'à Marcilly, à la résidence de Moelain, près St-Dizier.

Barbier, idem sur la rivière de Saulx, à la résidence de Blignicourt-sur-Saulx, par Vitry-le-Français.

Lemaréchal ✻, garde-rivière ambulant, préposé à la repêche des bois sur la Basse-Marne, à la résidence de Lagny.

Glauden, garde-rivière ambulant, préposé à la repêche des bois sur la Basse-Seine, à la résidence de Boissette, près Melun.

Un service particulier pour le repêchage des bois carrés est organisé sur l'Yonne.

FIN.

TABLE ALPHABÉTIQUE

DES

MATIÈRES CONTENUES DANS CE RECUEIL.

A.

ABUS DANS LA VENTE DES BOIS. Il ne sera exposé sur les ports de marchandise défectueuse, 122, 188, 206, 253, 254, 255, 396, 448, 503. — Création de visiteurs pour remédier aux abus qui se commettent dans la vente des bois, 166, 188. — Mémoire au Roi pour remédier à ces abus, 185.

ACHAT DE BOIS, ILLICITE. Menuisier condamné pour avoir acheté des bois carrés d'un ouvrier, 258. — Défense d'acheter, des ouvriers, aucuns bois, 273, 279, 280, 343.

AGENT GÉNÉRAL DU COMMERCE. Est nommé en assemblée générale, il fournira cautionnement, 400, 407. — Sa nomination doit être homologuée par le préfet de police, 409, 422.

AISNE (Rivière d'). Mesures pour faciliter la navigation sur cette rivière, 150, 221, 287. — Établissement d'un juré-compteur, 361.

ALLIER (Rivière d'). Repêchage et perquisition de bois épanchés, 257, 286. — Organisation des ports de l'Allier, et création de juré-compteur et gardes-ports, 373, 376.

APPROVISIONNEMENT DE PARIS. Les bois destinés pour Paris doivent y être amenés directement, 4, 6, 117, 395. — Le bois carré doit être immédiatement conduit aux ports de flottage, 11. — Toutes marchandises chargées sur la Seine, sont réputées être pour l'approvisionne-

tion de terrains à la commune de Brienne , 473. — Décision ministérielle portant approbation des travaux à faire pour le port de Brienne,
481 , 496. — Ordonnance concernant l'établissement de moulins à
Brienne, servitudes et réserves , 521. — Établissement d'un port à
Arcis, 582. — Arrêtés ministériel et du préfet de l'Aube, pour assurer
la liberté du flottage des bois carrés, 610.

AUBERGISTES, CABARETIERS, etc. — Ne peuvent acheter ni recevoir
aucuns bois apportés par les ouvriers, 97, 225, 273, 279, 280, 343,
393, 494.

AVALANT. Au passage des ponts et écluses, l'avalant doit céder au montant, 113. — En pleine rivière le montant doit céder à l'avalant, 114.

B.

BACHOTS. Le bureau des marchands de bois décide l'acquisition de bachots
dans un intérêt commun, 323. — Chaque marchand de bois carrés est
tenu de se pourvoir d'un bachot et d'une corde de repéchage, 372, 396.
— Un bachot garni de sa corde doit continuellement stationner au
port inférieur de la Râpée, pour porter secours aux trains, 534.

BAIGNEURS. Défense leur est faite de s'approcher des trains et d'en tirer
des bois, 221.

BANLIEUE DE PARIS. Désignation des localités formant la banlieue, su-
jette aux droits d'octroi, 197. — Marchand condamné pour avoir voulu
éluder l'octroi de banlieue, 218, 288. — Les marchands tenus de faire
déclaration des bois qu'ils font arriver pour la banlieue, 221. — Les
droits de banlieue sont maintenus, 279.

BAR–LE–DUC. Ordonnance pour faciliter l'arrivage à Paris des bois de
menuiserie venant de ce pays, 309, 316, 317, 318.

BATEAUX. Ne laisser bateaux à fond d'eau, 7, 112. — Sont affectés à la
marchandise, 121.

BERCY (Pelouse de). Construction de bureaux pour les gardes du commerce , 425, 537, 573. — Ordonnance de police pour le port de Bercy,
487. — Défense d'opérer aucun déchargement sur la pelouse de Bercy,
et de faire stationner aucun bateau dans l'espace réservé au garage des
trains de bois carrés, 430.

BERGES. Voyez *Ports dans Paris.*

BEUVRON (Petite rivière de). Facilités accordées pour flotter les bois carrés
sur cette rivière, 13, 15. — Sentence du bureau de la ville qui autorise
à faire passer sur les héritages, terres ou prés, les bois carrés arrivant
des forêts, et à les empiler sur les bords de la rivière, 49. — Règlement pour le repêchage des bois, 331.

BOIS CARRÉ. Appelé bois mirien ou merrain au 13ᵉ siècle, 1, 2, 4, 5, 6, 15,
16.— Ne sera déchargé ni vendu en route, 4. — Où l'on doit le descendre
à Paris, 4. — Doit être conduit au port le plus prochain de la forêt, 11.
— Arrivé à Paris sur l'eau, tiendra port trois jours, 12, 68, 133. —
Facilités données pour la voiture et conduite des bois au port, 13, 14,
15, 19, 20, 21, 22. — La voiture et le flottage ne doivent être entravés,
24, 28, 32, 33. — Ordonnance pour faciliter l'arrivée des bois carrés
nécessaires pour la provision de Paris, 212, 310, 315. — Ordonnance
pour faire arriver d'office, en un temps de disette, les bois carrés qui
sont sur les ports, 250. —Consommation annuelle des bois carrés dans
Paris, de 674 à 679.

BOIS DE DÉCHIRAGE. Voyez *Déchirages.*

BOIS DÉFECTUEUX. Mémoire au Roi pour prévenir la vente des bois
défectueux, 187. — Ne seront amenés ni exposés en vente, 122, 206. —
Il ne doit être vendu aucun bois de mauvaise qualité, 188, 396. —Marchand condamné pour avoir amené six piles de bois à œuvrer défectueux, 253, 254. — Modération d'amende, 255. — Défense de mêler, sur
les ports, le bois de rebut avec le bon bois, 448, 503.—Les sciages rebuts,
sont appréciés par l'octroi, lors de l'application du droit, 135, 477.

BOIS DE HÊTRE. Ordonnance de Charles VI sur le bois de hêtre arrivant
à Paris, 5. — Le bureau de la ville ordonne le chargement de ces bois,
sur la rivière d'Ourcq, comme étant nécessaires à l'approvisionnement
de Paris, 212. — Ordre de dépiler, sur les ports, les piles de hêtre dans
lesquelles se trouve du rebut, 448, 450, 503. — Décision ministérielle
portant approbation d'un règlement relatif au débit et classement des
sciages de hêtre, sur l'Ourcq, 501.

BOIS DE MARINE. Voyez *Marine.*

BOIS MALANDREUX. Voyez *Malandres.*

BRIENNE (Port de). Il doit être laissé 24 pieds, pour le tirage, le long de la rivière d'Aube, depuis Brienne jusqu'à Arcis-sur-Aube, 351. — Création d'un service de repêchage, 442, 572. — Etablissement d'un nouveau port de flottage, et d'une contribution sur les bois sortant de ce port pour faire face à ces dépenses, 470, 536, 659. — Location consentie par la commune de Brienne, d'un terrain pour servir de port aux bois carrés, 473. — Approbation ministérielle audit traité et aux travaux de port, 481, 496. — Ordonnance concernant l'établissement de moulins sur l'Aube, à Brienne, servitudes, réserves, 521.—Il ne sera plus flotté à l'avenir sur le bas-port, 659.

BUISSONNIERS. Voyez *Inspection de la navigation.*

BUREAU DE LA VILLE. Son ancienne juridiction, 3. — Connaissait de toutes les contestations et des différends dans le commerce des bois carrés, 66, 156. — Cette juridiction, à laquelle étaient soumises les difficultés entre marchands et jurés-compteurs, ayant été abolie, les tribunaux consulaires sont seuls compétents pour en connaître, 489.

C.

CANAUX. Permis d'empiler les bois carrés sur les rivages et bords de la rivière de Loing, 97. — Règlement pour le canal de Loing, 238. — Règlement sur les devoirs des gardes-ports de la rivière de Loing et canal de Briare, 317. — Règlement pour le repêchage des bois sur la rivière de Loing, 331. — Établissement de jurés-compteurs et gardes-ports, 361, 362. — Autorisation de flotter sur le canal de Bourgogne, 427.

CHANTIERS. Refus d'autoriser l'ouverture d'un chantier forain, entrepôt forcé et commun, 99. — Défense de rentrer des bois carrés dans les chantiers de bois à brûler, 270. — Modèle d'autorisation pour ouvrir un chantier de bois carrés dans Paris, 391. — Il ne peut être ouvert de chantiers sans permission du préfet de police, 394. — Les marchands doivent avoir, à la porte extérieure de leur chantier, un tableau indicatif de leurs noms et professions, 395.— Défense de travailler dans les chantiers à la lumière et d'y fumer, 397.—Chantier commun servant de dépôt aux bois repêchés, 408, 541, 544.

44

D.

E.

F.

G.

du marinier le paiement de leur rétribution avant le départ de la marchandise, 375, 673.

> Nota. Voyez à la lettre J, le chapitre Jugements et Arrêts relatifs au
> paiement des rétributions dues aux gardes-ports.

GARAGE DES TRAINS. Doit avoir lieu au-dessus de Bercy, à l'île
Quinquengronne, 103, 438, 488, 557. — Aux lieux désignés par le
prévost des marchands, 117. — Le stationnement des trains dans les
gares est fixé à quinze jours, 209. — Établissement en commun d'un
service de garage, 239. — Défense de faire stationner les bateaux ou
de les décharger dans l'espace réservé au garage des bois carrés, 430.
— Ordonnance de police concernant le garage, 437. — Réclamation
des deux commerces, de bois à brûler et de bois à œuvrer, sur le droit
de faire garer les trains sur les rives de la Seine, contesté à l'administration par des propriétaires, 444. — Surveillance en commun des trains
en gare, appartenant aux marchands de province et de Paris, 469. —
Sentence arbitrale relative au traité de garage entre les compagnies de
bois à brûler et de bois carrés, 545. — Traité de garage des trains hors
de Paris, pris à l'entreprise par la compagnie des bois à brûler, 654.

GRÈVE (place de). Les marchands de bois carrés ne pourront y déposer
leurs bois, mais y laisser seulement la montre de leurs marchandises
qui devront rester sur bateau, 152.

H.

HALAGE. Voyez *Chemin de.*
HÊTRE. Voyez *Bois de.*

I.

ILE DES CYGNES. Les déchireurs sont tenus de conduire leurs bateaux à
cette île, 175, 274, 390. — Lettres-patentes portant don et cession, au
bureau de la ville, de l'île des Cygnes, pour être affectée au déchirage
des bateaux et aux bois à œuvrer arrivant de la Picardie, 213. — Règlement pour le déchirage des bateaux, 219.

ILE LOUVIERS. Injonction aux marchands de bois carrés d'y faire
descendre leurs bois, 4, 102, 103, 107, 165, 208. — Arrêt du conseil
qui ordonne au prévost des marchands et échevins, d'acquérir l'île Louviers pour y déposer les bois carrés, 105. — Défense d'empêcher l'entrée ou la sortie des bois carrés de ladite île, sous prétexte de droits,

J.

leurs droits qu'après trente ans, 412. — Ces agents peuvent valablement assigner leurs débiteurs devant le tribunal du lieu où la marchandise est déposée, 477, 489, 574, 625, 665. — Le tribunal d'Avallon juge le contraire, 603. — Les droits des jurés-compteurs et des gardes-ports sont dus sans s'arrêter à la prétention opposée, que les agents n'auraient pas donné des soins à la marchandise, 486. — Dans les contestations entre marchands et gardes-ports, les tribunaux consulaires remplacent la juridiction de l'Hôtel-de-Ville, 489. — Le paiement des droits dus à ces agents pour enlèvement de vins, est ordonné, 504. — On ne peut poursuivre ces agents qu'après avoir obtenu du conseil d'État une décision autorisant les poursuites, 593, 665. — La rétribution est due, encore bien que les marchandises n'aient pas séjourné sur les ports ou bords des rivières, 596, 614. — L'autorité administrative ne peut intervenir pour modifier ou interpréter le tarif des droits tels qu'ils sont établis par les arrêts et lettres-patentes, 608. — Toute marchandise déposée sur les ports est passible du droit, 600.

JURÉS-COMPTEURS. Création en 1622 d'un juré-compteur pour la rivière d'Oise, sur la présentation des marchands, 44. — Ordonnance de 1676 qui maintient les droits des jurés-compteurs, 139. — Leurs devoirs, de 340 à 343. — 362, 364, 373, 504, 661, 673. — Leurs droits sont payables à l'enlèvement des marchandises, 342, 375. — Etablissement de jurés-compteurs sur les canaux, rivières et ports d'approvisionnement de Paris, 361. — Sur l'Allier, 373. — Sur la Loire, 382. — Arrêté qui détermine l'uniforme de ces agents, 368. — Rectification d'une erreur introduite dans la perception des droits sur la latte, 447. — Règlement pour les jurés-compteurs de la Haute-Yonne et Cure, chargés exclusivement de la surveillance des bois carrés et bois neufs à brûler, 472. — Création d'un juré-compteur à St-Dizier, 485. — L'empilage et le classement des bois étant constatés par le juré-compteur, et son marteau apposé sur les piles, la recette en devient obligatoire pour l'acquéreur, 504. — Formalités à remplir pour pouvoir poursuivre en justice un juré-compteur, 504, 593, 595, 665. — Par délibération de l'assemblée générale des marchands de bois carrés et en ce qui a rapport au commerce de Paris, les droits du juré-compteur sur l'Aube sont élevés temporairement, 601.

NOTA. Voyez à la lettre J, le chapitre Jugements et Arrêts relatifs au paiement des droits dus aux jurés-compteurs,

L.

LACHAGE DES TRAINS. Voyez *Trains*.

LATTES (bottes de). Nul ne devra les défaire pour relier, ni les trier, mais les vendre sans y toucher, 3. — Ne doivent pas être mises en vente sans avoir été visitées par les mesureurs–visiteurs, 301. — Rectification d'une erreur introduite dans la perception des droits de jurés-compteurs sur la latte, 447.

LEIGNE (Rivière de). La navigation sur cette rivière doit être libre, le flottage des bois carrés à bois perdu y est autorisé, 67.

LETTRES DE VOITURE. Le voiturier ne partira, du port de charge, sans lettre de voiture, 115. Elle contiendra la quantité et la qualité des marchandises, 115, 317, 341, 359, 396, 482, 506, 538, 671. — Marchand condamné à 3000 livres d'amende pour avoir été porteur d'une lettre de voiture, contenant la quantité de morceaux sans leur réduction détaillée en pièces, 258, 272. — Marchand condamné pour ne pas avoir eu de lettre de voiture, 267. — Condamnation à 3000 livres d'amende et interdiction du commerce pour falsification dans une lettre de voiture, 271.

LOIRE (Rivière de). Facilités pour le flottage et repêchage des bois sur cette rivière, 75, 158, 161, 220, 286, 300. — Organisation des jurés-compteurs et gardes-ports, 382.

M.

MALANDRES, ROULURES, GIVELURES, etc. Experts nommés pour toiser les charpentes avec réduction des malandres, selon les us et coutumes de Paris, 216. — Opinions de différents auteurs sur ces vices que l'on rencontre communément dans les bois carrés, 298. — Avis officieux du bureau des bois carrés sur les malandres, 418.

MARCHANDS FORAINS. — Ne doivent pas faire chantier, 5, 123. — Leur position commerciale (en 1668), 99. — Refus d'autoriser l'ouverture d'un chantier–entrepôt forcé et commun, 99. — Défense de vendre aux marchands de Paris, aucun bois étant sur les ports de Paris, 134. — Défense aux marchands forains de se battre entre eux dans l'île Louviers, 149. — Défense d'être à la fois forain et marchand de Paris,

N.

O.

279, 280, 343, 393. — Ouvrier condamné pour avoir voulu gêner la liberté qu'ont les marchands de se servir de qui bon leur semble, 309.

OISE (Rivière d'). Création en 1622 d'un juré-compteur pour les ports de cette rivière, 44. — Nouvelle création, 361. — Établissement de gardes-ports, 176. — Tarif de leurs droits, 179. — Le bureau de la ville lève les empêchements apportés à la navigation, 70, 96.

P.

PASSE-DEBOUT. Les bois sortant de Paris en passe-debout sont affranchis de tout droit, 325. — Doivent la cotisation commerciale, 403. — Décision de l'administration de l'octroi, autorisant la sortie, en passe-debout, des bois carrés dont les comptage et mesurage définitifs n'auront pas encore eu lieu, 520. — Projet de modification au service des passe-debout, 579, 583.

PERQUISITION DE BOIS. Voyez *Repêchages*.

PONTS (maîtres de). Marchand condamné à l'amende pour avoir fait passer à une heure indue une touc chargée de bois, 216.

PORTS DANS PARIS. Les bois ne doivent être mis ni descendus sur terre, 4, 5. — Ils sont enlevés d'office et vendus au profit de la ville, 8, 98, 251. — Arrivés à Paris, les bois tiendront port pendant trois jours, 11, 68, 133. — Défense d'y empiler des bois, 52, 98, 225, 396. — Les bois ne doivent pas y séjourner, 90, 223, 302. — On ne doit y laisser aucun débris, 112, 222, 248. — Ni les embarrasser d'avirons, de gouvernaux, 117. — Marchand condamné pour avoir embarrassé de bois le port de la Râpée, 251, 289, 622. — Ordonnance pour le placement des trains au port Saint-Victor, 302. — Les bois à Bercy doivent être rentrés directement en chantiers, 488, 558. — Condamnation et amende de 500 fr. pour contravention sur la basse Seine, à un arrêté du préfet relatif à la navigation, 507. — Répartition, en soupentes, des emplacements affectés, sur le port de la Râpée, au tirage des bois à brûler et à ceux des bois à œuvrer, 526. — Réfection du port de la Râpée, 559, 569. — Établissement d'un port meuliéré au quai d'Austerlitz, 661.

PORTS EN PROVINCE. Le port ordinaire de Brienon étant insuffisant, le commerce des bois carrés est autorisé à déposer ses marchandises

Q.

R.

SYNDICS. Voyez *Délégués*.

SYNDICS HONORAIRES: On ne peut recevoir ce titre qu'après avoir exercé pendant vingt ans, honorablement, le commerce des bois, et avoir rempli deux fois les fonctions de délégué, 402. — Droits et privilèges accordés à ces fonctions, 402.

SYSTÈME MÉTRIQUE. Loi relative aux poids et mesures, 355. — Les jurés-compteurs doivent seconder les vues du gouvernement sur la mise en activité des nouvelles mesures, 365. — Circulaire concernant l'emploi des mesures métriques, sur les ports, 620. — Réunion des différentes opinions émises par les commerces de Paris et de province, par les entrepreneurs du département de la Seine, les chambres de commerce de Rouen, de Paris, etc., sur le mode de mesurage à adopter pour le métrage des bois carrés, de 631 à 654. — Nouvelle exploitation des planches de sapin dans les Vosges, selon le système décimal, 662, 670. — En raison du nouveau travail que l'application du système métrique va imposer aux gardes-ports dans l'établissement et réduction des inventaires de flottage *des bois de charpente et en grume*, le droit d'enlevage est élevé par délibération générale du commerce des bois carrés de Paris, en ce qui le concerne, 671.

T.

TAXE DES BOIS, 353.

TIRAGE DES TRAINS. Ne doit avoir lieu qu'après la permission des prévost et échevins, 4. — Les marchands sont tenus d'opérer le tirage des trains dans la quinzaine de leur arrivée, 209, 227. — Tarif des prix de tirage et arrimage, 230. — Règlement pour les ouvriers chargés des tirages, 236. — Ne doit pas avoir lieu les dimanches et jours de fêtes, 255. — Tarif pour l'embarquement des bois destinés pour Rouen, 267. — Marchand condamné pour tirage après sept heures du soir, 268. — Pour avoir travaillé dans l'heure intermédiaire, 268. — Le tirage des bois à œuvrer est autorisé depuis la pointe du jour jusqu'au soir, 390. — Les bois doivent être enlevés et rentrés au fur et à mesure du tirage, 396, 488.

TRAINS. Quel nombre de trains les marchands peuvent avoir devant leurs chantiers, 129, 222, 302, 439. — Défense aux baigneurs de s'approcher des trains et d'en tirer aucun bois, 221. — Règlement pour le passage

IMPRIMERIE DE VINCHON,
rue J.-J. Rousseau, 9.

ERRATA.

Page		Ligne			Lisez :
Page	89,	Ligne	21,	1664,	Lisez : 1644.
»	113,	»	16,	renfoncer,	» *renforcer.*
»	114,	»	19,	trains,	» *traits.*
»	116,	»	2, justice,		» *tenus en justice.*
»	121,	»	9,	n'est en demeure,	» *est en demeure.*
»	124,	»	25,	au-dessus,	» *au-dessous.*
»	127,	»	34,	qu'il n'y ait,	» *qu'il y ait.*
»	173,	»	6,	composés,	» *compensés.*
»	250,	»	30,	appartiendra,	» *apprendra.*
»	313,	»	10,	fomenter,	» *fermenter.*
»	359,370,371,378,			arrêté,	» *arrêté du préfet de la Seine.*
»	365,	»	34,	arrêts,	» *arrêtés.*
»	369,	»	32,	28 février,	» *23 février.*
»	375,	»	17,	l'arrêté,	» *l'arrêt.*
»	388,	»	1,	1768,	» *1758.*
»	391,	»	22,	mai 1816,	» *1816.*
»	394,	»	9,	préfet de Paris,	» *préfet de police.*
»	429,	»	13,	prévoir,	» *prévenir.*
»	446,	»	30,	qui ont eu,	» *qui ont*
»	465,	»	15,	février,	» *mars.*
»	480,	»	17,	intervention,	» *instruction.*
»	491,	»	24,	1009,	» *1000.*
»	493,	»	3,	1831,	» *1834.*
		»	7,	12 septembre,	» *12 décembre.*
»	497,	»	31,	port,	» *pont.*
		»	33,	avant,	» *aval.*
»	521,	»	30,	vente,	» *location.*
»	565,	»	21,	et,	» *en.*
»	594,	»	3,	contributions;	» *attributions.*
»	607,	»	1, 4,	défenseurs,	» *défendeurs.*
»	641,	»	23,	en décimètre,	» *en double décimètre.*
»	668,	»	4,	son acception,	» *son exception.*

www.ingramcontent.com/pod-product-compliance
Lightning Source LLC
Chambersburg PA
CBHW031537210326
41599CB00015B/1926